AF497421

Sexualisierte Gewalt in kirchlichen Kontexten/ Sexual Violence in the Context of the Church

Neue interdisziplinäre Perspektiven/
New Interdisciplinary Perspectives

Herausgegeben von/Edited by
Mathias Wirth, Isabelle Noth, Silvia Schroer

DE GRUYTER

ISBN 978-3-11-126257-4
e-ISBN (PDF) 978-3-11-069920-3
e-ISBN (EPUB) 978-3-11-069944-9

Library of Congress Control Number: 2021940491

Bibliografische Information der Deutschen Nationalbibliothek
Die Deutsche Nationalbibliothek verzeichnet diese Publikation in der Deutschen Nationalbibliografie;
detaillierte bibliografische Daten sind im Internet über http://dnb.dnb.de abrufbar.

© 2023 Walter de Gruyter GmbH, Berlin/Boston
Dieser Band ist text- und seitenidentisch mit der 2022 erschienenen gebundenen Ausgabe.
Einbandabbildung: akg-images / David Borland
Druck und Bindung: CPI books GmbH, Leck

www.degruyter.com

„Die Prävention sexualisierter Gewalt kann nur als gelungen [...] betrachtet werden,
wenn sie dazu geeignet ist, auch den strukturellen Ermöglichungsbedingungen
sexualisierter Gewalt im Raum der Kirche entgegenzuwirken.“

(Elisabeth Gräb-Schmidt,
„Abgrund menschlicher Möglichkeiten“,
in diesem Band, S. 309)

Vorwort

Der vorliegende Band geht auf eine internationale Tagung zurück, die 2019 unter gleichem Titel an der Universität Bern von Mitarbeitenden des Instituts für Systematische Theologie/Ethik, des Instituts für Praktische Theologie, Seelsorge, Religionspsychologie und -pädagogik und des Instituts für Altes Testament veranstaltet wurde. Viele Ergebnisse der dort geführten Diskussionen sind in die nun vorgelegten Beiträge eingeflossen und zeigen das Problem der sexualisierten Gewalt in kirchlichen Kontexten als interdisziplinäres und interkonfessionelles Querschnittsthema von Rang. Allen, die mit ihren Arbeiten einen Beitrag dazu geleistet haben, dem Thema der sexualisierten Gewalt in den Kirchen und damit der Erfahrung von Personen mit spezifischen Gewalterfahrungen einen legitimen Platz in der theologischen Debatte einzuräumen, gilt unser verbindlicher Dank.

Dieses Projekt und die nun vorliegende Publikation verdankt sich einem Team, das die Herausgebenden mit großem Engagement bei vielen organisatorischen, redaktionellen und inhaltlichen Arbeiten unterstützt hat. Zuvorderst gilt unser Dank Eliane Ruef, die in einem redaktionellen und inhaltlichen Sinn jedem Text zu seiner bestmöglichen Version verholfen hat und so maßgeblich zum Gelingen dieses Projekts beigetragen hat. In sehr überzeugender Weise dazu beigetragen haben weitere Mitarbeitende der Theologischen Fakultät der Universität Bern: Dr. Melanie Werren, Jasmin Mannschatz, Michael Hausheer, Sara Eggert, Andreas Frei, Simone Jeannin, Thuvarakha Thillaiyampalam und Noe Ziegler. Ein besonderer Dank gilt außerdem Daniel Carter, der die Korrekturlesung der englischsprachigen Texte dieses Bandes engagiert übernommen hat. Gerne erwähnen wir auch die Druckkostenzuschüsse, die für diese Publikation von der Reformierten Kirche Bern-Jura-Solothurn (RefBeJuSo) und der Römisch-Katholischen Zentralkonferenz der Schweiz (RKZ) gewährt wurden. Danken wollen wir ebenfalls dem Verlag De Gruyter für die Aufnahme in sein Programm und für die kompetente und freundliche Betreuung durch Alice Meroz.

Zum Abschluss gilt unser Dank vor allem den Personen, die zur Offenlegung ihrer Erfahrungen von sexualisierter Gewalt in kirchlichen Kontexten bereit waren. Durch ihren Mut und mit Hilfe der Personen, die Übergriffe und exzessive

Gewalttaten nicht einfach vom Tisch wischten, sondern Betroffenen zugehört haben, wird eine neue (moralische) Selbsterfassung von Kirchen und Theologien möglich. Wer an Tabuisierungen in diesem Bereich festhält, blickt daran vorbei, was bestimmte kirchliche Strukturen und Separatwelten Menschen zumuten oder antun.

Bern, im Mai 2021 Mathias Wirth, Isabelle Noth, Silvia Schroer

Inhalt/Table of Contents

III Biblische und kirchenhistorische Perspektiven
Biblical and Church Historical Perspectives

IV **Ethische Perspektiven**
Ethical Perspectives

V **LGBTIQ und sexualisierte Gewalt in kirchlichen Kontexten**
LGBTIQ and Sexual Violence in Church Contexts

VI Praktisch-theologische Perspektiven
Practical Theological Perspectives

Mathias Wirth, Isabelle Noth und Silvia Schroer
Sexualisierte Gewalt und das Problem kirchlicher Separatwelten

Eine Hinführung

In großem Widerspruch zum kirchlich gepflegten Selbstbild[1] haben vielfache Enthüllungen *(disclosures)* über sexualisierte Gewalt kirchliche und theologische Strukturen als Problembezirke erkennbar gemacht.[2] Klerikalismus, patriarchale Denk- und Handlungsmuster, das „Tabu der expliziten Formulierung"[3] bzw. das Phänomen der „Euphemisierung"[4] (Christ*innen sind beispielsweise nicht alle Geschwister[5]) sowie ein Ethos des Gehorsams, aber auch Körperfeindlichkeit und Ignoranz gegenüber sexualwissenschaftlicher Erkenntnis werden zunehmend als Ermöglichungsbedingungen von sexualisierter Gewalt und der sie begleitenden Rahmenbedingungen thematisiert.[6] Außerdem sind es ein spezifischer sprachlicher und organisatorischer Habitus in bestimmten Kirchen und damit verbundene gedankliche und körperliche Grundverfassungen Beteiligter, die als Ermöglichungsstruktur von Grenzverletzungen und sexualisierter Gewalt in den Blick gelangen.[7] Etablierte Umgangsweisen wie Einschüchterung, Bestrafung von Personen, die Ziele sexualisierter Gewalt wurden, aber auch Vertuschung finden sich in allen christlichen Kirchen und religiösen Sondergruppen („Sekten").[8] Allerdings fallen die Befunde zu den genauen Ermöglichungsstrukturen von sexuali-

---

1 Vgl. Noth, „Mythen", 89.

2 Vgl. Schärtl, „Die Unordnung", 256 und Unabhängige Kommission zur Aufarbeitung sexuellen Kindesmissbrauchs, *Geschichten, die zählen*, 13–15. Die aktuelle wissenschaftliche Auseinandersetzung mit verschiedenen Formen der sexualisierten Gewalt in kirchlichen Domänen verfolgt eine Verschiebung des „[...] Fokus weg von der Einzelsituation hin zu allgemeinen und übergreifenden Strukturprinzipien des Missbrauchs in unterschiedlichen Kontexten der Römischkatholischen und evangelischen Kirche" (a.a.O., 15). Die Erzeugung eines überscharfen Kontrasts zwischen Einzelfall und erhofftem Regelfall übergeht die *mind-altering effects* bestimmter religiöser Annahmen im Christentum, die sich mit Blick auf die in Rede stehenden Tatsachen als problematisch erwiesen haben.

3 Bourdieu, *Praktische Vernunft*, 196.

4 A.a.O., 193.

5 Vgl. a.a.O., 190 f.

6 Vgl. Dale und Alpert, „Hiding Behind the Cloth", 60 und Rashid und Barron, „Focus of Clerical Child Sexual Abuse", 569.

7 Vgl. zu diesem Konnex in einem allgemeinen Sinn Bourdieu, *Religion*, 230 und, spezifischer, Wirth und Schmiedebach, „Sexualisierte Gewalt", 10.

8 Vgl. Rashid und Barron, „Focus of Clerical Child Sexual Abuse", 573.

https://doi.org/10.1515/9783110699203-001

sierter Gewalt sehr disparat aus.[9] Daher sollten nicht bloß einzelne Wirkfaktoren für das je spezifische Ausagieren sexualisierter Gewalt in kirchlichen Kontexten in den Blick genommen werden, weil sonst ein systemisches zu einem situationsbedingten Problem verkleinert wird.[10] Eine solche Reduzierung von sexualisierter Gewalt in kirchlichen Milieus „[...] results in the institution's authority having no impulse to change the institution".[11] Die Beiträge dieses Bandes verbindet die Arbeit am Problem diverser Separatwelten, also dem Phänomen, bestimmte Handlungs-, Denk- oder Erlebnisräume zu isolieren, obwohl dies sexualisierte Gewalt systemisch begünstigt und zugleich Prävention, Intervention und Postvention massiv erschwert.

1 Sexualisierte Gewalt und Separatwelten: Beispiel und Definition

Von der Erzeugung bestimmter Separatwelten haben jüngst kirchlich Verantwortliche zu profitieren versucht, als sich Vertreter der Römisch-katholischen Kirche in Köln im Kontext des viel beschworenen „Missbrauchsgutachtens" 2021 lediglich auf die Position des Rechts bezogen und dabei die Separatwelt der eigenen Moral verließen, anstatt die komplexen Gewaltrealitäten vieler kirchlicher Grundvollzüge zu adressieren.[12] Hier wollte man mit selbst in Auftrag gegebenen strafrechtlichen Gutachten den Schweigekodex einer Art *omertà* aufgeben und hat stattdessen einen Ausverkauf der Moral vorgenommen. Denn die betont alleinige Orientierung am Recht, also dem Konsens darüber, was eine bestimmte Gesellschaft mit Strafandrohung belegt, bleibt weit hinter dem zurück, was man als moralische Integrität von einer Person erwarten muss, die, wie eine kirchliche Amtsperson, ein hohes Maß an Verantwortung trägt.[13] Der Ausverkauf der Moral besteht also präzise darin, den Charakter der Kirchen als „moralische[r] Ge-

---

9 Vgl. Dale und Alpert, „Hiding Behind the Cloth", 64.

10 Vgl. Henderson-Merrygold, „Queer(y)ing", 99.

11 Dale und Alpert, „Hiding Behind the Cloth", 66. Es herrscht zunehmend Konsens darüber, dass zum neuen Denk- und Handlungsrahmen im Kontext sexualisierter Gewalt in Kirchen mehr gehören muss als Entschuldigungsriten, Rechtsgutachten und leicht implementierbare Präventionsmaßnahmen, die allesamt ihre Bedeutung haben und dennoch in der Gefahr stehen, die zur Rede stehende Sache lediglich partikular erscheinen zu lassen, vgl. Enxing, *Schuld und Sünde*, 287–289.

12 Vgl. Striet, „Sexueller Missbrauch", 17.

13 Vgl. Frank, „Was vom System übrigbleibt", 4.

meinschaft"[14] (Émile Durkheim) aufzugeben, was eben dort geschieht, wo plötzlich einzig das Recht als zentraler Referenzpunkt gilt.

Am Beispiel des erwähnten Kölner Rechtsgutachtens tritt ein zentrales Problem von Separatwelten hervor, nämlich die Möglichkeit zur Verwirrung. Im Falle von Sexualdelinquenz ist das offensichtlich, wenn ein Übergriff religiös überhöht wird und damit in die Separatwelt kirchlicher Vollzüge verschoben und gegen Fragen und Zweifel immunisiert wird.[15] Analog nutzt das Kölner Gutachten die notwendige Separierung des Rechts von der Moral. Beide Domänen werden oft mit der Pointe getrennt, Moral sei nicht Recht und, so der Trugschluss, mithin weniger wichtig. Allerdings kann man auch für das Gegenteil plädieren und die Moral deshalb grundlegender nennen, weil sie sich nicht bloß auf den oben genannten Minimalkonsens bezieht. Insbesondere in den als elementar erachteten sozialen Kontexten wie Familie, Freundschaft, Bildung, aber auch Religionen, erweist sich ein Rekurs auf die Position des Rechtes als zu wenig oder sogar als skandalös. Wer, wie im Fall des Kölner Gutachtens, bestimmte Unschärfen zwischen den Separatwelten Recht und Moral nutzt und einen rechtlichen Befund zu Verantwortung und Schuld ethisch rezipiert, kann mit Verweis auf die attestierte Beachtung des Gesetzes die Missachtung des Gebotenen verschleiern. Der kritische Punkt der Etablierung von Separatwelten besteht also darin, in der Regel auf ihrer strikten Trennung zu bestehen. Für die eingeweihten Diskursteilnehmenden ist dann kaum mehr vorstellbar, dass ein Bischof sich bloß auf die Position des Rechts bezieht oder eine kirchliche Amtsperson sexualisierte Gewalt ausagiert.[16] Bifokale Vorgaben in bestimmten Kontexten des Christentums schärfen die Optik zwar für das Unterscheidende, begünstigen aber die Möglichkeit ihrer Verwirrung.

---

14 Durkheim, *Die elementaren Formen*, 73. Vgl. weiter Egger, Pfeuffer und Schultheis, „Vom Habitus zum Feld", 141 f.

15 Vgl. Rashid und Barron, „Focus of Clerical Child Sexual Abuse", 567. Diese Problemlinie hat ebenfalls Pierre Bourdieu in einem anderen Zusammenhang aufgegriffen und sie dabei als Grundproblem bestimmter kirchlicher Praxen rekapituliert: „So erklärt sich die typische priesterliche Vorliebe für die verklärende Nachahmung und die verwirrende Ungenauigkeit, die bewusste Polysemie und die gesuchte Zweideutigkeit, das Doppelsinnige oder die methodische Unklarheit und der systematische Gebrauch von Metaphern" (Bourdieu, *Religion*, 44). Letztere stoßen deshalb auf Bourdieus Kritik, weil sie in ökonomischen Kontexten, die er besonders im Blick hat, familiale Verhältnisse suggerieren, dadurch aber zu Ausbeutung und weniger zur Anerkennung beitragen. Diese stellt er aufgrund des ersten Effekts als fadenscheinig dar.

16 Der primäre Rekurs auf das Recht in Verantwortungsdiskursen ist auch deshalb perfide, weil längst bekannt ist, wie schwer sich die Justiz mit der Verfolgung und Verurteilung von Sexualdelikten tut, sodass hier in der Mehrheit der Fälle keine Aufklärung oder Abhilfe zu erwarten ist, vgl. Cooper-White, „Violence", 488.

Einen konstruktiven Umgang mit dem Desiderat einer kritischen Reflexion auf die Ermöglichungsstrukturen sexualisierter Gewalt im Raum der Kirche verspricht die Analyse von Strukturen, die Separatwelten hervorbringen. Separatwelten in einem allgemeinen Sinn haben einen arbiträren Charakter und fallen dort auf, wo etwas von Insidern selbstverständlich angenommen wird, externen Personen aber entweder fremd ist oder sogar auf Ablehnung stößt. Partnerschaften und Familien, Institutionen, Unternehmen, Religionen und Kulturen zeigen sich mehr oder weniger als Separatwelten. Positiv gesagt erlauben sie Andersheit und Eigenart, negativ gewendet verbreiten sie Exklusion und Fixation. Der unverkennbar kritische Zug des Begriffs Separatwelt, der bestimmte soziale Gebilde weniger durch Netze, als durch Segmente geprägt sieht,[17] trifft auch kirchliche Segregationstendenzen.[18] Wer einmal mit der nötigen Distanz an liturgischen Inszenierungen teilgenommen hat, die je nach Konfession und Ritus völlig unverhohlen an höfisches Zeremoniell angelehnt sind, oder wer zu Gast in einem Priester- oder Predigerseminar war, kann erahnen, wie sich Separatwelten geben.

Im Vergleich mit anderen sozioökonomischen Gebilden fällt die Wucht auf, mit der Separatwelten durch kirchliche Praxis entstehen können. Das hängt mit der teleologischen und dramaturgischen Ausrichtung zusammen, die Regulierung von Personen durch Rekurs auf Werte vornimmt. In einer etablierten religiösen Optik scheint dies akzeptabel, weil Freiheit in einem sehr grundlegenden Sinn als bedingt aufgefasst wird.[19] Damit verbundene Ansprüche sind heikel und können ebenso für ein Maximum wie für ein Minimum an Menschlichkeit geltend gemacht werden. Diese Polarität prägt bis in die Gegenwart die Art, wie kirchlich Verantwortliche auf Fälle sexualisierter Gewalt reagieren, wie die bereits angeführten Vorgänge in der Römisch-katholischen Kirche in Köln zeigen.[20] So gehört

---

17 Vgl. Großmaß, „Autorität", 476.

18 Vgl. Bourdieu, *Religion*, 42, der von einem „relativ autonomen religiösen Feld" ausgeht.

19 In diesem Ambiente hat sich der Gehorsam als protegierte *hexis* der christlichen Seele längst nicht für alle christlichen Gemeinschaften erledigt, vgl. Anić und Filipović, „Gehört die Ausbeutung zum System", 121 und Wirth, *Distanz des Gehorsams*, 318.

20 Der Kirchenrechtler Thomas Schüller hat den mehr als zweifelhaften Charakter des offiziellen Gutachtens zu Fällen sexualisierter Gewalt und sie begleitende Strukturen im Erzbistum Köln herausgearbeitet. Er kritisiert vor allem den verteidigenden Duktus des Gutachtens, sodass der Eindruck der Befangenheit einer Gruppe von Anwält*innen entsteht, die insbesondere die Rolle ihres Auftraggebers, Rainer Woelki, kleinschreiben könnten. Dies, so Schüller, gelinge aufgrund einer „unterkomplexen" Darstellung der Verhältnisse, zum Beispiel durch die im Gutachten vorgenommene Herabstufung der Bedeutung von Weihbischöfen. Das ist deshalb delikat, weil der sich als Aufklärer gerierende Woelki zuvor auf dieser Ebene agierte, vgl. insgesamt Schüller, „Zu schön", 4. Wie sich weiter unten zeigen wird, macht bereits das Neue Testament auf das Problem

die Erzeugung überscharfer religiöser Kontraste, zum Beispiel zwischen Drinnen und Draußen, Amt und Person, Klerus und Laien, Körper und Seele, Wort und Wirklichkeit,[21] wobei in der Regel keine Gleichwertigkeit, sondern eine hierarchische Ordnung angenommen wird,[22] zu den Grundbedingungen sexualisierter Gewalt in kirchlichen Kontexten. Durch sprachliche und soziale Codes, durch Inszenierungen und Riten, durch ein bestimmtes Denken und daraus abgeleitetes Handeln werden teilweise toxische Separatwelten kreiert, die Probleme machen oder anzeigen.[23]

2 Sexualisierte Gewalt und Separatwelten: Vertiefungen

Menschliche Sexualität kann selbst als Separatweltenphänomen beschrieben werden. Trotz Aufklärung über einen psychophysischen Zentralbereich des Lebens, dessen grundsätzlich positive Bedeutung ganz unzweifelhaft ist, bleibt Sexualität von Polaritätsmustern durchzogen. Diese bestehen zum Beispiel aus Anerkennung und Repression, Befriedigung und Scham, Integration oder Ausschluss. Zu dieser Darstellung gehört der Hinweis auf die Gewaltförmigkeit bestimmter Gestaltungen und Verstrickungen des Sexuellen. Das breite Spektrum, in dem Sexualität und sexualisierte Praxis erscheinen und die im einen Fall Lust, im

der sexualisierten Gewalt aufmerksam, spätestens die feministische Theologie, wie ebenfalls weiter unten ausgeführt wird, hat auf kirchliche Strukturen als Ermöglichungsbedingung von sexualisierter Gewalt hingewiesen. Kirchliche Amtspersonen, die in den letzten Jahrzehnten hohe Ämter innehatten, sind schlicht ihrer Verantwortung nicht nachgekommen, wenn Aufklärung und Prävention unterblieben. Auch der Rekurs auf einen autoritären Vorgesetzten, wie im Fall von Weihbischöfen ein Ortsbischof, wirkt nicht exkulpierend, weil keine andere Personengruppe als diese „Brüder in Pink" das Problem der „Brüder im Nebel" (Teil einer Akte im Erzbistum Köln mit Informationen über aufgefallene Priester) und seine normative und rechtliche Dimension hätte aufdecken können. Hier gilt der ethische Grundsatz: Wer Mittel hat (z. B. ein hohes kirchliches Amt), mit deren Einsatz ein Übel (z. B. ein inadäquater Umgang mit Priestern, die sexualisierte Gewalt ausüben) sichtbar und behoben werden kann, ist auch zu einem entsprechenden Einsatz verpflichtet. Dies gilt umso mehr, als die moralischen Barrieren im genannten Fall klein waren, das heißt ein mögliches Übel immens, der Einsatz der Mittel aber ohne erhebliches Risiko war.
21 Vgl. Bourdieu, *Religion*, 45.
22 Vgl. Marsden, „The Church's Contribution", 82.
23 Sigmund Freud wies schon Anfang des letzten Jahrhunderts in Wien in einem Essay, der den Auftakt zur ersten Ausgabe der neu gegründeten Zeitschrift für Religionspsychologie markierte, auf die auffallende phänomenologische Ähnlichkeit zwischen den „heiligen Handlungen des religiösen Ritus" und Zwangshandlungen als neurotischen Symptomen hin, vgl. Freud, „Zwangshandlungen", 131.

anderen ein Trauma bedingen, macht Separatwelten möglich. Der grundsätzlich gute Ruf menschlicher Sexualität, der damit zusammenhängt, dass Menschen hier Glück finden können,[24] bietet ein unerschöpfliches Reservoir ihrer Korrumpierung. Mit Verweis auf die positive Seite von Sexualität, die sich an die Normen der Reziprozität hält, kann ihr Abrutschen verschleiert werden. Verharmlosungen bestimmter Formen sexualisierter Gewalt im Stil eines „What's the big deal"[25] werden aufgrund solcher Falschverweise auf das Positive bestimmter sexueller Erfahrungen möglich. Konkret kann die eine Welt für eine andere ausgegeben werden, Gewalt zum Beispiel als Ausdruck von Beziehung kaschiert werden. Faktisch wird damit zwar die Separierung verschiedener Welten zurückgenommen, aber normativ bleibt sie in Geltung. Kritische Reflexion setzt hier an und macht auf die Homogenitätsfiktion aufmerksam, wonach bestimmte Handlungsweisen oder Diskurse immun gegen massive Probleme sind. Nur wenn Vorbehalte gegen rigide Separatwelten berücksichtigt werden und die Frage, ob alles auch anders sein könnte, Legitimität behält, kann auf problematische Dispositionen oder Entwicklungen angemessen reagiert werden. Diese Art der Offenheit ist schmerzhaft, weil sie ein Sich-Einrichten und Anderes-Ausblenden stört.

Bis heute stellt das Fehlen dieser Modalitäten eines der zentralen Mankos im Umgang verschiedener Kirchen mit dem teilweise endemischen Problem sexualisierter Gewalt dar. Die Förderung von Separatwelten durch das Protegieren eines religiösen Habitus der Kritiklosigkeit und des Gehorsams bildet den Kern des Problems. Die körperliche Bedeutung eines religiösen Ethos des Gehorsams, inklusive aller *mind-altering effects*, verlangt im Kontext sexualisierter Gewalt verstärkte Aufmerksamkeit, wie Lisa Isherwood in einem etwas anderen Zusammenhang auf den Punkt gebracht hat: „We have [...] been displaced, removed from our bodies by an invasion of our minds".[26] Der Nimbus einer *societas perfecta* animiert solche kritikwürdigen Haltungen. Ihre systemimmanente Plausibilität ist umso erstaunlicher, als sexualisierte Gewalt, zum Beispiel gegen Kinder, wie oben erwähnt, bereits dem Neuen Testament und seiner Paränese bekannt ist.[27] Das von kirchlichen Verantwortlichen immer wieder angeführte Narrativ der Unwissenheit entpuppt sich mithin als infame Ignoranz.[28]

Nicht nur wurden immer wieder Einzelfälle bekannt, es gab auch Diskurse über die Zusammenhänge von sexualisierter Gewalt und kirchlichen Strukturen, insbesondere in der feministischen Theologie seit den 1980er-Jahren. Die analy-

---

24 Siehe dazu auch Gräb-Schmidt, „Abgrund menschlicher Möglichkeiten" in diesem Band.
25 West, „The Harms", 95.
26 Isherwood, „Indecent Theology", 144.
27 Vgl. Barth, *Das christliche Leben*, 249.
28 Vgl. Dale und Alpert, „Hiding Behind the Cloth", 60 f.

tischen Kategorien „Patriarchat" oder „Kyriarchat" spielten in der theologischen Genderforschung eine ebenso zentrale Rolle wie die Aufdeckung des Androzentrismus in den kirchlichen Strukturen, in der biblischen, noch mehr der späteren theologischen Tradition und in den zugrundeliegenden Gottesbildern. Die feministische Theologie begnügte sich dabei nie mit Symptomanzeigen, sondern verwies gezielt auf den systemischen Charakter der damit verbundenen Gewalt. Insbesondere kritisierten Römisch-katholische Theolog*innen seit dem 2. Vatikanischen Konzil die problematische Verbindung des Priesteramts mit dem männlichen Geschlecht einerseits und dem strikt geforderten Zölibat andererseits, zumal diese Junktionen nicht biblisch fundiert sind. Die zahlreichen Fälle gebrochenen Zölibats, Austritte bzw. Entfernungen von Priestern aus dem kirchlichen Dienst, sobald sie zu einer Liebesbeziehung stehen wollten, aber auch viele mehr oder weniger heimliche Partnerschaften ließen keinen Zweifel daran, dass die Römisch-katholische Kirche ein grundlegendes Problem hatte, aber sich partout nicht in einem grundlegenden Sinn damit auseinandersetzen wollte. Das hierarchische System immunisierte sich konsequent gegen jeden Vorstoß, der an seiner Macht rüttelte. Weder die Aufhebung des Pflichtzölibats für Priester noch die Weihe von Frauen werden vonseiten der Römisch-katholischen Kirche konzediert, auch nach Jahrzehnten innerkirchlicher Konflikte und Gespräche nicht. Der Preis dafür ist extrem hoch.

Heute stehen die medizinischen und psychosozialen Wirkungen sexualisierter Gewalt im Mittelpunkt der interdisziplinären Befassung mit diesem Problembezirk; was allerdings, wie die neutestamentliche Paränese und die feministisch-theologische Kritik zeigt, nicht bedeutet, dass diese Kenntnis nicht schon lange davor als Problem bekannt war. Das Grundproblem hat sich bis heute nicht erledigt, sexualisierte Gewalt betrifft weiterhin vor allem, aber nicht nur Personen,[29] die sich als Frauen identifizieren sowie Kinder und Jugendliche.[30] Damit verbundene Strukturen von Prekarität, die sexualisierter Gewalt oft vorausliegen, weisen sie als globales *Public Health* Thema aus.[31] Zwar gibt es Fälle, in denen

---

29 Vgl. Banton und West, „Gendered Perceptions", 249. Sie weisen in ihrer Studie auf die geschlechtsspezifischen *biases* hin, die im Bereich des „female-on-male sexual abuse" (S. 258) bestehen. Solche Kontexte sind für theologische Zusammenhänge relevant, in denen Mutterideale Praxen ermöglichen, die zum Nachteil von Schutzbefohlenen und ihrer körperlichen Integrität, zum Beispiel in kirchlichen Kinderheimen und Schulen, genutzt werden. Toxische Weiblichkeit, analog zu toxischer Männlichkeit, hat einen *locus classicus* in religiösen Settings (vgl. beispielhaft Mendes, Pinskier und McCurdy, „How Do Jewish Communities Respond", 930 und den Beitrag von Kaminsky „Tabuisierung und Gewalt" in diesem Band).

30 Vgl. Cooper-White, „Violence", 488.

31 Die WHO qualifiziert sexualisierte Gewalt gegen Kinder und Jugendliche 2017 als „major global public health problem" (WHO, *Responding to children*, 7). Vgl. dazu Banton und West,

geschädigte Personen eine Resilienz aufweisen, die sie relativ unbeschadet aus einer Episode sexualisierter Gewalt entlässt, oft aber sind die psychischen und körperlichen Syndrome, auch langfristig, kritisch.[32] Neben Vertrauensverlust, auch in das eigene Selbst und damit verbundene Entfremdungserfahrungen,[33] werden eine Vielzahl verschiedener biographischer (z. B. *sex work*, riskantes Sexualverhalten) und medizinischer (z. B. Adipositas, Angststörungen, Depressionen, Essstörungen, HIV, Persönlichkeitsstörungen, Suizidversuche) Effekte in Metastudien mit sexualisierter Gewalt korreliert.[34] Eine hohe statistische Wahrscheinlichkeit (*high quality evidence*) besteht laut einem aktuellen *umbrella review* für den langfristigen Zusammenhang von *childhood sexual abuse* (CSA) und Schizophrenie, posttraumatischen Belastungsstörungen und Substanzabusus.[35]

Zur Fundamentalstruktur einer massiven Gefährdung der psychischen und somatischen Gesundheit Betroffener gehören bestimmte religiöse Annahmen in fast allen Traditionen, die Herablassungen gegenüber Feminität, Infantilität und Juvenilität gebilligt und sogar gefördert haben oder dies weiterhin tun. Gegenbewegungen im Christentum und anderen Religionen leisten dagegen einen positiven Beitrag zur Berücksichtigung zum Beispiel von Kinderrechten.[36] Der diskriminierende Trend wird vor diesem Hintergrund unübersehbar als toxische Interpretation der jeweiligen religiösen Traditionen entlarvt. Die Verbreitung eines damit verbundenen mehr oder weniger sublimen Zwangs gegen Personen in bestimmten religiösen Settings, die sich als Frauen identifizieren oder gegen Minderjährige, inklusive aller akzeptierten oder sogar bonisierten Formen (z. B. in Schulen, medizinischen Einrichtungen, religiösen Gemeinschaften), schafft Rahmenbedingungen zum Ausagieren sexualisierter Gewalt.[37]

„Gendered Perceptions", 256, die sexualisierte Gewalt, besonders gegen Kinder, ebenfalls als ein „widespread problem" darstellen. Für den interdisziplinär-theologischen Diskurs verbietet es sich aufgrund solcher Befunde, die mit dieser Form von Gewalt assoziierten Strukturen als prinzipiell unbedenklich hinzustellen.

32 Vgl. Hailes u. a., „Long-term outcomes", 836.
33 Vgl. West, „The Harms", 97.
34 Vgl. Hailes u. a., „Long-term outcomes", 833.
35 Vgl. a.a.O., 836.
36 Vgl. Striet, „Sexueller Missbrauch", 34 und weiter Surall, *Ethik*, 193–195.
37 Vgl. Banton und West, „Gendered Perceptions", 248.

3 Theologie, kirchliche Praxis und Separatwelten

Wirkfaktoren in theologischem Denken und religiöser Praxis, die im Zusammenhang mit sexualisierter Gewalt längst aufgefallen sind oder die nie in ungebrochener Weise hätten zur Darstellung kommen dürfen,[38] können hier nur angedeutet werden. Zum Beispiel das viel zitierte „Klima der Angst", das vor allem mit der Römisch-katholischen Kirche verbunden wird,[39] genau wie Sündendoktrinen, die bei Personen, die Ziele sexualisierter Gewalt wurden, ein hyperbolisches „Misstrauen gegen sich selbst"[40] animieren können, sodass Weigerung und Anklage über lange Zeit versperrte Reaktionen bleiben.[41] In umgekehrter Blickrichtung stellt die Verbindung von sexualisierter Gewalt und Sünde ebenfalls ein Separierungsproblem dar, als ob nämlich sexualisierte Gewalt, was für eine Sünde charakteristisch wäre, primär das Gott-Mensch-Verhältnis beträfe.[42] Außerdem verlangen ausgesprochene und unausgesprochene Normen in sich besonders fromm gerierenden Kreisen eine geradezu manichäische „Abtötung der Sinne".[43] Personen, die Ziele sexualisierter Gewalt wurden, werden so aufgefordert, an ihren Schmerzen vorbeizusehen.

Separatwelten prägen zudem das Amtsverständnis in bestimmten Konfessionen und trennen scharf zwischen Amt und Person[44] sowie Handlung und Moral. Ein Beispiel liefert die katholische *ex opere operato*-Vorstellung, die eine „Auratisierung" bewirkt und zu den Standardproblemen gehört, die im Umfeld der sexualisierten Gewalt in den Kirchen erörtert werden.[45] Gemeint ist eine Steigerungsform von Macht, die als „sakralisierte Macht"[46] mit Immunität gegen Kritik und Zurückweisung gestikuliert. Diese Überhöhung von Macht folgt einer Binnenlogik, nach der nicht nur sakrale Handlungen, sondern letztlich auch jene, die „[...] im Besitz des Monopols auf die legitime Handhabung der Heilsgüter"[47] sind, unbeschadet bleiben sollen.[48] Im Sinne der Prävention und Intervention von und bei sexualisierter Gewalt in den Kirchen muss die Trennung von Amt und

---

38 Vgl. den Beitrag von Wirth, „Banalisierung sexualisierter Gewalt" in diesem Band.

39 Vgl. Anić und Filipović, „Gehört die Ausbeutung zum System", 113.

40 Fischer, „Pater XX", 25.

41 Vgl. Fernau, „Strukturelle Hintergründe", 257.

42 Vgl. Rashid und Barron, „Focus of Clerical Child Sexual Abuse", 576.

43 Fischer, „Pater XX", 25.

44 Vgl. Beinert, „Gottesmissbrauch", 206–210.

45 Vgl. Essen, „Das kirchliche Amt", 78.

46 Anić und Filipović, „Gehört die Ausbeutung zum System", 119.

47 Bourdieu, *Praktische Vernunft*, 198. Vgl. ebenfalls Bourdieu, *Das religiöse Feld*, 115.

48 Vgl. Dale und Alpert, „Hiding Behind the Cloth", 71.

Person präzisiert und ihr Nimbus reduziert werden. In der Theologie wird daher längst der Abbau eines „bizarr überhöhte[n] Priesterbild[es]"[49] gefordert.[50] Separatwelten, die sich einmal auf das Amt und, davon getrennt, auf die dahinterstehende Person beziehen, erzeugen mitunter überscharfe Kontraste, die komplexe Gewaltrealitäten undeutlich werden lassen. Die Ratio der Trennung von Amt und Person müsste so konfiguriert sein, dass erstens standardisierte Huldigungen ausbleiben und, damit verbunden, zweitens ihr kritischer Grund deutlicher gesehen wird. Die gedankliche Trennung von Amt und Person basiert nämlich auf den Erfahrungen einer pessimistischen Anthropologie, ansonsten wäre die Betonung der in Rede stehenden Trennung unnötig. Die Betonung des Amtscharakters impliziert also einen notorischen Vorbehalt gegenüber der Person und berechtigt, was deutlichere Formen annehmen muss, zu kritischeren Bezugsnormen. Ihr Fehlen war und ist ein Grund für die Prävalenz von sexualisierter Gewalt in den verschiedenen Kirchen.

4 LGBTIQ-Personen, sexualisierte Gewalt und Separatwelten

Religiöse Annahmen über essentialistische Männlichkeit oder Weiblichkeit schaffen Separatwelten,[51] die Personen exkludieren, die sich nicht in die dichotome Ordnung des Geschlechtlichen einordnen wollen oder können.[52] Bisher ist keineswegs überall anzutreffende, aber dennoch endemische „gender violence"[53] in kirchlichen Kontexten gegen LGBTIQ-Personen wenig beachtet worden.[54] Dies ist umso erstaunlicher, als das Risiko, Ziel sexualisierter Gewalt zu werden, zum

---

49 Vgl. Beinert, „Gottesmissbrauch", 210. Diese Überhöhung findet Ausdruck in einem normativ unplausiblen Berührungsverbot, das auf moralische und rechtliche Unantastbarkeit setzt, und damit das Jesus-Logion des „Noli me tangere" falsch auffasst (vgl. Schärtl, „Die Unordnung", 249), anstatt es im Sinne der „Regula tactus" aus den Maximen des Jesuitenordens richtig und umfassend zu verstehen, vgl. Wirth, „Regula tactus", 188 f.
50 Dieses Desiderat hat an Konjunktur gewonnen, weil Römisch-katholische Ordensfrauen zunehmend auf erlebte sexualisierte Gewalt hinweisen, vgl. den Beitrag von Figueroa und Tombs, „Living in Obedience" in diesem Band. Nicht zuletzt ein Statusgefälle zwischen religiösen Frauen und mit Amtsmacht ausgestatteten Klerikern zeigt den hier eingeforderten Gehorsam als Ermöglichungsgrund für sexualisierte Gewalt, vgl. Anić und Filipović, „Gehört die Ausbeutung zum System", 117.
51 Vgl. Colgan, „Let Him Romance You", 15 und weiter Henderson-Merrygold, „Queer(y)ing", 107.
52 Vgl. Henderson-Merrygold, „Queer(y)ing", 97.
53 Colgan, „Let Him Romance You", 17.
54 Vgl. Henderson-Merrygold, „Queer(y)ing", 113 f.

Beispiel für transidente Personen und intergeschlechtliche Personen, erhöht ist.[55] *Gender violence* ist ebenso wenig abstrakt wie sexualisierte Gewalt, denn sie kann sich brutal ausagieren, zum Beispiel gegen eine als deviant taxierte Frau, die vermeintlichen Pflichten (z. B. nach 1 Tim 2,8 – 15)[56] gegenüber ihrem Mann nicht nachkommt.[57] Bereits im Kontext der Gewalt gegen Frauen und Kinder haben die Kirchen lange nichts an den Akzeptabilitätsbedingungen geändert, was bedeutet hätte, den eigenen systemischen Anteil an dieser andauernden Misere zu problematisieren.[58] Bis heute gibt es häusliche Gewalt, die sich auf ein religiöses Ethos beruft.[59] Sexualisierte Gewalt gegen nicht-binäre Personen, zum Beispiel solche, die sich als *trans* oder *queer* verstehen, oder gegen intergeschlechtliche Personen, kann sich gegen das bloße Faktum ihres Soseins richten. Personen wie Luna Born, die Ziel sexualisierter Gewalt in kirchlichen Kontexten wurden, berichten von einem „Grundgefühl, nicht korrekt zu sein".[60] Das vermittelten und vermitteln christliche Denominationen LGBTIQ-Personen, was aufgrund binärer und heteronormativer Leitbilder zu einer „self-abnegation" bei Personen führen kann, die etablierten geschlechtlichen Imperativen nicht anhängen.[61] Die nicht selten homo- und transphobe Lage macht LGBTIQ-Personen in kirchlichen Settings vulnerabel und zu möglichen Zielen sexualisierter Gewalt, da ein selbstbewusster und selbstbestimmter Umgang mit dem eigenen geschlechtlichen Körper und der eigenen Sexualität durch moralische oder religiöse Verurteilungen erschwert wird.[62]

Separatwelten, auch solche im Bereich des Geschlechtlichen und der sexuellen Orientierung, erzeugen außerdem Schweigsamkeit.[63] Der Abbau damit verbundener hegemonialer Settings, die zum Beispiel Frauen oder LGBTIQ-Personen Kompetenz über ihre Körper und persönliche Grenzen absprechen, bleibt ein wichtiges Desiderat. Erst durch die Adressierung zugrundeliegender Mechanismen können die dargestellten Probleme erörtert und abgebaut werden. Solange Präventions- und Interventionsmaßnahmen in die problematisierten Separat-

---

55 Vgl. Katzer, „Sexuelle Grenzverletzungen", 127.

56 Vgl. Marsden, „The Church's Contribution", 85.

57 Vgl. Colgan, „Let Him Romance You", 18 und weiter Melanchthon, „Bathsheba", 93.

58 Vgl. Marsden, „The Church's Contribution", 75 f. Konkreten Ausdruck findet dies dort, wo dem Institut der Ehe mehr (religiöse) Bedeutung beigemessen wird als der körperlichen und psychischen Integrität einer Frau oder ihrer Kinder, die in einer Ehe zum Ziel von Gewaltpraktiken werden, vgl. a.a.O., 76.

59 Vgl. a.a.O., 91.

60 Born, *Missbrauch mit den Missbrauchten*, 14.

61 Rodgers, *Mea Culpa*, 256.

62 A.a.O., 256 f.

63 Vgl. West, „The Harms", 101.

weltenprobleme verwickelt sind, bleiben die Strukturen der Dominanz ohne kritische Brechung in den Kirchen erhalten.[64] Aber, und das lässt hoffen, das Schweigen zu brechen ist ansteckend und macht noch mehr Menschen Mut, Erlebtes und Verdrängtes wahrzunehmen oder wahrzuhaben.[65]

Personen, die unter mehr oder weniger deutlichem Bezug auf religiöse Ansichten sexualisierte Gewalt gegen LGBTIQ-Personen ausagieren, können in besonderem Maß auf Schweigsamkeit und Scham ihres jeweiligen Gegenübers setzen. Vor allem jüngere Personen erleben ihre geschlechtlichen und sexuellen Orientierungen, gemessen am jeweiligen sozialen Umfeld, oft als problembehaftet.[66] Wenn zudem eine hegemoniale Struktur der Geschlechterverhältnisse besteht und bestimmte Geschlechter, Varianten und Körper als subaltern verstanden werden („epistemic violence"[67]), wozu Religionen oft vermeintliche Legitimationen liefern,[68] wird sexualisierte Gewalt anders möglich als dort,[69] wo „[g]eschlechtsunspezifische Verhaltensweisen [...] auch ohne Zusammenhang mit Intersexualität oder Transsexualismus [...] von relativ vielen Lesben, Schwulen und manchen heterosexuellen Erwachsenen geschildert [werden]"[70] und nicht sozial-disruptiv wirken. Nur wenn Separatwelten des Geschlechtlichen nicht weiter in ihrem herabsetzenden und hermetischen Sinn gegeneinander positioniert werden, worauf feministische Theologie schon seit Jahrzehnten drängt, kann von einer angemessenen Reaktion auf diese systemischen Ursachen von sexualisierter Gewalt in den Kirchen gesprochen werden.[71] Es besteht kein Anlass, auch nicht im Blick auf das lange bekannte Problem häuslicher Gewalt im Christentum, den Problemkreis Gewalt und Geschlecht im Christentum für erledigt zu halten.[72] Prävention und Intervention bei sexualisierter Gewalt sind an eine „offene Hal-

---

64 Vgl. Cooper-White, „Violence", 500 und West, „The Harms", 101. Es wird sogar als Kernaufgabe theologischer Ethik bezeichnet, eine fragmentarische Sicht im Bereich sexualisierter Gewalt zu detektieren und Modale zu bestimmen, die einer umfassenderen Analyse und Bewältigung der genannten Problemlage dienen, vgl. a.a.O., 102.
65 Vgl. Anić und Filipović, „Gehört die Ausbeutung zum System", 111.
66 Vgl. Katzer, „Sexuelle Grenzverletzungen", 133.
67 Spivak, „Can the Subaltern speak", 35. Vgl. Henderson-Merrygold, „Queer(y)ing", 98: „It [epistemische Gewalt] occurs when the episteme – the system of knowledge – stipulates a limited number of ways of being human, and refuses to acknowledge that humanity is possible beyond these parameters [...]."
68 Vgl. Henderson-Merrygold, „Queer(y)ing", 107 und Rashid und Barron, „Focus of Clerical Child Sexual Abuse", 569.
69 Vgl. Marsden, „The Church's Contribution", 91.
70 Katzer, „Sexuelle Grenzverletzungen", 131.
71 Vgl. Henderson-Merrygold, „Queer(y)ing", 99.
72 Vgl. Marsden, „The Church's Contribution", 92.

tung" gegenüber sexueller Orientierung und unterschiedlicher geschlechtlicher Praxis der Verantwortungstragenden gebunden,[73] weil sonst implizit von einer Tabustruktur Gebrauch gemacht wird, die LGBTIQ-Personen Schutzpflichten verweigert. Anders gesagt: Wer mehr oder weniger verdeckt Ressentiments pflegt und so zum Beispiel ein Klima der Transphobie fördert, verhindert, dass eine LGBTIQ-Person vor Grenzverletzungen geschützt wird.

5 Interdisziplinarität versus Separatwelten: Die Beiträge dieses Bandes

Sämtliche kirchliche Organisationen, inklusive der religiösen Sondergruppen im weiteren Umfeld des Christentums, sind als anfällige Strukturen für sexualisierte Gewalt aufgefallen.[74] Trotz des medialen Fokus' auf Römisch-katholische Einrichtungen folgen auch evangelische Kirchen teilweise analogen symbolischen Systemen, die sexualisierte Gewalt begünstigen können oder angemessene Interventions- und Präventionsmaßnahmen erschweren.[75] Es geht also um mehr als eine Revision der (Römisch-katholischen) Sexualmoral,[76] die sich in einem Anachronismus verfangen hat. Daher beabsichtigen die neuen interdisziplinären Perspektiven, um die es in dem Gemeinschaftsprojekt dieses Bandes geht, eine Reflexion auf die spezifischen Ermöglichungsstrukturen von sexualisierter Gewalt in kirchlichen Institutionen und ihren Satelliten. In den betreffenden Systemen spielt die Sexualmoral schon deshalb nur eine von mehreren Hauptrollen, weil eine isolierte Fokussierung bereits eine verkürzte Sichtweise darstellt, so als könnte Sexualität adäquat ohne die sie begleitenden komplexen Realitäten erfasst werden[77] und als sei sexualisierte Gewalt nicht ein Kompositum, dessen Betonung auf „Gewalt" liegt. Solchen komplexen Verwiesenheiten gehen die Beiträge dieser Projekts nach und wenden sich gegen die ebenfalls bereits ge-

---

73 Vgl. Katzer, „Sexuelle Grenzverletzungen", 135.

74 Um dies exemplarisch zu markieren, werden im gesamten Band „Päpste" in Anführungszeichen gesetzt. Sie stehen stellvertretend für ein ganzes Feld religiöser Begriffe, die in ihrer normativen Aufladung eine Binnenperspektive voraussetzen, die daher nicht von allen geteilt werden kann und zugleich im Horizont der Frage nach sexualisierter Gewalt zum Problem geworden ist. Insofern stehen die Anführungszeichen für eine doppelte Problemanzeige.

75 Vgl. Unabhängige Kommission zur Aufarbeitung sexuellen Kindesmissbrauchs, *Geschichten, die zählen*, 33 – 40.

76 Vgl. zum Beispiel im Sinne eines solchen Votums Ernst, „Sexueller Missbrauch", 140 und entgegen diesem Votum vgl. zum Beispiel Beinert, „Gottesmissbrauch", 203 und 206.

77 Vgl. Sigusch, *Geschichte*, 510.

nannte Gefahr einer Verkleinerung des Problems sexualisierter Gewalt im religiös-kirchlichen Ambiente zu einem subtotalen Problem. Dafür ist eine Multiperspektive erforderlich, die Separatwelten erst aufdecken kann, indem von mehreren Seiten und aus verschiedenen Perspektiven auf das Phänomen der sexualisierten Gewalt geblickt wird. So wird ein Feld sichtbar, in dem es zu hochproblematischen Entwicklungen gekommen ist. Dem wird in diesem Band in sechs Sektionen in einem interkonfessionellen, internationalen und interdisziplinären Zuschnitt nachgegangen. Nur das hier initiierte Gespräch zwischen Theologie, Philosophie, Psychologie, Religionswissenschaften, Geschichte und Medizin erlaubt einen angemessenen methodischen Umgang mit dem Separatweltenproblem sexualisierter Gewalt.

Sektion I befasst sich mit exemplarischen Kontexten sexualisierter Gewalt und will so zu Beginn Personen, Geschichten und Orte in den Blick nehmen, die in sexualisierte Gewalt verwickelt wurden. Autobiographien, Gutachten und Medienberichte stellen das Quellenmaterial dar, das im ersten Teil dieses Bandes exemplarisch untersucht wird. *Melanie Werren* diskutiert zu Beginn dieser Sektion Fallbeispiele (u. a. Aloisiuskolleg in Bonn und Fall Ahrensburg), die mediale Aufmerksamkeit gefunden haben. Einerseits befasst sie sich mit dem aktuellen Stand dessen, was in den Kirchen als „Aufarbeitung" gilt. Andererseits werden Strukturen herausgestellt, die an konkreten Orten nicht nur sexualisierte Gewalt, sondern besonders das damit verbundene Schweigen begünstig haben. Schließlich werden die Teilbefunde einer ethischen Bewertung zugeführt, an deren Ende die wichtige Erkenntnis steht, dass die Strukturen in den Kirchen immer noch dazu geeignet sind, schweigsame Personen und Separatwelten zu produzieren.

Im Beitrag von *Rocío Figueroa* und *David Tombs* steht das Dunkelfeld sexualisierter Gewalt gegen religiöse Frauen in Römisch-katholischen Ordensgemeinschaften durch Priester und Bischöfe im Zentrum. Methodisch steht die Auswertung qualitativer Interviews mit betroffenen Personen im Mittelpunkt, die Ziel sexualisierter Gewalt wurden. Die Ergebnisse dieser Untersuchung werden in ein weiteres Reflexionsfeld eingebettet und es wird der Frage nachgegangen, was zum Schutz von Personen in religiösen Orden getan werden muss. Schließlich wird diskutiert, ob das Leiden Jesu nicht besonderen Anlass böte, insbesondere sexualisierte Formen der Gewalt als Sensibilität des Christentums auszuweisen.

Der Beitrag von *Daniel J. Fleming* nimmt einen staatlichen Bericht zur sexualisierten Gewalt gegen Minderjährige in Australien zum Ausgangspunkt. Es wird besonders auf das steile hierarchische Gefälle in der Römisch-katholischen Kirche reflektiert und auf einen damit verbundenen mangelhaften Umgang mit problematischen Entwicklungen. In Auseinandersetzung mit der Wirtschaftsethikerin Mary C. Gentile werden Vorschläge zum Umgang mit Hierarchieproblemen in Krisenzeiten gemacht und implizit die strikte Separation hierarchischer Ebenen hinterfragt.

Zum Abschluss dieser Sektion analysiert *Regina Spiess* den Umgang der Zeugen Jehovas mit sexualisierter Gewalt. Der Beitrag problematisiert die gesellschaftliche Toleranz gegenüber dem, was hier als „greedy institution" (Lewis Coser) im religiösen Feld beschrieben wird. Der Fokus liegt auf der Situation von Kindern bei den Zeugen Jehovas und analysiert, ausgehend von einer Untersuchung der „Royal Commission into Institutional Responses to Child Sexual Abuse" in Australien, Ursachen dieser Form von Gewalt. Auf dieser Basis benennt Spiess Bedingungen, die sexualisierte Gewalt in vereinnahmenden Gemeinschaften begünstigen.

Sektion II behandelt auf Basis der vorangegangenen Phänomenanalyse interdisziplinäre Fragen zur sexualisierten Gewalt in kirchlichen Kontexten. *Gerhard Schreiber* leistet terminologische Grundlagenarbeit und grenzt die Begriffe „sexuelle Gewalt" und „sexualisierte Gewalt" gegeneinander ab. Nach einer Implikationsanalyse, die auch seltene begriffliche Vorschläge einbezieht, plausibilisiert der Autor schließlich neben anderen den Begriff der sexualisierten Gewalt für das in Rede stehende Phänomen, weil dabei der Akzent auf der Gewalt und nicht auf dem Sexuellen liegt. Es wird außerdem diskutiert, ob und wie der Aspekt des Unbegreiflichen von Gewalt terminologisch eingeholt werden kann.

Udo Rauchfleisch nimmt in seinem psychologisch perspektivierten Übersichtsartikel Grundprobleme insbesondere der Römisch-katholischen Kirche in den Blick und sondiert, worin die Verbindung zwischen Kirchen und sexualisierter Gewalt besteht und worin nicht. Dabei werden solche Strukturen und Separatwelten exemplarisch angeschaut, die in einer Anamnese besonders auffallen würden, wäre die Kirche eine Patientin, die sich in psychotherapeutische Behandlung begäbe. Zu einer solchen Begegnung lädt Rauchfleischs Beitrag ein und formuliert Aspekte, die auch für eine Art Verlaufskontrolle wichtig sind, also für den weiteren Gang der Entwicklung in den Kirchen zum Thema sexualisierte Gewalt. Die Verbindung von Kirchen und sexualisierter Gewalt wird insgesamt nicht als eine bloß kontingente Begegnung aufgefasst.

Maren Behrensen arbeitet heraus, wie epistemische Gewalt und hermeneutisches Unrecht die Erfahrung sexualisierter Gewalt verstärkt. Als Ursache für diese Erweiterung von Gewalterfahrungen werden bestimmte institutionelle Charakteristika genannt, die entlang von Verfahrensweisen und Verantwortungsvorstellungen in der Römisch-Katholischen Kirche entwickelt werden. Zum Vorschein tretende Muster sind aber keineswegs auf die Römisch-katholische Kirche beschränkt. Denn epistemische Gewalt, die das breite Spektrum des Nicht- oder Falschhörens ausmacht, wird hier als Strategie der Marginalisierung von Betroffenen in kirchlichen Kontexten erörtert. Epistemische Gewalt kommt mit einer

Doppelwirkung: Erstens wird die Bereitschaft zu einer Offenlegung des geschehenen Übergriffs durch Personen gehemmt, die Ziel sexualisierter Gewalt geworden sind, und zweitens können Personen retraumatisiert werden, die von Gewalterfahrungen berichten. Denn erneut erleben sie keine adäquate Reaktion auf das, was sie persönlich als zentral empfinden.

Alexander Fischer widmet sich dem Thema der Manipulation und verfolgt ihre Modifikation in den asymmetrischen Strukturen kirchlicher Bezüge. Fischers philosophische und psychologische Analyse der Manipulation wird in diesem Beitrag produktiv angewendet und unterbricht diverse kirchliche und theologische Imaginationen über die eigene Unbedenklichkeit. Manipulatives Handeln sei gerade kein marginaler Faktor kirchlicher Praxis und könne überdies leicht ausgeübt werden. Die genauen Modalitäten der Manipulation in kirchlichen Zusammenhängen rekapituliert Fischer mit Hilfe zweier Beispiele aus Literatur und Film. Goethes *Faust* und der Film *Spotlight* über den skandalösen Umgang der Römisch-katholischen Kirche in Boston mit Fällen sexualisierter Gewalt werden als Denkrahmen genutzt, in dem Affektivität und Vulnerabilität als entscheidende Ingredienzien manipulativer und schädlicher Praxen erörtert werden.

Bastian König geht dem Verhältnis von Erzählung und sexualisierter Gewalt nach. Dazu verbindet er die Theorie von Paul Ricœur mit Berichten von Personen, die Ziel sexualisierter Gewalt wurden. Die „narrative Identität" wird auf ihre Bedeutung für den Umgang mit dem multisegmentalen Problem sexualisierter Gewalt befragt. Das Erlebte kann nicht nur durch Narration Ausdruck finden, sondern auch als transformativer Umgang mit der Erfahrung von Gewalt erlebt werden.

Vincent Lloyd liefert ein Beispiel für die Potentiale von Literatur zur präzisen Fassung bestimmter Problembezirke im Zusammenhang mit sexualisierter Gewalt und verbindet die so gewonnenen Erkenntnisse mit einem theologischen Votum für die Unterscheidung zwischen „abuse" und „domination". Basis dieses Plädoyers ist eine Auseinandersetzung mit dem Werk Samuel Becketts, mit dem Lloyd auf jene Separatwelt verweist, in die Personen gestürzt werden, die sexualisierte Gewalt erfahren, und die sich von der gekannten Lebenswelt erheblich unterscheidet.

Sektion III folgt exemplarisch biblischen und historischen Perspektiven und befasst sich insofern mit dem Separatweltenproblem sexualisierter Gewalt, als Texte, Kunst und Geschichte in den Blick genommen werden, die das Problem dieser Form von Gewalt dort als relevant erscheinen lassen, wo notorisch daran vorbeigesehen wurde. *Ilse Müllner* arbeitet sechs Dimensionen sexualisierter Gewalt heraus, die in biblischen und anderen antiken Texten begegnen und einen Bezug zur gegenwärtigen Diskussion aufweisen. Insbesondere Schweigegebote verbinden Formen der sexualisierten Gewalt. Insofern machen biblische Texte das

Angebot, sich mit der Problematik auseinanderzusetzen. Entsprechende Passagen fehlen aber meist in Perikopenordnungen und in den Lehrplänen der Schulen. Dies ist umso bedauerlicher, als biblische Texte die soziale Verwicklung von sexualisierter Gewalt anzeigen. Machtkritik, so Müllner weiter, findet exemplarischen Ausdruck in der Art, wie in bestimmten biblischen Texten gewaltförmige Sexualität zum Ausdruck kommt.

Susanne Scholz kritisiert in ihrem Beitrag eine Hermeneutik biblischer Texte, die darin vorkommende Formen der sexualisierten Gewalt unsichtbar macht und mithin Separatwelten kreiert. Dagegen erinnert Scholz an bestimmte Bemühungen in der feministischen Theologie, die zum Beispiel Genesis 19 und die Beziehung Lots zu seinen Töchtern problematisieren und als Text über sexualisierte Gewalt lesen. Damit verbundene Dynamiken und Widerfahrnisse interpretiert und präzisiert dieser Beitrag in Auseinandersetzung mit einer Skulptur von Yehuda Levy-Aldema, die sich auf Genesis 19,32 bezieht.

Uwe Kaminsky stellt historische Forschung über Fälle sexualisierter Gewalt in kirchlichen Heimen der 1950er- und 1960er-Jahre vor und zeigt an konkreten Beispielen die Separatwelt einer tabuisierten Sexualität und sexualisierter Gewalt auf. Letztere, so Kaminskys These, konnte unter anderem aufgrund von Personalmangel im Beobachtungszeitraum entstehen. Es stellt sich mithin die Frage nach der weiteren Verantwortung für die Zustände in kirchlichen Fürsorgeeinrichtungen, die verantwortliche Institutionen auch dann nicht wahrnahmen, wenn Betroffene ihr Schweigen brachen. Stattdessen wurden sie notorisch diskreditiert und als „sexuell vorbelastet" hingestellt. Alles in allem ging es den untersuchten Institutionen um ihren guten Ruf, das Wohl der ihnen anvertrauten Kinder oder eine Maxime der Wahrhaftigkeit spielten im Untersuchungszeitraum keine Rolle in den Handlungen der Verantwortlichen.

Sektion IV widmet sich der theologisch-ethischen Perspektive auf das Phänomen der sexualisierten Gewalt. Der Konsens über den post-sozialen Charakter jeder Form von sexualisierter Gewalt und die normative Grenze, die überschritten wird, wenn Defekte im Bereich Prävention und Intervention bestehen, überblendet persistierende ethische Probleme. Diese finden sich zum Beispiel in verdeckten Urteilen von Diskursteilnehmenden, in umstrittenen unmittelbaren Handlungsempfehlungen, aber auch in der Frage, wie weit Reformen gehen müssten. Weil sexualisierte Gewalt in der Kommunikation von Institutionen zu einem partikularen Problem herabgestuft werden kann, vergrößert ethische Reflexion die Zustimmungsfähigkeit von moralisch vollständigen Handlungen im Kontext sexualisierter Gewalt. *Elisabeth Gräb-Schmidt* exploriert Bedingungen eines angemessenen Umgangs mit sexualisierter Gewalt in den Kirchen. Prävention sei nur dort nachhaltig, wo strukturelle Ermöglichungsbedingungen sexualisierter Gewalt im Raum der Kirche als führendes Problem behandelt werden.

Die Weite des dafür nötigen Reflexionsfeldes unterstreicht Gräb-Schmidt, da theologische Aufklärung über normativ plausible Formen von Sexualität geleistet werden muss, die sich konträr zu den post-sozialen Zuständen verhalten, die sexualisierte Gewalt erzeugen.

Reiner Anselm problematisiert die für die christliche Gemeinde als konstitutiv erachteten Werte des Vertrauens, des Konsenses und der Gemeinschaft, die nicht nur, aber auch problematische Separatwelten erzeugen können. Wenn Prinzipien und nicht der Person Vorrang eingeräumt wird, trägt dies, so Anselm, zum systematischen Versagen in den Kirchen bei, in denen Wegschauen protegiert und Widerstand gegen sexualisierte Gewalt gehemmt wurde und wird. Der Beitrag unterstreicht die Möglichkeit einer ethischen Depravation moralischer Phänomene in den Kirchen und votiert für eine stärkere Verankerung von Schutzpflichten.

Christoph Seibert fragt nach der Rechtfertigungsfähigkeit verschiedener Weisen des „Führens" in kirchlichen Zusammenhängen. Im Gespräch mit Foucaults „Pastoralmacht" thematisiert der Beitrag „Menschenführung" innerhalb der Kirchen, die „freiwillige Mitwirkung" und „personale Bindung" voraussetzt und dennoch gewaltanfällig bleibt. Diesen Konnex erhellt der Beitrag mit Blick auf zwei Fälle aus dem Bereich der Evangelischen Kirche in Norddeutschland. Hier fiel die Ambivalenz solcher Praktiken auf, die im Kontext von gesuchten und gepflegten Vertrauensverhältnissen bestehen und Elemente der Führung aufweisen. Trotz der positiven Bedeutung solcher Bezüge sind sie mit dem Risiko verbunden, psychische und körperliche Grenzen, wie im Fall von sexualisierter Gewalt, erheblich zu überschreiten. Normativ plausible Vertrauensverhältnisse schaffen dagegen keine hermetisch abgeschlossenen Separatwelten, sondern halten die Option der Abgrenzung und Distanzierung offen.

Mathias Wirth geht der Frage nach, ob Entschuldigungsbitten von kirchlichem Leitungspersonal nach frappierendem institutionellen Versagen, inklusive notorischer Empathielosigkeit gegenüber Betroffenen von sexualisierter Gewalt, einer doppelten Banalisierung Vorschub leisten. Es wird diskutiert, ob diese einerseits daran liegen könnte, dass die Eigenschaft der Verzeihbarkeit mit etwas verbunden wird, das diese Eigenschaft bei näherem Hinsehen nicht aufweist. Anderseits könnte ein Moment der Banalisierung von sexualisierter Gewalt durch stellvertretende und amtliche Entschuldigungen darin begründet sein, konkrete Verantwortung zu nivellieren. Es ist, so das Fazit dieses Beitrags, nicht ausgeschlossen, dass sich Kirchen in ihren mehrfach wiederholten Entschuldigungsaufführungen wiederum gewaltförmig auf Personen beziehen, die Ziel sexualisierter Gewalt wurden.

Hilary J. Scarsella stellt drei Positionen vor, die kirchliche Institutionen einnehmen, wenn sie mit Berichten über Fälle sexualisierter Gewalt konfrontiert werden und keine Maßnahmen ergreifen, die Personen in den Mittelpunkt rücken, die Ziel der Gewalt geworden sind. Scarsella unterscheidet die Rollen der Kirchen als „paternalistic savior", „powerless bystander" oder als „peace police". Im Beitrag wird neben der Abgrenzung der genannten Rollen ihre jeweilige Bedeutung für eine Immunisierungsstrategie der Kirchen gegen die Klage betroffener Personen herausgearbeitet. Alle drei rhetorischen Muster hemmen nämlich, so kann gezeigt werden, die Übernahme retrospektiver und prospektiver Verantwortung und somit nötige Reformen. Der Beitrag endet mit einem konkreten Vorschlag für ein alternatives Rollenverständnis von Kirchen („survivor-centered co-conspirator"), mit dessen Hilfe adäquat auf das Problem sexualisierter Gewalt eingegangen werden könnte.

Susannah Cornwall analysiert den Faktor Zeit im Zusammenhang mit und als Instrument von sexualisierter Gewalt in kirchlichen Kontexten. Zunächst erörtert der Beitrag die Bedeutung des Gebens von Zeit für die Entwicklung einer eigenen Sexualität und betont die Bedeutung des Schutzalters *(age of consent)*. Den Ausführungen über den Zusammenhang von Zeitlichkeit und sexualisierter Gewalt, die hier am Beispiel der Anglikanischen Kirche (Church of England) vorgenommen werden, folgt ein Plädoyer für eine verstärkte Problematisierung im Blick auf den Faktor Zeit. Erst mit diesem Fokus käme ein leicht zu übersehendes Ausmaß ihrer Gewalt zum Vorschein, das im Anhalten der Zeit besteht: Personen, die Ziel sexualisierter Gewalt geworden sind, erleben je nach Grad ihrer Traumatisierung das Widerfahrene immer wieder und werden so über eine lange Zeit anderer Zeit beraubt. Nur wo dieser Zusammenhang einkalkuliert wird, der außerdem auf andere kirchliche Bezüge verweist, die am Ort des Körpers und des Sexuellen Zeit rauben, wird die Dimension sexualisierter Gewalt adäquat erfasst.

Sektion V richtet den Fokus auf ein bisher völlig unterbestimmtes Themengebiet im Zusammenhang mit sexualisierter Gewalt in kirchlichen Kontexten. Hier geht es um LGBTIQ-Personen und die Frage, inwiefern bestimmte geschlechtliche Körper und sexuelle Praxen Vulnerabilitäten hervorbringen, die in bestimmten Einflussbereichen des Christentums verantwortet werden und zum Ausagieren eines breiten Spektrums von sexualisierter Gewalt genutzt werden können.

Micah Cronin eröffnet diese Sektion mit grundlegenden Reflexionen auf die cis heteronorme Prägung theologischer Diskurse, kirchlicher Verkündigung und Praxis. Dadurch geraten LGBTIQ-Personen in den christlichen Gemeinschaften in ein Spannungsfeld, das einen selbstbewussten und selbstbestimmten Umgang mit dem eigenen Körper erschweren kann. Der Beitrag macht konkrete Vorschläge zur Auflösung der genannten Spannung und votiert für eine Dekonstruktion solcher theologischen Annahmen, die zum Beispiel einem reproduktiven Futurismus das Wort reden. Theologische Axiome sollten verstärkt daraufhin überprüft werden, ob sie bestimmte Personen ausschließen, da gerade darin die politische Bedeutung der Theologie liegt.

Livia Prüll widmet sich geschlechtsbezogener Gewalt gegen transidente Personen in kirchlichen Kontexten. Geschlechtsbezogene Diskriminierung gerät so als Ermöglichungsstruktur verschiedener Formen von Gewalt in den Fokus und muss als damit verbundene Problemstruktur in kirchlichen Kontexten deutlicher werden. Konkret zeigt Prüll zentrale Facetten geschlechtsbezogener Gewalt am Beispiel des Umgangs der Römisch-katholischen Kirche, der evangelischen Kirchen und freikirchlicher Gemeinden mit dem Thema Transidentität. Lediglich für den Einflussbereich der evangelischen Landeskirchen sind Prozesse dokumentiert, die als trans-positiv auffallen und als Öffnung gegenüber geschlechtlicher Vielheit verstanden werden. Erst die gleichberechtigte Mitgliedschaft von Trans-Personen in den Kirchen, so das Votum, bedeutet das Ende geschlechtsbezogener Gewalt.

Jasmin Mannschatz stellt Texte von Gerard Rodgers in den Mittelpunkt ihres Beitrags und analysiert spezifische Gefährdungen, die von kirchlichen Kontexten und ihren Separatwelten für LGBTIQ-Minderjährige ausgehen. Eine als abweichend empfundene Geschlechtlichkeit oder sexuelle Orientierung wird notorisch als minderwertig und problembehaftet empfunden und als Ort von Schuld deklariert. Damit wird nicht nur der Kontext des Katholizismus in Irland und ein wichtiges Kapitel der Geschichte sexualisierter Gewalt geöffnet, sondern eine sozialethische Problemlinie verfolgt. Nicht erst Pathologisierung und Kriminalisierung, sondern besonders Moralisierungen verwickeln, so die Pointe dieses Beitrags, LGBTIQ-Personen in religiöse Schulddiskurse, die sich als Ermöglichungsbedingung für sexualisierte Gewalt durch Kleriker erweisen. Diese Zusammenhänge werden entlang der Schilderungen von Rodgers präzise entwickelt und in ein theologisch-ethisches Fazit übersetzt.

Sektion VI nimmt eine praktisch-theologische Perspektive ein und geht konkreten Handlungszusammenhängen in den Kirchen nach. Standen in der ersten Sektion eher Personen im Vordergrund, die Ziel sexualisierter Gewalt geworden sind, stehen nun, ohne diesen Bezug zu vernachlässigen, Personen und Institutionen im Vordergrund, die heute für Strukturen und Praxis in den Kirchen verantwortlich sind. Hier werden konkrete Vorschläge unterbreitet, wie Separatweltenprobleme, die zum Beispiel mit pastoralen Mentalitätsfragen assoziiert werden, abgebaut werden könnten.

Isabelle Noth leistet in ihrem ersten Beitrag für diese Sektion Aufklärung über zwei Mythen, die im Bereich *Spiritual Care* gängig sind sowie Separatwelten erzeugen und für das Problemfeld der sexualisierten Gewalt besonders virulent sind. Zum einen geht es um den „Mythos der eigenen Unverwundbarkeit" und zum anderen um den „Mythos, andere nicht zu verletzen". Beide Mythen, so wird in Auseinandersetzung mit zwei Fallberichten gezeigt, markieren fatale Fehlannahmen von Seelsorgenden. Das System dieser doppelten Verharmlosung, also der Ignoranz gegenüber der eigenen und der fremden Verletzbarkeit, verhindert aber eine Praxis des Hinterfragens und der Kritik. Damit werden Wirkfaktoren herausgearbeitet, die kirchliche Settings als spezifische Ermöglichungsstrukturen von sexualisierter Gewalt, inklusive aller Folgeprobleme, ausweisen.

Mary C. Moschella stellt drei Problembereiche in den Mittelpunkt ihrer Ausführungen, die ebenfalls zu den spezifischen Ermöglichungsbedingungen sexualisierter Gewalt in kirchlichen Kontexten gehören. Nach der fallbasierten Einführung in diese Sektion sind es in Moschellas Beitrag patriarchale, klerikale und körperfeindliche Axiome, die zu Problemen führen. Ähnlich wie Noth beschreibt Moschella die Wirkung solcher Grundannahmen auf die Selbst- und Fremdwahrnehmung von Seelsorgenden und Kirchen. Welche konkreten Änderungen mit Blick auf den genannten Dreischritt nötig sind, zeigt dieser Beitrag mit Fokus auf das Problem sexualisierter Gewalt und macht so Vorschläge für die Präventionsarbeit.

Joyce A. Mercer analysiert das Konzept der „moral injury" im Kontext der seelsorglichen Begleitung von Personen, die Ziel sexualisierter Gewalt im kirchlichen Milieu geworden sind. Die Kategorie der moralischen Verletztheit erweist sich als hilfreiche Deute- und Findekategorie und als mögliches „explanatory framework" für entsprechend verletzte Personen. Die seelsorglich-kommunikative Bedeutung des Konzepts der „moral injury" korreliert mit ihrer Sensibilität für Gefühle wie Schuld und Verantwortung. Obwohl diese als inadäquat zurückgewiesen werden können, empfinden viele Personen, die sexualisierte Gewalt erfahren haben, Scham. Die moralische Verletztheit bietet dafür Ausdrucks- und Analysemöglichkeiten. Der Beitrag schließt mit konkreten Operationalisierungsschritten.

Isabelle Noth analysiert in ihrem zweiten Beitrag für diese Sektion den problematischen Abwehrmechanismus von Seelsorgenden, wenn sie mit einer Schilderung über erlebte sexualisierte Gewalt in kirchlichen Kontexten konfrontiert werden. Besondere Aufmerksamkeit finden Argumentationsmuster, die von Seelsorgenden mit apotropäischen Absichten gewählt und die als unbewusster psychischer Effekt dechiffriert werden. Der Beitrag zeigt Bedingungen für einen professionellen und selbstkritischen Umgang mit solchen Diskursen in der Seelsorge an. Insbesondere werden dazu Schulungen angeraten, damit das seelsorgliche Gegenüber adäquat in den Blick kommen kann und nicht zur Projektionsfläche wird. Für einen reflexiven Umgang mit der eigenen Wahrnehmung, die im Seelsorgegespräch nicht einfach Perzeption bleiben kann, empfiehlt sich frühzeitige therapeutische Intervention, zum Beispiel mit dem Ziel „Nicht zum Täter [zu] werden". Um dem tatenlosen Geschehenlassen bei sexualisierter Gewalt in Kirche und Seelsorge entgegen zu wirken, sind Bewusstseinsänderungen nötig und damit das Aussteigen aus toxischen Separatwelten.

Literatur

Anić, Jadranka Rebeka und Ana Thea Filipović. „Gehört die Ausbeutung zum System? Missbrauch von Ordensfrauen in der Katholischen Kirche." *Journal of the European Society of Women in Theological Research* 28 (2020): 109–126.

Banton, Olivia und Keon West. „Gendered Perceptions of Sexual Abuse: Investigating the Effect of Offender, Victim and Observer Gender on the Perceived Seriousness of Child Sexual Abuse." *Journal of Child Sexual Abuse* 29 (2020): 247–262.

Barth, Karl. *Das christliche Leben. Die Kirchliche Dogmatik IV/4, Fragmente aus dem Nachlass, Vorlesungen, 1959–1961.* Bd. 7, *Karl Barth-Gesamtausgabe*, hg. v. Hans-Anton Drewes und Eberhard Jüngel. Zürich: Theologischer Verlag Zürich, 1976.

Beinert, Wolfgang. „Gottesmissbrauch." In *Nicht ausweichen. Theologie angesichts der Missbrauchskrise*, hg. v. Matthias Remenyi und Thomas Schärtl, 203–215. Regensburg: Friedrich Pustet, 2019.

Born, Luna. *Missbrauch mit den Missbrauchten. Mehr Träume, als die katholische Kirche zerstören kann.* Baden-Baden: Tectum, 2019.

Bourdieu, Pierre. *Religion. Schriften zur Kultursoziologie 5*, übers. v. Andreas Pfeuffer, Hella Beister und Bernd Schwibs. Konstanz: UVK Verlagsgesellschaft, 2009.

Bourdieu, Pierre. *Das religiöse Feld. Texte zur Ökonomie des Heilsgeschehens*, übers. v. Andreas Pfeuffer. Konstanz: UVK Verlagsgesellschaft, 2000.

Bourdieu, Pierre. *Praktische Vernunft. Zur Theorie des Handelns*, übers. v. Hella Beister. Frankfurt a. M.: Suhrkamp, 1998.

Colgan, Emily. „Let Him Romance You: Rape Culture and Gender Violence in Evangelical Christian Self-Help Literature." In *Rape Culture, Gender Violence, and Religion. Christian Perspectives*, hg. v. Caroline Blyth, Emily Colgan und Katie B. Edwards, 9–26. Cham: Palgrave Macmillan, 2018.

Cooper-White, Pamela. „Violence and Justice." In *The Oxford Handbook of Theology, Sexuality and Gender*, hg. v. Adrian Thatcher, 487–504. Oxford: Oxford University Press, 2014.

Dale, Kathryn A. und Judith L Alpert. „Hiding Behind the Cloth: Child Sexual Abuse and the Catholic Church." *Journal of Child Sexual Abuse* 16 (2007): 59–74.

Durkheim, Émile. *Die elementaren Formen des religiösen Lebens.* Frankfurt a. M.: Suhrkamp, 1981.

Egger, Stephan, Andreas Pfeuffer und Franz Schultheis. „Vom Habitus zum Feld. Religion, Soziologie und die Spuren Max Webers bei Pierre Bourdieu." In *Pierre Bourdieu. Das religiöse Feld. Texte zur Ökonomie des Heilsgeschehens*, hg. v. dies., 131–176. Konstanz: UVK Verlagsgesellschaft, 2000.

Enxing, Julia. *Schuld und Sünde (in) der Kirche. Eine systematisch-theologische Untersuchung.* Ostfildern: Matthias Grünewald Verlag, 2018.

Ernst, Stephan. „Sexueller Missbrauch in der katholischen Kirche – Herausforderung für die theologische Ethik." In *Nicht ausweichen. Theologie angesichts der Missbrauchskrise*, hg. v. Matthias Remenyi und Thomas Schärtl, 125–145. Regensburg: Friedrich Pustet, 2019.

Essen, Georg. „Das kirchliche Amt zwischen Sakralisierung und Auratisierung. Dogmatische Überlegungen zu unheilvollen Verquickungen." In *Unheilige Theologie! Analysen angesichts sexueller Gewalt gegen Minderjährige durch Priester*, hg. v. Magnus Striet und Rita Werden, 78 – 105. Freiburg, Basel und Wien: Herder, 2019.

Fernau, Sandra. „Strukturelle Hintergründe des sexuellen Missbrauchs in katholischen Institutionen: Zur Rolle von innerkirchlichen Machtverhältnissen und religiösen Verstrickungen von Betroffenen." *Journal of the European Society of Women in Theological Research* 27 (2019): 229 – 261.

Figueroa, Rocío and David Tombs. „Living in Obedience and Suffering in Silence: The Shattered Faith of Nuns Abused by Priests." In *Sexualisierte Gewalt in kirchlichen Kontexten. Neue interdisziplinäre Perspektiven*, hg. v. Mathias Wirth, Isabelle Noth und Silvia Schroer, 45 – 74. Berlin und Boston: De Gruyter, 2022.

Fischer, Magdalene. „Pater XX." In *Nicht ausweichen. Theologie angesichts der Missbrauchskrise*, hg. v. Matthias Remenyi und Thomas Schärtl, 19 – 31. Regensburg: Friedrich Pustet, 2019.

Frank, Joachim. „Was vom System übrigbleibt." *Kölner Stadtanzeiger* 72 (2021): 4.

Freud, Sigmund. „Zwangshandlungen und Religionsübungen." In *Gesammelte Werke* VII (Werke aus den Jahren 1906 – 1909), 127 – 139. Frankfurt a. M.: S. Fischer, 1955.

Gräb-Schmidt, Elisabeth. „Der Abgrund menschlicher Möglichkeiten und der Anspruch des Anderen – Theologisch-ethische Perspektiven zu sexualisierter Gewalt in kirchlichen Kontexten." In *Sexualisierte Gewalt in kirchlichen Kontexten. Neue interdisziplinäre Perspektiven*, hg. v. Mathias Wirth, Isabelle Noth und Silvia Schroer, 307 – 325. Berlin und Boston: De Gruyter, 2022.

Großmaß, Ruth. „‚Autorität' als sexuierte Dimension sozialer Beziehungen." *Deutsche Zeitschrift für Philosophie* 65 (2017): 476 – 489.

Hailes, Helen u. a. „Long-term outcomes of childhood sexual abuse: an umbrella review." *Lancet Psychiatry* 6 (2019): 830 – 893.

Henderson-Merrygold, Jo. „Queer(y)ing the Epistemic Violence of Christian Gender Discourses." In *Rape Culture, Gender Violence, and Religion. Christian Perspectives*, hg. v. Caroline Blyth, Emily Colgan und Katie B. Edwards, 97 – 117. Cham: Palgrave Macmillan, 2018.

Isherwood, Lisa. „Indecent Theology: What F-ing Difference Does it Make?" *Feminist Theology* 11 (2003): 141 – 147.

Kaminsky, Uwe. „Tabuisierung und Gewalt – sexualisierte Gewalt in der konfessionellen Heimerziehung der 1950er- und 1960er-Jahre." In *Sexualisierte Gewalt in kirchlichen Kontexten. Neue interdisziplinäre Perspektiven*, hg. v. Mathias Wirth, Isabelle Noth und Silvia Schroer, 285 – 303. Berlin und Boston: De Gruyter, 2022.

Katzer, Michaela. „Sexuelle Grenzverletzungen – (k)ein Thema im Kontext von Intersexualität und Transsexualität?" In *Empowerment und Selbstwirksamkeit von trans* und intergeschlechtlichen Menschen*. Bd. 2, *Geschlechtliche Vielfalt (er)leben*, hg. v. Alexander Naß u. a., 127 – 142. Angewandte Sexualwissenschaft 18. Gießen: Psychosozial-Verlag, 2019.

Marsden, Daphne. „The Church's Contribution to Domestic Violence: Submission, Headship, and Patriarchy." In *Rape Culture, Gender Violence, and Religion. Christian Perspectives*, hg. v. Caroline Blyth, Emily Colgan und Katie B. Edwards, 73 – 95. Cham: Palgrave Macmillan, 2018.

Melanchthon, Monica Jyotsna. „Bathsheba Reconsidered." In *Gender – Religion – Kultur. Biblische, interreligiöse und ethische Aspekte*, hg. v. Renate Jost und Klaus Raschzok. Theologische Akzente 6. Stuttgart: Kohlhammer, 2011.

Mendes, Philip, Marcia Pinskier und Samone McCurdy. „How Do Jewish Communities Respond to Manifestations of Institutional Child Sexual Abuse? A Case Study of Malka Leifer and Adass Israel in Melbourne, Australia." *Journal of Child Sexual Abuse* 28 (2019): 927–944.

Noth, Isabelle. „Mythen des seelsorglichen Selbstverständnisses." In *Schaut hin! Missbrauchsprävention in Seelsorge, Beratung und Kirchen*, hg. v. dies. und Ueli Affolter, 89–93. Zürich: Theologischer Verlag Zürich, 2015.

Rashid, Faisal und Ian Barron. „Why the Focus of Clerical Child Sexual Abuse has Largely Remained on the Catholic Church amongst Other Non-Catholic Christian Denominations and Religions." *Journal of Child Sexual Abuse* 28 (2019): 564–585.

Rodgers, Gerard. *Resisting the Power of Mea Culpa. A Story of Twentieth-Century Ireland.* Oxford: Peter Lang, 2019.

Schärtl, Thomas. „Die Unordnung der Diskurse. Eine theologische Reflexion auf die Missbrauchskrise." In *Nicht ausweichen. Theologie angesichts der Missbrauchskrise*, hg. v. Matthias Remenyi und ders., 242–258. Regensburg: Friedrich Pustet, 2019.

Schüller, Thomas. „Zu schön, um wahr zu sein. Das Kölner Missbrauchsgutachten entschuldigt Akteure, wo immer es geht – Weihbischöfe werden zu unbedeutenden Randfiguren." *Kölner Stadtanzeiger* 67 (2021): 4.

Sigusch, Volkmar. *Geschichte der Sexualwissenschaften.* Frankfurt a. M. und New York: Campus Verlag, 2008.

Spivak, Gayatri. „Can the Subaltern Speak?" In *Can the Subaltern Speak? Reflections on the History of an Idea*, hg. v. Rosalind Morris, 26–76. New York: Columbia University Press, 2010.

Striet, Magnus. „Sexueller Missbrauch im Raum der Katholischen Kirche. Versuch einer Ursachenforschung." In *Unheilige Theologie! Analysen angesichts sexueller Gewalt gegen Minderjährige durch Priester*, hg. v. ders. und Rita Werden, 15–40. Freiburg, Basel und Wien: Herder, 2019.

Surall, Frank. *Ethik des Kindes. Kinderrechte und ihre theologisch-ethische Rezeption.* Stuttgart: Kohlhammer, 2009.

Unabhängige Kommission zur Aufarbeitung sexuellen Kindesmissbrauchs. *Geschichten, die zählen.* Bd. 1, *Fallstudien zu sexuellem Kindesmissbrauch in der evangelischen und katholischen Kirche und in der DDR.* Sexuelle Gewalt in Kindheit und Jugend: Forschung als Beitrag zur Aufarbeitung. Wiesbaden: Springer VS, 2020.

West, Traci C. „The Harms of Sexual Harassment." In *Sex & Gender. Christian Ethical Reflections*, hg. v. Mary Iozzi und Patricia Beattie Jung, 95–103. Washington: Georgetown University Press, 2017.

WHO. *Responding to children and adolescents who have been sexually abused: WHO clinical guidelines*, https://www.who.int/reproductivehealth/publications/violence/clinical-response-csa/en/ (letzter Zugriff: 29.04.2021). Genf: World Health Organization, 2017.

Wirth, Mathias. „Die Banalisierung sexualisierter Gewalt im Gestus ihrer Entschuldigung." In *Sexualisierte Gewalt in kirchlichen Kontexten. Neue interdisziplinäre Perspektiven*, hg. v. ders., Isabelle Noth und Silvia Schroer, 355–377. Berlin und Boston: De Gruyter, 2022.

Wirth, Mathias und Heinz-Peter Schmiedebach. „Sexualisierte Gewalt gegen Minderjährige im klinischen Kontext und das Problem von Paternalismus und Täuschung." *Ethik in der Medizin* 31 (2019): 7–22.
Wirth, Mathias. *Distanz des Gehorsams. Theorie, Ethik und Kritik einer Tugend*. Religion in Philosophy and Theology 87. Tübingen: Mohr Siebeck, 2016.
Wirth, Mathias. „Regula tactus. Zur Aktualität einer kirchlichen Norm als Prävention und Plädoyer gegen sexualisierte Gewalt." *Wege zum Menschen* 65 (2013): 185–195.

I **Kontexte sexualisierter Gewalt**
Contexts of Sexual Violence

Melanie Werren

Sexualisierte Gewalt gegen Kinder und Jugendliche im kirchlichen Kontext

Ein Überblick und eine Fallanalyse

> Der sogenannte Missbrauch – natürlich konfessionsübergreifend, was sonst – hinterlässt ein ungeheures Sprachloch. Es ist ein Loch – das Wort Narbe wäre schon ein Euphemismus –, das weder die Zeit heilen kann noch Prozesse; der Begriff Verjährung ist in jedem Fall absurd. Ja, mit den Jahren vergrößert sich dieses Loch sogar, denn zur mangelnden Sprache kommen noch die immer ungenaueren, von keiner Sprache geretteten Erinnerungen.[1]

Der hier von Bodo Kirchhoff verwendete Begriff *Sprachloch* zeigt, dass sexualisierte Gewalt meist mit Sprachlosigkeit und Schweigen einhergeht. Betroffene schweigen „oftmals sehr lange und für immer"[2]. Sprechen sie trotzdem über ihnen zugefügtes Unrecht, müssen sie häufig feststellen, dass gerade auch Kirchen dieses nicht ernst nehmen, anerkennen oder aufklären.[3] Die Ziele dieser Studie bestehen darin, zum einen den aktuellen Stand des Aufarbeitungsprozesses in der römisch-katholischen (1) und der evangelischen Kirche (2) zu erfassen und zum anderen anhand zweier exemplarischer Fälle sexualisierter Gewalt an Kindern und Jugendlichen im kirchlichen Kontext begünstigende Strukturmerkmale herauszuarbeiten, die zur eben angesprochenen Sprachlosigkeit beitragen. Es geht nicht um eine strafrechtliche Bewertung, sondern um eine ethische Reflexion, die schließlich in einem Fazit (3) münden soll.

Auch wenn jeder und jedem Betroffenen eine Plattform geboten werden sollte, sofern sie oder er das möchte, über das erfahrene Verbrechen zu berichten, wird der Fokus auf zwei konkrete Kontexte gelegt, in der Hoffnung, dass diese exemplarisch für viele andere stehen können. Im römisch-katholischen sind das die sexualisierten Gewalttaten am Aloisiuskolleg in Bonn (1.1), im evangelischen Zusammenhang die sexualisierten Gewalttaten in Ahrensburg (2.1). Diese Auswahl lässt sich damit begründen, dass zu beiden Fällen umfassende Abschlussberichte vorliegen, wobei der Begriff *Abschlussbericht* missverständlich ist, da er suggeriert, dass ein Aufarbeitungsprozess abgeschlossen wurde. Da Betroffene

---

1 Kirchhoff, „Sprachloses Kind".
2 Zinsmeister, Ladenburger und Mitlacher, *Grenzverletzungen*, 85.
3 Siehe dazu Behrensen, „Aufarbeitung der Missbrauchsskandale" sowie Figueroa und Tombs, „Living in Obedience" in diesem Band.

https://doi.org/10.1515/9783110699203-003

aber bis heute mit Folgen der sexualisierten Gewalt leben müssen, können diese Berichte höchstens eine Etappe auf dem Weg der Aufarbeitung darstellen.

Da in der Vergangenheit oft weggeschaut wurde und ein genaues Hinschauen zu einem Lernen in der Zukunft führen kann, wird in dieser Studie über in den Berichten vorkommende Details von sexualisierter Gewalt berichtet. Es wird nicht der für Kinder und Jugendliche übliche Begriff *sexueller Missbrauch* verwendet, da dieser zum einen impliziert, dass ein richtiger „sexueller Gebrauch"[4] von Kindern und Jugendlichen existiert. Man darf sie weder sexuell noch in anderer Form gebrauchen. Zum anderen steht sexueller Missbrauch in engem Zusammenhang mit der sexualisierten Ausübung von Gewalt und Macht, was mit der in dieser Studie mehrheitlich verwendeten Bezeichnung *sexualisierte Gewalt* besser ausgedrückt werden kann.[5]

1 Katholischer Kontext

Der Jesuit Klaus Mertes machte im Januar 2010 mit dem Aufruf an Betroffene, sich zu melden, „systematische und jahrzehntelange Übergriffe"[6] von mindestens zwei Ordensgeistlichen an Kindern und Jugendlichen im Canisius-Kolleg in Berlin öffentlich und stieß dadurch in Deutschland eine gesamtgesellschaftliche Debatte über sexualisierte Gewalt in der römisch-katholischen Kirche an. Diese mündete zuletzt in der 2018 erschienenen Studie *Sexueller Missbrauch an Minderjährigen durch katholische Priester, Diakone und männliche Ordensangehörige im Bereich der Deutschen Bischofskonferenz* (nach den Heimatstädten der beteiligten Institute *MHG-Studie* genannt), in der vermittelte Akten von Klerikern untersucht wurden, die zwischen 1946 und 2014 in den Bistümern aktiv oder im Ruhestand waren. Bei 1670 Klerikern bzw. Ordensmännern fanden sich Hinweise dafür, dass sie der sexualisierten Gewalt an Minderjährigen beschuldigt worden sind, was einem Anteil von 4,4 % der insgesamt untersuchten Personen entspricht.[7]

In der Schweiz liegt zurzeit noch keine solche Studie vor. Das Fachgremium *Sexuelle Übergriffe im kirchlichen Umfeld* hat deshalb 2019 der *Schweizer Bischofskonferenz*, der *Vereinigung der Höhern Ordensobern der Schweiz* und der *Römisch-Katholischen Zentralkonferenz* den Vorschlag gemacht, eine Studie be-

---

4 Peter Dabrock, *Unverschämt*, 90.

5 Ebd. Vgl. zur weiteren Klärung des terminologischen Felds Schreiber, „Begriffe vom Unbegreiflichen" in diesem Band.

6 Anker und Behrendt, „Canisius-Kolleg".

7 Dreßing u. a., *MHG-Studie*, 5. Die hier ermittelte Quote ist als „untere Schätzgrösse des tatsächlichen sexuellen Missbrauchs" (a.a.O., 11) zu betrachten.

züglich der sexuellen Übergriffe im gesamten kirchlichen Umfeld in Auftrag zu geben.[8] Auch wenn solche Studien nur den Ausgangspunkt eines Aufarbeitungsprozesses bedeuten dürfen, zeigen sie doch auf, dass es sich bei sexualisierter Gewalt an Kindern und Jugendlichen durch Kleriker der römisch-katholischen Kirche nicht um ein Fehlverhalten von Einzelpersonen handelt, sondern dass strukturelle Merkmale der römisch-katholischen Kirche den sexuellen Missbrauch begünstigen oder die Prävention erschweren.[9] Deshalb wird bei der Diskussion von sexualisierten Gewalttaten am Aloisiuskolleg in Bonn ein besonderes Augenmerk auf strukturelle Aspekte gelegt.

1.1 Fall: Aloisiuskolleg in Bonn

Infolge des Aufrufs von Klaus Mertes wurden weitere Fälle sexualisierter Gewalt an Minderjährigen publik, unter anderem am Aloisiuskolleg in Bonn, einem von Jesuiten geleiteten Gymnasium und Internat. Im Folgenden werden zunächst Berichte Betroffener aufgenommen (1.1.1), die Frage nach begünstigenden Strukturmerkmalen geklärt (1.1.2) und eine ethische Reflexion vorgenommen (1.1.3). Dabei ist vor allem der Abschlussbericht *Schwere Grenzverletzungen zum Nachteil von Kindern und Jugendlichen im Aloisiuskolleg Bonn – Bad Godesberg* von 2011 leitend, in dem „ein breites Spektrum an Grenzverletzungen in Form von physischer, psychischer oder sexualisierter Gewalt"[10] geschildert wird. In dieser Studie werden die Grenzüberschreitungen des mit dem Pseudonym belegten Pater „Georg" analysiert.[11] Er war von 1968 bis 2006 als Internatsleiter, Schulleiter oder Erzieher am Aloisiuskolleg tätig und lebte in diesem Zeitraum mit einem Teil der Internatsschüler in der Villa *Stella Rheni*, die er Ende der 1960er-Jahre ohne Rücksprache mit der Provinzleitung aufwändig sanieren ließ. 2007 zog er in den Patresturm, half aber noch gelegentlich in der Villa aus. 2010 verstarb er in einem Pflegeheim.[12]

---

8 Vgl. Katholisches Medienzentrum, *Schweiz*.

9 Vgl. Dreßing u. a., *MHG-Studie*, 15. Siehe auch Moschella, „Patriarchy, Power, and Bodies" in diesem Band.

10 Zinsmeister, Ladenburger und Mitlacher, *Grenzverletzungen*, 9.

11 A.a.O., 36 f.

12 Vgl. a.a.O., 55.

1.1.1 Berichte Betroffener

31 Betroffene, die selbst sexualisierte Gewalt erlebten oder beobachteten, und fünf Zeugen, denen von sexualisierter Gewalt erzählt wurde, kommen im Bericht zu Wort.[13]

Viele der geschilderten Situationen sind von Unsicherheiten Betroffener bezüglich ihrer eigenen Wahrnehmungen geprägt.[14] Mehrfach wird das allmorgendliche Duschritual beschrieben, das von Pater „Georg" beaufsichtigt und „sehr aufmerksam verfolgt"[15] wurde. Zum Teil duschte er gemeinsam mit den Jungen.[16] Manche Schüler berichten, dass er ihnen ein Handtuch oder Duschutensilien wegriss, mit denen sie ihre Genitalien zu verdecken versuchten mit der Begründung, „dass man nicht eng und prüde sein wolle"[17].

Das Thema *Nacktheit* ist nicht nur im Zusammenhang des Duschens, sondern auch bei FKK-Strand- oder Saunabesuchen während gemeinsamer Urlaube zentral.[18] Wenn Schüler in solchen Situationen Unbehagen verspürten, führten sie es selbst auf ihre „Verklemmtheit und Unreife"[19] zurück.

Das Duschen und die Urlaube standen in unmittelbarem Zusammenhang mit weiteren Übergriffen. Ein Schüler berichtet von einer demütigenden Bestrafungsaktion nach dem Duschen, bei der die Betroffenen vor Pater „Georg" nackt eine gebückte Haltung einnehmen mussten, damit dieser mit einem Bambusstock auf ihre Gesäße einschlagen konnte.[20] Drei Schüler mussten in den Duschräumen ungefähr eine halbe Stunde den Boden schrubben und vor ihm auf Knien über den Boden rutschen.[21] Schüler wurden von ihm beim Duschen eingeseift oder in Urlauben mit Sonnencreme eingerieben.[22] Als Strafe für einen nächtlichen Regelverstoß musste ein Schüler im Zimmer von Pater „Georg" nackt Liegestützen machen. Denselben Schüler forderte er später auf, „sich vor ihm auf den Boden zu setzen und ihn oral zu befriedigen, was er getan habe"[23]. Da die Übergriffe damit

---

13 Vgl. a.a.O., 60.
14 Siehe zu diesem Thema auch Mercer, „Spiritual Care for Survivors" in diesem Band.
15 Zinsmeister, Ladenburger und Mitlacher, *Grenzverletzungen*, 61.
16 Vgl. a.a.O., 66 und 77.
17 A.a.O., 79.
18 Vgl. a.a.O., 67 und 76.
19 A.a.O., 62.
20 Vgl. a.a.O., 63.
21 Vgl. ebd.
22 Vgl. a.a.O., 67 f. und 78.
23 A.a.O., 71.

beendet waren, bezeichnete der Schüler selbst das Erlebnis als „Abschieds-ritual"[24].

Mehrfach wurden Betroffene von Pater „Georg" angesprochen, um sich fotografieren zu lassen. Er forderte sie dazu auf, sich auszuziehen und zu posieren, z. B. sich im Schlamm zu wälzen oder ein Rad zu schlagen.[25] Auch während der Urlaube machte er viele Fotografien von Jungen, „zum Teil bekleidet, zum Teil mit nacktem Oberkörper, zum Teil auch ohne Badehosen"[26].

Einige Schüler berichten von rektalem Fiebermessen, das nicht auf der Krankenstation, sondern in einem anderen Zimmer erfolgte und bei dem Pater „Georg" „vor sich hin *gegrummelt* oder *gebrummelt*"[27] habe.

1.1.2 Begünstigende Strukturen

Bei der Ausübung seiner Tätigkeiten als Internatsleiter, Schulleiter und Erzieher hatte Pater „Georg" während 38 Jahren unmittelbaren Zugang zu Schülern, auch in sehr intimen Momenten. Da er die Obhut über sie hatte, waren sie in besonderem Maße von ihm abhängig. Seine Autorität, Willkür und Wutausbrüche waren sowohl von den Schülern als auch von weiten Teilen des Kollegiums gefürchtet, die ihn als „unangefochtenen Herrscher"[28] und „unberechenbaren Despot[en]"[29] beschrieben, dem fast niemand zu widersprechen wagte.

Es galt unter den Schülern als Auszeichnung, zum Kreis der von Pater „Georg" Ausgewählten zu gehören, was mit gewissen Privilegien einherging. Die „Lieblinge" durften in der Villa *Stella Rheni* wohnen und erhielten die schönsten Zimmer. Ihre Fotografien hingen an prominenter Stelle aus und waren vorne auf dem AKO-Heft abgebildet. Schüler, die versuchten, sich von ihm abzugrenzen, schilderten, dass die Sympathie in Ablehnung – bis hin zum Schulverweis – umschlagen konnte.[30]

---

24 Ebd.
25 Vgl. a. a. O., 62 f., 70, 73 und 75.
26 A. a. O., 67 und 76.
27 A. a. O., 62. Vgl. auch 72 und 74 f. 2012 wurde an einem anderen katholischen Privatgymnasium in Bonn, dem ebenfalls von einem Männerorden geführten *Collegium Josephinum* bekannt, dass dort Patres jugendlichen Schülern während Jahren Suppositorien verabreichten (Dowideit, „Zäpfchengeber").
28 Zinsmeister, Ladenburger und Mitlacher, *Grenzverletzungen*, 57.
29 Ebd.
30 Vgl. a. a. O., 58 f. und 68.

Das Duschen in Anwesenheit von Pater „Georg" und das rektale Fiebermessen war „üblich und Schulhofgespräch"[31]. Auch Pater „Georgs" Leidenschaft für das Fotografieren, insbesondere heranwachsender Jungen, war allgemein bekannt.[32] Fotografien von unbekleideten Jungen hingen für alle sichtbar in den Fluren der Villa *Stella Rheni*. Als eine Mutter diese an einem Elterntreffen ansprach, gingen die anderen Eltern nicht darauf ein.[33] Es wurde von einem „ästhetischen Ansatz"[34] bei den Fotografien gesprochen.

Im Bericht konnte die Frage „nicht befriedigend geklärt werden"[35], wer innerhalb des Kollegs und des Ordens Kenntnisse von bestimmten Verhaltensweisen von Pater „Georg" hatte. Insgesamt wurden die „Kinder [...] nicht wahrgenommen. Meist wurde nicht etwa gezielt vertuscht oder *weg*gesehen, sondern gar nicht erst *hin*gesehen."[36] Fast alle befragten (ehemaligen) Mitglieder des Kollegiums und andere Ordensmänner gaben an, „zu keinem Zeitpunkt an die Kinder gedacht und deshalb viele Verhaltensweisen von Pater ‚Georg' nicht hinterfragt oder als grenzverletzend wahrgenommen [zu] haben. Im Vordergrund standen vielmehr der Ruf und die Interessen des Kollegs und des Ordens"[37]. Diejenigen, die Verhaltensweisen von Pater „Georg" „komisch", „anrüchig" oder „grenzwertig" fanden, zweifelten an ihrer eigenen Wahrnehmung, weil sie alle anderen scheinbar normal fanden. Grenzverletzungen wurden nicht erkannt, oder wenn sie erkannt wurden, nicht kommuniziert. Wenn Bedenken an Verantwortliche kommuniziert wurden, wurden diese nicht ernst genommen. Es existierte keine Stelle, bei der die unterschiedlichen Informationen zusammenflossen.[38] Es gab außerdem Mängel bei der Dokumentation, sodass sich selbst eine Vielzahl von schriftlichen Hinweisen nicht zu einem Gesamtbild zusammenfügen ließ.[39] 2007 kam es nach einem Gespräch zwischen Pater „Georg" und der beauftragten Rechtsanwältin des Ordens sogar zur Vernichtung von Fotografien.[40]

---

31 A.a.O., 77.
32 Vgl. a.a.O., 57.
33 Vgl. a.a.O., 70.
34 A.a.O., 73.
35 A.a.O., 189.
36 A.a.O., 196, Hervorhebung original.
37 A.a.O., 162 f.
38 Vgl. a.a.O., 163.
39 A.a.O., 169.
40 A.a.O., 186.

1.1.3 Ethische Reflexion

Zunächst einmal schienen die Eltern dem Aloisiuskolleg ein grundsätzliches Vertrauen entgegenzubringen, dem sie ihre Söhne während der Schulzeit und Urlauben anvertrauten. Vielleicht war das Vertrauen aufgrund des kirchlichen Rahmens auch besonders groß. „[J]e größer das blinde Vertrauen und je geringer das gesunde Misstrauen"[41] ist, desto einfacher ist es nach Ursula Enders für Täter und Täterinnen, Kinder sexueller Gewalt auszusetzen. Die Vermischung von Beruf und Privatleben, die beim gemeinsamen Leben mit den Schülern in der Villa *Stella Rheni* und bei den Urlauben offensichtlich wird, verschärfte das Abhängigkeitsverhältnis der Schüler. Pater „Georg" nutzte, wie Rainer Bucher treffend beschreibt, „ein spezifisches Machtgefälle in Nahebeziehungen zu Lustgewinn, verlogener Intimität und Demütigung des anderen"[42]. Er missbrauchte demnach seine Macht, die er willkürlich und autoritär ausübte und mit der er offensichtliche Sympathie und Ablehnung gegenüber Schülern zum Ausdruck brachte.

Grenzverletzungen blieben für Betroffene ambivalent, weshalb sie nicht zwingend als solche erkennbar wurden. Die Nacktheit beim allabendlichen Duschen, beim Fotografieren und im Urlaub suggerierte eine Normalität, die „Ergebnis einer Einübung und Eingewöhnung war"[43]. Dass das Duschritual und das rektale Fiebermessen allgemein bekannt war und die Fotografien mit nackten Jungen für alle sichtbar in den Fluren der Villa *Stella Rheni* hingen, ohne Widerspruch zu erzeugen, spricht für diese These. Wenn sich Betroffene unwohl fühlten, waren Zweifel in Bezug auf die eigene Wahrnehmung eine nachvollziehbare Konsequenz. Ein Umfeld, in dem das Thema *Sexualität* tabuisiert wird, kann zudem das Erkennen einer Grenzverletzung verkomplizieren.[44] Auch das rektale Fiebermessen hat einen „ambivalente[n] Charakter"[45], da diese Handlung einerseits pflegerisch oder therapeutisch indiziert und andererseits auch sexuell begründet sein kann.

Einige der beschriebenen Mechanismen erschwerten es wahrscheinlich Ordensmitgliedern und Mitarbeitenden, sexualisierte Gewalt wahrzunehmen und offen zu thematisieren.[46] Zudem ist eine Kultur der „Unaufmerksamkeit"[47], des

---

41 Enders, „Missbrauch in Institutionen", 23.
42 Rainer Bucher, „Nach-klerikale Kirche", 195.
43 Zinsmeister, Ladenburger und Mitlacher, *Grenzverletzungen*, 117.
44 Vgl. a.a.O., 86.
45 A.a.O., 99.
46 Vgl a.a.O., 204.

Nicht-Hinsehens und Nicht-Hinhörens, festzustellen, die das Erkennen von Grenzverletzungen und das diesbezügliche Weitergeben von Informationen verhinderte.[48] Gegenseitig Fehler anzusprechen, zuzugeben und zu reflektieren, war nicht üblich. Präventive Kontrollmechanismen, wie beispielsweise das Vier-Augen-Prinzip, und Verhaltensrichtlinien bei Verdachts- und/oder Mitteilungsfällen waren nicht vorhanden. Eher wurde an den Ruf der Schule als an das Leiden von Schülern gedacht und Verdienste des Tatverdächtigen wurden höher gewichtet als „autoritärer, gewalttätiger oder auch grenzverletzender Umgang mit den ihnen anvertrauten Kindern"[49]. Anstatt die Betroffenen in den Fokus der Aufmerksamkeit zu stellen, ist eine Fixierung auf den Täter und die Institution festzustellen.[50]

2 Evangelischer Kontext

Während in der römisch-katholischen Kirche weltweit Fälle von sexualisierter Gewalt öffentlich wurden, gerieten die evangelischen Kirchen in deren „Windschatten"[51] aus dem Blick. Es scheint, als habe sie sich „das Ausmaß des Missbrauchs in den eigenen Reihen noch gar nicht eingestanden"[52]. Dabei muss auch sie ihre Geschichte der sexualisierten Gewalt aufarbeiten. Gemäß dem Vorsitzenden der Evangelischen Kirche in Deutschland (EKD), Heinrich Bedford-Strom, ist diese „Aufklärungslücke" jedoch bereits im Bewusstsein und wird dadurch erklärbar, dass entsprechend „der Struktur der evangelischen Kirche [...] die Aufarbeitungsprozesse lokal und regional verortet"[53] waren. Das Ausmaß des Missbrauchs ist bis heute noch unklar. Im November 2019 waren 770 Fälle sexualisierter Gewalt an Minderjährigen und Erwachsenen bekannt. Knapp 60 % der Fälle haben sich in der Diakonie und etwas über 40 % in der verfassten Kirche ereignet.[54] 2018 verabschiedete die Synode der EKD einen 11-Punkte-Plan, der

---

47 Bucher, „Nach-klerikale Kirche", 196. Vgl. hierzu Wirth und Schmiedebach, „Sexualisierte Gewalt", 11, welche die „Ambivalenz des Berührens, Untersuchens, Einführens von Medikamenten etc." betonen.
48 Siehe dazu auch Fleming, „Overcoming Silence" in diesem Band.
49 Zinsmeister, Ladenburger und Mitlacher, *Grenzverletzungen*, 196.
50 Vgl. z. B. Goertz und Ulonska, *Fragen*, 5 f.: Das Inhaltsverzeichnis zeigt, dass unter II. in zwei Artikeln die *Opferperspektiven* in den Blick kommen. Unter I. geht es um *Bestandsaufnahmen* (Täterstrategien, Organisationskultur der katholischen Kirche, kritische Priester- und Pfarrerforschung) und unter III. um das Thema *Verantwortung*.
51 Klask, „Windschatten".
52 Ebd.
53 Ebd.
54 Vgl. Fehrs und Blum, *Bericht des Beauftragtenrates*, 3.

unter anderem einen Betroffenenbeirat, Aufarbeitungsstudien und eine unabhängige „Zentrale Anlaufstelle.help"[55] vorsieht. Ein fünfköpfiger Beauftragtenrat ist zurzeit damit befasst, die elf Punkte umzusetzen.[56]

Während die EKD sexualisierte Gewalt in den eigenen Reihen aufarbeiten will, ist bei der Evangelisch-reformierten Kirche Schweiz (EKS) bisher wenig passiert. Die EKS gab 2019 zwar Empfehlungen zur Prävention von Grenzverletzungen und sexuellen Übergriffen, ohne jedoch eine Aufarbeitung in Betracht zu ziehen. Während die EKS eine koordinative Aufgabe wahrnimmt, liegt die Aufsichtspflicht und die Umsetzung der notwendigen Maßnahmen bei den Kantonalkirchen und Gemeinden.[57] Es existieren auf nationaler Ebene gegenwärtig keine Zahlen bezüglich sexualisierter Gewalt im Kontext der Evangelisch-reformierten Kirche in der Schweiz. Diese wurden lediglich von einzelnen Landeskirchen erfasst.[58]

2.1 Fall: Ahrensburg

Den Stein ins Rollen brachte 2010 eine Betroffene, die in einem Brief an die Leitung der damaligen Nordelbischen Evangelisch-Lutherischen Kirche und an externe Personen Vorwürfe gegen Pastor J. erhob, der sie und andere Jugendliche in den 1970er- und 1980er-Jahren im Kontext *Kirchengemeinde* sexuell missbrauchte.[59] Bei den Berichten Betroffener (2.1.1), der Frage nach begünstigenden Strukturmerkmalen (2.1.2) und der ethischen Reflexion (2.1.3) beziehe ich mich auf den 2014 veröffentlichten *Schlussbericht der unabhängigen Kommission zur Aufarbeitung von Missbrauchsfällen im Gebiet der ehemaligen Nordelbischen Evangelisch-lutherischen Kirche, heute Evangelisch-lutherische Kirche in Norddeutschland.*

---

55 Vgl. a.a.O., 6.
56 Vgl. a.a.O., 8.
57 Vgl. Evangelisch-reformierte Kirche Schweiz (EKS), *Prävention.* Vgl. z.B. Reformierte Kirchen Bern-Jura-Solothurn, *Arbeitsplatz Kirche* oder Reformierte Kirche Aargau, *Schutz vor Grenzverletzungen.*
58 Vgl. Moser, „Nicht zu spät".
59 Vgl. Ladenburger u. a., *Schlussbericht,* 12.

2.1.1 Berichte Betroffener

Insgesamt 14 Betroffene, Stief- bzw. Adoptivsöhne sowie jugendliche Jungen und Mädchen, schilderten sexualisierte Gewalt, die sie von Pastor J. in unterschiedlicher Intensität und Dauer im Zeitraum von 1977 bis 1991 erlebten.[60]

Ein 16- bzw. 17-jähriger Betroffener, der aufgrund der Heirat von Pastor J. mit seiner Mutter in häuslicher Gemeinschaft lebte, berichtet von sexuellen Handlungen des Pastors an ihm.[61] Ein 13- oder 14-jähriger, ebenfalls im gleichen Haushalt lebender Betroffener erzählt, dass dieser mehrfach abends in sein Zimmer kam, um ihm eine gute Nacht zu wünschen. Regelmäßig nahm er ihn in einen Klammergriff, drückte ihn und rieb sich an ihm. Der Betroffene wehrte sich dagegen und drückte den Pastor weg, der oft nach Alkohol roch. Er lebte in dieser Zeit in einer „*Habachtstellung*"[62], da es keine Zimmerschlüssel gab, um sich vor den Annäherungen zu schützen.

Ein 14-jähriger Freund eines Pflegesohns berichtet, dass sich Pastor J. bei einem Übernachtungsbesuch zu ihm hinkniete, ihm an den Po griff und versuchte, seinen Penis zu berühren. Dies gelang ihm jedoch nicht, da er auf dem Bauch lag und sich trotz seiner deutlich spürbaren Unterlegenheit körperlich zur Wehr setzte.[63]

Für eine 15- oder 16-jährige Betroffene, die Mitglied seiner Jugendgruppe war, war Pastor J. eine Art „*heilsames Institut, wo wir hingehen konnten und wo wir uns wohlfühlten*"[64]. Er „*war sozusagen wie ein Vaterersatz für uns, unser Held*"[65]. Nach einem Jugendtreffen und dem Konsum von erheblichen Mengen Alkohol kam es auf Initiative des Pastors zu sexuellen Handlungen. Die Betroffene berichtet, dass sie zum einen „*innerlich leer und verwirrt*"[66] war und zum anderen „*aber auch stolz, dass er sich mir so zugewandt hat*"[67]. In den kommenden fünf Jahren kam es regelmäßig zu sexuellen Kontakten, bei denen Pastor J. sie wiederholt an das Schweigegebot erinnerte und ihr sagte, dass sie „*sozusagen wie seine Heilerin*"[68] in Bezug auf Frauen sei, weil er auch gerne mit Jungen etwas mache.

---

60 Vgl. a.a.O., 42.

61 Vgl. a.a.O., 47.

62 A.a.O., 49, Hervorhebung original.

63 Vgl. a.a.O., 50.

64 A.a.O., 44.

65 Ebd.

66 Ebd.

67 Ebd.

68 Ebd.

Eine 13- oder 14-jährige Konfirmandin drückte Pastor J. mehrfach fest an sich und führte deren Hand über der Hose an seinen erigierten Penis, was sie als *„verstörend und komisch"*[69] erlebte. Um Zuwendung zu erlangen, nahm sie jedoch das *„schwer irritierende Verhalten in Kauf"*[70].

Da das Zelt eines 14-jährigen Jungen während einer Ferienfreizeit infolge eines Gewitters nicht mehr funktionstüchtig war, lud ihn Pastor J. zum Übernachten in sein Zelt ein.[71] In mehreren Nächten öffnete der Pastor den Schlafsack des Jungen, streichelte ihn am ganzen Körper und führte sexuelle Handlungen an ihm durch: *„Ich hab' das über mich ergehen lassen, ich hab' so getan, als würde ich schlafen und ich habe es auch nicht wahrhaben wollen eigentlich so recht..."*[72] Der Betroffene erzählte von massivem Alkoholkonsum während der Ferienfreizeit und von einem Schweigegebot, das der Pastor ihm auferlegte. Zum Dank schenkte er ihm Alkohol und Zigaretten.[73]

Ein 14-jähriger Junge suchte aufgrund von Schwierigkeiten mit seiner Freundin bei Pastor J. seelsorglichen Rat.[74] Während des Gesprächs bot Pastor J. ihm Alkohol an, öffnete die Hosen beider und führte sexuelle Handlungen durch. Als er sich der Situation richtig bewusst wurde, *„habe er den Pastor heftig von sich gewiesen und ihm gesagt, dass er das nicht wolle"*[75], worauf ihn dieser in Ruhe ließ. Am kommenden Morgen teilte er dem Pastor mit, dass das Geschehene nicht in Ordnung sei und er zur Polizei gehen würde. Pastor J. antwortete, *„er könne dies ruhig tun, dort würde man ihm sowieso nicht glauben, weil er ja lange Haare hätte und kiffe"*[76].

2.1.2 Begünstigende Strukturen

Pastor J. hatte in der Gemeinde einen Kollegen, Pastor O., der mit Sicherheit seit 1985 von Jugendlichen und Pastor J. selbst Hinweise auf sexualisierte Gewalt erhalten hatte. Diesen Hinweisen schenkte er aber entweder keinen Glauben oder er fühlte sich durch seine seelsorgliche Schweigepflicht an der Weitergabe der In-

---

69 A.a.O., 43.
70 Ebd.
71 Vgl. a.a.O., 46.
72 A.a.O., 47.
73 Vgl. ebd.
74 Vgl. a.a.O., 45.
75 A.a.O., 46.
76 Ebd.

formationen gehindert.[77] Im Bericht kommen Petra Ladenburger u. a. zum Schluss: „Die Information ‚Sie müssen das selbst machen, ich bin nicht befugt' war falsch und hätte auch im Falle einer bestehenden Schweigepflicht lauten müssen ‚Ich bin ohne ihren Willen nicht befugt, aber wenn sie möchten, kann ich die Information weitergeben'."[78]

Anstatt umgehend die Informationen bezüglich sexueller Grenzverletzungen an das Kirchenamt weiterzugeben, führte die Pröpstin, welche die Dienstaufsicht innehatte, ein „Konfrontationsgespräch"[79] mit der Betroffenen und Pastor J. durch, um deren Glaubwürdigkeit zu prüfen. Damit setzte sie die Betroffene ohne Grund einer immensen Belastung aus, welche mit der Gefahr einer schweren psychischen Belastung oder Retraumatisierung einhergeht und die Betroffene zum Verstummen bringen kann.[80] Die Pröpstin hielt die Gespräche mit der Betroffenen, Pastor J. und den kirchlichen Gremien nicht schriftlich fest.[81]

Nach Bekanntwerden einiger Fälle im Jahr 1999 wurde gegen Pastor J. zunächst kein Disziplinarverfahren eröffnet. Er wurde lediglich versetzt, zunächst auf eine andere Stelle in der (Jugend-)Gefängnisseelsorge und 2001 in den vorzeitigen Ruhestand, obwohl er bis 2003 noch als Religionslehrer am Gymnasium der Gemeinde tätig war. Erst 2010 wurde aufgrund des bereits erwähnten offenen Briefs einer Betroffenen ein Disziplinarverfahren eingeleitet. Das Verfahren musste jedoch noch vor Eröffnung durch das Kirchengericht eingestellt werden, weil Pastor J. seine Entlassung aus dem Dienst der Kirche beantragt hatte.[82] Im Nordelbischen Kirchenamt wurden die Vorgänge rund um die Versetzung von Pastor J. kaum dokumentiert. Es wurde nur festgehalten, dass er versetzt wurde, der Grund und die Zuständigkeit für die Versetzung wurden nicht genannt.[83]

2.1.3 Ethische Reflexion

Mit der Profession der Pfarrerin oder des Pfarrers geht, so Isolde Karle, eine enge Verbindung von Person und Beruf einher, bei der das Vertrauen eine zentrale Grundlage bildet. Dieses Vertrauen ist für sie deshalb bedeutsam, weil Pfarrpersonen „mit existentiellen Problemen, die unmittelbar die menschliche Identität

---

77 Vgl. a.a.O., 78.
78 A.a.O., 83.
79 A.a.O., 100.
80 Vgl. ebd.
81 Vgl. a.a.O., 102.
82 Vgl. a.a.O., 42 f. und 107.
83 Vgl. a.a.O., 112.

berühren, zu tun haben, und damit mit Problemen, die für die Individuen *ungewöhnlich riskant und persönlich* sind"[84]. Pater J. nutzte aber genau solche kirchlichen Räume, in denen sich insbesondere vulnerable Menschen auf die Pfarrperson verlassen, wie das Pfarrhaus, die Jugendgruppe, die Ferienfreizeit oder die Seelsorgesituation, für seine Zwecke. Er missbrauchte die ihm zugeschriebene Rolle als „*Vaterersatz*"[85] und „*Held*[86]" und seine Überlegenheit zur Befriedigung seiner sexuellen Bedürfnisse. Mit Alkohol versuchte er die Jugendlichen gefügig zu machen. Betroffene erzählen im Hinblick auf die erlebte sexualisierte Gewalt von gemischten Gefühlen, zwischen Verstörung und Verwirrung auf der einen Seite und Anerkennung auf der anderen Seite, oder von einem Nicht-Wahrhaben-Wollen.[87]

Der hier beschriebene Vertrauensmissbrauch von Seiten des Pastors spricht dagegen, Vertrauen „unreflektiert als Gestaltungsimperativ funktionierender Professionalität des Pfarrberufs zu übernehmen"[88]. Vielmehr sollten absolute Transparenz und klare Abläufe bei Verdachtsmomenten oder Hinweisen auf sexualisierte Gewalt Merkmale professionellen Handelns sein. Eine solche Atmosphäre kann Betroffene ermutigen, über das Erlebte zu sprechen. Belastende Konfrontationsgespräche und ein Sich-Verstecken hinter dem Seelsorgegeheimnis können verhindert werden. Aus einem Schutzraum für Pastor J. kann ein Schutzraum für Betroffene sexualisierter Gewalt entstehen.

3 Fazit

Sowohl im römisch-katholischen als auch im evangelischen Kontext ist eine beginnende und teilweise wachsende Sensibilisierung für das Thema *sexualisierte Gewalt an Kindern und Jugendlichen* festzustellen. Auch wenn in diesem Zusammenhang für beide Konfessionen unterschiedliche Einflussfaktoren diskutiert werden – Klerikalismus, Abwertung der Leiblichkeit, Zölibat etc. bei der römisch-katholischen Kirche und Priestertum aller Glaubenden, dezentrale und undurchsichtige Machtstrukturen etc. bei der evangelischen Kirche,[89] lassen sich anhand der in dieser Studie analysierten Fälle doch mehrere Spezifika benennen, die konfessionsübergreifend sexualisierte Gewalt begünstigen können. Unhin-

---

84 Karle, „Professionalität", 3. Vgl. hierzu Müller, „Vertrauen".
85 Ladenburger u. a., *Schlussbericht*, 44.
86 Ebd.
87 Vgl. a.a.O., 43 f. und 47.
88 Langer, „Pfarrberuf", 47.
89 Vgl. hierzu z. B. Bucher, „Nach-klerikale Kirche" oder Reis Schweizer, „Zugzwang".

terfragtes Vertrauen sowie mangelndes Hinsehen und Hinhören bilden insgesamt einen Nährboden für sexualisierte Gewalt. Die unreflektierte Vermischung von Privatem und Beruflichem sowie explizite und implizite Über- oder Unterordnungsverhältnisse erschweren es zusätzlich, Grenzverletzungen als solche zu erkennen und anzusprechen. Das Fehlen von unabhängigen Anlaufstellen und klaren Aufgabenverteilungen sowie lückenhafte oder nicht vorhandene Dokumentation stellen ein weiteres Hindernis bei der Aufklärung und Aufarbeitung dar. Dass der Fokus der Kirchen eher auf der Täterschaft und dem Schutz der Institution liegt, wurde bei beiden Fällen deutlich.

Wie Kirchen Verbündete von Betroffenen sexualisierter Gewalt werden können, ist eine Frage, die sie sich an dieser Stelle gefallen lassen müssen. Eine grundsätzliche Aufmerksamkeit für die Thematik, Transparenz bei der Aufarbeitung und Aufklärung von sexualisierter Gewalt sowie die Reflexion und der Abbau von begünstigenden Strukturen sind an dieser Stelle als einige Anhaltspunkte zu nennen.

Literatur

Anker, Jens und Michael Behrendt. „Canisius-Kolleg: Missbrauchsfälle an Berliner Eliteschule,“ *Berliner Morgenpost*, 28. 01. 2010, https://www.morgenpost.de/printarchiv/titelseite/ article103946545/Canisius-Kolleg-Missbrauchsfaelle-an-Berliner-Eliteschule.html (letzter Zugriff: 23. 06. 2020).

Behrensen, Maren. „Die ‚Aufarbeitung‘ der Missbrauchsskandale in der katholischen Kirche als hermeneutisches Unrecht." In *Sexualisierte Gewalt in kirchlichen Kontexten. Neue interdisziplinäre Perspektiven*, hg. v. Mathias Wirth, Isabelle Noth und Silvia Schroer, 159 – 188. Berlin und Boston: De Gruyter, 2022.

Bucher, Rainer. „Auf dem langen Weg in eine nach-klerikale Kirche." *Lebendige Seelsorge* 70 (2019): 167–172.

Dabrock, Peter. *Unverschämt – schön. Sexualethik: evangelisch und lebensnah*. Gütersloh: Gütersloher Verlagshaus, 2015.

Dowideit, Anette. „Die Zäpfchengeber vom Elitegymnasium,“ *Welt*, 27. 05. 2013, https://www. welt.de/vermischtes/article116562307/Die-Zaepfchengeber-vom-Elitegymnasium.html (letzter Zugriff: 23. 06. 2020).

Dreßing, Harald u. a. *Sexueller Missbrauch an Minderjährigen durch katholische Priester, Diakone und männliche Ordensangehörige* (MHG-Studie), https://www.dbk.de/fileadmin/ redaktion/diverse_downloads/dossiers_2018/MHG-Studie-gesamt.pdf (letzter Zugriff: 23. 06. 2020). Mannheim, Heidelberg und Gießen, 2018.

Enders, Ursula. „Sexueller Missbrauch in Institutionen. Zur Strategie der Täter, zur Verantwortung der Institutionen und den Reaktionen der Kirche." In *Sexuelle Gewalt. Fragen an Kirche und Theologie*, hg. v. Stephan Goertz und Herbert Ulonska, 17 – 44. Berlin: Lit Verlag, 2010.

Evangelisch-reformierte Kirche Schweiz (EKS). *Prävention von Grenzverletzungen und sexuellen Übergriffen*, https://www.evref.ch/themen/praevention (letzter Zugriff: 23.06.2020). Bern: EKS, 2019.

Fehrs, Kirsten und Nikolaus Blum. *Bericht des Beauftragtenrates zum Schutz vor sexualisierter Gewalt*, https://www.ekd.de/bericht-beauftragtenrat-sexualisierte-gewalt-synode-2019-51487.htm (letzter Zugriff: 23.06.2020). Dresden: EKD, 2019.

Figueroa, Rocío und David Tombs. „Living in Obedience and Suffering in Silence: The Shattered Faith of Nuns Abused by Priests." In *Sexualisierte Gewalt in kirchlichen Kontexten. Neue interdisziplinäre Perspektiven*, hg. v. Mathias Wirth, Isabelle Noth und Silvia Schroer, 45–74. Berlin und Boston: De Gruyter, 2022.

Fleming, Daniel J. „Overcoming Silence: Fraternal Correction, Hierarchy, and the Abuse Crisis in the Australian Catholic Church." In *Sexualisierte Gewalt in kirchlichen Kontexten. Neue interdisziplinäre Perspektiven*, hg. v. Mathias Wirth, Isabelle Noth und Silvia Schroer, 75–91. Berlin und Boston: De Gruyter, 2022.

Goertz, Stephan und Herbert Ulonska, Hg. *Sexuelle Gewalt. Fragen an Kirche und Theologie.* Berlin: Lit Verlag, 2010.

Karle, Isolde. „Wozu Pfarrerinnen und Pfarrer, wenn doch alle Priester sind? Zur Professionalität des Pfarrberufs." *Deutsches Pfarrerblatt* 1 (2009): 3–9.

Katholisches Medienzentrum. *Schweiz soll Studie zu Missbrauch im kirchlichen Milieu erstellen*, 18.10.2019, https://www.kath.ch/newsd/schweiz-soll-studie-zum-missbrauch-im-kirchlichen-milieu-erstellen (letzter Zugriff: 23.06.2020).

Kirchhoff, Bodo. „Sprachloses Kind. Was damals im Internat wirklich geschah," *Der Spiegel*, 15.03.2010, https://www.spiegel.de/spiegel/a-683572.html (letzter Zugriff: 23.06.2020).

Klask, Fabian. „Skandal im Windschatten," *Zeit online*, 19.10.2018, https://www.zeit.de/2018/43/evangelische-kirche-missbrauch-skandal-aufarbeitung (letzter Zugriff: 23.06.2020).

Ladenburger, Petra u.a. *Schlussbericht der unabhängigen Kommission zur Aufarbeitung von Missbrauchsfällen im Gebiet der ehemaligen Nordelbischen Evangelisch-lutherischen Kirche, heute Evangelisch-lutherische Kirche in Norddeutschland*, https://kirchegegensexualisiertegewalt.nordkirche.de/fileadmin/user_upload/baukaesten/Baukasten_Kirche_gegen_sexualisierte_Gewalt/Dokumente/Untersuchungsbericht.pdf (letzter Zugriff: 23.06.2020). Hamburg, Köln und Bonn, 2014.

Langer, Andreas. „Der Pfarrberuf als vertrauenswürdige Profession. Vertrauen als Begründung und Gestaltungskriterium professionellen Handelns im Pfarrberuf." *Zeitschrift für Evangelische Ethik* 51 (2007): 40–49.

Mercer, Joyce Ann. „Spiritual Care for Survivors of Church-Related Sexual Abuse: Making the Case for Moral Injury." In *Sexualisierte Gewalt in kirchlichen Kontexten. Neue interdisziplinäre Perspektiven*, hg. v. Mathias Wirth, Isabelle Noth und Silvia Schroer, 521–536. Berlin und Boston: De Gruyter, 2022.

Moschella, Mary Clark. „Patriarchy, Power, and Bodies: A Pastoral Theological View of Sexual Abuse in the Church." In *Sexualisierte Gewalt in kirchlichen Kontexten. Neue interdisziplinäre Perspektiven*, hg. v. Mathias Wirth, Isabelle Noth und Silvia Schroer, 509–519. Berlin und Boston: De Gruyter, 2022.

Moser, Antonia. „Die reformierte Kirche ist nicht zu spät in Sachen Prävention," *ref.ch*, 14.01.2020, https://www.ref.ch/news/die-reformierte-kirche-ist-nicht-zu-spaet-in-sachen-praevention (letzter Zugriff: 23.06.2020).

Müller, Karin. „Schweizer vertrauen Pfarrern mehr als Kirchen," *ref.ch*, 28.05.2015, https://
www.ref.ch/news/schweizer-vertrauen-pfarrern-mehr-als-der-kirche (letzter Zugriff:
23.06.2020).
Reformierte Kirche Aargau, *Respektvoll und wertschätzend miteinander umgehen – Schutz vor
Grenzverletzungen und sexuellen Übergriffen in der Reformierten Landeskirche Aargau*,
https://www.ref-ag.ch/organisation-personen/gesamtkirchliche-dienste/frauen-maenner-
gender/praevention.php (letzter Zugriff: 23.06.2020).
Reformierte Kirchen Bern-Jura-Solothurn, *Respektvoll und wertschätzend zusammenarbeiten.
Sexuelle Belästigung und sexuelle Ausbeutung am Arbeitsplatz Kirche*, http://www.
refbejuso.ch/fileadmin/user_upload/Downloads/KES_KIS/KIS/II-A-3_Respektvoll_WEB.
pdf (letzter Zugriff: 23.06.2020). Bern: RefBeJuSo, 2009.
Reis Schweizer, Stefan. „Deutsche Protestanten unter Zugzwang," *Neue Zürcher Zeitung*,
16.10.2019, https://www.nzz.ch/international/missbrauch-deutsche-protestanten-unter-
zugzwang-ld.1506719?reduced=true (letzter Zugriff: 20.08.2020).
Schreiber, Gerhard. „Begriffe vom Unbegreiflichen. Beobachtungen zur Rede von ‚sexueller
Gewalt' und ‚sexualisierter Gewalt'." In *Sexualisierte Gewalt in kirchlichen Kontexten*,
hg. v. Mathias Wirth, Isabelle Noth und Silvia Schroer, 123–145. Berlin und Boston: De
Gruyter, 2022.
Wirth, Mathias und Heinz-Peter Schmiedebach. „Sexualisierte Gewalt gegen Minderjährige im
medizinischen Ambiente und das Problem von Paternalismus und Täuschung." *Ethik in
der Medizin* 31 (2019): 7–22.
Zinsmeister, Julia, Petra Ladenburger und Inge Mitlacher. *Schwere Grenzverletzungen zum
Nachteil von Kindern und Jugendlichen im Aloisiuskolleg Bonn – Bad Godesberg.
Abschlussbericht zur Untersuchung im Auftrag der Deutschen Provinz der Jesuiten*,
https://www.jesuiten.org/fileadmin/user_upload/Downloads/Abschlussbericht_AKO_
Zinsmeister.pdf (letzter Zugriff: 23.06.2020). Köln, 2011.

Rocío Figueroa and David Tombs

Living in Obedience and Suffering in Silence

The Shattered Faith of Nuns Abused by Priests

1 A Culture of Silence

In September 2018, former nun Doris Wagner wrote an article for the German newspaper *Die Zeit* which described how she had been sexually harassed by a priest during confession in 2009. In November 2018 the association "Voices of Faith" organized an "Overcoming Silence" event in Rome at which Wagner and other former nuns spoke about the abuse they had experienced in religious orders and criticised the culture of silence that persisted around it.[1] The issue had come to public attention after a nun in India told police in August 2018 that her bishop had raped her 13 times between 2014 and 2016.[2] At the "Voices of Faith" event, Wagner noted that the unnamed priest who harassed her was still working as a section head at the Congregation for the Doctrine of the Faith (CDF), and she described his 2009 behaviour as "grooming".[3] She also spoke of an earlier experience when she was raped in 2008 by the male superior of her religious house.[4]

The person responsible for the 2009 harassment was later identified as Austrian priest Hermann Geissler. In January 2019, Geissler resigned his position at CDF pending a tribunal investigation by the Vatican Court ("Apostolic Signatura"). Geissler had apparently been admonished in 2014 for "imprudent ges-

---

1 Voices of Faith conference entitled "Overcoming Silence – Women's Voices in the Abuse Crisis." See the recorded panel discussion: Voices of Faith, "The Silence of the Church" with Barbara Dorris, Rocío Figueroa, Mary Hallay-Witte, and Virginia Saldanha, moderated by Robert Mickens.
2 Carvalho, "Bishop accused of raping".
3 Wagner, "Overcoming Silence".
4 Wagner joined the male and female order *Familia Spiritualis Opus* (FOS known as *Das Werk* ["The Work"]) when she was nineteen years old. The rape happened five years later, a few months after she had made her final vows. Wagner left the order in 2011. See Wagner, *Nicht mehr ich*; Wagner and Mertes, *Spiritueller Missbrauch*.

https://doi.org/10.1515/9783110699203-004

tures on two occasions that he admitted and for which he asked pardon".[5] The investigation did not interview Wagner but acquitted Geissler in May 2019.[6] The tribunal stated in a communique that the allegation had not been "proven with due moral certainty".[7]

As the #MeToo movement has shown, widespread tendencies towards disbelief and victim-blaming within society, and often within the church as well, strongly discourage the reporting of sexual harassment and sexual assault.[8] Fears that reports will not be believed or taken seriously lead to self-censorship and self-silence by those who experience abuse. The indifference of institutional authorities, the threat of retaliation by perpetrators, the normalisation of mistreatment, and the risk of damage to personal reputation all serve as barriers that prevent women from coming forward. Within churches, the emphasis on obedience, deference to church authority, and the expectation that complaints will be kept strictly "in house" also strongly discourage women religious from reporting outside the church. When male church authorities fail to take allegations seriously, women religious are left to suffer in silence. There is no effective mechanism for appeal, and it is very difficult for them to speak out against the wishes of church authorities unless they leave the institution.[9]

In February 2019 the *Osservatore Romano* (the Vatican journal) featured an article on the abuse of nuns in its monthly magazine, *Donne Chiesa Mondo* (Women Church World).[10] The nuns stated that they had not reported the priests who had molested or raped them out of fear of retaliation against them or their congregations. A few days later, in response to a press question during a flight, Jorge Mario Bergoglio ("Pope Francis") publicly acknowledged the problem of priests and bishops sexually abusing nuns.[11] This was the first time that the problem had been so publicly acknowledged. Bergoglio affirmed that the Vatican was addressing the issue. He noted that in the past Joseph A. Ratzinger ("Pope Benedict XVI") suspended a French order after some of its religious sisters were

---

5 Pullella, "Vatican official resigns". For a discussion on apologies banalizing sexual violence in the context of the church see Wirth, "Banalisierung sexualisierter Gewalt" in this volume.
6 Brockhaus, "After investigation".
7 Catholic News Agency, "Signatura: Geissler".
8 Stiebert, *Rape Myths*. See also Müllner, "Frightening Continuities" in this volume.
9 Identifying abuse as a serious problem within the Catholic Church is not to suggest that the problem is necessarily worse in the Catholic Church than it is in other churches or religious communities. Nor does it mean that instances of sexual abuse against religious women in the Catholic Church are more prevalent than in other contexts involving a close and asymmetrical relationship, such as therapy, education, or secular employment contexts.
10 Scaraffia, "Without any touching," 18–20.
11 Associated Press, "Pope acknowledges scandal".

reduced to "sexual slavery" by their founder.[12] According to the French Catholic newspaper *La Croix*, the Community of St. Jean admitted in 2013 that its late founder Rev Marie-Dominique Philippe (who died in 2006) had behaved "in ways that went against chastity" with women in the order.[13]

A *Motu Proprio* (papal edict) entitled *Vos Estis Lux Mundi* (You are the Light of the World) was promulgated by Jorge M. Bergoglio ("Pope Francis") on 7th May 2019.[14] This makes clear that "crimes of sexual abuse offend Our Lord, cause physical, psychological and spiritual damage to the victims and harm the community of faith".[15] The document confirms Bergoglio's intention that procedures be universally adopted in the church to prevent sexual abuse by clergy.[16] This appears to be the first time that a Catholic Church document has acknowledged explicitly that sexual abuse can happen not only to minors (any person under 18) but also to other vulnerable people (Art 1.b). However, the document offers quite a narrow definition of what a "vulnerable person" is. It describes a vulnerable person as "any person in a state of infirmity, physical or mental deficiency, or deprivation of personal liberty which, in fact, even occasionally, limits their ability to understand or to want or otherwise resist the offence".[17] *Vos Estis Lux Mundi* also states that force does not necessarily require physical violence, but may involve threat or abuse of power.[18] It appears to be the first official church document to acknowledge this formally; however, whether these apparently positive developments can help the church address the abuse of nuns is not yet clear. In many cases, nuns are institutionally vulnerable and they suffer from the abuse of power by priests that act as spiritual directors or their authorities. It will depend not only on written policies, but also on concrete actions.

Recognition of the abuse of nuns is not new. In 1994 an Irish nun, Maura O'Donohue, prepared a confidential report for the Vatican that provided evidence on the abuse of nuns by priests. O'Donohue had been a Medical Missionary of Mary since the 1950s.[19] She had travelled extensively and spent most of her working life in various countries in Africa. For six years prior to writing the re-

---

12 A Vatican spokesperson subsequently said that "sexual slavery" referred to "manipulation" as an abuse of power; Associated Press, "Vatican tries to clarify Pope comments".

13 Winfield, "Clergy sexual abuse".

14 Bergoglio, "Vos Estis Lux Mundi". *Motu Propio* literally means "on his own initiative" and refers to documents signed and issued by the "Pope" himself.

15 Bergoglio, "Vos Estis Lux Mundi," Introduction.

16 Ibid. The provisions are intended for clerics, Institutes of Consecrated Life and Societies of Apostolic Life.

17 Ibid.

18 Ibid., Art. 1.b.

19 O'Donohue, "Urgent Concerns". See also Humphreys, *God's Entrepreneurs*, 50–55.

port she had worked on HIV/AIDS work at the London-based Catholic Agency for Overseas Development (CAFOD).[20] Her report discussed incidents of clerical sexual abuse of nuns in 23 countries across five continents; among others: Botswana, Burundi, Brazil, Colombia, Ghana, India, Ireland, Italy, Kenya, Lesotho, Malawi, Nigeria, Papua New Guinea, Philippines, South Africa, Sierra Leone, Uganda, Tanzania, Tonga, United States of America, Zambia, Zaire, and Zimbabwe.[21] O'Donohue highlighted the devastating impact of the abuse on women who "find the foundation of their faith is suddenly shattered".[22]

Some clergy had apparently targeted the women because they were fearful of contracting AIDS from sexual relations with women in the general population.[23] O'Donohue reported that priests exploited candidates to religious life, who had to provide sexual favours to receive the necessary certificates or recommendations for entering a congregation. She also reported how different diocesan congregations had to dismiss a number of sisters who had been impregnated by priests.[24] She described the efforts African sisters made to report the misconduct of numerous priests and bishops and the failure of church authorities to act on this.

On 18th February 1995, O'Donohue briefed Cardinal Eduardo Martinez Somalo, prefect of the Vatican's congregation for the religious life, and his staff on the content of her report.[25] In March 1998, Marie McDonald, a Missionary of Our Lady of Africa, raised similar issues in an address to the Bishops of the Standing Committee of SECAM (Symposium of Episcopal Conferences of Africa and Madagascar) on the "Problems Facing Religious Congregations". Yet instead of addressing the abuse, the Bishops are reported to have criticised the sisters who raised the issue and castigated them for sending reports outside of their own diocese.

Eight months later, McDonald presented the paper "The problem of the Sexual Abuse of African Religious in Africa and Rome" to the Council of 16.[26] McDo-

---

20 McGarry, "Church sources puzzled". CAFOD acted as the lead agency for HIV/AIDS programmes within the Confederation of Caritas Internationalis (CI) and O'Donohue visited many different countries as part of her HIV/AIDS work. On the visits, she was often accompanied by Father Robert Vitillo, Director of Programmes at Caritas Internationalis. The memo notes that Fr Vitillo shares the concerns set out in the report.

21 O'Donohue, "Urgent Concerns," 5.

22 Ibid., 6.

23 Cozzens, *Sacred Silence*, 60.

24 O'Donohue, "Urgent Concerns," 5.

25 Humphreys, *God's Entrepreneurs*, 175.

26 McDonald, "The Problem of the Sexual Abuse". The Council of 16 is made up of delegates from three bodies: the Union of Superiors General (an association of men's religious commun-

nald began by explaining that the sexual abuse of "African religious" – meaning female consecrated members of religious societies in Africa – also happened elsewhere and was not restricted to Africa. She continued: "Many disturbing stories could be told. However, since everyone here knows that this problem exists and that in spite of very many attempts to improve the situation, it seems to be getting worse, instead of better..."[27]

McDonald described the sexual harassment and alleged rape of sisters by priests and bishops. She reported that some pregnant sisters had been obliged by priests to seek an abortion. Other pregnant sisters had been forced to leave the order whereas the priest had only been moved to a new parish.[28]

After describing the extent of the problem, McDonald also suggested some of the causes. She pointed to the inferior position of women in church and society, and the deferential attitudes of obedience that women were expected to show to male authority figures. In addition, she said many sisters became financially dependent upon priests who asked for sexual favours in return. African nuns who went to Rome (or elsewhere in Europe or the United States) as students were often especially vulnerable as they might become dependent on priests for either financial assistance, academic assistance, or both.

McDonald responded to those who had criticised the nuns for not reporting in their own diocese. She explained: "... the sisters claim that they have done so time and time again. Sometimes they are not well received. In some instances, they are blamed for what has happened. Even when they are listened to sympathetically nothing much seems to be done."[29]

The issue finally became public in March 2001 when it was leaked to the *National Catholic Reporter* and publicized by John Allen and Pamela Schaeffer.[30] Allen and Schaeffer featured O'Donohue, McDonald, and other sources in their coverage.[31] O'Donohue, they reported, was shocked by the scale of the problem.[32] The story was picked up and discussed by other media outlets, in-

---

ities based in Rome); the International Union of Superiors General (a comparable group for women); and the Congregation for Institutes of Consecrated Life and Societies of Apostolic Life (the Vatican office that oversees religious life); see Allen and Schaeffer, "Reports of abuse".

27 McDonald, "Problem of the Sexual Abuse".

28 Ibid.

29 Ibid.

30 Allen and Schaeffer, "Reports of abuse".

31 For example, Benedictine sister Esther Fangman is reported as raising the same issue at a congress of 250 Benedictine abbots in Rome in September 2000 (Ibid.).

32 O'Donohue returned home to Ireland in 2003 and worked with people who had been subjected to trafficking from Eastern Europe. She died in Drogheda in 2015 (McGarry, "Irish woman").

cluding *The Irish Times* and *The Tablet*, which also reported on O'Donohue's and McDonald's earlier attempts to address it.[33]

Four days after the *National Catholic Reporter* article was published, Dr Joaquin Navarro-Valls, a Vatican spokesperson, responded with a statement. It acknowledged that the problem had been known, and suggested that it was being addressed by bishops and religious superiors.[34] In November 2001, the Council of 16 announced guidelines and procedures for addressing the sexual exploitation of sisters.[35] The following year, *The Boston Globe* reported on widespread clergy sexual abuse against children.[36] Their reports confirmed that sexual abuse within the church was a much wider and more systemic problem. This should have been a catalyst for a more comprehensive investigation of all forms of sexual abuse within the church, including the abuse of nuns, children, and other vulnerable groups. However, adding to the crimes, nothing changed.[37] The abuse of children was treated as a separate subject, without any reference to other vulnerable groups within the church. The abuse of nuns was ignored and received little further public attention before re-surfacing in 2018.

In this chapter we present some of the findings from qualitative interviews during 2019 with three former nuns who are survivors of sexual abuse. In this context, the term "nun" is used for brevity for religious sisters or consecrated women who belong to Roman Catholic orders, congregations, or new religious communities. The term "nun" technically refers to women belonging to enclosed orders, but we use it slightly more inclusively, extending it to all orders. The common denominator is that all of them made the vows of celibacy, poverty, and obedience within a religious community, and they were in these communities at the time of the abuse. More work needs to be done on the nature of the offending but in this chapter, we focus primarily on two concerns: first, the women's views of the institutional dynamics which enable and sustain the problem rather than on the abuse itself; second, a suggestion made in the work of Durà-Vilà, Littlewood and Leavey (2013) that abused nuns might understand their experience

---

33 McGarry, "Church sources puzzled"; The Tablet, "A scandal to face together," 403; Special Correspondent, "Sex, power, and priesthood," 432–433.

34 Cozzens, *Sacred Silence*, 61.

35 Ibid., 62.

36 The Boston Globe, "Clergy Abuse Documents".

37 Cozzens, writing in 2002, describes the *National Catholic Enquirer* story as being met with "… silence, and in some cases denial" (Cozzens, *Sacred Silence*, 61). Humphreys, writing in 2010, says: "…there has been no evidence of any follow-up in the Church" (Humphreys, *God's Entrepreneurs*, 176). See also Behrensen, "Aufarbeitung der Missbrauchsskandale" in this volume.

of abuse in relation to the suffering of Jesus[38]. We explore whether this was the case for our three participants and whether they found this connection to be helpful or not.

2 Empirical data available

There has been limited academic research on the sexual abuse of nuns.[39] The most directly relevant earlier studies are Chibnall, Wolf and Duckro (1998) and Durà-Vilà, Littlewood and Leavey (2013), along with three more recent studies by Lembo (2019), Beck-Engelberg (2020), and Vilanova (2020).[40]

Chibnall, Wolf and Duckro offer a quantitative study on the prevalence and consequences of sexual trauma experiences among Catholic nuns in the United States.[41] The report includes data from both before and after the women became nuns. The research evaluates responses to a 15-page survey from 1164 nuns. This was a 46.6% response rate to a sample size of 2500, at a time when the total number of nuns in the US was 89,000.[42]

Section 1 of the survey deals with experiences of child sexual abuse. The prevalence of child sexual abuse was 18.6% (N = 216). Of those who were abused, 23.6% (N = 51) had never discussed the abuse with another person. These women had kept their experience of sexual abuse a secret for a mean of 54.3 years. For those who spoke out (N = 165) a mean of 24.7 years had elapsed between the onset of the abuse and their first disclosure.[43] 10% of the respondents in this first section had been abused by clergy or nuns.[44] Section 2 asked about sexual exploitation (or sexual coercion) after entering the religious life. The research defined sexual exploitation to be any sexual advance, request for sexual favours, or verbal or physical conduct of a sexual nature in an imbalanced relation of power. The inclusion of all sexual relationships, even if they

---

38 Durà-Vilà, Littlewood and Leavey, "Integration of sexual trauma".

39 There is, however, more extensive literature on the sexual abuse of adult women in a church context, which provides wider context. See especially Fortune, *Sexual Violence* and Fortune, "Is Nothing Sacred". Likewise, Beth Crisp has discussed connections that victims of sexual abuse might make with the cross. See especially Crisp, *Beyond Crucifixion*.

40 Chibnall, Wolf and Duckro, "National Survey"; Durà-Vilà, Littlewood and Leavey, "Integration of sexual trauma"; Lembo, *Relations Pastorales*; Beck-Engelberg, *Ergebnisse der Umfrage*; Vilanova, *Religieuses Abusées*.

41 Chibnall, Wolf and Duckro, "National Survey".

42 Ibid., 147. An additional 46 responses were returned blank.

43 Ibid., 149–150.

44 Ibid., 149.

might appear to be voluntary and consensual, recognises the imbalance of power between a nun and someone with religious authority over them. This makes it almost impossible for a nun to have a truly consensual relationship with a priest or religious authority, even if the relationship appears to be consensual. The reported prevalence of exploitation during religious life was 12.5% (N=146). Nearly 40% of this group had two or more such experiences (4.9% overall). The 12.5% is broken down further to reveal male clergy as responsible for exploitation in 6.2% of cases, nuns in 3.1% of cases, and lay persons in 2.4% of cases; the remaining 0.9% were not specified.[45] This means that for the cases reported, clergy were identified as responsible for exploitation in about half of the reported cases. Nuns were reported as responsible for about a quarter of exploitation cases, and lay people were reported as responsible in about a fifth of exploitation cases. Within the 146 who experienced exploitation, 24.7% (N = 36) never discussed the experience with another person.[46] Section 3 investigates sexual harassment, as distinct from sexual exploitation, after entering religious life.[47] Work sexual harassment was used to categorise unwelcome sexual advances or conduct within an employment context.[48] This was reported by 9.3% (N = 108). Of these, 23.1% (N = 25) had never discussed the experience with another person. Section 4 looks at intra-community sexual harassment, which covers unwanted sexual advances from other sisters in the context of community life. The prevalence for this was 11.1% (N = 129).

Durà-Vilà, Littlewood and Leavey (2013) adopted a qualitative approach and interviewed five nuns who were sexually abused by priests.[49] Since religious and spiritual beliefs can be important factors in how religious people respond to trauma, they investigated how the nuns sought to cope with their experience and make sense of their suffering during the spiritual journeys that followed. They discuss the impact of abuse, and how the nuns responded to the shock and distress, self-doubt, anger, and mistrust which the abuse generated.[50] The interviewees speak of the importance of being believed and understood as crit-

---

45 Ibid., 151.
46 Ibid., 153.
47 Ibid., 155–156.
48 Section 5, titled "Other Sexual Abuse", is used to capture any other unwanted sexual experience which does not fit the definitions for the other four categories. The prevalence for this was 13.3% (N = 155).
49 Durà-Vilà, Littlewood and Leavey, "Integration of sexual trauma"; see also Durà-Vilà et al., "Dark Night of the Soul".
50 Durà-Vilà, Littlewood and Leavey, "Integration of sexual trauma," 26–30.

ical factors that support healing.[51] Several nuns also explain that "they felt Jesus was with them while they were being abused, and was himself undergoing the abuse as well".[52] One said:

> I felt I was very much a victim and I felt Jesus very much a victim too. I felt great solidarity with the Lord: we were both undergoing this horrible moment. He [the priest] was his [Jesus's] representative … it was very hard, but this was what saved me: it was not just me being a victim, I felt that somebody else [Jesus] was a victim too, we were both going through this awful experience.[53]

After the traumatic experience, the nuns saw the priests in a different light. The abuse made them more aware of human limitations and more conscious of their previous tendency to idealise the priests. One of the nuns affirmed:

> I realised that we are all human and that you are not a saint because you are a priest, you are not a saint because you are a nun… it made me be more realistic. I think I didn't have my feet on the ground then as I do now… what happened kept my feet on the ground regarding human reality, their sexuality and that you cannot idealise a person…[54]

In 2019, Makamatine Lembo completed a psychological, qualitative study of nine nuns from sub-Saharan Africa who had been abused or exploited by priests.[55] In her study, three participants were confronted with sexual acts (unwanted touch, unwanted sexual intercourse), two faced sexual and emotional harassment (sexual violence), two faced attempted rape (sexual violence), one was raped (sexual violence), and one was sexually abused as a minor and then exchanged sex for financial support (sexual abuse and sexual exploitation). In only one out of the nine cases did the participant believe that there was free, valid consent. Even in this case, the transgression of the vow of chastity caused suffering for the participant.

Lembo's research underlines the relational dynamics or grooming by priests. She also considers the asymmetry of the pastoral relationship between subordinate and superior, in which the priest by his identity, role, and position is responsible for any sexual misconduct. In the interviews, eight of the nine participants talked about their dependence on the influence of priestly power. This

---

51 Ibid., 32–33.

52 Ibid., 33. See also "the figure they explicitly engaged and identified with was Christ, through the pain and desolation experienced in his Passion" (p. 40).

53 Ibid., 33–34.

54 Ibid., 36. For a further discussion on this topic see Moschella, "Patriarchy, Power, and Bodies" in this volume.

55 Lembo, *Relations Pastorales*.

power was manifested in various ways: from financial dependence to emotional dependence. One of her participants affirmed:

> Becky: I was totally dependent on him financially. His financial support was conditional on my acceptance of the sexual relationship. When I refused to have sex, he cut off the financial support. I was always invited by him. He gave me everything. When he saw me with another man he would hit me. I had a friend. When he found out, he threatened the young man and our relationship broke off. He didn't want me to take precautions – condoms, pills – to avoid pregnancy. He paid for abortions, but he didn't want me to take precautions. It was slavery because I didn't consent.

> Anita: He knew that he meant a lot to me. He helps me, he helps me in everything, financially and morally. He still (laughs) brainwashed me by telling me a lot of things.[56]

Lembo analyses the descriptions of the participants. They felt the power of the priests through force, intimidation, cognitive distortions, manipulation, and an affective and emotional dependence. Another participant (named Solange) affirmed: "So, he is my father's age... I was in his diocese. He asked me to take care of him. He considered the sisters and trained them as his children. I felt that he was jealous. He watched over my relationships with other people."[57]

Lembo examines the psychological consequences suffered by the nuns: a) physical integrity (pain, fatigue, pregnancy followed by abortions); b) their psychological integrity (traumatic symptoms, PTSD, ideation of death or suicide, despair, frustration, disappointment, helplessness, depression, disgust of self and body, loss of dignity, shame/embarrassment); c) the integrity of their community life (mistrust, collaterals consequences on the other sisters); d) their social integrity (fear of being seen, fear of what will be said, fear of stigmatization); e) their spiritual integrity (weakened faith followed by spiritual disappointment, anger against God, a change in the relationship with Jesus, neglect or abandonment of prayer or one's state in life, difficulty forgiving and bearing witness to the Gospel); or f) the perception of the future as uncertain and difficult, by participants who chose a different state of life or who persevered in the consecrated life.[58]

In 2019, the German mission society *missio Aachen* undertook a research survey to give a clearer picture on abuse of nuns. A questionnaire was sent to congregations, institutes, and organizations and elicited a global response. The results were published in 2020 in Josephine Beck-Engelberg's *Ergebnisse der Umfrage von missio zum Thema: Missbrauch an Ordensfrauen* ("Abuse of

---

56 Ibid., 227.
57 Ibid., passim.
58 Lembo, *Relations Pastorales.*

Women Religious: Survey results from missio on the topic"). A total of 101 responses were completed. There were 27 responses from 10 African countries, 70 responses from 8 countries in Asia (including 42 from Northern India), 1 from a country in Oceania and 3 responses from international organizations.[59] In a quantitative section of the survey, participants offered their assessment on the relevance of discussing the abuse of religious women. On a scale of importance 0–10, 69% gave it an importance of 6 or above.[60] When they were asked about the measures taken against the abuse of religious women, the majority indicated that not much had been done. A number of serious concerns are cited in the responses from African countries:

> (abuse of women is) ... a taboo subject in many cultures in Africa.
> Priests are not sanctioned but assigned to another parish.
> After the abuse in a religious convent, we sent a letter to all the authorities concerned ... no authority signalled or sent an acknowledgement of receipt.
> Nothing is done to address this subject which is considered taboo ...
> I regret that priests who have committed such acts ...
> are not punished by those responsible but simply assigned to another parish.[61]

Likewise, the responses from Asian countries raise urgent issues about both the abuse itself and the lack of effective response. These include:

- In general the issue is hidden under the carpet and the victim faces the burden alone. The Bishops are afraid to open the topic in fear of losing their name and inability to face the shame. There have been instances where the victim committed suicide. In other cases the scandal is openly accepted and ignored.
- The victim may have to approach the local superior or the major superior of her congregation. Often the tendency noticed among the women religious is to suppress the issue. They think taking the issue to the concerned authorities may bring bad name to oneself and the congregation. Sometimes the victim is transferred to another place instead of taking action against the person who tried to abuse the sister.
- ... we have made many attempts to bring it (a case of sexual abuse by a bishop) to the attention of the national bishop's conference, the nuncio and even the Vatican through letters though we have not had any positive response.[62]

The French journalist Constance Vilanova has also recently published "Le Grand Silence".[63] This provides further testimony from abused nuns from India, Argen-

---

59 Beck-Engelberg, *Ergebnisse der Umfrage*, 5.
60 Ibid., 6.
61 Ibid., 9.
62 Ibid.
63 Vilanova, *Religieuses Abusées: Le Grand Silence.*

tina, France, Italy, and Sub-Saharan countries. Vilanova highlights the ongoing silence and inaction on the issue, and explores the ways that silencing operates within the church.

3 Findings from qualitative interviews with three former nuns who are survivors of sexual abuse

After receiving approval from the University of Otago Human Ethics Committee, we developed and conducted structured personal interviews with five women who had each experienced sexual abuse and had also spent time as members of religious orders.[64] Each individual interview generally lasted for about forty minutes. One of the interviews was written. The interviews were recorded on a digital audio system and all information was translated into English and analysed. We then made a qualitative analysis of the interview transcripts.

Three of the women were abused as young adults during their religious life by priests, and the other two suffered from child sexual abuse by relatives. We asked all the participants if their vocation as a nun influenced their response to the abuse, and their perceptions of systemic factors within the church which make women in religious orders more vulnerable to sexual abuse by priests. We then asked whether they had understood their experience in relation to the suffering of Jesus. We were interested in how they framed their suffering theologically, and especially in any Christological connections that they might have made. In a later part of the interview, we also explored their responses to an article which named Jesus as a victim of sexual abuse.[65] We discuss the responses of the five women to this article elsewhere, and will not repeat their responses to this third area here other than to say that they all saw it as an impor-

---

64 University of Otago Human Ethics Committee, Approval 13th September 2019, Reference 19–112. We wish to express our thanks to the participants for their agreement to be interviewed. We are grateful to them all for their willingness to reflect on these issues and to share their thoughts about their experiences. We also thank Dr Tess Patterson of the Department of Psychological Medicine, University of Otago, for her help and support as our project adviser.

65 The research on Jesus as a victim of sexual abuse that gave rise to these questions is presented in Tombs, "Crucifixion, State Terror, and Sexual Abuse" and participants were provided with the abridged version (Tombs, "Crucifixion and Sexual Abuse"). See also: Trainor, *The Body of Jesus and Sexual Abuse*; Reaves and Tombs, "#MeToo Jesus"; Reaves, Tombs and Figueroa, *When Did We See You Naked*.

tant question for the Church.[66] Furthermore, in this chapter we only present findings from the three nuns abused by priests, rather than from the whole group.

For the nuns abused by priests, the abuse incidents disclosed ranged from sexual touching (N= 1), to penetrative sexual abuse (N = 2). The three participants now range in age from 35 to 70 years old. The transcriptions of the interviews have been anonymized and given pseudonyms to maintain the confidentiality of the participants. We call them Dina, Franca and Lucia.

3.1 Factors enabling the abuse of women in religious orders

The participants highlight the emphasis on living in obedience to religious authorities as a critical factor for enabling abuse against women in religious orders. Priests enjoyed an extraordinary level of authority from their perceived status as sacred. Franca spoke of "his authority as a priest, a religious with a reputation for holiness". Lucia called them: "the chosen by God, they were anointed by a God to whom I consecrated my life". Franca said:

> For us poor women, the priest whoever he is, and especially if he is a member of a religious order, is the representative of God. His authority was unquestioned, especially if public opinion declared him holy, which was undoubtedly the case for my first abuser.

Lucia described some of the factors that discourage nuns from reporting a priest:

> It is different to accuse a priest and it is also different doing it as a nun. For us, as nuns, the priests are the chosen by God. They were anointed by a God to whom I consecrated my life. So a struggle and a conflict formed in my head which said: is it right what I am doing? I even asked myself: Am I going against God?

Alongside the expectation of obedience to a priest was a further expectation of obedience to other authorities within the order. Franca drew attention to the monastic vow of obedience as defined in the decree on the Renovation and Adaptation of the Religious Life, *Perfectae Caritatis,* of the Second Vatican Council. This affirmed:

> In professing obedience, religious offer the full surrender of their own will as a sacrifice of themselves to God and so are united permanently and securely to God's salvific will. After

---

66 See Figueroa and Tombs, "Seeing His Innocence". For similar research on responses to the article using interviews with a group of adult male survivors, see Figueroa and Tombs, *Sodalicio Survivors.*

the example of Jesus Christ who came to do the will of the Father ... religious under the motion of the Holy Spirit, subject themselves in faith to their superiors who hold the place of God.[67]

As nuns they had taken vows to accept authority. Lucia captured this in her comment, "Nuns are obedient, and they must not talk". Their role was not to question. She felt that this obedience generated a culture of silence and lack of accountability.[68] As a nun, Lucia was expected to be loyal to her community and to the wider church. This made it hard to separate legitimate criticism of the priest from a sense of disobedience to God.

> The idea that you could not talk badly about your community and the anointed priests was so strong in our minds that to disclose something like that was going against what God was asking of us. It didn't matter what was done to you. You were going against God's will.

The expectation that religious authorities should behave in a "Christ-like" way, and exercise authority in a "Christ-like" way, should provide a strong restraint on abusive behaviour. However, the identification of a religious superior with the role of Christ contributes to authoritarianism and a lack of accountability. This in turn opens the door to abuse. Franca explained:

> It is so much easier for the brothers or sisters to look on their prior [religious superior] as Christ himself, as it is written in the Carmelite Rule: "And you too, brothers are humbly to honour your prior, and rather than thinking about him, you should look to Christ who set him as head over you; Jesus said to the leaders of the Church, whoever hears you hears me, and whoever despises you despises me. Thus you will not be judged guilty of contempt, but through obedience you will merit the reward of eternal life."

This obedience could be a state of submission in which one has lost a sense of self-identity. This made it much harder to stand up against the violence. Franca described her life in the order as "a state of submission that leads to a form of intellectual, spiritual, emotional regression". Franca mentioned the loss of her own critical faculties: "one does not learn to exercise one's critical mind, but rather to trust the higher authority". She added that nuns lost their "right of otherness". Franca suggested that the problem of authority can be camouflaged by narcissistic interests. She stated that it is "a dangerous deviation when those who take a vow of responsibility misuse obedience for their own ends".

---

67 Montini ("Pope Paul VI"), "Adaptation and Renewal".
68 For further discussion of this topic see Fleming, "Overcoming Silence" in this volume.

3.2 Identification with the Suffering of Jesus

The other line of questioning asked about any connections that participants might have made between their own suffering and the suffering of Jesus. Their responses to this as presented in this chapter are limited to how the participants responded when they experienced abuse, and in its aftermath. The discussion below will therefore be limited to how they saw the suffering of Jesus in relation to their suffering before they were invited to be part of the project. Two of the participants (Lucia and Dina) had felt some form of previous connection between their own suffering and the suffering of Jesus. Lucia viewed the connection as unhelpful, whereas for Dina the connection to Jesus had both positive and negative elements. By contrast Franca did not feel any connection.

Lucia identified a connection with Jesus, but she did not see it as helpful in any way, at least not at the time. Instead, the suffering of Jesus seemed to undermine the importance of her own suffering.

> Each time during my time as a nun when I suffered something painful, or the abuse itself, I thought that Jesus suffered worse than me and I had to offer my own suffering without complaining so much.

In fact, some elements of the theology in her community meant that her suffering was not only less important than the suffering of Jesus, but framed her suffering as in some way beneficial rather than damaging.

> We had these prayers. One of the prayers went something like this: 'Free me from the desire of being loved Lord'. So, if things went wrong, we considered it good.

Dina's response was more mixed. On one hand, she clearly identified Jesus' suffering with her own suffering, and this helped in some ways:

> I understood that I was suffering and Jesus' suffering was very present in our spirituality so it helped me to think that I was suffering just as Jesus suffered.

However, Dina also felt that Jesus' suffering was different to her suffering in two important ways. First, Jesus accepted his suffering:

> ... Jesus' suffering was heroic and he accepted it and suffered silently, so I just thought that I had to suffer silently and identify with Jesus' suffering. The only feeling that I could allow was to bury it and not complain.

So, although Dina saw that a connection between her suffering and the suffering of Jesus might be helpful, Jesus' response did not seem helpful. His acceptance and silence did not serve to encourage her. In fact, Jesus' silence could even be used by her abusers to silence her further.

> I thought it is not right to be silent, but I couldn't find any encouragement from Jesus to help me to speak out and defend myself. At least I understood Jesus' suffering and I also suffered – so in one sense he was close to me – yet his suffering was so different to mine. At the same time my identification with Jesus helped the abusers to keep me silent.

Her second reservation stems from Matt. 5:39, where Jesus says that if someone strikes you on the right cheek you should turn the other cheek as well. Dina felt this response was not appropriate for sexual abuse. She asked:

> But what would happen if Jesus said to you to allow someone to rape you again? He would never say that. So it made me think: what is the difference between striking on the cheek and sexual abuse?

Although Dina was very aware that Jesus suffered, and could be seen as a model to follow, this was of limited help to her when thinking of sexual abuse. Both Lucia and Dina felt that if they suffered as Jesus suffered this meant that they should endure it and should not complain. Their communities had a strong spirituality of suffering in which there was no space to discern between a suffering which might be endured and suffering which should be protested. The message was that all suffering must be carried in the same way that Jesus bore his cross, no matter the harm this might do or the danger of continuing abuse. This suffocated their cries for help. Rather than being helpful, Jesus' suffering was used by their abusers to silence their grief and protests.[69]

By contrast, Franca saw no connection between Jesus' suffering and her own suffering. Franca explained that as she freed herself from the abuse, she no longer saw herself as a member of the Catholic Church or even as a Christian. She went through a long period of rejecting faith in the incarnation and the person of Jesus, because she had been abused in Jesus' name. She continued to believe in God and to pray, but she stopped reading the gospel and considered converting to Judaism.

---

[69] The negative use of Jesus' suffering to silence victims of sexual abuse and assault is discussed in Edwards and Warren, "#MeToo Jesus". For feminist critiques of the valorisation of suffering for salvation, see especially Brock and Parker, *Proverbs of Ashes*.

4 Discussion

4.1 Factors enabling the abuse of women in religious orders

Vocational obedience emerges from the interviews as a significant enabling factor in abuse. An emphasis on obedience and deference to those in authority can leave nuns – and especially young nuns – vulnerable to manipulation and abuse. It also protects those in power from attempts to hold them accountable. In addition, the interviews offer insights into wider systemic factors within the church that shape how obedience is understood and interpreted in ways that favour priests and work against nuns. These systemic factors include clericalism, sexism, and authoritarianism. Understanding how these factors can reinforce each other, and also reinforce the significance of obedience, is discussed in this section.

4.1.1 Clericalism

Clericalism is "the idealization of the priesthood ... linked to a sense of entitlement, superiority and exclusion, and abuse of power".[70] This idealization shapes both how the clergy see themselves and also how clergy are perceived by the laity. Daniel Portillo speaks of a clerical sense of priestly ministry "understood in terms of absolute power wrapped in an aura of sacredness. With this vision, the priests are allowed by the institution to fulfil their expectations and desires of omnipotence".[71] The unique role of the priest as the "*alter Christus*" contributed to this idealization.[72] While the role of the priest is elevated and idealized,

---

70 Royal Commission into Institutional Responses to Child Sexual Abuse, "Final Report," 36.

71 Portillo, *Psico-Teologia*, 69.

72 Arbuckle, *Abuse and Cover Up*, 23. According to Arbuckle, "clericalism assumes that only the clergy, with specialized knowledge, are able to decide what is good for the People of God and how they should behave. An overemphasis on the priest as *alter Christus* ("another Christ") means he has secret knowledge that cannot be questioned and powers to define his superiority over lay people and to control them". On the theology of priesthood, the Australian Royal Commission concluded: "The theological notion that the priest undergoes an 'ontological change' at ordination so that he is different from ordinary human beings ... is a dangerous component of the culture of clericalism. The notion that the priest is a sacred person contributed to exaggerated levels of unregulated power and trust which perpetrators of child sexual abuse were able to exploit"; Royal Commission into Institutional Responses to Child Sexual Abuse, "Final Report," 68.

the laity give them an excessively deferential role. The laity cannot question the moral superiority of the priest. From a psychological point of view Portillo calls this deference a "regressive child dependence".[73]

The dual identity of a priest as representative of God and also a perpetrator of abuse made it hard to resist or denounce the abuse. Durà-Vilà, Littlewood and Leavey offer a similar insight on the inequality between nuns and priests and the weak position of nuns which resulted. The nuns saw the priests as their seniors whom they have to respect with an unquestioning obedience.[74]

In Lembo's research, the nuns who were abused experienced sexual violence within an individual relationship of trust. The priest's position as a holy man, a father, a spiritual director, made him a trusted authority.[75] This trust could then be manipulated. Lembo critiques priestly power which is manifested in "verbal arrogance, insistence, pressure, unilateral decisions, demanding permission from nun's superiors for nuns to visit the priests in their houses, using young nuns during formation to take care of priests".[76] To understand clericalism, it is important to recognise the dynamics of power in the structural constitution of the church. A key facilitating factor in sexual abuse is the appropriation of power by clergy and the clerical culture which accompanies this.[77]

Jorge Mario Bergoglio ("Pope Francis") speaks against the unhealthy relationship between clergy and laity which clericalism promotes. He points out that it "not only nullifies the character of Christians, but also tends to diminish and undervalue the baptismal grace that the Holy Spirit has placed in the heart of our people".[78] Yet there is still much more work that needs to be done to address clericalism within the church.

Clerical power in the Catholic Church is based on two self-reinforcing pillars, the "sacred" charisma of office and the "sacred" authority of tradition. Antonio Cano argues that the history of clericalism begins after 100 CE, since in the early Church power was shared by different ministries and services which included women.[79] Initially, the Church had a more informal and egalitarian structure, but after 100 CE a hierarchy of roles developed with the roles of bishops, pres-

---

73 Portillo, *Psico-Teologia*, 70.

74 Durà-Vilà, Littlewood and Leavey, "Integration of sexual trauma," 36.

75 Lembo, *Relations Pastorales*, 22.

76 Ibid., 230.

77 According to Max Weber, power is exercised when an actor in a social relationship is in the position to follow their own will despite potential resistance to it; Weber, *Economy and Society*, 1141.

78 Bergoglio, "Letter of his Holiness".

79 Cano, "El clericalismo," 70.

byters, and deacons. In the fourth century the Church began a dramatic expansion and institutionalisation. Bishops delegated the exercise of the sacraments to presbyters and devoted themselves to a more administrative governance role. This promoted a concentration of power in clerical roles, associated with the "sacred" charisma of their respective offices. Meanwhile, the lay people lost any voice in Church decisions.[80] This historical division quickly established itself as a permanent ecclesial norm, supported by the "sacred" and unquestionable authority of tradition.

4.1.2 Sexism

Laypeople being viewed by default as having an inferior status is particularly significant for women since it overlaps with the sexism that participants viewed as the second key factor in enabling the abuse. The inferiority of laity in relation to clergy reinforces the presumed inferiority of women in relation to men. The degree of sexism embedded in Lucia's everyday experience is apparent in her response to how her identity as a woman was perceived. The forceful answer – "submissive, useless, ignorant, servants and obedient" – underlines the undervaluing of women's experience.

Women religious have a particularly ambivalent position within patriarchal church structures. On the one hand they are valorised as pure and holy, yet at the same time they are frequently marginalised and undervalued. One of the barriers that the participants recognized as an obstacle to confronting the abuse was sexism and the perception of their low institutional status as religious women. Franca stated that nuns are regarded as inferior to priests and are "ignorant beings who are kept submissive to priests, and also made into servants by them". Lucia used strong negative adjectives to describe how nuns are treated: "The nun is like a maid that is not well paid, something useless, without dignity. ... Religious women are submissive women and they are women without formation. Ignorant women can be manipulated".

---

80 According to Rizzuto, "La crisis en la Iglesia": "In a clerical structure no one controls the hierarchy, the hierarchy has absolute power. Its powers are legislative, executive, judicial and liturgical. If one reflects on this point it can be concluded, not without being disturbed by the deduction, that this hierarchical structure has only one political comparison and that is the dictatorship. Only in dictatorships do the people in power bring together in themselves the three branches of all types of government: legislative, executive and judicial. Only the Pope, geographically far away from the Bishops, can demand an account from the Bishop. The Christian people have no right. They cannot hold the Bishop accountable."

In addition to the ecclesial inequality which disadvantages women in relation to men, Dina also acknowledged a further tension in her identity and status as a nun in relation to her identity as a woman. Dina explained that her identity as a nun was imposed on her rather than defined by her, and this identity offered no place for her sexuality as a woman. She said: "I was not a woman; I was like a sexless being". As a nun she was "living in an 'ideal' world". Within this ideal world, sexual violence was unimaginable, "it was like it couldn't exist". When Dina experienced abuse, she was therefore ill-prepared to respond.

> That identity defined by others prevented me from making sense of what was happening to me, it was something unthinkable. I was not able to deal with it. It was something that never happened, and I had to keep going as if it had never happened.

Bouclin suggests that the fact that many women cannot refuse having sex with a priest lies "in a vulnerability that stands in the way of true consent. Here, as in all cases of sexual assault, we are dealing with stories of abuse of power, not of consensual, loving sex". She argues that this element of vulnerability and inequality "neutralizes all mutuality and reciprocity. So, we are not talking about a love affair but about sexual assault".[81]

Pamela Cooper-White points out that gender inequalities in wider society reinforce the gender inequalities within the church:

> The clergy role carries a great deal of power in and of itself, and one of the most insidious aspects of that power is the role of "man of God." In some sense the minister carries ultimate spiritual authority, particularly in the eyes of a trusting parishioner who looks to him for spiritual guidance and support. But the male minister also possesses other forms of power: as a man, he carries the power society confers upon men and socializes them to hold over women, often in the guise of being their protectors.[82]

In contrast, a woman is expected to follow Mary's model of obedience, silence, service, and humility. Catholic theology has highlighted "the image of female as the principle of passive receptivity in relation to the activity of the male gods and their agents, the clergy".[83] Cooper-White notes that this behaviour is also reinforced by wider social norms:

> There are some learned susceptibilities that incline women to overlook, forgive and tolerate a pastor's sexual exploitation: women's socialization to be polite, nonconfrontational and

---

81 Bouclin, "Violence faite aux femmes," 258.
82 Cooper-White, "Soul Stealing".
83 Radford Ruether, *Mary*, 3.

accepting of men's behavior; their training and design to heal men's wounds (these men often present themselves to women as needing their special love and healing); the sense of submissiveness as a Christian value, especially ingrained in churchwomen; and having one's identity defined by society as primarily sexual.[84]

The sexism and power imbalance in the Church therefore facilitates the abuse of nuns in a variety of ways, and also makes it more likely that abuses will be ignored or excused, and that offenders will be protected rather than held accountable.

4.1.3 Authoritarianism and Spiritual Abuse

John Lamont analyses the relationship between the sexual abuse crisis in the Catholic Church and the concept of authority. He argues that the church's distorted notion of authority has not been sufficiently discussed or critiqued as an enabling factor in abuse. He views this conception of authority as a form of a tyranny which demands complete obedience.[85] Lamont argues that the intellectual origin of this perspective has its roots in the conception that good actions were good just because they were commanded by God. This supported a narrow vision of church authority based on the arbitrary will of the one who has power. Lamont suggests that this idea penetrated Catholic thoughts for centuries. Religious obedience was understood as the expectation that one would not only follow the orders of a superior, but completely abandon one's own will and intellect to the superior. Lamont considered that these principles "embodied a tyrannical understanding of authority, and a servile understanding of rightful obedience as consisting in total submission on the will of the superior".[86] This concept of authority and obedience remained the standard in religious life.

This vision of obedience involved an elimination of one's will and abandoning oneself to another's will. Such obedience promotes a lack of self-criticism and independent thought, impeding women religious' maturation and development. As Lamont concludes, it contributed to a process of infantilization that enabled sexual abuse.[87]

In a religious setting, the requirement to obey authority without question is closely related to "spiritual abuse". Spiritual abuse is a systematic pattern of co-

---

84 Cooper-White, "Soul Stealing".
85 Lamont, "Tyranny and sexual abuse".
86 Ibid.
87 Ibid.

ercive behaviour in a religious context that may include manipulation, insistence upon secrecy and silence, and requirement of obedience to the abuser or control through the use of sacred texts or teachings.[88] Johnson and Van Vonderen define spiritual abuse as "the mistreatment of a person who is in need of help, support, or greater spiritual empowerment, with the result of weakening, undermining, or decreasing that person's spiritual empowerment".[89] The enabling factors include: an expectation of submission; intellectual, spiritual, or emotional regression; and the discouragement of independent thought. Doris Wagner defines spiritual abuse as "the violation of the spiritual right of self-determination" and she distinguishes three forms of spiritual abuse: neglect, manipulation, and violence.[90]

Spiritual abuse becomes more likely when a member of a community is required to think in a certain way and unable to engage in critical thought.[91] Members of religious orders can experience their community as a self-enclosed bubble which makes it difficult to face reality. Our participants felt that they could not be themselves, and instead of developing their personality and growing in maturity they experienced a regression. Bouclin's study suggests that this regression and lack of critical thought is a characteristic of women abused by clergy in the Catholic Church. These abused women, despite their theological training, remain in a state of spiritual infancy. They have no say in the development of the official church doctrine, pastoral policies, or liturgical practices.[92]

Many dioceses and congregations in the Catholic Church are implementing safeguarding policies regarding sexual abuse but so far very little has been done regarding other abuse of power or spiritual abuse. In November 2020, the German Bishop's Conference and Catholic Academy organised a conference on Spiritual Abuse. Bishop Heinrich Timmerevers considered it necessary at an institutional level to "think about the creation of interdiocesan standardized mechanisms for reporting, documentation, processing and compensation for those affected by spiritual abuse, as had been already accomplished for those affected by sexual abuse".[93] The dynamics of sexual abuse and spiritual abuse – and the ways that they can reinforce each other – deserve more attention and further research. Whilst spiritual abuse is clearly distinct from sexual

---

88 Oakley and Humphreys, *Escaping the maze*, 30.

89 Johnson and Van Vonderen, *Subtle Power*, 20.

90 Wagner, "Gefährliche Seelenführer".

91 Oakley and Humphreys, *Escaping the maze*, 49.

92 Bouclin, *Seeking Wholeness*, 23.

93 Timmerevers, "Um geistlichen Missbrauch kümmern".

abuse, the interviews suggest that spiritual abuse can be a key factor in enabling sexual abuse since it promotes a harmful sense of obedience.

4.2 Identification with the Suffering of Jesus

As noted above, significant work has already been done by Durà-Vilà, Littlewood and Leavey on how women religious who experience sexual abuse might identify their own suffering with the suffering of Jesus, and vice versa. There has also been important work over many years by the Australian scholar Beth Crisp. Crisp, herself a survivor of sexual abuse, has discussed a connection between sexual abuse and crucifixion in a series of works since 2004.[94] Crisp notes: "Some survivors of sexual abuse find that they can identify with the various survivors whose stories are recorded in biblical texts."[95] Crisp adds: "Many survivors have likened their experience of abuse to that of crucifixion; the painful image of Jesus on the cross is one with which they can identify personally."[96]

She describes how in her own life journey as a survivor she has found herself "identifying with the crucified Jesus". She cites a reading of the passion narratives as part of the mass on Palm Sunday as a pivotal moment in her journey.[97] She heard the familiar text in a new way:

> On this particular Sunday, what was most noticeable to me was all the violence – physical and emotional – to which Jesus was subjected in the last few days prior to his crucifixion. It is a reading I had heard on countless occasions before then, but on that occasion I heard something new and recognized my story not as marginal but as central to the Christian tradition.[98]

Crisp points out that some interpretations of the cross may be unhelpful for survivors of sexual abuse. There is significant feminist scholarship on the potential dangers of religious glorification of suffering.[99] There are good grounds for concern that in some cases the turn to religion may lead to harmful rather

---

94 Crisp, "Spiritual Direction"; Crisp, "Ignatian Spirituality"; Crisp, "Spirituality and Sexual Abuse"; Crisp, "Beyond Crucifixion"; Crisp, "Silence and Silenced"; Crisp, "The Spiritual Implications"; Crisp, "Jesus: A Critical Companion in the Journey to Moving on from Sexual Abuse".
95 Crisp, "Spiritual Direction," 14–15.
96 Crisp, "Beyond Crucifixion," 69.
97 Ibid.
98 Ibid.
99 For example, Fortune, "Religious Issues," 72–75; see also Brock and Parker, *Proverbs of Ashes*.

than helpful responses to suffering and trauma. There are dangers that the crucifixion of Jesus might be seen this way. For example, a victim may see the cross as a valorisation of suffering and/or a demand to see one's own suffering as sanctioned by God. For example, Lucia saw the connection to the suffering of Jesus as unhelpful, since she understood it as meaning that she too should suffer in silence. Likewise, Dina also made a connection to the suffering of Jesus at the time of her abuse but saw it as little help to her.

At the same time, however, it is clear that attention to the suffering of Jesus can have a positive impact for at least some survivors of sexual abuse. The responses of the five nuns after reading the article on Jesus as a victim of sexual abuse suggests that acknowledging Jesus as a victim of explicitly sexual abuse might be helpful for at least some survivors.[100] Survivors of abuse are often subjected to victim-blaming and identification with Jesus helped them to resist self-blame. After reading the article, Lucia remained doubtful that seeing Jesus as a victim of sexual abuse would be helpful to survivors; however, three of the five participants found the connection to Jesus helpful. This included Franca who previously viewed the suffering of Jesus as unhelpful to her. Furthermore, Dina said this recognition "would have been very helpful for me back then", but she no longer needed any reassurance that what happened was not her fault. Whilst the number of participants is far too small to support firm conclusions, they seem to suggest that further work on naming Jesus as a victim of explicitly sexual abuse is worthwhile. In particular, researchers might investigate how this could be done in ways that survivors find helpful, and how some of the pitfalls and problems might be avoided or mitigated.

5 Conclusion

Many studies have been done regarding the crisis of sexual abuse within the Catholic Church but very few studies have concentrated on abused nuns. Our first concern in this chapter has been to hear the views of the three participants on institutional and systemic factors that increase the vulnerability of nuns and thereby contribute to abuse. A key factor that has emerged is the need for obedience and acceptance of hierarchical religious order. The interviews offer insights into how clericalism, sexism, and authoritarianism can combine to make women in religious orders more vulnerable and more susceptible to sexual abuse. The word vulnerable is not used here in the sense of a character trait or

---

100 See Figueroa and Tombs, "Seeing His Innocence," 296–297.

intrinsic psychological vulnerability; instead, it highlights the roles of institutional hierarchy and a culture of deference and unquestioning obedience. These social dynamics made the participants institutionally vulnerable and this in turn enabled the sexual abuse.

The crucial role played by obedience highlights the importance of more work being done on spiritual abuse and the relationship between spiritual abuse and sexual abuse. Although policies about spiritual abuse have been developed in other churches, very little has yet been done in a Catholic context.[101] The participants shed light on how systemic factors contributed to their abuse and sustained an unhealthy emphasis on obedience and harmful promotion of silence. If these elements arc not discussed it will not be possible to solve the root of the problem.

The chapter's second objective was to explore Durà-Vilà, Littlewood and Leavey's finding on the identification that abused nuns might make with the suffering of Jesus. Although the small number of participants prevents any firm conclusions, the interviews suggest that even though this connection might be made, it is not necessarily helpful. In fact, Lucia found it unhelpful, and Dina felt ambivalent about it. However, this finding takes on more positive potential when viewed alongside the responses of the five women to another area of questioning in the larger study. Jesus' suffering being named more explicitly as sexual abuse was seen as helpful for three of the women, and Dina said this would also previously have been helpful for her. Furthermore, all five women agreed this was important for the wider church and not just survivors. This supports the positive potential of acknowledging Jesus as a victim of sexual abuse if this challenging insight is developed carefully and responsibly.

---

101 See, e.g., the policy for protecting children, young people and adults in the Church of England (The Archbishops' Council, "Promoting a safer Church", 2017) and policy for the Methodist Church (2020). In England, the Churches Child Protection Advisory Service (CCPAS) has worked hard to campaign against this type of abuse. They conducted a survey and received 1591 responses from Christians, 1002 of which said that they had personally experienced spiritual abuse. One third of respondents stated that their church or Christian organization had a policy that included spiritual abuse, and two-thirds said that they knew where to go to find help or support. But only one quarter of respondents had received any training on the topic of spiritual abuse. The study concludes that clearer policies and greater understanding of the characteristics of spiritual abuse are needed, and that better training should be given to church leaders on the subject. See Oakley and Humphreys, "Understanding Spiritual Abuse".

Works cited

Allen, John and Pamela Schaeffer. "Reports of abuse. Aids exacerbates sexual exploitation of nuns, report allege," *National Catholic Report*, March 03, 2001, https://natcath.org/NCR_Online/archives2/2001a/031601/031601a.htm (accessed November 29, 2019).

Arbuckle, Gerald. *Abuse and Cover Up: Refounding the Catholic Church in Trauma*. New York: Maryknoll, 2019.

The Archbishops' Council. "Promoting a Safer Church. Safeguarding policy statement for children, young people and adults," https://www.churchofengland.org/sites/default/files/2019-05/PromotingSaferChurchWeb.pdf (accessed March 18, 2021). London: Church House Publishing 2017.

Associated Press. "Vatican tries to clarify Pope comments on 'sexual slavery' of nuns," *CBC*, February 06, 2019, https://www.cbc.ca/news/world/vatican-sexual-abuse-nuns-1.5007538 (accessed November 05, 2020).

Associated Press. "Pope acknowledges scandal of priests sexually abusing nuns." *The Guardian* February 05, 2019, https://www.theguardian.com/world/2019/feb/05/pope-francis-acknowledges-scandal-of-priests-sexually-abusing-nuns (accessed November 29, 2019).

Beck-Engelberg, Josephine. *Ergebnisse der Umfrage von missio zum Thema: Missbrauch an Ordensfrauen*. Aachen: Missio, 2020.

Behrensen, Maren. "Die 'Aufarbeitung' der Missbrauchsskandale in der katholischen Kirche als hermeneutisches Unrecht." In *Sexual Violence in the Context of the Church: New Interdisciplinary Perspectives*, ed. by Mathias Wirth, Isabelle Noth and Silvia Schroer, 159–188. Berlin and Boston: De Gruyter, 2022.

Bergoglio, Jorge Mario ("Pope Francis"). "Vos Estis Lux Mundi," *Vatican: Apostolic Letter issued Motu Proprio*, May 07, 2019, http://www.vatican.va/content/francesco/en/motu_proprio/documents/papa-francesco-motu-proprio-20190507_vos-estis-lux-mundi.html (accessed December 04, 2019).

Bergoglio, Jorge Mario ("Pope Francis"). "Letter of his Holiness Pope Francis to Cardinal Marc Ouellet, President of the Pontifical Commission for Latin America," *Vatican*, March 19, 2016, http://www.vatican.va/content/francesco/en/letters/2016/documents/papa-francesco_20160319_pont-comm-america-latina.html (accessed March 15, 2021).

Bouclin, Marie Evans. *Seeking Wholeness: Women Dealing with Abuse of Power in the Catholic Church*. Collegeville: Liturgical Press, 2006.

Bouclin, Marie Evans. "La violence faite aux femmes dans L'Église. Inconduite sexuelle par des membres du clergé." *Sciences pastorales* 20/2 (2001): 251–270.

Brock, Rita Nakashima and Rebecca Ann Parker. *Proverbs of Ashes: Violence, Redemptive Suffering and the Search for What Saves Us*. Boston: Beacon Press, 2001.

Brockhaus, Hannah. "After investigation, former CDF official won't be tried on misconduct charges," *Catholic News Agency*, May 16, 2019, https://www.catholicnewsagency.com/news/former-cdf-official-will-not-be-tried-for-sexual-misconduct-charges-34694 (accessed November 05, 2020).

Cano, Antonio. "El clericalismo a lo largo de la historia." In *Tolerancia Cero. Estudio Interdisciplinar sobre la Prevencion de los Abusos en la Iglesia*, ed. by Daniel Portillo Trevizo, 69–85. Mexico-City: PPC, 2019.

Carvalho, Nirmala. "Bishop accused of raping nun in India to begin trial on Nov. 11," *Crux*, November 24, 2019, https://cruxnow.com/church-in-asia/2019/10/bishop-accused-of-rap ing-nun-in-india-to-begin-trial-on-nov-11/ (accessed November 29, 2019).

Catholic News Agency. "Signatura: Geissler 'acquittal' came after formal process," May 17, 2019, https://www.catholicnewsagency.com/news/signatura-geissler-acquittal-came-after-formal-process-29876 (accessed November 05, 2020).

Chibnall, John T., Ann Wolf and Paul Duckro. "A National Survey of the Sexual Trauma Experiences of Catholic Nuns," *Review of Religious Research* 40/2 (1998): 142–167.

Cooper-White, Pamela. "Soul Stealing: Power Relations in Pastoral Sexual Abuse," *The Survivors Network of those Abused by Priests,* https://www.snapnetwork.org/psych_ef fects/soul_stealing_2.htm (accessed October 28, 2020).

Cozzens, Donald B. *Sacred Silence: Denial and the Crisis in the Church.* Collegeville: The Liturgical Press, 2002.

Crisp, Beth R. "Jesus: A Critical Companion in the Journey to Moving on from Sexual Abuse." In *When Did We See You Naked? Jesus as a Victim of Sexual Abuse,* ed. by Jayme R. Reaves, David Tombs and Rocío Figueroa, 249–259. London: SCM Press, 2021.

Crisp, Beth R. "The Spiritual Implications of Sexual Abuse: Not Just an Issue for Religious Women?" *Feminist Theology* 20/2 (2012): 133–145.

Crisp, Beth R. "Silence and Silenced: Implications for the Spirituality of Survivors of Sexual Abuse." *Feminist Theology* 18/3 (2010): 277–293.

Crisp, Beth R. "Beyond Crucifixion: Remaining Christian After Sexual Abuse." *Theology and Sexuality* 15/1 (2009): 65–76.

Crisp, Beth R. "Spirituality and Sexual Abuse: Issues and Dilemmas for Survivors." *Theology & Sexuality* 13/3 (2007): 301–314.

Crisp, Beth R. "Ignatian Spirituality and the Rebuilding of Self-esteem." *The Way* 45/1 (2006): 55–78.

Crisp, Beth R. "Spiritual Direction and Survivors of Sexual Abuse." *The Way* 43/2 (2004): 7–17.

Crisp, Beth R. "Reading Scripture from a Hermeneutic of Rape." *Theology and Sexuality* 14 (2001): 23–42.

Durà-Vilà, Gloria, Roland Littlewood and Gerard Leavey. "Integration of sexual trauma in a religious narrative: Transformation, resolution and growth among contemplative nuns." *Transcultural Psychiatry* 50/1 (2013): 21–46.

Durà-Vilà, Gloria et al. "The Dark Night of the Soul: Causes and Resolution of Emotional Distress among Contemplative Nuns." *Transcultural Psychiatry* 47 (2010): 548–570.

Edwards, Katie B. and Meredith J. C. Warren. "#MeToo Jesus: is Christ really a good model for victims of abuse?" *The Conversation*, February 14, 2018, https://theconversation. com/metoo-jesus-is-christ-really-a-good-model-for-victims-of-abuse-91812 (accessed March 15, 2021).

Figueroa, Rocío and David Tombs. "Seeing His Innocence, I See My Innocence." In *When Did We See You Naked? Jesus as a Victim of Sexual Abuse,* ed. by Jayme R. Reaves, David Tombs and Rocío Figueroa, 287–312. London: SCM Press, 2021.

Figueroa, Rocío and David Tombs. *Recognising Jesus as a Victim of Sexual Abuse: Responses from Sodalicio Survivors in Peru.* "When Did We See You Naked?" Series 3. http://hdl. handle.net/10523/8976 (English), http://hdl.handle.net/10523/9222 (Spanish). University of Otago: Centre for Theology and Public Issues, 2019.

Fleming, Daniel J. "Overcoming Silence: Fraternal Correction, Hierarchy, and the Abuse Crisis in the Australian Catholic Church." In *Sexual Violence in the Context of the Church: New Interdisciplinary Perspectives*, ed. by Mathias Wirth, Isabelle Noth and Silvia Schroer, 75–91. Berlin and Boston: De Gruyter, 2022.

Fortune, Marie. "Is Nothing Sacred? The Betrayal of the Ministerial or Teaching Relationship." *Journal of Feminist Studies in Religion* 10 (1994): 17–26.

Fortune, Marie M. and Judith Hertze. "A commentary on religious issues in family violence" In *Sexual Assault and Abuse: A Handbook for Clergy and Religious Professionals*, ed. by Mary D. Pellauer, Barbara Chester and Jane A. Boyajian, 67–83. San Francisco: Harper & Row, 1987.

Fortune, Marie. *Sexual Violence: The Unmentionable Sin: An Ethical and Pastoral Perspective.* Cleveland: Pilgrim Press, 1983.

Humphreys, Joe. *God's Entrepreneurs: How Irish Missionaries Tried to Change the World.* Dublin: New Island, 2010.

Johnson, David and Jeff Van Vonderen. *The Subtle Power of Spiritual Abuse: Recognizing & Escaping Spiritual Manipulation and False Spiritual Authority Within the Church.* Minneapolis: Bethany House Publishers, 1991.

Lamont, John R. T. "Tyranny and sexual abuse in the Catholic Church: a Jesuit tragedy," *Rotate Caeli,* October 27, 2018, https://rorate-caeli.blogspot.com/2018/10/tyranny-and-sexual-abuse-in-catholic.html (accessed October 28, 2020).

Lembo, Makatamine. *Relations Pastorales Saines et Matures entre Femmes Consacrées et Prêtres: Un Analyse Qualitative de cas d'abus de femmes consacrées par des prêtres.* Rome: Pontificia Università Gregoriana, 2019.

McDonald, Marie. "The Problem of the Sexual Abuse of African Religious in Africa and in Rome," *National Catholic Reporter,* November 20, 1998, http://natcath.org/NCR_Online/documents/McDonaldAFRICAreport.htm (accessed December 02, 2019).

McGarry, Patsy. "The Irish woman who exposed abuse of nuns by priests 25 years ago," *Irish Times*, February 10, 2019, https://www.irishtimes.com/news/social-affairs/religion-and-beliefs/the-irish-woman-who-exposed-abuse-of-nuns-by-priests-25-years-ago-1.3788555 (accessed April 1, 2021).

McGarry, Patsy. "Church sources puzzled by claims about nuns," *Irish Times*, March 21, 2001, https://www.irishtimes.com/news/church-sources-puzzled-by-claims-about-nuns-1.292777 (accessed March 15, 2021).

The Methodist Church. "Safeguarding Policy, Procedures and Guidance for the Methodist Church in Britain," https://www.methodist.org.uk/media/18740/safeguarding_policy_procedures_and-_guidance_for_the_methodist_church_sept_2020.pdf (accessed March 18, 2021).

Montini, Giovanni Battista Enrico Antonio Maria ("Pope Paul VI"). "Decree on the Adaptation and Renewal of Religious Life: Perfectae Caritatis," *Vatican*, October 28, 1965; http://www.vatican.va/archive/hist_councils/ii_vatican_council/documents/vat-ii_decree_19651028_perfectae-caritatis_en.html (accessed January 03, 2020).

Moschella, Mary Clark. "Patriarchy, Power, and Bodies: A Pastoral Theological View of Sexual Abuse in the Church." In *Sexual Violence in the Context of the Church: New Interdisciplinary Perspectives*, ed. by Mathias Wirth, Isabelle Noth and Silvia Schroer, 509–519. Berlin and Boston: De Gruyter, 2022.

Müllner, Ilse. "Frightening Continuities: Reading Stories on Sexual Violence in the Book of Samuel Today." In *Sexual Violence in the Context of the Church: New Interdisciplinary Perspectives*, ed. by Mathias Wirth, Isabelle Noth and Silvia Schroer, 251–266. Berlin and Boston: De Gruyter, 2022.

Oakley, Lisa and Justin Humphreys. *Escaping the maze of spiritual abuse: Creating healthy Christian cultures.* London: Society for Promoting Christian Knowledge, 2019.

Oakley, Lisa and Justin Humphreys. "Understanding Spiritual Abuse in Christian Communities," *Spiritual Abuse Resources*, January 7, 2018, https://www.spiritualabuser esources.com/e-news-archive/2018-01-07-understanding-spiritual-abuse-in-christian-communities (accessed March 18, 2021).

O'Donohue, Maura. "Urgent Concerns for the Church in the Context of HIV/AIDS," *National Catholic Reporter*, February 1994, https://natcath.org/NCR_Online/documents/UrgentCon cernsO'DONOHUE.htm (accessed March 15, 2021).

Portillo, Daniel. *Psico-Teologia del Discernimiento Vocacional.* Mexico-City: Universidad Pontificia de Mexico, 2017.

Pullella, Philip. "Vatican official resigns after abuse accusation by ex-nun," *Reuters*, January 30, 2019, https://www.reuters.com/article/us-abuse-vatican-resignation-idUSKCN1PN1Z9 (accessed November 05, 2020).

Radford Ruether, Rosemary. *Mary: The Feminine Face of the Church.* London: SCM Press, 1979.

Reaves, Jayme R. and David Tombs. "#MeToo Jesus: Naming Jesus as a Victim of Sexual Abuse." *International Journal for Public Theology* 13/4 (2019): 387–412.

Reaves, Jayme R., David Tombs and Rocío Figueroa, eds. *'When Did We See You Naked?': Jesus as a Victim of Sexual Abuse.* London: SCM Press, 2020.

Rizzuto, Ana Maria. "La crisis en la Iglesia en los Estados Unidos. Una iniciativa en Boston frente a los abusos sexuales," *Conference at Catholic University of Cordoba*, February 13, 2003, https://es.scribd.com/document/364885197/La-crisis-en-la-Iglesia-en-los-Estados-Unidos-Una-iniciativa-en-Boston-frente-a-los-abusos-sexualesConferencia-Dra-Rizzuto (accessed October 21, 2020).

Royal Commission into Institutional Responses to Child Sexual Abuse. "Final Report," https://www.childabuseroyalcommission.gov.au/final-report (accessed January 02, 2020).

Scaraffia, Lucetta. "Without any touching," *L'Osservatore Romano*, February 01, 2019, http://www.osservatoreromano.va/en/news/without-any-touching (accessed November 29, 2019).

Special Correspondent. "Sex, power, and priesthood," *The Tablet,* March 24, 2001, https://reader.exacteditions.com/issues/71827/page/32 (accessed November 29, 2020).

Stiebert, Johanna. *Rape Myths, The Bible, and #MeToo.* London: Routledge, 2019.

The Archbishops' Council, *Promoting a Safer Church. Safeguarding policy statement for children, young people and adults,* London, Church House Publishing 2017, Retrieve from: https://www.churchofengland.org/sites/default/files/2017-12/PromotingSafer ChurchWeb.pdf (accessed April 20, 2021).

The Boston Globe. "Clergy Abuse Documents," *The Boston Globe* (Archive), http://archive.bos ton.com/globe/spotlight/abuse/documents/ (accessed April 20, 2021).

The Tablet. "A scandal to face together," *The Tablet* (Editorial), March 24, 2001, https://read er.exacteditions.com/issues/71827/page/3 (accessed November 29, 2019).

Timmerevers, Heinrich. "Timmerevers: Müssen uns verstärkt um geistlichen Missbrauch kümmern," *Katholisch.de*, November 09, 2020, https://www.katholisch.de/artikel/27521-timmerevers-muessen-uns-verstaerkt-um-geistlichen-missbrauch-kuemmern?utm_source=aktuelle-artikel&utm_medium=Feed&utm_campaign=RSS (accessed March 15, 2021).

Trainor, Michael. *The Body of Jesus and Sexual Abuse: How the Gospel Passion Narrative Informs a Pastoral Approach.* Eugene: Wipf & Stock Publishers, 2014.

Tombs, David. *Crucifixion and Sexual Abuse,* "When Did We See You Naked?" Series 2. http://hdl.handle.net/10523/9834 (English); http://hdl.handle.net/10523/9843 (Spanish); http://hdl.handle.net/10523/9846 (French). University of Otago: Centre for Theology and Public Issues, 2019.

Tombs, David. "Crucifixion, State Terror, and Sexual Abuse." *Union Seminary Quarterly Review* 53/1–2 (1999): 89–109. http://hdl.handle.net/10523/6067 (accessed January 21, 2021).

Vilanova, Constance. *Religieuses Abusées: Le Grand Silence.* Paris: Artège Editions, 2020.

Voices of Faith. "The Silence of the Church Speaks Volumes," *Voices of Faith Conference* (Panel discussion), November 27, 2018, https://www.youtube.com/watch?v=su4_LqYElZs (accessed January 23, 2020).

Wagner, Doris and Klaus Mertes. *Spiritueller Missbrauch in der katholischen Kirche.* Freiburg: Herder, 2019.

Wagner, Doris. "Gefährliche Seelenführer," *Zeit Online* (Kommentar), January 23, 2019, https://www.zeit.de/2019/05/geistlicher-missbrauch-kirche-glaube-spirituelle-freiheit-beeinflussung (accessed February 15, 2021).

Wagner, Doris. "Overcoming Silence: Women's Voices in the Catholic Abuse Crisis," *Voices of Faith Conference* (Talk), November 27, 2018, https://www.youtube.com/watch?v=zE-ApnCXL4E (accessed November 05, 2020).

Wagner, Doris. *Nicht mehr ich: Die wahre Geschichte einer jungen Ordensfrau.* Wien: Edition a, 2014.

Weber, Max. *Economy and Society. An Outline of Interpretive Sociology.* Vol. 2, ed. by Guenther Roth and Claus Wittich. Berkeley: University of California Press, 1978.

Winfield, Nicole. "Pope publicly acknowledges clergy sexual abuse of nuns," *ABC News*, February 06, 2019, https://abcnews.go.com/International/wireStory/pope-acknowledges-priests-bishops-sexually-abused-nuns-60855828 (accessed November 05, 2020).

Wirth, Mathias. "Die Banalisierung sexualisierter Gewalt im Gestus ihrer Entschuldigung." In *Sexual Violence in the Context of the Church: New Interdisciplinary Perspectives*, ed. by Mathias Wirth, Isabelle Noth and Silvia Schroer, 355–377. Berlin and Boston: De Gruyter, 2022.

Daniel J. Fleming
Overcoming Silence

Fraternal Correction, Hierarchy, and the Abuse Crisis in the Australian Catholic Church

Over recent years, the extent of the horror of the sexual abuse of children by clergy in the Catholic Church has become more apparent in the Australian context from which I write. Central to this was the *Royal Commission into Institutional Responses to Child Sexual Abuse* which delivered its final report in 2017. This Commission had a particular focus on the Catholic Church, and revealed major problems at an institutional and cultural level which failed to prevent – and sometimes tacitly supported the continuation of – the sexual abuse of children by clergy. This investigation, alongside other similar inquiries led by the Commission, uncovered many significant dimensions to this tragedy, including the way in which abuse was allowed to continue in part due to deference to authority, silence, and the lack of capacity to listen to concerns raised.[1]

This phenomenon forms the focus of this contribution. More specifically, why is it that subordinates, in many cases, choose not to confront superiors in cases of abuse or challenge inadequate responses to abuse?

This problem is not unique to the Catholic Church. The chapter begins with a discussion of a similar phenomenon from the aviation industry. This provides insight in terms of why those lower on the rungs of a hierarchy may be unable to raise concerns effectively with those higher up, and the potentially devastating consequences of this. The chapter then proceeds to consider how these same features appear within the Catholic Church. Aligning with emerging literature that argues that the response to the abuse crisis in the Catholic Church must include responses from within the Church's own theological tradition, it is argued that Thomas Aquinas' understanding of "fraternal correction" provides an important corrective to this problem.

Returning to the observation that the problems identified here are not unique to the Church, the chapter concludes with research from the field of organisational ethics to recommend strategies which might help to enshrine commitments to fraternal correction and thereby support efforts to ensure that such abuse does not continue.

---

1 See also Müllner, "Frightening Continuities" in this volume.

https://doi.org/10.1515/9783110699203-005

1 Silence in the Face of Grave Error: Aviation

In his 2008 book *Outliers*, the Canadian investigative journalist Malcolm Glad-well recounts the tragic story of Korean Air flight 801, a Boeing 747 which crash-ed on final approach to Guam on August 5th, 1997. The crash killed 228 of the 254 passengers and crew, despite being both foreseeable and avoidable.[2] With refer-ence to recordings from the flight data recorder, Gladwell recounts how two of the flight crew made bizarrely subtle efforts to raise concerns about the approach path to the captain of the flight too late, and to no avail.

Here is Gladwell's account of the final moments before the crash:

> The plane is flying toward the VOR beacon and the VOR is on the side of a mountain. The weather hasn't broken. So the pilots can't see anything. The captain puts the landing gear down and extends the flaps.
>
> At 1:41:48, the captain says "Wiper on," and the flight engineer turns the wipers on. It's raining now.
>
> At 1:41:59, the first officer asks, "Not in sight?" He's looking for a runway. He can't see it. He's had a sinking feeling in his stomach for some time now. One second later, the Ground Proximity Warning System calls out in its toneless electronic voice, "Five hun-dred…" The plane is five hundred feet off the ground. The ground in this case is the side of Nimitz Hill. But the crew is confused because they think that the ground means the run-way, and how can that be if they can't see the runway? The flight engineer says, "Eh?" in an astonished tone of voice. You can imagine them all thinking furiously, trying to square their assumption of where the plane is with what their instruments are telling them.
>
> At 1:42:19, the first officer says, "Let's make a missed approach." He has finally upgrad-ed from a hint to a crew obligation: he wants to abort the landing. Later, in the crash in-vestigation, it was determined that if he had seized control of the plane in that moment, there would have been enough time to pull up the nose and clear Nimitz Hill. That is what first officers are trained to do when they believe a captain is clearly in the wrong. But it is one thing to learn that in a classroom, and quite another to actually do it in the air, with someone who might rap you with the back of his hand if you make a mistake.
>
> 1:42:20 FLIGHT ENGINEER: Not in sight.
>
> With the disaster staring them in the face, both the first officer and the engineer have finally spoken up. They want the captain to go around, to pull up and start the landing over again. But it's too late.
>
> 1:42:21 FIRST OFFICER: Not in sight, missed approach.
>
> 1:42:22. FLIGHT ENGINEER: Go around.
>
> 1:42:23 CAPTAIN: Go around.[3]

---

2 Gladwell, *Outliers*, 260–261.
3 Ibid., 259–260.

These are the final words spoken in the cockpit. The plane crashes three seconds later.[4]

It is the nature of the efforts of the First Officer and Engineer to intervene in the situation, and their ineffectiveness, that Gladwell hones in on in his analysis of the crash. As the account shows, they are subtle, veiled, and overly deferential.

Gladwell and the investigators he engages with in his study see this as reflective of the pilots' South Korean culture, in which it is understood as inappropriate to challenge or speak too directly to superiors. The way power dynamics differ between cultures is relevant here, since South Korea – along with Brazil, Morocco, Mexico and the Philippines – have cultures that score highest in measurements which seek to understand "how much a particular culture values and respects authority."[5]

To illustrate, Gladwell notes the likely course of events when the pilots met prior to their flight:

> the first officer and the engineer would have bowed to the captain. They would all have shaken hands. *"Cheo eom boeb seom ni da,"* the copilot might have said, respectfully. "It is the first time to meet you." The Korean language has no fewer than six different levels of conversational address, depending on the relationship between the addresser: formal deference, informal deference, blunt, familiar, intimate, and plain. The first officer would not have dared to use one of the more intimate or familiar forms when he addressed the captain. This is a culture in which enormous attention is paid to the relative standing of any two people in a conversation.[6]

These observations are not a value judgment about South Korean culture. They are observational findings about how authority is conceived of and responded to within it, and other cultures like it. What they help to reveal is that, when combined with the particular context of the cockpit and its hierarchical nature, such cultural norms can render subordinates – in effect – voiceless. In the context of flight 801, the consequences were fatal.

---

4 Ibid., 261.
5 Ibid., 239.
6 Ibid., 250 – 251.

2 Silence in the Face of Grave Error: The Catholic Church

In 2012, the then Prime Minister of Australia, Julia Gillard, announced the *Royal Commission into Institutional Responses to Child Sexual Abuse* (hereafter, the Commission). A Royal Commission is the highest level of governmental inquiry in Australia. The Commission ran for four years, heard the testimonies of thousands of victims and survivors of child sexual abuse, and published its report in December 2017.[7] The Commission had a focus on many different institutions and their responses to the evil of child sexual abuse, finding that – by and large – government, non-government, and faith-based organisations did not do well by children suffering abuse, were too slow to respond to concerns about abuse, and – when they did respond – did so inadequately. Among faith-based institutions, the Catholic Church in Australia received the most attention from the Commission, reflecting both the vast reach of Catholic ministries to children and their families (especially parishes, orphanages, and schools), and also the horrifying extent and consistency of child sexual abuse across the Church community.[8] The Commission's findings included a focus on complicity with abuse through systemic cover-ups and failures to respond.[9]

Reading through the Commission's report on the Catholic Church, and other accounts of the abuse crisis in the Catholic Church internationally, one cannot help but lament the scope of this evil and its devastating impact on victims, survivors, and those close to them. It is impossible not to notice the vast difference between the Church's stated theological ethics – which is founded upon belief in the sacred dignity of each and every unique person – and the abuse of children which so undermines this dignity, as well as all the entrenched cultural assumptions, actions, and omissions that enabled this to continue.[10]

Many analyses of the crisis in the Catholic Church have concluded that the demarcation between those who are lay and those who are ordained – and the special status and powers granted to the clergy on account of it – has been a significant contributing factor.[11] Often this phenomenon is critiqued using the cat-

---

7 See Website of "Royal Commission".

8 Jones, "Royal Commission Recommends Sweeping Reforms".

9 In his comment that the behavior of Church leaders in response to the crisis was something like "criminal negligence", Anthony Fisher – currently Archbishop of Sydney – implies such complicity (Cited in Royal Commission, *Final Report*, 231).

10 This distance is analysed in Fleming, "Beyond the Abuse of Power".

11 See for example Keenan, *Child Sexual Abuse* and Kenny, *Healing the Church*.

egory of *clericalism*, "that culture which created the climate where Catholic men and women of conscience were routinely unable to be heard or understood, but where the self-preserving power of clerics was given sanction."[12] Jorge Bergoglio ("Pope Francis") himself has taken aim at clericalism, identifying its root cause as "an elitist and exclusivist vision of vocation, that interprets the ministry received as a *power* to be exercised rather than as a free and generous *service* to be given."[13]

Important as this category has been, as noted elsewhere *clericalism* has become a catch-all term for the cultural problems within the Church that the abuse crisis has shed light on.[14] In addition, of itself it does not explain the phenomenon identified in this contribution, because it neglects an in-depth consideration of the authority structures that exist among clerics themselves, and the impact they had on the poor response to the crisis. As Abellanosa notes, in the Catholic Church:

> The ordained are distinguished from the lay, the bishops are a smaller group of elite distinct from the presbyters and deacons, then the College of Cardinals is a much smaller group that has a higher advisory function in relation to the Pope who himself wields absolute power, monarchical powers, within the Church. And though voted by the Cardinals, the pope is in principle accountable to God and not to the Church.[15]

Abellanosa points out that authority structures are central to most human organisations.[16] As with the flight deck, such a structure has its purpose. However, as noted earlier, when that structure is combined with cultural customs that undermine the capacity for effective communication and response in a crisis, then a dangerous situation arises. And it is this that is central in analyses of the Church's authority structure in relation to the abuse crisis which, as Keenan has argued, has been "even more problematic and unknown than clerical culture".[17]

In the context of this study, it is not merely this clericalism that makes it difficult for subordinates to effectively raise concerns about abuse to their superiors, and nor is it the case that this is merely an issue between the lay and the ordained. There is more at play. As Abellanosa further observes: "How can a bishop whose power and authority comes from the Holy Spirit be questioned

---

12 Keenan, "Vulnerability and Hierarchicalism," 322.

13 Bergoglio, *Address by his Holiness.*

14 Fleming, "Beyond the Abuse of Power," 342.

15 Abellanosa, "Abuse, Elitism and Accountability," 368.

16 Ibid., 371.

17 Keenan, "Vulnerability and Hierarchicalism," 324.

by his own people? We don't need to present a lengthy discussion on infallibility and how it also has contributed to the people's view that Church governance should be left to its leaders."[18]

Kalapurackal refers to this as a system of "vectoral accountability", wherein accountability exists in only one direction (up), and subordinates simply do not have access to the world of those who are able to exercise power over them.[19] This is what leads Keenan to propose the category of hierarchicalism as a way of understanding how the hierarchy contributes to the abuse crisis.[20] Importantly, this is reflected within the community of clergy themselves. Within the culture of the clergy it is also the case that subordinates simply do not acknowledge themselves as having the means, capacity, or authority to effectively raise concerns with or challenge those who are superior to them. As the Commission noted in its comments on the governance structure of the Church:

> The hierarchical structure of the Catholic Church created a culture of deferential obedience in which poor responses to child sexual abuse went unchallenged. Where senior clergy and religious with advisory roles to diocesan bishops or provincials of religious institutes were aware of allegations of child sexual abuse, often they did not challenge or attempt to remedy the inadequate responses of their bishop or provincial, or believed that they could not do so.[21]

It is with this in mind that the comparison can be made with the flight deck of the Korean Air 801. The Church, like the flight deck, is hierarchical. And the way in which that hierarchy functions when combined with cultural beliefs about the role of subordinates in relation to their superiors makes it difficult for those lower in the hierarchy – whether clergy or laity – to raise serious concerns with those above them. Just as in the case of flight 801, subordinates in the Church witnessed problematic decisions in their superiors. As the Commission found, their silence, their ineffective methods of raising these concerns, and their superiors' lack of capacity to hear these concerns and attend to them all played a role in enabling the crisis to continue.

---

18 Abellanosa, "Abuse, Elitism and Accountability," 374. See also Figueroa and Tombs, "Living in Obedience" in this volume.

19 Kalapurackal, "An Ethical Analysis of Transparency," 353.

20 Keenan, "Vulnerability and Hierarchicalism," 324–325.

21 Royal Commission, *Final Report*, section 13.11.4 in particular.

3 Theology and Theological Ethics as a Contributing Factor

The Australian Royal Commission recommended extensive changes for the Church to address this crisis, ranging from the process by which clergy are trained, to legislation requiring priests to report abuse confessed during the Sacrament of Reconciliation, to including more women and laypeople in leadership roles within the Church, to changes in governance structures for Catholic schools.[22] The response to these recommendations across the Church in Australia has been mixed, with some – such as governance changes for Catholic schools – being taken up with earnestness.[23] Others, such as the legislative requirement to report abuse disclosed under the seal of confession, have been resisted zealously.[24]

The Commission's recommendations to address the risk of future abuse are best understood as external recommendations that are encouraged or imposed by an authority outside of the Church. There are significant merits to this kind of intervention. However, there is a growing body of literature that recognizes that the abuse crisis is – in substantive part – a crisis that is related to the Church's belief system and, as such, can and should be addressed as a theological problem.[25] In the context of the focus of this chapter, the hierarchy of the Catholic Church is not merely a sociological phenomenon. It is related to a theology of the Church, which understands the positions of priest, bishop, cardinal, and pope as bestowed by God with particular gifts and powers. Where this belief system has a relation to the crisis, it is insufficient to deal with the crisis through external recommendations alone. It is necessary to address the issue from within the Church's belief system – a task which requires the disciplines of theology and theological ethics.

Taking an approach informed by the latter, it has previously been argued that the Church's own ethical tradition – which is founded on the inherent dignity of each and every human person – has within it relevant tools for animating

---

22 Royal Commission, *Final Report*, recommendations 16.6 – 16.26.

23 Catholic Archdiocese of Melbourne, "New Era for Catholic Education".

24 Australian Associated Press, "New Laws in Queensland".

25 Much of the foundational work on this area in theology is found in *Theological Studies* 80/3 (September 2019) and *Theological Studies* 80/4 (December 2019). It is also worth noting that those who have been studying the abuse crisis from different perspectives (for example, psychology and sociology) also point towards the need for theological change. See for example McPhillips, "Silence, Secrecy and Power" and Keenan, *Child Sexual Abuse*.

and directing a response to the abuse crisis. Drawing on the concepts of kinship, lament, and resistance in dialogue with Christina A. Astorga's work, this work has suggested that genuine commitment to the dignity of survivors, victims, and those at ongoing risk of abuse should have prevented the crisis.[26] Noting that it did not, it is proposed that there have been at least two belief systems functioning within the Church: its stated theological ethics, and an 'in-practice' belief system, which prioritized (for example) reputation and respect for hierarchy over human dignity. This argument concludes that this problem can be corrected through a demonstrable commitment to the Church's actual theological ethics, and the transformations in culture and behaviour that this spurs on.

That analysis is taken for granted in this contribution, and I use the same methodology to address the problem of hierarchical silence. That is, this chapter seeks guidance from the Church's own theological ethics to suggest that – within this framework – one can find the tools necessary to address the aspect of the crisis that has been introduced above: a lack of capacity to raise concerns to those in positions of authority and have them addressed. This leads to the concept of fraternal correction.

4 Fraternal Correction

Within Catholic theological ethics, fraternal correction is understood as a fruit of the virtue of charity. This is the virtue "by which we love God above all things for his own sake, and our neighbour as ourselves for the love of God."[27] Such a disposition includes the benevolent rebuke of moral wrongdoing in one's neighbours.[28] This aspect of the virtue of charity rests on a long Biblical tradition. Consider the following:

From the Gospel of Matthew:

> [Jesus said] If another member of the church sins against you, go and point out the fault when the two of you are alone. If the member listens to you, you have regained that one. But if you are not listened to, take one or two others along with you, so that every word may be confirmed by the evidence of two or three witnesses. If the member refuses to listen to them, tell it to the church; and if the offender refuses to listen even to the church, let such a one be to you as a Gentile and a tax collector.[29]

---

26 Fleming, "Beyond the Abuse of Power," 343–346; Astorga, "The Triple Cries".

27 *Catechism of the Catholic Church*, no. 1822.

28 This expression of fraternal correction is distinguished from the form of correction which properly belongs to the judicial system.

29 Matt. 18:15–17. Biblical quotations are from New Revised Standard Version Bible.

From Paul's letter to the Galatians: "My friends, if anyone is detected in a transgression, you who have received the Spirit should restore such a one in a spirit of gentleness. Take care that you yourselves are not tempted."[30]

And from the book of James: "My brothers and sisters, if anyone among you wanders from the truth and is brought back by another, you should know that whoever brings back a sinner from wandering will save the sinner's soul from death and will cover a multitude of sins."[31]

Drawing on this tradition, St Thomas Aquinas (1225–1274) entered into a sustained reflection on fraternal correction in his *Summa Theologica*, which holds a particular weight and authority in Catholic theological ethics. Eleonore Stump provides the following summary:

> According to Aquinas, there are limited circumstances in which failing to reprove a wrongdoer is not itself a serious moral wrong. The most important of these occurs when it seems very probable that the wrongdoer will get morally worse as a result of correction. On the other hand, insofar as we know about someone else's serious wrongdoing, the opportunity arises to offer him correction in the proper way, and there is no very strong reason to suppose that reproving the wrongdoing will make him worse, then fraternal correction is a matter of moral obligation, and its omission is a serious moral failing. In fact, Aquinas quotes with approval Augustine's line that the failure to correct a sinner makes one worse than the sinner himself.[32]

Aquinas sets a very high threshold in his expectations about fraternal correction. Even where proffering such correction would include significant risk for the person undertaking it, he argues that it is an obligation. Not to do as much, even when one "fears what people may think"[33] or that the person offering correction "may suffer grievous pain or death"[34] on account of this, demonstrates a preference for the cowardice of inaction over righteous and philanthropic charity. A person omitting to correct someone on this basis is – in Aquinas' estimation – guilty of mortal sin.[35]

Importantly, Aquinas also attends to the question which is at the heart of this chapter. That is, what if the fraternal correction in question were directed towards a superior? Does the relative position of one's authority change one's ob-

---

30 Gal. 6:1.

31 James 5:19.

32 Stump, "Aquinas on Justice," 67. Here Stump is drawing on St Thomas Aquinas, *Summa Theologica*, II–II, 33.

33 Aquinas, *Summa Theologica*, II–II, 33.2 ad 3.

34 Ibid.

35 Ibid.

ligations? Aquinas undertook his work in the context of the hierarchical system of the Church as it existed in the middle ages, and so was acutely aware of the different kinds of pressures that might bring themselves to bear on fraternal correction of an authority. His answer includes an important distinction: whilst it is not possible for a subordinate to correct their superior using coercive means (such as punishments), the virtue of charity is directed to all persons, regardless of their position.[36]

On this basis, fraternal correction "is within the competency of everyone in respect of any person towards whom he is bound by charity, provided there be something in that person which requires correction."[37] Indeed, it carries a particular weight in this context: the person in higher authority carries more responsibility and so is held to greater account when it comes to the ultimate moral judgment of their lives.[38] On this view, the subordinate offering fraternal correction to their superior is offering their help to someone who, on account of their standing in a hierarchy, is in a more precarious moral position.[39]

Considered in the context of the abuse crisis, the demands of fraternal correction become clear. Regardless of what position in a hierarchy a person held, once they became aware of the evil of abuse, they were required to admonish it and those who – through either act or omission – were complicit in it. This includes those cases where such admonishment required them to challenge an authority. The phenomenon that the Commission noted, which saw subordinates unable or unwilling to raise concerns to superiors or challenge their decisions, is inexcusable on the grounds of Aquinas' ethics. As a central source for Catholic ethics, the *Summa Theologica* demonstrates that within the tradition there is indeed a theological rationale behind addressing complicit silence and ineffective methods of challenging decisions in the face of unethical behaviour. Were this to be more widely known, and more widely adhered to, it would provide a corrective to at least one contributing factor to the abuse crisis.

Cultivating knowledge about this teaching is the role of theological education, and relates to other suggestions that exist in response to the abuse crisis for the education of clergy and the laity in the context of their responsibilities. Importantly, setting up the response in this way provides reasons for fraternal correction that are internal to the Catholic belief system, which complement externally imposed requirements (such as laws that require the reporting of abuse). However, cognitive knowledge of such requirements is of itself insufficient for

---

36 Ibid.

37 Ibid., II–II, 33.4.

38 See Luke 12:48.

39 Aquinas, *Summa Theologica*, II–II, 33.4.

addressing this kind of problem. As has been well documented, one can know a moral truth but fail to act in accordance with it.[40] Recall that this is a central insight in Gladwell's analysis of the Korean Air crash noted above regarding a First Officer's responsibility to override their Captain: "it is one thing to learn that in a classroom, and quite another to actually do it in the air." As such, with this background, the next section turns to the practical application of this knowledge, and how Mary C. Gentile's work in organisational ethics provides some insight into how the consistent practice of fraternal correction might be achieved. It begins by returning to Gladwell's analysis of the Korean Air 801 crash, and the corrective measures that were put in place by the airline.

5 Overcoming Silence through Practice

As noted earlier, in the analysis of the Korean Air crash and others like it, a number of experts in the aviation industry noted the role that culture played in the behaviour of pilots. Flight decks are inherently hierarchical contexts: the captain is in charge of the plane, and other crew are subordinate to them. Even in contexts in which there are multiple pilots at the same level present (such as two captains), the designated captain for the flight assumes ultimate command. As previously highlighted, this authority structure – when combined with cultural norms that enshrine a significant power difference between authorities and subordinates – make it difficult for subordinates to challenge authority in a meaningful and effective way. In the case of flight 801, "their problem was that they were trapped in roles dictated by the heavy weight of their country's cultural legacy."[41]

One of the conclusions here is that, in the particular context of the flight deck, deference to an authority who is making an error is inappropriate. Indeed, it can prove dangerous – a possibility that was realised in the case of this tragic crash. As a response, something approximating the fraternal correction previously discussed is necessary on the flight deck. If a crew member notices an error relating to safety, they should be able to raise it and have it addressed, re-

---

40 On this point, it is worthwhile considering the work of the psychologist Darcia Narvaez, whose comprehensive theoretical work draws on the disciplines of moral psychology and neurobiology to study the intersections between rational knowledge, emotion, and biology in order to better understand how human morality develops and functions. For a synthesis of this work, see Narvaez, *Neurobiology and the Development of Human Morality.* This framework has been in the context of conscience formation in the Catholic tradition in Fleming, "All who saw it".
41 Gladwell, *Outliers,* 256.

gardless of their seniority. Indeed, as noted earlier, it is protocol on flight decks that if a junior member of the flight crew notices the captain doing something dangerous, the junior is allowed to assume command. Of significance at this point, case study analyses in this domain reveal that countries with cultures that are less likely to defer to authority (including the US, Ireland, South Africa, Australia, and New Zealand) are also less likely to encounter these kinds of safety risks on the flight deck, as crew naturally felt more empowered to speak up and – where necessary – intervene.[42]

What was necessary to effect a change in the Korean Air context was not merely knowledge of the problem and the respective duties of the crew; instead, what was required was an intentional change in the culture of the cockpit. Although a culture's consistent deference to authority may be deemed morally neutral or possibly even good in most cases –in the cockpit it is dangerous. What is remarkable about this particular story is the way in which Korean Air managed to change its flight deck culture, which saw significant improvements in its safety.[43] A cornerstone in their approach was providing an opportunity for flight crews to step outside of their cultural norms when they were on the flight deck, so that it was clear that their operating environment necessitated a different set of behaviours.[44] This, alongside the practice of elevating concerns in an effective way as part and parcel of the culture of the airline, is what ultimately led to a successful change.[45]

I argue that the crucial intersection between knowing about the problem, a theological rationale for the solution of fraternal correction, and practice in achieving such correction can form an effective part of addressing the abuse crisis in the Catholic Church in an analogous way to the correction that was deployed for Korean Air. In this context, having addressed the problem and developed a principle for response from within theological ethics, what remains is the practical skillset required to bring it into action.

Mary C. Gentile's pioneering work, *Giving Voice to Values*, is a sustained attempt to address institutional silence on ethical matters, and provides important insights and recommended strategies which are relevant to the work at hand. Developed by Gentile for future organisational leaders in response to several large-

---

42 Ibid., 244.

43 Ibid., 257–258.

44 The specific intervention noted for its success here was switching the language of the cockpit from Korean to English. Literally using a different way of speaking helped flight crews to change their method of operation and interaction to one which reduces the power distance and is more appropriate for the flight deck. See ibid., 255–256.

45 Cf. Gentile, *Giving Voice to Values*, 140.

scale crises of ethics in the business world (particularly following the 2008 financial crash, and the behaviour that was uncovered following it), the program aims to overcome the issue of moral silence. Whilst her focus is predominantly the business context, the phenomena she seeks to respond to – that is, the distance between stated values and real behaviour, and the capacity for subordinates to raise ethical concerns with their peers and superiors – is similar in kind to what we have been exploring to this point.

Two aspects of Gentile's approach are relevant here: normalising the experience of confronting ethically problematic situations and behaviours, and embedding the practice of raising ethical concerns. Turning to the first, Gentile argues that a significant barrier to raising ethical concerns rests on the combination of assumptions that ethical issues will not arise as a matter of course or in a problematic way in an organisational context. Added to this is an assumption that, if ethical issues do arise, they are largely a matter of private consideration, to be worked out by an individual rather than within the organisation itself. Framed in this way, Gentile explains that:

> We think of ourselves as just working along, minding our own business, when all of a sudden a values conflict inserts itself into the flow of our professional lives. It threatens to derail us. It feels as if it is somehow getting in the way of our "regular" or "real" work. It feels unusual, extraordinary, or different. It's an intrusion into the way things ought to be. We often say "I never expected to encounter this," even when the conflict we are facing is a classic business ethics problem.[46]

One of the barriers to effective fraternal correction in the Church has been the assumption that those in positions of authority simply do not make errors in moral judgment.[47] Resting alongside this is an enculturated view that one should follow the directives of their superiors and not question them.[48] Against this, one should return to the principle of fraternal correction as described by Aquinas: the principle is necessary, including its deployment by subordinates with their superiors, precisely because one can observe that superiors will at times act in ethically problematic ways. Following from this, as the Commission and other reports have shown, there is now ample evidence to suggest that within the

---

46 Gentile, *Giving Voice to Values*, 72–73.

47 As Nuala Kenny points out, this assumption rests behind the fact that the accounts of many victims of clerical sexual abuse were not believed, and the assumption that once a Church authority (such as a bishop or his delegate) was made aware of the abuse it would be dealt with justly; see Kenny, *Healing the Church*, 73. See also Noth, "Mythical Self-Conceptions" in this volume.

48 Abellanosa, "Abuse, Elitism and Accountability," 374.

Church community, one can expect to encounter morally problematic behaviour with regards to abuse – whether abuse itself, or tacit support of it through act or omission. This is neither an overstatement nor an alarmist prediction: it is merely an observation. Abuse and cover-ups of abuse have been endemic, not exceptional. Not encountering as much would be welcome, and could well be held out as a measurement of the change in culture so desired. However, the assumption that one will not encounter any of these issues is born of the kind of naivety Gentile critiques, which undermines the capacity of those involved to offer any kind of fraternal correction if they encounter it.

Normalising the observation that some within the Church do not act in accordance with the Catholic tradition's own principles of human dignity, including those entrusted with leadership positions, and actively preparing to encounter and respond to this in an effective way provides an antidote. This functions in exactly the same way as it does for junior members of a flight crew when their training includes normalising the idea that captains can be wrong, and they have the authority to intervene if they suspect they are making an error. In the business context, Gentile notes that:

> If we approach our business careers with the expectation that we will face values conflicts and have anticipated some of the most common types in our intended industry and functional area, not only can we minimize the disabling effect of surprise, but also we will likely find ourselves framing attempts to speak about these issues in a less alarmist or emotional manner and more as a matter of course.[49]

Earlier, we considered that Aquinas sets a high threshold for reasons that fraternal correction might not be obligatory, arguing that fear of what others might think, fear of painful repercussions, or even fear of death itself are not valid reasons for decreased responsibility to offer correction to one's neighbour. The context which Gentile refers to also includes risks for those wishing to raise ethical concerns, including risks to one's career, which are often cited as having reducing freedoms to act in this domain. However, she points out that this is not an issue of freedom *per se*, but instead the result of conceptions about which risks are worthwhile to take. If the ethical framework from which I am operating requires that I offer fraternal correction, even in the face of risk to reputation, relationship, or career, then the scope of my freedoms increases. And if I have actively prepared for situations in which I might need to take such risks in order to uphold central ethical principles as one among other challenges that I will likely encounter, doing so becomes more straightforward:

---

49 Gentile, *Giving Voice to Values*, 76.

> By anticipating or *normalizing* the idea that we will have to take risks – even career-threatening ones – in service of our values at some point in our work lives, we expand our vision of what degree of freedom we have in our decision making. The explicit decision to prepare for that eventuality [...] makes this choice both easier to imagine and more practical to enact.[50]

In addition to these considerations for normalisation, Gentile recommends that individuals engage in the practice of raising ethical concerns. It suffices to emphasise her central argument at this point, that "the more we practice using our voice when it comes to values, the more skilful, confident, and comfortable we can be in doing so."[51] Gentile demonstrates that this can be achieved both through intentional practice in the context of encountering real ethical conflicts, even minor ones, and also in the domain of rehearsed conflicts. That is, once an individual is convinced of their responsibilities for fraternal correction, they can practice it: in large and small ways, in daily life. In addition, training programs can include cases in which a superior requires correction from their subordinate, just as flight crew are trained to correct their captains. Seen in this way, the practice of fraternal correction can become part of the cultivation of the virtue of courage, directed by the virtue of charity. And it is not difficult to imagine how this could be embedded alongside other formation programs in the Church – for those ordained and those who are lay.

6 Conclusion

Addressing the abuse crisis in the Catholic Church calls for a comprehensive response which attends to aspects of culture, hierarchy, and theology. Alongside external inquiries, such as the Australian *Royal Commission into Institutional Responses to Child Sexual Abuse,* and the recommendations and requirements that arise out of these, the chapter has argued that a response from within the Church's belief system – a theological response – is also necessary. It has been previously suggested that the Church's theological ethics, especially the concepts of human dignity, kinship, lament, and resistance can initiate and direct a response to the crisis. In this contribution it has been argued that this same methodology can address one of the known causative factors of the crisis, namely that subordinates who witnessed abuse or inadequate responses to it failed to address it with their superiors, or did so to little effect.

---

50 Ibid., 78–79.
51 Ibid., 168.

Drawing on the case study of Korean Air flight 801 shows that this phenomenon is not unique to the Church and, importantly, provides insights into what kind of response is required to effect change. That is, when subordinates are empowered to correct their superiors in cases of wrongdoing, tragedies can be averted. Within the Church's tradition of theological ethics, St Thomas Aquinas' concept of fraternal correction as an expression of the virtue of charity provides a powerful stimulus for the faithful, helping them to understand that correcting moral error – including the moral errors of those who occupy positions above them in a hierarchy – is a good and necessary expression of their faith life. Indeed, it is required of people of faith, even if the proffering of such correction comes with significant risk. In this context, embedding recommendations such as Mary C. Gentile's, which encourage normalising the experience of encountering ethically problematic behaviour and practising effective responses to this, provides a practical way to address this aspect of the crisis.

Works cited

Abellanosa, Rhoderick John S. "Abuse, Elitism and Accountability: Challenges to the Philippine Church." *Asian Horizons* 14/2 (2020): 361–380.

Aquinas, Thomas. *Summa theologica*, transl. by Fathers of the English Dominican Province. New York: Benziger Brothers, 1948.

Astorga, Christina A. "The Triple Cries of Poor, Women, and the Earth: Interlocking Oppressions in the Christian Context." In *Doing Asian Theological Ethics: In a Cross-Cultural and an Interreligious Context*, ed. by Yiu Sing Lucas Chan, James F. Keenan and Shaji George Kochuthara, 250–262. Bengaluru: Dharmaram Publications, 2016.

Australian Associated Press. "New Laws in Queensland Mean Priests No Longer Protected by Seal of Confession," *The Guardian*, September 9, 2020, https://www.theguardian.com/australia-news/2020/sep/09/new-laws-in-queensland-mean-priests-no-longer-protected-by-seal-of-confession (accessed November 13, 2020).

Bergoglio, Jorge Mario ("Pope Francis"). *Address by his Holiness Pope Francis at the Opening of the Synod of Bishops on Young People, the Faith and Vocational Discernment*, October 3, 2018, http://w2.vatican.va/content/francesco/en/speeches/2018/october/documents/papa-francesco_20181003_apertura-sinodo.html (accessed November 20, 2020).

Catechism of the Catholic Church. Vatican City: Vatican Press, 1997[2].

Catholic Archdiocese of Melbourne. "New Era for Catholic Education in Melbourne," October 22, 2020, https://melbournecatholic.org/news/new-era-for-catholic-education-in-melbourne (accessed November 13, 2020).

Figueroa, Rocío and David Tombs. "Living in Obedience and Suffering in Silence: The Shattered Faith of Nuns Abused by Priests." In *Sexual Violence in the Context of the*

Church: New Interdisciplinary Perspectives, ed. by Mathias Wirth, Isabelle Noth and Silvia Schroer,45 – 74. Berlin and Boston: De Gruyter, 2022.

Fleming, Daniel J. "'All who saw it began to grumble': Reflections on accompaniment and conscience *trans*formation." In *The Catholic Ethicist in the Local Church*, ed. by Antonio Autiero and Laurenti Magesa, 42 – 55. Maryknoll: Orbis, 2018.

Fleming, Daniel J. "Beyond the Abuse of Power and the Abuse of Conscience: Charting a course for Theological Ethics in Response to the Sexual Abuse Crisis in the Australian Catholic Church." *Asian Horizons* 14/2 (2020): 333 – 346.

Gentile, Mary C. *Giving Voice to Values: How to Speak Your Mind When You Know What's Right.* New Haven: Yale University Press, 2010.

Gladwell, Malcolm. *Outliers: The Story of Success.* London: Penguin 2008.

Jones, Timothy W. "Royal Commission Recommends Sweeping Reforms for Catholic Church to End Child Abuse," *The Conversation*, December 15, 2017, http://theconversation.com/royal-commission-recommends-sweeping-reforms-for-catholic-church-to-end-child-abuse-89141 (accessed January 22, 2020).

Kalapurackal, Sunny. "An Ethical Analysis of Transparency and Accountability in Church Administration." *Asian Horizons* 14/2 (2020): 347 – 360.

Keenan, James F. "Vulnerability and Hierarchicalism." *Asian Horizons* 14/2 (2020): 319 – 332.

Keenan, Maree. *Child Sexual Abuse & The Catholic Church: Gender, Power and Organizational Culture.* Oxford: Oxford University Press, 2012.

Kenny, Nuala. *Healing the Church: Diagnosing and Treating the Clergy Sexual Abuse Crisis.* Toronto: Novalis, 2012.

McPhillips, Kathleen. "Silence, Secrecy and Power: Understanding the Royal Commission Findings in the Failure of Religious Organisations to Protect Children." *Journal of the Academic Study of Religion* 31/3 (2018): 116 – 142.

Müllner, Ilse. "Frightening Continuities: Reading Stories on Sexual Violence in the Book of Samuel Today." In *Sexual Violence in the Context of the Church: New Interdisciplinary Perspectives*, ed. by Mathias Wirth, Isabelle Noth and Silvia Schroer, 251 – 266. Berlin and Boston: De Gruyter, 2022.

Narvaez, Darcia. *Neurobiology and the Development of Human Morality: Evolution, Culture, and Wisdom.* New York: W.W. Norton & Company, 2014.

Noth, Isabelle. "Mythical Self-Conceptions in Spiritual Care." In *Sexual Violence in the Context of the Church: New Interdisciplinary Perspectives*, ed. by Mathias Wirth, Isabelle Noth and Silvia Schroer, 503 – 508. Berlin and Boston: De Gruyter, 2022.

Royal Commission into Institutional Responses to Child Sexual Abuse, https://www.childabuseroyalcommission.gov.au/ (accessed November 13, 2020).

Royal Commission into Institutional Responses to Child Sexual Abuse, *Final Report – Religious Institutions: Volume 16, Book 2.* Barton: Commonwealth of Australia, 2017.

Stump, Eleonore. "Aquinas on Justice." *Proceedings of the American Catholic Philosophical Association* 71 (1997), 61 – 78.

Regina Spiess

Sexuelle Gewalt gegen Kinder in der Gemeinschaft der Zeugen Jehovas als Ausdruck gesellschaftlich geduldeter Gewaltstrukturen

Um die Jahrtausendwende häuften sich Berichte über sexuelle Gewalt gegen Kinder innerhalb der Gemeinschaft der Zeugen Jehovas. Die Vorgaben der Wachtturm-Organisation, so die Vorwürfe, schützten die Täterinnen und Täter, während die Opfer oft nicht gehört oder gar mit Ächtung bedroht würden. Im Jahr 2013 setzte die australische Regierung, aufgeschreckt von sexueller Gewalt gegen Kinder in staatlichen und vor allem auch religiösen Organisationen, eine staatliche Untersuchungskommission ein, die Royal Commission into Institutional Responses to Child Sexual Abuse (im Folgenden Royal Commission). Die Kommission untersuchte Vorwürfe von sexueller Gewalt gegen Kinder innerhalb von Organisationen, unter anderem auch innerhalb der Gemeinschaft der Zeugen Jehovas. Die Untersuchung offenbarte ein verheerendes Ausmaß sexueller Gewalt gegen Kinder in der Religionsgemeinschaft und hatte weltweite Auswirkungen auf Betroffene, Behörden und Politik.[1]

Die gesellschaftlich tolerierte Gewalt in vereinnahmenden religiösen Gemeinschaften wie den Zeugen Jehovas manifestiert sich auch als (sexuelle) Gewalt gegen Kinder – das ist die Kernthese dieses Artikels. Vor diesem Hintergrund werden die breiten Gewalt-Erfahrungen von Kindern bei den Zeugen Jehovas dargestellt und anhand der Untersuchung der Royal Commission die spezifischen Ursachen sexueller Gewalt in der Gemeinschaft beleuchtet. Es werden schließlich die gesellschaftlichen und politischen Bedingungen diskutiert, die (sexuelle) Gewalt in vereinnahmenden Gemeinschaften begünstigen.

1 Einleitung

In Dijon wurden 1998 drei „Älteste", Geistliche der Zeugen Jehovas, wegen Nichtanzeige eines Verbrechens zu bedingten Gefängnisstrafen verurteilt. Ein Mitglied hatte ihnen gestanden, regelmäßig seine minderjährige Tochter vergewaltigt zu haben. Sie unternahmen nichts, und der Täter setzte die sexuelle Ge-

---

1 Siehe dazu auch Fleming, „Overcoming Silence" in diesem Band.

https://doi.org/10.1515/9783110699203-006

walt ein weiteres Jahr fort, bis seine Schwester ihn anzeigte. Er wurde zu zwölf Jahren Gefängnis verurteilt. Vor Gericht sagte einer der Ältesten: „Wenn wir von einem Verbrechen gewusst hätten, hätten wir es möglicherweise zur Anzeige gebracht, aber eine Vergewaltigung ist etwas anderes".[2] 2015 antwortete in Australien ein von der Royal Commission befragter Ältester ähnlich: Er sei sich nicht gewahr gewesen, dass die ihm gemeldeten sexuellen Übergriffe Straftaten darstellten.[3] Die Aussagen machen deutlich, wie grundlegend das Problem des sexuellen Kindesmissbrauchs bei den Zeugen Jehovas ist. Sie führen außerdem die gesellschaftliche Duldung einer anscheinend rechtsfreien Parallelwelt vor Augen, in der sexuelle Gewalt gegen Kinder nicht einmal als solche erkannt wird.

1.1 Sexuelle Gewalt gegen Kinder in religiösen Kontexten

Die Folgen sexueller Gewalt für betroffene Kinder und Jugendliche sind gut erforscht. Eine Fülle prospektiver Kohorten- wie auch Querschnittstudien zeigen schwere und oft bleibende Schädigungen besonders bei wiederholter und langanhaltender sexueller Gewalt in Kindheit und Jugend. Das hat auch damit zu tun, dass Gewalterfahrungen durch den ausgelösten chronischen Stress grundlegende neuronale Reifungsprozesse verhindern und damit die Emotions-, Impuls- und Verhaltensregulation nachhaltig stören.[4] Sexuelle Gewalt gegen Kinder kann in deren späteren Leben zu selbstschädigendem Verhalten, chronischer Suizidalität oder Suchtproblemen führen,[5] eine besonders schwerwiegende Langzeitfolge ist zudem die Posttraumatische Belastungsstörung.[6]

Dieser Text orientiert sich an der Definition von sexueller Gewalt bzw. sexuellem Kindesmissbrauch der Deutschen Aufarbeitungskommission:

> [Sexueller Kindesmissbrauch ist] [j]ede sexuelle Handlung, die an Mädchen und Jungen gegen ihren Willen vorgenommen wird oder der sie aufgrund körperlicher, seelischer, geistiger oder sprachlicher Unterlegenheit nicht wissentlich zustimmen können. Täter und Täterinnen nutzen dabei Macht- und Autoritätspositionen aus, um eigene Bedürfnisse auf Kosten des betroffenen Kindes zu befriedigen.[7]

---

2 Le Canard Enchaîné, „Des Témoins qui n'aiment pas témoigner" (Übersetzung des Zitats durch die Autorin).

3 Vgl. Browne, „Jehovah's Witnesses destroyed evidence".

4 Siehe Egle, „Gesundheitliche Langzeitfolgen".

5 Vgl. Müller-Pfeiffer, „Psychische Reaktionen nach sexueller Gewalt", 120.

6 Vgl. Huber, *Trauma und die Folgen*, 22.

7 Unabhängige Kommission zur Aufarbeitung sexuellen Kindesmissbrauchs, „Glossar".

Im Folgenden wird von sexueller Gewalt gesprochen. Dies um zu verdeutlichen, dass sexuelle Gewalt gegen Kinder in Zusammenhang mit anderen Formen von Gewalt gesehen werden muss.[8] Dabei kann zwischen körperlicher, psychischer und sexueller Gewalt sowie Gewalt durch Deprivation und Vernachlässigung unterschieden werden.[9]

Die Wahrnehmung sexueller Gewalt gegen Kinder in religiösem Kontext ist eng mit den Missbrauchsskandalen der katholischen Kirche verbunden. Ausgehend von den USA berichteten Medien seit den 1990er-Jahren vermehrt über sexuelle Gewalt gegen Kinder in der katholischen Kirche. Vertuschung, Nichtanzeige von Fällen und der Schutz von Tätern bei gleichzeitigem Bemühen, die Opfer zum Schweigen zu bringen, zeichneten das Bild einer offenbar vor allem auf die eigene Reputation bedachten Kirche.[10] Das hatte nicht nur weitere Berichterstattung, sondern auch staatliche Untersuchungen und eine stärkere wissenschaftliche Beschäftigung mit dem Thema zur Folge – was wiederum die Wahrnehmung verstärkte, sexuelle Gewalt gegen Kinder in religiösem Kontext sei ein spezifisch katholisches Problem.[11] So war denn auch die Bildung der Royal Commission zur Untersuchung sexueller Gewalt gegen Kinder die Folge der zunehmenden Frustration weiter Teile der australischen Bevölkerung angesichts des Umgangs der katholischen Kirche mit Missbrauch auf Kosten der Opfer.[12]

Die Ergebnisse der Royal Commission schließlich waren für die australische Öffentlichkeit ein Schock. Es zeigte sich, dass die meisten Vorwürfe sexueller Gewalt gegen Kinder religiös geführte Organisationen betrafen.[13] Mehr als 4000 Betroffene aus 1691 religiösen Institutionen berichteten der Royal Commission von erlittener sexueller Gewalt mit oft verheerenden Folgen, für sie selbst aber auch ihre Familien und ganze Gemeinschaften. Die Täterinnen und Täter, mehrheitlich Männer, waren Menschen, denen die betroffenen Kinder und deren Eltern oft besonders vertrauten und die häufig wichtige Institutionen im Bereich von Bildung, Gesundheit oder Sozialfürsorge repräsentierten.[14]

---

8 Zu den unterschiedlichen Begrifflichkeiten und deren Problematisierung siehe Schreiber, „Begriffe vom Unbegreiflichen" in diesem Band.

9 Siehe Krug u. a., *World report on violence and health*, 6.

10 Siehe dazu Behrensen, „Aufarbeitung der Missbrauchsskandale" sowie Figueroa und Tombs, „Living in Obedience" in diesem Band.

11 Vgl. Rashid und Barron, „Focus of Clerical Child Sexual Abuse", 564–566.

12 Vgl. Crisp, „Australia: It's complicated".

13 Ebd.

14 Vgl. Royal Commission, *Report on religious institutions*, 11 f. Siehe dazu auch Mercer, „Spiritual Care for Survivors" in diesem Band.

Die Untersuchung der Royal Commission machte deutlich, dass, obwohl katholische Institutionen besonders stark betroffen waren, sexuelle Gewalt gegen Kinder das ganze Spektrum religiöser Gemeinschaften umfasst. Auch die Reaktionen der unterschiedlichen Glaubensgemeinschaften auf Vorfälle sexueller Gewalt wie das Abstreiten, das Umgehen der Meldepflicht oder das Versetzen der beschuldigten Geistlichen, waren ähnlich.[15] Rashid und Barron betonen in ihrer Übersichtsstudie zu sexueller Gewalt gegen Kinder in religiösen Gemeinschaften, dass es sich dabei nicht um ein Phänomen einer bestimmten Glaubensrichtung handelt, sondern um ein Phänomen religiöser Organisationen allgemein.[16] Es ist bekannt, dass abgeschlossene und hierarchische Strukturen Risikofaktoren für sexuelle Gewalt gegen Kinder darstellen.[17] Rashid und Barron nennen weitere für religiöse Kontexte spezifische Voraussetzungen, die sexuelle Gewalt gegen Kinder begünstigen: Etwa das besondere Ansehen, das religiöse Institutionen und ihre Vertreterinnen und Vertreter genießen sowie die institutionelle Abgeschlossenheit bei gleichzeitiger Präsenz von Kindern. Auch die Instrumentalisierung des Glaubens durch die Täterinnen und Täter, etwa durch Schuldzuweisungen an die Kinder im Namen Gottes, oder das religiöse Reframing von Straftaten als Sünde gehören zu diesen typischen Strukturen und Mechanismen, die sexuelle Gewalt gegen Kinder in religiösem Kontext fördern.[18]

Dass sexuelle Gewalt fälschlicherweise vor allem mit der katholischen Kirche assoziiert wird, hat, neben einem anti-katholischen Reflex mancher Medien in überwiegend protestantischen Ländern, verschiedene Gründe.[19] So trägt die weltumspannende und hierarchische Struktur der katholischen Kirche dazu bei, dass weltweit Vorfälle sexueller Gewalt gegen Kinder als katholische Missbrauchsfälle wahrgenommen werden, während Missbrauchsfälle in anderen religiösen Gemeinschaften eher als lokale Vorkommnisse und als Einzelfälle verstanden werden. Hinzu kommt, dass in der katholischen Kirche jeder Vorfall hierarchisch zugeordnet werden kann und theoretisch eine umfassende Aktenführung besteht. Das Vertuschen von Fällen und Nichthandeln von Verantwortlichen bei vorliegendem dokumentiertem Wissen zu sexueller Gewalt gegen Kinder ist ein weiterer Grund für den medialen Fokus auf die katholische Kirche.[20]

---

15 Vgl. Rashid und Barron, „Focus of Clerical Child Sexual Abuse", 572.
16 Vgl. a.a.O., 569 f.
17 Siehe Geschäftsstelle der Unabhängigen Beauftragten zur Aufarbeitung des sexuellen Kindesmissbrauchs, *Abschlussbericht der Unabhängigen Beauftragten*, 138 f.
18 Vgl. Rashid und Barron, „Focus of Clerical Child Sexual Abuse", 576.
19 Vgl. a.a.O., 574.
20 Vgl. a.a.O., 574–577.

Auch wenn die Wachtturm-Organisation der Zeugen Jehovas viel kleiner ist, so treffen doch diese genannten Faktoren auch auf sie zu.

1.2 Organisation und Lehre der Zeugen Jehovas

Die Gemeinschaft der Zeugen Jehovas, auch Wachtturm-Organisation genannt, zählt weltweit rund 8,5 Millionen Mitglieder. Nach eigenen Angaben gibt es in Deutschland etwa 162.000, in Österreich rund 21.000 und in der Schweiz circa 19.000 sogenannte „Verkündiger und Verkündigerinnen".[21] Die Organisation ist hierarchisch gegliedert, die weltweiten Aktivitäten werden von der Leitenden Körperschaft zentral gesteuert, international gelten dieselben Vorgaben. Es existieren 87 regionale Zweigstellen, das deutsche Zweigkomitee hat seinen Sitz in Selters und ist auch für Österreich, die Schweiz, Lichtenstein und Luxemburg zuständig. Es ist verantwortlich für den Druck der deutschsprachigen Zeitschriften sowie für die einzelnen Gemeinden, Versammlungen genannt, die aus 80 bis 100 Personen bestehen und von drei bis sechs Ältesten, Geistlichen im Laienamt, geleitet werden.[22] Die Organisation ist stark patriarchal geprägt, leitende Positionen können nur von Männern besetzt werden. Neben der Neue-Welt-Übersetzung der Bibel sind die Zeitschriften *Wachtturm* und *Erwachet!* die wichtigsten Druckerzeugnisse der Zeugen Jehovas, sie haben weltweit die gleichen Inhalte und erscheinen in über 300 Sprachen. In Österreich sind die Zeugen Jehovas seit 2009, in Deutschland seit 2017 in allen Bundesländern nach jahrelangem Rechtsstreit als Körperschaft des öffentlichen Rechts anerkannt.[23]

Die Leitende Körperschaft wird nach eigener Darstellung durch die Leitung des Geistes Jehovas ernannt.[24] „Wahrheit und Errettung" sind laut Lehre nur innerhalb der Organisation zu finden, die Wahrheits- und Organisationsgrenzen sind deckungsgleich.[25] Das gibt dem Mittel des Ausschlusses bei Regelverstoß enorme Wirkung. Lose Zugehörigkeit zur Organisation ist nicht vorgesehen, Zeugin oder Zeuge Jehovas zu sein ist vielmehr eine Lebensweise, von jedem Mitglied wird erwartet, dass es sich an die Lehren hält und gegenüber Autori-

---

21 Vgl. Watch Tower Bible and Tract Society of Pennsylvania, „Bericht über das Dienstjahr 2020", 1–5. In den folgenden Fußnoten wird die Autorenschaft mit „Watch Tower" abgekürzt. Alle Druckerzeugnisse sind auch online auf www.jw.org/de unter der Rubrik „Bibliothek" abrufbar.
22 Vgl. ebd.
23 Siehe Deckert, *All along the Watchtower*, 118–139.
24 Vgl. Watch Tower, „Leitende Körperschaft", 29.
25 Vgl. Schmidtchen, *Sekten und Psychokultur*, 22.

tätspersonen Gehorsam leistet.[26] Im Zentrum der Lehre steht das unmittelbar bevorstehende Harmagedon, in dem Jehova, so der „wahre" Name Gottes, alle Menschen umbringen werde, die ihm nicht treu dienen.[27] Aus diesem Grund ist das Predigen Pflicht aller Gläubigen.[28] Die „Trennung von der Welt" ist für Zeugen Jehovas zentral, Freundschaften und zu enge Interaktionen mit Nicht-Zeugen werden vermieden. Gläubige sind gehalten „im Herrn zu heiraten", das heißt eine Ehe innerhalb der Gemeinschaft einzugehen, Sexualität ist nur innerhalb der Ehe erlaubt. Bei Verstoß gegen die Normen drohen Sanktionen bis zum Ausschluss. Die Zeugen Jehovas lehnen christliche und andere Feierlichkeiten wie Geburtstage, Muttertag, Weihnachten oder Ostern ab. Die Evolutionstheorie wird zurückgewiesen und auf Bluttransfusionen soll, selbst wenn sie lebensrettend wären, verzichtet werden. Politisches Engagement ist verpönt, ebenso höhere Bildung.[29]

Die Zeugen Jehovas gelten als typische „Sekte", wobei der wertende Begriff umstritten ist und heute eher von Kult, religiöser Sondergruppe oder neureligiöser Bewegung gesprochen wird.[30] Hier wird die Bezeichnung „vereinnahmende Gemeinschaft" verwendet, deren hervorstechendstes Merkmal „die Beeinträchtigung der freien Selbstbestimmung bis hin zur systematischen Untergrabung der Autonomie" darstellt.[31] Die Auswirkungen vereinnahmender Gemeinschaften betreffen in besonderem Maß die Kinder.[32]

2 Gewaltvolle Erfahrungen von Kindern in der Gemeinschaft der Zeugen Jehovas

Das Aufwachsen von Kindern bei den Zeugen Jehovas ist geprägt von gewaltvollen Erfahrungen. Das hat auch mit der stark dichotomen Weltsicht der Gemeinschaft zu tun. Zeugen Jehovas sprechen davon „in der Wahrheit" zu sein während die „Welt" als Metapher für alles Sündige steht.

---

26 Vgl. Royal Commission, *Report of Case Study No. 29*, 14.

27 Siehe Watch Tower, „Vernichtung des Menschen der Gesetzlosigkeit", insbesondere Fragen 64 – 72.

28 Vgl. Watch Tower, „Jehovas Herrlichkeit", 4.

29 Siehe Pöhlmann und Jahn, „Jehovas Zeugen".

30 Vgl. Schmid, „Sekte".

31 Geschäftsprüfungskommission des Nationalrates, „Sekten oder vereinnahmende Bewegungen", 9908.

32 Vgl. a.a.O., 9911. Siehe dazu auch Kaufmann, Illig und Jungbauer, *Sektenkinder*.

2.1 Vernichtung als zentrales Bild

Das Leben von Kindern in den Reihen von Zeugen Jehovas dreht sich um die Vernichtung bei Harmagedon und darum, wie sie durch Gehorsam diesem Tod entgehen können, um im Paradies auf Erden zu leben.[33] Die Geschichten für die kleinen Kinder[34] und für die Schulkinder[35] sowie die Kinderfilm-Serie[36] illustrieren, was mit jenen geschieht, die nicht gehorchen. Sie ertrinken in der Sintflut, auch eine Mutter mit einem Baby im Arm, oder werden von einer Feuerwalze, vor der sie schreiend wegrennen, demnächst verbrannt. Durch diese Bücher und Filme, aber auch durch die Versammlungen, welche sie mit den Eltern besuchen, verfügen Kinder über einen Fundus verstörender Bilder und Geschichten. In ihrer Analyse zur Erziehung in der Gemeinschaft der Zeugen Jehovas kommt Sarah Pohl zum Schluss, dass die Wachtturm-Organisation zwar nach außen betont, Kinder sollten nicht verängstigt werden und keine angsterfüllten Zukunftsvorstellungen entwickeln, während durch die Wachtturm-Medien für Kinder jedoch genau das passiert.[37]

Dazu kommt, dass die Organisation jede reale Krise als Vorbote von Harmagedon deutet, Zeugen-Jehovas-Kinder können nicht davon ausgehen, „im gegenwärtigen System der Dinge", wie es bei den Zeugen Jehovas heißt, erwachsen zu werden.[38] Predigen ist das Einzige, was in dieser Zeit angezeigt sei, höhere Bildung hingegen lohne sich nicht.[39] Doch trotz des gewaltigen Aufwands für Predigtdienst, Studium und Versammlung, der für viele Kinder eine eindeutige Überforderung darstellt,[40] kann keine Zeugin und kein Zeuge Jehovas der eigenen Errettung sicher sein. So heißt es etwa im *Studien-Wachtturm* vom Oktober 2015: „Hast du dich jemals gefragt: ‚Bin ich jemand, den Jehova durch die große Drangsal in die neue Welt bringen möchte?'" Illustriert ist der Artikel mit einem

---

33 Siehe Watch Tower, „Sieben Hirten, acht Anführer".

34 Siehe Wachtturm, *Mein Buch mit biblischen Geschichten*, 6, 8, 10 f. und 14 f.

35 Siehe Watch Tower, *Lerne von dem Großen Lehrer*, 245 – 249.

36 Siehe z. B. Watch Tower, „Jetzt ist Versammlung".

37 Vgl. Pohl, *Zeugen Jehovas*, 296.

38 „Wir leben in der letzten Phase der letzten Tage", so Stephen Lett, Mitglied der Leitenden Körperschaft, im März 2020 mit Bezug auf die Corona-Pandemie (Watch Tower, „Governing Body Update").

39 Vgl. Watch Tower, „Dienst für Jehova hat Priorität", 23.

40 Gemäß einer eigenen Studie wenden Zeugen Jehovas in Deutschland für den Glauben durchschnittlich 17,5 Stunden pro Woche auf (vgl. Wachtturm, *Jehovas Zeugen*, 30), was natürlich auch einen Einfluss auf das Leben der Kinder hat.

Bild, das Menschen in einem Keller zeigt – offensichtlich in der Zeit der großen Schrecknisse vor Harmagedon.[41]

2.2 Ächtung und Blutverbot

Dass Vernichtung keine leere Drohung ist, erlebt jedes Zeugen-Jehovas-Kind durch die Praxis der Ächtung. Immer wieder verschwinden Menschen aus seinem Leben: Der Vater einer Freundin, eine Tante, der ältere Bruder. Verletzen nämlich Mitglieder die engen Normen, etwa durch eine sexuelle Beziehung in nicht ehelichem Rahmen oder durch wiederholtes Rauchen, werden sie, je nach Schwere der Tat und gezeigter Reue, ermahnt oder ausgeschlossen. Mit Ausgeschlossenen dürfen Zeugen Jehovas keinen Kontakt mehr pflegen[42] und sie nicht einmal mehr grüßen – das gilt auch für die nächsten Angehörigen.[43] Dies, um die Versammlung „rein" zu halten von Sünde, die oft mit Metaphern von Krankheit und Ansteckung beschrieben wird.[44] Dabei ist Ächtung keine freie Entscheidung. Eltern etwa, die dennoch Kontakt zu ihrer Tochter pflegen, gefährden damit, so wird ihnen weisgemacht, ihre eigene Errettung sowie die der Tochter – durch die Ächtung nämlich soll diese zur Umkehr gedrängt werden. Die Eltern hätten außerdem Sanktionen in der Gemeinschaft zu befürchten.[45]

Dadurch, dass Kinder die soziale Auslöschung von Menschen in ihrem Umfeld so unmittelbar erleben, wird die angedrohte physische Vernichtung in Harmagedon noch realer. Durch Ächtung verlieren viele Zeugen-Jehovas-Kinder wichtige Menschen in ihrem Leben. Sie erfahren, dass Bindungen nichts Sicheres sind, weil selbst die eigenen Eltern oder Geschwister sie verstoßen müssten. Im August 2017 schockierte ein Video von einem Zeugen-Jehovas-Kongress in den USA: Ein 10-jähriges Mädchen berichtete vor großem Publikum, wie es seine ältere Schwester ächte, es legte sozusagen Zeugnis seines Glaubens ab. Die Mutter stand neben ihm auf der Bühne.[46] Weder ihr noch den Organisatoren des Kongresses

---

41 Watch Tower „Gib uns mehr Glauben", 9.

42 Vgl. Watch Tower „Liebe zu Jehova", 2–4.

43 Vgl. Watch Tower, „Verwandter ausgeschlossen", 3 f.

44 Siehe z. B. Watch Tower, „Gesetze über Aussatz", 4.

45 Wie sich das auswirken kann, beschreibt zum Beispiel Haannah in einem Youtube-Video: Als die Eltern nicht mehr bereit waren, ihre ausgeschlossenen Töchter zu ächten, wurden sie selbst sozial ausgegrenzt; Haannah E., „Zeugen Jehovas – Mit 16 raus aus der Sekte! Verlust. Manipulation", *YouTube,* www.youtube.com/watch?v=hDlnOLB_TeY (letzter Zugriff: 29.01.2021).

46 Vgl. Fade, „Shunning her sister". Video auf YouTube-Channel von Mark O'Donnell, 10.08.2017, www.youtube.com/watch?v=WsjDaAiN_yA&ab_channel=MarkO%27Donnell (letzter Zugriff: 29.01.2021).

schien bewusst zu sein, was das für dieses 10-jährige Kind bedeutet und welche Wirkung das nach außen hat.

Die Brutalität der Lehre wird auch durch das Verbot von Bluttransfusionen deutlich.[47] So wenig wie beim Thema Ächtung haben Gläubige beim Thema Blut die freie Wahl. Akzeptieren sie eine Bluttransfusion, gelten sie als freiwillig ausgetreten und werden geächtet. Damit verlieren sie nicht nur die Hoffnung auf Errettung, sondern auch ihre nächsten Angehörigen, dies in einer meist äußerst fragilen Lebenssituation.[48] Wie auch bei der Ächtung ist die Kommunikation nach innen und außen gegensätzlich: Nach außen werden Todesfälle infolge des sogenannten Blutverbots bestritten, nach innen dienen sie der Propaganda.[49] Auf dem Cover der *Erwachet!*-Ausgabe vom Mai 1994 sind 26 Gesichter von Kindern und Jugendlichen abgebildet, drei davon groß. Sie alle seien gestorben, weil sie Blut abgelehnt hätten, heißt es im Heft. Vier der Schicksale dieser Jugendlichen, die „Gott den Vorrang" gaben, werden dann auf den Seiten 3 – 15 erzählt.[50]

Bei einem Kongress in den USA im Jahr 2016 pries Anthony Morris III, Mitglied der Leitenden Körperschaft, einen Jungen namens Josh, der eine Bluttransfusion verweigert habe und in der Folge gestorben sei. Das Publikum applaudierte.[51]

In vielen Staaten greifen die Behörden ein, wenn Minderjährige, deren Eltern Zeugen Jehovas sind, eine Bluttransfusion brauchen. In Ländern, wo das nicht der Fall ist, sterben jedoch immer wieder Kinder und Jugendliche infolge des Blutverbots.[52] Für Kinder ist es zutiefst verunsichernd zu wissen, dass die eigenen Eltern sie sterben lassen müssten aus angeblicher Loyalität zu Jehova.[53] Vorstellungen von Vernichtung gibt es in vielen christlichen Gemeinschaften. Diese bekommen jedoch eine ganz andere Qualität, wenn Vernichtung gelebt wird: Wenn

---

47 Zwischen 1961 (Inkrafttreten des Blutverbots) und 2016 sind nach biostatistischen Schätzungen zwischen 33.000 bis 57.000 Zeugen Jehovas infolge der Verweigerung einer Bluttransfusion gestorben (vgl. Elder, „Jehovah's Witnesses and Blood").

48 Vgl. JZ Help, „Urteil rechtskräftig".

49 Unter „Oft gefragt" heißt es auf der Website: „Was viele sagen: Jedes Jahr sterben viele Zeugen Jehovas (darunter auch Kinder), weil sie Bluttransfusionen ablehnen. Fakt ist: Das ist eine völlig haltlose Behauptung." (Watch Tower, „Keine Bluttransfusionen"; ohne Hervorhebung).

50 Vgl. Watch Tower, „Gott den Vorrang geben", 3 – 15.

51 Vgl. Hemant Mehta, „Jehovah's Witness cheer after hearing story of child who chose death over a blood transfusion", *Patheos*, 16.07.2016, www.patheos.com/blogs/friendlyatheist/2016/07/07/jehovahs-witnesses-cheer-after-hearing-story-of-child-who-chose-death-over-a-blood-transfu sion (letzter Zugriff: 29.01.2021).

52 Siehe z. B. Laura Roberts, „Teenage Jehovah's Witness refuses blood transfusion and dies", *The Telegraph*, 18.05.2010, www.telegraph.co.uk/news/health/news/7734480/Teenage-Jehovahs-Witness-refuses-blood-transfusion-and-dies.html (letzter Zugriff: 29.01.2021).

53 Siehe Watch Tower, „Kinder vor Bluttransfusion schützen".

Menschen sozial ausgelöscht werden oder aus Angst vor Vernichtung lieber sterben, als eine Bluttransfusion zu akzeptieren.

2.3 Beschämung und Isolation

Kindern in der Gemeinschaft der Zeugen Jehovas wird es schwer gemacht, eigene Gefühle, Motive und Gedanken als legitim und als Teil von sich zu erleben. Kindliche Bedürfnisse kommen stets hinter den Forderungen der Organisation, der Blick ist weg vom Kind auf Jehova gerichtet. Das zeigt sich etwa in der Erwartung, kleine Kinder sollten während der Versammlung anderthalb Stunden lang stillsitzen. Oder in der Praxis, Kinder zum Predigtdienst mitzunehmen. Viele Betroffene berichten von Gefühlen von Scham, die sie schon als kleine Kinder erlebten, weil sie etwas dachten, fühlten oder wollten – und sei es nur ein Stück vom Geburtstagskuchen eines anderen Kindes im Kindergarten –, das als „sündig" galt.[54] Ob in den Kinderfilmen oder beim *Wachtturm*-Studium, immer wieder wird Kindern und Erwachsenen vor Augen geführt, dass sie nicht genügen. Dieses Beschämen verzahnt angeblich gottloses Wollen, sündiges Fühlen und frevelhaftes Denken mit der großen Angst vor Vernichtung.

Gleichzeitig fehlt Zeugen-Jehovas-Kindern ein gesellschaftliches Korrektiv: Sie dürfen meist nicht zu nichtgläubigen Kindern nach Hause oder mit ins Klassenlager, auch nicht-obligatorische schulische Angebote sind ihnen oft verboten.[55] Das häufige Außen-vor-Bleiben in der Schule gerade bei sozial wichtigen Ereignissen ist in höchstem Maße verletzend und oft Grundlage weiterer Gewalt, etwa durch Mobbing.[56] Auch durch die Stigmatisierung höherer Bildung, das Schlechtmachen großer Teile „weltlicher" Kultur oder gesellschaftlichen Engagements haben Zeugen-Jehovas-Kinder viel weniger Vorbilder und Eindrücke für ihr eigenes Leben. Dabei wären sie, und gerade auch die Mädchen, besonders darauf angewiesen, alternative Rollenbilder und Lebensentwürfe kennenzulernen.

Der französische Soziologe Pierre Bourdieu zeigt in seiner Kapitaltheorie, dass gesellschaftliche Teilhabe durch drei Arten von Kapital bestimmt wird:

---

54 Siehe dazu den folgenden Kinderfilm https://www.jw.org/de/biblische-lehren/kinder/werde-jehovas-freund/kinderfilme/jehova-vergibt-uns/ (letzter Zugriff 06.05.2021).

55 Vgl. Riede, „Sektenkinder in der Schule".

56 Siehe beispielsweise der Bericht der „Aussteigerin" Sophie Jones, „,Meine Eltern hätten mich sterben lassen' – wieso ich bei den Zeugen Jehovas ausstieg", *stern.de* (Gastbeitrag), 12.09.2018, https://www.stern.de/neon/wilde-welt/gesellschaft/zeugen-jehovas-wieso-meine-eltern-mich-haetten-sterben-lassen-und-ich-ausstieg-8353584.html (letzter Zugriff: 10.05.2021).

Ökonomisches Kapital als Geld und Besitz, kulturelles Kapital in Form von Bildung sowie soziales Kapital durch Beziehungen.[57] Diese Kapitalarten sind ineinander transferierbar: So erhöht Bildung sowohl das ökonomische als auch das soziale Kapital einer Person, etwa durch Beziehungen im Arbeitskontext. Dieses soziale Kapital wiederum eröffnet neue Möglichkeiten, was sich positiv auf das kulturelle und das ökonomische Kapital auswirkt. Umgekehrt bedeutet die Schwächung jeder Kapitalart eine Reduktion der beiden anderen. Zeugen-Jehovas-Kinder haben durch das Gebot der Trennung von der Welt und die Stigmatisierung höherer Bildung nur sehr eingeschränktes soziales und kulturelles Kapital. Mitglieder der Zeugen Jehovas verfügen denn auch, wie Daten aus der Schweiz und den USA zeigen, über ein tieferes Bildungsniveau und geringeres Einkommen als Mitglieder anderer weltanschaulicher Gruppen.[58]

2.4 Sexualmoral

Einhergehend mit der strikten Trennung des „guten Innen" vom „schlechten Außen" ist das eindringende Böse in Form von Dämonen ein wiederkehrendes Thema. Die Wachtturm-Literatur warnt vor Gedanken, Handlungen oder Gegenständen als Einfallstoren von Dämonen. Diese sind stark angstbesetzt und dürften in der Disziplinierung der Mitglieder eine wichtige Rolle spielen. Viele ehemalige Zeugen Jehovas berichten, dass sie die Furcht vor Dämonen noch nach Jahren verfolgt. Dämonen sind auch in Medien für kleine Kinder omnipräsent. Im Kinderbuch *Lerne von dem Großen Lehrer* werden Dämonen mit („sündiger") Sexualität und mit Vernichtung assoziiert – es erscheint wie eine gezielte Angst-Ausweitung.[59] Allerdings ist das nicht das einzig Verstörende an diesem Text:

> In der Bibel wird Satan mit einem brüllenden Löwen verglichen, der uns fressen will. Genauso wie Löwen oft hinter kleinen Tieren herjagen, haben es Satan und seine Dämonen oft auf Kinder abgesehen (1. Petrus 5:8). Aber Jehova ist stärker als Satan. Jehova kann seine Kinder beschützen oder er kann das, was Satan ihnen antut, wieder gutmachen. In Kapitel 10 haben wir erfahren, wozu der Teufel und seine Dämonen uns verleiten wollen. Erinnerst du dich noch? – Sie wollen, dass wir unerlaubte sexuelle Beziehungen haben. Wer darf nämlich

---

57 Vgl. Bourdieu, *Mechanismen der* Macht, 49 – 75.
58 Vgl. für die Schweiz Bovay und Broque, *Religionslandschaft in der Schweiz*, 37 – 52 und 117; für die USA Pew Research Center, „America's changing religious landscape", 39, 56 – 58 und 128. Siehe hier auch die graphische Darstellung mit Balkendiagramm (S. 128), welche sich auf die zweite Erhebung von 2014 bezieht.
59 Vgl. Watch Tower, *Lerne von dem Großen Lehrer*, 57 – 61 und 170 f. Siehe auch Kohout, „Kindeswohl und Zeugen Jehovas".

nur sexuelle Beziehungen haben? – Nur ein Mann und eine Frau, die miteinander verheiratet sind. Leider gibt es Erwachsene, die mit Kindern Sex haben wollen. Wenn das passiert, kann es sein, dass der Junge oder das Mädchen das schlechte Beispiel von so jemandem nachahmt. Solche Kinder fangen dann selber an, mit ihren Genitalien etwas Verkehrtes zu machen. So war es auch vor langer Zeit in der Stadt Sodom. Die Bibel sagt, dass die Leute dort „vom Knaben bis zum alten Mann" mit den Besuchern Lots sexuelle Beziehungen haben wollten (1. Mose 19:4, 5).[60]

Im erwähnten Kapitel 10 ging es um „sündige" sexuelle Beziehungen zwischen Engeln und Frauen, aus denen gemeine Riesen hervorgingen. Jehova war darüber so erzürnt, dass er die Sintflut schickte. Vor diesem Hintergrund nun wird sexuelle Gewalt gegen Kinder behandelt. Dabei wird nicht etwa zuerst die (Straf-)Tat als großes Unrecht thematisiert. Sogar hier ist der Blick weg vom Kind auf das „höhere Ziel" gerichtet, nämlich Sexualität, die Jehova gefällt oder eben missfällt. Dadurch verschwindet das Machtgefälle zwischen dem Täter und dem Kind, denn das Kind wird zum Mitbeteiligten einer schweren Sünde, die es wie eine ansteckende Krankheit weitertragen könnte. In dieser Rolle wird ihm die Verantwortung zugeschoben, es wird zum Täter, zur Täterin gemacht.[61] Sexualität wird ganz offensichtlich ausschließlich in den Kategorien „erlaubt" und „sündig" thematisiert, wobei jede „unerlaubte" Sexualität gleich verwerflich scheint: Sex mit Engeln oder Sex mit Kindern oder „etwas Verkehrtes machen mit seinen Genitalien". All das wird schließlich mit Sodom und Gomorrha, dem Inbegriff von Sünde, zu dem jedes Kind bei den Zeugen Jehovas schreckliche Bilder abrufen kann, verknüpft. Die vordergründige „Aufklärung" über sexuellen Kindesmissbrauch dient anscheinend vor allem der Vermittlung einer verqueren Sexualmoral.[62] Von diesem Text bleibt einem Kind, dass Löwen-Dämonen kleine Kinder jagen, es ganz schlimme Sachen mit Sex und Genitalien gibt und es mit dem Tod bestraft wird, wenn es sich selbst erkundet.

Kinder in der Gemeinschaft der Zeugen Jehovas erleben psychische Gewalt: durch verstörende und unangemessene Inhalte und Forderungen, häufige Beschämung oder die generelle Überforderung durch religiöse Aktivitäten. Die Beschneidung sozialer und gesellschaftlicher Partizipation ist nicht nur psychisch gewaltvoll, sondern muss auch als Deprivation verstanden werden. Und im

---

60 Watch Tower, *Lerne von dem Großen Lehrer*, 170.

61 Siehe z. B. der Bericht von Camille Kündig, „Zeugen Jehovas empfehlen Kindern züchtige Kleider, damit sie nicht missbraucht werden", *watson.com*, 05.07.2017, www.watson.ch/schweiz/sekte/905193295-zeugen-jehovas-empfehlen-kindern-zuechtige-kleider-damit-sie-nicht-missbraucht-werden (letzter Zugriff: 29.01.2021).

62 Das gilt auch für andere Texte, siehe etwa diese Übersicht: infoSekta, „Worüber die Wachtturm-Gesellschaft aufklärt".

schlimmsten Fall stellt das Blutverbot nicht nur schwere psychische Gewalt dar, sondern endet tödlich.

Alle diese Formen von Gewalt sind Ausdruck eines vereinnahmenden religiösen Systems, in welchem ein Kind nicht als Subjekt wahrgenommen wird, sondern als Objekt im Dienste einer höheren Sache. Sogar im Zusammenhang mit Sexualität hat das Kind „Objektcharakter": Es ist das falsche Objekt für „reine" Sexualität. Die Aussage „Wenn wir von einem Verbrechen gewusst hätten, hätten wir es möglicherweise zur Anzeige gebracht, aber eine Vergewaltigung ist etwas anderes" erscheint wie die logische Konsequenz dieses Denkens.

3 Die Untersuchung der Royal Commission und die Folgen

Nach der Jahrtausendwende wurde, wohl auch infolge der vermehrten Berichterstattung über Kindesmissbrauch in der katholischen Kirche, die Verbreitung sexueller Gewalt innerhalb der Gemeinschaft der Zeugen Jehovas von den Medien stark aufgenommen. Es begannen sich weltweit Prozesse gegen die Wachtturm-Organisation zu häufen, das Internet und die sozialen Medien gaben der Aufklärungsarbeit einen starken Schub.

3.1 Zwei-Zeugen-Regel und Datenbank von Missbrauchsfällen

Zu dieser Entwicklung trugen Barbara Anderson, eine ehemalige Mitarbeiterin der Hauptzentrale, und William Bowen, ein ehemaliger Ältester, wesentlich bei. Sie wiesen darauf hin, dass die Verbreitung sexueller Gewalt gegen Kinder innerhalb der Zeugen Jehovas auch mit spezifischen organisationalen Vorgaben zu tun hat, besonders mit der Zwei-Zeugen-Regel.[63] Danach sollte Anschuldigungen von Kindesmissbrauch intern nur nachgegangen werden, wenn es dafür einen zweiten Zeugen gebe – was naturgemäß kaum je der Fall ist. Wenn sich Betroffene oder Angehörige dennoch dazu äußerten oder die Vorfälle der Polizei meldeten, drohte ihnen Ausschluss wegen angeblicher Verleumdung.[64]

Bowen machte zudem auf die systematische Datensammlung der Wachtturm-Organisation zu Kindesmissbrauch aufmerksam. Er nannte im Jahr 2002 die Zahl von mehr als 23.000 Fällen von Kindesmissbrauch, wovon 80 % nie zur Anzeige

---

63 Vgl. Ross, „Couple Is Shunned" und Schwabe, „Das Blöken der Lämmer".
64 Siehe dazu auch Spiess, *Sexueller Missbrauch*, 8 – 20.

gekommen seien.[65] Seit 1997 sind „Älteste" nämlich in vielen Ländern der Welt angewiesen, die Wachtturm-Zentrale über (Verdachts-)Fälle von Kindesmissbrauch zu informieren. Diese standardisierten Berichte sollten sie in einem speziellen blauen Briefumschlag an die Zentrale schicken und eine Kopie in der Versammlungsablage aufbewahren. Auf diese Weise ist das wohl weltweit umfassendste Archiv zu sexuellem Kindesmissbrauch entstanden.[66] Allerdings lagerten in den Versammlungen, die zu jedem Mitglied eine Akte führen, bereits vor dieser Weisung Daten zu Kindesmissbrauch.

3.2 Untersuchung der Royal Commission

Der eigentliche Wendepunkt in der Wahrnehmung des Problems sexuellen Missbrauchs bei den Zeugen Jehovas war jedoch 2015 die Untersuchung der australischen Royal Commission. Es war das erste Mal, dass die Lehre und Praxis der Wachtturm-Organisation im Zusammenhang mit Kindesmissbrauch so umfassend untersucht wurde, auch weil die Kommission über weitreichende Kompetenzen verfügte.

So war die australische Organisation der Zeugen Jehovas, die rund 63.000 Gläubige repräsentiert, gezwungen, ihre internen Daten offenzulegen. Die Kommission hörte 70 Betroffene von sexueller Gewalt gegen Kinder an. Anhand von zwei Fallstudien untersuchte sie außerdem das Vorgehen der Organisation bei Anschuldigungen von sexuellem Missbrauch. Dafür sprach sie nicht nur mit Betroffenen, sondern befragte auch damals zuständige „Älteste" sowie Verantwortliche der australischen Organisation der Zeugen Jehovas und ein Mitglied der Leitenden Körperschaft, Geoffrey Jackson, der sich dieser Befragung mit allen Mitteln zu entziehen suchte.[67]

Die Analyse der Akten ergab, dass zwischen 1950 und 2014 1.006 Mitglieder der Zeugen Jehovas beschuldigt wurden, mutmaßlich 1.800 Kinder sexuell missbraucht zu haben. 108 dieser mutmaßlichen Täter bekleideten ein geistliches Amt. Von den 1.006 mutmaßlichen Tätern, es handelte sich ausschliesslich um Männer, haben 579 die Taten zugegeben, 401 wurden deshalb ausgeschlossen und 230 später wieder aufgenommen, 28 davon wurden später gar zu Dienstamtsgehilfen oder „Ältesten" ernannt. Von all den 1.006 mutmaßlichen Tätern wurde jedoch kein einziger angezeigt. Das hatte zur Folge, dass viele von ihnen weitere

---

65 Vgl. Goodstein, „Policy on Abuse Hides Offenses".
66 Vgl. Quenqua, „Secret Database of Child Abuse".
67 Vgl. Cedars, „Geoffrey Jackson's testimony".

Sexualstraftaten begingen. So wurden 78 der mutmaßlichen Täter wegen wiederholter Taten mehrfach ausgeschlossen.[68]

Die Untersuchung zeigt, dass die patriarchale und stark hierarchische Struktur zu einer geschwächten Position von Frauen und Mädchen führt und im Zusammenhang mit dem Nichtanzeigen von Missbrauch die Vorstellung, das biblische Gesetz stehe über dem weltlichen, eine wichtige Rolle spielt. Auch die Trennung von „der Welt" hat zur Folge, dass Betroffene sich nur schlecht zur Wehr setzen können.[69]

Als besonders problematische Vorgaben und Praktiken der Wachtturm-Organisation nennt die Kommission die generelle Praxis, sexuelle Gewalt – trotz bestehender Anzeigepflicht – nicht anzuzeigen. Dass Betroffene in internen Verhandlungen dem Täter gegenübersitzen müssen, bezeichnet die Kommission als traumatisierend. Auch die Zwei-Zeugen-Regel kritisiert sie als hochproblematisch, weil dadurch die Täter in der Gesellschaft und in der Versammlung verblieben und dort weiterhin dem Opfer begegneten. Die Kommission bemängelt ebenfalls das Fehlen von Frauen im internen Untersuchungsprozess. Als problematisch beurteilt sie zudem, dass Betroffene bei internen Verhandlungen allein drei „Ältesten" gegenübersitzen. Weiterhin stellt die Kommission fest, dass wirksame präventive Maßnahmen fehlten: Wenn in einer Komitee-Verhandlung die Schuld eines Täters festgestellt wird, wird dieser ermahnt oder ausgeschlossen, die anderen Mitglieder der Versammlung wissen jedoch nicht, weshalb. Ausführlich behandelt die Kommission die Themen Ausschluss und Ächtung, welche für Betroffene von sexuellem Missbrauch besonders schwerwiegende Folgen hätten.[70]

Die Untersuchung der Royal Commission stellte der Wachtturm-Organisation das denkbar schlechteste Zeugnis aus. Die Organisation sei aufgrund ihrer Vorgaben und Praktiken nicht in der Lage, Kinder vor sexueller Gewalt zu schützen. In ihrem Schlussbericht sprach die Royal Commission Empfehlungen zuhanden der Organisation und Regierung aus: 1. Aufgabe der Zwei-Zeugen-Regel bei Verdacht auf Kindesmissbrauch, 2. Einbezug von Frauen in organisationale Abläufe im Zusammenhang mit Kindesmissbrauch, 3. Aufgabe der Praxis der Ächtung.[71]

Wie alle durch die Kommission untersuchten Organisationen sind die Zeugen Jehovas verpflichtet, an einem nationalen Entschädigungsprogramm teilzunehmen: Es ermöglicht Betroffenen nicht nur psychologische Unterstützung, sondern

---

68 Vgl. Royal Commission, *Report of Case Study No. 29*, 58–60.
69 Vgl. a.a.O., 30.
70 Vgl. a.a.O., 61–70.
71 Vgl. Royal Commission, *Final Report*, 51–53 und 77.

auch finanzielle Entschädigung. Diesem Programm haben sich unterdessen über 150 australische Organisationen angeschlossen, die meisten freiwillig. Drei der von der Royal Commission untersuchten Organisationen jedoch, darunter die Zeugen Jehovas, verweigerten die Teilnahme. Als die Zeugen Jehovas in Folge den Wohltätigkeitsstatus zu verlieren drohten – mit den entsprechenden steuerlichen Folgen –, kooperierten sie schließlich.[72] Die Organisation betont aber, dass sie dem Entschädigungsprogramm nicht freiwillig beitrete, weil sie in keinem Kontext oder Setting Verantwortung für Kinder übernehme, so biete sie weder Jugendgruppen an noch betreibe sie eigene Schulen.[73] Allerdings gaben sämtliche durch die Kommission befragten 70 Personen an, sexuelle Gewalt während religiöser Aktivitäten oder an „Orten der Anbetung" (*places of worship*) erlebt zu haben.[74]

3.3 Aktuelle Richtlinien der Wachtturm-Organisation zu Kindesmissbrauch

Nach der Untersuchung durch die Royal Commission änderte die Wachtturm-Organisation verschiedene Vorgaben.[75] So sollen Betroffene nicht mehr in Gegenwart der Täter bzw. Täterinnen befragt werden und Eltern oder eine andere Person können sie begleiten, Betroffene und Angehörige hätten außerdem das „absolute Recht", Anzeige zu erstatten. Ihnen wurde also ein Recht zugestanden, das sie als Bürger*innen ohnehin haben, das jedoch aufgrund der geforderten Loyalität – man soll „keine Schande über Jehovas Organisation bringen" – sowie des Schlechtmachens weltlicher Institutionen oft nicht wahrgenommen wird. Von der Zwei-Zeugen-Regel will die Organisation hingegen nicht abweichen. In der November-Sendung 2017 des *Monthly Programs* hielt Gary Breaux, Mitglied des „Dienstkomitees", im Namen der Organisation ausdrücklich daran fest.[76]

Im dreiseitigen Dokument „Der biblische Standpunkt von Zeugen Jehovas zum Schutz von Kindern" vom April 2018 beschreibt die Wachtturm-Organisation ihre aktuelle Position zum Thema.[77] Ausführlich wird das Thema Kindesmiss-

---

72 Vgl. Hennessy, „Lose charity exemption" und Gredley, „Join redress scheme".
73 Vgl. Christian Congregation of Jehovah's Witnesses (of Australasia), *Implementation of the National Redress Scheme.*
74 Vgl. Royal Commission, *Final Report,* 352.
75 Vgl. Spiess, *Sexueller Missbrauch,* 27 – 29.
76 Vgl. „JW Broadcasting – November 2017" (ab 53:13, deutsche Version) auf tv.jw.org/#de/mediaitems/StudioMonthly2017/pub-jwb_201711_1_VIDEO (letzter Zugriff: 29.01.2021).
77 Siehe Watch Tower, „Schutz von Kindern" und weiter Sebastian, „Stellungnahme".

brauch auch in einem *Wachtturm*-Artikel vom Mai 2019 behandelt.[78] Übereinstimmend mit diesen Anweisungen sind die Vorgaben im geheimen Buch für die „Ältesten".[79]

Das Positionspapier ist ernüchternd: „Älteste" sollen nur bei bestehender gesetzlicher Anzeigepflicht Missbrauchsfälle an die Behörden melden. In Absprache mit dem Zweigkomitee können sie jedoch auch dann Anzeige erstatten, „wenn ein Minderjähriger der Gefahr weiteren Missbrauchs ausgesetzt ist". Der Verdacht liegt nahe, dass es der Organisation hierbei in erster Linie um ihren eigenen Schutz geht. Es besteht nämlich weiterhin die Zwei-Zeugen-Regel, die im Positionspapier nicht genannt wird, auf die jedoch im *Wachtturm*-Artikel zum Thema Kindesmissbrauch hingewiesen wird. Bei einer Anschuldigung führt die Organisation zwar eine Untersuchung durch, bleibt aber bei fehlendem zweitem Zeugen untätig. Das hat zur Folge, dass bei Nichtanzeige durch die Betroffenen der Täter oder die Täterin in der Gemeinschaft verbleibt. Eine ausgeschlossene Täterin oder ein ausgeschlossener Täter, gegen den oder die keine Anzeige ergeht, wäre jedoch außerhalb der Organisation weiterhin eine Gefahr für Kinder. Dazu, wie die Organisation Kinder vor solchen mutmaßlichen Täter und Täterinnen schützt, steht nichts. Hingegen heißt es, dass Missbrauchstäter, die Reue zeigten und wieder aufgenommen würden, angewiesen seien, „niemals mit Kindern allein zu sein, keine Freundschaften mit Kindern aufzubauen oder Kindern Zuneigung zu zeigen". Allerdings kann das kaum überprüft werden. Die Ältesten „können" – offensichtlich ist das optional – die Eltern darauf hinweisen, dass es notwendig sei, Kontakte der Kinder zur betreffenden Person zu überwachen. Ob Betroffene professionelle Hilfe suchen, sei eine private Entscheidung. Dass dies von der Wachtturm-Organisation nicht befürwortet wird, machen die Ratschläge zur Unterstützung Betroffener im *Wachtturm*-Artikel vom Mai 2019 deutlich.[80] Auch fünf Jahre nach der Veröffentlichung des Berichts der Royal Commission ist kein Konzept von Kinderschutz erkennbar, nicht einmal im Ansatz.

---

78 Siehe Watch Tower, „Liebe und Gerechtigkeit" und weiter Vorlöper, „Liebe und Gerechtigkeit".

79 Vgl. Watch Tower Bible and Tract Society of Republic of Korea, *Hütet die Herde Gottes*, Kap. 14 – 15. Das Handbuch ist ausschliesslich für Älteste, die sich danach richten müssen. Für „normale" Mitglieder und Nichtgläubige ist das Buch verboten.

80 Siehe Watch Tower, „Trost und Hilfe für Missbrauchsopfer".

3.4 Entwicklungen seit der Untersuchung durch die Royal Commission

Die Untersuchung durch die australische Royal Commission war ein gewaltiger Impuls für Betroffene, zivilgesellschaftliche Initiativen, Medien, Behörden und politische Akteure weltweit. Im Folgenden sollen einige der wichtigsten Entwicklungen erwähnt werden:

In den USA laufen gegenwärtig Dutzende von Verfahren wegen Kindesmissbrauch. Dies auch infolge des *Child Victims Act* vom August 2019 im Staat New York, der Opfern bereits verjährter Sexualstraftaten während eines Jahres die Möglichkeit einräumte, doch noch Klage einzureichen. Aufgrund eines Artikels in der Zeitschrift *Atlantic* über die geheime Datensammlung zu Kindesmissbrauch bei den Zeugen Jehovas,[81] prüft eine Grand Jury, eine staatliche Untersuchungskommission in Pennsylvania, ob Zeugen Jehovas wiederholt der Meldepflicht bei Kindesmissbrauch nicht nachgekommen sind.[82] In Kanada ist eine große Sammelklage gegen die Wachtturm-Organisation in Gang.[83]

In Großbritannien hat 2017 eine Untersuchung der Charity-Commission, welche Organisationen mit wohltätigem Zweck beaufsichtigt, schwere Mängel der Wachtturm-Organisation im Umgang mit Kindesmissbrauch festgestellt.[84] Zuvor hatten die Zeugen Jehovas vor fünf verschiedenen Instanzen versucht, die Untersuchung zu verhindern. Im März 2018 richtete der *Guardian* eine Seite ein, auf der Betroffene sexueller Gewalt gegen Kinder im Umfeld von Zeugen Jehovas ihre Erlebnisse mitteilen konnten. Mehr als 100 Personen meldeten sich innerhalb von vier Wochen.[85] Aktuell untersucht die Independent Inquiry into Child Sexual Abuse (IICSA), eine staatliche Untersuchungskommission in England und Wales,

---

81 Siehe Quenqua, „Secret Database of Child Abuse".

82 Vgl. Marisa Kwiatkowski, „Jehovah's Witnesses reportedly under investigation by Pennsylvania attorney general", *USA Today*, 08.02.2020, https://eu.usatoday.com/story/news/investi gations/2020/02/08/jehovahs-witnesses-under-investigation- pennsylvania-attorney-generals-of fice/2425260001/ (letzter Zugriff: 29.01.2021).

83 Vgl. Caroline St-Pierre, „Quebec class action alleging sexual abuse in Jehovah's Witnesses can proceed", *cbc.ca*, 05.03.2019, www.cbc.ca/news/canada/montreal/jehovahs-witness-watchto wer-canada-sexual-abuse-lawsuit-1.5044157 (letzter Zugriff: 29.03.2021).

84 Vgl. Alice Ross, „Jehovah's Witnesses criticised over handling of child abuse case", *The Guardian*, 26.07.2017, amp.theguardian.com/world/2017/jul/26/jehovahs-witnesses-criticised-over-handling-of-child-abuse-case (letzter Zugriff: 29.01.2021).

85 Vgl. Sarah Marsh, „MPs demand action over Jehovah's Witness abuse allegations", *The Guardian*, 26.03.2018, www.theguardian.com/world/2018/mar/26/mps-demand-action-over-jehov ahs-witness-abuse-allegations (letzter Zugriff: 29.01.2021).

Vorwürfe gegen die Zeugen Jehovas im Zusammenhang mit Kindesmissbrauch.[86] Im November 2020 teilte die Charity-Commission der IICSA mit, dass sich die Zeugen Jehovas einer Untersuchung zum Schutz von Kindern widersetzen. Eine Untersuchung des britischen Arms der Organisation habe sechseinhalb Jahre zuvor begonnen, sei aber durch mangelnde Kooperation und absichtliche Behinderung verzögert worden.[87]

Im Vorfeld der Untersuchung wies IICSA die Organisation der Zeugen Jehovas in Großbritannien an, Aufzeichnungen zu Missbrauchsfällen aufzubewahren. Wenige Monate später forderte die Organisation die „Ältesten" in einem Brief dazu auf, Unterlagen zu Kindesmissbrauch zu vernichten.[88] In der noch laufenden Untersuchung wurde deutlich, dass „Älteste" noch im Jahr 2019 polizeiliche Ermittlungen durch Nichtkooperation verzögerten.[89] Im März 2021 urteilte ein englisches Berufungsgericht, dass eine Versammlung in Wales mitschuldig an der Vergewaltigung einer Frau durch einen „Ältesten" sei. Die Leiter der Versammlung hatten die Beschwerden der Frau über vorangegangene Übergriffe durch den Täter ignoriert beziehungsweise diesen in Schutz genommen. Das Urteil ist bedeutend, weil es die Verantwortung der Organisation auch gegenüber einer zum Zeitpunkt der Tat erwachsenen Person anerkennt.[90]

Nachdem in den Niederlanden die Betroffenen-Organisation Reclaimed Voices 276 Fälle von sexuellem Kindesmissbrauch dokumentiert hatte,[91] wurde die Regierung aktiv. Sie beauftragte die Universität Utrecht mit einer Untersuchung. Der im Januar 2020 vorgestellte Untersuchungsbericht kam zum Schluss, dass Kindesmissbrauch und der Umgang damit bei den Zeugen Jehovas ein gravie-

---

86 Vgl. Independent Inquiry into Child Sexual Abuse in England and Wales (IICSA), „IICSA – Child Protection in Religious Organisations and Settings, Hearing Day 13 – 11/08/20 PM1", *You-Tube-Kanal von IICSA*, 13.08.2020, www.youtube.com/watch?v=HtlyVHW0ud4&ab_channel=IIC SAYouTube (letzter Zugriff: 29.01.2021).

87 Vgl. Brown, „Congregation blamed for rape".

88 Vgl. David Cook und Carmel Lonergan, „Sunday: Jehovah's Witness Investigation", *BBC 4*, 14.02.2016, www.bbc.co.uk/programmes/b0709v34 (letzter Zugriff: 29.01.2021).

89 Vgl. Lloyd Evans, „‚My elders delayed a police investigation!' – A conversation with Lacie Jones, JW CSA survivor", *YouTube-Kanal von Lloyd Evans*, 08.12.2020, www.youtube.com/watch? v=Ewdl80FWTw4&t=3258s&ab_channel=LloydEvans (letzter Zugriff: 29.01.2021), ab 24:56. Lacie Jones sagte in der noch laufenden Untersuchung der IICSA unter dem Pseudonym PR-A42 aus.

90 Vgl. Brown, „Congregation blamed for rape".

91 Vgl. Detlev Drewes, „Hunderte Fälle Zeugen Jehovas wegen Verdachts auf sexuellen Missbrauch unter Druck", *Kölnische Rundschau*, 08.05.2018, www.rundschau-online.de/news/aus-al ler-welt/hunderte-faelle-zeugen-jehovas-wegen-verdachts-auf-sexuellen-missbrauch-unter-druck-30137948?cb=1612113487329 (letzter Zugriff: 29.01.2021).

rendes Problem darstellen.[92] Die Zeugen Jehovas versuchten den Bericht juristisch zu verhindern, nachdem sie zuvor jede Kooperation mit der Regierung abgelehnt hatten.

In Belgien wurden der belgischen Schwesterorganisation von Reclaimed Voices rund 100 Fälle von mutmaßlichem sexuellem Kindesmissbrauch gemeldet, wie die deutsche Tagesschau in einem Schwerpunktthema im November 2019 berichtete. Nicht nur Betroffene wurden daran gehindert, Taten anzuzeigen, auch ein ehemaliger „Ältester" berichtete, dass ihm die belgische Leitung im Falle der Anzeige einer Missbrauchstat Konsequenzen androhte. Die Polizei durchsuchte im April die Zentrale der Zeugen Jehovas, die Staatsanwaltschaft hat eine Untersuchung eingeleitet.[93] Im März 2021 entschied ein belgisches Gericht erstinstanzlich, dass die Praxis der Ächtung Anstiftung zu Diskriminierung und Hass beziehungsweise Gewalt darstellt und verurteilte den Verein der Zeugen Jehovas in Belgien zu einer Geldstrafe von 96.000 Euro. Betroffene hatten gegen die Organisation geklagt.[94]

Die Vereinigung der Jehovas Zeugen der Schweiz hat eine Sektenberaterin (die Autorin dieses Beitrags) wegen übler Nachrede angezeigt, unter anderem aufgrund einer Aussage zur Zwei-Zeugen-Regel. Die Angeklagte bekam in dem unterdessen rechtskräftigen Urteil von 2019 in allen Punkten Recht. Folgende Aussage sind rechtens: Ächtung ist von oben verordnetes Mobbing, das gegen die Menschenrechte und Verfassung verstößt. Kinder sind ebenfalls von Ächtung betroffen und erleben durch die religiöse Lehre schwere Ängste. Die Zwei-Zeugen-Regel begünstigt sexuelle Gewalt gegen Kinder und deren Vertuschung.[95] Das Urteil ist als Grundlage künftigen politischen und behördlichen Handelns von großer Bedeutung.

---

92 Vgl. Tages-Spiegel, „Universität Utrecht stellt Bericht vor. Jahrelanger Missbrauch der Zeugen Jehovas gerichtlich bestätigt", *Tages-Spiegel*, 23.01.2020, www.tagesspiegel.de/politik/universi taet-utrecht-stellt-bericht-vor-jahrelanger-missbrauch-der-zeugen-jehovas-gerichtlich-bestaetigt/ 25467818.html (letzter Zugriff: 29.01.2021). Siehe weiter den Originalbericht: https://boeken. rechtsgebieden.boomportaal.nl/publicaties/9789462907782#5 (letzter Zugriff: 21.04.2021).

93 Vgl. ARD, „100 Fälle in Belgien. Sexueller Missbrauch bei Zeugen Jehovas", *ARD* (Tagesschau-Schwerpunkt), 25.11.2019, www.youtube.com/watch?v=keQd-rAxnqE&ab_channel=JZHelp (letzter Zugriff: 29.01.2021).

94 Vgl. Jeroen Desmecht und Hanne Decré, „Getuigen van Jehova veroordeeld voor ‚uitsluitingsbeleid': boete van 96.000 euro", *VTR NWS*, 16.03.2021, www.vrt.be/vrtnws/nl/2021/ 03/16/jehova-getuigen/?fbclid=IwAR1yTQXNexgaBpBZTkAea9uKmR6Is7JKaUlHbHkfGx-KwSc7echqHaakGzs (letzter Zugriff: 29.03.2021).

95 Vgl. JZ Help, „Urteil rechtskräftig".

In Deutschland hat die seit 2018 bestehende Organisation JZ Help rund 50 Fälle von Kindesmissbrauch dokumentiert.[96] Die Unabhängige Kommission zur Aufarbeitung sexuellen Kindesmissbrauchs initiierte im Juli 2020 das Schwerpunktthema „Sexueller Kindesmissbrauch bei den Zeugen Jehovas". Im November 2020 sprach die Kommission in vertraulichem Rahmen mit Expertinnen und Experten über sexuelle Gewalt gegen Kinder und Jugendliche bei den Zeugen Jehovas. Diese beurteilten den Körperschaftsstatus der Zeugen Jehovas als besondere Hürde in der Aufdeckung und Bekämpfung von Missbrauch.[97]

4 Gesellschaftliche Rahmenbedingungen von Gewalt in vereinnahmenden religiösen Gemeinschaften

Die Gewalt gegen Kinder in der Gemeinschaft der Zeugen Jehovas ist erschreckend: Durch die Lehre selbst, die Praxis der Ächtung, die Zwei-Zeugen-Regel, die im Sinne der Täterinnen und Täter funktioniert oder das Blutverbot. Sexuelle Gewalt ist dabei nur eine Form von Gewalt in einem äußerst gewaltvollen System. Was erklärt die grundsätzliche gesellschaftliche Toleranz gegenüber solch ausgeprägter Gewalt in vereinnahmenden religiösen Gruppen und damit auch gegenüber Kindern in solchen Gemeinschaften? Im Folgenden werden mögliche Gründe diskutiert und Schlussfolgerungen daraus gezogen.

4.1 Gründe für die gesellschaftliche Toleranz gegenüber Gewalt

a) Westliche Gesellschaften fokussieren stärker auf Diskriminierung wegen Religionszugehörigkeit (von außen) als auf Diskriminierung infolge von Religionszugehörigkeit (von innen). Damit wird Religion in ihrer positiven Bedeutung für Menschen ernster genommen als in ihren negativen Folgen. Indem religiöse Vorstellungen und Praktiken gesetzlich geschützt und damit gestützt werden,

---

96 Vgl. ARD, „Sexueller Missbrauch bei den Zeugen Jehovas", *ardmediathek.de* (Report Mainz), 27.11.2018, www.ardmediathek.de/daserste/video/report-mainz/sexueller-missbrauch-bei-den-zeugen-jehovas/das-erste/Y3JpZDovL3N3ci5kZS9hZXgvbzEwNzQwOTE/ (letzter Zugriff: 29.01.2021).
97 Vgl. Unabhängige Kommission zur Aufarbeitung sexuellen Kindesmissbrauchs, „Sexueller Kindesmissbrauch".

während selbst menschenrechtsverletzende negative Folgen toleriert werden, entstehen religiöse Parallelwelten, in denen „weltliches Recht" nicht greift. So wird heute in westlichen demokratischen Gesellschaften mit der Ächtung von Menschen eine Praxis toleriert, die in nichtreligiösem Kontext als Nötigung geahndet würde. Dieser einseitige Fokus beeinflusst auch die Wahrnehmung von Kindern in religiösen Gruppen.

b) Kinder in vereinnahmenden religiösen Gemeinschaften werden nicht zuallererst als besonders verletzliche Mitglieder der Gesellschaft verstanden, sondern als Teil der religiösen Gruppe. Anstatt zentrale gesellschaftliche Werte und Rechte durchzusetzen, übernehmen die umgebenden Gesellschaften im Falle der Zeugen Jehovas die Wachtturm-Diktion: Zeugen Jehovas sind kein Teil der Welt – und Schulen, die gesellschaftliche Partizipation und soziale Teilhabe ermöglichen sollen, lassen bis heute die Ausgrenzung von Kindern zu, die infolge ihres Glaubens häufig ohnehin abseitsstehen. Es wird toleriert, dass Kinder von Zeugen Jehovas aufgrund des Glaubens weniger Bildung erhalten, und gleichzeitig geduldet, dass sie geächtet werden, wenn sie diesen Glauben verlassen wollen. Eine solche Diskriminierung infolge religiöser Lehre und Praxis hat wie andere Formen von Diskriminierung zur Folge, dass Zeugen-Jehovas-Kinder viel schwerer gesellschaftlich Fuß fassen können. Sie werden weniger Bildung erhalten und ärmer bleiben und viele werden mit den Folgen psychischer Gewalt und manche mit den Auswirkungen sexueller Gewalt zu kämpfen haben.

c) Es gibt im Zusammenhang mit religiösen Inhalten eine hohe gesellschaftliche Toleranz auch gegenüber schwersten Formen psychischer Gewalt. Das mag damit zu tun haben, dass die Folgen psychischer Gewalt oft unterschätzt werden und psychische Gewalt schwerer zu fassen ist als körperliche Gewalt. Auch ist für Außenstehende das Gewaltvolle religiöser Inhalte häufig nicht unmittelbar erkennbar. Man muss mit der Lehre der Zeugen Jehovas vertraut sein, um zu verstehen, dass zum Beispiel die Aufforderung an Kinder, Jehova nicht traurig zu machen, eine Drohung darstellt (nämlich Tod in Harmagedon bei Nichtgehorsam). Das Tolerieren psychischer Gewalt dürfte jedoch vor allem mit der Furcht zusammenhängen, mögliche Kritik an gewaltvollen Inhalten und Praktiken könnte als diskriminierend ausgelegt werden. Dabei wird nicht bedacht, dass das Zulassen psychischer Gewalt in religiösem Kontext selbst zu Diskriminierung führt.

4.2 Schlussfolgerungen

a) Auch für Menschen in religiösen Gemeinschaften müssen die staatlichen Normen gelten und der Staat muss ihnen jenen Schutz garantieren, den er auch anderen Einwohner*innen bietet. Entsprechend muss Nötigung im Zusammenhang mit Ächtung oder dem Blutverbot gleich geahndet werden wie in jedem anderen gesellschaftlichen Kontext. Das gleiche gilt für den Schutz vor sowie die Verfolgung und Aufklärung von (sexueller) Gewalt gegen Kinder: Es kann nicht akzeptiert werden, dass religiöse Organisationen im Sinne der Täterinnen und Täter anstatt der betroffenen Kinder handeln. Es dürfen in religiösen Kontexten niemals andere Standards des Kinderschutzes zur Anwendung kommen als in nichtreligiösen, das gilt besonders auch für gewaltvolle Erzählungen und Darstellungen in Gottesdiensten oder Kindermedien. Wie immer, wenn die Religionsfreiheit in Konflikt mit anderen Grundrechten gerät, ist eine Interessenabwägung vorzunehmen. In den hier beschriebenen Zusammenhängen erscheint klar, dass dem Schutz der anderen Rechtsgüter (Kindeswohl und Schutz der Familie, Willensfreiheit, Recht auf Leben) der Vorrang vor einer ungehinderten Religionsausübung zukommen muss.

b) Es braucht eine konsequente Durchsetzung von gesellschaftlicher und sozialer Teilhabe von Kindern aus vereinnahmenden (religiösen) Gemeinschaften. Religiöse beziehungsweise ideologische Absonderung muss sich an der gesellschaftlichen Anschlussfähigkeit der Kinder bemessen. Nur so haben sie tatsächlich die freie Wahl der Gruppenzugehörigkeit. Wie diese Linie gezogen wird, ist ein gesellschaftlicher und politischer Aushandlungsprozess. Es ist dabei allerdings wichtig, dass in diesem Prozess vor allem auch jene Menschen zu Wort kommen, die erlebt haben, was es bedeutet, wenn diese Anschlussfähigkeit nicht gegeben ist.

c) Der Staat ist für den Schutz von besonders verletzlichen Kindern in vereinnahmenden (religiösen) Gemeinschaften verantwortlich. In den letzten Jahren wurde nicht nur in den deutschsprachigen Ländern deutlich, welch ungeheuren Preis etwa Verdingkinder oder Kinder in Heimen, die besonderen gesellschaftlichen Schutz gebraucht hätten, für das Wegschauen von Staat und Gesellschaft bezahlt haben. Der Staat trägt für die Durchsetzung des Schutzes von Kindern in Gemeinschaften wie der Wachtturm-Organisation die Verantwortung. Den Schutz von Kindern von einer Organisation zu erwarten, die anweist, Kinder eher verbluten zu lassen als ihnen eine Bluttransfusion zu gewähren, ist fahrlässig.

Die politische Dimension (sexueller) Gewalt gegen Kinder in religiösen Gemeinschaften wurde lange kaum erkannt. Während systematische Diskriminierung aufgrund von Religionszugehörigkeit nicht nur als Unrecht, sondern als politisch bedeutsam wahrgenommen wurde, stand bei systematischer Gewalt gegen Kinder in religiösen Gemeinschaften meist das Einzelschicksal im Vordergrund und die Rolle der sie umgebenden Gesellschaft fand kaum Beachtung. Dies, wie es scheint, nicht obwohl, sondern weil sich diese Gewalt vornehmlich gegen die Schwächsten ohne eigene Stimme richtet. Heute deutet sich ein neues

Verständnis an. Dank der sozialen Medien werden Betroffene eher gehört und die zunehmende Säkularisierung von Gesellschaften ermöglicht einen kritischeren Blick auch auf religiöse Gemeinschaften. (Sexuelle) Gewalt gegen Kinder in vereinnahmenden (religiösen) Gemeinschaften wird zunehmend unter dem Gesichtspunkt gesellschaftlicher Verantwortung diskutiert und dadurch zum Politikum. Und was könnte politischer sein als der Umgang einer Gesellschaft mit ihren schwächsten Mitgliedern.

Literatur

Behrensen, Maren. „Die ‚Aufarbeitung‘ der Missbrauchsskandale in der katholischen Kirche als hermeneutisches Unrecht.“ In *Sexualisierte Gewalt in kirchlichen Kontexten. Neue interdisziplinäre Perspektiven,* hg. v. Mathias Wirth, Isabelle Noth und Silvia Schroer, 159 – 188. Berlin und Boston: De Gruyter, 2022.

Bourdieu, Pierre. *Die verborgenen Mechanismen der Macht.* Hamburg: VSA, 1992.

Bovay, Claude und Raphaël Broque. *Religionslandschaft in der Schweiz – Eidgenössische Volkszählung 2000,* www.bfs.admin.ch/bfs/de/home/statistiken/kataloge-datenbanken/publikationen.assetdetail.341873.html (letzter Zugriff. 29. 01. 2021). Neuenburg: Bundesamt für Statistik, 2004.

Brown, David. „Jehovah's Witness congregation blamed for rape,“ *The Times*, 16. 03. 2021, www.thetimes.co.uk/article/jehovahs-witness-congregation-blamed-for-rape-8v7m70jcp?fbclid=IwAR17GxfkwtZsDlHVPGhS_eGXbebAZXLY_ONw5oQf8GPIVIYWZfKoG-SW-GE (letzter Zugriff: 29. 03. 2021).

Browne, Rachel. „Jehovah's Witnesses destroyed evidence, Royal Commission hears.“ *Sydney Morning Herald,* 27. 07. 2015, www.smh.com.au/national/jehovahs-witnesses-destroyed-evidence-royal-commission-hears-20150727-gilgk6.html (letzter Zugriff: 29. 01. 2021).

Cedars. „12 things we learned from Geoffrey Jackson's testimony at the Royal Commission,“ *jwwatch.org* (Cedars' Blog), 14. 09. 2015, www.jwwatch.org/cedars-blog/12-things-we-learned-from-geoffrey-jacksons-testimony-at-the-royal-commission (letzter Zugriff: 29. 01. 2021).

Christian Congregation of Jehovah's Witnesses (of Australasia). *Implementation of the National Redress Scheme Submission 47,* 30. 10. 2020, www.aph.gov.au/DocumentStore.ashx?id=f77fdf3d-fea0-4574-a9c3-792a90ad9a93&subId=695727 (letzter Zugriff, 29. 01. 2020).

Crisp, Beth R., „Australia: It's complicated.“ In *The Routledge handbook of religion, spirituality and social work,* hg. v. dies., 17 – 25. London: Routledge, 2017.

Deckert, Bruno. *All along the Watchtower. Eine psychoimmunologische Studie zu den Zeugen Jehovas.* Göttingen: V&R unipress, 2007.

Unabhängige Kommission zur Aufarbeitung sexuellen Kindesmissbrauchs. „Glossar: Sexueller Kindesmissbrauch,“ *Aufarbeitungskommission.de,* https://www.aufarbeitungskommission.de/kommission/aufarbeitung/sexueller-kindesmissbrauch/(letzter Zugriff: 29. 01. 2021).

Egle, Ulrich T. „Gesundheitliche Langzeitfolgen psychisch traumatisierender und emotional deprivierender Entwicklungsbedingungen in Kindheit und Jugend.“ In *Sexueller*

Missbrauch, Misshandlung, Vernachlässigung: Erkennung, Therapie und Prävention der Folgen früher Stresserfahrungen, hg. v. ders. u. a. 24 – 39. Stuttgart: Schattauer, 2015[4].

Elder, Lee. „Jehovah's Witnesses and Blood – Tens of thousands dead in hidden tragedy," *ajwrb.org*, 09. 08. 2017, www.ajwrb.org/jehovahs-witnesses-and-blood-tens-of-thousands-dead-in-hidden-tragedy (letzter Zugriff: 29. 01. 2021).

Fade, Covert. „Video shows Jehovah's Witnesses applaud 10 year old girl for shunning her sister," *JW Watch,* 10. 08. 2017, https://jwsurvey.org/shunning-2/video-shows-jehovahs-witnesses-applaud-10-year-old-girl-shunning-sister (letzter Zugriff: 29. 01. 2021).

Figueroa, Rocío und David Tombs. „Living in Obedience and Suffering in Silence: The Shattered Faith of Nuns Abused by Priests." In *Sexualisierte Gewalt in kirchlichen Kontexten. Neue interdisziplinäre Perspektiven,* hg. v. Mathias Wirth, Isabelle Noth und Silvia Schroer, 45 – 74. Berlin und Boston: De Gruyter, 2022.

Fleming, Daniel J. „Overcoming Silence: Fraternal Correction, Hierarchy, and the Abuse Crisis in the Australian Catholic Church." In *Sexualisierte Gewalt in kirchlichen Kontexten. Neue interdisziplinäre Perspektiven,* hg. v. Mathias Wirth, Isabelle Noth und Silvia Schroer, 75 – 91. Berlin und Boston: De Gruyter, 2022.

Geschäftsprüfungskommission des Nationalrates. „'Sekten' oder vereinnahmende Bewegungen in der Schweiz. Die Notwendigkeit staatlichen Handelns oder Wege zu einer eidgenössischen ,Sekten'-Politik. Bericht der Geschäftsprüfungskommission des Nationalrates vom 1. Juli 1999," *parlament.ch*, 01. 07. 1999, www.parlament.ch/centers/documents/de/9884.pdf (letzter Zugriff: 29. 03. 2021).

Geschäftsstelle der Unabhängigen Beauftragten zur Aufarbeitung des sexuellen Kindesmissbrauchs. *Abschlussbericht der Unabhängigen Beauftragten zur Aufarbeitung des sexuellen Kindesmissbrauchs, Dr. Christine Bergmann,* https://beauftragter-missbrauch.de/fileadmin/Content/pdf/Presse_Service/Publikationen/Abschlussbericht-der-Unabhaengigen-Beauftragten-zur-Aufarbeitung-des-sexuellen-Kindesmissbrauchs.pdf (letzter Zugriff: 29. 03. 2021). Berlin, 2011.

Goodstein, Laurie. „Ousted Members Say Jehovah's Witnesses' Policy on Abuse Hides Offenses," *New York Times*, 11. 08. 2020, www.nytimes.com/2002/08/11/us/ousted-members-say-jehovah-s-witnesses-policy-on-abuse-hides-offenses.html (letzter Zugriff: 29. 01. 2021).

Gredley, Rebecca. „Jehovah's Witnesses to join redress scheme," *7News*, 03. 03. 2021, 7news.com.au/politics/jehovahs-witnesses-to-join-redress-scheme-c-2278906?fbclid=IwAR1LECZf3RVOfZfyBT_HtJVvULbqBihd-bM9xQePNoDx4nCyihcDxAEheYM (letzter Zugriff: 03. 03. 2021).

Hennessy, Annabel. „Jehovah's Witnesses to lose charity exemption after failing to sign up to redress scheme for abuse survivors," *The West Australian Sun*, 03. 01. 2021, https://thewest.com.au/news/court-justice/jehovahs-witnesses-to-lose-charity-exemption-after-failing-to-sign-up-to-redress-scheme-for-abuse-survivors-ng-b881760203z (letzter Zugriff: 21. 04. 2021).

Huber, Michaela. *Trauma und die Folgen – Trauma und Traumabehandlung*, Teil 1. Paderborn: Junfermann, 2012[5].

infoSekta. „Worüber die Wachtturm-Gesellschaft beim Thema ,Sexueller Missbrauch' tatsächlich aufklärt," *infosekta.ch*, 2015, www.infosekta.ch/media/pdf/JZ_Worueber_die_WTG_tatsaechlich_aufklaert_InfoSekta_2015.pdf (letzter Zugriff: 29. 01. 2021).

JZ Help e.V. „Wegweisendes Urteil rechtskräftig!" *jz.help* (Medienmitteilung), 08. 07. 2020, www.jz.help/medienmitteilung-vom-8-juli-2020/ (letzter Zugriff: 29. 01. 2021).

Kaufmann, Kathrin, Laura Illig und Johannes Jungbauer. *Sektenkinder. Über das Aufwachsen in neureligiösen Gruppierungen und das Leben nach dem Ausstieg.* Köln: Balance Buch + Medien Verlag, 2020.

Kohout, Barbara. „Kindeswohl und Zeugen Jehovas," *Barbara-Kohout.com,* www.barbara-kohout.com/kinder-in-sekten.html (letzter Zugriff: 29. 01. 2021).

Krug, Etienne G. u. a., Hg. *World report on violence and health,* https://apps.who.int/iris/handle/10665/42495 (letzter Zugriff: 29. 01. 2021). Genf: World Health Organization, 2002.

Le Canard Enchaîné. „Des Témoins qui n'aiment pas témoigner." *Le Canard Enchaîné* (25. März 1998).

Mercer, Joyce Ann. „Spiritual Care for Survivors of Church-Related Sexual Abuse: Making the Case for Moral Injury." In *Sexualisierte Gewalt in kirchlichen Kontexten. Neue interdisziplinäre Perspektiven,* hg. v. Mathias Wirth, Isabelle Noth und Silvia Schroer, 521 – 536. Berlin und Boston: De Gruyter, 2022.

Müller-Pfeiffer, Christoph. „Opfer: Psychische Reaktionen nach sexueller Gewalt." In *Handbuch sexualisierte Gewalt: Therapie, Prävention und Strafverfolgung,* hg. v. Jan Gysi und Peter Rüegger, 117 – 124. Bern: Hogrefe, 2018.

Pew Research Center. „America's changing religious landscape," *Pew Research Center* (Complete Report PDF), 12. 05. 2015, www.pewforum.org/2015/05/12/americas-changing-religious-landscape/ (letzter Zugriff. 29. 01. 2021).

Pohl, Sarah. *Externe und interne Beobachtungen und Aussagen zur Erziehung in einem geschlossenen religiösen System am Beispiel der Zeugen Jehovas.* Übergänge. Studien zur Evangelischen und Katholischen Theologie/Religionspädagogik. Berlin: Peter Lang, 2010.

Pöhlmann, Matthias und Christine Jahn. „Jehovas Zeugen." In *Handbuch Weltanschauungen, religiöse Gemeinschaften, Freikirchen,* hg. v. dies., 406 – 431. Gütersloh: Gütersloher Verlagshaus, 2015.

Quenqua, Douglas. „A Secret Database of Child Abuse," *Atlantic,* 22. 03. 2019, www.theatlantic.com/family/archive/2019/03/the-secret-jehovahs-witness-database-of-child-molesters/584311/ (letzter Zugriff: 29. 01. 2021).

Rashid, Faisal und Ian Barron. „Why the Focus of Clerical Child Sexual Abuse has Largely Remained on the Catholic Church amongst Other Non-Catholic Christian Denominations and Religions." *Journal of Child Sexual Abuse* 28/5 (2019): 564 – 585.

Riede, Sabine. „'Sektenkinder' in der Schule," *Sekteninfo NRW,* 22. 12. 2006, https://sekten-info-nrw.de/information/artikel/schule/sektenkinder-in-der-schule (letzter Zugriff: 08. 05. 2021).

Ross, Bob Jr. „Couple Is Shunned For Airing Allegations," *Washington Post,* 29. 09. 2002, www.washingtonpost.com/archive/politics/2002/09/29/couple-is-shunned-for-airing-allegations/30ba8024-9af0-4b89-9ea8-ff902ebe0849/ (letzter Zugriff: 29. 01. 2021).

Royal Commission into Institutional Responses to Child Sexual Abuse. *Report of Case Study No. 29,* www.royalcommission.gov.au/royal-commission-institutional-responses-child-sexual-abuse/case-study-29 (letzter Zugriff: 29. 01. 2021). Sydney: Royal Commission into Institutional Responses to Child Sexual Abuse, 2016.

Royal Commission into Institutional Responses to Child Sexual Abuse. *Final Report: Volume 16, Religious institutions. Book 1*, www.royalcommission.gov.au/sites/default/files/2019-01/carc-final-report-volume-16-religious-institutions-book-1.pdf (letzter Zugriff: 29. 01. 2021). Commonwealth of Australia, 2017.

Schmid, Georg Otto. „Sekte, Definition und Merkmal," *Relinfo,* 2004, www.relinfo.ch/sekten/definitiontxt.html (letzter Zugriff: 29. 03. 2021).

Schmidtchen, Gerhard. *Sekten und Psychokultur.* Freiburg und Basel: Herder, 1987.

Schwabe, Alexander. „Kindesmissbrauch bei den Zeugen Jehovas: Das Blöken der Lämmer," *Spiegel online* (Panorama), 12. 06. 2002, www.spiegel.de/panorama/kindesmissbrauch-bei-den-zeugen-jehovas-das-bloeken-der-laemmer-a-198436.html (letzter Zugriff: 29. 01. 2021).

Sebastian. „Zeugen Jehovas veröffentlichen Stellungnahme im Zusammenhang mit Kindesmissbrauch," *jwinfo.de,* www.jwinfo.de/zeugen-jehovas-veroeffentlichen-stellungnahme-im-zusammenhang-mit-kindesmissbrauch/ (letzter Zugriff: 29. 01. 2021).

Spiess, Regina. *Sexueller Missbrauch an Kindern in der Gemeinschaft der Zeugen Jehovas – Berichte, wegweisende Urteile sowie die Ergebnisse der australischen Royal Commission,* www.infosekta.ch/media/pdf/JZ_Sexueller_Missbrauch_Zeugen_Jehovas_2017_.pdf (letzter Zugriff: 29. 01. 2021). Zürich: infoSekta, 2017.

Unabhängige Kommission zur Aufarbeitung sexuellen Kindesmissbrauchs. „Sexueller Kindesmissbrauch bei den Zeugen Jehovas – Die neunten Werkstattgespräche (Teil I)", *aufarbeitungskommission.de,* 04. 12. 2020, www.aufarbeitungskommission.de/service-presse/service/meldungen/sexueller-kindesmissbrauch-bei-den-zeugen-jehovas-die-neunten-werkstattgespraeche-teil-1/ (letzter Zugriff: 29. 01. 2021).

Vorlöper, Tilli. „Liebe und Gerechtigkeit angesichts des Bösen," *jwinfo.de,* www.jwinfo.de/liebe-und-gerechtigkeit-angesichts-des-boesen (letzter Zugriff: 29. 01. 2021).

Wachtturm Bibel- und Traktat-Gesellschaft der Zeugen Jehovas, e. V., Hg. *Mein Buch mit biblischen Geschichten.* Selters und Taunus: Wachtturm Bibel- und Traktat-Gesellschaft, 1978/2005.

Wachtturm Bibel- und Traktat-Gesellschaft Deutscher Zweig, e. V., Hg. *Jehovas Zeugen. Menschen aus der Nachbarschaft. Wer sind sie?* Selters und Taunus: Wachtturm Bibel- und Traktat-Gesellschaft, 1995.

Watch Tower Bible and Tract Society of Pennsylvania. „Die Gesetze über Aussatz und die Lehren für uns." *Arbeitsheft der Leben-und-Dienst-Zusammenkunft, 14.–20. Dezember* (2020): 4.

Watch Tower Bible and Tract Society of Pennsylvania. „Die Liebe zu Jehova – stärker als die Liebe zur Familie." *Arbeitsheft der Leben-und-Dienst-Zusammenkunft, 7.–13. Dezember* (2020): 2 – 4.

Watch Tower Bible and Tract Society of Pennsylvania. „2020 Governing Body Update #9," *jw.org* (JW Broadcasting: News and Announcements; Stephen Lett), März 2020, www.jw.org/en/library/videos/#en/mediaitems/StudioNewsReports/docid-702020497_1_VIDEO (letzter Zugriff: 29. 01. 2021).

Watch Tower Bible and Tract Society of Pennsylvania. „Bericht über das Dienstjahr 2020 der Zeugen Jehovas in der ganzen Welt," *jw.org,* www.jw.org/de/bibliothek/buecher/bericht-dienstjahr-2020/2020-laender-territorien (letzter Zugriff: 29. 01. 2021).

Watch Tower Bible and Tract Society of Pennsylvania. „Liebe und Gerechtigkeit angesichts des Bösen." *Wachtturm-Studienausgabe* (Mai 2019): 8 – 12.

Watch Tower Bible and Tract Society of Pennsylvania. „Trost und Hilfe für Missbrauchsopfer."
Wachtturm-Studienausgabe (Mai 2019): 14 – 20.

Watch Tower Bible and Tract Society of Pennsylvania. „Der biblische Standpunkt von Jehovas
Zeugen zum Schutz von Kindern," *jw.org*, April 2018, www.jw.org/de/aktuelle-
meldungen/rechtlich/fuer-juristen/informationen-zum-herunterladen/information-
biblische-standpunkt-zeugen-jehovas-schutz-von-kindern/ (letzter Zugriff: 29. 01. 2021).

Watch Tower Bible and Tract Society of Pennsylvania. „Gib uns mehr Glauben."
Wachtturm-Studienausgabe (15. Oktober 2015): 9 – 13.

Watch Tower Bible and Tract Society of Pennsylvania. „Lektion 15: ‚Aufgepasst: Jetzt ist
Versammlung'," *jw.org* (Kinderfilm-Serie „Werde Jehovas Freund"), 2015, www.jw.org/de/
biblische-lehren/kinder/werde-jehovas-freund/kinderfilme/aufgepasst-jetzt-ist-
versammlung/ (letzter Zugriff: 29. 01. 2021).

Watch Tower Bible and Tract Society of Pennsylvania. „Sieben Hirten, acht Anführer."
Wachtturm-Studienausgabe (15. November 2013): 16 – 20.

Watch Tower Bible and Tract Society of Pennsylvania. „Der Dienst für Jehova hat Priorität –
warum?" *Wachtturm-Studienausgabe* (15. Juni 2012): 20 – 24.

Watch Tower Bible and Tract Society of Pennsylvania. „Von Jehovas Herrlichkeit erzählen."
Unser Königreichsdienst (November 2005): 4.

Watch Tower Bible and Tract Society of Pennsylvania. *Lerne von dem Großen Lehrer.* Selters
und Taunus: Wachtturm Bibel- und Traktat-Gesellschaft, 2003.

Watch Tower Bible and Tract Society of Pennsylvania. „Christliche Loyalität bekunden, wenn
ein Verwandter ausgeschlossen ist." *Unser Königreichsdienst* (August 2002): 3 – 4.

Watch Tower Bible and Tract Society of Pennsylvania. „Inwiefern sich die leitende Körperschaft
von einer Rechtskörperschaft unterscheidet." *Wachtturm-Studienausgabe* (15. Januar
2001): 28 – 31.

Watch Tower Bible and Tract Society of Pennsylvania. „Jugendliche, die Gott den Vorrang
geben." *Erwachet!* (22. Mai 1994): 3 – 15.

Watch Tower Bible and Tract Society of Pennsylvania. „18. Kapitel: Die Vernichtung des
‚Menschen der Gesetzlosigkeit'." In *Gottes tausendjähriges Königreich hat sich genaht,*
hg. v. dies., 364 – 397. Selters und Taunus: Wachtturm Bibel- und Traktat-Gesellschaft,
1974.

Watch Tower Bible and Tract Society of Pennsylvania. „Unsere Kinder vor einer Bluttransfusion
schützen." *Unser Königreichsdienst* (September 1992): 3 – 6.

Watch Tower Bible and Tract Society of Pennsylvania. „Warum akzeptieren Jehovas Zeugen
keine Bluttransfusionen? Häufige Missverständnisse," *Oft gefragt,* www.jw.org/de/
jehovas-zeugen/oft-gefragt/jehovas-zeugen-warum-keine-bluttransfusion/ (letzter Zugriff:
29. 01. 2021).

Watch Tower Bible and Tract Society of Republic of Korea, Incorporated Association. *Hütet die
Herde Gottes.* Selters: Wachtturm Bibel- und Traktat-Gesellschaft, 2020.

II Grundlegende Perspektiven
Fundamental Perspectives

Gerhard Schreiber

Begriffe vom Unbegreiflichen

Beobachtungen zur Rede von „sexueller Gewalt" und „sexualisierter Gewalt"

Sexueller Missbrauch, sexuelle Belästigung, sexueller Übergriff, sexuelle Nötigung, sexuelle Gewalt, sexualisierte Gewalt, Vergewaltigung, Inzest – mit einer Vielzahl von Begriffen werden sexuelle Handlungen[1] vor, mit oder an einer anderen Person bezeichnet, die gegen ihren Willen geschehen. Sowohl die Bestimmung als auch die Verwendung dieser Begriffe, die heute zum Teil als Synonyme nebeneinander, zum Teil in Ergänzung zueinander, zum Teil aber auch in Abgrenzung voneinander stehen,[2] sind geprägt durch bestimmte Disziplinen, Interessens- und Berufsgruppen[3] und abhängig von gesellschaftlichen Wertvorstellungen und politischen Diskursen.[4] Obwohl es für keinen dieser Begriffe eine allgemeingültige Definition gibt, lassen einen Untersuchungen und Erhebungen über das Ausmaß der dadurch bezeichneten sexuellen Handlungen in privaten und öffentlichen Kontexten fassungslos zurück. Fassungsloses, ja „ungläubiges Staunen", um eine Formulierung von Navid Kermani aufzugreifen, beschleicht einen aber auch in Anbetracht des Umgangs mit diesem Phänomen in kirchlichen Kontexten, in den Kontexten einer Institution also, die die christliche Botschaft der Liebe, die allen Menschen gilt, als Licht in die Welt tragen möchte.

Gleichwohl beziehe ich mich im Folgenden nicht auf den Umgang mit den genannten sexuellen Handlungen im kirchlichen Bereich, einen Umgang, der sowohl an den Orten des Geschehens als auch auf der Ebene der Kirchenleitungen

---

1 Eine „Handlung" wird hier und im Folgenden als „sexuell" verstanden, wenn sie – *auch* bei vermeintlich äußerlicher Neutralität – sexuell motiviert ist und/oder auf das Geschlechtliche bezogen ist. Zur Verwendung des Terminus der „sexuellen Handlung" als strafbegründendes Merkmal im deutschen Sexualstrafrecht (vgl. § 182 Abs. 1 und 2 StGB und § 184c Nr. 1 StGB) und zur Frage nach der – dem äußeren Erscheinungsbild nach – objektiven Beziehung einer Handlung zum Geschlechtlichen vgl. Stephan, *Sexueller Mißbrauch von Jugendlichen*, 84–89, dem zufolge für den Gesetzgeber „Handlungen, die äußerlich völlig neutral sind, nicht tatbestandsmäßig [sind], selbst dann [nicht], wenn sie sexuell motiviert sind" (S. 84).

2 Zum „Begriffs- und Definitionswirrwarr" bezüglich dieses Phänomenbereichs und zu den damit einhergehenden Begriffsverschiebungen und -parallelitäten vgl. Bange, „Definitionen und Begriffe"; ferner Ritter und Koch, „Definition: Was ist sexuelle Gewalt".

3 Vgl. Jud, „Sexueller Kindesmissbrauch", 42 f.

4 Dass und inwiefern Begrifflichkeiten wie „sexuelle Gewalt" einem historischen Wandel und gesellschaftlichen Veränderungs- und Sensibilisierungsprozessen unterliegen, zeigen Menzel und Peters, *Sexuelle Gewalt*.

https://doi.org/10.1515/9783110699203-008

nicht selten von einer irritierenden Sprachlosigkeit geprägt ist.[5] Vielmehr werde ich Beobachtungen zur Sprache anstellen, und zwar zur Frage der Angemessenheit einer Bezeichnung sexueller Handlungen vor, mit oder an einer anderen Person gegen ihren Willen als „sexuelle Gewalt" und/oder „sexualisierte Gewalt". Begriffe schöpfen tief aus dem Bezeichneten und wirken folgenreich auf das Bezeichnete. Deshalb sind ihre Bestimmungen mehr als „Wortspiele": Sie zu klären, schafft die notwendige Basis für gesellschaftlichen und kulturellen Diskurs. Wenn diese Vermutung richtig ist, dann gilt es, das zuweilen „Unbegreifliche" aus der Sphäre des Unsagbaren in die uns gemeinsame Wirklichkeit, die durch die von uns geteilte Sprache konstituiert wird, zu überführen. In diesem Kontext bewegen sich auch die folgenden terminologischen Überlegungen.

1 Nennen wir es beim Namen: „sexuelle Gewalt" oder „sexualisierte Gewalt"?

Die Bezeichnung sexueller Handlungen vor, mit oder an einer anderen Person gegen ihren Willen als „sexuelle Gewalt" und „sexualisierte Gewalt" steht vor dem Problem, dass beide Begriffe vielerorts und zunehmend in ein Konkurrenzverhältnis zueinander gesetzt werden und eben dadurch jeweils Gefahr laufen, ein wesentliches Merkmal des zu bezeichnenden Phänomenbereichs auszublenden. Gewiss: Beide Begriffe beziehen sich auf ein Spektrum von Handlungen und Verhaltensweisen, die das Recht auf sexuelle Selbstbestimmung von Kindern, Jugendlichen oder Erwachsenen in unterschiedlicher Weise, in unterschiedlichen Kontexten und in unterschiedlichem Ausmaß verletzen.[6] Diese Handlungen und Verhaltensweisen finden „nicht nur bei eindeutig als sexuell zu identifizierendem Körperkontakt zwischen Opfer und Täter statt", sondern auch „sexuelle Handlungen mit indirektem oder ohne Körperkontakt gehören dazu".[7] Diese begriffliche Konkurrenz ist also nicht einfach auf die offenbare Unfähigkeit sowie den mangelnden Willen der beteiligten Disziplinen, Interessens- und Berufsgruppen zurückzuführen, eine allgemeingültige Definition festzulegen. Vielmehr sind es

---

5 Zu den fundamentalen Schwierigkeiten, über sexuelle Gewalterfahrungen zu sprechen, und der häufig festgestellten Sprachlosigkeit aller Beteiligten in diesem Zusammenhang vgl. Mayer, „Kein Thema der Vergangenheit"; Kavemann u. a., *Erinnern, Schweigen und Sprechen nach sexueller Gewalt in der Kindheit*, 71–94 und 117–140.

6 Nicht jede Form sexueller und sexualisierter Gewalt stellt einen Straftatbestand nach dem 13. Abschnitt des StGB dar, aber jede Form sexueller und sexualisierter Gewalt bedeutet einen Eingriff in die Freiheits- und Selbstbestimmungsrechte Dritter.

7 So in dem vom BMFSFJ veröffentlichten *Aktionsplan 2011*, 11.

Komplexität, Vagheit und fließende Grenzen des zu bezeichnenden Phänomenbereichs, die unterschiedliche Akzentsetzungen in der Begriffswahl erlauben und bedingen.

Eine grundsätzliche Frage bringt Klarheit, nämlich: Handelt es sich bei den infrage stehenden Handlungen um eine – und zwar: gewalthaltige – Form von Sexualität oder um eine – und zwar: sexuelle – Form von Gewalttätigkeit? Die jeweilige Antwort auf diese Frage hat wesentlichen Einfluss auf die Begriffswahl.

1.1 Berührungspunkte

Zunächst gilt es, eine grundsätzliche Gemeinsamkeit der Begriffe „sexuelle Gewalt" und „sexualisierte Gewalt" festzuhalten. Beide Begriffe stellen „die Gewaltqualität des Geschehens"[8] heraus, was einen Vorteil gegenüber anderen Begriffen wie „sexuelle Misshandlung" oder „sexueller Missbrauch" darstellt, wird doch von überlebenden Betroffenen „fast durchgängig berichtet, dass sie die sexuellen Handlungen als Gewalt erlebt haben, selbst wenn sie nicht mit körperlicher Gewalt vom Täter durchgesetzt worden sind."[9] Ausschlaggebendes Kriterium für die Gewaltqualität einer Handlung sind dabei nicht die Intentionen der Täter*innen, sondern die Folgen ihrer Handlungen für die Opfer.[10] Hinsichtlich der Frage, was unter „Gewalt" zu verstehen ist, werfe ich einen Seitenblick auf die Definition von „Gewalt", wie sie sich im *Weltbericht Gewalt und Gesundheit* (2002) der Weltgesundheitsorganisation (WHO) findet:

> Der absichtliche Gebrauch von angedrohtem oder tatsächlichem körperlichem Zwang oder physischer Macht gegen die eigene oder eine andere Person, gegen eine Gruppe oder Gemeinschaft, der entweder konkret oder mit hoher Wahrscheinlichkeit zu Verletzungen, Tod, psychischen Schäden, Fehlentwicklung oder Deprivation führt.[11]

---

8 Hagemann-White, „Grundbegriffe und Fragen", 13, wo Hagemann-White die „Unmöglichkeit einer wertneutralen Haltung zu Gewalt" (ebd.) betont.

9 Bange, „Sprechen und forschen", 28.

10 Vgl. Claußen, „Gewalt", hier besonders 603.

11 Krug u. a., *World Report on Violence and Health*, 5 („The intentional use of physical force or power, threatened or actual, against oneself, another person, or against a group or community, that either results in or has a high likelihood of resulting in injury, death, psychological harm, maldevelopment or deprivation"); zit. nach der offiziellen dt. Übers.: *Weltbericht Gewalt und Gesundheit*, 6 (dabei unter Rekurs auf WHO, *Global Consultation on Violence and Health*). Es bleibt in diesem Zusammenhang verständlicherweise ausgeblendet, dass „Gewalt" nicht immer nur rücksichtslos, destruktiv angewandte Macht bedeuten muss, sondern auch als neutrale (z. B. „staatliche" oder „richterliche Gewalt" zur Durchsetzung von Recht und Gerechtigkeit) oder gar als positiv konnotierte Handlungs- oder Interaktionsform (z. B. im Spiel – auch im sexuellen

Wichtig hierbei ist zum einen, dass diese Definition zwischenmenschliche Gewalt ebenso umfasst wie Gewalt gegen die eigene Person (z. B. suizidales Verhalten) und kollektive Gewalt (z. B. bewaffnete Auseinandersetzungen), also durchaus unterschiedliche Handlungen als Gewaltgeschehen begreift. Zum anderen reicht diese Definition nicht nur über das konkrete physische Handeln hinaus, indem auch Drohungen und Einschüchterungen in die inhaltliche Reichweite des Begriffs einbezogen werden, sondern sie nimmt zugleich auch die Vielzahl der oft subtilen Folgen gewaltförmigen Verhaltens (wie psychische Schäden und Deprivation) in den Blick.[12] Dementsprechend wird „sexuelle Gewalt" (*sexual violence*) von der WHO wie folgt definiert:

> Jeder sexuelle Akt oder Versuch, einen sexuellen Akt zu erwirken, unerwünschte sexuelle Kommentare oder Avancen, oder Handlungen, die zur illegalen Vermarktung [von Sexualität] führen sollen, oder anderweitig unter Ausübung von Zwang gegen die Sexualität einer Person gerichtet sind, [und zwar] durch jegliche Person ohne Rücksicht auf ihre persönliche Beziehung zum Opfer, in jeglicher Umgebung einschließlich, aber nicht beschränkt auf, Wohnung und Arbeitsplatz.[13]

Auch bei dieser Definition gilt das bereits Gesagte: Es wird auf ein weites Spektrum von Handlungen und auf die einschneidenden, wenn auch nicht immer sofort sichtbaren Folgen dieser Handlungen für die physische und psychische Gesundheit ihrer Opfer abgestellt.

1.2 Von „sexueller Gewalt" zu „sexualisierter Gewalt"

Während der Begriff „sexuelle Gewalt" (*sexual violence*) nicht nur in den Veröffentlichungen von WHO und UN,[14] sondern auch in alltagssprachlichen und

---

Kontext, wie etwa bei den gewöhnlich unter der Sammelbezeichnung BDSM zusammengefassten sexuellen Spielarten Bondage, Disziplin, Dominanz, Submission) verstanden und erlebt werden kann.

12 Vgl. Krug u. a., *Weltbericht Gewalt und Gesundheit*, 6.

13 Krug u. a., *World Report on Violence and Health*, 149 (meine Übers.; im Original: „any sexual act, attempt to obtain a sexual act, unwanted sexual comments or advances, or acts to traffic, or otherwise directed, against a person's sexuality using coercion, by any person regardless of their relationship to the victim, in any setting, including but not limited to home and work"); vgl. dazu Krug u. a., *Weltbericht Gewalt und Gesundheit*, 23 f.

14 Etwa in der auf der 5916. Sitzung des Sicherheitsrats vom 19. Juni 2008 einstimmig verabschiedeten UN-Resolution 1820, wonach der Einsatz von Vergewaltigungen und anderer Formen ‚sexueller Gewalt' gegen Zivilpersonen in bewaffneten Konflikten Kriegsverbrechen oder Ver-

fachwissenschaftlichen Zusammenhängen noch immer geläufig ist, hat sich vor allem in sozialwissenschaftlichen und sozialpolitischen Diskursen, aber auch im feministischen Kontext in den letzten Jahren die Rede von „sexualisierter Gewalt"[15] (*sexualized violence*) als begriffliche Alternative zu „sexuelle Gewalt" etabliert. Eine Alternative, die mittlerweile auch von vielen Beratungsstellen und Fachorganisationen für Sexualberatung und Familienplanung im deutschsprachigen Raum sowie von der Evangelischen Kirche in Deutschland (EKD), der Diakonie Deutschland und der Deutschen Bischofskonferenz (DBK) bevorzugt wird.[16]

Beim Verb „sexualisieren" handelt es sich, sprachlich betrachtet, um ein transitives, kausatives Verb, welches einen Vorgang beschreibt, der den durch das Adjektiv „sexuell" (d. h. „das Geschlecht betreffend", „auf die Sexualität bezogen") bezeichneten Zustand *bewirkt*.[17] Das Suffix *-isieren* drückt hier also aus, dass eine Zustandsänderung verursacht oder ein (neuer) Zustand (Resultatzustand) herbeigeführt wird: Eine Person oder Sache wird in einen Zustand gebracht bzw. zu etwas gemacht (z. B. „digitalisieren" = „digital machen"; „kapitalisieren" = „zu Geld machen") oder mit etwas versehen (z. B. „aromatisieren" = „mit Aroma versehen"; „heparinisieren" = „mit Heparin behandeln").[18] „Etwas sexualisieren" meint dementsprechend „etwas sexuell machen" oder „etwas mit Sexualität in Verbindung bringen".[19] Für die Linguistin Luise F. Pusch bedeutet „sexualisierte Gewalt" folglich „sexuell gemachte Gewalt" bzw. „dass die Gewalt zunächst nicht sexuell war, durch ‚Sexualisierung' aber schließlich doch sexuell wurde. Denn

---

brechen gegen die Menschlichkeit darstellen und von allen Konfliktparteien unverzüglich einzustellen sind (United Nations Security Council, „Resolution 1820").

15 Einer der ersten deutschsprachigen Belege findet sich meines Wissens bereits 1979, und zwar bei Schweikhardt, „Sex und Gewalt", 273, und damit einige Jahre vor dem Aufkommen des englischsprachigen Äquivalents *sexualized violence* ab etwa Mitte der 1980er-Jahre.

16 Allerdings keineswegs konsequent, wie ein Blick z. B. auf die pro familia-Dokumentation *Sexuelle Grenzverletzungen und sexualisierte Gewalt* zeigt, in der die darin dokumentierten Fachartikel (mit einer einzigen Ausnahme) von „sexueller Gewalt" statt von „sexualisierter Gewalt" sprechen, während in der Einleitung und im Resümee durchgängig von „sexualisierter Gewalt" die Rede ist. Auch in anderen Broschüren und Ratgebern ist die Begriffsverwendung (bestenfalls) ungeordnet, teilweise widersprüchlich, wie z. B. in der Broschüre des BMFJ, *(K)ein sicherer Ort* oder im Heft der Bundeszentrale für gesundheitliche Aufklärung „Prävention sexualisierter Gewalt".

17 Vgl. Dudenredaktion, *Die Grammatik*, 419.

18 Vgl. Dudenredaktion, *Deutsches Universalwörterbuch*, 954.

19 Oder in personaler Verwendung: „jemanden sexualisieren" im Sinne von „die Sexualität in jmdm. wecken" (DUDEN, *Wörterbuch*, 3460 [s. v. „sexualisieren"]).

etwas, was bereits sexuell ist, kann nicht sexualisiert werden, genau wie homogenisierte Milch nicht mehr homogenisiert werden kann."[20]

Obwohl beide Begriffe die Gewaltqualität der infrage stehenden Handlungen herausstellen, vollzieht sich im Übergang von „sexueller Gewalt" zu „sexualisierter Gewalt" deshalb eine wichtige Akzentverschiebung. Während der Begriff „sexuelle Gewalt" diese Handlungen als gewaltsame *sexuelle* Handlungen, d.h. als gewaltsame Handlungen im Horizont von Sexualität begreift, werden Gewalt und Sexualität im Begriff „sexualisierte Gewalt" wesenhaft voneinander entkoppelt und diese Handlungen als primär *gewaltsame* Handlungen begriffen, in denen Sexualität funktionalisiert wird, um Gewalt auszuüben.[21] „Die Gewalt sucht sich den Bereich der Sexualität, um den Gewalteffekt zu erhöhen."[22] Diese sexuellen Handlungen im Horizont von Gewalt werden daher nicht als Form von Sexualität, sondern als Form von Gewalt,[23] weniger als Auslebung sexueller Bedürfnisse als vielmehr als gewaltsame Ausübung von Macht und Demonstration von Ohnmacht verstanden.[24] Gerade im feministischen Kontext wurden und werden Macht und Ohnmacht zum Teil auch explizit vergeschlechtlicht und als Dualismus von „männlicher" Macht und „weiblicher" Ohnmacht gefasst, getreu der Parole: „Nicht Penis und Uterus machen uns zu Männern und Frauen, sondern Macht und Ohnmacht."[25]

Die Stärke der Rede von „sexualisierter Gewalt" liegt in der Herausstellung, dass es den Täter*innen bei den infrage stehenden Handlungen immer auch – oder mitunter primär – um Macht geht und diese somit immer auch – oder mit-

---

20 Pusch, *Die Sprache der Eroberinnen*, 72.

21 Eine etwas andere Differenzierung findet sich bei Heynen, *Vergewaltigt*, 20: „Sexualisierte Gewalt betont primär, dass die Gewalt im Vordergrund steht und sexualisiert wird. Sexuelle Gewalt hebt im Vergleich zu physischer und psychischer Gewalt hervor, dass die Gewalt mit sexuellen Mitteln ausgeübt wird."

22 Buddeberg, *Sexualberatung*, 171.

23 Vgl. z. B. Braun, *Gegen sexuellen Mißbrauch*, 13.

24 Vgl. z. B. Bóasdóttir, *Violence, Power and Justice*, besonders 55–69; Reschke, *Lebenszyklus der sexualisierten Gewalt*, besonders 51–74. Differenzierter dagegen Heiliger und Engelfried, *Sexuelle Gewalt*, 22 f.: „Das Opfer wird zum Objekt sowohl eines Bedürfnisses nach sexueller Befriedigung/ Erregung als auch nach Befriedigung eines Machtwunsches. Diese Koppelung kann auf unterschiedlichste Weise stattfinden. Als entscheidendes Merkmal zur Kennzeichnung des Mißbrauchs gilt die bewußte Absicht des Täters, entsprechende Situationen herzustellen und/oder solche mit den genannten Zielen zu verbinden und dafür zu benutzen/zu instrumentalisieren."

25 Schwarzer, *Der kleine Unterschied*, 178; vgl. auch Pusch, *Die Sprache der Eroberinnen*, 69. Zu diesem Dualismus und seiner normativen Infragestellung einerseits, seiner historischen und analytischen Differenzierung andererseits, vgl. Meyer und Schälin, „Macht – Ohnmacht", besonders 138 f. Zu geschlechtsspezifischen Aspekten im Erleben medialer Gewalt vgl. Luca, *Zwischen Ohnmacht und Allmacht*, besonders 205–207.

unter primär – als Missbrauch von Macht[26] zu verstehen sind, da sie „unter Ausnutzung von Ressourcen- bzw. Machtunterschieden gegen den Willen der Person"[27] erfolgen. Die darin zum Ausdruck gebrachte Funktionalisierung von Sexualität zeigt sich in eminentem Sinne etwa bei Kriegsvergewaltigungen,[28] bei den sogenannten „Babyfabriken" oder „Babyfarmen" in Nigeria als besonders niederträchtige Form des Menschenhandels,[29] bei den sogenannten „korrigierenden Vergewaltigungen" etwa in Indien und Südafrika, mit denen homosexuelle Frauen zu heterosexuellen Frauen „umerzogen" werden sollen,[30] oder am Einsatz von Vergewaltigungen als Mittel zur Entmutigung und Unterwerfung des Gegenübers.[31] Auch gegenüber der in der reißerischen Berichterstattung von Boulevardmedien immer wieder spürbaren Tendenz zur Verharmlosung der infrage stehenden Handlungen durch den Gebrauch von Substantivkomposita wie „Sex-Lehrer", „Sex-Strolch" oder „Sex-Attacke",[32] die eine vermeintliche Einvernehmlichkeit der Handelnden mal mehr, mal weniger deutlich suggerieren, betont der Begriff „sexualisierte Gewalt" die jenseits von erotischer Attraktion oder gar Zuneigung liegende Gewaltqualität dieser mittels eines Machtvorsprungs ausgeübten Handlungen als einer Form aggressiv ausgelebter Verachtung. Gewalt als massiver Eingriff in die Intimsphäre einer anderen Person gegen ihren Willen ist und bleibt niemals harmlos; dies verbietet auch den Gebrauch verharmlosender Begrifflichkeiten und einer jeden Sprache, die Verharmlosung zulässt.

2 Vorbehalte

2.1 Zur Rede von „sexualisierter Gewalt"

Sprechen gute Gründe für eine inhaltliche Differenzierung zwischen Gewalt als einem Aspekt sexuellen Verhaltens und der Funktionalisierung von Sexualität zur

---

26 Dass Macht augenscheinlich unweigerlich nicht nur die Möglichkeit zum Missbrauch, sondern auch die Versuchung dazu inhärent ist, hat Montesquieu bekanntermaßen wie folgt gefasst: „Eine ewige Erfahrung lehrt, daß jeder Mensch, der Macht hat, dazu getrieben wird, sie zu mißbrauchen. Er geht immer weiter, bis er an Grenzen stößt." (Montesquieu, *Vom Geist der Gesetze*, 211).

27 Brockhaus und Kolshorn, *Sexuelle Gewalt gegen Mädchen und Jungen*, 26; vgl. 27–30.

28 Vgl. Dieregsweiler, *Krieg – Vergewaltigung – Asyl*, 26–65.

29 Vgl. Igwe, „Baby Farm Girls".

30 Vgl. Kappler, *Die Verfolgungen wegen der sexuellen Orientierung*, 67 f.

31 Vgl. Amesberger, Auer und Halbmayr, „Sexualisierte Gewalt gegen Frauen", besonders 7.

32 Vgl. z. B. die Übersicht vom 8. März 2019 von Pramer, „Boulevard"; ferner Scheufele, *Mediendarstellung und Medienwirkung*, 69 – 104.

Darstellung und Ausübung von Macht und Gewalt,[33] können gleichwohl gegen die Rede von „sexualisierter Gewalt" mancherlei Bedenken geltend gemacht werden. Der US-amerikanischen Soziologin Carol Hagemann-White zufolge wird durch die den Begriff „sexualisierte Gewalt" begründende „These", „dass Vergewaltigung und andere aufgenötigte sexuelle Handlungen nicht wirklich sexuell sind, sondern sich nur der sexuellen Handlungen bedienen, um Gewalt auszuüben", ausgeblendet, „wie sehr die Sexualität sowohl des Täters als auch (infolge der Tat) des Opfers im Gewaltgeschehen involviert ist".[34] Überdies werde dadurch suggeriert,

> dass normale (Hetero-)Sexualität durchweg im vollen Einverständnis und gewaltfrei erlebt wird. Das macht aber hilflos in der Auseinandersetzung mit den vielfältigen Formen des einseitigen Verlangens, Drängens und Eindringens ohne erwiderndes Begehren, die als normal gelten, innerhalb wie außerhalb von Paarbeziehungen. Und überhaupt: wie kommen wir dazu, zu meinen, eine hässliche Sexualität sei in Wahrheit gar keine?[35]

Die zur Begründung der Rede von „sexualisierter Gewalt" anstelle von „sexueller Gewalt" mitunter vorgebrachte Erklärung, es gehe Täter*innen der infrage stehenden Handlungen nur um eine gewaltvolle Ausübung von Macht gegenüber Schwächeren, die sich der Sexualität als Mittel bediene,[36] ist nach meinem Dafürhalten eine ebenso problematische Engführung wie die Feststellung, die in einem gegebenen (zumal: institutionellen) Abhängigkeitsverhältnis stattfindenden sexuellen Handlungen würden von Seiten der Täter*innen nur zum Zwecke der Machtausübung eingesetzt.[37]

---

33 Vgl. Springer, „Sexuelle Gewalt – sexualisierte Gewalt".

34 Hagemann-White, „Grundbegriffe und Fragen", 15.

35 Ebd.; vgl. hierzu auch Hagemann-White, „Was tun". Eine ähnliche Entwicklung sieht Hagemann-White auch bei der Verwendung des Begriffs „sexuelle Kindesmisshandlung" anstatt „sexuellen Missbrauchs": Auch hier vermittele ersterer Begriff „den Eindruck, als sei die Hauptintention, das Kind zu misshandeln, und die Befriedigung sexueller Bedürfnisse lediglich austauschbares Mittel zu Zwecken, die nicht selber sexueller Natur sind" (ebd.). Deshalb (er)schienen „die Begriffe ‚sexuelle Gewalt' und ‚sexueller Missbrauch' ehrlicher und dem Erleben der Betroffenen eher gerecht zu werden." (Dies., „Grundbegriffe und Fragen", 15 f.).

36 Vgl. etwa die Begründung der Begriffswahl „sexualisierte Gewalt" auf der Website des Bundesverbandes Frauenberatungsstellen und Frauennotrufe Frauen gegen Gewalt e.V. (bff): „Das Motiv für sexualisierte Gewalt ist nicht Sexualität, sondern Macht. Wir sprechen deshalb von sexualisierter Gewalt. Sexualität wird funktionalisiert, um Frauen und Kinder zu demütigen, sie zu erniedrigen und zu unterdrücken, mit dem Ziel, sich selbst als mächtig zu erleben." (bff, „Sexualisierte Gewalt").

37 Vgl. etwa das Urteil von Andreas Huckele, eines ehemaligen Schülers der Odenwaldschule, der seine Gewalterfahrungen an dieser Schule im (unter dem Pseudonym Jürgen Dehmers veröffentlichten) Buch *Wie laut soll ich denn noch schreien* verarbeitete, in seinem Blog vom 11. Januar

Und wenn im feministischen Kontext mitunter die Alternative aufgemacht wird, „eine Handlung sei *entweder* sexuell *oder* gewaltsam",[38] nicht jedoch beides zugleich, so ist dies nicht nur kontraintuitiv, sondern auch kontrafaktisch. Denn selbst der Gewaltakt der Vergewaltigung ist und bleibt doch auch ein Sexualakt – wohlgemerkt: „ein Sexualakt ohne das Einverständnis des einen der beiden Partner"[39], der für den männlichen Täter im Falle einer Penetration mit dem Penis nicht ohne sexuelle Erregung möglich ist.[40] So betont beispielsweise die US-amerikanische Juristin Catharine MacKinnon, dass eine Vergewaltigung nicht weniger sexuell sei, nur weil sie gewaltsam sei: „Rape is not less sexual for being violent. To the extent that coercion has become integral to male sexuality, rape may even be sexual to the degree that, and because, it is violent."[41] Überdies treffe es auch nicht unbedingt zu, dass der gewaltsame Aspekt der Vergewaltigung diese von gesetzlich „erlaubtem" Geschlechtsverkehr unterscheidbar mache.[42] Letzteres zeigt sich m. E. am Umstand, dass Vergewaltigung in der Ehe – sogenannter „erzwungener ehelicher Beischlaf" – in Deutschland noch bis zum 4. Juli 1997 lediglich als Nötigung gemäß § 240 StGB geahndet und erst in der seit dem 5. Juli 1997 geltenden Fassung auch die sexuelle Selbstbestimmung in der Ehe dem strafrechtlichen Schutz gemäß § 177 StGB unterstellt wurde.[43]

Im Blick auf das Gewaltwiderfahrnis, welches Frauen bei einer Vergewaltigung zustößt, berichtet die US-amerikanische Philosophin Ann J. Cahill in ihrem

---

2017: „Die Invasion des Stärkeren gegenüber dem Schwächeren ist sexualisiert und nicht sexuell, da es sich nicht um die Sexualität beider Akteure handelt, sondern um einen nur manchmal konkreten, oft aber diffusen Erregungszustand des Täters, den dieser entladen will und der fälschlicherweise mit Sexualität gleichgesetzt wird, weil in den Handlungen Geschlechtsteile vorkommen oder Worte, die aus der Erotik geliehen sind."

38 Löchel, „Die wunderbare Welt". Löchels Bezugspunkt ist Wizorek, *Weil ein Aufschrei nicht reicht,* hier vor allem 108–132 („5. Nur ,Ja' heißt ,Ja' – Für eine Gesellschaft ohne sexualisierte Gewalt"), wo Wizorek unter anderem feststellt: „Vergewaltigungen sind kein Sex, sondern Gewalttaten. Hier wird Sexualität gezielt eingesetzt, um Macht auszuüben" (S. 114) bzw. „Es geht bei Vergewaltigungen nicht um Sex, es geht um Machtmissbrauch" (S. 117).

39 Améry, *Jenseits von Schuld und Sühne,* 56.

40 Vgl. Künzel, *Vergewaltigungslektüren,* 269 f.: „Vergewaltigung hat sowohl etwas mit *Gewalt* als auch mit *Sexualität,* jedoch weniger mit ,Sex' als mit dem sozialen Geschlecht (*gender*) zu tun." Zur Frage der Verortung von Vergewaltigung zwischen Gewalt und Sexualität vgl. auch Smaus, „Physische Gewalt und die Macht des Patriarchats", die Vergewaltigungen als „gewaltsame Handlungen, die mit sexuellen Handlungen verknüpft sind" (S. 85), bezeichnet, worauf Künzel (*Vergewaltigungslektüren,* 269) verweist.

41 MacKinnon, *Toward a Feminist Theory,* 173.

42 Vgl. ebd.

43 Vgl. Deutscher Bundestag, „Gesetzentwurf", 76 f. sowie Gössel, *Das neue Sexualstrafrecht,* 23–62.

Buch *Rethinking Rape* (2001) von einem Vergewaltigungsopfer, das die traumatische Erfahrung seiner Vergewaltigung in drastischen Worten beschreibt und diesen Angriff von „Geschlechtsverkehr" ausdrücklich unterschieden wissen will, woraufhin Cahill bemerkt:

> In a profound sense, this is true; it is difficult to imagine the victim of such an assault describing the experience in terms of 'having sex.' Yet the category of violence does not sufficiently account for the particularity of the assault. In this sense, for the victim the experience is *sexual*, but it is not sex itself.[44]

Überdies kann bei sexuellen Handlungen, die mit oder an einer anderen Person gegen ihren Willen vorgenommen werden, auch auf Seiten der Opfer eine sexuelle Erregung auftreten. So berichten

> viele von sexualisierter Gewalt in Kindheit oder Jugend betroffene Männer, dass sie durch die sexuellen Handlungen sexuell erregt worden sind und diese sich zumindest manchmal ‚gut anfühlten'. Bei zahlreichen Jungen kam es zu einer Ejakulation. Einige Männer sprachen [...] davon, einen Orgasmus gehabt zu haben. [...] Zahlreiche Betroffene haben das Gefühl, etwas bei ihnen sei falsch und sie seien ‚schlechte Opfer'. Sie fragen sich z. B., ob sie ‚es' nicht auch gewollt hätten oder ob sie nicht gar Mittäter gewesen seien.[45]

Wie der Erziehungswissenschaftler Dirk Bange und der Psychologe Thomas Schlingmann berichten, führen diese körperlichen Reaktionen zu massiven Verunsicherungen, Schuldgefühlen und mitunter auch zu Umdeutungsversuchen dieser Gewalterfahrungen in einvernehmliche Sexualität – ein Problem, das in der Therapie- und Beratungsarbeit noch immer ein schambesetztes Tabuthema ist,[46] zumal es bislang nur sehr wenige Untersuchungen gibt,[47] die diesen „sexuelle[n] Aspekt sexualisierter Gewalt bei der Erforschung der Auswirkungen sexualisierter Gewalt"[48] ausreichend berücksichtigt haben.

Wenn nun aber das sexuelle Moment bei den infrage stehenden gewaltsamen Handlungen nicht erst sekundär hinzutritt, sondern ihnen wesentlich ist, und wenn auch in der aktuellen sexualwissenschaftlichen Literatur die Ansicht vertreten werden kann, wonach „[s]exuelle Übergriffe auf Kinder und Jugendliche [...] in den größeren Kontext menschlicher Sexualität eingeordnet werden [müssen] –

---

44 Cahill, *Rethinking Rape*, 140. Zur Deutung einer Vergewaltigung als heterosexuellen Akt vgl. Mauer, *Die Frau als besonderes Schutzobjekt*, 35 f.

45 Bange und Schlingmann, „Sexuelle Erregung", 30 f.

46 Vgl. a.a.O., 31.

47 Vgl. hierzu ferner Bange, *Sexueller Missbrauch an Jungen*, 110 f.

48 Bange und Schlingmann, „Sexuelle Erregung", 42.

und zwar aus Perspektive des Täters und des Opfers",[49] ist die Rede von „sexualisierter Gewalt", sofern dabei die oben angesprochene Entkoppelung von Gewalt und Sexualität vorausgesetzt bzw. impliziert wird, eine verkürzende Repräsentation von Komplexem – kurz: eine Abbreviatur.

Aber noch ein weiterer Aspekt ist in diesem Zusammenhang zu bedenken: Bereits 1990 hat die US-amerikanische Psychiaterin Judith L. Herman kritisiert, dass die Tendenz zur Minimierung oder Ausblendung der sexuellen Komponente eines Übergriffs in psychodynamischen Erklärungsansätzen sexuellen Kindesmissbrauchs[50] zu einer Verharmlosung dieses Übergriffs führen könne, insofern dieser dann lediglich als unwirksamer, weil emotional enttäuschender Versuch der Erfüllung eines als ‚gewöhnlich' (*ordinary*) zu betrachtenden menschlichen (hier: männlichen) Bedürfnisses nach Macht und Dominanz[51] interpretiert werde:

> The effect of this euphemistic reformulation of the offender's behavior is to detoxify it, to make it more acceptable. The offender's craving for sexual domination is reinterpreted as a longing for human intimacy. His wish to control others is reinterpreted as an ordinary masculine need for „mastery." Since normative concepts of manhood do to some extent include the domination of women and children, the offender's desire to share in adult male prerogatives is validated; only his choice of means is considered unfortunate. Since the gratification obtained from the sexual assault itself is minimized, this sort of explanation offers the promise that the assaultive behavior will be readily given up if the offender can learn other, more socially acceptable ways of achieving „masculine adequacy".[52]

---

49 Kuhle, Grundmann und Beier, „Sexueller Missbrauch von Kindern", 110. Zur adäquaten Erschließung dieses Themenfeldes bedürfe es daher eines plausiblen, multifunktionalen Konzepts menschlicher Sexualität „als eine biologisch, psychologisch und sozial determinierte Erlebnisqualität des Menschen [...], die in ihrer individuellen Ausgestaltung von der lebensgeschichtlichen Entwicklung geprägt wird" (ebd.).

50 Vor allem Groth, Hobson und Gary, „The Child Molester", besonders 137 f. (von Herman [siehe folgende Anm.] mit Umstellungen und Auslassungen zitiert): „Child Molestation is the sexual expression of non-sexual needs and unresolved life issues. Pedophilia goes beyond sexual need and is, ultimately, a pseudo-sexual act. Through sexual involvement with a child, the offender attempts to fulfill his psychological needs for recognition, acceptance, validation, affiliation, mastery, and control. It is not the sexual gratification or release, per se, that is the source of the satisfaction the offender finds in his sexual contact with the victim [...]. Generally speaking, the clinical impression that emerges in regard to a child molester is that of an immature individual whose pedophilic behavior serves to compensate for his relative helplessness in meeting adult bio-psycho-social life demands. It offers him a retreat from conflictual adult relationships. It provides a sense of power, control, and competence. It fulfills a longing for intimacy, affection, and affiliation. It validates his worth. And it may provide some sexual gratification."

51 Vgl. Herman, „Sex Offenders", 182. Vgl. dazu Cossins, *Masculinities*, 59–66.

52 Herman, „Sex Offenders", 183. Hierauf verweist Heiliger, „Sexuelle Mißbraucher", 35 f. Vgl. ferner dies., „Jeder Mann ein potentieller Täter".

Ist demnach jede dogmatische oder apodiktische Rede von „sexualisierter Gewalt" aufgrund der darin enthaltenen, wenn auch oft unausgesprochen bleibenden Hintergrundannahmen zu hinterfragen, kann aber auch der *Begriff* „sexualisierte Gewalt" fraglich erscheinen – nämlich dann, wenn man das Framing-Konzept berücksichtigt.

2.2 Zum Begriff „sexualisierte Gewalt"

In den Kommunikationswissenschaften bedeutet ,Framing-Effekt',[53] aus der Wirkungsperspektive betrachtet, dass die jeweilige Formulierung einer bestimmten Botschaft signifikanten Einfluss auf Wahrnehmung, Interpretation und Verständnis dieser Botschaft durch die rezipierende Person hat: „changes in surface representation of a problem can systematically affect judgments and decisions, even though the underlying structure remains invariant."[54] Nach der weitverbreiteten Definition des US-amerikanischen Politikwissenschaftlers Robert M. Entman, dessen Aufsatz „Framing: Toward Clarification of a Fractured Paradigma" (1993) für die Genese und Rezeption des Framing-Ansatzes innerhalb der Kommunikationswissenschaften eine maßgebliche Rolle spielte, meint *framen* („to frame"): „to select some aspects of a perceived reality and make them more salient in a communicating text, in such a way as to promote a particular problem definition, causal interpretation, moral evaluation, and/or treatment recommendation for the item described."[55] Die Inhalte einer Botschaft werden von der rezipierenden Person nicht isoliert voneinander wahrgenommen, interpretiert und verstanden, sondern in inhaltlichem Zusammenhang, weshalb dem ,Framing' genannten Prozess ihrer Einbettung in subjektive Interpretationsrahmen eine maßgebliche Bedeutung zukommt:

---

53 Zur theoretischen Grundlegung vgl. Scheufele, *Frames*; Schemer, „Priming", besonders 157–164; Matthes, *Framing*, 9–23. Zur Typologie der Framing-Effekte vgl. Stocké, „Framing ist nicht gleich Framing". Zur Bedeutung des Framing-Konzepts in verschiedenen Richtungen der Kommunikationsforschung vgl. Schenk, *Medienwirkungsforschung*, 314–336.

54 Kuhn, „Communicating Uncertainty", 58.

55 Entman, „Framing", 52, ohne Hervorhebung. Gleichwohl musste bereits Entman konstatieren: „Despite its omnipresence across the social sciences and humanities, nowhere is there a general statement of framing theory that shows exactly how frames become embedded within and make themselves manifest in a text, or how framing influences thinking" (S. 51). Dieser Mangel an einer disziplinenübergreifenden Framing-Theorie bzw. überhaupt eines gemeinsamen theoretischen Fundaments besteht bis zur Gegenwart.

Aus kognitionspsychologischer Sicht lässt sich Framing als Platzierung einer Information in einen einzigartigen Kontext verstehen, so dass bestimmte Elemente eines Gegenstandes, Themas oder Ereignisses die gedanklichen Ressourcen des Individuums auf sich ziehen und besonders beachtet werden. Die Folge ist, dass die hervorgehobenen Elemente als bedeutsam erscheinen und später möglicherweise auch zur Urteilsbildung herangezogen werden.[56]

Framing hat nicht nur auf Wahrnehmung, Interpretation und Verständnis einer Botschaft durch die rezipierende Person, sondern auch auf deren Einstellung[57] und Entscheidungsverhalten[58] maßgeblichen Einfluss. Wichtiger als diese verhaltens- und entscheidungstheoretischen Implikationen des kommunikationswissenschaftlichen Frame-Ansatzes ist in unserem Zusammenhang allerdings der linguistische Frame-Ansatz,[59] genauer: das Frame-Konzept der Kognitiven Linguistik bei George Lakoff und Elisabeth Wehling.[60] Frame steht hier für den kognitiven Deutungsrahmen, der vom Gehirn beim Lesen oder Hören eines Wortes automatisch aktiviert wird, um diese sprachlich vermittelten Inhalte zu verarbeiten. Wehling beschreibt diesen Vorgang wie folgt:

> Wann immer unser Gehirn Worte und Ideen verarbeitet, aktiviert es dazu Wissen und Sinnzusammenhänge aus vorangegangenen Erfahrungen mit der Welt. Dazu gehören Bewegungsabläufe, Gefühle, taktile Wahrnehmung, Gerüche, Geschmäcke und vieles mehr. Kurzum: Wir begreifen Worte, indem unser Gehirn körperliche Vorgänge abruft, die mit den Worten assoziiert sind. [...] Lesen Probanden Worte, die stark mit Gerüchen assoziiert sind, wie ‚Knoblauch', ‚Jasmin' oder auch ‚Zimt', so werden im Zuge der Sprachverarbeitung jene

---

56 Schenk, *Medienwirkungsforschung*, 319.

57 Zum Begriff „Einstellung" und ihren drei Komponenten „Denken, Fühlen, Wollen" vgl. Hermanns, „Attitüde, Einstellung, Haltung", 81–84. Zum Versuch einer Erweiterung des klassischen Framing-Ansatzes um emotionstheoretische Überlegungen dahingehend, dass mediale Darstellungen gesellschaftlicher Themen kognitive und emotionale Reaktionen auslösen können, die ihrerseits die Einstellungen der Rezipierenden mitbestimmen, vgl. Kühne, *Emotionale Framing-Effekte*.

58 Zum Framing-Effekt als Einflussfaktor auf das Entscheidungsverhalten vgl. Stocké, *Framing und Rationalität*. Es verwundert nicht, dass Framing-Effekte eine „schwerwiegende Anomalie des Rational-Choice[-]Ansatzes" (S. 10) darstellen.

59 Zu Divergenzen und möglichen Inkompatibilitäten dieser beiden Ansätze vgl. Ziem, „Frames als Prädikations- und Medienrahmen". Zu dem von Lawrence W. Barsalou vorgelegten allgemeinen Frame-Modell als Ausgangspunkt einer Integration der verschiedenen Facetten der linguistischen Frame-Theorie zu einem Gesamtansatz vgl. Busse, *Frame-Semantik*, 361–413.

60 Im Folgenden beziehe ich mich auf (die Veröffentlichung zur politischen Kommunikation von) Lakoff und Wehling, *Auf leisen Sohlen ins Gehirn* sowie auf die populärwissenschaftliche Darstellung von Wehling, *Politisches Framing*, besonders 20 – 41.

> Regionen im Gehirn aktiviert, die auch beim Riechen aktiv sind [...]. Und liest man das Wort
> ‚Salz‘, aktiviert das Gehirn diejenigen Areale, die für das Schmecken zuständig sind.[61]

Die vom Gehirn aufgerufenen, sich aus Wissen und Erfahrungen mit der Welt
speisenden Frames – gewissermaßen „ein Bouquet semantisch angegliederter
Ideen" an ein Wort – sind es, die den einzelnen Worten Be-Deutung geben, „indem sie diese in einen Zusammenhang mit unserem Weltwissen stellen".[62] Was
bedeutet dies nun für den Begriff „sexualisierte Gewalt"? Für Wehling tun sich
diesbezüglich zwei Probleme auf:

> Problem Nummer eins: Das Adjektiv „sexualisiert" modifiziert das Substantiv „Gewalt". Im
> besten Fall bedeutet das, dass Gewalt „sexualisiert" wird, die ein Täter anderweitig nicht als
> sexuell empfindet. Semantisch etwas völlig anderes, als man sagen will, wenn man „se-
> xualisierte Gewalt" sagt. Viel bedenklicher ist noch: In diesem Frame gibt es keine gewalt-
> same Verletzung der sexuellen Unversehrtheit des Opfers. So, wie sich psychische Gewalt
> gegen die psychische Unversehrtheit richtet – und körperliche Gewalt gegen die körperliche
> Unversehrtheit. Kurzer Gegencheck: Wir sprechen auch nicht von „psychologisierter" oder
> von „verkörperlichter" Gewalt. / Das zweite Problem mit dem Begriff ist sogar noch größer:
> Es gibt keinen Bezug zur alltäglichen Welterfahrung. Alles, was für uns in der Sexualität
> relevant und wichtig ist, speichern wir unter dem Adjektiv „sexuell" ab: sexuelle Freizü-
> gigkeit, sexuelle Befriedigung, sexuelle Selbstbestimmung, sexuelle Beziehungen – und so
> weiter. Wenn wir also von „sexueller Gewalt" sprechen, dann hat unser Gehirn eine reelle
> Chance, die gelernten Assoziationen, Gefühle und Bedürfnisse der Sexualität als Referenz zu
> nutzen. Und damit nachzuempfinden, was es heißt oder heißen könnte, sexueller Gewalt
> ausgesetzt zu sein. Das Adjektiv „sexualisiert" hingegen spielt in unserem Alltag keine
> Rolle. Es ist nur lose bis gar nicht mit unserer Welterfahrung verflochten.[63]

Nun könnte man freilich, abgesehen vom Hinweis auf die anhaltende Diskussion
über die Wirkstärke des Framing-Effekts, wie er von der Kognitiven Linguistik ins
Feld geführt wird,[64] argumentieren, dass Sprache in einem ständigen Prozess des
Wandels und der Veränderung begriffen ist. Mögen auch Lernen (sei es durch
Erfahrung, sei es durch Einsicht), Erinnern und Vergessen wesentliche Komponenten von Gedächtnisvorgängen sein, denen spezifische neurale Korrelate entsprechen; und mögen auch die neuronal tief verankerten, „unser generelles

---

61 Wehling, *Politisches Framing*, 21 f. unter Rekurs u. a. auf González u. a., „Reading cinnamon"
und Barros-Loscertales u. a., „Reading salt"; vgl. ferner Wehling, *Politisches Framing*, 17 sowie 34
und 36.
62 Wehling, *Politisches Framing*, 30.
63 Wehling, „Sprechen über #MeToo".
64 Vgl. z. B. Pinker, *The Stuff of Thought*, 235–278 und Bechtel u. a., „Reality Bites". Zur Entwicklung und Kritik des Framing-Ansatzes vgl. ferner Matthes, *Framing*, 24–35 und 82–88.

Verständnis von der Welt"[65] strukturierenden Deutungsrahmen, die sogenannten *Deep Seated Frames*, statischer Natur sein – die auf der sprachlichen Ebene begegnenden und dort „die Bedeutung einzelner Wörter und Sätze"[66] erfassenden *Surface Frames* sind dennoch nicht in Stein gemeißelt. Vielmehr unterliegen diese – und sei es: langwierigen und mühsamen – Lern- und Veränderungsprozessen, in denen Selbstverständlichkeiten unseres alltäglichen Denkens durch Etablierung und Besetzung alternativer Frames aufgebrochen werden können.[67] Einen solchen Lern- und Veränderungsprozess, in dessen Folge sich Erfahrungs- und Gewöhnungseffekte[68] einstellen, sieht man gegenwärtig etwa bei der auch in unsere alltägliche Kommunikation zunehmend Einzug haltenden Verwendung gendersensibler Sprache. Wehlings Einwand, das Adjektiv „sexualisiert" spiele in unserem Alltag keine Rolle und sei fast nicht mit unserer Welterfahrung verflochten („dieser Begriff ist neuronal gesehen völlig leer"[69]), stellt daher lediglich eine Momentaufnahme dar. Kontinuität schließt Wandel nicht aus, „aber Wandel kann nicht als Änderung, nicht per Dekret eingeführt werden".[70] Und doch bleibt angesichts der oben angesprochenen kommunikationswissenschaftlichen und kognitionspsychologischen Aspekte zu bedenken, dass der Erfolg einer Botschaft nicht zuletzt davon abhängt, inwieweit und wo sie im Gehirn ankommt. Oder anders gesagt: Wenn eine Botschaft Gehör finden soll, muss verstanden werden können, worum es geht.

3 Tertium datur?

Doch auch abgesehen von der Frage nach dem mentalen oder emotionalen Wirkungspotenzial von sprachlichen Ausdrücken gilt es in Betracht zu ziehen, dass selbst eine begrifflich womöglich klar zu fassende Alternative „sexuelle Gewalt" versus „sexualisierte Gewalt" nicht nur eine perspektivische Verkürzung des

---

65 Lakoff und Wehling, *Auf leisen Sohlen ins Gehirn*, 73; zur folgenden Unterscheidung von *Deep Seated Frames* und *Surface Frames* vgl. 73–87.

66 A.a.O., 75.

67 Vgl. Wehling, *Politisches Framing*, 34 und 57–60.

68 Aber auch Abnutzungs- und Ablehnungseffekte. Ein prominentes Beispiel für letzteren Effekt ist der von der Dudenredaktion in Kooperation mit einem Getränkehersteller um die Jahrtausendwende unternommene, aber gescheiterte Versuch, im Deutschen das Adjektiv „sitt" als Gegenwort zu „durstig" – analog zu „satt" als Gegenwort zu „hungrig" – einzuführen.

69 Wehling, „Sprechen über #MeToo".

70 Luhmann, *Organisation und Entscheidung*, 245 (über den nicht selten durch einen gesellschaftlichen Wertewandel ausgelösten Wandel der geschichtlich stabilisierten Organisationskulturen).

Phänomenbereichs darstellt, sondern auch psychologisch schwer voneinander zu trennen ist, sind doch die Übergänge zwischen den durch beide Begriffe bezeichneten Handlungen sowohl im familiären als auch im institutionellen Bereich fließend. Man wähnt sich gleichsam zwischen Skylla und Charybdis: Bei der Rede von „sexualisierter Gewalt" wird mit Recht die Gewaltqualität der infrage stehenden Handlungen und der darin zum Ausdruck kommende Machtmissbrauch herausgestellt, doch droht durch „Überbetonung der Gewalt" aus dem Blick zu geraten, „wie sehr die Sexualität in das Geschehen involviert ist".[71] Dass der Austragungsort der infrage stehenden gewaltsamen Handlungen trotz alledem die sexuelle Ebene ist, das Sexuelle bei diesen Handlungen also nichts Kontingentes darstellt, betont hingegen mit Recht die Rede von „sexueller Gewalt" – und läuft doch eben dadurch Gefahr, den grundlegenden Aspekt des Machtmissbrauchs abzublenden.

Nicht nur für „Forschung, Diagnostik und Behandlung", sondern auch für eine fundierte öffentliche Diskussion und Aufarbeitung sind jedoch „möglichst exakte und vergleichbare Definitionen"[72] notwendig. Es geht mit anderen Worten darum, „Verkehrtheit, Verbrechen und Verfehlung" (Ex 34,7[73]) dieser Handlungen beim Namen zu nennen. Eine mögliche Lösung könnte darin liegen, „sexuelle Gewalt" und „sexualisierte Gewalt" nicht (mehr) *disjunktiv*, sondern *konjunktiv* zu fassen und im Blick auf die infrage stehenden Handlungen fortan von „sexueller *und* sexualisierter Gewalt" oder von „sexueller*sexualisierter Gewalt" zu sprechen. Analog zur Rede z. B. von Leser*innen, die Raum symbolisieren soll für Personen, die sich in einem binären Geschlechtersystem nicht wiederfinden können oder möchten, soll mit dem zwischen „sexuell" und „sexualisiert" eingeschobenen Asterisk – im Bibliothekswesen ein Trunkierungszeichen, das als „Platzhalter" für alle grammatikalisch möglichen Endungen eines Suchbegriffs in digitalen Suchmaschinen fungiert – die irreduzible Prozesshaftigkeit und wesentliche Übergängigkeit zwischen den durch die beiden einzelnen Begriffe jeweils herausgestellten Handlungen verdeutlicht werden, die sich als Kontinuum nicht in säuberlich getrennte „Schubladen" einordnen lassen.

---

71 Bange, „Sprechen und forschen", 28 unter Rekurs auf Hagemann-White, „Grundbegriffe und Fragen".

72 Bange, „Definition und Häufigkeit", 29.

73 In der Übersetzung von Janowski, *Das hörende Herz*, 62; im Kontext von Ex 34,6 f.: „JHWH, JHWH, ein barmherziger und gnädiger Gott, langsam zum Zorn und reich an Güte und Treue: der Güte bewahrt den Tausenden, der Verkehrtheit, Verbrechen und Verfehlung vergibt, aber (den Sünder) gewiss nicht aus der Haftung entlässt, der Rechenschaft einfordert bezüglich der Verkehrtheit der Väter an den Söhnen und Enkeln, an der dritten und vierten Generation" (ebd.).

Eine weitere Möglichkeit, im Sinne einer dritten Option, könnte aber auch darin bestehen, den Begriff „Gewalt" außen vor zu lassen und, wie Pusch vorschlägt, von „Sexualterror" zu sprechen[74] – ein Begriff, der den Blick nicht auf das Opfer bzw. Gegenüber, sondern zuvorderst auf die Ausübenden, aber auch auf das Angst und Schrecken auslösende Ereignis lenkt:

> Beim Kampf gegen den Terror stehen die Täter, ihre Festnahme und Verfolgung im Zentrum der Debatte, außerdem umfassende Verfolgungs- und Vergeltungsmaßnahmen gegen sie. Nicht so beim alltäglichen Terror des Mannes gegen die Frau (bekannt unter den irreführenden Bezeichnungen ‚häusliche Gewalt', ‚sexueller Missbrauch' und ‚sexuelle Gewalt'), bei dem die Medien sich lieber auf die Opfer konzentrieren.[75]

Pusch bezieht sich dabei auf die Erkenntnisse der US-amerikanischen Bürgerrechts- und radikalfeministischen Aktivistin Susan Brownmiller. Brownmiller hat das (feministische) Denken über Vergewaltigung mit ihrem Buch *Against Our Will* (1975) nachhaltig geprägt, in dem sie argumentiert, dass diese Form der Gewalt dem Mann als wirkungsvolles Machtinstrument gegenüber der Frau dient. Vor allem in kriegerischen Auseinandersetzungen, bei Aufständen, Pogromen, Revolutionen, in Strafanstalten sowie seitens Polizeibeamter[76] fungiert die erzwungene Penetration durch den Mann als Vehikel der körperlichen Unterwerfung der Frau und als Mittel der sozialen Kontrolle über die Frau:

> Die Entdeckung des Mannes, daß seine Genitalien als Waffe zu gebrauchen sind, um damit Furcht und Schrecken zu verbreiten, muß neben dem Feuer und der ersten groben Steinaxt als eine der wichtigsten Entdeckungen in prähistorischer Zeit angesehen werden. Ich glaube, daß Vergewaltigung seit eh und je eine überaus wichtige Funktion innehat. Sie ist nicht mehr und nicht weniger als eine Methode bewußter systematischer Einschüchterung, durch die *alle Männer alle Frauen* in permanenter Angst halten.[77]

---

74 Vgl. Pusch, *Die Sprache der Eroberinnen*, 69–73; vgl. bereits dies., *Alle Menschen werden Schwestern*, 116.

75 Pusch, *Die Sprache der Eroberinnen*, 73.

76 Auf diese Schwerpunktsetzung von Brownmillers Untersuchung verweist auch MacKinnon, *Toward a Feminist Theory*, 173: „Susan Brownmiller [...] examines rape in riots, wars, pogroms, and revolutions; rape by police, parents, prison guards; and rape motivated by racism. Rape in normal circumstances, in everyday life, in ordinary relationships, by men as men, is barely mentioned."

77 Brownmiller, *Gegen unseren Willen*, 22, Hervorhebung original; vgl. dies., *Against Our Will*, 5: „Rape [...] is nothing more or less than a conscious process of intimidation by which *all men* keep *all women* in a state of fear" (Hervorhebung original) – teilweise zitiert bei Pusch, *Die Sprache der Eroberinnen*, 70, die darauf hinweist, dass Brownmillers Erkenntnis, sexuelle Gewalt diene dem Mann zur Unterwerfung und Demütigung der Frau, durch den „Ausdruck ‚sexualisierte Gewalt' nicht besonders klar zum Ausdruck gebracht" (S. 73) werde. Zur Deutung von Vergewaltigung vgl. auch die oben in Anm. 40–44 angegebene Literatur.

Der tatsächliche Vollzug der Vergewaltigung, und dies ist wichtig für Puschs Vergleich mit „Terror", ist allerdings nicht unbedingt nötig, um Frauen zur Unterordnung zu zwingen und darin zu halten: *„Daß* einige Männer vergewaltigen, reicht als Bedrohung aus, um die Frauen im Zustand fortwährender Einschüchterung zu halten, sich ständig bewußt zu sein, daß das biologische Werkzeug des Mannes etwas Furchtbares ist, das sich urplötzlich in eine Waffe verwandeln kann."[78] Auch „Terror wird ausgeübt, um die Gegenseite in einem Zustand der Angst zu halten"[79]. Das begründet für Pusch die Rede von „Sexualterror" und „Sexualterroristen", die es nun unerschrocken ins Visier zu nehmen gelte.

4 Schlussbemerkung

Zur Frage der angemessenen Bezeichnung sexueller Handlungen vor, mit oder an einer anderen Person gegen ihren Willen ist abschließend zu bemerken, dass die Befassung mit Begrifflichkeiten, die „Unbegreifliches" zu benennen versuchen, deshalb so wichtig ist, weil es Sprache ist, die unser Handeln prägt und uns Menschen überhaupt erst die Möglichkeit gibt, die Perspektive des Anderen, des Nächsten und des Fernsten, zu übernehmen. Das „Unbegreifliche", das Überlebende sexueller*sexualisierter Gewalt in privaten und öffentlichen Kontexten erlitten haben und noch immer erleiden, werden wir nie ganz begreifen. Und doch – weil es nicht nur um reflektierten kirchlich-theologischen Sprachgebrauch, sondern auch um die berechtigte Erwartung kirchlicher Antworten geht – muss mit größtmöglicher Anstrengung und Präzision versucht werden, dem „Unbegreiflichen" im Medium der Sprache einen Weg in die von uns allen gelebte Wirklichkeit zu öffnen.

Literatur

Améry, Jean. *Jenseits von Schuld und Sühne. Bewältigungsversuche eines Überwältigten.* Stuttgart: Klett-Cotta, 1977.
Amesberger, Helga, Katrin Auer und Brigitte Halbmayr. „Sexualisierte Gewalt gegen Frauen während der NS-Verfolgung." *Context* 21/6 – 7 (2003): 7–11.

---

78 Brownmiller, *Gegen unseren Willen*, 172, Hervorhebung original. Zur Kritik an Brownmiller vgl. Harten, *Sexualität, Mißbrauch, Gewalt*, der Brownmillers Argumentation als „soziobiologistische[] Theorie" der Vergewaltigung bezeichnet, die „zur Mythologisierung der Sexualität im allgemeinen und zur Dämonisierung der männlichen Sexualität im besonderen" (S. 182) beitrage.
79 Pusch, *Die Sprache der Eroberinnen*, 73.

Bange, Dirk. „Definition und Häufigkeit von sexuellem Missbrauch." In *Sexueller Missbrauch.* Bd. 1, *Grundlagen und Konzepte*, hg. v. Wilhelm Körner und Albert Lenz, 29–37. Göttingen u. a.: Hogrefe, 2004.

Bange, Dirk. „Definitionen und Begriffe." In *Handwörterbuch Sexueller Missbrauch*, hg. v. ders. und Wilhelm Körner, 47–52. Göttingen u. a.: Hogrefe, 2002.

Bange, Dirk und Thomas Schlingmann. „Sexuelle Erregung als Faktor der Verunsicherung sexuell missbrauchter Jungen." *Kindesmisshandlung & -vernachlässigung* 19/1 (2016): 28–43.

Bange, Dirk. *Sexueller Missbrauch an Jungen. Die Mauer des Schweigens.* Göttingen u. a.: Hogrefe, 2007.

Bange, Dirk. „Sprechen und forschen über das Unsagbare. Sexueller Missbrauch, sexuelle oder sexualisierte Gewalt – was unterschiedliche Begriffe bedeuten und wie sie entstanden sind." *dji impulse* 116 (2017): 28–31.

Barros-Loscertales, Alfonso u. a. „Reading salt activates gustatory brain regions: fMRI evidence for semantic grounding in a novel sensory modality." *Cerebral Cortex* 22 (2012): 2554–2263.

Bechtel, Michael M. u. a. „Reality Bites. The Limits of Framing Effects in Salient Policy Decisions." *Political Science Research and Methods* 3 (2015): 683–695.

Bóasdóttir, Sólveig Anna. *Violence, Power, and Justice. A Feminist Contribution to Christian Sexual Ethics.* Dissertation, Universität Uppsala, 1998.

Braun, Gisela und Arbeitsgemeinschaft Kinder- und Jugendschutz (AJS), Hg. *Gegen sexuellen Mißbrauch an Mädchen und Jungen. Ein Ratgeber für Mütter und Väter.* Köln: Arbeitsgemeinschaft Kinder- und Jugendschutz, 1993.

Brockhaus, Ulrike und Maren Kolshorn. *Sexuelle Gewalt gegen Mädchen und Jungen. Mythen, Fakten, Theorien.* Frankfurt a. M. und New York: Campus, 1993.

Brownmiller, Susan. *Against Our Will. Men, Women and Rape.* New York: Simon & Schuster, 1975.

Brownmiller, Susan. *Gegen unseren Willen. Vergewaltigung und Männerherrschaft*, übers. v. Ivonne Carroux. Frankfurt a. M.: Fischer, 1978.

Buddeberg, Claus. *Sexualberatung. Eine Einführung für Ärzte, Psychotherapeuten und Familienberater.* Stuttgart: Thieme, 2005[4].

Bundesministerium für Familie, Senioren, Frauen und Jugend (BMFSFJ). *Aktionsplan 2011 der Bundesregierung zum Schutz von Kindern und Jugendlichen vor sexueller Gewalt und Ausbeutung.* Berlin: BMFSFJ, 2011.

Bundesministerium für Familien und Jugend (BMFJ). *(K)ein sicherer Ort. Sexuelle Gewalt an Kindern.* Wien: BMFJ, 2016[7].

Bundesverband Frauenberatungsstellen und Frauennotrufe, Frauen gegen Gewalt e.V. (bff). „Sexualisierte Gewalt. Merkmale und Tatsachen," *Frauen gegen Gewalt Infothek*, www.frauen-gegen-gewalt.de/de/was-ist-das-187.html (letzter Zugriff: 15.11.2019).

Bundeszentrale für gesundheitliche Aufklärung (BZgA). „Prävention sexualisierter Gewalt." *Forum Sexualaufklärung* 2 (2018).

Busse, Dietrich. *Frame-Semantik. Ein Kompendium.* Berlin und Boston: Walter de Gruyter, 2012.

Cahill, Ann J. *Rethinking Rape.* Ithaka: Cornell University Press, 2001.

Claußen, Ulf. „Gewalt (Gewalthandlung)." In *Evangelisches Soziallexikon*, hg. v. Martin Honecker u. a., 602–606. Stuttgart: Kohlhammer, 2001[8].

Cossins, Anne. *Masculinities, Sexualities, and Child Sexual Abuse.* The Hague, London und Boston: Kluwer Law International, 2000.

Deutscher Bundestag. „Gesetzentwurf der Bundesregierung. Entwurf eines Gesetzes zu dem Übereinkommen des Europarats vom 11. Mai 2011 zur Verhütung und Bekämpfung von Gewalt gegen Frauen und häuslicher Gewalt." *BT-Drucksache 18/12037,* 24.04.2017, https://dip21.bundestag.de/dip21/btd/18/120/1812037.pdf (letzter Zugriff: 15.11.2019).

Dieregsweiler, Renate. *Krieg – Vergewaltigung – Asyl. Die Bedeutung von Vergewaltigung im Krieg und ihre Bewertung in der bundesdeutschen Asylrechtsprechung.* Sinzheim: Pro Universitate Verlag, 1997.

DUDEN. „sexualisieren." In *DUDEN. Das große Wörterbuch der deutschen Sprache in 10 Bänden,* 3460. Bd. 10/8. Mannheim u. a.: Dudenverlag, 1999[3].

Dudenredaktion, Hg. *Deutsches Universalwörterbuch.* Berlin: Dudenverlag, 2016[9].

Dudenredaktion, Hg. *Die Grammatik.* Berlin: Dudenverlag, 2016[9].

Entman, Robert M. „Framing: Toward Clarification of a Fractured Paradigma." *Journal of Communication* 43/4 (1993): 51–58.

González, Julio u. a. „Reading cinnamon activates olfactory brain regions." *Neuroimage* 32 (2006): 906–912.

Groth, A. Nicholas, William F. Hobson und Thomas S. Gary. „The Child Molester: Clinical Observations." *Journal of Social Work & Human Sexuality* 1/1–2 (1982): 129–144.

Gössel, Karl Heinz. *Das neue Sexualstrafrecht. Eine systematische Darstellung für die Praxis.* Berlin: Walter de Gruyter, 2005.

Hagemann-White, Carol. „Grundbegriffe und Fragen der Ethik bei der Forschung über Gewalt im Geschlechterverhältnis." In *Forschungsmanual Gewalt. Grundlagen der empirischen Erhebung von Gewalt in Paarbeziehungen und sexualisierter Gewalt,* hg.v. Cornelia Helfferich u. a., 13–32. Wiesbaden: Springer VS, 2016.

Hagemann-White, Carol. „Was tun? Gewalt in der Sexualität verbieten? Gewalt entsexualisieren?" In *Heterosexuelle Verhältnisse,* hg.v. Sonja Düring und Magret Hauch, 145–159. Stuttgart: Enke, 1995.

Harten, Hans-Christian. *Sexualität, Mißbrauch, Gewalt. Das Geschlechterverhältnis und die Sexualisierung von Aggressionen.* Opladen: Westdeutscher Verlag, 1995.

Heiliger, Anita. „Jeder Mann ein potentieller Täter? Männliche Sozialisation und sexuelle Übergriffe auf Mädchen und Frauen." In *Skandal und Alltag. Sexueller Missbrauch und Gegenstrategien,* hg.v. Gitti Hentschel, 203–219. Berlin: Orlanda, 1996.

Heiliger, Anita und Constance Engelfried. *Sexuelle Gewalt. Männliche Sozialisation und potentielle Täterschaft.* Frankfurt a. M. und New York: Campus, 1995.

Heiliger, Anita. „Sexuelle Mißbraucher: Täter im Spektrum der Normalität." *Psychologie und Gesellschaftskritik* 20/1–2 (1996): 29–42.

Helming, Elisabeth u. a. *Sexuelle Gewalt gegen Mädchen und Jungen in Institutionen.* München: Deutsches Jugendinstitut, 2011.

Herman, Judith L. „Sex Offenders: A Feminist Perspective." In *Handbook of Sexual Assault. Issues, Theories and Treatment of the Offender,* hg.v. William Lamont Marshall, D. Richard Laws und Howard E. Barbaree, 177–193. New York: Springer, 1990.

Hermanns, Fritz. „Attitüde, Einstellung, Haltung. Empfehlung eines psychologischen Begriffs zu linguistischer Verwendung." In *Neue deutsche Sprachgeschichte. Mentalitäts-, kultur- und sozialgeschichtliche Zusammenhänge,* hg.v. Dieter Cherubim, Karlheinz Jakob und Angelika Linke, 65–89. Berlin und New York: Walter de Gruyter, 2002.

Heynen, Susanne. *Vergewaltigt. Die Bedeutung subjektiver Theorien für Bewältigungsprozesse nach einer Vergewaltigung.* Weinheim und München: Juventa, 2000.

Huckele, Andreas. „Sexueller Missbrauch, sexuelle Gewalt oder sexualisierte Gewalt? Wie sage ich das, was ich meine?" *Andreas Huckele. Kommunikation ist möglich!* (Blog), 11.01.2017, https://andreas-huckele.de/sexualisierte-gewalt-sexueller-missbrauch (letzter Zugriff: 15.11.2019).

Huckele, Andreas (Pseudonym Jürgen Dehmers). *Wie laut soll ich denn noch schreien? – Die Odenwaldschule und der sexuelle Missbrauch.* Reinbek b. Hamburg: Rowohlt, 2011.

Igwe, Leo. „'Baby Farm' Girls and the Sale of Children in Nigeria," *Butterflies and Wheels,* 04.06.2011, https://t1p.de/rpfz (letzter Zugriff: 15.11.2019).

Janowski, Bernd. *Das hörende Herz.* Beiträge zur Theologie und Anthropologie des Alten Testaments 6. Göttingen: Vandenhoeck & Ruprecht, 2018.

Jud, Andreas. „Sexueller Kindesmissbrauch – Begriffe, Definitionen und Häufigkeiten." In *Sexueller Missbrauch von Kindern und Jugendlichen. Ein Handbuch zur Prävention und Intervention für Fachkräfte im medizinischen, psychotherapeutischen und pädagogischen Bereich,* hg.v. Jörg M. Fegert u.a., 41–49. Berlin und Heidelberg: Springer, 2015.

Kappler, Katrin. *Die Verfolgungen wegen der sexuellen Orientierung und der Geschlechtsidentität als Verbrechen gegen die Menschlichkeit.* Baden-Baden: Nomos, 2019.

Kavemann, Barbara u.a. *Erinnern, Schweigen und Sprechen nach sexueller Gewalt in der Kindheit. Ergebnisse einer Interviewstudie mit Frauen und Männern, die als Kind sexuelle Gewalt erlebt haben.* Wiesbaden: Springer VS, 2016.

Krug, Etienne G. u.a. *World Report on Violence and Health.* Genf: WHO, 2002.

Kuhle, Laura F., Dorit Grundmann und Klaus M. Beier. „Sexueller Missbrauch von Kindern: Ursachen und Verursacher." In *Sexueller Missbrauch von Kindern und Jugendlichen. Ein Handbuch zur Prävention und Intervention für Fachkräfte im medizinischen, psychotherapeutischen und pädagogischen Bereich,* hg.v. Jörg Fegert u.a., 110–129. Berlin und Heidelberg: Springer, 2014.

Kuhn, Kristine M. „Communicating Uncertainty: Framing Effects on Responses to Vague Probabilities." *Organizational Behavior and Human Decision Processes* 71/1 (1997): 55–83.

Kühne, Rinaldo. *Emotionale Framing-Effekte auf Einstellungen. Eine theoretische Modellierung und empirische Überprüfung der Wirkungsmechanismen.* Rezeptionsforschung 33. Baden-Baden: Nomos, 2015.

Künzel, Christine. *Vergewaltigungslektüren. Zur Codierung sexueller Gewalt in Literatur und Recht.* Frankfurt a. M. und New York: Campus, 2003.

Lakoff, George und Elisabeth Wehling. *Auf leisen Sohlen ins Gehirn. Politische Sprache und ihre heimliche Macht.* Heidelberg: Carl-Auer-Verlag, 2016[4].

Luca, Renate. *Zwischen Ohnmacht und Allmacht. Unterschiede im Erleben medialer Gewalt von Mädchen und Jungen.* Frankfurt a. M. und New York: Campus, 1993.

Luhmann, Niklas. *Organisation und Entscheidung.* Opladen und Wiesbaden: Westdeutscher Verlag, 2000.

Löchel, Rolf. „Die wunderbare Welt des Feminismus. Anne Wizorek lässt dem Aufschrei ein Buch folgen." *Literaturkritik.de,* Nr. 1, Januar 2015, https://literaturkritik.de/id/20119 (letzter Zugriff: 15.11.2019).

MacKinnon, Catharine A. *Toward a Feminist Theory of the State.* Cambridge und London: Harvard University Press, 1989.

Matthes, Jörg. *Framing.* Baden-Baden: Nomos, 2014.

Mauer, Sandra. *Die Frau als besonderes Schutzobjekt strafrechtlicher Normen. Ein Rechtsvergleich zwischen den Vereinigten Staaten von Amerika und der Bundesrepublik Deutschland.* Berlin: Logos, 2009.

Mayer, Marina. „‚Kein Thema der Vergangenheit' – Sexuelle Gewalt gegen Mädchen und Jungen in Institutionen." *Soziale Passagen* 4 (2012): 91–108.

Menzel, Birgit und Helge Peters. *Sexuelle Gewalt. Eine definitionstheoretische Untersuchung.* Konstanz: UVK, 2003.

Meyer, Katrin und Stefanie Schälin. „Macht – Ohnmacht: umstrittene Gegensätze in der Geschlechterforschung." In *Handbuch Interdisziplinäre Geschlechterforschung,* hg. v. Beate Kortendiek, Birgit Riegraf und Katja Sabisch, 135–144. Wiesbaden: Springer VS, 2019.

Montesquieu, Charles-Louis de Secondat de, Baron de la Brède. *Vom Geist der Gesetze,* übers. v. Kurt Weigand. Stuttgart: Reclam, 1984.

Pinker, Steven. *The Stuff of Thought. Language as a Window into Human Nature.* London: Lane, 2007.

Pramer, Philip. „Wie der Boulevard sexuelle Gewalt verharmlost," *Kobuk,* 08.03.2019, www. kobuk.at/2019/03/wie-der-boulevard-sexuelle-gewalt-verharmlost (letzter Zugriff: 15.11.2019).

Pro familia Bundesverband. *Sexuelle Grenzverletzungen und sexualisierte Gewalt im Blick neuer Forschung. Grundlagen für die menschenrechtsbasierte Sexualpädagogik und Präventionsarbeit.* Frankfurt a. M.: Fachtag Sexualpädagogik meets Wissenschaft, 2012.

Pusch, Luise F. *Alle Menschen werden Schwestern. Feministische Sprachkritik.* Frankfurt a. M.: Suhrkamp, 1990.

Pusch, Luise F. *Die Sprache der Eroberinnen und andere Glossen.* Göttingen: Wallstein, 2016.

Reschke, Daniella. *Lebenszyklus der sexualisierten Gewalt.* Norderstedt: TWENTYSIX, 2016.

Ritter, Sabine und Friederike Koch. „Definition: Was ist sexuelle Gewalt?" In: *Lebenswut – Lebensmut. Sexuelle Gewalt in der Kindheit. Biographische Interviews,* hg. v. dies., 24–29. Pfaffenweiler: Centaurus, 1995.

Schemer, Christian. „Priming, Framing, Stereotype." In *Handbuch Medienwirkungsforschung,* hg. v. Wolfgang Schweiger und Andreas Fahr, 153–169. Wiesbaden: Springer VS, 2013.

Schenk, Michael. *Medienwirkungsforschung.* Tübingen: Mohr Siebeck, 2007[3].

Scheufele, Bertram. *Frames – Framing – Framing-Effekte. Theoretische und methodische Grundlegung des Framing-Ansatzes sowie empirische Befunde zur Nachrichtenproduktion.* Wiesbaden: Springer VS, 2003.

Scheufele, Bertram. *Sexueller Missbrauch – Mediendarstellung und Medienwirkung.* Wiesbaden: Springer VS, 2005.

Schwarzer, Alice. *Der „kleine Unterschied" und seine großen Folgen. Frauen über sich. Beginn einer Befreiung.* Frankfurt a. M.: Fischer, 1975.

Schweikhardt, Josef. „Sex und Gewalt. Phänomene der Medienrezeption." *Maske und Kothurn* 25/3–4 (1979): 263–280.

Smaus, Gerlinda. „Physische Gewalt und die Macht des Patriarchats." *Kriminologisches Journal* 26/2 (1994): 82–104.

Springer, Alfred. „Sexuelle Gewalt – sexualisierte Gewalt," *Psychiatria Danubina* 17/3 – 4 (2005): 172–189.

Stephan, Thomas. *Sexueller Mißbrauch von Jugendlichen. (§ 182 StGB).* Marburg: Tectum, 2002.

Stocké, Volker. „Framing ist nicht gleich Framing. Eine Typologie unterschiedlicher Framing-Effekte und Theorien zu ihrer Erklärung." In *Jahrbuch für Handlungs- und Entscheidungstheorie* (Folge 1/2001), hg. v. Ulrich Druwe, Volker Kunz und Thomas Plümper, 75–105. Wiesbaden: Springer VS, 2001.

Stocké, Volker. *Framing und Rationalität. Die Bedeutung der Informationsdarstellung für das Entscheidungsverhalten.* München: R. Oldenbourg, 2002.

United Nations Security Council. „Resolution 1820 (2008) vom 19. Juni 2008," https://www.un.org/depts/german/sr/sr_07 – 08/sr1820.pdf (letzter Zugriff: 11. 11. 2019).

Wehling, Elisabeth. *Politisches Framing. Wie eine Nation sich ihr Denken einredet – und daraus Politik macht.* Edition medienpraxis 14. Köln: Herbert von Halem, 2018.

Wehling, Elisabeth. „Sprechen über #MeToo. Alle reden über Framing – so funktioniert es," *SPIEGEL-ONLINE*, 12. 10. 2018, https://t1p.de/2xo4 (letzter Zugriff: 15. 11. 2019).

WHO, *Global Consultation on Violence and Health. Violence: A Public Health Priority.* Genf: WHO, 1996.

WHO. *Weltbericht Gewalt und Gesundheit. Zusammenfassung,* übers. v. WHO-Regionalbüro für Europa. Genf: WHO, 2003.

Wizorek, Anne. *Weil ein Aufschrei nicht reicht. Für einen Feminismus von heute.* Frankfurt a. M.: Fischer, 2014.

Ziem, Alexander. „Frames als Prädikations- und Medienrahmen: Auf dem Weg zu einem integrativen Ansatz?" In *Online-Diskurse. Theorien und Methoden transmedialer Online-Diskursforschung,* hg. v. Claudia Fraas, Stefan Meier und Christian Pentzold, 136–172. Köln: Herbert von Halem, 2014.

Udo Rauchfleisch

Psychologische Aspekte der sexualisierten Gewalt im kirchlichen Kontext und ihre Folgen

Das Thema umfasst verschiedene Aspekte, die aus psychologischer Sicht zu untersuchen sind: Es geht um eine Definition von Gewalt und von sexualisierter Gewalt und um die Frage, wie sich diese Gewalt im kirchlichen Kontext entfaltet. Zudem wird auf die Folgen von sexualisierter Gewalt im kirchlichen Kontext eingegangen und es werden die Ursachen dieser Form von Gewalt diskutiert. Schließlich werden Überlegungen dargelegt, was aus psychologischer Sicht zu tun ist.

1 Gewalt als aggressives Ausleben von Machtdifferenzen

Gewalt wird im Allgemeinen als eine Teilmenge, als eine spezifische Form der Aggression bezeichnet.[1] Das Ziel der Person, die Gewalt anwendet, ist die Schädigung eines anderen Menschen. Dabei geht es um ausgeübte oder glaubwürdig angedrohte physische und psychische Aggression, die sich in gezielter Weise gegen ein Objekt (Mensch oder Gegenstand, aber auch gegen die Natur) richtet, ohne – wenn es sich um Menschen handelt – deren Bedürfnisse und deren Willen zu berücksichtigen. Gewalt geht stets mit einer Machtdifferenz einher: hier der mächtige Täter, dort das ohnmächtige Opfer.

Neben den physischen und psychischen Formen von Gewalt ist auch die Dimension der strukturellen Gewalt[2] zu beachten. Dies ist eine in den Strukturen der Gesellschaft, in einer Gruppe oder in einer Institution gebundene, indirekt wirkende Art von Gewalt. Sie geht nicht von einzelnen konkreten Personen aus, sondern basiert auf gesellschaftlichen Strukturen mit ihren spezifischen Normen und Werten sowie auf Machtverhältnissen.

---

1 Vgl. Lösel u. a., „Ursachen, Prävention und Kontrolle von Gewalt", passim; Rauchfleisch, *Allgegenwart von Gewalt,* 11.
2 Vgl. Galtung, *Strukturelle Gewalt,* 12.

https://doi.org/10.1515/9783110699203-009

2 Sexualisierte Gewalt als mehrdimensionaler Eingriff in die persönliche Integrität

Bei der sexualisierten Gewalt wird die Sexualität als Mittel funktionalisiert, um Gewalt auszuüben. Hier setzt die Gewalt an einem besonders verletzbaren Punkt an, indem sie die sexuelle Integrität des Opfers bedroht und verletzt. Aus diesem Grund sind die Folgen sexualisierter Gewalt besonders tiefgreifend (siehe Punkt 4).

Sexualisierte Gewalt ist besonders schwerwiegend, weil sie alle drei genannten Ebenen betrifft, die physische und die psychische ebenso wie die strukturelle Dimension. Bei sexualisierter Gewalt wird die körperliche Integrität durch die sexuellen Übergriffe zutiefst verletzt. Damit einher geht die Verletzung im psychischen Bereich, weil durch die physische Verletzung das Vertrauen des Opfers zutiefst erschüttert wird. Die strukturelle Dimension kommt vor allem dort zum Tragen, wo sich Täter und Opfer in geschlossenen sozialen Systemen bewegen.[3] Für den Gegenstandsbereich dieses Artikels ist dies die Institution Kirche.

3 Brechen des Schweigens über sexualisierte Gewalt im kirchlichen Kontext mehrfach erschwert

Der kirchliche Kontext, insbesondere der der hierarchisch organisierten katholischen Kirche, führt bei sexualisierter Gewalt zu einer nochmaligen Verschärfung der Situation.

Zum einen handelt es sich in dieser männerdominierten Institution um ein geschlossenes System, das der strukturellen Gewalt, nicht zuletzt auch wegen der vielfältigen Abhängigkeiten der in diesem System lebenden Menschen, einen besonders fruchtbaren Nährboden bietet. Die Kirche kann als eine in sich geschlossene „totale" Institution im Sinne Goffmanns[4] angesehen werden, da sie dazu neigt, die Lebensäußerungen der in diesem System tätigen Menschen in erheblichem Masse zu regeln und zu kontrollieren und somit Macht und Kontrolle über diverse relevante Lebensbereiche ausübt. Man kann so weit gehen zu sagen, dass hier, wie in totalitären Gesellschaften, Menschen- und Bürgerrechte (z. B.

---

3 Siehe dazu beispielhaft Spiess, „Zeugen Jehovas" in diesem Band.
4 Vgl. Goffman, *Asyle*, 16. Siehe auch Täubig, *Totale Institution Asyl*, 47.

Gleichwertigkeit und gleiche Rechte der Frauen, Ausschluss der Frauen von bestimmten kirchlichen Ämtern, Pflichtzölibat) sowie Meinungsfreiheit (z. B. Lehrverbot von Universitätsangehörigen bei Meinungen, die von der „offiziellen" Lehre abweichen) massiv beschnitten und Minderheiten (z. B. Menschen mit gleichgeschlechtlicher Orientierung) diskriminiert werden.

Zum anderen wiegt auf der psychischen Ebene der Bruch des Vertrauens im kirchlichen Kontext umso schwerer, als die Täter durch ihre exponierte Stellung und den sie umgebenden Nimbus der „Gottesnähe" besonders idealisierte Personen sind, bei denen weder die Opfer noch ihre Umgebung gewalttätiges Handeln für möglich halten.[5] Dies gilt angesichts der Verpflichtung der Priester zum Zölibat speziell im Fall der sexualisierten Gewalt, die dem Umfeld unvorstellbar erscheint. Aus diesem Grund ist die sexualisierte Gewalt ein die Opfer zusätzlich zutiefst verletzender und entwürdigender Akt.

Hinzu kommt, dass der aus dem kirchlichen Bereich stammende Täter durch seine „Pastoralmacht", die „Hirten"-Funktion,[6] für das Opfer mit einer enormen, erdrückend erlebten Macht ausgestattet ist, gegen die eine wie auch immer geartete Gegenwehr völlig aussichtslos erscheint[7]. Eine unheilvolle Folge dieser Dominanz der Täter aus dem kirchlichen Umfeld ist, dass den Opfern im Allgemeinen nicht geglaubt wird, wenn sie Vorwürfe gegen Priester äußern.

Die massiven Folgen dieser Gewalt sind das Resultat aus dem Ineinandergreifen der physischen, psychischen und strukturellen Gewaltaspekte, die sich in ihrer Wirkung nicht lediglich addieren, sondern potenzieren. Wie bei Opfern sexualisierter Gewalt im säkularen Bereich, finden wir auch bei den Opfern der sexuellen Übergriffe durch Priester ein sie zumeist quälendes Zweifeln an der Realität der eigenen Wahrnehmung und Erinnerung. Hinzu kommt das Leiden unter schweren Schuldgefühlen dergestalt, dass das Opfer sich vorwirft, doch „irgendwie" selbst schuld daran gewesen zu sein, wenn ein „Mann Gottes" sexuelle Übergriffe begangen hat. Auf diese Weise fühlt sich das Opfer der Gewalt zugleich in der Rolle einer Mittäterin bzw. eines Mittäters.[8]

Mit Beginn des „Missbrauchsskandals" im Jahr 2010, ausgelöst durch den Jesuitenpater Klaus Mertens, der im Canisius-Kolleg in Berlin die Betroffenen ernst genommen hat, sind vor allem zwei große Studien bekannt geworden:

---

5 Siehe dazu auch Moschella, „Patriarchy, Power, and Bodies" sowie Figueroa und Tombs, „Living in Obedience" in diesem Band.

6 Vgl. Lemke, „Gouvernementalität", 3 sowie in diesem Band Seibert, „Menschenführung".

7 Zur Frage des Machtmissbrauchs und seiner Folgen siehe auch Greber, „Machtmissbrauch und Grenzverletzungen", 47–68.

8 Siehe dazu Mannschatz, „Expected to carry the weight of their shame" in diesem Band.

Die eine ist die sog. *MHG-Studie*, ein interdisziplinäres Forschungsverbund-projekt zur Thematik „Sexueller Missbrauch an Minderjährigen durch katholische Priester, Diakone und männliche Ordensangehörige im Bereich der Deutschen Bischofskonferenz", deren Resultate im September 2018 publiziert worden sind.[9] Diese Studie, die aber nur einen Teil der Kleriker in der Zeit von 1946 bis 2014 erfasste, ermittelte die Zahl von 3.677 Opfern von sexualisierter Gewalt an Kindern und Jugendlichen, wozu noch eine unbekannte Zahl im Dunkelfeld zu rechnen ist. Täter waren 1670 Priester, Ordensmänner und Diakone. Die Autoren der Studie errechneten daraus, dass sich 4,4 % aller Kleriker der deutschen Bistümer, deren Personalakten untersucht worden waren, des sexuellen Missbrauchs schuldig gemacht haben.

Zum Forschungsdesign und zu den Resultaten dieser Studie sind etliche kritische Kommentare geäußert worden.[10] Es sind jedoch Kritiken, welche die ermittelten Resultate nicht wirklich in Frage gestellt haben.

Die zweite, bisher erst in der Tagespresse veröffentlichte Studie „Sexuelle Gewalt durch Seelsorger und in kirchlichen Institutionen" von Fegert und Witte von der Universität Ulm nennt mit 114.000 Opfern von sexuellem Missbrauch durch Priester eine 30 Mal größere Zahl als die *MHG-Studie*.[11] Dabei gehen die Autoren davon aus, dass, bei Berücksichtigung der erheblichen Dunkelziffer, die tatsächliche Zahl nochmals wesentlich größer sei. Diese Studie soll demnächst in der Zeitschrift „Journal of Child Sexual Abuse" publiziert werden.

4 Sexualisierte Gewalt wirkt sich auf Betroffene langfristig aus

Wie aus den bisherigen Ausführungen hervorgeht, hat gerade die sexualisierte Gewalt im kirchlichen Kontext schwerwiegende Folgen für die Opfer. Zum einen sind es die Folgen, die man auch im säkularen Bereich bei Opfern sexualisierter Gewalt findet: Jahre bis Jahrzehnte, häufig sogar lebenslang dauernde Depressionen, Ängste, schwere Beziehungsstörungen, tiefgreifende Selbstwertprobleme, die erwähnten schweren Schuldgefühle, Suizidalität, Gefühle der Scham und der eigenen Wertlosigkeit, Schlaf- und Essstörungen, Ablehnung des eigenen Körpers bis hin zu Ekel davor, Angst vor nahen Beziehungen und Misstrauen anderen

---

9 Vgl. Deutsche Bischofskonferenz, „Pressebericht".
10 Vgl. Dreßing u. a., „Sexueller Missbrauch", 392; Finger und Völlinger, „Ausmaß des Verbrechens".
11 Vgl. Mayr, „Ulmer Studie".

Menschen gegenüber, Suchtmittelkonsum, Zweifel an der Richtigkeit der eigenen Wahrnehmung und Erinnerung sowie Zweifel an der Rechtmäßigkeit, sich als Opfer der Gewalt wahrzunehmen.[12] Diese Symptome gleichen weitgehend denen von Menschen, die in Sekten gelebt haben und durch sie traumatisiert worden sind.[13]

Hinzu kommen die Folgen des Verheimlichens der erlittenen Grenzverletzungen. Diese Geheimhaltung, zu der die Täter die Opfer im Allgemeinen durch Drohungen verpflichten, betrifft indes nicht nur die Zeit, in der die Übergriffe erfolgt sind. Das Verheimlichen geht im späteren Leben vielmehr weiter, da sich die Opfer schämen darüber zu sprechen, befürchten, dass ihnen niemand glauben wird (was tatsächlich auch häufig der Fall ist) und, wie erwähnt, sogar an ihrer eigenen Wahrnehmung zweifeln.

Diese generell bei Opfern von Gewalt zu beobachtenden Symptome sind bei der sexualisierten Gewalt im kirchlichen Kontext besonders schwerwiegend, weil hier die Täterschaft nicht nur, wie allgemein bei Übergriffen, in einer mächtigen Position ist, sondern durch ihre außergewöhnliche, idealisierte Rolle in einem solchen Masse überhöht wahrgenommen wird, dass die von ihr ausgehende Gewalt wesentlich tiefere Verletzungen nach sich zieht als Gewalt im säkularen Bereich.

Hinzu kommt die tiefgreifende Verletzung des Vertrauens, welches das Opfer in eben diese außergewöhnliche Person gesetzt hat. Dabei ist im kirchlichen Kontext zu berücksichtigen, dass es hier um eine doppelte Erschütterung des Vertrauens geht. Zum einen ist es ein Missbrauch des Vertrauens im mitmenschlichen Bereich, indem das Opfer meinte, sich der mächtigen kirchlichen Person anvertrauen zu können, dieses Vertrauen aber verletzt worden ist. Zum anderen geht es bei sexualisierter Gewalt im kirchlichen Kontext aber auch darum, dass dem Opfer durch die Übergriffe in seinem religiösen Glauben und in spiritueller Hinsicht schwere Verletzungen zugefügt werden. Die Ausübung dieser Form von Gewalt lässt all das, was von den Tätern über Glauben und Spiritualität vermittelt worden ist, unglaubwürdig werden und führt häufig zu einer tiefgreifenden Erschütterung des Glaubens.

Aus der Behandlung der Opfer von Gewalt ist hinreichend bekannt – und dies gilt auch für die Opfer sexualisierter Gewalt im kirchlichen Kontext –, dass die Folgen der erlittenen Gewalt in intensiven, oft lange dauernden Psychotherapien bestenfalls ein Stück weit bearbeitet werden können, damit es den Opfern gelingt,

---

12 Vgl. Amann und Wipplinger, *Überblick*, 70; Noth und Affolter, *Schaut hin*, 70; Egle, Hoffmann und Joraschky, *Sexueller Missbrauch* (1997), 157–333; Egle u. a., *Sexueller Missbrauch* (2015), 333–552; Huber, *Trauma und die Folgen*, passim; Völker, *Sexuelle Traumatisierung*, passim.
13 Vgl. Rauchfleisch, *Wer sorgt für die Seele*, 85 und 89.

wenigstens ein einigermaßen erträgliches Leben zu führen. Eine wirkliche Heilung ist vielfach aber nicht möglich. Aus diesem Grund wird in der Opferhilfe häufig nicht von „Opfern", sondern von „Überlebenden" gesprochen. Sie bedürfen nicht nur einer fachlich kompetenten psychotherapeutischen Begleitung, sondern auch einer von besonderer Achtsamkeit, Anteilnahme und Sorge geprägten Haltung.[14]

5 Pflichtzölibat und katholische Sexualmoral als Ursachen für sexualisierte Gewalt im kirchlichen Kontext

Bei einer Analyse der Ursachen der sexualisierten Gewalt im kirchlichen Kontext gilt es, sich vor Augen zu halten, dass die von Priestern verübten Übergriffe nur eine – und zwar die offenkundigste – Form der sexualisierten Gewalt sind. Wie dargestellt, geht es dabei um physische, psychische und strukturelle Gewalt mit tiefgreifenden schädigenden Folgen für die Opfer. Beim Bekanntwerden dieser Übergriffe war lange Zeit in den offiziellen Stellungnahmen der katholischen Kirche die Rede von „Einzelfällen", und es ist bis in die Gegenwart spürbar, dass seitens des Klerus das Bedürfnis besteht, das Problem zu individualisieren.

Selbstverständlich muss man die Biographien und Persönlichkeiten der Priester, die sich Minderjährigen in Form sexualisierter Gewalt genähert haben, individuell betrachten. Dabei ist jedoch klar, dass sie für ihre Taten verantwortlich sind und zur Verantwortung gezogen werden müssen.

In dieser Diskussion fragt es sich, ob alle diese Priester tatsächlich eine pädophile Präferenz im engeren Sinne aufweisen. Wenn das so wäre, würde es eine wesentlich größere Zahl von Pädophilen geben, als gemeinhin angenommen wird. Gemäß internationalen Studien kann davon ausgegangen werden, dass in der Gesamtbevölkerung ca. 3 bis 9 % der Männer auf Kinder und Jugendliche ausgerichtete sexuelle Fantasien haben, aber nur ca. 1 % der Männer die Präferenz einer klinisch diagnostizierten Pädophilie aufweisen.[15] Wenn die *MHG-Studie*, in der nur ein Teil der Kleriker erfasst wurde, bereits von 4,4 % Tätern spricht, läge die Zahl von Pädophilen im Klerus wesentlich höher als in der Gesamtbevölkerung.

---

14 Vgl. Reddemann, *Mitgefühl*, 50.
15 Vgl. Briken, „Wiederholungszwang"; Briere und Runtz, „University males' sexual interest"; Präventionsnetzwerk, „Kein Täter werden"; Rauchfleisch, *Sexuelle Identitäten*, 73.

Eine sorgfältige Analyse der Berichte über die von Priestern ausgehenden sexuellen Übergriffe legt nahe anzunehmen, dass die Täter hinsichtlich ihrer sexuellen Präferenz keine homogene Gruppe darstellen. Unter ihnen findet sich zweifellos ein gewisser Prozentsatz – der sogar höher sein mag als in der Gesamtbevölkerung – von Männern mit pädophiler Präferenz. Bei einem wahrscheinlich wesentlich größeren Teil dieser Priester handelt es sich aber um Männer ohne pädophile Neigungen in einem engeren Sinn. Sie haben sich Kindern und Jugendlichen nicht wegen ihrer pädophilen Präferenz genähert, sondern manipulieren sie zum Ausagieren ihrer Macht.[16]

In Anbetracht dieser Situation drängt sich die Frage auf, welche anderen Faktoren ursächlich an der sexualisierten Gewalt im kirchlichen Kontext beteiligt sind. Ein problematischer Faktor ist der Pflichtzölibat, dem die katholischen Priester und Ordensangehörigen unterworfen sind.[17] Damit sind sie gezwungen, ihr sexuelles Begehren und ihre Wünsche nach intimen Beziehungen zu unterdrücken. Die Forderung einer zölibatären Lebensweise kann als eine Form der strukturellen Gewalt betrachtet werden, indem den Klerikern fundamentale Menschen- und Bürgerrechte vorenthalten werden.

Sicher gelingt es manchen Priestern und Ordensangehörigen, ein zölibatäres Leben zu führen. Es ist jedoch angesichts einer völlig anders orientierten säkularen Welt, in der sich die Kleriker bewegen, eine enorme Forderung an sie, zumal die Sexualität eine der dominanten Triebkräfte des Menschen darstellt. Da ihnen intime Beziehungen untersagt sind, verfügen einige Priester auch nicht über eigene sexuelle Erfahrungen im Umgang mit Nähe und Distanz – und dies bei einer Tätigkeit, die sie in der Gemeinde und in den verschiedenen kirchlichen Aktivitäten in größte Nähe zu Kindern und Jugendlichen bringt.

Hinzu kommt, dass die Kleriker im Allgemeinen keine Supervisions- und Selbsterfahrungsmöglichkeiten mit Fachpersonen haben, die außerhalb der kirchlichen Institutionen stehen und somit unabhängig von den kirchlichen Strukturen sind. Dies wäre aber unbedingt notwendig, um den Priestern die Möglichkeit zu bieten, die in ihnen im Umgang mit Kindern, Jugendlichen und Erwachsenen auftauchenden Gefühle und Wünsche zu klären und zu bearbeiten. Dies könnte ihnen helfen, mit ihrer schwierigen Situation konstruktiv umzugehen und sich und die potenziellen Opfer vor Übergriffen zu schützen. Die Kleriker sind insofern letztlich nicht ausreichend auf ihre schwierige Arbeit in Seelsorge, Unterricht und Begleitung von Kindern, Jugendlichen und Erwachsenen vorbereitet.

---

16 Siehe dazu auch Fischer, „Handwerk der Verführung" in diesem Band.
17 Siehe dazu Gräb-Schmidt, „Abgrund menschlicher Möglichkeiten" und Kaminsky, „Tabuisierung und Gewalt" in diesem Band.

Es wäre indes eine unzulässige Vereinfachung der komplexen Situation, allein den Pflichtzölibat für die sexuellen Übergriffe von Priestern verantwortlich zu machen. Die Verpflichtung der Priester, zölibatär zu leben, ist nur ein Teil der katholischen Sexualmoral, die äußerst restriktiv und sexualitätsfeindlich ist. Diese restriktive Haltung zeigt sich beispielsweise bei den Fragen der Empfängnisverhütung, des Schwangerschaftsabbruchs, der vorehelichen Sexualität und nicht zuletzt auch beim Thema Homosexualität.[18]

Enge Verbindungen ergeben sich auch zur Frage, welche Rollen die Frauen in der katholischen Kirche einnehmen. Nach wie vor genießen sie in der katholischen Kirche nicht die gleichen Rechte wie die Männer. Dies zeigt sich am eklatantesten daran, dass ihnen das Priesteramt verwehrt ist.

In Anbetracht dieser Situation kann man sagen, dass die Priester, die sich sexueller Übergriffe schuldig gemacht haben, letztlich auch selbst Opfer der restriktiven katholischen Sexualmoral sind. Sie sind im Grunde an den unmenschlichen Strukturen ihrer Kirche zerbrochen. Diese Aussage darf indes nicht so missverstanden werden, als werde dadurch die Schuld, die diese Priester auf sich geladen haben, verneint oder heruntergespielt. Sie haben sich freiwillig selbst in dieses System der „totalen" Organisation Kirche begeben und sind nach wie vor darin geblieben. Andere hingegen haben sich, zum Preis von zum Teil massiven Schuldgefühlen und unter großen ökonomischen Einbußen, entschlossen, von ihren Ämtern zurückzutreten und die Institution Kirche ganz zu verlassen. Die Berichte von ZÖFRA, des Vereins der vom Zölibat betroffenen Frauen, vermitteln ein anschauliches und bedrückendes Bild dessen, was es für Kleriker bedeutet, den Einflussbereich der katholischen Kirche zu verlassen.

Dadurch, dass die Priester auch Opfer der restriktiven Sexualmoral der katholischen Kirche sind, werden sie nicht von persönlicher Schuld freigesprochen. Mit dem Hinweis auf den Zusammenhang zwischen der Sexualmoral und der sexualisierten Gewalt soll lediglich die den Übergriffen zugrunde liegende Dynamik beschrieben werden. Insofern geht es nicht, wie es von offizieller kirchlicher Seite immer wieder geheißen hat, um „Einzelfälle" priesterlichen Fehlverhaltens, sondern die Institution Kirche selbst trifft eine – wesentliche – Mitschuld an der sexualisierten Gewalt.

Diese Mitschuld der katholischen Kirche ist auch dort sichtbar geworden, wo Priester, die Übergriffe begangen haben, von einer in eine andere Diözese versetzt worden sind, um die ganze Angelegenheit zu vertuschen. Nicht zuletzt stellt auch

---

18 Siehe dazu Prüll, „Geschlechtsbezogene Gewalt" in diesem Band.

die Vernichtung von Personalakten in einigen Bistümern, als es in der *MHG-Studie* um die Aufarbeitung der sexuellen Übergriffe ging,[19] einen kriminellen Akt dar.

6 Überarbeitung der Sexualmoral und Neudefinition der Rolle der Frau als erste Schritte zur Prävention sexualisierter Gewalt

Es ist hier nicht der Ort, Konzepte zur Prävention sexualisierter Gewalt zu entwickeln. Es sollen lediglich abschließend einige Gedanken formuliert werden, die sich aus den bisherigen Ausführungen ergeben.

Ein erster wichtiger Schritt wäre eine tiefgreifende Überarbeitung der Sexualmoral der katholischen Kirche. Das Ziel wäre eine offenere, sexualfreundlichere Haltung. In diesem Zusammenhang wären der Pflichtzölibat abzuschaffen und die restriktiven Forderungen der jetzigen Sexualmoral hinsichtlich vorehelicher Sexualität, Empfängnisverhütung, Schwangerschaftsabbruch, Homosexualität – um nur einige der wichtigsten Themen zu nennen – aufzuheben.

Eine Folge dieser Veränderungen müsste dann auch eine Neudefinition der Rolle der Frau in der Kirche sein. Insbesondere müssten die Frauen den gleichen Zugang zum Priesteramt haben wie die Männer. Damit Hand in Hand würde eine Entmystifizierung der Person des – männlichen – Priesters gehen.

Auf diese Weise würde sich die Kirche von einer „totalen" Institution zu einer Organisation verändern, die von Gleichwertigkeit, Transparenz sowie von Vertrauen, Konsens und Gemeinschaft[20] geprägt wäre und die nach innen wie nach außen für die Menschenrechte einträte und sie selbst lebte. Eine solche Haltung würde dem eigentlichen christlichen Auftrag in dieser Welt weit mehr entsprechen als die heutige hierarchisch organisierte, autoritär-patriarchal geführte „totale" Institution Kirche.

Um die Priesterinnen und Priester optimal auf ihre schwierige Aufgabe in der säkularen Gesellschaft vorzubereiten und darin zu unterstützen, müssten ihnen und allen anderen im Dienst der katholischen Kirche Stehenden regelmäßig stattfindende, über die ganze Zeit ihrer Berufstätigkeit hin garantierte Supervisionsmöglichkeiten bei externen Supervisor*innen zur Verfügung gestellt werden. Die Fachleute, die diese Supervisionen leiten, dürften in keinem Abhängigkeits-

---

19 Vgl. Deutsche Bischofskonferenz, „Pressebericht", 3. Siehe dazu ausführlich Behrensen, „Aufarbeitung der Missbrauchsskandale" in diesem Band.

20 Vgl. Anselm, „Vertrauen – Konsens – Gemeinschaft" in diesem Band.

verhältnis zu den kirchlichen Diensten stehen. Daneben sollten Priester und Diakone auch – wie in vielen anderen Berufen, in denen Menschen beraten und begleitet werden – auf Möglichkeiten für Selbsterfahrung hingewiesen und dazu ermuntert werden.

Literatur

Amann, Gabriele und Rudolf Wipplinger, Hg. *Sexueller Missbrauch. Überblick zu Forschung, Beratung und Therapie. Ein Handbuch.* Tübingen: DGVT-Verlag, 2005[3].

Anselm, Reiner. „Vertrauen – Konsens – Gemeinschaft. Über die Ambivalenzen zentraler Leitvorstellungen theologischer Ethik." In *Sexualisierte Gewalt in kirchlichen Kontexten. Neue interdisziplinäre Perspektiven,* hg. v. Mathias Wirth, Isabelle Noth und Silvia Schroer, 327 – 334. Berlin und Boston: De Gruyter, 2022.

Behrensen, Maren. „Die ‚Aufarbeitung' der Missbrauchsskandale in der katholischen Kirche als hermeneutisches Unrecht." In *Sexualisierte Gewalt in kirchlichen Kontexten. Neue interdisziplinäre Perspektiven,* hg. v. Mathias Wirth, Isabelle Noth und Silvia Schroer, 159 – 188. Berlin und Boston: De Gruyter, 2022.

Briken, Peer. „Wiederholungszwang, Selbstvertauschungsagieren und Pädophilie." *Psyche* 73 (2019): 363 – 390.

Briere, John und Marsha Runtz. „University males' sexual interest in children: predicting potential indices of ‚pedophilia' in a nonforensic sample." *Child Abuse Neglect* 13/1 (1989): 65 – 75.

Deutsche Bischofskonferenz. „Pressebericht des Vorsitzenden der Deutschen Bischofskonferenz, Kardinal Reinhard Marx, anlässlich der Pressekonferenz zum Abschluss der Herbst-Vollversammlung der Deutschen Bischofskonferenz," *Pressemitteilungen der Deutschen Bischofskonferenz,* 27. 09. 2018, https://www.dbk.de/ fileadmin/redaktion/diverse_downloads/presse_2018/2018-154-Pressebericht-Herbst-VV. pdf, (letzter Zugriff: 29. 06. 2020).

Dreßing, Harald u. a. „Sexueller Missbrauch durch katholische Kleriker. Retrospektive Kohortenstudie zum Ausmaß und zu den gesundheitlichen Folgen der betroffenen Minderjährigen (MHG-Studie)." *Deutsches Ärzteblatt International* 116/22 (2019).

Egle, Ulrich Tiber u. a., Hg. *Sexueller Missbrauch, Misshandlung, Vernachlässigung: Erkennung, Therapie und Prävention der Folgen früher Stresserfahrungen.* Stuttgart: Schattauer, 2015[4].

Egle, Ulrich Tiber, Sven Olaf Hoffmann und Peter Joraschky. *Sexueller Missbrauch, Misshandlung, Vernachlässigung. Erkennung, Therapie und Prävention der Folgen früher Stresserfahrungen.* Stuttgart: Schattauer, 1997.

Figueroa, Rocío und David Tombs. „Living in Obedience and Suffering in Silence: The Shattered Faith of Nuns Abused by Priests." In *Sexualisierte Gewalt in kirchlichen Kontexten. Neue interdisziplinäre Perspektiven,* hg. v. Mathias Wirth, Isabelle Noth und Silvia Schroer, 45 – 74. Berlin und Boston: De Gruyter, 2022.

Finger, Evelyn und Veronika Völlinger. „Sexueller Missbrauch. Das Ausmaß des Verbrechens," *Die Zeit,* 13. 09. 2018, https://www.zeit.de/2018/38/sexueller-missbrauch-bischoefe-kirche-studie (letzter Zugriff: 18. 03. 2021).

Fischer, Alexander. „Das Handwerk der Verführung: Manipulation, Sexualität und Glaube." In *Sexualisierte Gewalt in kirchlichen Kontexten. Neue interdisziplinäre Perspektiven*, hg. v. Mathias Wirth, Isabelle Noth und Silvia Schroer, 189 – 214. Berlin und Boston: De Gruyter, 2022.

Galtung, Johan. *Strukturelle Gewalt. Beiträge zur Friedens- und Konfliktforschung.* Reinbek: Rowohlt, 1975.

Goffman, Erving. *Asyle. Über die soziale Situation psychiatrischer Patienten und anderer Insassen*, übers. v. Nils Lindquist. Frankfurt a. M.: Suhrkamp, 1973.

Gräb-Schmidt, Elisabeth. „Der Abgrund menschlicher Möglichkeiten und der Anspruch des Anderen – Theologisch-ethische Perspektiven zu sexualisierter Gewalt in kirchlichen Kontexten." In *Sexualisierte Gewalt in kirchlichen Kontexten. Neue interdisziplinäre Perspektiven*, hg. v. Mathias Wirth, Isabelle Noth und Silvia Schroer, 307 – 325. Berlin und Boston: De Gruyter, 2022.

Greber, Franziska. „Machtmissbrauch und Grenzverletzungen – Erkenntnisse und Perspektiven." In *Schaut hin! Missbrauchsprävention in Seelsorge, Beratung und Kirchen*, hg. v. Isabelle Noth und Ueli Affolter, 47 – 68. Zürich: Theologischer Verlag Zürich, 2015.

Huber, Michaela. *Trauma und die Folgen. Trauma und Traumabehandlung.* Paderborn: Junfermann, 2003.

Kaminsky, Uwe. „Tabuisierung und Gewalt – sexualisierte Gewalt in der konfessionellen Heimerziehung der 1950er- und 1960er-Jahre." In *Sexualisierte Gewalt in kirchlichen Kontexten. Neue interdisziplinäre Perspektiven*, hg. v. Mathias Wirth, Isabelle Noth und Silvia Schroer, 285 – 303. Berlin und Boston: De Gruyter, 2022.

Lemke, Thomas. „Gouvernementalität," *Skript*, http://www.thomaslemkeweb.de/ publikationen/Gouvernementalit%E4 t%20_Kleiner-Sammelband_.pdf (letzter Zugriff: 30. 11. 2019).

Lösel, Friedrich u. a. „Ursachen, Prävention und Kontrolle von Gewalt aus psychologischer Sicht. Gutachten der Unterkommission I." In *Ursachen, Prävention und Kontrolle von Gewalt. Erstgutachten der Unterkommissionen*, hg. v. Hans-Dieter Schwind, Jürgen Baumann und ders., 1 – 156, Ursachen, Prävention und Kontrolle von Gewalt Bd. 2. Berlin: Ducker und Humblot, 1990.

Mannschatz, Jasmin. „‚We were expected to carry the weight of their shame and guilt, thinking it was our shame.' Gerard Rodgers' sozialethisches Prinzip *mea culpa* im Kontext sexualisierter Gewalt." In *Sexualisierte Gewalt in kirchlichen Kontexten. Neue interdisziplinäre Perspektiven*, hg. v. Mathias Wirth, Isabelle Noth und Silvia Schroer, 479 – 500. Berlin und Boston: De Gruyter, 2022.

Mayr, Sebastian. „Ulmer Studie: 114'000 Opfer sexueller Gewalt durch Priester," *Augsburger Allgemeine*, 14. 03. 2019, https://www.augsburger-allgemeine.de/neu-ulm/Ulmer-Studie-114-000-Opfer-sexueller-Gewalt-durch-Priester-id53773111.html (letzter Zugriff: 29. 11. 2019).

Moschella, Mary Clark. „Patriarchy, Power, and Bodies: A Pastoral Theological View of Sexual Abuse in the Church." In *Sexualisierte Gewalt in kirchlichen Kontexten. Neue interdisziplinäre Perspektiven*, hg. v. Mathias Wirth, Isabelle Noth und Silvia Schroer, 509 – 519. Berlin und Boston: De Gruyter, 2022.

Noth, Isabelle und Ueli Affolter, Hg. *Schaut hin! Missbrauchsprävention in Seelsorge, Beratung und Kirchen.* Zürich: Theologischer Verlag Zürich, 2015.

Präventionsnetzwerk. „Kein Täter werden," www.kein-taeter-werden.de (letzter Zugriff: 15. 07. 2019).

Prüll, Livia. „Von geschlechtsbezogener Gewalt zur ‚Reformation für Alle*' – Die christlichen Kirchen in Deutschland und Transsexualität/Transidentität." In *Sexualisierte Gewalt in kirchlichen Kontexten. Neue interdisziplinäre Perspektiven*, hg. v. Mathias Wirth, Isabelle Noth und Silvia Schroer, 445 – 477. Berlin und Boston: De Gruyter, 2022.

Rauchfleisch, Udo. *Sexuelle Identitäten im therapeutischen Prozess. Zur Bedeutung von Orientierungen und Gender.* Stuttgart: Kohlhammer, 2019.

Rauchfleisch, Udo. *Wer sorgt für die Seele? Grenzgänge zwischen Psychotherapie und Seelsorge.* Stuttgart: Klett-Cotta, 2004.

Rauchfleisch, Udo. *Allgegenwart von Gewalt.* Göttingen: Vandenhoeck & Ruprecht, 1996[2].

Reddemann, Luise. *Mitgefühl, Trauma und Achtsamkeit in psychodynamischen Therapien.* Psychodynamik Kompakt. Göttingen: Vandenhoeck & Ruprecht, 2016.

Seibert, Christoph. „Menschenführung als Kontext sexualisierter Gewalt. Von der Ambivalenz einer unverzichtbaren Praxis." In *Sexualisierte Gewalt in kirchlichen Kontexten. Neue interdisziplinäre Perspektiven*, hg. v. Mathias Wirth, Isabelle Noth und Silvia Schroer, 335 – 353. Berlin und Boston: De Gruyter, 2022.

Spiess, Regina. „Sexuelle Gewalt gegen Kinder in der Gemeinschaft der Zeugen Jehovas als Ausdruck gesellschaftlich geduldeter Gewaltstrukturen". In *Sexualisierte Gewalt in kirchlichen Kontexten. Neue interdisziplinäre Perspektiven*, hg. v. Mathias Wirth, Isabelle Noth und Silvia Schroer, 93 – 120. Berlin und Boston: De Gruyter, 2022.

Täubig, Vicki. *Totale Institution Asyl: empirische Befunde zu alltäglichen Lebensführungen in der organisierten Desintegration.* Weinheim und München: Juventa, 2009.

Völker, Rita. *Sexuelle Traumatisierung und ihre Folgen.* Wiesbaden: VS Verlag für Sozialwissenschaften, 2002.

Maren Behrensen

Die „Aufarbeitung" der Missbrauchsskandale in der katholischen Kirche als hermeneutisches Unrecht

Mein Anliegen in diesem Beitrag ist es, die strukturellen Faktoren darzustellen, die innerhalb der katholischen Kirche dazu beitrugen und weiter beitragen, dass Opfern[1] von durch Priester und anderen religiösen Autoritätspersonen ausgeübter sexualisierter Gewalt[2] zusätzlich epistemische Gewalt und hermeneutisches Unrecht angetan wird. Es wird also nicht um die Details oder das Ausmaß sexualisierter Gewalt in katholischen Institutionen gehen, sondern erstens darum, welche Hürden für Betroffene bestehen, sich Gehör zu verschaffen und Anerkennung für ihr Leid zu erhalten; und zweitens darum, mit welchen epistemischen Strategien des „Wegerklärens", Verharmlosens, Verschleppens und der Schuldumkehr die katholische Kirche in Deutschland weiterhin einen echten Strukturwandel verhindert – und das, obwohl die „Aufarbeitung" der Missbrauchsskandale in

---

1 Wenn es um sexualisierte Gewalt geht, werden inzwischen statt des negativ und passiv konnotierten Begriffs „Opfer" häufig der neutrale Begriff „Betroffene" oder der positiv und aktiv konnotierte Begriff „Überlebende" verwendet. Ich werde hier zwischen den Begriffen „Opfer" und „Betroffene" wechseln und den Opferbegriff auch deshalb verwenden, um zu betonen, dass die Täter für ihre Taten moralisch verantwortlich sind und bleiben – obwohl mein Interesse hier den Strukturen gilt, die hinter den Tätern, ihren Taten und deren Vertuschung und Verharmlosung standen; vgl. Hallay-Witte und Janssen, *Schweigebruch*, 30 f.

2 Der Begriff der sexualisierten Gewalt ist unscharf, und kann Taten von unerwünschten Berührungen bis hin zu Vergewaltigungen mit schweren physischen Verletzungen umfassen, schließt dabei aber möglicherweise sexuelle Grenzverletzungen und Straftaten aus, die keine körperliche Gewaltanwendung beinhalten (z. B. Exhibitionismus, siehe a.a.O., 36). Ich verwende ihn hier bewusst, um damit den Gewaltcharakter der diskutierten Taten zu betonen. In der innerkirchlichen und öffentlichen Debatte scheint sich der Begriff des sexuellen Missbrauchs durchgesetzt zu haben. Dieser Begriff ist problematisch und wird von vielen Betroffenen abgelehnt, da er nahelegt, dass es einen legitimen „sexuellen Gebrauch" von Menschen gebe, wird jedoch im weltlichen und kirchlichen Rechtswesen verwendet (siehe weiterführend zu den Begrifflichkeiten Schreiber, „Begriffe vom Unbegreiflichen" in diesem Band). Trotz der Problematik des Begriffes verwende ich hier die Begriffe der „Missbrauchsskandale" und der „Missbrauchsstrukturen", um damit auf den hier besprochenen Prozess der Aufdeckung und „Aufarbeitung" von Fällen sexualisierter Gewalt in der katholischen Kirche bei gleichzeitiger Verharmlosung und Vertuschung der ihnen zugrunde liegenden Strukturen zu verweisen; vgl. Hallay-Witte und Janssen, *Schweigebruch*, 35 – 41; Born, *Missbrauch mit den Missbrauchten*, 22.

https://doi.org/10.1515/9783110699203-010

katholischen Institutionen bereits seit einem Jahrzehnt läuft, durchaus ernst genommen wird, und bereits zu institutionellen Veränderungen geführt hat.

Mein besonderes Augenmerk gilt dabei solchen strukturellen Faktoren, die sonst von eher nachgeordnetem Interesse sind. „Klerikalismus" und Zölibat werden häufig genannt, wenn es um Strukturen geht, die sexualisierte Gewalt begünstigen. Mir wird es hier jedoch auch um die Sexualmoral der Kirche gehen (vor allem ihre generelle Verdammung von nicht-ehelichem Sex und das Festhalten an streng patriarchalen Geschlechterrollen) und um ihre selbstgewählte Rolle als Bastion traditioneller Moralvorstellungen gegen soziale Veränderungen (die gerne als „postmoderne Beliebigkeit" verteufelt werden).[3] Diese Faktoren, so meine These, führen zu einer epistemischen Marginalisierung von Frauen und queeren[4] Menschen, die sich letztlich auch auf den epistemischen Umgang mit Missbrauchsopfern und Missbrauchsstrukturen auswirkt.

Ein kurzer Aufriss der bisherigen „Aufarbeitung" der Missbrauchsskandale soll die Ambivalenz dieses Prozesses und seine innerkirchlichen Hürden illustrieren. Danach widme ich mich der Verknüpfung von spiritueller und sexualisierter Gewalt, dann folgt der Einstieg in die epistemische Thematik mit einem Überblick über die epistemische Gewalt, die den Opfern angetan wird. Schließlich erläutere ich noch die Begriffe der epistemischen Gewalt und des hermeneutischen Unrechts in ihrem philosophischen Kontext, bevor ich konkret auf die oben angedeuteten ideologisch-strukturellen Faktoren eingehe, die weiterhin epistemische und hermeneutische Gerechtigkeit verhindern.

1 Die „Aufarbeitung" der Missbrauchsskandale

Seit einem Jahrzehnt stehen in Deutschland katholische Institutionen verstärkt im Fokus der öffentlichen Aufmerksamkeit, wenn es um sexualisierte Gewalt an Kindern und Jugendlichen geht. Vor zehn Jahren wurden neben den Missbrauchsfällen an der säkularen und reformorientierten Odenwaldschule auch Strukturen sexualisierter Gewalt am Canisius Kolleg in Berlin und am Internat des Klosters Ettal in Bayern öffentlich bekannt.[5] Die ersten Betroffenen, die sich damals an die Kirche, die Justiz oder die Medien wandten, haben eine große Anzahl weiterer Menschen dazu bewogen, über das ihnen zugefügte Leid zu sprechen. In

---

3 Vgl. hierzu meine metaphysische Betrachtung in Behrensen, „Philosophische Auseinandersetzung".

4 „Queer" verwende ich hier bewusst als Sammelbegriff, der das gesamte Spektrum nicht-heteronormativer und nicht-binärer Identitäten abdeckt.

5 Siehe dazu Werren, „Sexualisierte Gewalt gegen Kinder und Jugendliche" in diesem Band.

diesem Sinne kann man durchaus von einer „Enthüllungswelle" sprechen, die 2010 begonnen hat und bis heute nicht an ihr Ende gekommen ist.

Diese „Enthüllungswelle" erreichte Deutschland Jahre und Jahrzehnte später als andere Länder. In den Vereinigten Staaten gab es bereits 1985 den ersten katholischen Missbrauchsskandal, als Gilbert Gauthe als vermutlich erster Priester überhaupt vor einem weltlichen Gericht angeklagt und wegen sexualisierter Gewalt gegen Minderjährige verurteilt wurde.[6] Gauthe war in mehreren Kirchengemeinden des Bistums Lafayette in Louisiana als Priester tätig gewesen und wurde bereits vor seiner Anklage mehrfach wegen Missbrauchsvorwürfen versetzt. Auch schon vor seiner Priesterweihe hatte es entsprechende Verdachtsmomente gegen ihn gegeben.[7] Als der Fall Gauthe öffentlich wurde, sprach die katholische Kirche noch von einem bedauerlichen Einzelfall und leugnete strukturelle Probleme.[8] Dieser Fall hat jedoch Eigenschaften, die auch in anderen Ländern und anderen Kontexten immer wieder auftauchten und auf innerkirchliche Strukturen hindeuten, die sexualisierte Gewalt begünstigten: frühe Vorwürfe gegen Gauthe wurden nicht ernst genommen; Gauthe wurde versetzt, aber nicht sanktioniert und er durfte weiter seelsorgerisch tätig sein; und das Wissen über die Vorwürfe sollte keinesfalls in außerkirchliche Kontexte gelangen.

Nach dem Jahr 2002, als massive Missbrauchsvorwürfe gegen Priester im Großraum Boston öffentlich wurden, waren diese strukturellen Probleme nicht mehr zu leugnen. Das Ausmaß der Missbrauchsstrukturen in der katholischen Kirche in den Vereinigten Staaten wurden im sogenannten *John Jay Report* dargestellt und untersucht,[9] der die erste umfassende wissenschaftliche Aufarbeitung dieser Art darstellen dürfte. 2018 wurde im *Pennsylvania Grand Jury Report*[10] ein weiteres großes Netzwerk sexualisierter Gewalt und Vertuschung von Vorwürfen öffentlich. Ähnliche Aufarbeitungsprozesse gab es in Irland (*Ryan Report*,

---

6 Gauthe wurde damals nach einem Schuldbekenntnis (*plea bargain*) zu zwanzig Jahren Haft verurteilt. Nach weniger als zehn Jahren wurde er entlassen, zog nach Texas und wurde dort nochmals wegen „sexueller Belästigung" eines Jungen zu einer langjährigen Bewährungsstrafe und wegen Verstoßes gegen die Registrierungsauflagen zu einer Haftstrafe verurteilt; vgl. Chatelain, „Catholic Church Ignored 1985 Report".

7 Vgl. ebd. Ray Mouton, der Anwalt, der Gauthe damals vor Gericht vertrat, sagte im Jahre 2019 zu diesem Fall: „Dieser Mann hätte niemals Priester werden dürfen." Mouton selbst engagierte sich später für die Rechte Betroffener (ebd.).

8 Vgl. Nordheimer, „Sex Charges"; Chatelain, „Catholic Church Ignored 1985 Report".

9 John Jay College of Criminal Justice, *Sexual Abuse of Minors*. Im Jahr 2011 erschien eine Folgestudie unter dem Titel *The Causes and Context of Sexual Abuse of Minors by Catholic Priests in the United States, 1950–2010* (Terry u. a.).

10 Office of the Attorney General of the Commonwealth of Pennsylvania, *Report I*.

Murphy Report und *Cloyne Report*)[11] und Australien (*Royal Commission Report*).[12] In Kanada sind vor allem Gewalt und Missbrauch im Umfeld der häufig von der katholischen Kirche betriebenen Internate für indigene Kinder bekannt geworden. Die Kinder in diesen Internaten wurden in der Regel unter Zwang von ihren Familien und Gemeinschaften getrennt, um sie kulturell zu assimilieren, und sie erlitten in diesen Institutionen schlimmste Traumatisierungen.[13] Wie viele Kinder in diesen Internaten ums Leben gekommen sind oder ermordet wurden, beginnt erst jetzt durch die Untersuchung unmarkierter Grabstellen deutlich zu werden.

In Deutschland reagierte die katholische Kirche zunächst offen für eine Aufklärung der Missbrauchsstrukturen und jener innerkirchlichen Faktoren, die sie begünstigt hatten. Bischöfe betonten ihr Bedauern und ihre Reue für das zugefügte Leid und versprachen Reformen. Besonders eindrücklich wurde dies damals vom Osnabrücker Bischof Bode zelebriert, der sich im Dom zu Boden warf, die Opfer um Vergebung bat und im Namen der Kirche ein Schuldbekenntnis aussprach.[14] Zehn Jahre später hat der Aufarbeitungsprozess in Deutschland allerdings eine bestenfalls gemischte Bilanz. In den Bistümern wurden Anlaufstellen für Betroffene eingerichtet und Missbrauchsbeauftragte eingestellt. Wie effizient und sensibel diese Anlaufstellen arbeiten, welche finanzielle Ausstattung und welches Prestige die Stelle von Missbrauchsbeauftragten genießt, scheint jedoch regional sehr unterschiedlich ausgeprägt zu sein.

Wissenschaftliche Studien zu Missbrauchsstrukturen haben bisher nur Teilergebnisse geliefert und wurden von kooperationsunwilligen Bistümern behindert oder ganz zu Fall gebracht. Letzteres trifft auf die Studie zu, die der Verband der Diözesen Deutschlands im Jahr 2011 beim Kriminologischen Forschungsin-

---

11 Die einzelnen Dokumente des *Ryan Reports* sind abrufbar auf http://www.childabusecommis sion.ie/rpt/pdfs/; die Dokumente des *Murphy Reports* auf http://www.justice.ie/en/JELR/Pages/ PB09000504 und der *Cloyne Report* kann abgerufen werden auf http://www.justice.ie/en/JELR/ Pages/Cloyne-Rpt (letzter Zugriff jeweils am 04.01.2021). Im Januar 2021 erschienen auch die erschütternden Ergebnisse zu Gewalt und Todesfällen in den irischen und nordirischen *Mother and Baby Homes*, die für Frauen, die uneheliche Kinder erwarteten, geschaffen wurden. Der Bericht der irischen Regierung ist abrufbar auf https://www.gov.ie/en/publication/d4b3d-final-re port-of-the-commission-of-investigation-into-mother-and-baby-homes/#executive-summary; derjenige der nordirischen Regierung unter https://www.health-ni.gov.uk/publications/research-report-mother-and-baby-homes-and-magdalene-laundries-northern-ireland (letzter Zugriff jeweils am 23.04.2021).
12 Die einzelnen Dokumente der *Royal Commission into Institutional Responses to Child Sexual Abuse* sind hier archiviert: https://www.childabuseroyalcommission.gov.au/final-report (letzter Zugriff 04.01.2021). Siehe dazu auch Fleming, „Overcoming Silence" in diesem Band.
13 Siehe zu diesem Thema Truth and Reconciliation Commission of Canada, *Honouring the Truth*.
14 Vgl. Haverkamp, „Opfer um Vergebung gebeten".

stitut Niedersachsen (KFN) in Auftrag gab.[15] Bereits ein Jahr später war die Zusammenarbeit endgültig gescheitert, das KFN monierte vor allem Versuche einzelner Bistümer, Daten dem Zugriff der Forschenden zu entziehen und Forschungsergebnisse einer kirchlichen Zensur unterwerfen zu wollen.[16] Die Forschenden schrieben dazu:

> Das KFN hat sich intensiv darum bemüht, erstens überhaupt ein Forschungsprojekt zum Thema sexueller Missbrauch durch katholische Geistliche zu initiieren und zweitens unter den sich ändernden Rahmenbedingungen an diesem Projekt festzuhalten. Erst als die Forschungsfreiheit durch neue Regelungen der katholischen Kirche zu stark eingeschränkt werden sollte, haben wir uns entschieden, das Projekt zu beenden.[17]

Nach dem Bruch mit dem KFN beauftragte die Deutsche Bischofskonferenz im Jahr 2013 Institute in Mannheim, Heidelberg und Gießen mit einer interdisziplinären Missbrauchsstudie. Die nach den Heimatstädten der beteiligten Institute benannte *MHG-Studie* erschien 2018 und stellt seitdem die umfassendste deutschsprachige Studie zu Missbrauch in der katholischen Kirche dar.[18] Im Gegensatz zur Studie des KFN zeigten sich die Bistümer weitgehend kooperativ, wenngleich es auch hier „erhebliche" regionale Unterschiede gab.[19] Auch die *MHG-Studie* war in ihrem methodologischen Zugriff eingeschränkt: sie arbeitete vorwiegend mit kirchlichen Personal- und Strafakten von Beschuldigten und da die Bistümer den Zugriff der Forschenden auf diese Dokumente regulieren konnten, hatten sie letztlich auch die Kontrolle darüber, welche Daten überhaupt in die Studie einflossen. Daher ist nicht davon auszugehen, dass die Studie ein realistisches Bild der Verbreitung und Konstanz von Missbrauchsstrukturen in kirchlichen Institutionen zeichnet. Dennoch werden zentrale strukturelle Fragen, etwa bezüglich kirchlicher Hierarchie, Sexualmoral und Zölibat in der Studie kritisch angesprochen.[20]

Eine vom Historiker Thomas Großbölting geleitete Studie, die sich mit den Verhältnissen im Bistum Münster beschäftigt und vor allem die Verantwortung von Bischöfen und anderen Personen in Leitungsfunktionen in den Blick nimmt, wird im Frühjahr 2022 erwartet; im Dezember 2020 wurde ein erster Zwischenbericht vorgestellt, der wenigstens drei verstorbenen Münsteraner Bischöfen

---

15 Die Teilergebnisse der Studie sind dokumentiert in Fernau und Hellmann, *Sexueller Missbrauch Minderjähriger durch katholische Geistliche*.
16 Siehe dazu den Artikel von Pfeiffer, Mößle und Baier, „Scheitern eines Forschungsprojektes".
17 A.a.O., 23.
18 Dreßing u. a., *MHG-Studie*.
19 A.a.O., 18 f.
20 Vgl. a.a.O., 17.

(Höffner, Tenhumberg und Lettmann) „Leitungs- und Kontrollversagen" bescheinigt.[21] Hinzu kommen ähnlich ausgerichtete Studien der Münchner Anwaltskanzlei Westpfahl Spilker Wastl in den Bistümern Köln und Aachen (WSW-Studie);[22] die Kölner Studie sorgte Ende Oktober für öffentliches Aufsehen, weil sie vom dortigen Erzbischof Woelki – angeblich wegen „durchgreifender methodischer Mängel" – unter Verschluss gehalten wurde und der entsprechende Auftrag neu vergeben wurde.[23] Auf die Rolle Woelkis werde ich sogleich noch einmal zurückkommen.

Die erwähnten Studien beschäftigen sich in aller Regel mit den Verhältnissen bis zur „Enthüllungswelle", also den Jahren bis 2010. Marianne Heimbach-Steins resümiert diese Zeit wie folgt:

> Zwar wurden in der katholischen Kirche in Deutschland nach dem Aufbrechen der Missbrauchskrise in den USA Anfang des Jahrzehnts bereits Richtlinien erarbeitet, aber die Wahrnehmung der Realität blieb doch von der über Jahrzehnte geübten Haltung und Praxis des Verschweigens und einer möglichst geräuschlosen, internen Erledigung der Fälle bestimmt.[24]

Trotz der Beteuerungen der Kirche, dass man aus den Erkenntnissen dieser historischen Betrachtungen lernen wolle, gibt es weiterhin viele Betroffene, die den aktuellen Umgang der katholischen Kirche mit der Missbrauchsthematik scharf verurteilen. So wird beklagt, dass Betroffenen zwar zugehört und Glauben geschenkt wird, aber dennoch kaum Konsequenzen in innerkirchlichen Strafverfahren folgen – Täter also weiterhin kaum sanktioniert werden. Entschädigungszahlungen scheinen zwar in vielen Bistümern unbürokratisch gewährt zu werden, werden aber häufig als „Schweigegeld" wahrgenommen, obwohl sie nicht an eine entsprechende Verpflichtung geknüpft sind.[25] Und schließlich nehmen sowohl Betroffene als auch engagierte Laien, die nicht selbst betroffen

---

21 Vatican News, „Zwischenbericht"; siehe auch Höfling, „Opfer wurden am Reden gehindert".
22 Wastl, Pusch und Gladstein, *Sexueller Missbrauch*. Eine weitere Studie der Kanzlei im Erzbistum München-Freising ist in Arbeit.
23 Erzbistum Köln, „Unabhängige Untersuchung". Die Kanzlei Westpfahl Spilker Wastl war Anfang des Jahres 2021 willens, ihre Studie (WSW-Studie) in Eigenverantwortung zu veröffentlichen. Nachdem dies vom Erzbistum Köln abgelehnt wurde, wurde die WSW-Studie zeitgleich mit der Veröffentlichung der zweiten Studie (Gercke-Stirner-Studie) unter strengen Auflagen für ausgewählte Personen (etwa Journalist*innen) zur Einsicht freigegeben.
24 Heimbach-Steins, „Macht-Missbrauch", 229.
25 Vgl. Mertes im Vorwort zu Born, *Missbrauch mit den Missbrauchten*, XI-XII.

sind, einen großen Unwillen in der Kirche wahr, nachhaltig ihr Selbstverständnis zu überdenken und ihre Strukturen zu ändern.[26]

Diese Ambivalenz spiegelt sich auch in den jeweiligen Haltungen der beiden lebenden „Päpste" wider. Während Joseph Ratzinger (emeritierter „Papst Benedikt XVI.") weiter an dem Narrativ der „heiligen Gemeinschaft" festhält, die durch Einzelfälle erschüttert und durch äußere Einflüsse (vor allem den Wandel der Sexualmoral) korrumpiert worden sei (mehr dazu im fünften Abschnitt), hat Jorge Bergoglio („Papst Franziskus") deutlich schärfere Worte für die Schuld der Täter und die Verantwortung der Kirche gefunden. Aber auch seine Position nimmt letztlich die Kirche als Institution gegen die Täter in Schutz (auch auf seine Haltung werde ich im fünften Abschnitt eingehen).

In den Nachkriegsjahrzehnten (bis in die 1980er-Jahre), wo nach dem Stand der aktuellen Forschung die Fälle sexualisierter Gewalt in der katholischen Kirche ihre größte Häufigkeit erreichten,[27] waren die größten Hürden für Betroffene, dass ihnen schlicht nicht geglaubt wurde, oder dass sie aus Angst und Scham gar nicht erst versuchten, sich Gehör zu verschaffen. Von einem „Aufarbeitungsprozess" kann hier schon deshalb nicht die Rede sein, weil das Problem von offizieller Seite geleugnet wurde: sexualisierte Gewalt in der Kirche gab es nicht; und wenn sie nicht mehr geleugnet werden konnte, wie bei Gilbert Gauthe, dann wurde sie zu extremen Einzelfällen umgedeutet.

Mit dem beginnenden Aufarbeitungsprozess der 2010er-Jahre (im deutschsprachigen Raum) hat sich die Problemlage verschoben. Sexualisierte Gewalt und ihre Vertuschung werden nicht mehr prinzipiell geleugnet. Wenn es jedoch um die konkreten Vollzüge der Aufarbeitung geht, fühlen sich viele Betroffene weiterhin nicht anerkannt und ernst genommen. Dies dürfte zum einen darin begründet sein, dass die Kirche weiterhin Richterin in eigener Sache sein will. Es werden zwar Forschungsprojekte unterstützt und neue Stellen geschaffen, aber letztlich behält die Kirche oft die volle Kontrolle über die Daten, die sie zu Missbrauchsfällen in ihren Akten gesammelt hat,[28] und sie behält die volle Kontrolle über die Sanktionierung von Tätern, sofern diese nicht auch vor einem weltlichen Gericht

---

26 Exemplarisch für diese Haltung ist Luna Borns *Missbrauch mit den Missbrauchten*; siehe auch das Interview mit einer Missbrauchsbeauftragten („Ich habe ganz viel Wut auf Kirche abbekommen") in Hallay-Witte und Janssen, Schweigebruch, 179 – 189.

27 Vgl. John Jay College of Criminal Justice, *Sexual Abuse of Minors*, 7; Dreßing u. a., *MHG-Studie*, 155; siehe auch Fernau, Treskow und Stiller, „Nationale und internationale Befunde", 30 – 34 und 46 – 48.

28 Die oben erwähnte Münsteraner Studie scheint eine wichtige Ausnahme in dieser Hinsicht zu sein, dort wurden bisher weder Akteneinsicht noch die Kommunikation der Ergebnisse reglementiert oder limitiert.

angeklagt werden. Konkret bedeutet dies, dass Betroffenen zwar von Missbrauchsbeauftragten geglaubt wird, und sie dort potentiell Anerkennung erfahren, aber möglicherweise dennoch erleben müssen, dass kirchenrechtliche Verfahren verschleppt oder eingestellt werden, Täter niemals zur Rechenschaft gezogen werden[29] und ernsthafte institutionelle Reformen ausbleiben.

Wenn institutionelle Reformen ausbleiben, so dürfte dies auch daran liegen, dass viele Verantwortliche weiterhin fest der Meinung sind, dass die Institution Kirche nicht Teil des Problems sei. Täter werden (zu Recht) als Individuen verurteilt, aber dem folgt eben keine ernsthafte Auseinandersetzung mit denjenigen Eigenschaften der Kirche und ihrer Lehre, die Missbrauchsstrukturen begünstigt haben. Dieses Narrativ der durch externe Einflüsse korrumpierten „heiligen" Gemeinschaft werde ich im fünften Abschnitt wieder aufgreifen.

Die Ambivalenz der Aufarbeitung lässt sich gut an den im Dezember 2020 bekannt gewordenen Vorwürfen gegen den Kölner Kardinal Woelki illustrieren. Woelki hatte, als er sein Amt antrat, die rückhaltlose Aufklärung von Missbrauchsvorwürfen und seinen Rücktritt versprochen, sollte ihm jemals persönlich Vertuschung nachgewiesen werden können. Schon Ende Oktober 2020 hatte Woelki scharfe Kritik auf sich gezogen, als er (wie bereits oben erwähnt) die Veröffentlichung der WSW-Studie zu Missbrauchsstrukturen in seinem Erzbistum zurückhielt. Weniger als zwei Monate später wurde berichtet, dass er an der Vertuschung schwerer sexualisierter Gewalt durch einen Düsseldorfer Priester beteiligt gewesen sein soll. Der Priester hatte sich mutmaßlich in den 1970er-Jahren an einem Kindergartenkind vergangen. Im Jahr 2010 soll der Betroffene den Vorfall beim Bistum zur Anzeige gebracht haben und 2015 schließlich soll Woelki, der ein Jahr zuvor zum Erzbischof ernannt worden war, entschieden haben, das Verfahren gegen den Priester – damals schon krank und altersschwach, inzwischen verstorben – einzustellen und die Vorwürfe nicht an den Vatikan zu melden.[30]

Bisher gab es zu diesen Vorwürfen keine direkte Stellungnahme von Woelki; er „entschuldigte" sich lediglich in seiner Weihnachtspredigt 2020 in allgemeiner Form bei allen Missbrauchsopfern im Rheinland, übernahm jedoch keinerlei

---

29 Zu der ohnehin problematischen und oft ungenutzten Rolle des kirchlichen Strafrechts siehe Wastl, Pusch und Gladstein, *Sexueller Missbrauch*, 155–159.
30 Vgl. Kölner Stadt-Anzeiger, „Woelki meldete Missbrauchsvorwürfe nicht". Nach der Vorstellung des vom Erzbistum Köln in Auftrag gegebenen zweiten Gutachten durch die Strafrechtler*innen Gercke und Stirner im März 2021 sah sich Woelki von dem Vorwurf der Pflichtverletzung rechtlich entlastet. Ob er damit auch moralisch entlastet ist, ist zumindest fragwürdig.

persönliche Verantwortung.[31] Annette Dowideit resümierte hierzu am ersten Weihnachtstag in der *Welt:* „Anstatt um ehrliche Aufklärung, Nächstenliebe und christliche Werte scheinen Woelki und jene, die ihn umgeben, vor allem um rechtliche Absicherung bemüht. Die Öffentlichkeit, vor allem Mitglieder der katholischen Kirche, sind zu Recht empört."[32]

Die Vorwürfe gegen Woelki und seine abwiegelnde, ablenkende Reaktion darauf sind symptomatisch für die Art und Weise, wie die katholische Kirche den von ihr angesprochenen Aufarbeitungsprozess nach wie vor behindert und untergräbt. Obwohl Betroffene jetzt Ansprechpartner*innen in kirchlichen Institutionen haben und dort Gehör finden, scheint dies nur selten zu einer rückhaltlosen Aufklärung zu führen – also einer Klärung der Sachverhalte, die nicht auf die Befindlichkeiten und Loyalitäten innerhalb kirchlicher Autoritätszentren Rücksicht nimmt und die nicht vor scharfen, kirchenrechtlichen Konsequenzen für Täter zurückschreckt. Und in genau dieser Hinsicht ist der Aufarbeitungsprozess bisher mindestens unvollkommen geblieben und muss möglicherweise als gescheitert bezeichnet werden.

2 Spiritueller Missbrauch und sexualisierte Gewalt

Wie bereits angedeutet, wurden im bisherigen Aufarbeitungsprozess in der katholischen Kirche (im deutschsprachigen Raum) auch Strukturen thematisiert, die sexualisierte Gewalt begünstigt haben. Dabei stehen vor allem die straffe, aristokratische Machtordnung der Kirche und der Zölibat im Mittelpunkt. Da traditionelle, katholische Spiritualität auf die Person des Priesters fokussiert ist (allein er kann die heilige Messe feiern, die Sakramente spenden und Sünden vergeben), konzentriert sich dort auch die spirituelle Macht. Es ist daher naheliegend, Missbrauchsstrukturen vor allem als Strukturen des individuellen Machtmissbrauchs zu verstehen,[33] und Täter als Menschen, die nicht verantwortungsvoll mit der ihnen verliehenen spirituellen Macht umgehen konnten. Letzteres ist, wie wir noch sehen werden, auch das Narrativ, das von der Kirche bedient wird: das „Missbrauchsproblem" sei vor allem ein Problem des „Klerikalismus", also der Perversion spiritueller Macht. Mit einem solchen Narrativ muss die aristokratische Machtordnung der Kirche ebenso wenig in Frage gestellt werden wie das Festhalten am Zölibat und der strengen, anachronistischen Sexualmoral der Kirche.

---

31 Zum Problem des Gestus der Entschuldigung im Zusammenhang mit sexualisierter Gewalt siehe Wirth, „Banalisierung sexualisierter Gewalt" in diesem Band.

32 Dowideit, „Kölner Erzbischof".

33 Vgl. Heimbach-Steins, „Macht-Missbrauch", 238.

Es wird also die Machtausübung einzelner Autoritätspersonen in den Blick genommen, aber nicht die generelle Organisation spiritueller Macht in der Kirche.

Von Opfern sexualisierter Gewalt, Aktivist*innen und Theolog*innen wird letzteres allerdings schon länger gefordert. Sie diskutieren auch die Sexualmoral der Kirche und den kategorischen Ausschluss von Frauen (und queeren Menschen)[34] von den Zentren der spirituellen Macht als Faktoren, die Machtmissbrauch und damit indirekt auch Strukturen sexualisierter Gewalt begünstigt haben. Marianne Heimbach-Steins formulierte am Beginn der „Enthüllungswelle" noch hoffnungsvoll:

> Eine ganze Reihe von Aspekten des Selbstverständnisses und der institutionellen Gestalt der Kirche sowie Elemente der kirchlichen (Moral-)Lehre, die bisher kaum offen diskutiert werden konnten, sind nun nicht mehr „unter Verschluss" zu halten. Themen und Positionen, die in weiten Kreisen auch der aktiven Kirchenmitglieder bis hinein in den Klerus kaum mehr positiv zu vermitteln sind, werden offen problematisiert. Sie müssen jetzt mit der gebotenen Klarheit angegangen werden.[35]

Im skizzierten Kontext haben sich Stimmen zu Wort gemeldet, die auch Struktur und Dogmen der Kirche unter dem Gesichtspunkt des Missbrauchs spiritueller Macht betrachten. Der Begriff des spirituellen (oder geistlichen) Missbrauchs wird im englischsprachigen Raum (als *spiritual abuse*) seit den 1970er-Jahren diskutiert. Bis in die 1990er-Jahre wurde er vornehmlich auf Sekten und andere vereinnahmende religiöse Gemeinschaften angewendet und tauchte in entsprechenden Erfahrungsberichten und Ratgebern auf. In Deutschland wurde er vor allem durch Inge Tempelmann[36] und Doris Wagner bekannt gemacht. Doris Wagner wurde durch einen autobiographischen Bericht über die Missbrauchserfahrungen, die sie selbst in der christlichen Gemeinschaft *Das Werk* erlitten hat, öffentlich bekannt und hat 2019 ein philosophisch-theologisches Werk zu spirituellem Missbrauch in der katholischen Kirche vorgelegt.[37] Hier löst sie sich zumindest teilweise von dem Paradigma isolierter Gemeinschaften mit charismati-

---

34 Dogmatik und Realität nicht-heteronormativer Männer im Priesterstand sind komplex. In ihrer Dogmatik beharrt die katholische Kirche darauf, dass Männer, die homosexuell leben oder stabile homosexuelle Neigungen haben, nicht als Priester geeignet sind. In der Realität des deutschen Katholizismus gibt es bereits einige schwule Priester, die sich selbst geoutet haben und vermutlich weitere, die ihre Neigungen verleugnen oder gar vor diesen in den Priesterstand „geflüchtet" sind. Damit soll jedoch keinesfalls ein Zusammenhang zwischen verleugneter und versteckter Homosexualität und Missbrauchsstrukturen behauptet werden.
35 Heimbach-Steins, „Macht-Missbrauch", 234.
36 Siehe Tempelmann, *Geistlicher Missbrauch*.
37 Wagner, *Spiritueller Missbrauch*.

schen Führungspersönlichkeiten und nimmt auch die Kirche als Ganze in die Pflicht.[38]

Damit steht sie in einer Linie neuer theologischer und philosophischer Stimmen, die auch die Sexualmoral der Kirche und ihre Haltung zur Weihe von Frauen als spirituellen Missbrauch ansehen[39] und sich so vom Topos des individuellen Machtmissbrauchs lösen und kirchliche Machtstrukturen und Lehrmeinungen in das Zentrum der Analyse rücken. Wagner definiert spirituellen Missbrauch als Missachtung der spirituellen Selbstbestimmung, und spirituelle Selbstbestimmung als die negative und positive Freiheit, „sich seine spirituellen Ressourcen frei [zu] suchen und sie so [zu] verwenden, wie [man] will."[40] Mit dieser weitgefassten Definition fallen nicht nur offensichtlich gewalttätige und machtmissbräuchliche Handlungen religiöser Autoritätspersonen unter den Begriff des spirituellen Missbrauchs (Fälle, wie sie Wagner in ihrem Buch beschreibt, die von Manipulation und schleichender Isolation der Opfer bis zu brutalen physischen „Bestrafungen" reichen). Ihre Definition wirft auch die Frage auf, ob die straffe, aristokratische Machtstruktur der Kirche und die Lehren, die in ihr und mit ihr durchgesetzt werden, selbst Formen des spirituellen Missbrauchs sind.

In diesem Sinne schreibt Theresa Tobin: „in spiritual violence sacred symbols, texts, and religious teachings themselves become weapons that harm a person in her spiritual formation and in her relationship with God."[41] Es ist die persönliche Beziehung zu Gott, die durch spirituelle Gewalt und spirituellen Missbrauch beeinträchtigt oder zerstört wird; und Tobin argumentiert weiter, dass die feindselige, abwertende und ausgrenzende Haltung der Kirche gegenüber katholischen Frauen und queeren Katholik*innen für diese Gruppen eine Erfahrung spiritueller Gewalt darstellt und bei ihnen „[a] significant source of mistrust of the Church" geworden sei.[42] Wenn die Kirche lehrt, dass Frauen unvollkommene Menschen seien oder dass gleichgeschlechtliche Beziehungen grundsätzlich nicht gottgefällig seien, dann verfestigt sie damit, so Michelle Panchuk, den Glauben, dass diese Personen „cannot appropriately engage in a loving relationship with God when one believes that God sees oneself as fundamentally flawed – flawed in a way that is somehow deeper or more fundamental than general Catholic teaching about human sinfulness."[43]

---

38 Vgl. a.a.O., 148–162.

39 Siehe beispielsweise Tobin, „Spiritual Violence" und Panchuk, „Distorting Concepts".

40 Wagner, *Spiritueller Missbrauch*, 48.

41 Tobin, „Spiritual Violence", 134.

42 A.a.O., 152. Siehe dazu auch Cronin, „On Brokenness" und Prüll, „Geschlechtsbezogene Gewalt" in diesem Band.

43 Panchuk, „Distorting Concepts", 609.

Diese spirituelle Missbräuchlichkeit der Lehre spiegelt sich in Missbrauchsstrukturen wider, in denen sich die spirituelle Macht der Täter als sexualisierte Gewalt äußert. Das zeigt sich in den Erfahrungen der Opfer (die im nächsten Abschnitt behandelt werden), aber auch in der Art und Weise, wie Täter ihre sexuellen Übergriffe spirituell verbrämen: indem sie ihren Opfern mit Gottes Strafe drohen, indem sie sie als Form der Seelsorge verharmlosen, oder indem sie sich selbst und ihren Opfern Erklärungen dafür liefern, warum das, was sie tun, doch mit der Lehre der Kirche zu vereinbaren sei. So wird der Täter in Luna Borns Erfahrungsbericht *Missbrauch mit den Missbrauchten* mit den Worten zitiert, er habe ja nie „eingestöpselt", sondern nur mit seinen jungen, weiblichen Opfern „gekuschelt".[44] Matthias Katsch, einer der Betroffenen aus dem Canisius Kolleg, und seit Jahren eine der prominenten öffentlichen Stimmen der Missbrauchsopfer, beschreibt, wie einer der Täter Jungen dazu animierte, vor ihm zu masturbieren, angeblich, um sie dadurch von der Sünde der Onanie zu „heilen" und wie ein anderer körperliche „Bestrafungen" nutzte, um seinen sadistischen Fetisch zu befriedigen.[45] Und die Herausgeberinnen des Bandes *Erzählen als Widerstand*, der Berichte von Betroffenen versammelt, betonen, dass „sexualisierte Gewalt im Umfeld der katholischen Kirche fast immer mit spirituellem Missbrauch einher geht (umgekehrt gilt dies nicht). In keinem der hier dokumentierten Fälle sexuellen Missbrauchs ist dieser nicht gleichzeitig auch spiritueller Missbrauch."[46]

Täter nutzen ihre spirituelle Machtposition als Priester oder sonstige kirchliche Autoritätsperson, um sich Zugang zu ihren Opfern zu verschaffen, ihre Taten vor sich selbst und den Betroffenen zu verharmlosen oder zu rechtfertigen und nicht zuletzt, um vor straf- und kirchenrechtlichen Konsequenzen geschützt zu sein – und sie bedienen sich dabei auch der Morallehre der Kirche.

3 Kirchliches Dogma und Missbrauch: Drei Mythen

Im vorigen Abschnitt wurde die Verquickung von sexualisierter Gewalt und spirituellem Missbrauch betrachtet. In diesem Abschnitt will ich zeigen, wie die psychischen und spirituellen Traumata, die durch Gewalt und Missbrauch verursacht wurden, durch Struktur und Lehre der katholischen Kirche noch verstärkt wurden – und es den Betroffenen noch schwerer gemacht wurde, über ihr Leid zu

---

44 Born, *Missbrauch mit den Missbrauchten*, 13 f. und 18.
45 Katsch, *Damit es aufhört*, 26 – 38.
46 Haslbeck u. a., *Erzählen als Widerstand*, 22.

sprechen, Gehör zu finden, und ihre Verletzungen in einen adäquaten begrifflichen Rahmen einzuordnen.[47] Die Kirche hat es versäumt und teilweise aktiv verhindert, dass Betroffenen ein solcher begrifflicher Rahmen zur Verfügung stand – und stattdessen lange an einem toxischen Framing dieser Taten festgehalten.

Diese Toxizität soll hier anhand dreier „Mythen" dargestellt werden, die die epistemische Lage von Betroffenen noch prekärer gemacht haben, als sie in vergleichbaren säkularen Kontexten gewesen wäre. Dabei beziehe ich mich vor allem auf die philosophische Arbeit von Katherine Jenkins zu Vergewaltigungsmythen (*rape myths*) und hermeneutischem Unrecht[48] sowie auf kritische theologische Arbeiten zu Missbrauch und kirchlicher Dogmatik.[49] Bei Missbrauch in katholischen Kontexten treffen verbreitete Vergewaltigungsmythen mit Mythen über Sex und Sünde und Mythen über den ontologischen Status von Priestern zusammen und haben damit sowohl das Trauma als auch das Schweigen um Missbrauchstaten verschärft. Für viele Betroffenen dürfte die Kombination dieser Mythen dazu geführt haben, dass das, was ihnen angetan wurde, im epistemischen Sinne unbegreiflich wurde.

Ich verwende hier den Begriff des Mythos in einem säkularen Sinne: als falsche, aber dennoch verbreitete und wirkmächtige Vorstellung.[50] In diesem Sinne sind Vergewaltigungsmythen falsche, aber dennoch verbreitete und wirkmächtige Vorstellungen darüber, was Vergewaltigung ist. Jenkins zählt fünf solcher Mythen auf:

1. That rape always involves overwhelming physical force, and that victims of rape always physically resist their attacker.
2. That consent cannot be withdrawn part-way through a sexual act.
3. That consent is automatically present if a prior consensual sexual act between the same parties recently took place.
4. That rape is only committed by strangers and cannot occur within marriage/a relationship/a friendship.
5. That it is reasonable to [sic!] for someone to assume that another person consents to sex if that person acts or dresses in a way that is 'sexually teasing' or 'sexually provocative'; or, that victims of rape who acted or dressed in a 'sexually teasing' or 'sexually provocative' way deserved to be raped.[51]

---

47 Siehe dazu König, „Erfahrungen sexualisierter Gewalt verstehen" in diesem Band.

48 Jenkins, „Rape Myths".

49 Doyle, „Spiritual Trauma"; Tobin, „Spiritual Violence".

50 In diesem Sinne sind meine Ausführungen auch nicht als theologischer Kommentar zum ontologischen Status von geweihten Männern zu verstehen, sondern allein als philosophische *common sense* Beobachtung, dass diese selbstverständlich noch Menschen wie wir alle sind.

51 Jenkins, „Rape Myths", 192.

Eines von Jenkins' Hauptanliegen ist zu zeigen, wie sich solche Mythen nicht nur auf Polizeiarbeit und Rechtsprechung auswirken,[52] sondern auch auf die Wahrnehmung und das Verständnis der Opfer. Wenn Opfer einer Vergewaltigung das Erlebte unter dem Einfluss solcher Mythen in Begriffe fassen, dann ist es möglich, dass sie selber das, was eine außenstehende Person umgehend als Vergewaltigung einordnen würde, gar nicht als solche erkennen können. Konkrete Beispiele für sexuelle Übergriffe, die in diesem Sinne möglicherweise nicht als solche erkannt werden: Geschlechtsverkehr, zu dem keine Zustimmung gegeben wurde, gegen den sich das Opfer aber auch nicht körperlich gewehrt hat; sexuelle Handlungen im Rahmen bereits bestehender sexueller Beziehungen; sexuelle Handlungen, die in stark alkoholisiertem (und damit nicht mehr voll zustimmungsfähigen Zustand) vorgenommen wurden; sexuelle Handlungen, die trotz Widerspruch fortgesetzt werden; sexuelle Handlungen, die das Opfer selbst „provoziert" zu haben meint.

Auf den Kontext sexualisierter Gewalt in der katholischen Kirche lassen sich dabei vor allem der Mythos der „Provokation" und der Mythos des „sich nicht gewehrt Habens" übertragen. In ihrer Studie zu den psychischen Auswirkungen sexualisierter Gewalt in kirchlichen Kontexten schreiben Benkert und Doyle: „The youthful Catholic often believed the priest can do no wrong therefore the sinfulness of any sexual action must be attributed to the victims. It has not been unusual for victims to blame themselves for the abuse and to feel guilt at having led a priest into sin."[53]

Diese Beobachtung wird durch Berichte und Erinnerungen von Betroffenen gestützt. So schreibt Luna Born in ihrem Bericht *Missbrauch mit den Missbrauchten:*

> „Wieso hattest du auch immer eine süße rote, kurze Hose an!" Dieser Satz des Täters ist ein Paradebeispiel für die Verdrehung der Schuldfrage [...]. Dieses Vorgehen ist mir in meinen Erfahrungen mit der römisch-katholischen Kirche immer wieder begegnet. Ich vermute

---

52 Jenkins (ebd.) betont, dass die genannten Vergewaltigungsmythen keinesfalls der in England gültigen Rechtslage entsprechen – aber dennoch die Entscheidungen von Schwurgerichten beeinflussen können, in denen viele Geschworene diesen Mythen anhängen. Analog lässt sich diese Beobachtung auf die Rechtslage in Deutschland übertragen, wo Vergewaltigungsmythen nichts am Gesetzestext ändern, aber durchaus an der Art und Weise, wie Polizei, Justiz und Medien mit Vergewaltigungsvorwürfen umgehen. Es soll an dieser Stelle erwähnt werden, dass in Deutschland die Vergewaltigung in der Ehe (siehe Mythos 5) erst 1997 strafbar wurde.
53 Vgl. Benkert und Doyle, „Clericalism", 233. Siehe auch Mannschatz, „Expected to carry the weight of their shame" in diesem Band.

heute, dass dieses Muster schon sehr früh bei mir in der Öse „Ich bin falsch, ich bin schuld" einhakte.[54]

Saskia Lang, die von mehreren Priestern vergewaltigt wurde, resümiert in ihrem kurzen Erfahrungsbericht: „Ich fühle mich bis heute nicht wohl als Frau, denn ich bin die Quelle der Sünde, verführe die Männer und bringe sie dazu, schlechte Dinge zu tun. Dies haben die Priester geschafft, die ich in meiner Kindheit und Jugend erlebt habe."[55]

Die Wirksamkeit der Vergewaltigungsmythen wird durch zwei weitere Aspekte massiv verstärkt: die besondere Rolle und Stellung des Priesters in der katholischen Kirche, und die Lehre der Kirche zu allen Formen außerehelicher Sexualität. Die traditionelle Sexualmoral der Kirche lehrt, dass alle sexuellen Kontakte außerhalb der Ehe eine schwere Sünde oder gar eine Todsünde darstellen. Allein der Priester hat die Autorität, im Sakrament der Buße solche Sünden zu vergeben und damit das Seelenheil der sündigen Person zu retten. Diese Konstellation bedeutet, dass gemäß der Lehre und internen Verfassung der Kirche selbst Personen, an denen gegen ihren Willen sexuelle Handlungen vorgenommen wurden, der Vergebung bedürftig sind[56] – und dass ihnen diese Vergebung allein von einem Priester gewährt werden kann, möglicherweise von derselben Person, die sie vergewaltigt hat. Die Abhängigkeit vom Priester, die ohnehin in allen Glaubensfragen besteht, wird hier zu einer vergifteten Abhängigkeit (*toxic dependence*).[57] Doris Wagner schreibt in diesem Zusammenhang über toxische Formen der Spiritualität:

> Toxisch ist Spiritualität, wenn [sie dem] eigenen Willen [des Menschen], seiner persönlichen Wahrnehmung und seinen menschlichen Bedürfnissen eine negative Deutung gibt oder sie für vollkommen fehlgeleitet hält. Das können [...] Welt- und Menschenbilder sein, denen zufolge die „menschliche Natur" als heillos verdorben und in sich schlecht gilt, sodass der Mensch, um aus seiner Verdorbenheit gerettet zu werden, seinen eigenen, vermeintlich kranken Willen [...] abtöten und sich einem anderen, vermeintlich reineren Willen [...] unterwerfen muss.[58]

Wagners Anklage richtet sich vor allem gegen vereinnahmende, charismatische Gemeinschaften innerhalb der katholischen Kirche,[59] aber sie kann auf alle

---

54 Born, *Missbrauch mit den Missbrauchten*, 153.
55 Lang, „Nicht wohl als Frau", 117.
56 Vgl. Doyle, „Spiritual Trauma", 245.
57 Vgl. ebd.
58 Wagner, *Spiritueller Missbrauch*, 76.
59 Vgl. a.a.O., 77.

religiösen Kontexte übertragen werden, in denen ein Priester seine institutionelle und spirituelle Macht in seelsorgerischen und erzieherischen Kontexten ausnutzt – und dabei die Sündhaftigkeit der eigenen Handlungen auf die Opfer projiziert. Matthias Katsch fasst dieses Vorgehen bei einem der Täter am Berliner Canisius Kolleg folgendermaßen zusammen:

> R., der sich am Canisius Kolleg über ein Jahrzehnt an zwölf- bis vierzehnjährigen Jungen vergangen hatte, verlegte sich später auf Mädchen, nutzte aber auch die Gelegenheit, junge Frauen zu seinen Opfern zu machen, wenn es ihm seine Machtposition leichtmachte. Frauen, die bei ihm angestellt waren, oder Mädchen, die aus Südamerika zu ihm gekommen waren und ihm ohne Geld, ohne Sprachkenntnisse, ohne Bezugspersonen völlig ausgeliefert waren.[60]

Katsch betont, dass „etwas ältere Kinder" (und Erwachsene) durchaus Nein sagen könnten,

> aber sie fühlen sich häufig in echten oder konstruierten Zwangslagen, die der Täter für sie konstruiert. Von allen Begründungen ist aber der religiöse Zugang der wirkungsvollste. Die Strategie ist einfach genial: Der Priester handelte in katholischem Verständnis in persona Christi. Gott selbst stand auf der Seite des Täters. Denn wir waren doch die Sünder, die mit ihrer Unfähigkeit, seine Gebote zu halten, Gott beleidigten. Er, der Priester war doch nur dafür da, uns zu helfen und zu unterstützen. Wie perfide, wie narrensicher.[61]

Noch verstärkt wird die institutionelle Fixierung auf die religiöse Autorität des Priesters durch ihre ontologische Untermauerung. Besonders Karol Wojtyła („Papst Johannes Paul II.") und Joseph Ratzinger („Papst Benedikt XVI.") haben an der Lehre festgehalten, dass das Sakrament der Priesterweihe den Empfangenden mit dem Leib Christi vereinige und dass seine Seele danach grundverschieden von den Seelen ungeweihter Menschen sei.[62] Unterstrichen wird diese ontologische Auffassung des Priesteramts durch seine opulente Ausstattung (wie sie sich etwa im liturgischen Gewand ausdrückt) und die herausragende Rolle des Priesters in allen religiösen Vollzügen des Gottesdienstes.

Wird diese Ontologie des Priesteramtes wörtlich genommen und nicht angezweifelt, macht sie den Priester zu einem heiligen Wesen, das nichts mit gewöhnlichen Menschen gemein hat. Gerade bei Katholik*innen, die mit einer unerschütterlichen Verehrung für das Priesteramt erzogen worden sind, verstärkt dies noch den Glauben, dass ein Priester kein Unrecht tun kann, und dass damit

---

60 Katsch, *Damit es aufhört*, 65.
61 A.a.O., 66.
62 Vgl. Doyle, „Spiritual Trauma", 242.

alles Leid, das ein Priester zufügt, von Gott gewollt und befohlen worden sei; oder dass es sich gar um sexuelle Übergriffe durch Gott handle.[63]

Vergewaltigungsmythen, Mythen von sündhafter Sexualität und Priestermythen machen es Betroffenen dreifach schwer, das, was ihnen angetan wurde, als sexualisierte Gewalt zu erkennen und zu benennen. Schon vor einer möglichen Offenbarung der Tat bei Eltern, anderen Vertrauenspersonen, Therapeut*innen, der Polizei oder entsprechenden kirchlichen Instanzen standen und stehen also hohe und sich gegenseitig verstärkende epistemische Hürden, die es Betroffenen unmöglich machen können, das Erlebte in Worte zu fassen. Es ist daher nicht überraschend, dass die bisher erhobenen Daten zum Offenbarungsverhalten darauf hindeuten, dass viele Betroffene erst viele Jahre oder Jahrzehnte später über die Taten sprechen können.[64] Katharina Hoff, die über drei Jahre von einem Priester manipuliert und vergewaltigt wurde, schreibt:

> Immer abstruser und blasphemischer wurden die religiösen Deutungsversuche, mit denen er die sexuellen Taten begleitete und von mir Unterwerfung forderte. Es war ein teuflischer Kreislauf, aus dem es für mich kein Entrinnen gab, auch wenn ich es mehr und mehr zu durchschauen vermochte.[65]

Bereits auf dieser Ebene spielt hermeneutisches Unrecht eine Rolle: Nicht nur weit verbreitete, aber falsche Auffassungen über sexualisierte Gewalt, sondern auch Eigenschaften der Binnenstruktur der Kirche verhindern, dass Betroffene einen adäquaten begrifflichen Zugriff auf das haben, was ihnen angetan wurde. Dieses hermeneutische Unrecht hat sich, ungeachtet des Wandels im Umgang der Kirche mit der Missbrauchsthematik, in vielen Reaktionen kirchlicher Autoritätspersonen auf die Offenbarung von Missbrauchsfällen und Missbrauchsstrukturen fortgesetzt. Damit wurde den Betroffenen weiteres hermeneutisches Unrecht und weitere epistemische Gewalt angetan. Bevor ich genauer auf diese Reaktionen eingehe, sollen zunächst die Begriffe des hermeneutischen Unrechts und der epistemischen Gewalt näher bestimmt werden.

---

63 Vgl. a.a.O., 247. Siehe dazu auch Figueroa und Tombs, „Living in Obedience" sowie Moschella, „Patriarchy, Power, and Bodies" in diesem Band.

64 Vgl. Dreßing u. a., *MHG-Studie*, 124

65 Hoff, „Im Namen Gottes", 106.

4 Zum Begriff des hermeneutischen Unrechts

Die aktuelle philosophische Diskussion zu hermeneutischem Unrecht geht vor allem auf Miranda Frickers Monographie *Epistemic Injustice* zurück. Frickers Arbeit fußt allerdings auf Jahrzehnten vorgängiger feministischer Theoriebildung – vor allem im Bereich des *black feminism* – die von ihr nur partiell rezipiert wird.[66] Zu einem modifizierten Verständnis von hermeneutischem Unrecht werde ich hier auch auf neuere Arbeiten zu epistemischer Gewalt und epistemischer Unterdrückung – vor allem von Kristie Dotson – zurückgreifen.[67]

Sowohl Fricker als auch Dotson gehen von einem fundamental sozialen Charakter der Wissensbildung aus: als Lernende und Wissende sind wir nicht isoliert, sondern immer in soziale Praktiken der Wissensbildung eingebunden. Unser Status als potentiell Wissende (*potential knowers*) ist dabei auch durch unseren sozialen Status beeinflusst. So können Vorurteile über den sozialen Status und die Identität einer Person dazu führen, dass den Aussagen der Person weniger (oder mehr) Glauben geschenkt wird, als es ihrem tatsächlichen Wahrheitsgehalt entspricht. Fricker bezeichnet den ersten Fall als Glaubwürdigkeitsdefizit und beschreibt ihn in solchen Fällen als epistemisches Unrecht, wo einer Person spezifisch in ihrer Eigenschaft als potentiell Wissende Unrecht getan wird.[68] So können der Akzent, mit dem jemand spricht, die Hautfarbe der Person, ihr Geschlecht oder ihr Alter einen Einfluss darauf haben, dass ihren Aussagen aufgrund von identitätsbezogenen Vorurteilen weniger Glauben geschenkt wird als den Aussagen entsprechender Vergleichsgruppen.[69]

Schon aus diesen allgemeinen Aussagen zu epistemischem Unrecht lässt sich ableiten, inwiefern sie für die Missbrauchsthematik in der katholischen Kirche relevant sind. Der Priester hat gleich mehrere strukturell verankerte Glaubwürdigkeitsvorteile gegenüber denjenigen, die ihn beschuldigen könnten: als absolute religiöse Autorität gegenüber den Laien, und häufig auch als Mann gegenüber Frauen und Mädchen und insbesondere als Erwachsener gegenüber Kindern.

Frickers paradigmatischer Fall epistemischen Unrechts, das Zeugnisunrecht (*testimonial injustice*), erfasst dabei allerdings nur einen Aspekt des epistemischen Unrechts, das Missbrauchsopfern widerfährt. Zeugnisunrecht bezieht sich allein auf Fälle, in denen einer Person im direkten Dialog nicht geglaubt wird –

---

66 Vgl. McKinnon, „Epistemic Injustice", 438 f. und Fußnote 7.
67 Dotson, „Tracking Epistemic Violence" und „Conceptualizing Epistemic Oppression"; Medina, „Hermeneutic Injustice"; Pohlhaus, „Gaslighting and Echoing".
68 Vgl. Fricker, *Epistemic Injustice*, 20.
69 Siehe a.a.O., 27–29.

wenn zum Beispiel Eltern oder andere Vertrauenspersonen nicht glauben (wollen), dass der Missbrauch tatsächlich passiert ist, weil sie sich eher vorstellen können (oder wollen), dass ein Kind solche Vorwürfe erfindet, als dass ein Priester sexualisierte Gewalt verübt.

Der Fall hermeneutischen Unrechts, der mich in diesem Zusammenhang beschäftigt, ist allerdings eine von der direkten Zeugenschaft zu unterscheidende Form des epistemischen Unrechts. Hermeneutisches Unrecht, in Frickers Definition, ist „the injustice of having some significant area of one's social experience obscured from collective understanding owning to a structural identity prejudice in the collective hermeneutic resource."[70] In einer leicht abgewandelten Definition hermeneutischen Unrechts beschreibt Fricker diese Vorurteile auch als „hermeneutical marginalization".[71] In seiner ursprünglichen Formulierung ist Frickers Begriff des hermeneutischen Unrechts rein strukturell: „No agent perpetrates hermeneutical injustice [...]. The background condition of hermeneutical injustice is the subject's hermeneutical marginalization".[72] Die Strukturen der hermeneutischen Marginalisierung scheinen dabei allerdings der individuellen Handlungsfähigkeit und der persönlichen Verantwortung weitgehend entzogen.

Für diese strikte Trennung von Zeugnisunrecht als persönlich zugefügtem Unrecht und hermeneutischem Unrecht als rein struktureller Benachteiligung ist Fricker – meiner Ansicht nach völlig zu Recht – kritisiert worden. Sie blendet dabei jene rassistischen, sexistischen und klassen- und altersbezogenen Strukturen aus, die durch individuelles epistemisches Handeln aufrechterhalten werden und ihm gleichzeitig zugrunde liegen.[73]

Hermeneutische Marginalisierung ist ein kumulativer Effekt unserer epistemischen Praktiken. Wenn Kinder nur aufgrund ihres Alters und der damit verbundenen Annahme defizitärer kognitiver Fähigkeiten für weniger glaubwürdig gehalten werden, dann spielen allgemeine Vorurteile über Kinder eine Rolle – aber daraus folgt auch, dass Kinder damit im direkten Versuch, sich Gehör zu verschaffen, immer wieder Zeugnisunrecht erfahren, was wiederum ihre hermeneutische Marginalisierung verstärkt. José Medina beschreibt dies als wechselseitige Verstärkung zweier distinkter Formen epistemischen Unrechts.[74] Medinas

---

70 A.a.O., 155.

71 A.a.O., 154.

72 A.a.O., 159.

73 Nora Berenstain beschreibt dieses Ausblenden struktureller Faktoren bei Fricker als „White Feminist Gaslighting", also als Darstellung, durch die letztlich den epistemisch Marginalisierten die Schuld an ihrer Marginalisierung zugeschrieben wird (Berenstain, „White Feminist Gaslighting", 734).

74 Vgl. Medina, „Hermeneutic Injustice", 206.

Beschreibung lässt sich auf die hier diskutierte Thematik übertragen. Missbrauchsopfer in kirchlichen Kontexten sind – im Sinne der oben diskutierten „Mythen" – regelmäßig dreifach hermeneutisch marginalisiert: als Kinder, als Laien und als Frauen oder Mädchen – oder als Männer oder Jungen, denen gleichgeschlechtliche sexuelle Handlungen aufgezwungen wurden. Diese hermeneutische Marginalisierung beeinflusst von vornherein die Erfolgsaussichten, dass sie sich mit ihren Aussagen Gehör verschaffen können – das Risiko, dass diese schon allein aufgrund ihrer Identität und sozialen Position angezweifelt werden, ist deutlich erhöht. Das bedeutet aber auch, dass jede einzelne Kommunikation leichter zu einem Fall von Zeugnisunrecht werden kann.

An der Struktur von Luna Borns Buch *Missbrauch mit den Missbrauchten* lässt sich dies veranschaulichen. Im Zentrum des Buches steht nicht Borns Missbrauchserfahrung, sondern ihr Versuch, mit dieser Erfahrung bei der katholischen Kirche Anerkennung für ihr erlittenes Leid zu erhalten. Nach zunächst positiven Erfahrungen mit ihren ersten Ansprechpartner*innen beschreibt sie eine Reihe von Interaktionen, die sie schwer retraumatisiert zurücklassen und ihr das Gefühl vermitteln, dass sie nicht gehört und nicht verstanden wird – und dass auf der Seite ihrer Gesprächspartner in der Kirche keinerlei Kompetenz dafür besteht, mit Missbrauchsopfern angemessen umzugehen.[75]

Mit Kristie Dotson kann man das, was Luna Born widerfahren ist, als epistemische Gewalt, oder genauer als Zeugnisunterdrückung (*testimonial smothering*) beschreiben.[76] Wie José Medina lässt Dotson nicht einfach unpersönliche strukturelle Faktoren für hermeneutisches Unrecht gelten – hermeneutisches Unrecht entsteht auch daraus, dass Menschen nicht so zuhören, und damit auf das Gesagte nicht so reagieren (können), wie es angemessen wäre. Es mag strukturelle Faktoren geben, die erklären, warum jemand nicht in der Lage ist, richtig zuzuhören, Dotson nimmt jedoch die Nicht- oder Falschhörer*innen persönlich in die Pflicht, und beschreibt ihr Versagen in dieser Hinsicht als epistemische Gewalt.

Wenn sich also hermeneutisch marginalisierte Personen kein Gehör verschaffen können, dann liegt dies nicht allein an den Strukturen ihrer Marginalisierung, sondern auch an der Unfähigkeit oder am Unwillen ihrer Gesprächspartner*innen, die hermeneutische Marginalisierung mitzudenken. Luna Born schreibt über einen Rechtsanwalt, der sich in einem an sie gerichteten Brief im selben Satz bei ihr und dem Täter für „Verzögerungen" entschuldigte:

---

75 Vgl. Born, *Missbrauch mit den Missbrauchten*, 35–161.
76 Vgl. Dotson, „Tracking Epistemic Violence", passim.

> [Das] wahrscheinliche Opfer mit dem vermeintlichen Täter in einem Satz zu erwähnen, [sehe
> ich] als ein Zeichen einer sehr schlechten Ausbildung. Für mich erscheint es vollkommen
> unverantwortlich, wenn ein Leiter der Kommission für den Umgang mit sexuell traumati-
> sierten Menschen diesen Zusammenhang nicht wahrnimmt und nicht in der Lage ist, die
> Gefahr einer Retraumatisierung zu sehen und zu vermeiden.[77]

Diese Kommunikation zwischen Rechtsanwalt und Betroffener kann man in der Summe als Zufügung epistemischer Gewalt bezeichnen. Epistemische Gewalt nach Dotsons Definition tritt dann auf, wenn die Gesprächspartner*innen aufgrund ihrer schädlichen Ignoranz (*pernicious ignorance*) nicht fähig sind, kommunikativ angemessen auf die getätigten Aussagen zu reagieren.[78] Im geschilderten Fall besteht diese schädliche Ignoranz darin, dass der Gesprächspartner seine Sprache nicht den Bedürfnissen einer traumatisierten Person anpasst, und dass er so – wie es Born auch für weitere Kirchenvertreter*innen schildert, an die sie geriet – den Eindruck erweckt, es gehe nicht darum, ihre Aussagen zu hören und zu würdigen, sondern die Institution Kirche gegen ihre Person zu verteidigen.

Im Verlaufe ihres kirchenrechtlichen Verfahrens wird Born wiederholt vorgeworfen, sie würde die Kooperation verweigern, obwohl sie ihre prinzipielle Bereitschaft zur Aussage zu keinem Zeitpunkt zurückzieht. Sie sieht sich mit einer Institution konfrontiert, die nicht zwischen rechtlichem Verfahren und Sorge um die Opfer unterscheiden kann oder will – und damit epistemische Maßstäbe an Borns Geschichte und ihr Verhalten im Verfahren anlegt, die ihrer Situation als schwer traumatisierte Person nicht angemessen sind.[79] Zwar wird die Glaubwürdigkeit von Borns Leidensgeschichte nicht bestritten, gleichzeitig wird aber die Unschuldsvermutung für den Täter aufrechterhalten und sie wird unter Verweisen auf verfahrensrechtliche Zwänge zu immer neuen Ansprechpartner*innen geschickt, mit einem übergriffigen Fragebogen konfrontiert[80] und zu immer neuen Aussagen und Untersuchungen genötigt.

Diese Verquickungen von rechtlichem Verfahren und Seelsorge[81] sind – zumindest in diesem Kontext – eine Form epistemischer Gewalt, die zu Zeugnisunterdrückung führen kann: „[A] truncating of one's own testimony in order to insure that the testimony contains only content for which one's audience demonstrates testimonial competence."[82] Borns potentielle Aussage wird durch die

---

77 Born, *Missbrauch mit den Missbrauchten*, 82 f.
78 Vgl. Dotson, „Tracking Epistemic Violence", 242.
79 Vgl. Born, *Missbrauch mit den Missbrauchten*, 162–176.
80 Vgl. a.a.O., 39–45.
81 Vgl. a.a.O., 129–131.
82 Dotson, „Tracking Epistemic Violence", 244.

Haltung der potentiellen Hörer*innen zu einer „conversation she can't have".[83] Born wirkt unkooperativ, weil sie bei den Vertreter*innen der Institution, mit der sie sich auseinandersetzt, keine Anzeichen für epistemische Kompetenz bezüglich ihrer Geschichte vorfindet.

Mit Gaile Pohlhaus lässt sich die widersprüchliche und defensive Haltung der Kirche auch als strukturelles epistemisches *gaslighting* beschrieben: institutionell und strukturell verankerte Praxen,

> [which are] oriented not toward psychological breakdown, but rather toward a sort of epistemic breakdown: to put out of circulation a particular way of understanding the world, one that centers the experience of the one who is gaslit. Specifically, in raising doubts about speakers' reliability, epistemic gaslighting is oriented at getting knowers to change their beliefs, to stop noticing or testifying to some thing [...].[84]

Wenn sie es doch tun, dann sehen sie sich, wie Luna Born, einem Normenapparat gegenüber, in dem sie aus ihrer epistemisch marginalisierten Position und nach den Spielregeln der epistemisch dominanten Institution agieren müssen – und selbst dafür verantwortlich gemacht werden, wenn sie sich nicht (mehr) auf diese Spielregeln einlassen können oder wollen.[85] Selbst wenn sie sich über die hermeneutischen Marginalisierungen hinwegsetzen können, die ihre Position als Opfer prägen, und selbst wenn sie ihre Aussagen glaubhaft vortragen können, kann es in der mit Missbrauchsfragen beschäftigten Bürokratie und Judikative der Kirche leicht geschehen, dass ihnen zusätzliche epistemische Gewalt angetan wird: dass sie sich wieder und wieder rechtfertigen sollen und ihre Glaubwürdigkeit immer neuen Personen beweisen müssen, dass sie erleben müssen, dass Verfahren verschleppt oder ganz eingestellt werden, dass sie zwar „Anerkennungsgeld" bekommen, dieses sich aber wie ein Schweigegeld anfühlt, wenn innerhalb der kirchlichen Hierarchie keine weiteren Konsequenzen folgen. Wie es eine andere Betroffene zusammenfasst: „Ich war von leidvollen Erinnerungen geschwächt und erfuhr das Agieren von katholischen Institutionsvertretern als einen Kampf gegen Betroffene."[86]

---

83 Vgl. a.a.O., 247.
84 Pohlhaus, „Gaslighting and Echoing", 677.
85 Vgl, a.a.O., 681 f.
86 Gerlass, „Wenn Mauern hochgezogen werden", 87.

5 Das Scheitern der „Aufarbeitung" als fortgesetztes hermeneutisches Unrecht

Erfahrungen dieser Art verstärken den Eindruck, sich einer epistemisch inkompetenten Institution gegenüber zu sehen, die weniger an ehrlicher Aufklärung interessiert ist als an der Rückgewinnung des eigenen guten Rufes.[87] Das erhöht die Hürden für diejenigen, die noch weniger Kraft haben als andere Betroffene, das ihnen zugefügte Unrecht zu thematisieren und sich damit an die entsprechenden Institutionen oder an die Öffentlichkeit zu wenden. In schweren Fällen kann es so zu einer Zeugnisunterdrückung kommen, die so massiv ist, dass die Betroffenen sich niemandem – keinem Menschen und keiner Institution – offenbaren können. Dies wiederum erhöht die Dunkelziffer solcher Taten und führt in einen epistemischen Teufelskreis: weil so hohe epistemische und psychologische Hürden bestehen, bis es zu Aussagen kommt, und weil diese Aussagen wiederum häufig mit epistemischer Gewalt beantwortet werden, werden die Hürden für diejenigen, die noch nicht gesprochen haben, noch höher. Das bedeutet auch, dass das „Hellfeld" solcher Taten noch eingeschränkter sein könnte als bei sexualisierter Gewalt in anderen Kontexten.[88] In diesem Sinne appelliert auch Matthias Katsch:

> Wir müssen auch die Menschen im Abseits erreichen (wollen). Die, die sich nicht von allein melden. Die wir nicht sehen, weil wir sie auch sonst übersehen, die Armen, die Kranken, die Menschen in den Kliniken und in den Gefängnissen. [...] Alle Betroffenen, alle Opfer von sexueller Gewalt in der Kindheit haben ein Recht, angehört und anerkannt zu werden. Nicht nur diejenigen, die in der katholischen Kirche viktimisiert wurden und eigene Ressourcen mobilisieren konnten, um gehört zu werden.[89]

---

87 Vgl. Hallay-Witte und Janssen, *Schweigebruch*, 144.

88 Die Autor*innen der *KFN-Studie*, die primär mit einer Durchsicht kirchlicher Personal- und Strafakten von Beschuldigten arbeiteten, merken an: „Sofern Personalakten von Klerikern durchgesehen wurden, die im Zuge des Antragsverfahrens zu ‚Leistungen in Anerkennung des Leids, das Opfern sexuellen Missbrauchs zugefügt wurde' beschuldigt worden waren, fand sich nur in 50 Prozent der in den Anträgen von der katholischen Kirche als plausibel eingestuften Beschuldigungen ein entsprechender Hinweis auf die Beschuldigung oder die Tat in der Personalakte oder anderen kirchlichen Dokumenten des jeweiligen Klerikers. Damit wäre die Hälfte aller Fälle im Rahmen einer reinen Personalaktendurchsicht ohne die aktive Antragstellung der Betroffenen zu ‚Leistungen in Anerkennung des Leids, das Opfern sexuellen Missbrauchs zugefügt wurde' nicht entdeckt worden. Dies gibt einen Hinweis auf das Ausmaß des anzunehmenden Dunkelfelds." (Fernau und Hellmann, „Vorwort", 5).

89 Katsch, *Damit es aufhört*, 144.

Wie im ersten Abschnitt geschildert, hat die Aufarbeitung der Missbrauchsskandale in der katholischen Kirche in Deutschland bisher eine ambivalente Bilanz. Es gibt Reaktionen aus kirchlichen Kreisen, die bei Betroffenen zu Recht Wut ausgelöst und das Bild einer ehrlich an Aufklärung und Reform interessierten Institution erschüttert haben. Dazu zählt der oben skizzierte Fall Woelki, aber auch der offene Brief Joseph Ratzingers zu den Missbrauchsskandalen aus dem Jahr 2019 oder der Eklat um den emeritierten Münsteraner Priester Zurkuhlen (ebenfalls 2019).

In seinem offenen Brief hält Ratzinger an einer Theologie der Kirche als „heilige" Gemeinschaft fest und macht zumindest implizit externe Einflüsse für die Missbrauchsfälle in der Kirche verantwortlich. Im Zusammenhang mit der sogenannten „sexuellen Revolution" der späten 1960er-Jahre spricht er von einer „sexuellen Freiheit, die keinerlei Normen mehr zuließ"[90] und einem gleichzeitigen „Zusammenbruch der katholischen Moraltheologie", womit er eine Abkehr von den eindeutigen und ausnahmslosen Prinzipien des Naturrechts meint.[91] Beides habe sich auch nachteilig auf die Kultur innerhalb der Kirche – vor allem die Priesterausbildung – ausgewirkt. Ratzinger spricht in diesem Zusammenhang von „homosexuellen Clubs" in Priesterseminaren[92] und setzt mindestens implizit Homosexualität mit Pädosexualität gleich. Pädosexualität (und die angeblich allein aus ihr resultierenden sexuellen Übergriffe an Kindern) stellt er dabei konsequent als externe Einflüsse dar. Im letzten Abschnitt spricht er dann von Missbrauchsanklagen gegen die Kirche als Institution als „Werk des Teufels": „Ja, es gibt Sünde in der Kirche und Böses. Aber es gibt auch heute die heilige Kirche, die unzerstörbar ist."[93] Ratzinger bedient hier den Mythos einer „heiligen" Institution, die allein durch sinistre, äußere Einflüsse, einer Art „schwulen Unterwanderung" und einen allgemeinen Verfall der Sitten sündig geworden ist. Er ignoriert Hinweise aus der Forschung, dass die Täter – trotz des im Vergleich extrem hohen Anteils männlicher Opfer – eben nicht primär homo- oder pädosexuell veranlagt sind, sondern häufig sexuell unreif bleiben, womöglich mit psychischen Krisen zu kämpfen haben, aber gleichzeitig die Macht des Priesteramtes genießen und ausnutzen und sich durch ihre Stellung Zugang zu jungen Opfern verschaffen.[94] Wenn die Kirche gerade bei Priesteramtsanwärtern außer der üblichen Verdammung außerehelicher Sexualität keine Hilfestellung zur Re-

---

90 Ratzinger, „Skandal des sexuellen Mißbrauchs", Abschnitt I.1.
91 A.a.O., Abschnitt I.2.
92 A.a.O., Abschnitt II.1.
93 A.a.O., Abschnitt III.3.
94 Vgl. Dreßing u .a., *MHG-Studie*, 258 f.

flektion auf die eigene sexuelle Identität anbietet, dann dürfte das ebendiese Problemlage noch verschärfen.

Der bereits erwähnte Priester Zurkuhlen sorgte regional für Aufsehen, als er während einer Predigt in der Münsteraner Heilig-Geist-Kirche aggressiv Vergebung für die Täter einforderte. Dies sorgte für teils massiven Widerspruch aus den Reihen der Gottesdienstbesucher*innen und dazu, dass einige von ihnen wütend die Kirche verließen. Zurkuhlen, der seine Aussagen zunächst noch verteidigte und verschärfte, wurde vom Münsteraner Bischof Genn damals gemaßregelt, darf aber inzwischen – nach einer angeblich „glaubhaften Entschuldigung" – unter Einschränkungen wieder Gottesdienste feiern.[95]

Zurkuhlens Haltung scheint mir dabei symptomatisch für ein Denken zu sein, an dem immer noch viele Priester, aber auch viele Laien in der Kirche festhalten: Es müsse auch „einmal gut sein" mit der Aufarbeitung, man möge doch vor allem alte und kranke Täter nicht mehr belangen und man solle doch diejenigen, die sich Jahre und Jahrzehnte in der Kirche für die Menschen engagiert haben, nicht unter „Generalverdacht" stellen.[96] Auch bei Kirchenvertretern, die sich mit scharfen Worten zu den Missbrauchsskandalen geäußert haben, zeigt sich Ambivalenz in ihrem Festhalten an der Kirche als „heilige" Gemeinschaft. Jorge Bergoglio hat in einem offenen Brief an das Volk Gottes von 2018 betont, dass die Kirche durch Vertuschung und Unterlassung Schuld auf sich geladen habe.[97] Dennoch suggeriert seine Rhetorik, dass er an einer Trennung von einer „eigentlich gesunden" Institution und den „moralisch korrumpierten" Tätern festhält – von pervertiertem Klerikalismus auf Täterseite und der „heiligen" Gemeinschaft der Kirche. Weiterhin ruft er zur „aktive[n] Teilnahme aller Glieder des Volks Gottes"[98] an einer Umkehr im kirchlichen Handeln auf – wo er sich eigentlich explizit an jene Machtzentren wenden müsste, die Missbrauch ermöglicht und vertuscht haben und eben nicht ausnahmslos und allgemein an alle Gläubigen. Strukturelle Fragen, wie sie in der neusten Literatur zu spirituellem Missbrauch und sexualisierter Gewalt aufgeworfen werden, werden auch von Bergoglio ausgespart; und das Selbstbild der Kirche als *societas perfecta*, das – wie Marianne Heimbach-Steins betont – eigentlich mit dem Zweiten Vatikanum überwunden wurde,[99] bleibt somit weiterhin aktiv. Sehr deutlich wurde dies in der Rede, die Bergoglio zum Abschluss der Kinderschutz-Konferenz im Vatikan im Jahr 2019 hielt. Dort sprach er von Tätern in der Kirche als „Werkzeugen Satans",

---

95 Katholisch.de, „Gottesdienstverbot teils aufgehoben".
96 Vgl. Hallay-Witte und Janssen, *Schweigebruch*, 136–147.
97 Vgl. Bergoglio, „Schreiben an das Volk Gottes".
98 A.a.O., 3.
99 Vgl. Heimbach-Steins, „Macht-Missbrauch", 235.

die sich „von ihrer menschlichen Schwäche oder ihrer Krankheit" hätten ver-
sklaven lassen.[100] Genau wie Ratzinger hält er an der strukturellen Unschuld der
Kirche fest, trotz seiner Bekenntnisse zu Prävention und Aufklärung.

Aussagen und Interpretationsmuster wie die hier besprochenen drücken
wohl zuvorderst ein Interesse am Selbstschutz der Institution Kirche aus. Dieses
Interesse ist für sich genommen nicht überraschend: die meisten Institutionen
haben einen intrinsischen Beharrungswillen, und viele Institutionen reagieren
(genau wie die meisten Menschen) ablehnend, wenn sie zum Wandel genötigt
werden. Doch im Kontext der Missbrauchsskandale wird der Beharrungswille der
Kirche zu hermeneutischem Unrecht. Wenn kirchliche Akteure versuchen, von
innerkirchlichen Strukturen abzulenken, Missbrauchsfälle bagatellisieren, Täter
weiterhin schonen und schützen, dann werden die Opfer spirituell und psychisch
retraumatisiert. Gleichzeitig werden ihnen und der Allgemeinheit epistemische
Ressourcen entzogen oder verschleiert, die zum Verständnis von Missbrauchsstrukturen beitragen könnten. Dieses Zurückhalten epistemischer Ressourcen hat
einen gravierenden Nebeneffekt: es lenkt von der Dringlichkeit struktureller Reformen und dogmatischer Diskussionen ab, die über die Missbrauchsthematik
weit hinausgehen würden und doch auf sie zurückverweisen.

Solche Diskussionen müssten eine kritische Betrachtung der Rolle des
Priesters und der strikten, anachronistischen Sexualmoral der Kirche einschlie-
ßen, und zwar in solchen Kreisen, die die Autorität haben, an den Dogmen und
Strukturen etwas zu ändern (eine akademische Diskussion in der Theologie, wie
sie seit Jahrzehnten stattfindet, ändert nichts, solange sie sich nicht auch in den
Bischofskonferenzen und auf den Kanzeln durchsetzt). Das Abblocken einer
wahrhaft kritischen Auseinandersetzung hat – in epistemischer Hinsicht – einen
doppelt schädlichen Effekt. Sie behindert die nachhaltige Zerschlagung von
Missbrauchsstrukturen, und sie schreibt die spirituelle, institutionelle und epistemische Marginalisierung von katholischen Frauen und queeren Katholik*innen
fort. Beide Effekte sind, wie ich zu zeigen versucht habe, wechselwirkend miteinander verbunden; und solange die Kirche sich nicht radikal mit den Moralvorstellungen und dem Selbstbild beschäftigt, die ihnen zugrunde liegen, verübt
sie epistemische Gewalt.

---

100 Bergoglio, „Rede in der Eucharistiefeier", 3.

Literatur

Behrensen, Maren. „Eine philosophische Auseinandersetzung mit der katholischen Genderkritik: Zur Genealogie und Rezeption eines umstrittenen Begriffs," *Sozialethische Arbeitspapiere des Instituts für Christliche Sozialwissenschaften* 13, Januar 2020, https://www.uni-muenster.de/imperia/md/content/fb2/c-systematischetheologie/christlichesozialwissenschaften/heimbach-steins/ics-arbeitspapiere/apgenderdokument_final.pdf (letzter Zugriff: 04.01.2021).

Benkert, Marianne und Thomas P. Doyle. „Clericalism, Religious Duress, and its Psychological Impact on Victims of Sexual Abuse." *Pastoral Psychology* 58 (2009): 223–238.

Berenstain, Nora. „White Feminist Gaslighting." *Hypatia* 35 (2020): 733–758.

Bergoglio, Jorge Mario („Papst Franziskus"). „Schreiben von Papst Franziskus an das Volk Gottes," *vatican.va* (Brief), 20.08.2018, http://www.vatican.va/content/francesco/de/letters/2018/documents/papa-francesco_20180820_lettera-popolo-didio.html (letzter Zugriff: 04.01.2021).

Bergoglio, Jorge Mario („Papst Franziskus"). „Rede in der Eucharistiefeier zum Abschluss der Kinderschutz-Konferenz im Vatikan vom 21.–24. Februar 2019," *Deutsche Bischofskonferenz*, 24.02.2019, https://www.dbk.de/fileadmin/redaktion/diverse_downloads/dossiers_2019/2019-02-24_Rede-Papst-Franziskus-Kinderschutz-Konferenz.pdf (letzter Zugriff: 28.01.2021).

Born, Luna. *Missbrauch mit den Missbrauchten. Mehr Träume als die katholische Kirche zerstören kann.* Baden-Baden: Tectum, 2019.

Chatelain, Kim. „Catholic Church Ignored 1985 Report Warning of Sex Child Abuse Crisis," *nola.com* (The Times-Picayune), 21.02.2019, https://www.nola.com/news/article_91ac5ee5-ed47-55b9-a6e9-ef72496a8900.html (letzter Zugriff: 29.12.2020).

Cronin, Micah. „On Brokenness: The Tension of LGBTQ Christians' Experiences of Sexual Abuse and Violence." In *Sexualisierte Gewalt in kirchlichen Kontexten. Neue interdisziplinäre Perspektiven*, hg. v. Mathias Wirth, Isabelle Noth und Silvia Schroer, 425–443. Berlin und Boston: De Gruyter, 2022.

Dotson, Kristie. „Tracking Epistemic Violence, Tracking Practices of Silencing." *Hypatia* 26 (2011): 236–257.

Dotson, Kristie. „Conceptualizing Epistemic Oppression." *Social Epistemology* 28 (2014): 115–138.

Dowideit, Anette. „Warum tritt der Kölner Erzbischof nicht endlich ab?" *Welt online*, 25.12.2020, https://www.welt.de/politik/deutschland/article223229820/Kardinal-Woelki-Warum-tritt-Koelns-Erzbischof-nicht-ab.html (letzter Zugriff: 04.01.2021).

Doyle, Thomas P. „The Spiritual Trauma Experienced by Victims of Sexual Abuse by Catholic Clergy." *Pastoral Psychology* 58 (2009): 239–260.

Dreßing, Harald u. a. *Sexueller Missbrauch an Minderjährigen durch katholische Priester, Diakone und männliche Ordensangehörige im Bereich der Deutschen Bischofskonferenz* (MHG-Studie), https://www.dbk.de/fileadmin/redaktion/diverse_downloads/dossiers_2018/MHG-Studie-gesamt.pdf (letzter Zugriff: 28.01.2021). Mannheim, Heidelberg und Gießen, 2018.

Erzbistum Köln. „Erzbistum Köln veröffentlicht unabhängige Untersuchung bis zum 18. März 2021," *Gemeinsame Erklärung des Betroffenenbeirats des Erzbistums Köln und des Erzbistums Köln*, 30.10.2020, https://www.erzbistum-koeln.de/news/Erzbistum-Koelnveroeffentlicht-unabhaengige-Untersuchung-bis-zum-18.-Maerz-2021/ (letzter Zugriff: 04. 01. 2021).

Fernau, Sandra und Deborah F. Hellmann. „Vorwort." In *Sexueller Missbrauch Minderjähriger durch katholische Geistliche in Deutschland*, hg. v. diess., 5 – 6. Baden-Baden: Nomos, 2014.

Fernau, Sandra, Laura Treskow und Anja Stiller. „Nationale und internationale Befunde zu sexuellem Missbrauch durch Geistliche." In *Sexueller Missbrauch Minderjähriger durch katholische Geistliche in Deutschland*, hg. v. dies. und Deborah F. Hellmann, 27 – 58. Baden-Baden: Nomos, 2014.

Figueroa, Rocío und David Tombs. „Living in Obedience and Suffering in Silence: The Shattered Faith of Nuns Abused by Priests." In *Sexualisierte Gewalt in kirchlichen Kontexten. Neue interdisziplinäre Perspektiven,* hg. v. Mathias Wirth, Isabelle Noth und Silvia Schroer, 45 – 74. Berlin und Boston: De Gruyter, 2022.

Fleming, Daniel J. „Overcoming Silence: Fraternal Correction, Hierarchy, and the Abuse Crisis in the Australian Catholic Church." In *Sexualisierte Gewalt in kirchlichen Kontexten. Neue interdisziplinäre Perspektiven,* hg. v. Mathias Wirth, Isabelle Noth und Silvia Schroer, 75 – 91. Berlin und Boston: De Gruyter, 2022.

Fricker, Miranda. *Epistemic Injustice. Ethics and the Power of Knowing.* Oxford: Oxford University Press, 2007.

Gerlass, Susanne. „Wenn Mauern hochgezogen werden. Missbrauch in der Aufarbeitung." In *Erzählen als Widerstand. Berichte über spirituellen und sexuellen Missbrauch an erwachsenen Frauen in der katholischen Kirche*, hg. v. Barbara Haslbeck u. a., 87 – 90. Münster: Aschendorff, 2020.

Hallay-Witte, Mary und Bettina Janssen, Hg. *Schweigebruch. Vom sexuellen Missbrauch zur institutionellen Prävention.* Freiburg i. Br.: Herder, 2016.

Haslbeck, Barbara u. a. *Erzählen als Widerstand. Berichte über spirituellen und sexuellen Missbrauch an erwachsenen Frauen in der katholischen Kirche.* Münster: Aschendorff, 2020.

Haverkamp, Christof. „Opfer um Vergebung gebeten. Osnabrücker Bischof Bode legt im Dom Schuldbekenntnis für Missbrauchsfälle ab," *Neue Osnabrücker Zeitung*, 28. 11. 2010, https://www.noz.de/artikel/206242/osnabrucker-bischof-bode-legt-im-dom-schuldbekenntnis-fur-missbrauchsfalle-ab (letzter Zugriff: 28. 01. 2021)

Heimbach-Steins, Marianne. „Macht-Missbrauch. Sexuelle Gewalt gegen Kinder und Jugendliche und die Krise der katholischen Kirche." *Soziale Passagen* 2 (2010): 227 – 240.

Höfling, Gabriele. „Leiter der Missbrauchsstudie in Münster: Opfer wurden am Reden gehindert," *katholisch.de* (Interview mit Thomas Großbölting), 05. 12. 2020, https://www.katholisch.de/artikel/27832-leiter-der-missbrauchsstudie-in-muenster-der-zoelibat-stand-ueber-allem (letzter Zugriff: 04. 01. 2021).

Hoff, Katharina. „Das alles im Namen Gottes." In *Erzählen als Widerstand. Berichte über spirituellen und sexuellen Missbrauch an erwachsenen Frauen in der katholischen Kirche*, hg. v. Barbara Haslbeck u. a., 103 – 108. Münster: Aschendorff, 2020.

Jenkins, Katharine. „Rape Myths and Domestic Abuse Myths as Hermeneutical Injustices." *Journal of Applied Philosophy* 34 (2017): 191 – 205.

John Jay College of Criminal Justice. *The Nature and Scope of Sexual Abuse of Minors by Catholic Priests and Deacons in the United States 1950 – 2002.* Washington: United States Conference of Catholic Bishops, 2004.

Katholisch.de. „Münster: Gottesdienstverbot gegen Pfarrer Zurkuhlen teils aufgehoben," *katholisch.de*, 06.07.2020, https://www.katholisch.de/artikel/26085-muenster-gottesdienstverbot-gegen-pfarrer-zurkuhlen-teils-aufgehoben (letzter Zugriff: 04.01.2021).

Katsch, Mathias. *Damit es aufhört. Vom befreienden Kampf der Opfer sexueller Gewalt in der Kirche*. Berlin: Nicolai Publishing & Intelligence, 2020.

Kölner Stadt-Anzeiger. „Woelki meldete Missbrauchsvorwürfe nicht nach Rom," *ksta.de*, 10.12.2020, https://www.ksta.de/nrw/woelki-meldete-missbrauchsvorwuerfe-nicht-nach-rom-37803860 (letzter Zugriff: 04.01.2021).

König, Bastian. „Erfahrungen sexualisierter Gewalt verstehen? Eine hermeneutische Spur im Ausgang von Paul Ricœurs Konzeption einer narrativen Identität." In *Sexualisierte Gewalt in kirchlichen Kontexten. Neue interdisziplinäre Perspektiven*, hg. v. Mathias Wirth, Isabelle Noth und Silvia Schroer, 215–233. Berlin und Boston: De Gruyter, 2022.

Lang, Saskia. „Ich fühle mich bis heute nicht wohl als Frau." In *Erzählen als Widerstand. Berichte über spirituellen und sexuellen Missbrauch an erwachsenen Frauen in der katholischen Kirche*, hg. v. Barbara Haslbeck u. a., 116–117. Münster: Aschendorff, 2020.

Mannschatz, Jasmin. „,We were expected to carry the weight of their shame and guilt, thinking it was our shame.' Gerard Rodgers' sozialethisches Prinzip mea culpa im Kontext sexualisierter Gewalt." In *Sexualisierte Gewalt in kirchlichen Kontexten. Neue interdisziplinäre Perspektiven*, hg. v. Mathias Wirth, Isabelle Noth und Silvia Schroer, 479–500. Berlin und Boston: De Gruyter, 2022.

McKinnon, Rachel. „Epistemic Injustice." *Philosophy Compass* 11 (2016): 437–446.

Medina, José. „Hermeneutic Injustice and Polyphonic Contextualism: Social Silences and Shared Hermeneutic Responsibilities." *Social Epistemology* 26 (2012): 201–220.

Moschella, Mary Clark. „Patriarchy, Power, and Bodies: A Pastoral Theological View of Sexual Abuse in the Church." In *Sexualisierte Gewalt in kirchlichen Kontexten. Neue interdisziplinäre Perspektiven*, hg. v. Mathias Wirth, Isabelle Noth und Silvia Schroer, 509–519. Berlin und Boston: De Gruyter, 2022.

Nordheimer, Jon. „Sex Charges Against Priest Embroil Louisiana Parents," *New York Times* (Digitales Archiv), 20.06.1985, https://www.nytimes.com/1985/06/20/us/sex-charges-against-priest-embroil-louisiana-parents.html (letzter Zugriff: 29.12.2020).

Office of the Attorney General of the Commonwealth of Pennsylvania. *Report I of the 40th Statewide Investigating Grand Jury*, 2018, https://www.attorneygeneral.gov/report/ (letzter Zugriff: 29.12.2020).

Panchuk, Michelle. „Distorting Concepts, Obscured Experiences. Hermeneutical Injustice in Religious Trauma and Spiritual Violence." *Hypatia* 35 (2020): 607–625.

Pfeiffer, Christian, Thomas Mößle und Dirk Baier. „Über das Scheitern eines Forschungsprojektes zur Untersuchung des sexuellen Missbrauchs durch katholische Geistliche." In *Sexueller Missbrauch Minderjähriger durch katholische Geistliche in Deutschland*, hg. v. Sandra Fernau und Deborah F. Hellmann, 9–26. Baden-Baden: Nomos, 2014.

Pohlhaus Jr., Gaile. „Gaslighting and Echoing, or Why Collective Epistemic Resistance is not a ,Witch Hunt'." *Hypatia* 35 (2020): 674–686.

Prüll, Livia. „Von geschlechtsbezogener Gewalt zur ,Reformation für Alle*' – Die christlichen Kirchen in Deutschland und Transsexualität/Transidentität." In *Sexualisierte Gewalt in kirchlichen Kontexten. Neue interdisziplinäre Perspektiven*, hg. v. Mathias Wirth, Isabelle Noth und Silvia Schroer, 445–477. Berlin und Boston: De Gruyter, 2022.

Ratzinger, Joseph („Papst Benedikt XVI."). „Die Kirche und der Skandal des sexuellen
Mißbrauchs," *Vatican News* (Aufsatz), 11.04.2019, https://www.vaticannews.va/de/
papst/news/2019-04/papst-benedikt-xvi-wortlaut-aufsatz-missbrauch-theologie.html
(letzter Zugriff: 04.01.2021).
Schreiber, Gerhard. „Begriffe vom Unbegreiflichen. Beobachtungen zur Rede von ‚sexueller
Gewalt' und ‚sexualisierter Gewalt'." In *Sexualisierte Gewalt in kirchlichen Kontexten.
Neue interdisziplinäre Perspektiven*, hg. v. Mathias Wirth, Isabelle Noth und Silvia
Schroer, 123–145. Berlin und Boston: De Gruyter, 2022.
Tempelmann, Inge. *Geistlicher Missbrauch: Auswege aus frommer Gewalt – ein Handbuch für
Betroffene und Berater*. Wuppertal: R. Brockhaus, 2007.
Terry, Karen J. u. a. *The Causes and Context of Sexual Abuse of Minors by Catholic Priests in
the United States, 1950–2010. A Report Presented to the United States Conference of
Catholic Bishops by the John Jay College Research Team*. http://votf.org/johnjay/John_Jay_
Causes_and_Context_Report.pdf (letzter Zugriff: 14.04.2021). Washington: United States
Conference of Catholic Bishops, 2011.
Tobin, Teresa. „Spiritual Violence, Gender, and Sexuality: Implications for Seeking and
Dwelling among Some Catholic Women and LGBT Catholics." In *Seekers and Dwellers:
Plurality and Wholeness in a Time of Secularity*, hg. v. Philip J. Rossi, 133–166.
Washington: The Council for Research in Values and Philosophy, 2016.
Truth and Reconciliation Commission of Canada. *Honouring the Truth, Reconciling for the
Future. Summary of the Final Report of the Truth and Reconciliation Commission of
Canada*, 2015, http://trc.ca/assets/pdf/Honouring_the_Truth_Reconciling_for_the_Future_
July_23_2015.pdf (letzter Zugriff: 28.01.2021).
Vatican News. „Zwischenbericht zur Missbrauchsstudie in Münster vorgestellt," *Vatican News*,
02.12.2020, https://www.vaticannews.va/de/kirche/news/2020-12/deutschland-kirche-
missbrauch-bistum-muenster-zwischenbericht.html (letzter Zugriff: 04.01.2021).
Wagner, Doris. *Spiritueller Missbrauch in der katholischen Kirche*. Freiburg i. Br.: Herder, 2019.
Wastl, Ulrich, Martin Pusch und Nata Gladstein. *Sexueller Missbrauch Minderjähriger und
erwachsener Schutzbefohlener durch Kleriker im Bereich des Bistums Aachen im Zeitraum
1965 bis 2019. Verantwortlichkeiten, systemische Ursachen, Konsequenzen und
Empfehlungen* (Gutachten), https://westpfahl-spilker.de/wp-content/uploads/2020/11/
Gutachten_Bistum_Aachen.pdf (letzter Zugriff: 28.01.2021). München: Westpfahl Spilker
Wastl Rechtsanwälte, 2020.
Werren, Melanie. „Sexualisierte Gewalt gegen Kinder und Jugendliche im kirchlichen Kontext –
ein Überblick und eine Fallanalyse." In *Sexualisierte Gewalt in kirchlichen Kontexten.
Neue interdisziplinäre Perspektiven*, hg. v. Mathias Wirth, Isabelle Noth und Silvia
Schroer, 29–44. Berlin und Boston: De Gruyter, 2022.
Wirth, Mathias. „Die Banalisierung sexualisierter Gewalt im Gestus ihrer Entschuldigung." In
Sexualisierte Gewalt in kirchlichen Kontexten. Neue interdisziplinäre Perspektiven, hg. v.
ders., Isabelle Noth und Silvia Schroer, 355–377. Berlin und Boston: De Gruyter, 2022.

Alexander Fischer

Das Handwerk der Verführung

Manipulation, Sexualität und Glaube

> „Did you ever try and tell anyone?"
> „Like who? A priest?"

1 Einleitung

Konzentriert und sachlich erzählt Tom McCarthys Film *Spotlight* aus dem Jahr 2015 die wahre Geschichte der investigativen Aufdeckung von Fällen sexualisierter Gewalt in der römisch-katholischen Kirche in Boston, USA, durch ein Journalistenteam der Tageszeitung *The Boston Globe*. Der Film fokussiert dabei auf die erläuternde Erzählung des Mechanismus' genau ineinandergreifender Zahnräder, um die Struktur der systematischen sexualisierten Gewalt gegen Kinder und Jugendliche darzulegen, statt durch eine Held*innen- oder Bösewichtsgeschichte zu dramatisieren. Was so informativ und ebenso prägnant nachgezeichnet wird, ist der Umgang der katholischen Würdenträger und Institutionen mit ihnen lang bekannten Fällen sexualisierter Gewalt: Nach und nach wird freigelegt, dass die Erzdiözese Boston von sexuellen Übergriffen wusste, sie regelmäßig und musterhaft durch Versetzung der Täter zu vertuschen, Betroffene durch außergerichtliche Verhandlungen und Zahlungen ruhigzustellen und öffentlich dokumentierte Spuren zu verhindern versuchte. Streng achtete die katholische Kirche darauf, stets selbst die Richterin in Bezug auf die Fälle sexualisierter Gewalt sein zu können. Dies sind die mittlerweile mehrfach belegten innerkirchlichen Mechanismen, die zutage gefördert werden und die auch im deutschsprachigen Raum zuletzt durch die Verwicklungen in und die Vertuschungen von Fällen sexualisierter Gewalt in den römisch-katholischen Verwaltungseinheiten („Erzbistümern") Berlin oder Köln erneute Aktualität gewannen.[1]

---

1 Vgl. bspw. für den amerikanischen Raum Frawley-O'Dea, *Perversion of Power*, 1–15 oder, für den deutschsprachigen Raum, im Band von Brüntrup, Herwartz und Kügler, *Unheilige Macht*, in dem Ordensleute die unheilvolle Geschichte ihres eigenen Ordens aufarbeiten, insbesondere Zoll, „Chronologie einer Infragestellung", sowie Roers, „Die unendliche Geschichte". Systematische sexualisierte Gewalt ist nicht auf die katholische Kirche beschränkt, wie beispielsweise Fälle in reformpädagogischen Einrichtungen wie der Odenwaldschule zeigen. Frawley-O'Dea vermutet aber ein deswegen starkes Interesse an jenen Fällen aus katholischem Kirchenkreis, weil die moralische Scheinheiligkeit der Institution und ihrer Würdenträger hier in einem krassen Kon-

https://doi.org/10.1515/9783110699203-011

„You see, knowledge is one thing, but faith, faith is another", heißt es durch eine priesterliche Figur in einer Predigt zu Beginn von *Spotlight* (ab Min. 27:37). Der Satz macht pointiert deutlich, wie der warme Glaube dem rational-kühlen Wissen oppositionell gegenübergestellt wird – auch dann, in mitunter fragwürdiger Art und Weise, wenn es um konkrete sexuelle Übergriffe geht, so ließe sich hinzufügen.[2] Nicht nur diese Konstellation des Schutzes eines Glaubenskonstrukts gegenüber klaren Wissensbeständen wird zum Generalbass des Skandals, sondern auch, dass die tiefe gesellschaftliche Verwobenheit der das Glaubenskonstrukt bewahrenden katholischen Kirche mit der Stadt Boston ermöglichte, auf eine solch erfolgreiche Art und Weise zu vertuschen und den Glauben (und seine Wirkmacht im weltlich-städtischen Machtgefüge) zu schützen. Die Figur des Anwalts Mitchell Garabedian, dessen echtes Vorbild durch die Verteidigung von Gewaltbetroffenen gegen das Erzbistum Boston bekannt wurde, bringt diese strukturelle Ermöglichung an einer Stelle prägnant auf den Punkt: „If it takes a village to raise a child, it takes a village to abuse one." (ab Min. 57:54). Elegant eröffnet der Film so neben der Aufschlüsselung der strukturellen Vertuschungsmechanismen auch die Frage nach den vielen Schichten der moralischen Verantwortung im Zusammenhang von sexualisierter Gewalt im Allgemeinen und systematischer sexualisierter Gewalt im Speziellen.[3] Wie genau die Übergriffe sich anbahnen und vonstatten gehen, erfährt man im Film über die Erzählungen der Betroffenen.

Berührend und einsichtsvoll sind so auch jene Momente, die nicht das große Ganze freilegen, sondern das Brennglas auf diese Betroffenen selbst richten: „I was 11 and I was preyed upon by Father David Holley in Worcester", heißt es von der Figur, die den Aktivisten Phil Saviano darstellt (ab Minute 32:17). Durch das lautliche Wortspiel von *pray* (beten) und *prey* (ausbeuten, ausnutzen) wird eine

---

trast deutlich zutage tritt: „The juxtaposition of manifest moral rectitude offset by evidence of underlying moral corruption captures the human imagination. We watch and wait to see if, in the end, the good guys will win or if the bad guys will get away with it." (S. 7).

2 Die fiktive Priesterfigur spricht über die Neuerungen durch das Internet und die stete Verfügbarkeit von Wissen, die ihn, so versucht er es humoristisch darzustellen, besorge. Warum? Man könnte es so interpretieren: Weil damit das bereits von Friedrich Nietzsche z. B. in *Zur Genealogie der Moral* angeprangerte machtvolle Wissensmonopol der Priester unterminiert werden mag. Doch der Glaube sei eben etwas ganz anderes, etwas, für das es die Priester weiter braucht, wodurch wiederum auch deren Machtposition gesichert bleibt. So gibt uns der Film damit bereits einen Hinweis auf das Machtvolle und wiederum das angenommenermaßen Schützenswerte des Glaubens – eben selbst vor dem Hintergrund handfester Fälle sexualisierter Gewaltausübung. Es geht hier gewissermaßen um den immer wieder bemühten Schutz des höheren Gutes.

3 Siehe zu diesen Themen auch Müllner, „Frightening Continuities" und Gräb-Schmidt, „Abgrund menschlicher Möglichkeiten" in diesem Band.

asymmetrisch-übergriffige Beziehungskonstellation bereits im ersten Satz der Szene deutlich. Weiter heißt es eindrücklich:

> When you're a poor kid from a poor family religion counts for a lot and when a priest pays attention to you, it's a big deal. He asks you to collect the hymnals or take out the trash, you feel special. It's like God asking for help. So maybe it's a little weird when he tells you a dirty joke but now you got a secret together, so you go along. Then he shows you a porno mag and you go along. And you go along and you go along until one day he asks you to jerk him off or give him a blow job. And so you go along with that, too, because you feel trapped because he has groomed you. How do you say 'no' to God, right? See, it is important to understand that this is not just physical abuse, it is spiritual abuse, too." (ab Min. 32:41)[4]

Die weiteren Betroffenenfiguren stimmen in den Grundtenor dieser Worte ein: Sie teilen das präpubertäre Alter und stammen in der Regel aus schwierigen finanziellen, sozialen sowie emotional verarmten oder instabilen Hintergründen. Sie erhalten Aufmerksamkeit von zugänglichen, freundlichen, sorgenden und charismatischen Priestern, die als legitime Vertreter Gottes auf Erden verstanden oder im Extremfall gar als Gott selbst wahrgenommen werden. Sie teilen Vertrauliches mit ihnen. Sie wittern die Verheißung der besseren Lebensumstände durch den Einbezug in einen privilegierten Bereich. Nach und nach erweitern sich die durch Priester als Einladung ausgesprochenen gemeinsamen Aktivitäten und damit auch die Grenzen. Eine verwirrende Atmosphäre aus Glaubenswille (daher auch „spiritual abuse"), Untergebenheit, Geheimnis, Ambivalenz, Leugnung, Wut, Schuld, Scham und nicht zuletzt Angst mag entstehen. Die Eltern, oft im Unwissen über die sich anbahnende und irgendwann gar handfeste sexuelle Komponente der Beziehungen, sind froh über die gute Anbindung ihrer Kinder und die Entlastung von Erziehungsaufgaben. Wenn sexualisierte Gewalt zur Sprache kommt, geschieht schnell, was nach wie vor zu oft passiert, wenn sexuelle Übergriffe jeglichen Formats stattfinden: Die Beweislast wird den Betroffenen auferlegt und ihren Erzählungen mitunter nicht geglaubt; Betroffene geben sich so oft selbst die Schuld für das, was passierte.[5] Dem entsprechend lautet die ironisch-resignierte Antwort der Betroffenenfigur Joe auf die Frage „Joe, did you ever try and tell anyone?": „Like who? A priest?" (ab Min. 43:57). Die Folgen der sich oft an die sexuellen Übergriffe anschließenden existenziellen Einsamkeit, in

---

4 Phil Saviano schildert seine Erlebnisse sexualisierter Gewalt sowohl auf seiner Website als auch in mehreren (z. T. dort verlinkten) Interviews, vgl. www.philsaviano.com.

5 Siehe dazu Mannschatz, „Expected to carry the weight of their shame" und Mercer, „Spiritual Care for Survivors" in diesem Band.

der selbst der Glaube genommen sein kann, sind bekannt: Verzweiflung, schädlicher Substanzgebrauch und Abhängigkeit, psychische Erkrankung, Suizid.

Es ist die Mixtur aus asymmetrischer Machtkonstellation (asymmetrisch z. B. durch Status, unterschiedliches Alter und unterschiedlichen Erfahrungsschatz), Glaubenskontext, emotionaler Vulnerabilität[6], Verheißung und für Gewaltbetroffene oftmals neuartiger Sexualität, die eine toxische Atmosphäre zu grundieren vermag. „Den bedürftigen und gefühlsverarmten Kindern widmete ich mich besonders", heißt es in dem anonymen Bericht eines aufgrund sexualisierter Gewalt verurteilten Priesters.[7] Hier, wie die Saviano-Figur deutlich macht, ist handfeste körperliche Gewalt mitunter gar nicht nötig, damit ein Täter seinem Ziel nachgehen kann. Es geht vielmehr um subtilere Beeinflussung; in anderen Worten: Es ist eine umfassend angelegte Manipulation, eine Verführung der Betroffenen zu einer auch sexuellen Beziehung, die hier als effektives Mittel innerhalb einer asymmetrischen Machtstruktur Anwendung findet. Auf diese manipulative Beeinflussung möchte ich in diesem Text das Licht richten, wohlwissend, dass ich damit nur einen Baustein von sexualisierter Gewalt herausgreife. In vielen Anbahnungen und Aufrechterhaltungen von solcher Gewalt, die neben der körperlichen Komponente mit affektiver Beeinflussung einhergeht, geht es primär weder um eine rationale Überzeugung zu irgendeiner Handlung noch um harte physische Gewalt, um eine Handlung zu erwirken, genauer: ein gewalttätiges Zwingen zu einer sexuellen Handlung. Es ist vielmehr die subtile Manipulation zu solchen Handlungen und deren (verschwiegenes) Aushalten im Zusammenhang einer emotional undurchsichtigen Lage. Wenn man bedenkt, dass sexuelle Handlungen im Kontext der katholischen Kirche generell für priesterliche Würdenträger verboten sind, fällt die rationale Argumentation dafür bereits aus dem Rahmen – sie ist gewissermaßen Tabu[8] –, wie auch ein dezidiert körperlich-gewalttätiges Erzwingen, das nicht nur auffälliger, sondern möglicherweise auch weniger mittel- und langfristig erfolgreich wäre zum Aufrechterhalten der unpassenden Beziehung zwischen Täter und Betroffenen. Manipulation bietet sich so nicht nur als

---

6 Mit emotionaler Vulnerabilität ist eine biopsychosozial bedingte emotionale Wesenheit gemeint, die durch schwierige Herkunftsgeschichten, problematische Beziehungs- und Bindungsverhältnisse und ererbte oder organisch erworbene psychische Versehrtheit entstehen kann und unterschiedliche und oft dysfunktionale Ausprägungen in der individuellen emotionalen Stabilität, Bedürftigkeit und Erwartungshaltung zur Folge hat. Zum ethischen Vulnerabilitätsbegriff siehe auch Seibert, „Menschenführung" in diesem Band.

7 Anonym, „Das schwarze Loch", 118.

8 Dies wird durch Exkommunikationsfälle wie den des ehemaligen Priesters und heutigen Publizisten und Psychoanalytikers Eugen Drewermann immer wieder deutlich. Die Debatte um die Aufhebung des Pflichtzölibats beispielsweise wird in Kirchenkreisen eher träge und mit wenig Fortschritt geführt.

effektive, effiziente und oft weniger offensichtliche (für Betroffene, aber auch Außenstehende) Variante der Beeinflussung vor dem Hintergrund gegebener finanzieller, sozialer und emotionaler Umstände Betroffener an, sondern auch aufgrund der Rahmensituation des warmen Glaubens, in dem selbst weniger ein kühles rationales Argument als vielmehr die affektive Beeinflussung eine Rolle spielt, und der Machtposition der Priester. Um dies gleich vorwegzunehmen: Manipulation wird hier in einem fraglos moralisch verwerflichen Kontext als Mittel der Beeinflussung genutzt, wenngleich die sich hier bereits andeutenden Bestandteile von Täuschung über die Tatsachen der Beziehung und die Zukunft, das ganz und gar Heimliche und die negativen Folgen der Manipulation *nicht notwendigerweise* Bestandteile einer Manipulation sein müssen (das mag zunächst verwirren; dazu weiter unten noch ein paar Worte mehr). Wesentlicher im Zusammenhang der Manipulation ist ihre grundsätzliche Operationalisierung unserer Affektivität und ihre stille Verführungsmacht anhand des Angenehmen. Dabei – und das wird ihr oft vorgeworfen – umgeht sie zumindest teilweise unsere Rationalität (auch wenn sie sie durchaus auch zu nutzen und zu modifizieren weiß). All die gerade genannten Faktoren (Täuschung, Heimlichkeit und negative Folgen), die dem Begriff „Manipulation" zu einem wesentlichen Teil seine negative Konnotation in der Alltagssprache eingetragen haben, sind hier dann als zusätzlich potentiell verstärkende Bedingungen zur Modulation der Affektivität der Manipulierten zu denken und konstitutive Teile einer ethisch illegitimen Manipulation.

Nachdem wir nun bestimmende Rahmenbedingungen der Fälle sexualisierter Gewalt im kirchlichen Rahmen zumindest skizziert haben, geht es mir im Folgenden um das Scharfstellen einer Perspektive auf grundlegend manipulative Interaktionsstrukturen im Rahmen sexualisierter Gewalt; das Phänomen der Manipulation soll so auf einen besonders relevanten Bereich bezogen werden. Hierfür geht es zunächst um abstraktere Betrachtungen: Mit dem Ziel den Wirkrahmen der stillen Macht der Manipulation besser zu verstehen, soll ihr Mechanismus mit Blick auf den besonderen Kontext von Sexualität verstanden werden. Hierfür wird in handlungstheoretischem Blickwinkel nochmal vom konkreten Kontext der kirchlichen sexualisierten Gewalt abstrahiert und zunächst ein Verständnis von Manipulation vorgestellt. Nach diesem Fokus auf abstraktere Sphären soll das Ganze abschließend auf den wiederum speziellen Rahmen der kirchlichen Skandale um sexualisierte Gewalt zurückbezogen und angewendet werden. Denn hier ergeben sich einige Problemstellungen, die wiederum das Konzept der Manipulation mit Fragen konfrontieren, da es hier um (teils besonders vulnerable) Kinder und Jugendliche geht und somit grundlegende Fragen nach der normaltypisch ausgeformten Möglichkeit von freiheitlichem Handeln oder einer intakten psychischen Ökologie[9] aufkommen mögen. Doch dazu später mehr. Versuchen wir zunächst, das Phänomen Manipulation und seine Rahmenbedingungen besser zu verstehen.

2 Stille Verführungsmacht: Manipulation, Beziehung und Sexualität

2.1 Zur Wirkweise der Manipulation

Manipulation ist eine Form der Beeinflussung, die einen zwar umstrittenen, dennoch aber festen Platz in unserer direkten zwischenmenschlichen Interaktion besitzt und bis in den großen Rahmen öffentlicher Kommunikationsformen operationalisiert werden kann. Sie lässt sich dabei grundlegend und neutral als ein Mittel zu einem Zweck innerhalb einer Beziehung zwischen zwei Akteuren verstehen, das eine Handlungsmodifikation der von manipulativer Beeinflussung tangierten Partei primär über die Modulation der Affektivität zum Ziel hat.[10] Die Verwendung des Begriffs „Manipulation" geht so meist mit Ambivalenz einher. Alltagssprachlich wird Manipulation als eine Form der Beeinflussung assoziiert, die uns heimlich und unbemerkbar hinters Licht führt, uns als eine Art psychischer Fesselung notwendig zu etwas bringt, das wir überhaupt nicht wollten und das negative Konsequenzen für uns zeitigt.[11] In anderen Worten: Manipulation sei eine besonders tückische Form des Zwingens, bei der wir bezüglich der Gegebenheiten, der Ziele und auch der Motivation der eigentlich egoistischen manipulierenden Person getäuscht werden und wir auf Kosten ihres Vorteils einen Schaden davontragen. Bei genauerem Besehen zeigen sich hier bereits begrifflich-konzeptionelle Ungereimtheiten beispielsweise in der Abgrenzung zu anderen Formen der Beeinflussung wie Täuschung und Zwang, die wir vom Phänomen Manipulation differenzieren können. Zudem lässt sich argumentieren, dass Täuschung, Verschleierung und negative Konsequenzen zwar als verstärkende Bedingungen Teil einer Manipulation sein können, aber nicht notwendig für eine

---

9 Damit bezeichne ich eine Balance unseres psychischen Haushaltes, genauer: die Möglichkeit uns selbst und die Motive unseres Handelns in Verbindung mit der Umwelt unverrückt wahrzunehmen und zu verorten.

10 Vgl. Fischer, *Manipulation*, 176.

11 Vgl. exemplarisch für das Alltagsverständnis von Manipulation: Benesch und Schmandt, *Manipulation und wie man ihr entkommt*, 7–13.

Manipulation sind. Der Begriff schillert also, doch es gibt gute Gründe, ihn nicht einfach im negativen Assoziationsraum des Alltags zu belassen.[12]

Es lässt sich ein ethisch neutrales Verständnis formulieren, demgemäß Manipulation als eine Form der Beeinflussung verstanden werden kann, die primär auf die affektive Ebene, also auf unsere Stimmungen, Emotionen und Gefühle, abzielt und damit zumindest zu einem Teil jenseits unseres rationalen Radars agiert (wenn auch die Rationalität, wir kennen das aus der Rhetorik, durchaus involviert sein kann[13]).[14] Die unterschiedliche Gestaltung unserer Affektivität lässt so in einem ersten Schritt verstehen, weswegen Manipulation in vielen verschiedenen Formen auftreten kann. Indem sie nämlich a) unsere Gefühle, die durch eine qualitative, meist kurzzeitige Regung charakterisiert sind, unmittelbar und kurzfristig zu nutzen versucht (um z. B. Impulskäufe auszulösen), indem sie b) unsere komplexere Affektivität in Form unserer intentional und evaluativ auf die Welt gerichteten, von Gefühlen und Kognitionen begleiteten und uns motivierenden Emotionen einspannt (um uns z. B. durch Schuld oder Angst zur Wahl

---

12 Vgl. Fischer, *Manipulation*, Kap 1. In aller Kürze zur Erläuterung: Täuschungen sind nicht notwendig Teil der Manipulation, weil diese nicht immer mit Falschinformationen einhergehen muss. Auch Heimlichkeit als notwendiges Kriterium lässt sich angreifen: Bei mancher Manipulation wissen wir ganz genau, was vor sich geht, wenn uns beispielsweise jemand Schuld induziert – das kann ganz transparent sein –, um uns zu einer Handlung zu bewegen, und dennoch funktioniert sie. Auch hier wurden wir nicht rational überzeugend beeinflusst oder zu etwas gezwungen; wir wurden manipuliert. Zudem müssen die Folgen einer Manipulation nicht notwendig negativ sein; derselbe Mechanismus, der eine negative Konsequenz haben kann, lässt sich auch für positive Konsequenzen nutzen. Dass Manipulation ein Stück weit unsere Rationalität unterläuft bzw. umgeht (wenn auch nicht komplett ausschaltet, sondern sie modifiziert und auch für sich nutzt – denn natürlich haben Sprache und Argumente auch Anbindungen an unsere Affektivität), ist hingegen als definitorisch angemessen anzusehen. Daher spreche ich davon, dass Manipulation sich primär unsere Affektivität zunutze macht, was eben aber auch im Zusammenspiel von Denken und Fühlen bedeuten mag, dass sich die Gedankenwelt verändert. Siehe zusätzlich auch die Ausführungen zum Thema *Framing* von Schreiber, „Begriffe vom Unbegreiflichen" in diesem Band.
13 Vgl. Stroh, *Die Macht der Rede* sowie Gorin, „Do Manipulators Always Threaten Rationality".
14 In einer Befragung von 1000 Teilnehmer*innen aus allen Alters- und Bildungsklassen mit Fokus auf manipulative Marketingstrategien konnten Sven Feurer von der Berner Fachhochschule und ich nachweisen, dass auf unsere Affektivität abzielende Versuche der Beeinflussung mehrheitlich mit dem Adjektiv „manipulativ" versehen werden. Es fand sich auch eine deutliche Unterscheidung von Manipulation und Täuschung bei den Proband*innen, wobei letztere als dezidiert ethisch problematisch identifiziert wurde, was nicht in allen Fällen für Manipulation galt, wenngleich bei ihr durchaus generell eine Vorsicht angezeigt sei; vgl. Feurer und Fischer, „Exploring the Ethical Limits of Manipulative Marketing".

eines Zwecks zu bewegen),[15] oder indem sie c) unsere länger andauernden, viele Lebensbereiche färbenden Stimmungen für sich zu nutzen versucht (um z. B. eine Verzweiflung oder andauernde Trauer zum Dreh- und Angelpunkt einer Manipulation zu machen). Indem Manipulation unsere affektive Wesenheit anspricht, unsere Rationalität mehr und weniger einbeziehen und einen umfassenderen Charakter annehmen kann, können wir sie in einem Kontinuum der Beeinflussung verorten. Es hat den Anschein, dass sie hier zwischen den beiden Polen der rationalen Überzeugung in Form des prozessoralen, frei durchdenkenden Abwägens guter Gründe mithilfe unserer verstandesgemäßen Rationalität auf der einen und der (mitunter gewaltvollen) Entscheidungseinbahnstraße Zwang auf der anderen Seite liegt. Diese Pole sind nicht als strenge Dichotomie zu verstehen, sondern als dynamische Ankerpunkte wie Helligkeit und Dunkelheit zwischen denen viele verschiedene Farbfacetten liegen. Manipulation neigt dem einen oder anderen Pol mehr oder weniger zu, ohne jedoch vollkommen zu diesen Beeinflussungsformen zu werden; dann hätten wir es eben nicht mehr mit Manipulation zu tun, sondern mit rationalem Überzeugen oder Zwang. Wir können so in einem weiteren Schritt noch besser verstehen, inwiefern es viele verschiedene Arten des Manipulierens gibt. Solche nämlich, die sich a) stärker der Sprache und argumentativer Strukturen bedienen und damit näher am Pol der rationalen Überzeugung operieren und wiederum auch solche, die b) so umfänglich werden können, einen derartigen affektiven Sog entstehen lassen oder sich auf bereits vorhandene affektive Turbulenzen beziehen, dass Individuen immer weniger die Chance haben, nicht gemäß der Manipulation zu handeln und sie droht, in die Form eines von Innen heraus wirkenden Zwangs überzukippen.

Auf Grundlage eines aristotelisch-thomistischen Idealmodells gedacht, streben wir nach Zwecken, die uns a) *um ihrer selbst willen wertvoll*, b) *nützlich* oder – hier liegt der primäre Wirkungsraum der Manipulation – c) *angenehm* erscheinen.[16] Auch deren Gegenteil ist relevant. Auf die Manipulation bezogen: Einen Zweck dezidiert als unangenehm zu markieren hilft eine bestimmte alternative Handlungsweise zu induzieren bzw. ein Handeln in eine bestimmte Richtung zuallererst zu verhindern. Im Anschluss daran, können wir die Wirkweise der Manipulation in drei Stufen zerlegen. Erstens wird eine Handlungsoption gezielt mit einer angenehmen oder unangenehmen Empfindung verbunden; damit erscheint es zweitens für die manipulierte Person attraktiver oder unattraktiver dieser Handlungsoption zu folgen; dadurch wird es drittens wiederum wahr-

---

15 Vgl. für den Zusammenhang von Manipulation und Angst: Fischer, „Im Schraubstock der Angst".

16 Das bedarf natürlich der näheren Erläuterung, für die ich aus Platzgründen auf Fischer, *Manipulation*, 67–74, verweise.

scheinlicher oder unwahrscheinlicher, dass die durch den/die Manipulator*in nahegelegte und angestrebte Handlungsoption tatsächlich zur Ausführung kommt. Grundlegendes Ziel der Manipulation ist das Entstehenlassen eines Wollens oder eines Nicht-Wollens in Bezug auf einen bestimmten Zweck sodass eine Handlungsmotivation entsteht – nicht aus rationaler Überzeugung oder Zwang heraus, sondern primär auf der Grundlage der affektiven Bewertung eines Zwecks als angenehm/unangenehm und damit attraktiv/unattraktiv in seiner Verwirklichung.[17] Indem eine manipulierende Person hier in der Verbindung mit angenehmen/unangenehmen Empfindungen die Wahl eines Zwecks nahelegt, zwingt sie nicht zu dessen Wahl. Die manipulierte Person bleibt so mindestens in einem minimalen Sinne frei, diesen Zweck zu ihrem zu machen oder nicht – schließlich agiert sie weiterhin auf Grundlage ihrer *eigenen* Affektivität.[18] Dabei ist schon jetzt zu bedenken, dass die für das freiheitliche Handeln manchmal nötige Überwindung eines affektiven Impulses es mitunter sehr schwer machen kann, einer manipulativ induzierten Handlungsoption zu versagen. Dies kann sich auf angenehme Affektivität beziehen wie z. B. das Gefühl der akuten Verliebtheit oder Formen impulsiver Hochstimmung. Besonders wird die Schwierigkeit einer der Freiheit zuträglichen rationalen Distanzierung deutlich bei unangenehmen, oft aversiven Emotionslagen wie Angst, Scham und Schuldgefühlen oder Eifersucht, bei Stimmungen wie Trauer, Depression oder Verzweiflung, ebenso wie bei individuellen, die Manipulierbarkeit mitunter erhöhenden Vulnerabilitäten wie besonderer Bedürftigkeit, oder auch allgemeiner im Zusammenhang mit biologischen Automatismen (wie Erregung in sexueller Hinsicht oder die Aktivierung des Sympathikus bei Ängsten etc.). Zu bedenken ist, dass hier modellhaft von einer normaltypisch entwickelten, erwachsenen Person ausgegangen wird und, obgleich der Mechanismus derselbe bleibt, individuelle Entwicklungsstände, Persönlichkeiten und spezifische Kontexte und Erfahrungen die Wirksamkeit der Manipulation erhöhen oder verringern mögen.

Romantische Liebe und insbesondere erotische Sexualität sind nun Bereiche, in denen das Manipulative eine große, gar eine wichtige Rolle spielt. Im Umgar-

---

17 Attraktiv ist alles, was mit unserem Verständnis von Wohlsein verbunden ist (in Bezug auf das Unattraktive verhält es sich *vice versa*). Dieses Wohlsein speist sich aus unseren Interessen, Dispositionen sowie natürlichen Bedürfnissen und (für kapitalistische Gesellschaften von besonderer Wichtigkeit) künstlichen Begierden. All diese Aspekte wollen unterhalten und befriedigt sein und können so manipulativ genutzt werden. Vgl. hierfür Krebs u. a., *Weltbild der Igel*, Kap. 5.
18 Vgl. ausführlich: Fischer, *Manipulation*, 26 – 78; sowie mit handlungstheoretischer Vertiefung: Fischer und Illies, „Modulated Feelings", 28 und 38; mit Bezug auf Populismus: Fischer, „Parasit im Kokon des Schmetterlings", 24 – 33; im Zusammenhang mit Angst: Fischer, „Im Schraubstock der Angst", 28 – 35; oder mit Blick auf Social Media: Fischer, „Digital Realms of Affectivity".

nen und im gegenseitigen Schmackhaftmachen, in der Verführung zu einer Handlung, der Verbindung also von Zwecken mit angenehmen Empfindungen, und in der affektiven Aushandlung jenseits des rationalen Radars bestehen elementare Grundlagen für Romantik als Leitlinie der Liebe und Erotik als Generalbass von Sexualität. Wir „drücken Knöpfe" und „setzen Hebel in Bewegung", es geht weniger darum, sachliche Information preiszugeben, um das Denken, Fühlen und Handeln des Anderen zu modulieren. Gemäß dem präsentierten deskriptiven und ethisch neutralen Verständnisses, ist Manipulation dabei nicht notwendig ein Mittel, jemanden dazu zu bringen, etwas zu tun, was die andere Person nicht möchte (oder je tun würde), sondern sie kann eine Verheißung zu kreieren versuchen, die auch dann wirken kann, wenn die manipulierte Person sich zumindest nicht sicher ist, ob sie etwas (nicht) tun möchte; das wiederum bedingt nicht, dass es einfach so ethisch legitim sei, sich das zunutze zu machen, denn die Unsicherheit (und auch andere individuelle Faktoren) einer Person ist in der ethischen Evaluation einer Manipulation zu berücksichtigen. Wie sieht das Kreieren einer Verheißung aber konkreter aus? Es gibt hier die Variante einer einfachen, situativ kreierten Verheißung und längerfristig angelegte Strategien. Schauen wir uns für beide ein Beispiel an.

Der amerikanische Philosoph Joel Rudinow hat in einem der frühesten das Phänomen Manipulation betreffenden Aufsätze ein Beispiel referiert, das einen einfachen Manipulationsversuch im Rahmen der sexuellen Interaktion illustriert:

> Jones complains of being the object of regular manipulative attempts by his wife. He describes a typical instance of this. He is making ready to leave the house for his weekly poker game, of which he is very fond. It has been an uncommonly busy period for Jones; he has not spent one evening in the past two weeks at home with his wife. His wife now appears, clad in a see-through nightie, poses seductively, begins nibbling at his ear lobe and playing with the buttons on his shirt. Jones protests that he does not want to be tempted just now – he will end up missing his poker game. Furthermore, Jones suggests that his wife is really not at all interested in sex. Though he has arrived home late at night for the past two weeks, the couple's sexual frequency has been higher than at any other time in the couple's history. He accuses her of attempting to manipulate him so that he will remain at home with her for the evening. His wife admits to this immediately, adding that she knows as well as Jones how frequently they have had sex of late and that he knows as well as she does that she knows this as well as he does.[19]

Rudinows Beispiel ist in mehrerlei Hinsicht interessant. Zunächst deshalb, weil wir hier den klassischen Fall der Beschwerde finden, der manipulativen Beeinflussungsversuchen folgen mag – zumindest gemäß des Alltagsverständnisses

---

19 Rudinow, „Manipulation", 341.

von Manipulation, das Jones offenbar als Folie dient. Er ist nicht damit einverstanden, dass seine (leider namenlose) Frau auf diese Art und Weise, indem sie nämlich darauf abzielt, seine Affektivität zu modulieren, genauer: durch seine Lust und Zuneigung zu ihr, sein Handeln zu modifizieren versucht. Gleichzeitig macht Jones' Frau keinen Hehl daraus, dass sie genau das versucht. Hier geschieht die Manipulation also im Bewusstsein beider Beteiligten und gar nicht heimlich oder täuschend. Was Jones' Frau anstrebt, ist das Verbleiben ihres Mannes mit der Verheißung einer angenehmen Empfindung zu verbinden: Sie versucht eine erotische Atmosphäre aufzuspannen und ihn zu verführen. Auf diese (gar nicht subtile) Art soll in Jones der Wunsch zur sexuellen Interaktion geweckt und eine Motivation, zu bleiben und sich der Verheißung hinzugeben, erreicht werden (damit er in der Folge das Pokerspiel verpasst). Es sind egoistische Gründe, die im Hintergrund der Handlung von Jones' Frau stehen. Er bekäme eine lustvolle Interaktion und ob man hier von Schaden sprechen möchte, weil er das Pokerspiel verpasst, ließe sich diskutieren. Bemerkenswert dabei ist jedenfalls: Es ist klar, dass Jones' Frau ihre Gründe für das Wollen seines Verbleibens vorbringen könnte, sie aber nicht den argumentativen Weg, sondern die effektivere und effizientere Methode der Manipulation vorzieht, indem sie auf die zuletzt bestehende Lustatmosphäre und die Verheißung durch ihre erotischen Reize zurückgreift. Sie mag ihre Gründe hierfür haben. Auf diese Weise handeln beide im Rahmen der sexuellen Anbahnung gewisse Spielstärken in ihrer Beziehung aus; Jones' Frau nutzt ihre Potentiale als charismatische Verführerin. Sie balancieren so in einem konkreten Alltagsbeispiel die Macht aus, den anderen zu etwas zu bringen, was man selbst möchte – mit Manipulation als Mittel der Wahl –, und lassen uns diese so als ein Machtmittel besser begreifen. Weder wird hier über einen Zweck getäuscht, noch etwas verheimlicht, auch entsteht kein manifester Schaden für Jones oder es profitiert ausschließlich seine Frau. Deutlich aber wird seine Affektivität, in diesem Falle das Erzeugen des Gefühls der Lust, angesteuert – wenn auch mit mäßigem Erfolg. Jones wird nicht zwangsweise in die Sexualität gezogen; er bleibt frei, sich in einem sekundären Schritt eines möglicherweise entstandenen affektiven Impulses zu erwehren und die Situation in rational-argumentierender Hinsicht zu torpedieren (was sich ja bereits andeutet – ob er letztlich 'schwach' wird, wissen wir nicht).

Dieses Beispiel ist allerdings insofern zahm, als es hier um zwei normaltypisch entwickelte, zur Rationalität und Abstrahierung von ihrer Affektivität fähige Erwachsene geht. In Johann Wolfgang von Goethes *Faust. Der Tragödie erster Teil* finden wir ein längerfristig angelegtes, ausgeklügeltes Beispiel einer Verführung, das stärker zur Anbahnung sexualisierter Gewalt in der Folge einer Melange von individuellen Vulnerabilitäten, abstrakter Glaubenswelt und konkreter Weltlichkeit interpretierbar ist: Die berühmte schwerwiegende Annäherung des Protagonisten Faust an die fromme gerade 14-jährige Margarete aus niederem Stand, besser bekannt als Gretchen. Betrachten wir kurz auch dieses Beispiel für Manipulation im Rahmen einer durch Sexualität erweiterten Beziehung.

„Mein schönes Fräulein, darf ich wagen, / Meinen Arm und Geleit Ihr anzutragen?"; so probiert es Faust mit einem ersten Annäherungsversuch in der Straßen-Szene, den Margarete noch abschmettert.[20] Um Faust ist es damit im Nu geschehen, er muss Margarete sein nennen können und macht dies zu einer Bedingung des Kontrakts mit Mephistopheles: „Wie sie die Augen niederschlägt, / Hat tief sich in mein Herz geprägt; / Wie sie kurz angebunden war, / Das ist nun zum Entzücken gar! / [...] Wenn nicht das süße junge Blut / Heut' Nacht in meinen Armen ruht; / So sind wir um Mitternacht geschieden."[21] In der Bezeichnung Margaretes als „junges Blut" wird schnell ein gewisser Jagdimpetus Fausts deutlich, dabei ist diese Bezeichnung noch eine der harmloseren im Gegensatz zu „Dirne" oder „Püppchen" in den umliegenden Versen. Mephisto weiß dabei: „Mit Sturm ist da nichts einzunehmen; / Wir müssen uns zur List bequemen", weswegen eine umfänglichere manipulative Strategie der Verführung ihm als Mittel der Wahl erscheint, um Margarete die Annäherung an Faust sogar entgegen ihrer Frömmigkeit affektiv besehen reizvoll angenehm zu machen und ihr damit einhergehend auch den Kopf zu verdrehen.[22] Mephisto wird gewissermaßen jener Strippenzieher, der oft mit Manipulation assoziiert wird. Das Ziel: Es soll eine Zuneigung entstehen, ein emotionaler Zustand also, der sich – gemäß der oben angedeuteten Eigenschaften von Emotionen – intentional auf Faust richtet, ihn positiv evaluiert; all das bei angenehmer qualitativer Empfindung Margaretes, mit das Unterfangen der Verführer unterstützenden Kognitionen und, als Ergebnis dieser Mixtur von Fühlen und Denken, dementsprechenden Handlungsmotivationen bei Margarete – auf dass sie in Fausts Armen ruhe, ohne dass er sie hierzu gewaltsam zwingen oder rational überzeugen müsste.

Zuerst platzieren sie für das Unterfangen der Verführung heimlich ein Kästchen mit einem unerwarteten Geschenk in ihrem Schrank, das als erstes Schmeicheln ein freudiges Wohlgefühl hervorruft und als „Gedankenpumpe" Wirkung zeigt: „Was ist das? Gott im Himmel! schau, / So was hab' ich mein' Tage nicht gesehn! / Ein Schmuck! Mit dem könnt' eine Edelfrau / Am höchsten Feiertage gehn."[23] Prompt wird ihr der Schmuck aufgrund der Weitergabe der ebenso

---

20 Goethe, *Faust*, V. 2605 f.

21 A.a.O., V. 2615–2638.

22 A.a.O., V. 2657 f. Margarete, die im Gesang der Ballade *Der König von Thule* ihre Sehnsucht und Bereitschaft für eine romantische Liebesbeziehung deutlich macht, ist hierfür ein „gefundenes Fressen".

23 A.a.O., V. 2790–2793.

frommen Mutter an einen Priester wieder genommen, doch Margarete findet sich schon jetzt in erster affektiver Verwirrung und – der Köder wirkte – in Verheißung wieder; Mephisto, der in dieser Anbahnung beständig die Fäden zieht, beschreibt das so: „Sitzt nun unruhvoll, / Weiß weder was sie will noch soll, /Denkt an's Geschmeide Tag und Nacht, / Noch mehr an den, der's ihr gebracht."[24] In der Aktivierung des freudigen und natürlich angenehmen Momentes der Spannung und Freude beginnt ein Gedankendrehen, das Margarete vulnerabel macht, wenn sie fortan weder weiß, „was sie will noch soll". Ein Zugang zu ihrer affektiven Lenkbarkeit ist gelegt. Ein zweites, noch reicheres Kästchen folgt mit ein wenig Abstand, um das Gedankendrehen, aber auch die hier als Ausweg sich anbietende Verheißung, aufrecht zu erhalten. In Gegenwart Marthes kann Margarete den Schmuck unbemerkt von der Mutter genießen, schwelgen und noch tiefer in diese Verheißung eintauchen. Einen großen Anteil an dieser hat auch der Wert des Schmucks, der auf die Vornehmheit des Schenkers verweist und so eine Hoffnung auf ein besseres Leben zu schüren beginnt. Mephisto tut dann mit verbalen Schmeicheleien und dem mit unverfrorenen Täuschungen besorgten Einspannen einer trauernden Marthe, die den Ort für ein erstes Treffen und nötige Diskretion bereitstellen wird, das Übrige, um Margarete für Faust zu gewinnen.

In der Garten-Szene dann stellt sich die Möglichkeit ersten Körperkontakts ein, wenn Faust der angeregten und verheißungsvollen Margarete die Hand küsst und dabei subtil eine weitere emotionale Schicht aufträgt. „Incommodirt euch nicht! Wie könnt ihr sie nur küssen? / Sie ist so garstig, ist so rauh!"[25], ruft Margarete. Das hier angedeutete schamvolle Empfinden bewirkt, dass Margarete noch ein Stück weit gefügiger wird, solange Faust anzeigt, ihr trotz ihrer vermeintlichen Makel zugetan zu sein. Das Gespräch wird sodann schnell auch inhaltlich intim und Margaretes – für den Manipulator gezielt nutzbare – Vulnerabilitäten kommen unmittelbar zu Wort: die viele Arbeit und Einsamkeit in der kleinen Wirtschaft der peniblen Mutter, die verstorbene Schwester (die Margarete aufzog) und der tote Vater, der als Soldat bedrohte und abwesende Bruder, die Hoffnung, dass Faust vielleicht auch mal an sie denken möge und sie vielleicht gar liebe. Verlust, Sorgen, Einsamkeit und sehnsüchtige Bedürftigkeit Zuneigung geben und auch empfangen zu können (denn sie fehlt dezidiert auch vonseiten der Mutter) sind also die Erde, in der die Saat der Manipulation aufgehen kann, die aufgrund der

---

24 A.a.O., V. 2849 – 2852. Elegant verflicht Goethe in dieser Anbahnung zwischen Faust und Margarete wiederum noch eine weitere Ebene der Manipulation: nämlich die der Manipulation Fausts durch Mephisto, der den Protagonisten beispielsweise nicht nur einmal bei der Schuld zu packen versucht und ihn ebenfalls in einer lenkbar machenden Verwirrung über sein eigenes Wollen hält.

25 A.a.O., 3081 f.

vielfältig nutzbaren Vulnerabilitäten so gar nicht immer sehr subtil sein muss, wenn sie nur Margaretes Verstehen der Situation immer ein Stück voraus ist. Dass er sie liebe behauptet Faust sogleich mit Referenz auf die höheren Mächte und eine verheißungsvolle Ewigkeit: „Ja, mein Kind! Laß dieses Blumenwort / Dir Götter-Ausspruch seyn. Er liebt dich! / Verstehst du, was das heißt? Er liebt dich!"[26] und weiter: „Laß diesen Händedruck dir sagen / Was unaussprechlich ist: / Sich hinzugeben ganz und eine Wonne / Zu fühlen, die ewig seyn muß! / Ewig! – Ihr Ende würde Verzweiflung seyn. / Nein, kein Ende! Kein Ende!"[27] Margarete, die ungeahnte Aufmerksamkeit erfährt und dabei einen Weg aus der Einsamkeit, der mangelnden emotionalen Wärme wittert, kommt der Verheißung von Zuneigung, Liebe, all dem Angenehmen warmer zwischenmenschlicher Beziehung näher. So erwidert sie die Liebesbekundungen umgehend. Mephistos manipulative Strategie, Margarete jenseits eines direkten gewaltvollen Zwangs und des rationalen Radars zu beeinflussen und sie Faust zugetan zu machen, ist aufgegangen.

Die Annäherung der beiden ergibt sich in der Folge in noch steilerem Tempo; sie necken und küssen sich, doch dann kommt Mephisto, strategisch gewieft und um Verstärkung der emotionalen Angebundenheit Margaretes an Faust bemüht, um Letzteren mitzunehmen. Margarete bleibt einmal mehr und nochmal vertieft in einer Mixtur aus Verheißung und Verwirrung zurück: „Beschämt nur steh' ich vor ihm da, / Und sag' zu allen Sachen ja. / Bin doch ein arm unwissend Kind, / Begreife nicht was er an mir find't."[28] Hinzu kommt erneut ein Gefühl von Scham über die Missachtung ihrer eigenen Werte und eine daran anhängige Schuld, da sie ohnmächtig im Konflikt zwischen ihrer Zuneigung zu Faust, ihrem Glauben und ihrer Mutter zurückbleibt. In der Folge fällt Margarete in eine niedergedrückte Stimmung ob der äußeren Gegebenheiten, ihrer affektiven Verwirrung, der Unklarheit Fausts' Wollens und ihrer sie erneut einholenden Einsamkeit.[29] Hier wird bereits deutlich, inwiefern Manipulation auf besonders toxische Art und Weise genutzt werden kann. Sie zielt primär auf die Verbindung eines Zweckes mit angenehmer/unangenehmer Empfindung ab, was aber nicht bedeutet, dass eine ausgefeilte manipulative Beeinflussung nicht auch beides nutzen kann. Das Wechselspiel aus Angenehm und Unangenehm, der Ausgleich des Unangenehmen mit dem Angenehmen und das teilweise Einreißen des Angenehmen durch das Unangenehme befördern affektive wie kognitive Verwirrung und fördern Abhängigkeit; insbesondere bei – so deutet es sich auch bei Margarete an –

---

26 A.a.O., V. 3184–3186.

27 A.a.O., V. 3189–3194.

28 A.a.O., V. 3213–3216.

29 Vgl. a.a.O., V. 3374–3377: „Meine Ruh' ist hin, / Mein Herz ist schwer; / Ich finde sie nimmer / und nimmermehr."

Selbstwertmangel und einem damit einhergehenden Glauben, die Zuneigung nicht erwarten/erhoffen zu dürfen oder sie gar nicht wert zu sein. Der hier betätigte Hebel entsteht aus den gegebenen Vulnerabilitäten der Betroffenen heraus und ermöglicht die umso effektivere Manipulation mit dem Wechselspiel von Angenehm/Unangenehm, wie es Mephisto meisterlich beherrscht.

Faust bemerkt im Wald, dass er so droht Margaretes Leben zu zerstören, doch Mephisto hält ihn auf Spur bevor er auszubrechen vermag. In Marthens Garten kommt es in der Folge zum erneuten Aufeinandertreffen und der berühmten Gretchen-Frage, wie Faust es denn mit der Religion halte – dies übrigens die letzte Szene, bevor „Margarete" bis zur abschließenden Kerker-Szene mit dem Diminutiv „Gretchen" außerhalb der Figurenrede geführt wird (zuvor bezeichnen Faust und Mephisto sie schon so, was die Manipulierbarkeit und den süßen Charakter ihres „Jagdziels" allein schon aufgrund der natürlichen Gegebenheiten wie Alter und Erfahrung nochmals betont). Faust schafft es sogar, Gretchen dazu zu bringen, dass sie ihrer Mutter (letztlich tödliche) Schlaftropfen gibt, damit er bei ihr nächtigen kann. Es bleibt ein Hin und Her zwischen den Beiden, Faust möchte von Mephisto weitere Geschenke für Gretchen platzieren lassen, ihr Bruder Valentin kommt durch Mephistos Willen und Fausts Hand zu Tode, bezeichnet seine Schwester noch als „eine Hur'"[30] und macht so die Verfehlung und Schuldzuweisung deutlich (was wiederum ihre Vulnerabilität erhöht) – die Frau als Verführerin des rationalen Mannes; notwendig fliegt Gretchens ehelose Schwangerschaft auf, sie, die ohnehin zu kämpfen hat, ist ultimativ entehrt. In der Folge erleidet sie einen psychischen Absturz, tötet ihr Neugeborenes und wird als Kindsmörderin hingerichtet. Einen letzten Versuch Fausts, Gretchen zur gemeinsamen Flucht zu überreden, schmettert diese aufgrund des gebrochenen Vertrauens ab. Mephisto verkörpert dieses gebrochene Vertrauen und er ist es letztlich auch, der den schwachen Faust dazu drängt, Gretchen endgültig im Stich zu lassen.

Goethes *Faust* kann uns hier ein Beispiel sein, das uns eine Strategie der manipulativen Verführung zeigt, wie sie Fällen der sexuellen Übergriffe im kirchlichen Rahmen nicht unähnlich ist. Es wird nonverbal mit Geschenken und Aufmerksamkeit gearbeitet, es gibt verbale Schmeicheleien (keine logisch-rationalen Argumente) sowie weitere simultan vonstatten gehende Annäherungs- und Distanzierungsbewegungen. In dieser Mixtur aus längerfristig angelegter nonverbaler und verbaler Kommunikation wird manipulativ die Hoffnung auf Zuneigung und Wertschätzung, Anerkennung bis hin zu einem anderen oder zumindest einem etwas besseren Leben geschürt. Es wird eine Verheißung kreiert,

---

30 Vgl. a.a.O., V. 3730.

indem der Zielperson eine Wichtigkeit suggeriert und viel angenehmes Empfinden eingespielt wird.[31] Dies sind Anbahnungsstrategien normaler romantischer Beziehungen und nicht *per se* verwerflich.

Wo beginnt diese Anbahnung aber toxisch und moralisch verwerflich zu werden? Auch das zeigt uns *Faust*. Manipulativ ist die Strategie insofern, als dass durch die starke Zuwendung die Handlungsoption, sich mit Faust einzulassen, für Margarete mit Angenehmem verbunden, so attraktiver gemacht und die Wahrscheinlichkeit erhöht wird, dass sie sich dafür entscheidet; alle ihr immer wieder verstandesgemäß-rational in den Kopf einschießenden Argumente sprechen dagegen, so muss Mephisto (der hier ja federführend Faust *und* Margarete manipuliert) auf periphere Routen der Beeinflussung jenseits des rationalen Radars und damit primär auf ihre Affektivität setzen. Konkret geschieht die Manipulation durch Geschenke, gewidmete Zeit, intime Gespräche, Versprechungen und Berührungen, aber auch immer wieder die Einstreuung des Unangenehmen z. B. durch Distanzierung – wie wir es auch aus den kirchlichen Übergriffskontexten kennen. Dabei setzt sie, wenn auch das primäre Ziel die Anregung emotionaler Zuneigung ist, letztlich auf allen Ebenen der Affektivität an, wenn Margaretes lang anhaltende Stimmungen (z. B. ihre Vereinsamung, ihre Melancholie), ihre gedanklich und fühlend komplexen Emotionen (wie z. B. ihre Sehnsucht) und kurze situative Gefühle (wie die Erregung im Moment der Berührung) zum primären Ziel der Zuneigungsentstehung genutzt werden. Problematisch ist auch das tief ungleiche Verhältnis bzw. das Machtgefälle aufgrund von Alter und Erfahrung, von dem die Situation von vornherein bestimmt wird. Ganz so, wie im Rahmen der kirchlichen sexualisierten Gewalt. Konkret wird ein Ausnutzen und Bespielen von Margaretes Vulnerabilitäten, ihrer jugendlichen Unerfahrenheit, ihrer mitunter sorgenvollen Einsamkeit, der traurigen Familiengeschichte, des engen Korsetts ihres Lebens, ihrem Untergebungswillen, der Anfälligkeit für Scham und Schuld, und der Sehnsucht nach Zuwendung möglich – all das, zu dem sich Mephisto und Faust gezielt „Zugänge legen", denn: Je intimer die Beziehung, desto effizienter und effektiver mag die Manipulation sein. Das Nutzen der Vulnerabilitäten kennen wir auch aus dem kirchlichen Kontext sexueller Übergriffe und finden es bei

---

31 Nicht zuletzt lässt sich auch das Ende der Gretchen-Tragödie mit den sexuellen Übergriffen im Rahmen der katholischen Kirche parallelisieren: Hierbei insbesondere die Frage, wie aufrichtig Faust gegenüber Gretchen bei der angebotenen Flucht wirklich ist: Ist es die Liebe zu ihr oder die Intention seine Schuld am Geschehen zu mindern und sich selbst und sein Gewissen zu erleichtern? Ganz so, wie sich fragen lässt, ob die Entschuldigungen von Seiten der katholischen Kirche wirklich als Resultat aufrichtiger Reue und ehrlich an die Betroffenen gerichtet ist oder nicht vielmehr ein Mittel zur Erleichterung des eigenen Gewissens sind. Siehe dazu auch Wirth, „Banalisierung sexualisierter Gewalt" in diesem Band.

Spotlight gekonnt aufgearbeitet. Mephisto setzt so auf die schnelle Herstellung von Nähe nicht nur über das Abzielen auf die Verletzlichmachung im Erzählen der eigenen Vulnerabilitäten, sondern auch körperlich, und durch den immer wieder erfolgenden Entzug von Zuneigungserfahrung durch die Distanzierungen Fausts. Als er Margarete zu berühren beginnt, ist sie voller Verheißung auf das Angenehme, was ihr bevorstehen mag konkret situativ, aber auch im größeren Kontext des Lebens. Diese Form wonnevoller Körperlichkeit ist ein sicher nicht eins zu eins auf die sexualisierte Gewalt im kirchlichen Rahmen zu übertragender Sachverhalt – nur die Verheißung in Bezug auf Beziehung und das bessere Leben mag ein beständiger, begleitender Faktor sein. Zu all dem kommt eine weitere Zutat dieser umfänglichen manipulativen Praxis, die eine nicht zu unterschätzende Wirkung zeigt: Das Belassen im aus der affektiven Aufwühlung entstehenden Unklaren, in einer affektiven und kognitiven Verwirrung – und damit eine Unterminierung der psychischen Ökologie. So wird ein Wirbeln zwischen gesteigertem Selbstwert und himmelhochjauchzender Stimmung und Selbstwertlosigkeit und zu Tode betrübter Affektivität bewirkt und es entsteht, wenn man sich nicht frühzeitig durch den (eigenen oder einen fremden) Arm der Rationalität aus diesem Sumpf befreien kann, eine Sogwirkung, die wiederum eine Abhängigkeit von der Verheißung des Noch-Gut-Werden-Könnens entwickelt. Dies ist ebenfalls ein wichtiger Faktor im Rahmen kirchlicher sexualisierter Gewalt. Damit sind nun auch Demarkationslinien skizziert, die anzeigen, wo Manipulation beginnt ethisch problematisch zu werden. Indem sie nämlich egoistisch auf Grundlage ausgenutzter Vulnerabilitäten (zu denen wir neben affektiver Versehrtheit auch das junge Alter und die geringe Erfahrung zählen müssen), einer durch die Fragmentierung der Zuneigung im Nähe-Distanz-Spiel und die Umfänglichkeit der Beeinflussung unterminierten psychischen Ökologie, intentional eingesetzter Täuschungen und Heimlichkeit die Wahlfreiheit immens erschwert und negative Konsequenzen für die Betroffenen zeitigt.[32]

Mehr als deutlich, aber auf unterschiedliche Art und Weise, wird in der Betrachtung der Beispiele klar, dass Verführung als manipulative Strategie als eine Form der Machtausübung gelten kann. Max Weber hat die Fähigkeit, andere verführen zu können, als ein Hauptmerkmal charismatischer Charaktere bezeichnet, die versuchen, andere Menschen für sich selbst und ihre Ziele zu vereinnahmen. Bei Weber ist die charismatische Herrschaft eine Form der Herrschaft,

---

32 Mehr zur ethischen Debatte der Manipulation in Fischer, *Manipulation*, Kap. 3, im Sammelband Coons und Weber, *Manipulation. Theory and Practice* sowie im Eintrag Noggle, „Ethics of Manipulation" in der online verfügbaren *Stanford Encyclopedia of Philosophy*.

die sich von rationaler und traditionaler Herrschaftsform unterscheidet.[33] Charisma wird als Qualität einer Persönlichkeit zur (Ver-)Führung verstanden, die bedingt, dass der Charismatische anders betrachtet wird als ein gewöhnlicher Mitmensch. Diese Qualität speist sich aus der Kommunikationsfähigkeit, Einfühlungsmöglichkeit und auch unkonventionellem Handeln, wodurch eine besondere Ausstrahlung entstehen mag.[34] Natürlich ist dies in *Faust* eine Mischung aus der charismatischen Gerissenheit Mephistos und der Gelehrsamkeit Fausts. In Rudinows Beispiel von Jones und seiner Frau finden wir die zielstrebige Verfolgung ihres Ziels durch eine Frau, die sich ihrer Möglichkeiten generell und frei gewählt anhand der eigenen Reize bewusst ist. Im kirchlichen Kontext der Übergriffe finden wir Priester, die ihr Charisma *qua* ihrer Position als Vertreter Gottes auf Erden und als „Hirten" einer Gemeinde zu kultivieren vermögen. Dies deckt sich besonders mit Webers Einschätzung, dass charismatische Menschen als „ausgestattet mit übernatürlichen, übermenschlichen oder zumindest spezifisch außergewöhnlichen Kräften oder Qualitäten" gesehen werden.[35] Weiter heißt es: „Diese sind als solches nicht zugänglich für die gewöhnliche Person, aber werden betrachtet als göttlicher Ursprung oder als mustergültig, und auf Grund von diesen wird der einzelne Beteiligte als Leiter behandelt."[36] Auf diese Art gestalten sich auch die Beziehungen, in denen Charismatische (oder zumindest als solche wahrgenommene) beteiligt sind. Manipulation ist hier ein probates Mittel gerade gegenüber Laien. Versuchen wir noch kurz, Manipulation als Machtmittel innerhalb von Beziehungen zu verdeutlichen.

2.2 Manipulation als Zünglein an der Waage der Macht

Manipulation als Machtmittel zu verstehen, verdeutlicht ihren Status als Kommunikationsform innerhalb von Beziehungen.[37] Beziehungen selbst schaffen Kommunikationssituationen, in denen die Manipulation ein Stimulus sein kann, um eine veränderte Handlungsleitung zu bewirken. „Beziehung" können wir mit Norbert Elias als beständige, gewachsene Interdependenzen verstehen, wobei „Interdependenzen" bereits unsere Angewiesenheit auf und Abhängigkeit in

---

33 Für die charismatische Herrschaft denkt Weber vor allem an familiäre und religiöse Herrschaftsstrukturen, während die traditionelle auf Patriarchate und Feudalismus sowie die rationale Herrschaft auf Gesetz, Staat und Bürokratie gebaut sind.
34 Vgl. Weber, *Wirtschaft und Gesellschaft*, I.§2, I.§10.
35 A.a.O., I.§10.
36 Ebd.
37 Blumenthal-Barby, „Assessing the Moral Status of Manipulation", 134.

Beziehungen betont, die selbst immer auch eine Aushandlung von Autonomie und Abhängigkeit der Beteiligten sind.[38] Wir werden hier also teilweise eingeschränkt und handeln nicht aus voller Kraft der Autonomie heraus, dennoch verfügen wir in der Regel über einen „Freiheitsspielraum", ganz so wie ihn Jones oder Margarete für sich nutzen könnten, auch wenn sie manipulativ beeinflusst werden (wenn auch die Voraussetzungen hierfür durch ihre individuellen Konstitutionen recht unterschiedlich sind). Allerdings ergeben sich deutliche Unterschiede je nach Alter, Erfahrung, vorhandener Vulnerabilitäten etc. Gerade die Abhängigkeiten innerhalb von Beziehungen deuten so bereits in eine ethische Blickrichtung, wie sie bei Manipulation und Macht grundlegend mitgedacht wird, denn beides kann missbräuchlich genutzt werden, was im Falle Mephisto/Faust/ Margarete augenfällig wird – und im Rahmen der sexuellen Übergriffe im kirchlichen Kontext ohnehin.

Wenn Menschen ihr Handeln nicht vollständig selbst bestimmen können, sondern es immer auch von den Beziehungen zu anderen Menschen abhängig ist, lässt sich mit Elias von Machtverhältnissen sprechen. Dass Macht dabei etwas *per se* Unethisches sei, weist Elias richtigerweise als zu einfach zurück (was auch für Manipulation gilt): Diese Annahme entstehe eben daraus,

> daß im bisherigen Verlauf der Gesellschaftsentwicklung die Machtgewichte oft außerordentlich ungleich verteilt waren und daß Menschen oder Menschengruppen [...] diese Machtchancen oft optimal, mit großer Brutalität und Gewissenlosigkeit für ihre eigenen Zwecke ausnutzen.[39]

Potentiale zu Übergriffen entstehen also, wenn die Balance dessen, was als eine Art Spielstärke der Akteure im Miteinander einer Beziehung zu denken ist, aus den Fugen gerät. Im Beispiel von Jones und seiner Frau ist das nicht der Fall: Zwar versucht sie ihre spezifischen Möglichkeiten manipulativ einzusetzen, doch er bleibt frei darin, sich dem affektiven Ziehen der Verführung hinzugeben oder nicht. Im Gegensatz dazu ist es für Margarete schwieriger, der umfänglicher angelegten Verführung zu versagen, gerade weil sie generelle (Alter und Erfahrung) sowie spezielle Vulnerabilitäten mitbringt, die Manipulation strategisch umfänglicher ist und mehrere Ebenen bedient. Dadurch wird deutlich, dass so etwas wie ein globales Gleichgewicht in Bezug auf individuelle private Beziehungen als Ideal gedacht werden kann; und doch kann es immer wieder zu Ungleichgewichten kommen, die dann ausgehandelt werden müss(t)en – was Jones und seine Frau auch tun (aber bei Weitem nicht immer geschieht). Blicken wir in

---

38 Vgl. Elias, „Was ist Soziologie", 141 f.
39 A.a.O., 94.

andere Beziehungskonstellationen, wie diejenigen von Lehrer*in und Schüler*in, wird aber auch deutlich, dass es nicht immer und ausschließlich um ein Equilibrium geht, sondern andere Faktoren wie Fairness und Respekt, die ein Vertrauen innerhalb der Beziehung grundieren müssen.

Diese *Machtbalancen* eignen sich besonders gut, um Beziehungsverhältnisse auch in ethischer Hinsicht zu beschreiben. Immer dann, wenn ein Mensch von einem anderen abhängig ist, beispielsweise und besonders in emotionaler Hinsicht, bestehen Potentiale für Machtmissbrauch und Übergriffe:

> Überall, wo Nähe zu Menschen bestimmend ist, besteht Gefahr der sexualisierten Gewalt: in Schulen, Kinderheimen, bei der Pflege und nicht zuletzt bei sexuellen Beziehungen zwischen Erwachsenen. Menschen brauchen Nähe. [...] Weil Nähe und Körperkontakt grundlegende menschliche Bedürfnisse sind, können sie auch missbraucht werden.[40]

Auch dann, wenn man bestimmte Machtmittel besitzt, wie eine Position, finanzielle Mittel oder schlicht das Know-how zur Manipulation, entstehen Machtmissbrauchspotentiale. Manipulation kann so zu einem Zünglein an der Waage der Macht werden.

Im Rahmen der Manipulation und im Falle sexueller Übergriffe ist ein paradigmatischer Fall von Beziehungen interessant: die affektive Bindung. Affektive Bindungen gelten nach Elias als affektgeleitet eingegangene Bindungen, in denen das Operieren über die affektive Ebene weiter eine große Rolle spielt, nicht so sehr die rationale Erwägung.[41] Dies wird besonders sichtbar in der Konstellation von Faust und Margarete, aber auch im kirchlichen, glaubensgrundierten Beziehungskontext. Die vorhandenen Affekte lassen sich nun in eine Machtbalancevorstellung einordnen, in dem Sinne, dass die Befriedigung von Bedürfnissen ermöglicht, verweigert, erarbeitet, erbeten, manipuliert oder erzwungen wird. In der Betrachtungsweise der Manipulation als Machtmittel innerhalb von Beziehungen bieten sich so Ansatzpunkte, sie mittels der spezifischen Kontexte besser zu verstehen, indem wir die Eigenarten einer Beziehung, die in ihr verhandelten Erwartungen der Beteiligten und die Machtbalance analysieren.

---

40 Jakobs, „Theologin – Feministin – Pädagogin", 214.
41 A.a.O., 177 f.

3 Abschluss: Manipulation als Hilfsmittel zur Ermöglichung sexueller Übergriffe im kirchlichen Kontext

Manipulation ist eine Form der Beeinflussung, die sich bezüglich ihrer Wirksamkeit und konkreten Ausgestaltung auch aus spezifischen Kontexten speist, in denen sie Anwendung findet. Das bedeutet, dass, auch wenn sexuelle Übergriffe, die manipulativ angebahnt und begleitet werden, in anderen sozialen Zusammenhängen vorkommen, es spezifische z. B. katholische Denk- und Handlungskontexte geben mag, die Manipulation zu solchen Übergriffen begünstigen und ihr gar eine spezifische Ausprägung verleihen.[42] Zur Analyse dieser Ausprägung soll hier nach dem Durchgang durch das grundlegende Verständnis von Manipulation abschließend noch eine Skizze beigetragen werden. Dabei geht es nicht um die bereits zu Anfang erwähnten strukturellen, institutionellen und gesellschaftlichen Mechanismen des Täterschutzes durch Versetzung und komplexe Vertuschung[43] oder die psychologischen Profile psychosexuell unterentwickelter, sexuell (in Bezug auf die Präferenz) auffälliger, möglicherweise persönlichkeitsgestörter und selbst traumatisierter Priester[44], die deren Handlungen erklären, sondern um die bereits erwähnte und in *Faust* ähnlichen Grundbedingungen von Vulnerabilitäten, Geheimnis, Ambivalenz, Leugnung, Wut, Schuld, Scham, Angst und nicht zuletzt Glaubenswille, die das Mittel der Manipulation begünstigen und zu der sie wiederum beständig ihren Teil beiträgt, indem auf klarere Kommunikationsformen verzichtet wird.

Es sind die in *Spotlight* prägnant erzählten Beziehungskonstellationen, in denen Manipulation bis hin zum nicht von den Betroffenen erwarteten und dann oft länger aufrechterhaltenen und im Schweigen überlebten sexuellen Übergriff ihre Wirksamkeit entfaltet. Durch asymmetrische Alters- und Erfahrungsstrukturen sowie spezifische biopsychosoziale Vulnerabilitäten sind manche Betroffene besonders empfänglich für die Verheißung von Zuneigung, Nähe und einem scheinbar besseren Leben mit all seinem Angenehmen und damit zur Verführung

---

42 Vgl. Katsch, „Warum dieser Missbrauch katholisch schmeckt".

43 Vgl. Frawley-O'Dea, *Perversion of Power*, 1–17 sowie Applewhite, „Studien zu sexuellem Missbrauch".

44 Vgl. hierzu Rossetti und Lothstein, „Mythen über Kindesmißhandler"; Rossetti, „Sexueller Mißbrauch von Kindern" oder Halter, „Kirchliche Missbrauchsfälle".

zu intimer, sexuell übergriffiger Beziehung.[45] Dies kann auch dazu führen, dass ein zeitweise (und mitunter gezielt eingesetztes, siehe *Faust*) unangenehmes Erleben getrumpft wird durch die übergeordnete Verheißung des Angenehmen. Es sind diese vulnerablen Ausgangspositionen und die damit verbundenen Hoffnungen, die den Rahmen für Manipulation setzen und die gezielt angespielt werden können. Und es ist die toxische Verwirrung, die um den eigenen Status der Betroffenen in der Beziehung mit dem machtbezogen immer bevorteilten übergriffigen Priester entsteht, die ethisch hochproblematische Manipulation ermöglicht. Dabei findet sich eine besondere Melange aus a) *Leugnung*, also dem Unglauben, dass eine Person, der man eigentlich traute und die *qua* ihrer Position vertrauenswürdig sein sollte, einem so etwas antut; b) *Angst*, weil sich die Annahme des Wohlwollens des Priesters (und damit vielleicht aller anderen Erwachsenen und der Welt überhaupt) als falsch herausstellt; c) *Wut*, weil der Priester das Vertrauen gebrochen hat, niemand hilft und man viel zu früh mit Sexualität konfrontiert wird; d) *Scham* bezogen auf die sexuellen Handlungen, die ausgeführt werden, obwohl sie sich problematisch anfühlen, man weiß, dass das falsch ist, und man ohnehin noch zu jung für sexuelle Handlungen ist; e) *Schuld*, weil man etwas Falsches getan, den Übergriff vermeintlich selbst ermöglicht habe[46], Täter verraten (und deren soziales Leben mitunter zerstört), Glaubensgrundsätze verfehlt, den Glauben selbst durch die Anklage der Täter beschmutzt hat oder andere zu spät warnte, die so auch zu Betroffenen wurden; und f) umfassender *Verwirrung*, weil nicht begriffen werden kann, wie ein eigentlich als gut eingestufter Mensch so etwas tun und gar zu wollen vermag, und man sich nicht sicher ist, ob man nicht selbst dazu beigetragen hat.

Insbesondere die asymmetrische Machtbalance zwischen Priestern und Laien, zwischen Erwachsenem und Kind/Jugendlichem bedingt einen Ausgangs-

---

45 Das bedeutet allerdings nicht, dass es keine Betroffenen aus beispielsweise intakten familiären Hintergründen gibt. Hier gestaltet sich die Anbahnung der Manipulation möglicherweise anders. Das sollte im Einzelfall analysiert werden, während mir hier vor allem um grundlegende Strukturen der Manipulation im Rahmen der sexuellen Übergriffe in der katholischen Kirche gelegen ist. Auch ist zu beachten, dass andere Persönlichkeiten mit bestimmten biopsychosozialen Vulnerabilitäten sich wiederum abkapseln und viel weniger empfänglich für Verheißungen sein mögen.

46 Schuld hat bei Betroffenen von sexualisierter Gewalt oft auch die Funktion, die eigene situative Ohnmacht und die folgende Traumatisierung zu verdrängen bzw. aushaltbar zu machen. Frei nach dem Prinzip: Lieber Mitschuld und so etwas wie suggerierte Kontrolle daran haben, dass passiert ist, was passiert ist, statt die grausame, umfassende Ohnmacht anerkennen zu müssen bzw. zu können. Demgemäß fokussieren auch traumatherapeutische Interventionen auf ein erneutes Durchleben der Ohnmacht, um dieser die Macht und die daraus entstehende Angst zu nehmen, indem spürbar wird, dass man sie zu überleben vermag.

punkt der Manipulierbarkeit. Gerade Kinder können sich hier nur selten wehren und auf eine Rationalität setzen, die ihnen einen Ausweg weist (was selbst für Erwachsene oft schwierig ist). Das ist umso schwerer, als dass in der kirchlichen Beziehung eine besondere Form der Intimität hinzukommt, die in der asymmetrischen Beziehung gelebt wird. Damit sind wir mitten in der abschließenden Frage, was also besonders ist am katholischen Kontext im Sinne der Manipulationspotentiale. Die karitative Funktion der Kirche ist für Menschen in prekären Verhältnissen, die wenige Mittel haben, sich wehren zu können, bei gleichzeitig oft großem Bedürfnis nach Zuwendung, eine oftmals alternativlose Adresse und wird so zur günstigen Ausgangslage für böswillige Manipulatoren.

Neben der streng hierarchischen Beziehungskonstellation ist es der Glaubenskontext, der Einfallstore für problematische Manipulation bieten kann, indem hier auf Grundlage einer affektiven Kultur des Glaubenwollens und dem Verzicht auf klare und deutliche Begrifflichkeiten, wie es in *Spotlight* angedeutet wird, „knowledge [as] one thing, but [...] faith [as] another" stilisiert wird. Dies ist nicht *per se* problematisch; es wird es erst dann, wenn eine affektive Verwicklung entstanden ist und der Glaube selbst (auch durch die Taten) nicht mehr als Orientierung gelten mag, aber als beständig schützenswertes höheres Gut ins Feld geführt wird, das durch Skandale nicht beschmutzt werden darf. Hier wird auf einen Gehorsam gegenüber dem „großen Ganzen" rekurriert, der, wie es Betroffene berichten, das Gefühl der eigenen Schuld noch vergrößert.[47]

Hinzu kommen institutionelle Begebenheiten wie die Tabuisierung von Sexualität in der Institution katholische Kirche und die Betonung einer religiösen Leid- und Schuldkultur mit der Idee, dass Leiden im Leben notwendig auftritt und überwunden werden muss; sowie die Aufrechterhaltung des Prinzips von schuldhafter Sünde, von der man nur durch Priester (womöglich sogar vom selbigen, der für die sexualisierten Übergriffe verantwortlich ist) freigesprochen werden kann, aber den Menschen beständig anhaftet und auch als Mittel zum Gehorsam fungiert. Durch die große Rolle von Schuld besteht ein beständiges Manipulationspotential, da gerade diese Emotion ein gut gängiges manipulatives Schmiermittel in Beziehungen darstellt, das Menschen oft als (nicht selten problematische) Handlungsleitung dient. Es gilt beständig, sich diese Potentiale und die dadurch ermöglichten Mechanismen bewusst zu machen, so dass es gar nicht erst soweit kommen muss, dass eine Beziehung zwischen Priestern und Laien beginnt, in problematischer Weise manipulativ zu werden und bis hin zum sexuellen Übergriff deformiert.

---

47 Katsch, „Warum dieser Missbrauch katholisch schmeckt", 64.

Literatur

Anonym. „Das schwarze Loch. Bericht eines Priesters, der Jugendliche mißbraucht hat." In
  *Sexueller Mißbrauch Minderjähriger in der Kirche. Psychologische, seelsorgliche und
  institutionelle Aspekte*, hg. v. Stephen J. Rossetti und Wunibald Müller, 108–123. Mainz:
  Grünewald, 1996.

Applewhite, Monica. „Studien zu sexuellem Missbrauch in der katholischen Kirche der USA."
  In *Unheilige Macht. Der Jesuitenorden und die Missbrauchskrise,* hg. v. Godehard
  Brüntrup, Christian Herwartz und Hermann Kügler, 127–137. Stuttgart: Kohlhammer,
  2013².

Benesch, Hellmuth und Walther Schmandt. *Manipulation und wie man ihr entkommt.* Stuttgart:
  Deutsche Verlags-Anstalt, 1979.

Blumenthal-Barby, Jennifer. „A Framework for Assessing the Moral Status of 'Manipulation'."
  In *Manipulation. Theory and Practice*, hg. v. Christian Coons und Michael Weber, 121–134.
  Oxford: Oxford University Press, 2014.

Brüntrup, Godehard, Christian Herwartz und Hermann Kügler, Hg. *Unheilige Macht. Der
  Jesuitenorden und die Missbrauchskrise.* Stuttgart: Kohlhammer, 2013².

Coons, Christian und Michael Weber, Hg. *Manipulation. Theory and Practice.* Oxford: Oxford
  University Press, 2014.

Elias, Norbert. „Was ist Soziologie?" Bd. 5, *Gesammelte Schriften.* Frankfurt a. M.: Suhrkamp,
  2006.

Feurer, Sven und Alexander Fischer. „Exploring the Ethical Limits of Manipulative Marketing,
  and Empirical Evidence of Consumer Perception" [eingereicht].

Fischer, Alexander. „Digital Realms of Affectivity: Manipulation and Social Media." In
  Manipulation Online. Philosophical Perspectives on Human-Machine-Interactions, hg. v.
  Fleur Jongepier und Michael Klenk. London: Routledge, 2021 [im Druck].

Fischer, Alexander. „Im Schraubstock der Angst: Manipulation und unsere Disposition zur
  Ängstlichkeit." *Hermeneutische Blätter* 26/1 (2020): 20–37.

Fischer, Alexander. „Ein Parasit im Kokon des Schmetterlings? Manipulation, Kommunikation
  und Ethik." In *Fake News, Hashtags & Social Bots. Neue Methoden populistischer
  Propaganda,* hg. v. Klaus Sachs-Hombach und Bernd Zywietz, 14–49. Wiesbaden:
  Springer VS, 2018.

Fischer, Alexander und Christian Illies. „Modulated Feelings: The Pleasurable-Ends-Model of
  Manipulation." *Philosophical Inquiries* VI/2 (2018): 25–44.

Fischer, Alexander. *Manipulation. Zur Theorie und Ethik einer Form der Beeinflussung.* Berlin:
  Suhrkamp, 2017.

Frawley-O'Dea, Mary Gail. *Perversion of Power. Sexual Abuse in the Catholic Church.* Nashville:
  Vanderbilt University Press, 2007.

Goethe, Johann Wolfgang von. *Faust. Der Tragödie Erster und Zweiter Teil.* Stuttgart: Reclam,
  2020.

Gorin, Moti. „Do Manipulators Always Threaten Rationality?" *American Philosophical Quarterly*
  51/1 (2014): 51–61.

Gräb-Schmidt, Elisabeth. „Der Abgrund menschlicher Möglichkeiten und der Anspruch des
  Anderen – Theologisch-ethische Perspektiven zu sexualisierter Gewalt in kirchlichen
  Kontexten." In *Sexualisierte Gewalt in kirchlichen Kontexten. Neue interdisziplinäre*

Perspektiven, hg. v. Mathias Wirth, Isabelle Noth und Silvia Schroer, 307 – 325. Berlin und Boston: De Gruyter, 2022.

Halter, Hans. „Kirchliche Missbrauchsfälle als neuer Anstoß zu dringenden kirchlichen Reformen. Reflexionen und Forderungen aus (sozial)ethischer Sicht." In *Missbrauchte Nähe. Sexuelle Übergriffe in Kirche und Schule*, hg. v. Monika Jakobs, 17 – 50. Freiburg: Paulusverlag, 2011.

Jakobs, Monika. „Theologin – Feministin – Pädagogin. Eine biographisch-professionelle Reflexion des schwierigen Themas ‚Sexueller Missbrauch'." In *Missbrauchte Nähe. Sexuelle Übergriffe in Kirche und Schule*, hg. v. ders., 207 – 221. Freiburg: Paulusverlag, 2011.

Katsch, Matthias. „Warum dieser Missbrauch katholisch schmeckt." In *Unheilige Macht. Der Jesuitenorden und die Missbrauchskrise,* hg. v. Godehard Brüntrup, Christian Herwartz und Hermann Kügler, 57 – 69. Stuttgart: Kohlhammer, 2013².

Krebs, Angelika in Zusammenarbeit mit Stephanie Schuster, Alexander Fischer und Jan Müller. *Das Weltbild der Igel. Naturethik einmal anders.* Basel: Schwabe Verlag, 2021.

Mannschatz, Jasmin. „‚We were expected to carry the weight of their shame and guilt, thinking it was our shame.' Gerard Rodgers' sozialethisches Prinzip *mea culpa* im Kontext sexualisierter Gewalt." In *Sexualisierte Gewalt in kirchlichen Kontexten. Neue interdisziplinäre Perspektiven*, hg. v. Mathias Wirth, Isabelle Noth und Silvia Schroer, 479 – 500. Berlin und Boston: De Gruyter, 2022.

Mercer, Joyce Ann. „Spiritual Care for Survivors of Church-Related Sexual Abuse: Making the Case for Moral Injury." In *Sexualisierte Gewalt in kirchlichen Kontexten. Neue interdisziplinäre Perspektiven*, hg. v. Mathias Wirth, Isabelle Noth und Silvia Schroer, 521 – 536. Berlin und Boston: De Gruyter, 2022.

Müllner, Ilse. „Frightening Continuities: Reading Stories on Sexual Violence in the Book of Samuel Today." In *Sexualisierte Gewalt in kirchlichen Kontexten. Neue interdisziplinäre Perspektiven*, hg. v. Mathias Wirth, Isabelle Noth und Silvia Schroer, 251 – 266. Berlin und Boston: De Gruyter, 2022.

Noggle, Robert. „The Ethics of Manipulation," *The Stanford Encyclopedia of Philosophy*, Summer 2020 Edition, hg. v. Edward N. Zalta, https://plato.stanford.edu/archives/ sum2020/entries/ethics-manipulation/ (letzter Zugriff: 31. 03. 2021).

Roers, Georg Maria. „Die unendliche Geschichte: das Aloisiuskolleg vor der Wende." In *Unheilige Macht. Der Jesuitenorden und die Missbrauchskrise,* hg. v. Godehard Brüntrup, Christian Herwartz und Hermann Kügler, 71 – 83. Stuttgart: Kohlhammer, 2013².

Rossetti, Stephen J. und Leslie M. Lothstein. „Mythen über Kindesmißhandler." In *Sexueller Mißbrauch Minderjähriger in der Kirche. Psychologische, seelsorgliche und institutionelle Aspekte*, hg. v. Stephen J. Rossetti und Wunibald Müller, 18 – 30. Mainz: Grünewald, 1996.

Rossetti, Stephen J. „Sexueller Mißbrauch von Kindern: Sechs Warnsignale – Hinweise für Prävention und Diagnose." In *Sexueller Mißbrauch Minderjähriger in der Kirche. Psychologische, seelsorgliche und institutionelle Aspekte*, hg. v. Stephen J. Rossetti und Wunibald Müller, 61 – 79. Mainz: Grünewald, 1996.

Rudinow, Joel. „Manipulation." *Ethics* 88/4 (1978), 338 – 347.

Schreiber, Gerhard. „Begriffe vom Unbegreiflichen. Beobachtungen zur Rede von ‚sexueller Gewalt' und ‚sexualisierter Gewalt'." In *Sexualisierte Gewalt in kirchlichen Kontexten. Neue interdisziplinäre Perspektiven*, hg. v. Mathias Wirth, Isabelle Noth und Silvia Schroer, 123 – 145. Berlin und Boston: De Gruyter, 2022.

Seibert, Christoph. „Menschenführung als Kontext sexualisierter Gewalt. Von der Ambivalenz einer unverzichtbaren Praxis." In *Sexualisierte Gewalt in kirchlichen Kontexten. Neue interdisziplinäre Perspektiven*, hg. v. Mathias Wirth, Isabelle Noth und Silvia Schroer, 335 – 353. Berlin und Boston: De Gruyter, 2022.

Stroh, Wilfried. *Die Macht der Rede. Eine kleine Geschichte der Rhetorik im alten Griechenland und Rom*. Berlin: List, 2011.

Weber, Max. *Wirtschaft und Gesellschaft: Grundriß der verstehenden Soziologie*. Tübingen: Mohr Siebeck, 2002³.

Wirth, Mathias. „Die Banalisierung sexualisierter Gewalt im Gestus ihrer Entschuldigung." In *Sexualisierte Gewalt in kirchlichen Kontexten. Neue interdisziplinäre Perspektiven*, hg. v. ders., Isabelle Noth und Silvia Schroer, 355 – 377. Berlin und Boston: De Gruyter, 2022.

Zoll, Patrick. „Chronologie einer Infragestellung." In *Unheilige Macht. Der Jesuitenorden und die Missbrauchskrise*, hg. v. Godehard Brüntrup, Christian Herwartz und Hermann Kügler, 25 – 37. Stuttgart: Kohlhammer, 2013².

Bastian König

Erfahrungen sexualisierter Gewalt verstehen?

Eine hermeneutische Spur im Ausgang von Paul Ricœurs Konzeption einer narrativen Identität

Das Fragezeichen hinter „verstehen" im Titel ist ebenso zu betonen wie die hermeneutische Spur, die wohl eher als schmale Fährte anzusehen ist. Das hängt unter anderem damit zusammen, dass die Frage nach einem Verstehen von sexualisierter Gewalt zunächst spezifiziert werden muss. Die Ausführungen werden sich auf die Frage nach der Verstehbarkeit von erlittener sexualisierter Gewalt konzentrieren. Damit wird ein unumgänglicher Zusammenhang von Erfahrung und Erzählung postuliert. Dabei gilt es, eine Grundvoraussetzung festzuhalten. Ein solches Unterfangen muss sich einer Vogelperspektive verwehren. Eine vermeintlich objektive Betrachtung ist aus zweierlei Gründen abzulehnen, die aufs Engste miteinander in Verbindung stehen: Zum einen gibt es nicht *die* Gewalt an sich und somit auch kein Nachdenken über *die* Gewalt an sich.[1] Zum anderen verbietet sich ein Analysieren von Gewalt, das über die Betroffenenperspektive hinwegsieht.[2] Mit dem hier vorgeschlagenen Angangsweg wird sodann die Frage nach der Verstehbarkeit von Gewalt besonders virulent.[3] In einem ersten Schritt nähert sich diese Studie dem Konnex von Erfahrung und Erzählung an. Dazu dienen Erzählungen von Personen, die Opfer schwerer sexualisierter Gewalt, Opfer einer Vergewaltigung, geworden sind. In diesen kurzen Ausschnitten wird die Problematik von Verstehen solcher gewaltsamen Erfahrungen anschaulich. Darüber hinaus wird der Zusammenhang von Erfahrung und Erzählung unmittelbar ins Werk gesetzt. Daran anschließend wird Ricœurs Konzept einer narrativen Identität vorgestellt, das die Relation von Erfahrung und Erzählung produktiv aufnimmt und die Bedeutung der Narration für die Identitätsbildung und

---

1 „Die Gewalt gibt es so wenig wie den Schmerz. Beides entzieht sich in extremen, radikalen und exzessiven Formen jeglicher Haltung, mit der man Gewalt und Schmerz zu begegnen versucht, ob auf den Wegen der Stoiker, der neuzeitlichen, an Thomas Hobbes anknüpfenden Staatstheoretiker, der an Søren Kierkegaard anschließenden Existenzphilosophen oder all der Apologeten souveräner Auslieferung an das Leben, die in dieser Hinsicht ohne Wenn und Aber auf den Spuren Nietzsches oder Batailles wandeln wollen." (Liebsch, „Furcht, Gewalt und Bejahung", 578).
2 Vgl. Grüny, *Zerstörte Erfahrung*; Staudigl, *Gesichter der Gewalt*; Liebsch, *Verletztes Leben*.
3 Vgl. Mensink und Liebsch, „Vorwort", 18.

https://doi.org/10.1515/9783110699203-012

den Identitätsvollzug verdeutlicht. Beschlossen werden die Überlegungen mit einem kurzen Resümee des Erarbeiteten, das zu einem besseren Verständnis der Komplexität von Erfahrungen sexualisierter Gewalt aus der Betroffenenperspektive beitragen kann. Diese abschließenden Überlegungen sind bewusst unter die Überschrift eines „Zwischenfazits" gestellt, da sie sich allein aus dem Desiderat der narrativen Identität nach Ricœur ergeben und somit nicht als allumfassende Problemlösung der grundsätzlichen Verstehbarkeit von sexualisierter Gewalt aus der Betroffenenperspektive anzusehen sind. Vielmehr können die vorsichtigen Überlegungen als Grundlage für ein produktives Weiterdenken dienen respektive lassen sich in therapeutischen Ansätzen finden. So sind die einleitenden und abschließenden Ausführungen als möglicher gedanklicher Horizont sowie als potentielle thematische Zuspitzung zu verstehen, die sich aus einer Beschäftigung mit dem ricœurschen Konzept ergeben können.

1 Der Zusammenhang von Erfahrung und Erzählung im Horizont identitätstheoretischer Reflexion – Eine Annäherung

Zur Annäherung an den Zusammenhang von Erfahrung und Narration sollen zunächst zwei Auszüge aus biographischen Erzählungen dienen. In ihnen ist vor allem auf die enge Beziehung von Erfahrung und Lebensvollzug zu achten. Deutlich spürbar werden in beiden die Auswirkungen von bestimmten Erfahrungen auf die Selbstwahrnehmung im Horizont der gesamten Identitätskonstruktion, genauer: die Erfahrungen Opfer einer Vergewaltigung geworden zu sein.

> Früher glaubte ich, dass alles, was passiert, einen Grund hat. Jede Erfahrung hat mich ein Stück weitergebracht im Leben – aber diese nicht. Ich glaube nicht, dass so etwas einen Grund hat und dass ich daraus irgendetwas Positives ziehen kann. Wenn eine Beziehung zu Ende geht, kannst du sagen, nun gut, er war nicht der Richtige. Aber dies – es ist völlig sinnlos! Es hat mir nur Scherereien gebracht. Ich muss wieder von vorne anfangen, muss alles wieder neu lernen. Leitsätze, die ich früher hatte, sind schlicht nicht mehr da. Vorher glaubte ich zum Beispiel an das Gute im Menschen. Das tue ich heute nicht mehr. Ich glaube, man muss sich schützen. Ich habe nicht mehr so viel Vertrauen, und ich versuche, möglichst keine Erwartungen zu haben. Ich habe immer schon versucht, diese abzulegen. Wenn es andere nicht so gut meinen, nehme ich das nicht mehr persönlich. Ich lasse mich nicht mehr so leicht enttäuschen.[4]

---

4 Berger, *Die Sprache verschlagen*, 99.

Ich kann zwar mit meinen Freundinnen darüber reden, und sie sagen, dass sie mich verstehen, was zu einem gewissen Grad auch stimmen mag. Aber sie können das, was in mir vorgeht, nicht wirklich nachvollziehen, und sie verstehen auch nicht, dass die Art und Weise, wie ich reagiere, so anders ist, als ich's mir vorgestellt hatte. [...] Aber das Schlimmste war, dass ich mir selbst immer wieder wie eine Täterin vorkam. Nie als Opfer. Ich erzählte zum Beispiel einer Freundin davon, und sie weinte sich fast die Augen aus! Und dann fühlte ich mich schuldig und mies, weil sie nicht damit umgehen konnte.[5] [...] Und doch hatte ich das Gefühl, ich sei es meinen Freundinnen schuldig, davon zu erzählen, denn ich war ja nicht mehr dieselbe wie vorher.[6]

„[...] denn ich war ja nicht mehr dieselbe wie vorher."[7] In diesen beiden Aussagen wird deutlich, welch einen Riss ein solches Ereignis im Lebensverlauf markieren *kann*. Die Potentialität des Ereignisses gilt es zu betonen, um der Betroffenenperspektive gerecht zu werden und die Einordnung des Geschehens der jeweils verletzten Person zu überlassen. In beiden Statements wird die Vergewaltigung als einen Einschnitt ins Leben beschrieben, der zu einer grundlegenden Veränderung aufseiten der Betroffenen geführt hat. Kathrin Berger – selbst Opfer einer Vergewaltigung – war auf der Suche nach Büchern, nach Erzählungen, die „Trost spenden und Einblick in die Erfahrung anderer Frauen gäbe[n]"[8]. Als sie nicht fündig wurde, entschloss sie sich, selbst Menschen zu ermutigen mit ihr „über ihren persönlichen Verarbeitungsprozess und ihre Bewältigungsstrategien zu sprechen."[9] Ihre Kompilation an verschiedenen Erzählungen betroffener Frauen kann unter der Frage nach dem Umgang, nach dem Verstehen von sexualisierter Gewalt gelesen werden. Erfahrung und Erzählung sind hier aufs Engste verwoben, sodass man bei den Beiträgen des Bandes von der Artikulation einer narrativen Erfahrung sprechen kann.[10] Der Narration wird eine Scharnierfunktion zuteil. So fungiert sie zum einen als Ausdrucksform des Erlebten, zum anderen als Erfahrungsraum der rezipierenden Person.[11] Für die eher aktive (erzählende) wie für die

---

5 A.a.O., 29.

6 A.a.O., 19, ohne Hervorhebung.

7 Ebd., Hervorhebung original.

8 A.a.O., 9.

9 Ebd.

10 Zum Zusammenhang von Narration und Erfahrung im Hinblick auf traumatische Erlebnisse siehe etwa Flick, „Narratives Wissen"; Waller und Scheidt, „Erzählen als Prozess"; Widdershoven, „The story of life"; Meuter, *Narrative Identität*; Treu, „Mit und durch Erzählungen leben"; Ulonska, „Selbstreflexionen"; Brockmeier, „Der narrative Modus"; Brockmeier, „Erfahrung und Erzählung"; Brockmeier und Harré, „Narrative"; van der Kolk und Fisler, „Dissociation"; Deppermann und Lucius-Hoene, „Trauma erzählen".

11 Zur filmischen Umsetzung der Erzählungen von sexualisierter Gewalt siehe die Serien *I May Destroy You* von Michaela Coel und *The Virtues* von Shane Meadows und Jack Thorne. Sowohl

eher passive (rezipierende) Person scheint die Erzählung sehr eng mit der Identität verknüpft zu sein. Diesen Konnex von Identität und Erzählung beschreibt Paul Ricœur mit seinem Konzept einer narrativen Identität, die in den folgenden Ausführungen im Fokus steht.

2 Erzählung und Identität – Paul Ricœurs narrative Identität

In aller Prägnanz hat Ricœur seine Vorstellung einer narrativen Identität in dem gleichnamigen Aufsatz aus dem Jahre 1987 vorgestellt.[12] Dieser vereint und komprimiert die Einsichten seines vorherigen Denkweges.[13] Indem Ricœur in Aufnahme von Husserls phänomenologischen Einsichten – im Gespräch mit der Topik Freuds – das apodiktische *Cogito* Descartes in Frage stellt, gelangt er zu dem Schluss, dass eine Ahnung vom Selbst nur über einen „Umweg" (*detour*) erreicht werden kann. Angefangen beim Symbol (*Symbolik des Bösen*), über die Metapher (*Die lebendige Metapher*) und schließlich über den Text als Medium (*Zeit und Erzählung*) versucht er das menschliche Selbst auszuleuchten. Die Erzählung dient nach Ricœur als Medium, das den Vollzug von Existenz erst ermöglicht. Erzählungen entwerfen eine eigene Wirklichkeit, können als Gegenüber verstanden und vom rezipierenden Subjekt angeeignet beziehungsweise produktiv genutzt werden. Eine zentrale Position nehmen seine Ausführungen zur narrativen Identität dann in der sogenannten *Kleinen Ethik* in *Das Selbst als ein Anderer* ein, die gleichzeitig als Kristallisationspunkt seines gesamten hermeneutischen Ansatzes gesehen werden können.[14]

Coel als auch Meadows berichten in Interviews, dass sie selbst Opfer sexualisierter Gewalt wurden. Maedows wurde als Neunjähriger Ziel sexualisierter Gewalt durch andere Jugendliche, Coel in einer Bar betäubt und vergewaltigt. In beiden Serien wird vor allem das Hadern der Betroffenen mit den Geschehnissen thematisiert, aber auch die Frage nach den Schwierigkeiten Gewalt als solche wahrzunehmen und zu verstehen. In gewisser Weise leuchten beide den Zusammenhang von Erfahrung und Erzählung auf ihre ganz eigene Art aus (siehe Ströbele, „Sich nicht zerstören lassen").

12 Ricœur, „Narrative Identität".

13 Zur Analyse der narrativen Identität bei Paul Ricœur vgl. z. B. Tengelyi, „Theorie der narrativen Identität"; Mattern, *Ricœur zur Einführung*, 202–204; Damgaard, „Kierkegaard on Self", 88–93; Scharfenberger, *Narrative Identität*, 391–457; Haker, *Moralische Identität*, 35–57; Daughton, *With and For Others*; Breitling, *Möglichkeitsdichtung – Wirklichkeitssinn*, 164–174; Eldracher, *Heteronome Subjektivität*, 294 f.; Schlitte, „Individuelles Gesetz und narrative Identität", 120–124; Glas, „Loss of the Self".

14 Auf dieser Linie z. B. Messner, *Hermeneutik des Selbst*, 131, Anmerkung 160.

2.1 Das zeitliche Selbst zwischen Beharrlichkeit und Veränderung

„Mit ‚narrativer Identität' bezeichne ich jene Art von Identität, zu der das menschliche Wesen durch die Vermittlung der narrativen Funktion Zugang haben kann."[15] In diesem definitorischen Satz liegt sogleich eine harsche Abgrenzung. Der Mensch könne nur über die Vermittlung der narrativen Funktion, nur über einen Umweg Zugang zu sich selbst, zu seiner Identität haben. Ein direkter Weg scheint ihm verwehrt. Diese Grundeinsicht Ricœurs zieht sich, wie bereits angedeutet, durch sein gesamtes Werk. So geht es in seinen Ausführungen zur Interpretation, dem Symbol, der Metapher und schließlich der Erzählung immer auch um die Bedeutung dieser sprachlichen Ausdrücke für die Selbstreflexion. All seine hermeneutischen Schriften tangieren in letzter Instanz die Frage nach der Bedeutung für das Selbst in der lebendigen Begegnung mit narrativen Figuren.[16] Die Frage nach dem Selbstverstehen auf dem Umweg, in der Vermittlung ist es, die die philosophische Arbeit Ricœurs wie ein roter Faden durchzieht.

Identität – in aller Grundsätzlichkeit zunächst noch ohne Zuspitzung auf personale Identität – sieht Ricœur aus zwei Momenten zusammengesetzt, die in gegenseitiger Spannung zueinander gehalten werden, aus *idem* und *ipse*.[17] Er nähert sich seiner identitätstheoretischen Fragestellung unter dem Problemhorizont des Zusammenhangs von Selbst und Zeit. Mit dem ersten Moment, dem *idem*, bezeichnet er eine Form von Gleichheit, von „Selbigkeit"[18], eine „Form von Unveränderlichkeit in der Zeit."[19] Es handelt sich hierbei um das konstitutive Kriterium der Identifizierbarkeit, die als unabdingbarer Teil der Identität angesehen wird – quantitativ wie qualitativ – und dem gleichzeitig eine zeitliche Komponente innewohnt. Wenn es um die Frage nach eindeutiger Identifizierbarkeit geht, so stellt sich das Problem aufgrund der Zeit. Der Pol der *idem*-Identität garantiert die Bezeugung sowie Identifizierbarkeit über eine Zeitspanne hinaus, also gewissermaßen die Unveränderlichkeit trotz der Zeit, ja über die Zeit hinweg. Man könnte die Seite der *idem*-Identität auch mit Begriffen wie Beständigkeit oder Beharrlichkeit umschreiben. Das Selbst kann als Selbst identifiziert werden, obwohl es einer zeitlichen Entwicklung unterworfen ist. Zu dieser Beständigkeit der Identität über die Zeit hinaus gesellt sich eine weitere Kompo-

---

15 Ricœur, „Narrative Identität", 209.

16 Vgl. Mattern, *Ricœur zur Einführung*, 184.

17 Sehr anschaulich verdeutlicht Gerrit Glas die Beziehung von *idem* und *ipse* anhand des Beispiels der Identifizierbarkeit eines Baumes (siehe Glas, „Loss of the Self", 347).

18 Ricœur, *Das Selbst als ein Anderer*, 144.

19 Ricœur, „Narrative Identität", 209.

nente, die in ihrem Bezug zum *idem* der Komplexität des Selbst gerecht wird. Mit dem Moment des *ipse*, der „Selbstheit", trägt Ricœur dem Umstand der Veränderung innerhalb der Zeit sowie der Individualität Rechnung. Im Hinblick auf eine personale Identität ist mit der Selbstheit auch das Moment der Reflexivität des Individuums – im Sinne von Selbstbezüglichkeit – bedacht. Erfahrungen, Lebenswendungen und reflexive Vorstellungen spielen hier eine Rolle.[20] Das Selbst kann sich selbst als Selbst identifizieren, weil es weiß, was es ist. Kurzum: *Ipse* beantwortet die Frage nach dem „Wer" wir sind, *idem* nach dem „Was" wir sind.

Selbigkeit und Selbstheit sind nun aber nicht als voneinander getrennt zu betrachten, sondern überlagern und bedingen sich gegenseitig; es sind zwei Seiten derselben Medaille; Unmittelbarkeit und Reflexivität.[21] Nun geht es Ricœur darum, den Zusammenhang der beiden – im Gegensatz zu Kant, bei dem sich beide Momente zwar finden lassen, der sie aber in ihrer dialektischen Bezogenheit nicht genauer analysiert – genauer auszuleuchten. Dabei versucht er zwei Irrwegen zu entgehen: der Annahme eines zeitlosen Kerns der Identität, der nur angereichert wird, sowie der Zerstreuung des Selbst in Einzelmomente.[22] Bei der Annahme eines zeitlosen Kerns wird die Veränderbarkeit ausgeblendet und somit auch die Erfahrung, die ein Mensch in seinem Lebensvollzug macht. Bei der Zerstreuung werden jegliche Kontinuität, jegliche Sedimentierung von Handlungen, von charakterlichen Eigenschaften sowie Gewohnheiten in Abrede gestellt.[23] Selbigkeit und Selbstheit müssen für Ricœur in einem Verhältnis zuein-

---

20 „Mit dem ersten Begriff (Idem-Identität) zielt Ricoeur auf die Tradition der Identität im Sinne der Identifizierbarkeit von etwas oder jemandem *über* einen Zeitraum hinweg. Der zweite Begriff (Ipse-Identität) bezieht sich auf Selbstkonzepte, also Selbstverständnisse *in* der Zeit. Die Identität einer Person bedarf beider Dimensionen, die miteinander verschränkt sind. Ohne eine Identifikation in der zeitlichen Erstreckung könnten wir ebenso wenig von einer Identität der Person sprechen wie ohne das Selbstbild oder die Identitätsvorstellung, also ohne das, was uns in unserer Existenz ausmacht." (Haker, „Narrative und moralische Identität", 179, Hervorhebung original).

21 A.a.O., 179.

22 „So könnte die Philosophie der Person von den falschen Problemen befreit werden, die aus dem griechischen Substantialismus entstanden sind. Die narrative Identität entgeht der Alternative des Substantialismus: Unveränderlichkeit eines atemporalen Kerns oder Zerstreuung in Eindrücken, wie das bei Hume und Nietzsche zu sehen ist." (Ricœur, „Annäherung an die Person", 247).

23 „In der Tat mündet das Problem der personalen Identität ohne Hilfe der Narration unausweichlich in eine unlösbare Antinomie: denn entweder postuliert man ein bei aller Vielfältigkeit seiner Zustände selbstidentisches Subjekt oder man vertritt wie Hume und Nietzsche die Ansicht, dieses identische Subjekt sei bloß eine substantialistische Illusion, deren Beseitigung bloß eine reine Vielfalt von Kognitionen, Emotionen und Volitionen übrig läßt." (Ricœur, *Zeit und Erzählung III*, 395 f.).

ander gedacht werden, in dialektischer Spannung und Angewiesenheit.[24] In dieser Spannung werden somit zwei Momente personaler Identität zusammengehalten. Die stabilen, sedimentierten Teile der Identität auf der einen (*idem*) und die sich entwickelnden, verändernden, dynamischen Momente der Identität (*ipse*) auf der anderen Seite. Doch birgt vor allem das ipse Probleme:

> Die Identität eines Individuums oder einer Gemeinschaft angeben, heißt auf die Frage antworten: *wer* hat diese Handlung ausgeführt, *wer* ist der Handelnde, der Urheber? Auf diese Frage wird zunächst geantwortet, daß jemand benannt wird, das heißt durch einen Eigennamen bezeichnet wird. Doch worauf stützt sich die Dauerhaftigkeit des Eigennamens? Was berechtigt dazu, daß man das so durch seinen Namen bezeichnete Subjekt der Handlung ein ganzes Leben lang, das sich von der Geburt bis zum Tod erstreckt, für ein und dasselbe hält?[25]

Die Variabilität des Verhältnisses von *idem* und *ipse* im Horizont der Zeitlichkeit verdeutlicht Ricœur anhand des „Charakters" und des „Versprechens". Unter ersterem versteht er „die Gesamtheit der Unterscheidungsmerkmale, die es ermöglichen, ein menschliches Individuum als dasselbe zu reidentifizieren."[26] Identifizierbarkeit ist das Hauptkriterium für den *idem*-Pol der Identität, der auch hier wieder anklingt. Jedoch zeichnet Ricœur an dieser Stelle ein Moment der *Ipseität* ein, wenn er den Charakter als Genese von erworbenen habitualisierten Handlungen versteht, die eine gewisse Veränderung, wenn auch in schwacher Form implizieren. Somit rücken *ipse* und *idem* aufs Engste zusammen, ja das *idem* scheint das *ipse* zu verschlingen. Ricœur leuchtet somit die Grenze einer scheinhaften Auflösung des einen Pols in den andern aus. Das umgekehrte Extrem, nahezu ein Auseinanderfallen von *idem* und *ipse*, zeichnet er am Versprechen nach.[27] Das Halten eines Versprechens liefere eine eigene Beständigkeit in der Zeit, die allerdings auf Seiten des *ipse* ihre Korrelation findet und daher losgelöst vom *idem* gedacht werden kann. Es geht um eine Zusage, die trotz eines zeitlichen Hiatus von Versprechen und Halten, in der eine Veränderung des Selbst

---

24 Wiercinski, „Hermeneutic Notion", 22 – 24.

25 Ricœur, *Zeit und Erzählung III*, 395, Hervorhebung original.

26 Ricœur, *Das Selbst als ein Anderer*, 148.

27 Am Versprechen wird gleichzeitig die ethische Ausrichtung der narrativen Identität bei Ricœur ganz deutlich. Mit diesem Sprechakt kommt immer eine andere Person bzw. Institution in den Blick, an die das gegebene Versprechen gerichtet ist. Immer wieder implizit und dann explizit in *Das Selbst als ein Anderer* in den Abhandlungen 5 – 7, in der sogenannten *Kleinen Ethik*, versteht Ricœur das Selbst als ein ethisches Selbst, an das Modelle narrativer Ethik anknüpfen. Vgl. dazu z. B. die Beiträge in Joisten, *Narrative Ethik* sowie Breitling, Orth und Schaaff, *Das herausgeforderte Selbst*.

möglich ist, Geltung behält. Beiden Extremen, dem Auseinander- sowie Zusammenfallen von *idem* und *ipse* ist somit nachgedacht. Das, was diese beiden Pole in dialektischer Spannung hält, was ihre bleibende Bezogenheit aufeinander auszudrücken vermag und produktiv ins Werk setzt, erblickt Ricœur in der narrativen Identität, die eben an die Frage nach dem Verhältnis von *idem* und *ipse* anknüpft, wobei er sie an letzteres koppelt. Der formalen Frage nach dem „Was" (*idem*) wird die narrative Identität gegenübergestellt (*ipse*). Diese könne „die Veränderung und Bewegtheit im Zusammenhang eines Lebens einbegreifen."[28]

Dabei ist und bleibt das Selbst immer auf ein Verstehen angewiesen. Das Selbst ist nicht unmittelbar greifbar, sondern kann nur über den Umweg erahnt werden, genauer gesagt: „über den Umweg verschiedener kultureller Zeichen."[29] Diese kulturellen Zeichen erkennt Ricœur nicht nur in schriftlichen, sondern auch in nichtschriftlichen Zeugnissen.[30] Es ist „der Begriff des Lebenszusammenhangs"[31] Diltheys, der ihm für die Verbindung beider Momente als Hilfe gereicht. Im Lebenszusammenhang kann das eigentümliche Verhältnis von Selbigkeit und Selbstheit konstruktiv gedacht werden. Dieses sieht Ricœur in einer Vermittlung über die Erzählung verbürgt, da diese *idem* und *ipse* selbst produktiv ins Werk setze und in Bezogenheit aufeinander erhalte.[32] Angefangen bei „der Identität der *Erzählung*" über die „Identität der *Figuren* der erzählten Geschichte" nähert er sich der „Identität des *Selbst*".[33] Da Ricœur auf diesem Wege auf die Erkenntnisse seiner Mimesis-Theorie zurückgreift, scheint es lohnenswert einen kurzen denkerischen Umweg über die Ausführungen aus „Zeit und Erzählung" zu nehmen, um daraufhin informiert wieder in die Darstellung einzusteigen.

2.2 Exkurs: Die Erzählung als Vermittlung – die dreifache Mimesis

Ricœur bezieht sich auf die *Poetik* des Aristoteles, auf seine Tragödienkomposition, da er dort die passenden Begriffe findet, die er für seinen Ansatz produktiv in Anschlag bringt. In der *Poetik* erblickt er die ausführliche Behandlung der Korrelation von Erzählfigur und erzählter Handlung. Für seine Überlegungen, die sich in aller Ausführlichkeit in *Zeit und Erzählung* finden lassen, sind vor allem die

---

28 Ricœur, *Zeit und Erzählung III*, 396.
29 Ricœur, „Narrative Identität", 222.
30 Vgl. Meyer, *Paul Ricœur*, 137.
31 Ricœur, „Narrative Identität", 211.
32 Vgl. ebd.
33 Ebd., Hervorhebung original.

Begriffe der *mimēsis (μίμησις)* und des *mythos (μῦθος)* von Bedeutung. Unter dem zentralen Begriff der *mimēsis* versteht Ricœur in Anlehnung an Aristoteles die menschliche Nachahmung der Wirklichkeit.[34] Allerdings geht Ricœur deutlich über Aristoteles hinaus, indem er die *mimēsis* in drei Teile aufsprengt: So versteht er unter der *mimēsis* I die pränarrativen Strukturen, das Vorverständnis, das zur Komposition der Narration, der *mimēsis* II führt und an die sich die Rezeption – *mimēsis* III – anschließt. Somit spürt er der Erzählung von der Präfiguration, über die Konfiguration bis zur Refiguration nach. Deutlich wird auch hier, dass die Bedeutung der Erzählung in ihrer ganzen Fundamentalität erst im Hinblick auf die Zeitlichkeit des menschlichen Daseins wirklich greifbar wird. Das Programm von *Zeit und Erzählung* wird von Ricœur wie folgt beschrieben: „[D]ie Zeit wird in dem Maße zur menschlichen, wie sie narrativ artikuliert wird; umgekehrt ist die Erzählung in dem Maße bedeutungsvoll, wie sie die Züge der Zeiterfahrung trägt."[35] Das Problem der Zeiterfahrung – unter Aufnahme der augustinischen Frage nach der Zeit im elften Buch der *Confessiones* – kann als hermeneutischer Schlüssel für den Angangsweg zur narrativen Identität verstanden werden.[36] Im Folgenden seien die Eckpfeiler der ricœurschen Erzähltheorie pointiert anhand der dreifachen Mimesis wiedergegeben:

Mimesis I oder das „Vorher" des Textes: Ricœur sieht die Fabelkomposition im Vorverständnis der Welt des Handelns verwurzelt. Sinnstrukturen, symbolische Ressourcen und zeitliche Strukturen werden als eben diese Verwurzelung vorausgesetzt. Ricœur setzt am äußersten denkbaren Anfang an: „Daß nämlich eine Handlung erzählbar ist, beruht darauf, daß sie schon in Zeichen, Regeln und Normen artikuliert: immer schon *symbolisch vermittelt* ist."[37] Thema letztlich jeder Narration ist laut Ricœur das Handeln und sein passives Gegenstück, das Leiden. Kurzum: Wer erzählen will, der greift immer schon zwangsläufig auf ein breites Repertoire an Dingen zurück, ohne die eine mimetische Umsetzung gar nicht möglich wäre. In den Worten Ricœurs:

> Damit wird der Sinn der *mimēsis* I in seiner Vielschichtigkeit deutlich: eine Handlung nachahmen oder darstellen heißt zunächst, ein Vorverständnis vom menschlichen Handeln haben: von seiner Semantik, seiner Symbolik und seiner Zeitlichkeit. Von diesem Vorver-

---

34 Zur Bedeutung der *mimēsis* im Horizont der *Poetik* siehe u. a. Golden, „Mimesis and Katharsis"; Küpper, „Verschwiegene Illusion"; Trench, „Mimesis in Aristotele's Poetics"; Kloss, „Möglichkeit und Wahrscheinlichkeit".

35 Ricœur, *Zeit und Erzählung I*, 13.

36 Vgl. Eldracher, *Heteronome Subjektivität*, 356 – 364.

37 Ricœur, *Zeit und Erzählung I*, 94, Hervorhebung original. Weiterhin kann Ricœur Handlungen selbst als „Quasi-Text" bezeichnen (vgl. a.a.O., 96).

ständnis, das dem Dichter und seinem Leser gemeinsam ist, löst sich die Fabelkomposition und damit die textuelle und literarische Mimesis ab.[38]

Mimesis II oder der „Schmelztiegel": An dieser Stelle geht Ricœur nun den angekündigten Versuch an, die „Konfigurationstätigkeit [...] aus den einschränkenden Bedingungen heraus[zu]lösen, denen der Begriff der Fabelkomposition bei Aristoteles aufgrund des Tragödienparadigmas unterliegt."[39] Damit möchte er die vermittelnde Position zwischen dem Vorher und dem Nachher der Konfiguration genauer ausleuchten. Für ihn übernimmt die Fabelkomposition eine dreifache Vermittlerrolle: Sie vermittle zwischen einzelnen Ereignissen und einer gesamten Story, sie vereinige heterogene Faktoren (Handelnde, Ziele, Mittel und Interaktionen etc.) und schließlich vermittle sie eigene Zeitmerkmale beispielsweise durch die Verbindung von chronologischen und diachronischen Zeitdimensionen in der Erzählung.[40] Dabei zeigt sich der Akt der Zeitlichkeit im Rezipierenden in der Nachvollziehbarkeit der Geschichte. Die Nachvollziehbarkeit (*followability*) „verwandelt das Paradox in lebendige Dialektik."[41] Und mit anderer Stoßrichtung: „Eine Geschichte verstehen heißt zu verstehen, wie und warum die einander folgenden Episoden zu diesem Schluß geführt haben, der keineswegs vorhersehbar war, doch letztlich als annehmbar, als mit den zusammengestellten Episoden kongruent erscheinen muss."[42] Zum einen lassen sich hier Elemente eines linearen Zeitverständnisses, eines „und dann, und dann, und dann" erkennen, zum anderen werden diese aber überlagert von Vor- und Rückgriffen in der Erzählung. Sobald eine Geschichte bekannt ist, heißt nachvollziehen sodann, die bekannten Episoden gerade als auf eben das bekannte Ende hinführend zu erfassen, wodurch ebenfalls eine neue Zeitqualität zum Vorschein kommt. Man kann eine Geschichte nun „gegen-den-Strich" lesen.

Mimesis III oder das „Nachher" des Textes: Die Mimesis II brauche eine Ergänzung, da die Erzählung erst zu ihrem vollen Sinn gelange, wenn sie in der Mimesis III wieder in die Zeit des Handelns und Leidens eintritt. Diese Fragestellung behandelt Aristoteles selbst kaum in seiner Poetik, allerdings zum Teil in seiner Rhetorik.[43] Die Mimesis III bezeichnet den Schnittpunkt zwischen der Welt des Textes und der der Lesenden. Vier Anfragen geht Ricœur hier nach: der Zir-

---

38 A.a.O., 103.
39 A.a.O., 105.
40 A.a.O., 107.
41 A.a.O., 108.
42 Ebd.
43 A.a.O., 113.

kularität, dem Lesen als Motor der Erzählung, der Frage nach der Referenzfunktion und abschließend auch hier dem Verhältnis von Zeit und Erzählung.

Die Erzählung hält die Dialektik in Spannung. Es handelt sich zwar um eine Zirkularität, aber Ricœur bemüht sich darum, einen *circulus vitiosus* abzulehnen und betont, dass die Zirkularität den Charakter einer Spirale habe, die zwar immer durch den selben Punkt, aber auf anderen Höhenlagen gehe.[44] „Eine Geschichte mitvollziehen heißt, sie lesend zu aktualisieren."[45] So begleite der Akt des Lesens auch das Wechselspiel von Innovation und Sedimentierung. Erst durch die Wechselwirkung von Text und Rezipienten werde der Text zum Werk.[46] Hier lässt sich eine gewisse Sympathie zu Gadamers *Horizontverschmelzung* erkennen, die Ricœur allerdings als konfliktreich respektive als komplexer ansieht: „Was ein Leser rezipiert, ist nicht nur der Sinn des Werkes, sondern durch seinen Sinn hindurch seine Referenz, also die Erfahrung, die es zur Sprache bringt, und letztlich die Welt und ihre Zeitlichkeit, die es vor sich entfaltet."[47] Ricœur spricht von einer „überkreuzenden Referenz" zwischen Geschichtsschreibung und Fiktionserzählung – ihm zufolge den „zwei große[n] Kategorien [...] narrativer Rede."[48] Ziel ist es unter anderem der Fiktionserzählung einen größeren Stellenwert beizumessen und ihr eine außerordentliche Relevanz für das Selbstverständnis einzuräumen. Die Fiktionserzählung bediene sich bei den Techniken der Geschichtsschreibung und umgekehrt. So fragt Ricœur rhetorisch: „Wird nicht jede Erzählung so erzählt, als hätte sie wirklich stattgefunden?"[49] Für die Selbsterkenntnis über den Umweg der Narration ist die Gattung der Narration somit irrelevant. Mit der dreifachen Mimesis gelingt es Ricœur in aller Grundsätzlichkeit die Erzählung als Einheit des Pluralen und in ihrer Einbettung in die Lebenswelt wahrzunehmen. Dabei wird der schöpferisch tätigen Person sowohl im Entstehungsprozess als auch im Prozess des Rezipierens eine außerordentliche Wertschätzung zuteil.

---

44 A.a.O., 116.
45 A.a.O., 121.
46 Vgl. a.a.O., 122.
47 A.a.O., 124.
48 A.a.O., 128.
49 A.a.O., 129.

2.3 Von der Identität der Erzählung und ihren Akteur*innen zur Identität des Selbst

Nachdem der hermeneutische Zirkel der dreifachen Mimesis kurz verdeutlicht worden ist, kann nun ein genauer Blick auf die Destillierung der Identität des Selbst aus der Identität der Narration geworfen werden.

Ricœur geht grundsätzlich von einer Korrelation der erzählten Geschichte und der Handlungsfigur, die er in der aristotelischen *Poetik* bereits angelegt sieht, aus. Die Erzählung, die unter anderem durch Vollständigkeit und Abgeschlossenheit ausgezeichnet sei, verhalte sich korrelativ zur Identität der Erzählfigur.[50] Erzählung und Erzählfigur bedingen sich gegenseitig. Bevor er sich der Erzählfigur widmet, charakterisiert Ricœur die Erzählung zunächst. Im Rückgriff auf seine Einsichten aus *Zeit und Erzählung* sieht er in ihr ein Zusammenspiel von Konkordanz, dem Bestreben nach einer Einheit der Narration und der Diskordanz, die diese Einheit immer wieder ob ihres fluiden Charakters gefährde.[51] In dieser Bestimmung überwiegt für ihn die Konkordanz. Das, was als zufällig in einer Erzählung geschieht, sei immer rückgebunden an das Wahrscheinliche oder Notwendige:

> Was im Leben einfacher Zufall wäre, ohne erkenntlichen Zusammenhang mit irgendwelcher Notwendigkeit, ja Wahrscheinlichkeit, trägt in der Erzählung zum Fortschreiten der Handlung bei. Die Kontingenz ist in gewisser Hinsicht in die Notwendigkeit oder Wahrscheinlichkeit der Erzählung eingebettet.[52]

Der *mythos*, der Akt der Konfiguration (Mimesis II), vermittle zwischen Konkordanz und Diskordanz in einer Weise, deren Ergebnis Ricœur als „diskordante[] Konkordanz" oder auch als „Synthese des Heterogenen" bezeichnen kann.[53] Es geht um die Vermittlung von unterschiedlichen Ereignissen, Handlungen und Motiven zu einer zusammengehaltenen Erzählung. Dieser Konfigurationsakt hat gleichzeitig Auswirkungen auf die Identität der Figuren, der Handlungstragenden:

> Wenn nämlich jede Geschichte als eine Kette von Transformationen angesehen werden kann – ausgehend von einer anfänglichen Situation bis hin zu einer abschließenden Situation –,

---

50 Vgl. Ricœur, „Narrative Identität", 212.
51 Vgl. ebd.
52 A.a.O., 213.
53 A.a.O., 214.

> so kann die narrative Identität des Helden nichts anderes sein als der einheitliche Stil von subjektiver Transformation.[54]

Damit ist die eingangs erwähnte Wechselwirkung von erzählter Geschichte und der Handlungsfigur beschrieben. Untermauern lässt sich diese Abhängigkeit, dieses Wechselspiel beider Größen an verschiedenen literarischen Beispielen. Interessant sind dabei vor allem die Grenzen des Möglichen: Was an Veränderungen und Wendungen der Erzählfigur hält die Erzählung aus?[55] Inwiefern kann die diskordante Konkordanz von der Erzählung oder aber von der Erzählfigur garantiert werden? Das Erstaunliche an der Identität der Erzählfigur in ihrer Wandelbarkeit ist, dass sie, sogar in der scheinbaren Auflösung ihrer selbst – wie beispielsweise ganz gravierend in Robert Musils *Mann ohne Eigenschaften* –, doch nicht ganz verschwindet. Die *Ipseität* bleibt in der Frage nach der Identität, nach dem Wer gewahrt. Literarische und theatralische Stoffe eröffnen einen Möglichkeitsraum, in dem über Identität nachgedacht wird und der gleichzeitig dem Individuum im Sinne des *homo narrans* zur Hilfe gereicht. Wie verhält es sich nun, im Anschluss an die Identitätsbestimmung von Erzählung in Korrelation mit der in ihr geschilderten und sie gleichsam stützenden Erzählfiguren, mit der narrativen Identität? Was kann eine solche zur Verhältnisbestimmung von *idem* und *ipse* im Vollzug menschlichen Daseins beitragen und wie kann sie zu einem neuen Selbstverständnis führen? Damit ist die Frage nach der Rezeption, ja mehr noch die der „*Aneignung* durch ein reales Subjekt"[56] gestellt. Vor allem aus der Fiktivität der Erzählung und der Erzählfigur leitet Ricœur die Stärke ebenjener für die Aneignung des Subjektes ab. Durch die Konfiguration als mimetische Tätigkeit, als Nachahmung von handelnden Menschen mit allen Implikationen der Mimesis I, werde die Wirklichkeit neu interpretiert, ja refiguriert.[57] In der zuvor angesprochenen Vermittlung, dem Umweg der Selbsterkenntnis sieht Ricœur das Potential seiner vorgestellten narrativen Identität und schließt die Identität der Erzählfigur mit der Identität der rezipierenden Person kurz:

---

54 A.a.O., 215.

55 Ricœur selbst führt immer wieder Musils *Mann ohne Eigenschaften* und Joyces *Ulysses* an, um die Grenzen auszuloten. Als ein anders Beispiel für den Zusammenhalt einer Erzählung in Absehung der Identität der Erzählfiguren kann das Genre des Großstadtromans angesehen werden. In Wolfgang Koeppens *Tauben im Gras* wird die Erzählung durch die unterschiedlichen, teils verschwimmenden Wahrnehmungen verschiedenster, wenig konturierter Erzählfiguren einer Großstadt zusammengehalten, das als einendes Objekt dient.

56 Ricœur, „Narrative Identität", 221, Hervorhebung original.

57 Vgl. ebd.

> Die narrative Vermittlung unterstreicht so den bemerkenswerten Charakter der Selbsterkenntnis als einer Selbstauslegung. Die Aneignung der Identität der fiktiven Figur durch den Leser ist das bevorzugte Vehikel dieser Auslegung. Ihr spezifischer Beitrag besteht im *Gestalt*charakter der Erzählfigur, der bewirkt, daß das Selbst, erzählerisch interpretiert, sich als ein ebenfalls *figuriertes* Ich erweist, ein Ich, das sich *so oder so figuriert*.[58]

An die Erkenntnis der eigenen Figuralität schließt sich sodann der Gedanke einer Refiguralität an. Durch die Aneignung einer Erzählfigur innerhalb einer Erzählung, einer erzählten Welt[59], werden gewissermaßen die engen Ketten der eigenen Wahrnehmung aufgesprengt und ein weiter Raum verschiedenster Möglichkeiten des Selbst eröffnet. Die Kehrseite dieses Ermöglichungsraums bestehe in der Gefahr, sich in den verschiedenen Möglichkeitsvariationen zu verlieren, sei es, sich hinter den vorgestellten Figuren zu verstecken, oder aber von Möglichkeit zu Möglichkeit zu gleiten, ohne zu einer wirklichen Refiguralität des eigenen Selbst zu gelangen.[60] Die Erzählung wird also in ihrer ganzen Potentialität ernst genommen: Sie eröffnet einen Möglichkeitsraum, sie liefert den „Entwurf [...] einer bewohnbaren möglichen Welt"[61] und sie gibt durch ihre Figuren und Motive verschiedenste Aneignungspunkte für ein rezipierendes Selbst, das dieses für die eigene Selbsterkenntnis annehmen *kann*. Es bleibt ein Angebot zur Identifikation. Durch die dreifache Mimesis und das dialektische Ineinander von *idem* und *ipse* werden sowohl die Erzählung als auch die rezipierende Person in ihrer Individualität, in ihrer Genese ernstgenommen und in einen lebendigen Dialog gebracht. Keineswegs oktroyiert die Erzählung, in welcher Form auch immer, dem rezipierenden Subjekt die zu bewohnende Welt.

---

58 A.a.O., 222, Hervorhebung original.

59 Dabei spielt es keine Rolle, ob es sich um eine historische oder eine fiktionale Erzählung handelt. Mit der Vorstellung der „überkreuzenden Referenz" spielt Ricœur Fiktion und Geschichtsschreibung nicht gegeneinander aus, sondern stellt fest, dass beide voneinander Anleihen machen. Dies hängt aufs Engste mit den Einsichten bezüglich der Mimesis I zusammen: Auch fiktionale Texte nehmen Grundmotive und -handlungen menschlichen Daseins auf und verarbeiten diese, haben also genauso Anteil an der Wirklichkeit wie die vermeintlich objektive Geschichtsschreibung.

60 Vgl. a.a.O., 223–225.

61 Ricœur, *Die lebendige Metapher*, 156.

3 Probleme des Verstehens im Kontext von sexualisierter Gewalt und Selbst – ein Zwischenfazit

Viele Gedanken ließen sich an die narrative Identität nach Ricœur anschließen. Es sei an dieser Stelle lediglich auf zwei Spuren verwiesen, die auf die Frage nach der Verstehbarkeit von sexualisierter Gewalt aus der Perspektive der Betroffenen anschlussfähig zu sein scheinen und als Zwischenfazit für das Geschilderte zu verstehen sind.

Zum einen scheint durch das Changieren von *idem* und *ipse* eine Verortung der Erfahrung sexualisierter Gewalt im Lebensvollzug der einzelnen Person möglich zu sein, die, wie eingangs betont, der betroffenen Person selbst überlassen werden kann. Durch beide Momente bleibt die Identifizierbarkeit und damit die Integrität des Selbst gewahrt, auch wenn *idem* und *ipse* bis aufs Äußerste gespannt sein können. Damit ist eine Verortung des Erlebten von der harten Einordnung in ein alternativloses „außer mir" oder „in mir" befreit. Vielmehr werden Außen- und Innenperspektive in Bezogenheit aufeinander ernstgenommen und in der Selbstidentifikation vermittelt, wobei dennoch der dialektische Charakter der Identität von „Faktizität und Konstruktion"[62] bestehen bleibt. Damit ist weder die betroffene Person allein für die Einordnung des Erlebten verantwortlich, noch wird dieser Akt einer externen Instanz aufgegeben. *Idem* und *ipse* bleiben in Bezogenheit und Angewiesenheit aufeinander bestehen. Zum anderen eröffnet der Grundzug eines hermeneutischen Selbst, das sich auf dem Umweg der Narration selbst findet, Identifikationsmöglichkeiten zum Umgang mit den Erfahrungen sexualisierter Gewalt. Und das sowohl auf Ebene der Rezeption als auch der Konfiguration: So bieten Erzählungen einen Fiktionsraum an, der zu Überlegungen und zur Aneignung einlädt. Des Weiteren und daran anschließend können Betroffene selbst Erzählungen gestalten, die der Erfahrung Ausdruck verleihen und zu einem Umgang mit dem Erlebten anregen. Gewalt, die oft genug „bis an die Grenze des Nicht-Verstehens"[63] führt, kann somit in einen anderen Kontext transponiert werden.

Es sei noch einmal betont, dass es sich bei den Überlegungen um einen expliziten sowie isolierten Anschluss an das ricœursche Konzept handelt. Keineswegs sind diese als banalisierender Kurzschluss zu verstehen, weder als genaue Verortung der Erfahrungen sexualisierter Gewalt in den Lebensvollzug und noch

---

62 Zarnow, *Identität und Religion*, 12.
63 Mensink und Liebsch, „Vorwort", 18.

weniger als therapeutischer oder seelsorgerlicher Ansatz. Vielmehr sind die Ausführungen als Grundierung des Problemhorizontes anzusehen, der sich aus der Trias von Erfahrung, Identität und Narration zusammensetzt. Eine produktive Aufnahme finden die Ausführungen Ricœurs implizit in den allgemeinen Ansätzen der „Narrativen Therapie" und in spezifischer Weise beispielsweise in den Ansätzen der „Narrativen Expositionstherapie"[64]. In der Narrativen Therapie, die auf Michael White und David Epston zurückzuführen ist,[65] geht es um die Utilitarisierung von Narrationen, insbesondere um die Fruchtbarmachung von Erzählungen der Betroffenen, die zu einer Schaffung von Kohärenz im Sinne einer Selbstvergewisserung führen können. Somit rechnet dieser Ansatz mit der Möglichkeit einer grundsätzlichen Refiguralität der narrativen Identität im ricœurschen Sinne.[66] Dabei wird die betroffene Person in ihrer Individualität samt ihrer eigenen Geschichte in den Fokus gerückt. Es geht also ganz ausdrücklich um den Zusammenhang von Identität und Erzählung und somit um die Explikation von Erfahrungen und daran anschließend um die Fragilität sowie Fluidität von Identität an sich. Die hauptsächliche Fokussierung der Geschichten der Betroffenen kann durch die Einsichten der narrativen Identität gestützt und darüber hinaus um fremde Narrationen erweitert werden. So dient die dreifache Mimesis als theoretischer Unterbau der Lebensgeschichten[67] und plausibilisiert gleichzeitig den Möglichkeitsraum zur Reidentifikation, der durch fremde Narrationen eröffnet wird.

Im Hinblick auf die Erfahrungen der eingangs zitierten betroffenen Frauen können Narrationen, die sexualisierte Gewalt thematisieren, als mäeutische Stütze zur Herstellung von Kohärenzerfahrungen dienen. Durch andere Erzählungen kann es gelingen, sich der eigenen Erfahrung in anderer, neuer Weise zu stellen, sie anders wahrzunehmen, sie neu zu verstehen.[68] Im Sinne der ricœurschen Refiguralität im Rahmen der narrativen Identität kann eine narrative Selbstvergewisserung durch das Rezipieren von Erzählungen gelingen, sodass die

---

64 Siehe etwa zum Verfahrensüberblick im Hinblick auf Erfahrungen nach Gewalt und Flucht: Schauer, Elbert und Neuner, „Narrative Expositionstherapie".

65 Siehe White und Epston, *Literate Means*; White und Epston, *Narrative Means* sowie White, *Maps*.

66 Siehe White und Epston, *Narrative Means*, 15 – 18.

67 Ganz im Sinne des prominenten Zitats von Max Frisch (*Gier nach Geschichten*, 263): „Jeder Mensch erfindet sich eine Geschichte, die er dann, oft unter gewaltigen Opfern, für sein Leben hält, oder eine Reihe von Geschichten, die sich mit Ortsnamen und Daten durchaus belegen lassen, so daß an ihrer Wirklichkeit nicht zu zweifeln ist."

68 Siehe z. B. Bail, *Schweigen*, 78 – 116, die in ihren Ausführungen zu individuellen Klagepsalmen den Fokus auf den Zusammenhang von sexualisierter Gewalt und klagenden Frauen legt.

zu Beginn hervorgehobene Aussage – *„denn ich war ja nicht mehr dieselbe wie vorher"* – in produktiver Spannung gehalten ist.

Literatur

Bail, Ulrike. *Gegen das Schweigen klagen. Eine intertextuelle Studie zu den Klagepsalmen PS 6 und PS 55 und der Erzählung von der Vergewaltigung Tamars.* Gütersloh: Kaiser, 1998.

Berger, Kathrin. *Die Sprache verschlagen. Frauen berichten vom Leben nach einer Vergewaltigung.* Bern und Wettingen: eFeF, 2008.

Breitling, Andris, Stefan Orth und Birgit Schaaff, Hg. *Das herausgeforderte Selbst. Perspektiven auf Paul Ricœurs Ethik.* Würzburg: Königshausen & Neumann, 1999.

Breitling, Andris. *Möglichkeitsdichtung – Wirklichkeitssinn. Paul Ricœurs hermeneutisches Denken der Geschichte.* Phänomenologische Untersuchungen 21. München: Wilhelm Fink, 2007.

Brockmeier, Jens. „Der narrative Modus." *Psychologie in Österreich* 10/4 (2000), 193–197.

Brockmeier, Jens. „Erfahrung und Erzählung." In *Narrative Bewältigung von Trauma und Verlust*, hg. v. Carl Eduard Scheidt u. a., 1–13. Stuttgart: Clett-Kotta, 2015.

Brockmeier, Jens und Rom Harré. „Narrative. Problems and Promises of an alternative paradigm." In *Narrative and Identity. Studies in Autobiography, Self and Culture*, hg. v. Jens Brockmeier und Donal Carbaugh, 39–58. Amsterdam: John Benjamins Pub. Co., 2001.

Damgaard, Iben. „Kierkegaard on Self and Selflessness in Critical Dialogue with MacIntyre's, Taylor's and Ricoeur's Narrative Approach of the Self." In *Self or No-Self. The Debate about Selflessness and the Sense of Self. Claremont Studies in the Philosophy of Religion, Conference 2015*, hg. v. Ingolf U. Dalferth und Trevor W. Kimball, 87–112. Religion in Philosophy and Theology 94. Tübingen: Mohr Siebeck, 2017.

Daughton, Amy. *With and For Others. Developing Ricoeur's Ethics of Self using Aquinas's Language of Analogy.* Studien zur Theologischen Ethik 146. Freiburg: Herder, 2016.

Deppermann, Arnulf und Gabriele Lucius-Hoene. „Trauma erzählen. Kommunikative, sprachliche und stimmliche Verfahren der Darstellung traumatischer Erlebnisse." *Psychotherapie und Sozialwissenschaften* 1 (2005): 35–73.

Eldracher, Martin. *Heteronome Subjektivität. Dekonstruktive und hermeneutische Anschlüsse an die Subjektkritk Heideggers.* Bielefeld: transcript, 2018.

Flick, Uwe. „Narratives Wissen – Erzählungen als Zugang zu Erfahrungen." In *Psychologie des technisierten Alltags. Soziale Konstruktion und Repräsentation technischen Wandels in verschiedenen kulturellen Kontexten*, hg. v. Uwe Flick, 129–146. Beiträge zur psychologischen Forschung 28. Wiesbaden: Westdeutscher Verlag, 1996.

Frisch, Max. *Unsere Gier nach Geschichten.* Bd. 4, *Gesammelte Werke*, 262–264. Frankfurt a. M.: Suhrkamp Taschenbuch, 1986.

Glas, Gerrit. „Idem, Ipse, and Loss of the Self." *Philosophy, Psychiatry, & Psychology* 10/4 (2003): 347–352.

Golden, Leon. „Mimesis and Katharsis." *Classical Philology* 64/3 (1969): 145–153.

Grüny, Christian. *Zerstörte Erfahrung. Eine Phänomenologie des Schmerzes.* Würzburg: Königshausen und Neumann, 2004.

Haker, Hille. *Moralische Identität. Literarische Lebensgeschichten als Medium ethischer Reflexion. Mit einer Interpretation der Jahrestage von Uwe Johnson.* Tübingen: Francke, 1999.

Haker, Hille. „Narrative und moralische Identität bei Paul Ricoeur." *Concilium* 36/2 (2000): 179–187.

Joisten, Karen, Hg. *Narrative Ethik, Das Gute und das Böse erzählen.* Deutsche Zeitschrift für Philosophie Sonderband 17. Berlin: Akademie, 2007.

Kloss, Gerrit. „Möglichkeit und Wahrscheinlichkeit im 9. Kapitel der Aristotelischen Poetik." *Rheinisches Museum für Philologie Neue Folge* 146 (2003): 160–183.

Küpper, Joachim. „Verschwiegene Illusion. Zum Tragödienansatz der Aristotelischen ‚Poetik'." *Poetica* 38 (2006): 1–30.

Liebsch, Burkhard. „Furcht, Gewalt und Bejahung eines ausgesetzten Lebens. Aktuelle phänomenologische und sprachphilosophische Beiträge zur Nietzsche-Forschung." *Nietzsche-Studien* 44/1 (1973): 569–589.

Liebsch, Burkhard. *Verletztes Leben. Studien zur Affirmation von Schmerz und Gewalt im gegenwärtigen Denken. Zwischen Hegel, Nietzsche, Bataille, Blanchot, Levinas, Ricœur und Butler.* Die graue Reihe 63. Zug: Die Graue Edition, 2014.

Mattern, Jens. *Ricœur zur Einführung.* Hamburg: Junius, 1996.

Mensink, Dagmar und Burkhard Liebsch. „Vorwort". In *Gewalt Verstehen*, hg. v. dies. und Burkard Liebsch, 7–22. Berlin: Walter de Gruyter, 2003.

Messner, Kathrin. *Paul Ricœurs biblische und philosophische Hermeneutik des Selbst.* Hermeneutische Untersuchungen zur Theologie 67. Tübingen: Mohr Siebeck, 2014.

Meuter, Norbert. *Narrative Identität. Das Problem der personalen Identität im Anschluß an Ernst Tugendhat, Niklas Luhmann und Paul Ricoeur.* Stuttgart: M & P, 1995.

Meyer, Ursula I. *Paul Ricœur. Die Grundzüge seiner Philosophie.* Einführung in Französische Denker I. Aachen: Ein-FACH-Verlag, 1991.

Ricœur, Paul. „Annäherung an die Person." In *Vom Text zur Person. Hermeneutische Aufsätze (1970–1999)*, übers. und hg. v. Peter Welsen, 227–250. Hamburg: Felix Meiner, 2005.

Ricœur, Paul. *Das Selbst als ein Anderer*, übers. v. Jean Greisch in Zusammenarbeit mit Thomas Bedorf und Birgit Schaaff. Übergänge 26. München: Wilhelm Fink, 2005[2].

Ricœur, Paul. *Die lebendige Metapher*, übers. v. Rainer Rochlitz. Übergänge 12. München: Wilhelm Fink, 2004[3].

Ricœur, Paul. „Narrative Identität." In *Vom Text zur Person. Hermeneutische Aufsätze (1970–1999)*, übers. und hg. v. Peter Welsen, 209–225. Hamburg: Felix Meiner, 2005.

Ricœur, Paul. *Zeit und Erzählung I. Zeit und historische Erzählung*, übers. v. Rainer Rochlitz. Übergänge 18/I. München: Wilhelm Fink, 2007[2].

Ricœur, Paul. *Zeit und Erzählung III. Die erzählte Zeit*, übers. v. Andreas Knop. Übergänge 18/III. München: Wilhelm Fink, 2007[2].

Scharfenberger, Stefan. *Narrative Identität im Horizont der Zeitlichkeit. Zu Paul Ricœurs ‚Zeit und Erzählung'.* Würzburg: Königshausen u. Neumann, 2011.

Schauer, Maggie, Thomas Elbert und Frank Neuner. „Narrative Expositionstherapie (NET) für Menschen nach Gewalt und Flucht. Ein Einblick in das Verfahren." *Psychotherapeut* 62 (2017), 306–313.

Schlitte, Annika. „Individuelles Gesetz und narrative Identität." In *Identität(en)*, hg. v. Christopher A. Nixon, 101–126. psycho-logik 13. München: Karl Alber, 2018.

Staudigl, Michael, Hg. *Gesichter der Gewalt. Beiträge aus phänomenologischer Sicht.* Übergänge 65. München: Wilhelm Fink, 2014.

Ströbele, Carolin. „Sich nicht zerstören lassen. Wie überlebt man eine Vergewaltigung? Die bemerkenswerten Serien ‚I May Destroy You' und ‚The Virtues' finden neue Erzählweisen für die Bewältigung des Traumas," *ZEIT ONLINE*, 19.10.2020, https://www.zeit.de/kultur/film/2020-10/sexueller-missbrauch-serien-i-may-destroy-you (letzter Zugriff: 28.06.2021).

Tengelyi, László. „Paul Ricœur und die Theorie der narrativen Identität." *Allgemeine Zeitschrift für Philosophie* 38/3 (2013): 263–279.

Trench, William F. „Mimesis in Aristotele's Poetics." *Hermathena* 23/48 (1933): 1–24.

Treu, Dieter. „Mit und durch Erzählungen leben: mechanische Erstarrung und Vergangenheitsbewältigung innerhalb narrativer Strukturen." *Psychologie & Gesellschaftskritik* 30 3–4 (2006), 65–90.

Ulonska, Herbert. „Selbstreflexionen im Umgang mit sexualisierter Gewalt." In *Sexualisierte Gewalt im Schutz von Kirchenmauern. Anstöße zur differenzierten (Selbst-)Wahrnehmung,* hg. v. Herbert Ulonska und Michael J. Rainer, 125–141. Theologie: Forschung und Wissenschaft 6. Münster: LIT, 2003.

Van der Kolk, Bessel und Rita Fisler. „Dissociation and the fragmentary nature of traumatic memories: overview and exploratory study." *Journal of Traumatic Stress* 8 (1995): 505–525.

Waller, Nicola und Carl Eduard Scheidt. „Erzählen als Prozess der (Wieder-) Herstellung von Selbstkohärenz. Überlegungen zur Verarbeitung traumatischer Erfahrungen." *Zeitschrift für Psychosomatische Medizin und Psychotherapie* 56/1 (2010): 56–73.

White, Michael und David Epston. *Literate Means to Therapeutic Ends.* Adelaide: Dulwich Centre Publications, 1989.

White, Michael und David Epston. *Narrative Means to Therapeutic Ends.* New York: W.W. Norton, 1990.

White, Michael. *Maps of Narrative Practice.* New York: W. W. Norton, 2007.

Widdershoven, Guy. „The story of life: Hermeneutic perspectives on the relationship between narrative and life history." In *The narrative study of lives*, hg. v. Ruthellen Josselson und Amia Lieblich, 1–20. Newbury Park: SAGE Publications, 1993.

Wiercinski, Andrew. „Hermeneutic Notion of a Human Being as an Acting and Suffering Person: Thinking with Paul Ricoeur." *Ethics in Progress* 4/2 (2013): 18–33.

Zarnow, Christopher. *Identität und Religion. Philosophische, soziologische, religionspsychologische und theologische Dimensionen des Identitätsbegriffs.* Religion in Philosophy and Theology 48. Tübingen: Mohr Siebeck, 2010.

Vincent Lloyd

The Phenomenology of Abuse

Lessons from Samuel Beckett

Near the start of Samuel Beckett's play *Endgame,* one of the main characters poses a simple question to another. "What time is it?", Hamm queries. Clov responds, "The same as usual." Hamm probes further, "Have you looked?" Clov responds affirmatively, but describes what he discovered with one word, "Zero."[1] In the world of *Endgame,* time operates peculiarly. It is frozen into the appearance of normality – which is quite abnormal. It is also "zero," no time at all, a time out of time.

The time of Beckett's play, and so the world ordered by that sense of time, is foreign to both Christian and secular sensibilities. Christian theology tends to view time passing from a beginning through a middle to an end: creation to fallen world to redemption. Sometimes this pattern is complicated by focusing on the interruption of the divine in the mundane: the worldly realm of linear time punctuated by moments of excess that offer a foretaste of the eschaton. These forms of Christian temporality are secularized into narratives of progress and narratives of ecstasy that punctuate the ordinary. In contrast, Beckett describes a world where time neither moves forward nor holds the promise of ecstasy or interruption. Time is flat, endlessly repeating the "usual," but at the same time null, for the usual offers no fullness, no promise. Nor does time harken imminent demise or decline: the flatness of the usual persists indefinitely, defining a world.

Beckett's time and worlds, I will suggest, depict a phenomenology of abuse. Abuse exists in a time outside of Christian or secular time; in a world outside the Christian and secular world. And yet abuse is in the world, and in the church. Survivors of abuse live two lives at once: a shared life in our common time, our common world; and a life flattened, without past or future, without sociality, glued to the time and space of abuse, the zero-world constituted by abuse.[2] When discussing abuse from our world, and particularly from the perspective of Christian theology, it is tempting to shoehorn abuse into the parameters of our world, ignoring the peculiar characteristics of the world constituted by abuse. But to respond to abuse appropriately, we must engage with that world

---

1 Beckett, *Endgame,* 10 – 11.
2 See also Cornwall, "Interruption of Time" in this volume.

https://doi.org/10.1515/9783110699203-013

of abuse on its own terms, not on our terms.[3] (For the Christian theologian this is a particularly challenging task because the world of abuse is an atheist world, a world where all authority is suspect.) Samuel Beckett's writings offer one window into the world of abuse, and because we approach his work as fiction, it is easier to respect its autonomy and thus appreciate its contours than when we approach the world of abuse through survivor testimonies. As important as the latter are, our empathy (coupled with our ignorance) tempts us to imagine abuse in our world rather than granting the world of abuse the autonomy that gives it frightening force.

1 The Phenomenon of Abuse

There is a great deal of confusion in the language and concepts surrounding abuse, likely due to the need and impossibility to make the world of abuse visible in our world. It is tempting to dismiss discussions of definition as pedantic, distracting from the incredibly urgent problem that we must address, the destroyed lives that need our aid for recovery. But when we are confused about what is happening, we will necessarily be confused about how to respond. When guided by murky concepts, our best efforts may end up ineffective or even cause more harm than good. The phenomenon of abuse is what we want to address, irrespective of the name we happen to call it. In order to know what precisely that phenomenon looks like, conceptual clarity is crucially important.

There is a family of concepts that circulate in discussions of abuse, including trauma, violence, harm, exploitation, and domination. There are also various species of abuse, such as sexual abuse, physical abuse, and spiritual abuse. These are sometimes aggregated, sometimes disaggregated. Amid all these related and inconsistently deployed concepts, I posit that there are two fundamental phenomena here: abuse and domination. Each of these causes harm. Each involves violence (sometimes physical, sometimes psychic). Each can cause lasting trauma – lasting so long it can pass through generations. Each can involve dynamics of exploitation. Each can have sexual, physical, and spiritual components.

The standard account of abuse – and here I default to sexual abuse in Christian contexts – views abuse as a problem of domination, not recognizing domination and abuse as distinct phenomena. For example, writing in *Concilium*,

---

3 See also König, "Erfahrungen sexualisierter Gewalt verstehen" in this volume.

Hille Haker asserts that sexual violence "is based upon the domination of another, individual or collective. It involves the exploitation of an asymmetric relationship, and it involves the tacit acceptance of damaging or even destroying another person's identity."[4] Hans Zollner, a leading figure in Vatican discussions of abuse, asserts, "It cannot be disregarded that perpetrators usually do not only act out of sexual interests, but – to use Augustine's phrase – from a 'libido dominandi'."[5] Hilary Jerome Scarsella and Stephanie Krehbiel argue that critical theories have helped theologians understand "sexual violence as a kind of violence formed by and formative of a wide range of social systems of domination."[6]

While there is not a great deal of clarity and consistency in the scholarship regarding what domination means, in the Western tradition domination refers to the power that a master has over a slave. It is the power to arbitrarily impose one's will on another. Systems of domination follow this basic logic but scale up: patriarchy, as a system of domination, refers to the power of men to arbitrarily impose their will on women. In the case of abuse, the idea is that an abusive religious leader is in a position to arbitrarily impose his (or, occasionally, her) will on someone else (paradigmatically, a child).

There are several reasons that naming abuse as a form of domination is intuitive and appealing. It seems important to emphasize that abuse is about power: the abuser is in a position of power, and the victim has dramatically less power.[7] This power differential may come about because of an age difference, a difference in status (clergy versus laity), community respect for an abuser, or other factors. This power differential would seem to be an essential component of abuse: it names the abuser's capacity to arbitrarily impose his will on his victim.[8] Talking about abuse as a type of domination also, as Scarsella and Krehbiel point out, makes the continuities between an individual instance of abuse and social systems clearer to see. It clarifies how when an abuser dominates, that instance of abuse participates in a system of domination in which men dominate, for example, and those broader systems are just as much a problem as the individual instance of abuse.[9] Additionally, talking about abuse as a form of domination underscores the element of abuse that pervades many contemporary social problems: racism, xenophobia, misogyny, homophobia, and so

---

4 Haker, "Catholic Sexual Ethics," 131.
5 Zollner, "Child at the Center," 697.
6 Scarsella and Krehbiel, "Sexual Violence," 3.
7 See Reynaert, "Sexual Abuse".
8 The gendered language is a reminder of the way abuse and patriarchy are entangled.
9 See also Ross, "Feminist Theology".

on. Since these issues are all animated by the logic of domination, the same strategies could be used to address all of them.

While these are all important practical reasons why domination provides a convenient means for understanding abuse, there are theoretical and theological reasons as well. As Zollner's words indicate, Christian tradition has a long history of grappling with domination. This includes grappling internally with the human will to dominate, a will that Christian formation seeks to suppress, as well as in the world with those who set themselves up as gods. This latter trouble is at the very heart of Christian tradition: to have a false god is to allow oneself to be dominated by an earthly entity. The only master that a Christian should have is a divine one, and in that case, it is not really domination at work: God only appears to arbitrarily impose God's will on humans because of humans' epistemic limitations. Discussing abuse in terms of domination underscores the sense in which a religious leader who abuses sets himself up as a false god, exploiting his role as a representative of God. While talk of domination uncovers connections between abuse and idolatry, it also universalizes the experience of abuse. We all, in some ways, in some areas of our lives, are dominated; we also all, in some respects, dominate. Abuse thus appears as a particularly acute form of a familiar dynamic; indeed, of a dynamic that defines our humanity.

This last point already hints at an obvious problem with considering abuse a form of domination. In a Christian theological anthropology, all of us have a will to dominate, but all of us do not have a will to abuse. All of us dominate or are dominated in some aspects of our lives, but not all of us abuse or are abused. There is something distinctive and not universal about the experience of abuse that it seems important to preserve. Closely related to this point, domination happens in the world and feeds on public recognition. The world recognizes that a master has the ability to arbitrarily impose his will over his slave, and the master is secure in his mastery because of that public recognition. In contrast, abuse is deathly afraid of publicity.[10] Indeed, privacy is an essential element in abuse, and shapes its lasting effects. Abuse is unspeakable in public, and precisely because it is unspeakable it is doubly violent: in the abuse itself and in the rupture created between the private space of abuse and the public world. These two spaces both have a normative pull on the victim: each makes claims about what ought to be done, but the two sets of claims are incom-

---

10 Abuse that appears in public is, I propose, better understood as something else. A schoolyard bully, who might be called abusive, in fact dominates. A political leader who is abusive to his followers conceals that abuse in the veneer of strength or passion.

patible. The victim is in an impossible position. Actions the victim takes (such as, centrally, exposing the abuse or not exposing the abuse) will necessarily be wrong according to the norms of one space, that of abuse or that of the broader world. This situation is quite different from that of domination where what is to be done is all too clear: commands flow directly from the mouth of the master to the ears of the slave – *mutatis mutandis* for their modern analogues.

In short, treating abuse as a form of domination perversely normalizes abuse, which is a slippery slope that leads to bromides such as "we are all sinners." It also misses the heart of abuse: the rupture in the world's normative order created by abuse, as a private world comes into being with its own incommensurable, grotesque normative order. The cultural critic Elaine Scarry, in her classic phenomenology of torture, sketches what might be thought of as the start to a phenomenology of abuse.[11] Based on close readings of documentary evidence, Scarry argues that torture is not primarily concerned with extracting information but rather aims at unmaking a world.[12] It severs all bonds of affection (and, by implication, normativity) with others in the world; the only bond that remains is between victim and torturer. In that relationship, the victim always loses. No matter how the victim responds to the torturer's demands, the consequence is more excruciating pain for the victim. Nevertheless, the torturer continues to make demands, the victim continues to try to fulfill them – and the victim continues to suffer. There is simply no alternative; with all other affective and normative bonds severed, the only thing a victim can do is try to appease the torturer, however futile that enterprise may be. Privacy is essential to this relationship (it is what makes the severing of those bonds possible), as is the creation of a situation where failure is inevitable and the victim will inevitably do something she believes to be wrong. This tragic situation makes the victim's affective bond to the torturer grow stronger and stronger, against her own desires – analogous to the bond between sexual abuse victim and clergy abuser.

Scarry suggests the broad contours of the phenomenology of a type of abuse, clearly distinct from the phenomenology of domination. Before turning to Beckett to further fill in the details of abuse's phenomenology, it is important to note the pay-off in making the distinction between abuse and domination. If the two are conflated and abuse is considered a species of domination, then the proper remedy for abuse becomes further work of formation. In other words, if formation is the process through which we come to recognize our will to dominate and develop tactics to quash it, and formation is a never-ending process because

---

11 Scarry, *Body in Pain.*
12 Ibid., passim.

the will to dominate is an essential part of the fallen human condition, then abusers need the same type of treatment as all humans (perhaps in a remedial form). Formation is a gradual process involving two steps forward and one step back; abuse is evidence of a dozen steps back. This framing legitimizes the actions of bishops who put abusive priests on sick leave or in some form of treatment. All priests occasionally take a few steps back; as humans, they sin, sometimes gravely. At those moments, time away for intensive formation work would seem the apt response.

In contrast, if abuse and domination are recognized as two different phenomena, it becomes clear that they call for two different responses. A racist or sexist priest may need some time away for reflection and formation work, but an abusive priest, from this view, warrants quite different treatment.[13] First and foremost, the abuser must be separated from the victims, and the world of abuse created by the abuser must come to an end. Second, because abuse flourishes in privacy, the abuser must not be allowed in spaces where privacy with potential victims is possible. Third, a primary desire of victims is for abuse (whether their own or the fact of its occurrence) to be publicly recognized: in other words, for the hold of the private world of abuse to be broken by being brought into the open in the social world. Note how these three responses are all centered on victims: putting an end to harm to existing victims, preventing harm from coming to potential new victims, and starting to make amends for harm done.[14] In contrast, when abuse is considered a type of domination, the responses that most often follow are centered on the offender. The salient question is how his soul can be righted. If anything, this framing has the tendency to depict victims with a focus on the humanity they share with their abuser: all are sinners, grappling with a *libido dominandi*. We can see the consequences of this framing play out in the aggressive victim-blaming of some diocese when confronted with abuse allegations.

2 Lessons from Beckett

If abuse really is a distinct phenomenon from domination, then the responses to the two phenomena should be different. But how can this distinction be proven? One approach would be to examine the history of the two phenomena and chart their different courses. Another would be to examine the psychology of the two

---

13 From a theological (rather than legal) point of view.
14 On the need for victim-centered approaches, see Zollner, "Child at the Center."

phenomena, perhaps producing neurological evidence or case studies of therapeutic encounters. Because of the nature of abuse, which creates its own world incommensurable with our own, and because the powers that be have an interest in treating abuse as domination, I worry that looking to empirical evidence is particularly difficult, shaded as it is by the need to understand and control – the will to dominate. Instead, turning to works of the imagination is more productive. When we approach fiction and other aesthetic creations, we expect to be transported to another world, one where the interests of the powers that be and the normative order of our world may not hold sway. If in fiction we can conjure a world and discern its logic, we will be primed to recognize that same logic operating in our world, even if we face pressures to ignore that distinctive logic.

Samuel Beckett may seem an odd guide to the logic of abuse. Known as a writer reflecting on the world's meaninglessness, how could we find the meaning of abuse in his plays? But Beckett's work is richer than its caricature, as was his life. Born in Ireland to a Protestant family in 1906 and awarded the Nobel Prize in literature in 1969, Beckett spent most of his life in France, writing in French – though he would translate his own works and occasionally write in English throughout his life, until his death, in 1989. Almost all of Beckett's most significant work – novels and plays – was produced in the 1950s, including his most famous play, *Waiting for Godot*. In that play, two men wait, and wait, and wait. The landscape is desolate, just one tree, and things are bad. It does not seem like things are getting better. But they continue to wait, musing with each other on things not particularly profound and talking with three visitors to their place of waiting. The play is often interpreted as acknowledging misery and inspiring hope – the deep sort of hope, hope against hope, hope that contrasts sharply with optimism. It has been staged around the world in locales facing dire circumstances: in Sarajevo during the war, in California's San Quentin prison, in South Africa after the Soweto uprising, and in New Orleans after Hurricane Katrina.

But *Waiting for Godot* also illuminates a world of abuse. Recall how, in Scarry's depiction of torture, it is impossible for the victim to comfortably inhabit a normative world. Every time she thinks she has it figured out, it slips away on the whim of the abuser – increasing the victim's perceived dependence on the abuser, as it is he alone who has access to what ought and ought not to be done, since he is making it up. Near the start of Act II of *Waiting for Godot*, Vladimir is sure that Estragon must have done something wrong to deserve a beating. "I wouldn't have let them beat you," he says, "I would have stopped you from doing whatever it was you were doing" that precipitated the beating. Estragon responds, "I wasn't doing anything," adding, "You couldn't have stopped them." He repeats himself as Vladimir goes unconvinced. "Perhaps you weren't.

But it's the way of doing it that counts."[15] But the beating was entirely unprovoked, and this is a feature throughout Beckett's texts: penalty or reprimand for doing what seemed as though it ought to be done – sometimes by another character, sometimes by the world itself.

While *Waiting for Godot* allows for an oddly hopeful reading that emphasizes perseverance in the face of uncertainty (and perhaps catastrophe), *Endgame* decisively blocks such a reading. Starting with its title: the end is coming, and if there is waiting or if there is idleness, it is not in anticipation of a possibility for salvation or happiness, even a very remote one. Like *Waiting for Godot*, *Endgame* centers on two characters in a relationship that would be described, in ordinary language, as abusive.[16] And the logic of abuse that Scarry described is evident in *Endgame* as well. Hamm's commands are strikingly arbitrary and capricious. "Clov! (Clov halts, without turning.) Nothing. (Clov moves on.) Clov! (Clov halts, without turning.)"[17] At another point, Hamm says he would like to urinate, Clov goes to get the catheter, but on his way Hamm stops him, his mind changed. This dynamic repeats, but with more time before Hamm's mind changes. Hamm asks for his chair to be moved, Clov begins to move it, then Hamm changes his mind. This time, Hamm continues the torment: he insists Clov has not returned his chair to the proper place, demanding that he move it a little to the right, then the left, then forward, then backward. Clov decides to leave Hamm, to leave the abusive relationship, but like so many decisions in Beckett's texts, this is far from final. "I'll leave you," he tells Hamm, but Hamm blankly replies, "You can't leave us." This is all it takes: Clov responds, "Then I won't leave you."[18]

Clov, it seems, desires clear rules, a comfortable normative universe. His room, the kitchen, is a perfect cube: ten by ten by ten. "Nice dimensions, nice proportions," Clov observes.[19] Clov cleans and explains, "I love order. It's my dream. A world where all would be silent and still and each thing in its last place, under the last dust."[20] But Hamm does not tolerate stability in Clov's normative world. "Drop it!" he says, and Clov drops the object he was cleaning. But it is clear to both protagonists, Clov and Hamm, that no such order is possible in their world. "No one that ever lived ever thought so crooked as we," Clov ob-

---

15 Beckett, *Waiting for Godot*, 39.
16 The critic Nels Pearson argues, based on linguistic analysis, that Clov and Hamm, the two protagonists of *Endgame*, are depicted as Irish and English, respectively, with the relationship between the two dramatizing the dynamics of colonialism (Pearson, "Outside of Here").
17 Beckett, *Endgame*, 90.
18 Ibid., 45.
19 Ibid., 8.
20 Ibid., 66.

serves, "sadly." Hamm responds, "We do what we can."[21] The world is not orderly and cannot be imaged to be orderly. It is always disturbed by the gravitational force of abuse – in the foreground, the abuse of one character by another. But this abusive relationship grows to color a world, to constitute a world of abuse – with respect to the physical world, bodies, time, parents, language, and finally, breaking out of the play, abuse of the audience.

Just as we expect other human beings to act in regular, orderly ways, so allowing us to participate together in a shared normative universe, we expect the earth itself, our physical surroundings, to behave in an orderly way. In Beckett's worlds, this is not the case. In *Endgame,* with a setting sometimes described as post-apocalyptic, the earth is collapsing. The rate and character of collapse are unclear, but collapse itself is certain. Throughout the play – that takes place in something like a bomb shelter – there is speculation about life outside and about whether escape from the shelter is a viable option, but the conclusion is always vaguely negative. Rain, for instance, is necessary, but unlikely. Indeed, Clov observes, "There's no more nature."[22] Hamm dissents. There must be: they are alive, and they are natural creatures – which means they are still capable of decline. "We lose our hair, our teeth! Our bloom! Our ideals!"[23] Nature's force pushes on them, even if there is little left outside their window. Their world is small and contracting.

Bodies themselves exercise a power to abuse in *Endgame.* Bodies, too, are in decline. Hamm cannot walk or see. Clov can, but he anticipates losing these capacities. At the start and end of the play we encounter Hamm's handkerchief, "Old stancher," suggesting an uncontrollable nose. The two other characters, Hamm's parents, are missing legs and live in cauldrons filled with sand. They, too, are losing their senses. "Our hearing hasn't failed," the father asserts. "Our what?" the mother responds.[24] Bodies cannot perform their proper functions, no matter how much willpower is exerted. At one point the mother knows she should be sad, tries to cry, but she cannot succeed. At another point, the question is about willing laughter. Laughter is posed as a question: "What about having a good guffaw the two of us together?" But the body resists, exhausted. "I couldn't guffaw again today."[25]

---

21 Ibid., 18.
22 Ibid.
23 Ibid.
24 Ibid., 23.
25 Ibid., 69.

As we have already seen, time flows in a peculiar pattern in spaces of abuse.[26] "What time is it?" Hamm asks. "The same as usual," Clov responds without checking.[27] To live comfortably in a normative world, predictable and stable time is essential. We must know that we can act at the appropriate time, following the time when certain circumstances arise. Time does pass in Beckett's worlds, but not predictably. The second act of *Godot* happens a day after the first, but characters do not remember the actions of the first day. The opening of *Endgame* signals time coming to an end: "Finished, it's finished, nearly finished, it must be nearly finished."[28] But even in this sentence we can see time's instability, and so its power over the world. We move from a decisive end, finished, to a short time remaining before a decisive end, to the possibility that there's a short time remaining before a decisive end – but also, it seems, the possibility that there will not be a decisive end.

In Beckett's world, with time and bodies caught in the logic of abuse, parents cannot serve their normal role. This is obvious from the outset: Hamm's parents live in jars, in his home (or shelter). And roles are reversed. The father demands food, demands candy – to which Hamm responds with curses, and he orders that his parents be killed (Clov begins to go after them, following orders, then stops). Then, Hamm wants to tell a story and wants an audience for his story: his father is his audience. This recalls what the father reports to have been his neglect of the youthful Hamm: "We let you cry. Then we moved you out of our earshot, so that we might sleep in peace."[29] Now Hamm demands to be heard, and his father decides whether to give him what he wants. Indeed, the father relishes this type of abuse, telling Hamm that he longs for Hamm to cry out again to him like he did when he was a boy. He wants to be Hamm's "only hope," not now, but at some indeterminate moment in the future.[30]

Beckett is famously unconventional in his usage of language, but this is not mere playfulness – quite the opposite. Language itself is caught in the swirl of abuse. As characters desire to communicate to one another, to share information and make commitments, they are thwarted by their words. When Hamm asks Clov for a stuffed dog, he wonders whether the dog is white. "Nearly," says Clov. Unsatisfied, Hamm presses on, "What do you mean, nearly? Is he white

---

26 I am grateful to Anna Bialek for sharing her reflections on the way time dominates in *Waiting for Godot.*

27 Beckett, *Endgame*, 10.

28 Ibid., 8.

29 Ibid., 64.

30 Ibid., 65.

or isn't he?" Clov responds plainly, "He isn't."[31] The meaning of words slips, frustrating people in the play. When Hamm's father asks for a promise that he will get a candy if he listens to Hamm's story, Hamm swears on "my honor." The result: both Hamm and his father laugh. Even the most sacred usage of language, an oath, is rendered laughable in Beckett's world. Even with such a commitment, the characters know not what words will come next.

Finally, Beckett's *Endgame* exceeds the bounds of the stage (or text) and imposes itself on its audience. Ever teasing an imminent end, or some resolution, the play continues, and continues teasing, until it is over without conclusion. Beckett takes full advantage of puns involving the word "play." "Let's stop playing!" Clov insists at one point. "Never!" Hamm responds.[32] Here and throughout, the banter between the protagonists is play, but this also refers to the play as a whole, which Hamm will not stop, which he and his words force on the audience. But play here also means the opposite of serious, and Hamm makes known his anxiety when he thinks it might be a possibility that he and Clov "mean something."[33] Clov responds with a laugh. Of course they don't. Here again we have the characters reaching out from the play to the audience to stamp out the meanings they might be projecting. And, indeed, the audience does not, should not, find a meaning. What the play does is strip meaning, initiating an audience into a world of abuse.[34]

3 Concluding Reflections

A world of domination is frighteningly stable: it is ordered by the master, the one who dominates. In contrast, the worlds of abuse that Beckett depicts are phantasmal. Something must be done, but it is never certain what must be done – and whatever is done will certainly be wrong. Stable sizes, shapes, and spaces have been left in the past; in the world of abuse, maps bend and shapes morph. Even – especially – bodies themselves do not provide anchors. They are always betraying their intentions, malfunctioning. Language, too, fails to offer stability, its meaning shifting unpredictably. Where Scarry focused on the way abuse severs social bonds and creates a new world consisting entirely of abuser and abused, Beckett illustrates how this new world is, in every dimension, elusive. At the

---

31 Ibid., 47.

32 Ibid., 85.

33 Ibid., 40.

34 The editors helpfully pointed out the gaslighting at work here in relationship to the audience and, in *Waiting for Godot*, in the boy who insists he did not speak to Vladimir.

same time, it pulls us – holding us to itself in a play that refuses to end and in teasing its meaninglessness.

These reflections may seem at a significant distance from the disturbing realities of abuse in religious contexts, where we think of child abuse as paradigmatic. But Beckett's descriptions of worlds of abuse resonate strongly with reports of abuse's effects. The world of abuse, even if it is nominally closed, keeps pulling the victim back in psychically (where the physical and psychic are always entwined). The victim desires order and regularity but the world of abuse interrupts, scrambling sizes and shapes, past and future, parents and children. The imperative to do right persists, but it can never be sated in the world of abuse: each attempt goes wrong, underscored with the threat of reprimand. When there is domination in the world, what we really have is bad theology: something of the structure is right, but the wrong object has been accorded authority. When there is a world of abuse, in contrast, what we have is effectively atheism, a continual destabilization of all structures of authority, all normative orders.[35]

In response to abuse, scholars of religion have a tendency to laud practices that reintegrate abuse victims in communities ordered by religion. In quite different ways, the religious historian Robert Orsi and the theologian William Cavanaugh turn to the Eucharist as a site where abuse victims can start to remake their worlds, and where the world can gird itself against the toxicity that accompanies abuse.[36] While cultivating a nurturing community is certainly important, from the perspective opened by the phenomenology of abuse the essential work happens in closing and airing out the worlds opened by abuse. As long as a private space of abuse persists, it will keep reaching out into the victim's life and pulling her back toward it. A nurturing community may support efforts to close and air out abusive worlds, but it cannot replace these efforts. Framing abuse as a form of domination can too often tempt us to juxtapose the false god of domination with the omnipotent God found in church done right, or in the Eucharist, but this overlooks the characteristics of abuse's phenomenology.

One of the advantages to framing abuse as a form of domination is that it draws attention to the connections between an individual case of abuse and systemic forms of domination such as patriarchy and racism. While some readers of Beckett have considered his plays political allegories, they are more often read as illustrations of the human condition, for example as existential reflections.[37] My

---

35 I mean a structure, a phenomenology, of atheism, which is what matters.

36 Orsi, *History and Presence*, Chapter 7; Cavanaugh, *Torture and Eucharist*. Cavanaugh frames his project as offering a theological response to Scarry's work on abuse.

37 The best book on Beckett and politics is Morin, *Beckett's Political Imagination.*

suggestion is that *Endgame* should be read neither for its politics nor for what it could say about humanity, but rather for what it can say about a very specific type of human relationship, namely abuse. While it is tempting to quickly move to identifying causes of abuse, for example in clericalism or patriarchy, it strikes me as important to maintain the indirect nature of the relationship between systems of domination and instances of abuse. This has the advantage of increasing how long we fix our attention on abuse and victims of abuse instead of permitting easy movement back and forth between micro and macro levels of domination. It also takes the incommensurable nature of the worlds of abuse seriously, which requires a tolerance for the inexplicable. The time to consider systems of domination is when we are considering how to eliminate and air out spaces of abuse. Hierarchical and patriarchal cultures strongly resist these ways of ending abuse, and calling out these and other such forces as anti-victim in this context seems crucial.[38]

The Black American cultural critic Cornel West observes, "Even as Beckett wrestles with despair his compassion comes through, and his compassion inspires me to feel more deeply for others."[39] Beckett succeeds in humanizing the victims of abuse whilst also succeeding in depicting just how alien the worlds of abuse are. This is the paradox that is crucial to maintain as we grapple with abuse. It requires attention and love, but these dispositions have a tendency to pull their objects into our worlds. Only at their best – and this may require divine infusion, may mark them as theological virtues – can attention and love maintain the proper appreciation for the alien nature of abusive worlds. Beckett's plays offer training in this difficult work.

Works cited

Beckett, Samuel. *Endgame.* New York: Grove Press, 2009.
Beckett, Samuel. *Waiting for Godot.* New York: Grove Press, 1954.
Behrensen, Maren. "Die 'Aufarbeitung' der Missbrauchsskandale in der katholischen Kirche als hermeneutisches Unrecht." In *Sexual Violence in the Context of the Church: New Interdisciplinary Perspectives,* ed. by Mathias Wirth, Isabelle Noth and Silvia Schroer, 159–188. Berlin and Boston: De Gruyter, 2022.
Cavanaugh, William T. *Torture and Eucharist: Theology, Politics, and the Body of Christ.* Oxford: Blackwell, 1998.
Cornwall, Susannah. "Sexual Abuse and the Interruption of Time, with Reference to the IICSA Reports into Clerical Sexual Abuse within the Church of England." In *Sexual Violence in*

---

38 See also Behrensen, "Aufarbeitung der Missbrauchsskandale" in this volume.
39 West, *Brother West,* 9.

the Context of the Church: New Interdisciplinary Perspectives*, ed. by Mathias Wirth, Isabelle Noth and Silvia Schroer, 405–421. Berlin and Boston: De Gruyter, 2022.

Haker, Hille. "Catholic Sexual Ethics – A Necessary Revision: Theological Responses to the Sexual Abuse Scandal." *Concilium* 3 (2011): 128–137.

König, Bastian. "Erfahrungen sexualisierter Gewalt verstehen? Eine hermeneutische Spur im Ausgang von Paul Ricœurs Konzeption einer narrativen Identität." In *Sexual Violence in the Context of the Church: New Interdisciplinary Perspectives*, ed. by Mathias Wirth, Isabelle Noth and Silvia Schroer, 215–233. Berlin and Boston: De Gruyter, 2022.

Morin, Emilie. *Beckett's Political Imagination*. Cambridge: Cambridge University Press, 2019.

Orsi, Robert. *History and Presence*. Cambridge: Harvard University Press, 2018.

Pearson, Nels C. "'Outside of Here It's Death': Co-Dependency and the Ghosts of Decolonization in Beckett's *Endgame*." *ELH* 68 (2001): 215–239.

Reynaert, Machteld. "Sexual Abuse of Children as a Form of Power Abuse and Abuse of the Body," *Acta Theologica* 35 (2015): 189–200.

Ross, Susan A. "Feminist Theology and the Clergy Sexual Abuse Crisis." *Theological Studies* 80 (2019): 632–652.

Scarry, Elaine. *The Body in Pain: The Making and Unmaking of the World*. New York: Oxford University Press, 1985.

Scarsella, Hilary Jerome and Stephanie Krehbiel. "Sexual Violence: Christian Theological Legacies and Responsibilities." *Religion Compass* 13 (2019): 1–13.

West, Cornel. *Brother West: Living and Loving Out Loud. A Memoir*. New York: SmileyBooks, 2010.

Zollner, Hans. "The Child at the Center: What Can Theology Say in the Face of the Scandals of Abuse?" *Theological Studies* 80 (2019): 692–710.

III Biblische und kirchenhistorische Perspektiven
Biblical and Church Historical Perspectives

Ilse Müllner

Frightening Continuities

Reading Stories on Sexual Violence in the Book of Samuel Today

1 Prescribed Obscurity

The discussions about *sexualized violence* that flare up every few years now regularly bring about one result: astonishment. When the exposure of the acts of violence at the Berlin Canisius College, a Jesuit school, and at the reformed pedagogically oriented Odenwald School led to a more intensive occupation with the topic of "abuse" in 2010[1], it was all but forgotten that the topic of sexualized violence had already been intensively discussed in the feminist movement in the 1980s and especially in the 1990s. In feminist theology, there have also been public conferences, publications, and other scientific projects dealing with sexualized violence. The broader church and political public were most recently confronted with the topic when accusations were brought against prominent church dignitaries across the globe, including the German-speaking world; public forums at Protestant and Catholic conventions had exposed this scandalous sexualized violence. In the mid-1990s, the Viennese Cardinal Hans Hermann Gröer resigned because of the accusations made against him. The topic had also been present in church personnel files for much longer than it has been public knowledge, a non-simultaneity that is justifiably blamed on the churches. It should also be remembered that Susan Brownmiller's classic about rape *Against Our Will* had already been published in America in 1975 and was available in German in 1980. Andrea Dworkin's work *Pornography: Men Possessing Women* had been published in 1979, and in 1987, in con-

---

Note: Translated by Dale Provost. Quotations from Biblical texts: The New Revised Standard Version (1989).

1 I put quotation marks around this word, which is very common in the general public, because I want to make it clear that it is an unfortunate choice. Because there can be no appropriate "use" of children and young people. But "*ab*use" always refers to something that can be *used*. Nevertheless, sexualised violence in dependency relationships is often described in this way, which is why the term should not be avoided in my opinion, but rather reflected upon critically. This critical reflection incidentally also took place as early as the end of the 1980s. See also Schreiber, "Begriffe vom Unbegreiflichen" in this volume.

https://doi.org/10.1515/9783110699203-015

nection with *Emma*'s anti-pornography campaign, the book was published in German with a foreword by Alice Schwarzer. Both books had a paperback edition in the well-established Fischer publishing house. Thus, nobody can claim not to know about it; any ignorance here is willful.

It seems that the topic of sexualized violence tends to be forgotten again and again, such that every few years people may be surprised by the sheer existence of such a phenomenon. Dirk Bange writes in the handbook *Sexualisierte Gewalt und Pädagogische Kontexte* ("Sexualized Violence and Educational Contexts") about the caesura 2010:

> Experts who have campaigned against sexualised violence for many years were irritated that the debate often gave the impression that up until 2010 nothing was known about sexualised violence, particularly within institutions [...]. However, by 2012 the significant amount of media and political attention given to this had dropped significantly. This sequence of events is not unusual. In the past, too, there have repeatedly been (expert) public discourses about sexualised violence, though interest in them has quickly declined again.[2]

It is likely that these rhythms of obscurity have something to do with a characteristic feature of sexualized violence, which I perceive as one of the continuities of violence: silence is an imperative, from the individual act to the entire structure. "Don't talk about it" are the words said not only to children who are subjected to violence, but also to colleagues who suspect that someone in their own company or association may have committed sexualized violence. Perpetrators repeatedly forbid their victims from telling and confiding in anyone. This oscillating reaction of shock and indignation followed by repression and forgetting is therefore not only typical for social discourses, but also echoes the commandments of silence, which can be regarded as a characteristic of sexualized acts of violence from antiquity to the present day.[3] In my opinion, the two phenomena – the prohibition of communication in the proximate context of action and the overall societal tendency to forget – are intrinsically linked. Furthermore, this structure can be traced back to ancient texts.

---

2 Bange, "Politische Debatten," 32 ("Fachleute, die sich schon seit langen Jahren gegen sexualisierte Gewalt eingesetzt haben, stellten irritiert fest, dass bei der Debatte vielfach der Anschein erweckt wurde, als habe man über sexualisierte Gewalt generell und insbesondere in Institutionen bis zum Jahr 2010 nichts gewusst [...]. Die hohe mediale und politische Aufmerksamkeit ließ aber bereits im Jahr 2012 wieder deutlich nach. Dieser Verlauf ist typisch. Es hat auch in der Vergangenheit immer wieder (fach)öffentliche Diskurse über sexualisierte Gewalt gegeben, an denen das Interesse aber stets schnell wieder abgenommen hat.").
3 See also Figueroa and Tombs, "Living in Obedience" and Fleming, "Overcoming Silence" in this volume.

2 "Be quiet for now, my sister" (2 Sam. 13:20) – The Commandment of Silence

"Be quiet for now, my sister!" is a sentence in the rape story 2 Sam. 13, though these words do not come from the perpetrator himself. It is Absalom, the eldest son of David, who silences the cry of his sister Tamar after she has been raped by their half brother, Amnon, thus committing another act of violence. Tamar will comply with this imperative. The young woman, previously so clever and eloquent, no longer speaks, remaining a desolate woman (וְשֹׁמֵמָה, *w^eschomemāh*, v. 20) in Absalom's house. However, the narrative itself breaks the silence; it tells of what should remain unsaid in the eyes of Absalom.

The fact that silence belongs to the structures of violence is neither a recent insight nor one that could be gained from the biblical narrative alone. Greek mythology also speaks of rape and the silence associated with it. Tereus rapes Philomele and prevents her from telling about the crime by cutting her tongue out of her mouth, thus making her mute. But she raises "the voice of the weaver's shuttle"[4], and weaves this story with red thread into a white cloth, which she sends to her sister Prokne, thus initiating her rescue from captivity by Tereus. In the ensuing revenge, Philomele kills the child she conceived from Tereus and, without his knowledge, presents him with the son as a meal. In the traditions, Philomele's actions surpass those of Tereus in cruelty and monstrosity.

> In this text, women are described as more violent than the man Tereus. To speak publicly about the experienced violence and thus to escape the dominant fate of (being) silent and being eradicated comes at a high price textually. [...] But the story is taken up and told again and again in antiquity. Readers are not spared the horror of this violence, but are encouraged to reflect on what they have read.[5]

The relationship between the terms *text* as a fabric of meaning and *textile* as woven fabric is very impressively evident in Philomele's narrative. For Philomele, who has been made mute, the narrative, woven into the text to her sister, is what

---

4 Sophokles, Tereus (frag. 595), quoted in Bail, "Langsamkeit", 105 ("die Stimme des Weberschiffchens").

5 Bail, "Langsamkeit," 107 ("In dieser Lektüre werden die Frauen als gewalttätiger denn der Mann Tereus erinnert. Öffentlich über die erfahrene Gewalt zu sprechen und damit dem dominanten Schicksal des (Ver)schweigens und Ausradiertwerdens zu entkommen, wird textuell mit einem hohen Preis bezahlt. [...] Doch die Geschichte wird in der Antike immer wieder aufgegriffen und erzählt. Der Schrecken über die Gewalt bleibt den Leserinnen und Lesern nicht erspart, sondern sie werden dadurch aufgefordert, dem Gelesenen nachzudenken.").

makes survival possible. Speaking (albeit through the written woven text) is a step out of the role of the victim, which the perpetrator Tereus had intended for this woman. However, speaking does not only have an individual therapeutic function, but is also of great social importance. Awareness of sexualized violence is an essential component of prevention. This awareness, however, can only be achieved by dispelling the taboo surrounding the topic, thereby making it accessible for discussion. At present, it is without doubt important to pay attention to how the discourse on the subject of sexualized violence takes place. It is indeed to be feared that the taboo of silence will be transformed into the taboo of scandalization. Only when a particularly high-profile scandal shakes the media landscape can an increased disposition to engage in dialogue be observed. In contrast, people in Academia and education should continually maintain sensitivity with regard to this topic. Events such as conferences serve this purpose, as do publications that are not linked to a specific incident. A project at the University of Kassel also has this aim, focusing on the topic of sexualized violence in religious education with the intent to implement this content in the training of prospective teachers. It is integrated into research contexts that reflect on sexualized violence in educational contexts, addresses the associated interrelationships of power and sexuality, and supports students in putting an end to the silence surrounding this topic. Only fundamental training and development of teachers in conjunction with anchoring the issue in school and university curricula can ensure that increased awareness of sexualized violence, and that the potential for such acts of violence is reduced accordingly.[6]

By featuring Absalom's commandment of silence in addition to the breaking of this commandment through the narrative itself, the Books of Samuel stand for all texts that make acts of violence the subject of discussion, thus recalling and preserving them. What is forbidden in the world in which violence occurs – namely speaking about it – is repeatedly brought to light and unsilenced by the narrative. One of the dimensions of the biblical canon is thus named: it liberates the dark sides of human life, to which violence also belongs, from silence and oblivion, and thus could confront us with these abysses of our coexistence if we were to read the texts.

A glance at the Lutheran and Catholic Churches' indices of Sundays and holidays shows that 2 Sam. 13, the narrative of Tamar and Amnon, does not appear in liturgy, nor do other *texts of terror*[7] that address sexualized violence. Gen. 34 is missing, the story about the rape of Jacob's daughter, Dinah. Even the scene

---

6 Cf. Müllner, Reese-Schnitker and Spiering-Schomborg, "Sprachfähig werden," 305 – 311.
7 The term comes from the title of a book by Phyllis Trible (Trible, *Texts of Terror*).

with Joseph and the wife of Potifar (Gen. 39), which, after all, forms part of the otherwise rather present Joseph narrative, is omitted from the liturgy. In religious education, too, it only rarely plays a role, even if Joseph's narrative is the theme. Consequently, this presents a missed opportunity for encountering the topic of sexualized violence in the canon and for learning from offensive biblical texts.

3 The Persistence of Sexualized Violence

The persistence of sexualized violence stands in contrast to the recurring process of obscurity. This applies to social reality as well as to the way it is addressed in literature, film, visual arts, and also in the Bible. The topic is found in all canon parts of the Hebrew Bible, and is dealt with narratively, legally, prophetically, and poetically. On the one hand, there are the great narratives that name sexualized violence as such: Gen. 19, Judg. 19, Gen. 34, and 2 Sam. 13. On the other hand, there also exist narrative traditions in which sexual acts are recounted that are more controversial by today's standards. The story of David, Bathsheba, and Uriah (2 Sam. 11) is probably the most well-known example. King David sees Bathsheba, desires her, has her brought to him, and sleeps with her. The narrative pays no heed to Bathsheba's perspective, leaving this biblical figure at the mercy of endless discussions as to whether she consented to the sexual act, or conversely perhaps even seduced the king in order to gain a position of power at court. After all, she is the mother of Solomon, the heir to the throne, and is not uninvolved in his assumption of power (1 Kings 1–2). However, we as readers learn nothing at all about what Bathsheba did or did not want. As to whether a rape is portrayed here can hardly be answered by the text. But two aspects are to be emphasized: firstly, Bathsheba has no choice but to obey the king's demand; and secondly, it is precisely this denial of perspective by the text that does violence to Bathsheba in that the narrative does not allow her to act as a subject, only as an object. Cheryl Exum therefore speaks of "Raped by the Pen".[8] It is not only David who is the perpetrator here, but also the text itself.

Those stories that deal with the motive of stealing women known in antiquity show that rape was also part of the war events which took place at that time. In Gen. 34, the plunder of all property is the consequence of Dinah's rape – which of course includes the imprisonment of women:

> And the other sons of Jacob came upon the slain, and plundered the city, because their sister had been defiled. They took their flocks and their herds, their donkeys, and whatever

---

8 Chapter "Raped by the Pen" in Exum, *Fragmented Women*, 170–201.

was in the city and in the field. All their wealth, all their little ones and their wives, all that was in the houses, they captured and made their prey. (Gen. 34:27–29)

In general, it is such apparent ancillary remarks that show how deeply sexualized violence is ingrained in the experiential world of the biblical narrative community. "I have ordered the young men not to bother you," (Ruth 2:9) Boaz says to the foreign woman from Moab who is now picking up leftover ears of grain to make a living for herself and her mother-in-law. This remark is made *en passant*, incidentally, as a matter of course, without giving the subject its own attention.

Legal texts share this tendency. The provision, which is often headed "marriage with a prisoner of war" or similar (Deut. 21:10–14), illustrates how natural it is for a man to "take" a woman (לקח, *lāqach*) if he so desires. Only where there is a conflict of interest between the families involved does it become important to distinguish between a sexual act with and without the woman's consent. In the case that a man commits adultery with a married woman, both parties are punished; if a man has sexual intercourse with an unmarried young woman, the two must then marry. These two cases are easy to settle legally; the consequences – according to Ancient Oriental understanding – restore social order. But when the woman, as an *inchoately married*[9] woman, is in the initial stage of a marriage, i.e. between the handing over of the bride price and her move into the conjugal household, more differentiated regulations must be made. The common translations use the Hebrew term בתולה מארשה (*bᵉtūlāh mᵉʾorāsāh*, Dtn. 22:23) with "a virgin be betrothed unto an husband" (King James Version 1900) or "a virgin already engaged to be married" (New Revised Standard Version, cf. Luther's translation), which, however, does not adequately describe the matter. The term refers to that precarious stage of a woman's normal biography in which she finds herself between two families, her family of origin on the one hand and the conjugal household with her husband's family on the other. Thus, if a man sleeps with a woman who still lives in her parental home but is already legally bound to another man by the handing over of the bride price, then a regulation comes into force that distinguishes between sexual intercourse by mutual consent and an act of sexual violence.

Again, the woman does not play an active role; the man is seen as the subject of the sexual act. However, in this case, the legislative community shows an interest in distinguishing between the woman's willing and unwilling participation.

---

9 Cf. Otto, *Deuteronomium*, 1713–1723.

> If there is a young woman, a virgin already engaged to be married, and a man meets her in the town and lies with her, you shall bring both of them to the gate of that town and stone them to death, the young woman because she did not cry for help in the town and the man because he violated his neighbor's wife. So you shall purge the evil from your midst. But if the man meets the engaged woman in the open country, and the man seizes her and lies with her, then only the man who lay with her shall die. You shall do nothing to the young woman; the young woman has not committed an offense punishable by death, because this case is like that of someone who attacks and murders a neighbor. Since he found her in the open country, the engaged woman may have cried for help, but there was no one to rescue her. (Deut. 22:23–27)

The intention of the laws at this point is to introduce objectifiable criteria in order to avoid false accusations. The criterion in this case is the place where the sexual act took place: "in the city", the woman ought to have been heard if she had cried out for help – the judicial community concludes that this is sexuality with the woman's consent. "In the field", which in the Bible is repeatedly regarded as a place of violence,[10] rape is assumed because a possible cry for help from the woman could not be heard. Accordingly, the wording of the preamble to this law is different in each instance. In the case of the city, it is about a man who "finds" a young woman (מצא, *māzʾā*) and "sleeps" with her (שכב, *schāchav*); in the field, the man "seizes" (חזק, *chāzaq*) the young woman after "finding" her in order to "sleep" with her.

Even if the material implementation of the objectivity criterion is very foreign to us today (the place of the act of violence), the search for verifiable criteria for the legitimacy of sexual acts is something that is also familiar in our legal systems. The aim of this text "is to formulate criteria of case differentiation that allow for a degree of justice in the legal evaluation of such cases."[11]

It is also remarkable that the legal text compares statutory rape with a homicidal offense: "This case is like that of someone who attacks and murders a neighbor." (Deut. 22:26) This places rape in the category of the most serious crime in the Israelite legal system. Sexual violence against a woman is compared to a murder committed by a man against his neighbor (איש על־רעהו, *ʾīsch ʿal-reʿehū*). Such a serious accusation, tantamount to murder, must be capable of being verified by the judicial community. While the assessment of the seriousness of the offense certainly tends to correspond to our sense of justice, the differentiations made according to the marital status of the woman, as well as the clear assignment of the sexually active role to the man, are certainly foreign to

---

10 Cf. Gen. 4: Cain and Abel; Jer. 6:25; Ezek. 7:15: Warnings against violence.

11 Otto, *Deuteronomium*, 1720 ("Kriterien der Falldifferenzierung zu formulieren, die einen Grad an Gerechtigkeit in der rechtlichen Evaluierung der Fälle ermöglichen.").

current perceptions in many areas of the world. A further difference is the concentration on the community, which is the basis of biblical anthropology, and which diverts the view away from the individual. The violated legal right is not only the psychological and physical integrity of the woman, but also affects the family communities, whose cohesion is destroyed by the bloody deed; the legal consequences of the deeds are an effort to find a remedy.

4 The Connection between Sexuality and Power

However, with regard to both the legal texts and the narrative texts, it also becomes clear that sexuality is not conceptualized as a proximate relationship between individuals of equal status.[12] Men are seen as subjects of sexuality, women as objects. The only counterexamples are Michal (1 Sam. 18) who falls in love with David; the woman of the Song of Songs who desires her lover; and Potifar's wife who is seen as a person who can desire a man as well. These three figures are the exceptions to the rule that establishes male desire as the norm.

This implicitness, which positions the man as the sexual subject, is the cornerstone of a complex system of sexuality and power. In my opinion, this relational aspect of human identity is much less prominent in our present-day society than it is in the Hebrew Bible, where every sexual act is understood as being embedded in a social system. The discussions in recent years about constellative anthropology and individuality in the Old Testament certainly testify to this.[13] The notion of sexualized violence also supports this conclusion. It always concerns the violation of the person in his or her social structure, an aspect which is expressed in Hebrew with the verb ענה (*'innāh*), often wrongly translated as "to rape".[14] In Hebrew, however, there is no single verb for "rape"; instead, this fact is usually expressed by a series of verbs that describe individual aspects of the act: sexuality, physical violence and social humiliation are combined in one act. An example of this can be seen in Gen. 34:2: "Shechem son of Hamor the Hivite, prince of the region, saw her [Dinah]; he seized her (חזק, *chāzaq*) and lay with her (שכב, *schāchav*) and humbled her (ענה, *'innāh*)." (Translation I.M.).

This does not describe several successive acts, but rather the act of sexualized violence is described in physically violent (חזק, *chāzaq*), sexual (שכב, *schā-*

---

12 Cf. Thöne, *Liebe*, 327–331.
13 Cf. Janowski, "Konstellative Anthropologie"; van Oorschot and Wagner, *Individualität*.
14 Cf. van Wolde, "Rape".

chav) and social (עִנָּה, *'innāh*) terms. Sexual assault does not only hurt the individual human being, but also destroys bonds and bonding abilities, i.e. a person in his or her social structure.

The correlation between individual and social violation can be shown in several narrative traditions. The David narratives of the Samuel books are particularly enlightening here. The violence of Amnon (2 Sam. 13) is not an isolated phenomenon, but is part of a political history in which sexuality and political power are intricately linked. The entire David story conceives its main character as a man who is socially and sexually powerful. During the Bathsheba episode (2 Sam. 11), he is at the height of his royal power. When he "no longer knows" the beautiful Abishag of Shunem (1 Kings 1:4), his royal power also comes to an end. Amnon's rape of his own sister is also a grasp for power, just as the rape of David's ten concubines by his son Absalom "in the sight of all Israel" (2 Sam. 16:22) dramatizes Absalom's claim to the father's throne.

Apart from the commandment of silence analyzed at the beginning, the integration of sexualized acts of violence into a social system of power and powerlessness is perhaps the most frightening, but also the most illuminating similarity between biblical texts and contemporary experiences. The acts of sexualized violence are not about individual perpetrators and their misguided or uncontrolled sexuality, but about social systems in which sexuality is employed as an expression and means of power. This also leads to an indissoluble confusion of sexual desire and lust for power. If Amnon desires his half sister Tamar, then her affiliation with his father David and his rival half brother Absalom is not only an obstacle to the fulfilment of the desire, but also part of its driving force. It is precisely the transgression of the boundaries laid out by his father, who is now primarily seen as a king, that stokes the fires of Amnon's sexual desires. Nevertheless, 2 Sam. 13 speaks of love, and Gen. 34 also uses this term to describe the feelings of the perpetrator. However, Amnon only loves Tamar (וַיֶּאֱהָבֶהָ, *wajjæ'᾽æhāvæhā*, 2 Sam. 13:1) before the rape; after the act, his feelings turn to hate. On the other hand, in Shechem's narrative there is no talk of his love until after the rape, only then *is his soul drawn to Dinah, he loves her* (וַתִּדְבַּק נַפְשׁוֹ בְּדִינָה בַּת־יַעֲקֹב וַיֶּאֱהַב אֶת־הַנַּעֲרָ, *wattidbaq nafschō b᷂dīnāh bat-ja'᾽qov wjjæ'᾽æhav 'æt-hanna'᾽rā*) and he wants to marry her (Gen. 34:3). In this context, the term *love* is highly disconcerting for most readers.

In this context, we tend to understand the concept of love as being flippant or at least out of place, but there is no way around it: both Shechem (Gen. 34:3) and Amnon (2 Sam. 13:1–14) state that they love the women whom they rape. Whether this is interpreted as a contradiction depends on the concept of love, and perhaps even more on the concept of emotions in general. "For our purposes [...], any tension between this initial power-laden encounter and Shechem's subsequent feeling for Dinah need not be explained away. [...], affective relations are also conduits for power."[15]

The close entanglement of power and sexuality, which can be experienced as formative from antiquity to the present, challenges not only common romantic concepts of love and sexuality, but also ideas of social power and emotions. Power is not unemotional, nor are emotions powerless. This is not only the case for acts of sexualized violence; sexuality as a whole is a field which is not unaffected by power.

5 Sexualized Violence and Social Structure

All acts of sexualized violence which are described in the Bible are embedded in concrete power-based social contexts. In many narratives, there are several actors involved. Today, when we in the churches painfully uncover that it takes several individuals – often in positions of responsibility – cooperating with each other to cover up sexualized violence, thereby making it possible to do so repeatedly, then this also points to a characteristic of sexualized violence that we encounter in biblical texts. Here, too, it is especially the narrative of Tamar and Amnon that shows structural relations to the phenomena of our own time. Amnon is only able to summon Tamar to himself by using a plan concocted by his cousin Jonadab, namely, to feign illness and ask his father, King David, to send Tamar to him. The king, who should actually stand for law and justice, fails at this point. He sends the daughter to his allegedly sick son. And even when the king hears about the rape, he becomes angry, but does nothing! Absalom, Amnon's half brother, avenges his sister by murdering Amnon. The fact that he thus takes the first position in the succession to power, and immediately afterwards usurps his father's throne, shows that this act of revenge is also one of the political ploys that lead to the breakdown of David's family. Tamar's rape is only possible because of the illicit cooperation of the men involved in this story who hand the woman over to the perpetrator of violence.

Even in the present day, such organized behavior is a major problem. Acts of violence are made possible by cover-ups that protect perpetrators. Mothers do not believe their children, colleagues in the clerical service dismiss allegations, schools even ignore accusations – the protection of perpetrators often takes precedence over the protection of victims.[16]

---

15 Stone, "Affect," 28.
16 See also Behrensen, "Aufarbeitung der Missbrauchsskandale" in this volume.

6 Sexualized Violence in the Symbol System

Social structures have a complex relationship with the respective symbol systems. "From a gender-theoretical perspective, the concrete phenomenology of violence that is perceived and experienced on the behavioral level corresponds to the symbolic violence that structures the power relationships of a society."[17] This insight naturally applies all the more to social systems in which the symbolic fields are of particularly high importance, such as religions.

The prophetic writings on divine violence against the "unfaithful" wife Israel, which can probably be described as the ultimate "texts of terror",[18] throw a frightening light on a masculine image of God. The entire so-called marriage metaphor of the prophets – from Hosea to Jeremiah to Ezekiel to Nahum – cannot dispense with cruel sexual violence, the perpetrator of which is portrayed as God, the abandoned and angry husband. This insight, covered intensively by Gerlinde Baumann,[19] strips the marriage metaphor – still expressed today in theological symbol systems – of any kind of innocence.[20] There are no marital metaphorical texts in which God does not become a perpetrator of violence. The correlation of divine and masculine power is increased to an excess and cemented symbolically.

It is probably no coincidence that in the Catholic Church, marital symbolism and the issue of office are connected with one another,[21] and that the question of the ordination of women is now gaining a new urgency in the course of the discussion on sexual and spiritual abuse in the Catholic Church. The realization that sexualized violence is not an isolated phenomenon, but always spreads within power-based structures, is more recent, but can be seamlessly linked to biblical findings.

Sexualized violence is the expression and outcome of power-based social relationships, even in the church. It is supported by a symbol system that privileges men and links sexuality to the wielding of power. In the current discussions within the Catholic Church, the structural dimensions of the scandal of sexual-

---

17 Bereswill, "Männlichkeit," 111 ("Aus einer geschlechtertheoretischen Perspektive korrespondiert die konkrete Phänomenologie von Gewalt, die auf der Handlungsebene wahrgenommen und erfahren wird, mit der symbolischen Gewalt, die die Herrschaftsbeziehungen einer Gesellschaft strukturiert.").

18 Cf. Magdalene, "Treaty-Curses," in reference to Trible, *Texts of Terror*.

19 Baumann, *Ehe*, 158; See also Baumann, "Vergewaltigender Soldat" and Baumann, *Gottesbilder*.

20 Cf. Müllner, "Geschlechteregalität".

21 Cf. Tück, "Bräutigam"; Reményi and Schärtl, "Buchführung".

ized violence are analyzed and formulated. Thus, the topic of power within the church is addressed with more urgency and conciseness than it has been for decades. Meanwhile, theologians have been accused of exploiting the "abuse scandal" in order to further their own agenda – for instance, in the discussion about the admission of women to the ordained ministries.[22] This accusation completely overlooks the fact that the structural dimension of sexualized violence can be observed in all testimonials from antiquity up to the present day, and that, therefore, any rejection of structural consequences in this field reduces the measures to purely cosmetic.[23]

> It is immediately striking that there is something missing in the church that is taken for granted, and yet is essential to the modern state: the separation of powers. [...] The separation of powers is a minimum requirement to protect the individual from ruin in cases where the exercise of power is deemed necessary.[24]

7 Power and Criticism of Power in and with the Bible

I have identified six dimensions of sexualized violence that are to be analyzed in biblical scripture and other ancient texts and which also play a role in the current discussion:
1. Prescribed obscurity
2. The commandment of silence
3. The persistence of sexualized violence
4. The connection between sexuality and power
5. Sexualized violence and social structure
6. Sexualized violence in the symbol system

It is not my aim to postulate supra-temporal and thus essentially universally valid structures, but to show that – despite all awareness of historical difference – there are nevertheless continuities to be discovered. In my opinion,

---

22 Cf. Bishop Rudolf Voderholzer in Katholisch.de, "Instrumentalisierung". See also Werden, "Vertuschung".

23 Cf., e.g., the contributions in Striet and Werden, *Unheilige Theologie.*

24 Bogner, *Kirche,* 20 – 21 ("Zunächst einmal sticht ins Auge, dass in der Kirche etwas fehlt, was im modernen Staat eine Selbstverständlichkeit und lebensnotwendig ist, die Gewaltenteilung. [...] Gewaltenteilung ist eine Mindestvoraussetzung dafür, dass bei aller notwendigen Ausübung von Macht der und die Einzelne nicht unter die Räder gerät").

this tension between similarity and alterity creates opportunities for dealing with the biblical texts on sexualized violence.

1. The canon keeps uncomfortable subjects in view. By ensuring that certain texts be read and interpreted independently of current issues and trends, the concept of the Bible can maintain an awareness of issues that otherwise threaten to disappear from memory. The canon counteracts the tendency to repress and forget inherent in sexualized violence. The fact that a text is canonical does not mean that we as Christians should unquestioningly agree with its assertions or find it religiously edifying. The binding nature characterized by canonicity contains a mandate for interpretation – no more, but also no less. Difficult texts[25] refer the interpreting community back to itself and force it to deal with unpleasant topics.

2. The biblical texts, with their inherent tension between alienation and familiarity, reflect churches and society, through which we can learn to refine what is our own. Legal and narrative texts as well as prophecy deal with sexualized violence in such disparate contexts and with divergent linguistic means. These multifaceted perspectives can serve to keep an attentive and sensitive eye on the various social contexts, even in the respective contemporary situation, and to question them and their risk potential with regard to sexualized violence. If brought to the fore, the shocking omnipresence of sexualized violence, referred to in the "texts of terror" in the Bible, can provide insight about potential spaces of violence. In the churches, the discussion about sexualized violence leads to a sharper focus on the danger of power structures and to the discovery of power criticism as a center of theology.

3. The aspect of power criticism is also referred to in biblical scripture. Here, it is especially important to point out the tension between imperial sovereignty, divine legitimation, and prophecy, which runs through the various parts of the canon of the Bible in many different forms. It becomes clear in any case that the power relations within societies always take focus, and that the biblical texts struggle to bring human power into an appropriate balance. Against this background, dealing with the biblical texts can be inspiring and sensitizing. This insight also applies to religious pedagogical contexts. In this regard, it is the otherwise often lamented foreignness that can help to remove the taboo surrounding difficult and unpleasant topics

---

25 For this term, cf. Fricke, *Bibeltexte im Religionsunterricht*; Fricke, "(Zu) schwierige Bibeltexte".

without causing them to resonate with one's own biography in an irresponsibly direct way.

In this field of tension between proximity and distance, between similarity and alterity, the Bible remains an indispensable interlocutor that sharpens one's own thinking and assists in a critical analysis of church and society. Certainly, other literature can also provide such spaces for dialogue. But no other textual area is so persistently uncomfortable for our culture in its binding nature and at the same time so powerful as the texts that are gathered together in Jewish and Christian canons.

Works cited

Bail, Ulrike. "Von der Langsamkeit der Vergebung." In *Sexuelle Gewalt gegen Mädchen und Frauen als Thema der feministischen Theologie*, ed. by Ulrike Eichler and Ilse Müllner, 99–123. Gütersloh: Gütersloher Verlagshaus, 1999.

Bange, Dirk. "Politische Debatten rund um die Aufarbeitung und Prävention sexualisierter Gewalt seit 2010." In *Handbuch Sexualisierte Gewalt und pädagogische Kontexte: Theorie, Forschung, Praxis*, ed. by Alexandra Retkowski, Angelika Treibel and Elisabeth Tuider, 32–42. Weinheim and Basel: Beltz Juventa, 2018.

Baumann, Gerlinde. *Liebe und Gewalt. Die Ehe als Metapher für das Verhältnis JHWH-Israel in den Prophetenbüchern*. Stuttgarter Bibelstudien 185. Stuttgart: Katholisches Bibelwerk, 2000.

Baumann, Gerlinde. "Gott als vergewaltigender Soldat im Alten Testament. Ein Vergleich von Jes 47,2f und Nah 3,4–7." In *Machtbeziehungen, Geschlechterdifferenz und Religion*, ed. by Bernhard Heininger, 55–67. Geschlecht – Symbol – Religion vol. 2. Münster: Lit Verlag, 2004.

Baumann, Gerlinde. *Gottesbilder der Gewalt im Alten Testament verstehen*. Darmstadt: Wissenschaftliche Buchgesellschaft, 2006.

Behrensen, Maren. "Die ‚Aufarbeitung' der Missbrauchsskandale in der katholischen Kirche als hermeneutisches Unrecht." In *Sexual Violence in the Context of the Church: New Interdisciplinary Perspectives*, ed. by Mathias Wirth, Isabelle Noth and Silvia Schroer, 159–188. Berlin and Boston: De Gruyter, 2022.

Bereswill, Mechthild. "Sexualisierte Gewalt und Männlichkeit: Ausblendungen und einseitige Zuschreibungen." In *Handbuch Sexualisierte Gewalt und pädagogische Kontexte: Theorie, Forschung, Praxis*, ed. by Alexandra Retkowski, Angelika Treibel and Elisabeth Tuider, 111–118. Weinheim and Basel: Beltz Juventa, 2018.

Bogner, Daniel. *Ihr macht uns die Kirche kaputt. … doch wir lassen das nicht zu!* Freiburg Br.: Herder, 2019.

Exum, Cheryl. *Fragmented Women: Feminist (Sub)Versions of Biblical Narratives*. JSOTS 163. Sheffield: JSOT Press, 1993.

Figueroa, Rocío and David Tombs. "Living in Obedience and Suffering in Silence: The Shattered Faith of Nuns Abused by Priests." In *Sexual Violence in the Context of the*

Church: New Interdisciplinary Perspectives, ed. by Mathias Wirth, Isabelle Noth and Silvia Schroer, 45–74. Berlin and Boston: De Gruyter, 2022.

Fleming, Daniel J. "Overcoming Silence: Fraternal Correction, Hierarchy, and the Abuse Crisis in the Australian Catholic Church." In *Sexualisierte Gewalt in kirchlichen Kontexten*, ed. by Mathias Wirth, Isabelle Noth and Silvia Schroer, 75–91. Berlin and Boston: De Gruyter, 2022.

Fricke, Michael. *"Schwierige" Bibeltexte im Religionsunterricht: Theoretische und empirische Elemente einer alttestamentlichen Bibeldidaktik für die Primarstufe*. Arbeiten zur Religionspädagogik vol. 26. Göttingen: V & R unipress, 2005.

Fricke, Michael. "Was sind (zu) schwierige Bibeltexte?" In *Handbuch Bibeldidaktik*, ed. by Mirjam Zimmermann et al., 671–674. Tübingen: UTB, 2013.

Janowski, Bernd. "Konstellative Anthropologie. Zum Begriff der Person im Alten Testament." In *Biblische Anthropologie: Neue Einsichten aus dem Alten Testament*, ed. by Christian Frevel, 64–87. Quaestiones disputatae 237. Freiburg Br.: Herder, 2010.

Katholisch.de, "Voderholzer warnt vor Instrumentalisierung des Missbrauchs," *Katholisch.de*, 18.12.2018, https://www.katholisch.de/artikel/20022-voderholzer-schamt-sich-und-warnt-vor-instrumentalisierung (accessed: March 24, 2021).

Magdalene, F. Rachel. "Ancient Near Eastern Treaty-Curses and the Ultimate Texts of Terror: A Study of the Language of Divine Sexual Abuse in the Prophetic Corpus." In *A Feminist Companion to the Latter Prophet*, ed. by Athalya Brenner, 326–352. The Feminist Companion to the Bible 8. Sheffield: Sheffield Academic Press, 1995.

Müllner, Ilse. "Zwischen Geschlechteregalität und göttlicher Gewalt – allegorische Lektüren des Hoheliedes." In *Das Hohelied im Konflikt der Interpretationen*, ed. by Ludger Schwienhorst-Schönberger, 209–232. Österreichische Biblische Studien 47. Frankfurt a.M.: Peter Lang, 2017.

Müllner, Ilse, Annegret Reese-Schnitker and Nele Spiering-Schomborg. "Schweigen überwinden. Lehren und Lernen in der Spur alttestamentlicher Darstellungen zu sexualisierter Gewalt." In *Lehrerausbildung in vernetzten Lernumgebungen*, ed. by Monique Meier, Kathrin Ziepprecht and Jürgen Mayer, 163–178. Münster: Waxmann, 2018.

Müllner, Ilse, Annegret Reese-Schnitker and Nele Spiering-Schomborg. "Sprachfähig werden. Thematisierung sexualisierter Gewalt im Religionsunterricht." *Katechetische Blätter* 4 (2019): 305–311.

Niditch, Susan. "Eroticism and Death in the Tale of Jael." In *Gender and Difference in Ancient Israel*, ed. by Peggy Lynne Day, 43–57. Minneapolis: Fortress Press, 1989.

Otto, Eckart. *Deuteronomium 12,1–23,15*. Herders theologischer Kommentar zum Alten Testament. Freiburg Br.: Herder, 2016.

Reményi, Matthias and Thomas Schärtl. "Doppelte Buchführung. Zum Problem der Frauenordination." *Herder Korrespondenz* 75/3 (2021): 46–48.

Schreiber, Gerhard. "Begriffe vom Unbegreiflichen. Beobachtungen zur Rede von ‚sexueller Gewalt' und ‚sexualisierter Gewalt'." In *Sexual Violence in the Context of the Church: New Interdisciplinary Perspectives*, ed. by Mathias Wirth, Isabelle Noth and Silvia Schroer, 123–145. Berlin and Boston: De Gruyter, 2022.

Stone, Ken. "Affect and Animality in 2 Samuel 12." In *Reading with feeling: Affect theory and the Bible*, ed. by Fiona C. Black and Jennifer L. Koosed, 13–36. Semeia Studies. Atlanta: Society of Biblical Literature, 2019.

Striet, Magnus and Rita Werden. *Unheilige Theologie! Analysen angesichts sexueller Gewalt gegen Minderjährige durch Priester.* Katholizismus im Umbruch 9. Freiburg Br.: Herder, 2019.

Thöne, Yvonne Sophie. *Liebe zwischen Stadt und Feld: Raum und Geschlecht im Hohelied.* Berlin: Lit Verlag, 2012.

Trible, Phyllis. *Texts of Terror: Literary Feminist Reading of Biblical Narratives.* Minneapolis: Fortress Press, 1984.

Tück, Jan-Heiner. "Den Bräutigam darstellen." *Herder Korrespondenz* 75/1 (2021): 21–25.

van Oorschot, Jürgen and Andreas Wagner, eds. *Individualität und Selbstreflexion in den Literaturen des Alten Testaments.* Veröffentlichungen der Wissenschaftlichen Gesellschaft für Theologie (VWGTh) 48. Leipzig: Evangelische Verlagsanstalt, 2017.

van Wolde, Ellen. "Does ʿinnâ denote rape? A semantic analysis of a controversial word." *Vetus Testamentum* 52 (2002): 528–544.

Welzel, Petra. *Rembrandts Bathseba – Metapher des Begehrens oder Sinnbild zur Selbsterkenntnis? Eine Bildmonographie.* Europäische Hochschulschriften, Reihe XXVIII Kunstgeschichte 204. Frankfurt a.M.: Peter Lang, 1994.

Werden, Rita. "Systemische Vertuschung. Zur Rede von Scham in den Stellungnahmen von Bischöfen im Kontext der Veröffentlichung der MHG-Studie." In *Unheilige Theologie! Analysen angesichts sexueller Gewalt gegen Minderjährige durch Priester*, ed. by Magnus Striet and Rita Werden, 41–77. Katholizismus im Umbruch 9. Freiburg Br.: Herder, 2019.

Susanne Scholz

Sexual Violence, Rape, and the Hebrew Bible

Reading Sexual Violence in the Bible after Two Thousand Years of Silence

1 The State of Affairs: Introduction

On March 19, 2019, Thomas Doyle, a canon lawyer and "inactive" priest, who has long served as an expert for lawyers representing victims of clergy sex abuse, made an astonishing statement in an opinion piece entitled "Abuse summit achieved something, but not what pope or bishops expected." The statement was published in the National Catholic Reporter, one month after the so-called sexual "abuse summit" that had taken place in Rome on February 21–24 2019.[1] Doyle asserts:

> The clergy abuse phenomenon is the worst crisis the church has experienced in more than a thousand years. The Protestant Reformation and its follow-on, the Council of Trent, were about doctrine, church structures and inept clergy. This is about something far worse, the pandemic of sexual violation and rape of countless vulnerable people, especially children, and the systemic enabling of the same by the popes and the hierarchy.
>
> When will it be over and what is needed to fix it? The answers are obvious, but they invoke such fear in the clerical elite that they aren't even able to discuss them. This nightmare will continue as long as the hierarchical system that created and sustained it exists in its present state. The reasons for this phenomenon are *deeply rooted in the church's institutional structures and the theological excuses that support them.*
>
> It will take a *radical, fundamental process of change* before the entire church truly reflects what it is supposed to be, the people of God.[2]

What a powerful statement! Doyle suggests that today's "pandemic of sexual violation and rape" in the Catholic Church originates from far bigger causes than the Protestant Reformation and the Council of Trent in the sixteenth century. He observes that today's clergy abuse phenomenon is not only related to "doctrines,

---

1 Doyle, "Abuse summit achieved something".
2 Ibid. (emphasis added).

https://doi.org/10.1515/9783110699203-016

church structures and inept clergy" but also rooted in ecclesial infrastructures and theological excuses. Because the Church and theology have supported sexual violence and rape of children and adults in congregations, "a radical, fundamental process of change" is required. Only very few people, no less priests, take rape and sexual violence that seriously. Much more often, people rely on all kinds of "theological excuses." In my field of Old Testament/Hebrew Bible studies, they rely on "exegetical excuses" to ignore rape and sexual violence in the Bible, in religious organizations, and in the world.

2 Exegetical Excuses for Sexual Violence in the Bible

The manifold exegetical excuses illustrate the intensity of people's past and present desire to obfuscate, deny, and redefine rape and sexual violence, including in the Bible. I identified this tendency twenty-five years ago when I began my research on rape in the Hebrew Bible, with special attention to the story of Dinah's rape in Genesis 34.[3] Excuses abound when scholars read this narrative. One example is particularly painful because it comes from a *feminist* biblical scholar, Danna Nolan Fewell, who collaborated with David M. Gunn, another well-known biblical scholar. Responding to the interpretation of Meir Sternberg, who assesses the murderous revenge of Dinah's brothers positively as they kill Shechem the rapist and his men, Fewell and Gunn maintain that their feminist reading does not support the brothers but "tips the balance in Shechem's favor."[4] They excuse the rapist, positing: "If sympathy is being accumulated, it seems to us to be sympathy for Shechem."[5] In their view, the brothers respond "disproportionately" to the rape, and prevent their sister from accepting Shechem's marriage offer. Hence, Fewell and Gunn think that it would have been in Dinah's "best interest within the narrow limits of this society ... to marry Shechem, the man who loves her and takes delight in her."[6]

This excuse is extraordinary in the history of scholarly interpretations of Genesis 34. Every time I read it, I am left shaking my head. How in the world can a feminist reader claim that the marriage between a rapist and his victim sur-

---

3 See Scholz, *Rape Plots*, passim.

4 Fewell and Gunn, "Tipping the Balance," 197. For a more detailed analysis, see Scholz, *Rape Plots*, 121–123.

5 Fewell and Gunn, "Tipping the Balance," 197.

6 Ibid., 210.

vivor would be beneficial, "in the best interest" for the raped victim-survivor? Although many other non-feminist exegetes bemoan the fact that Shechem is prevented from marrying the woman he "loves," contemporary feminists always affirm that advising or even forcing a raped woman to marry the rapist is completely out of line. A heterosexual marriage between a rapist and a victim survivor needs to be abolished and legally prohibited, not excused. Moreover, the interpretation history of Genesis 34 is filled with obfuscating terminology for Shechem raping Dinah. Many interpreters claim that Shechem "loves" Dinah in verse 3 and therefore verse 2 does not report a rape. Preferring a love story, many readers side with the rapist to whom they attribute "good intentions." In other words, interpreters project their messy assumptions about sexual violence, love, and marriage onto their interpretations *without* adequately acknowledging that this is what they are doing.[7]

3 Dismantling the Cop-Out Hermeneutics

The excuse-making tendencies in biblical studies are grounded in what I call a "cop-out hermeneutics."[8] A cop-out way of reading biblical rape texts does not take seriously rape victim survivors and often avoids the issue of sexual violence altogether. Usually, the cop-out hermeneutics uses scientific-positivist explanations that eliminate sexual violence from the biblical world. Historiographical claims accommodate and sometimes aim to please the fathers and lords of the field. Feminist exegete Elisabeth Schüssler-Fiorenza has written abundantly on the shortcomings of this approach which she calls scientific positivism. A quote from her many books illustrates her critique of this paradigm although she does not specifically address it in terms of its rape-prone support: "Although the scientific-positivist paradigm demands objectivity, disinterestedness, and value-neutrality in order to control what constitutes the legitimate, scientifically established, true meaning of a text, it is patently *kyriocentric* and *Eurocentric*."[9]

The key features of this paradigm consist of the hallmarks of Western scientific discourse: objectivity, universality, and value-neutrality. At stake, then, is the exegetical relationship to structures of power. Moreover, the adherence to positivism is a particularly *white* hermeneutical preference because many minority-positioned exegetes, whether they are feminist, womanist, black, brown, from

---

7 For additional examples, see Scholz, *Sacred Witness*.

8 Scholz, "Reading Biblical Rape Texts".

9 Schüssler Fiorenza, *Democratizing Biblical Studies*, 68 (emphasis in original).

Africa, Asia, or Latin America, or gay and queer, address openly the disciplinary pressures that make them avoid, downplay, or even reject socially located readings of the Bible.[10] Is the adherence of many (white feminist) Bible scholars to the scientific-positivist epistemology related to their dependence on "the fathers" and to their need to keep intact professional status and privileges? Unfortunately, numerous (white) feminist and non-feminist exegetes are reticent to side with raped victim survivors when a biblical passage is about sexual violence. Intrinsic misogyny and rape-prone assumptions make them characterize sexual violence as love, marriage, or consensual heterosexual sex.[11]

Genesis 34 is not the only biblical passage illustrating these hermeneutical maneuvers in biblical exegesis. Another passage, the story of Lot and his two daughters (Gen. 19:30 – 38), also demonstrates the general exegetical reticence to name sexual violence in the Bible. This story depicts what happens to the father, Lot, and his two daughters *after* the destruction of Sodom and Gomorrah, *after* the mother of the two daughters turns into a pillar of salt, and *after* the father settles down with his girls in a cave. Classified as "coarse material" but as "always nicely put, and no judgment … expressed concerning the happenings,"[12] the nine verses are recognized as "the worst of family situations" although, strangely to some readers, they also "bring goodness, life, and blessing to the world."[13] Like a seesaw movement, scholarly views go back and forth on this troubling text, saying yes and no at the same time, as if we had to accept the good with the bad. For instance, the revered biblical commentator, Walter Brueggemann, proclaims that "no stigma is attached to the action of the mothers [i. e. the daughters] in the narrative" in which "Lot and his daughters are clearly treated as members of the family of promise."[14] Many exegetes even find a *positive* result in this tale of father-daughter incest because the incest continues the genealogical lineage with the births of two sons, Moab and Amon, eventually leading to King David and Jesus. Excuses for sexual violence abound when the eventual outcome of the crime results in a famous Jewish king and the Christian messiah.

---

10 See, e. g., Byron and Lovelace, *Womanist Interpretations of the Bible.*
11 For a detailed discussion, see Scholz, "Reading Biblical Rape Texts" and "Marriage, Love, or Consensual Sex".
12 Rad, *Genesis,* 223.
13 Fretheim, "The Book of Genesis,", 476.
14 Brueggemann, *Genesis,* 176.

4 Feminist Challenges to Rape-Prone Exegesis

Only a few feminist interpreters, looking closer at the text, raise questions about who rapes whom. Courageously, Elke Seifert stresses that, according to social-scientific research, daughters never initiate sexual contact with their fathers. Fathers do. Hence, Seifert highlights the ritual of power and submission in the tale. A father dominates his children while the mother is absent. Since the narrative presents the daughters as the agents of the incestuous violation, it also creates an implicit contradiction. Seifert observes that the depiction of the incest "contradicts our knowledge and reality: The reality is that daughters do *not* want sexual contact with their fathers and that they are forced to such contacts and that fathers do indeed *know* what they are doing."[15] Consequently, Seifert proposes to read Gen. 19:30 – 38 as an incestuous rape story from the perspective of the violated girls because incest between fathers and daughters is "abuse of power by the fathers.... [It is] manipulation and exploitation of dependencies that create deep wounds within the victims."[16] In other words, Gen. 19:30 – 38 is not told from their perspective; daughters would tell a different story. Since Seifert aims to move beyond the cop-out hermeneutics that excuses the incestuous rapist and blames the daughters, she urges a reversal of perspective. This reversed reading sides with the daughters and exposes the narrative as advancing the father's claims of innocence, ignorance, and passivity.

Another feminist exegete goes even further in the effort of ending exegetical excuses for the father's crime. J. Cheryl Exum explains that Gen. 19:30 – 38 needs to be understood as an unconsciously held male-heterosexist fantasy that includes the entire narrative of Genesis 19.[17] Accordingly, the Sodom and Gomorrah story articulates "the wish for homosexual sex in a distorted form."[18] The story expresses homoerotic desire by presenting Lot as offering his daughters to the male Sodomites. Exum describes this dynamic, as she explains:

> In order to allow himself [the male collective unconscious] to entertain a fantasy of incest with his daughters, he imagines something even more abhorrent to him – homosexual sex. This, too, is a desire that he is unable to acknowledge, an unacceptable wish that must be rejected, and it is thus dismissed in favor of another one – what for him is the lesser of the

---

15 Seifert, "Lot und seine Töchter", 64.
16 Ibid., 64 – 65.
17 Exum, "Desire Distorted," 94.
18 Ibid.

two evils, the wish for sex with his daughters. But he is unable to carry the incest fantasy through, presumably because his guilt is so great.[19]

To Exum, then, Genesis 19 is a "symptom of collective [male] guilt,"[20] a fantasy of wanting to have sex with daughters. In fact, the fantasy involves the even deeper desire for same-sex sex, which the male unconscious denies by imagining incest.[21] In Exum's retelling, the sexual violence of Genesis 19 emerges as the lesser of two evils according to which homosexual desire must be denied under all circumstances. Exum thus exposes the commonly held homophobic view that conflates rape with sex, even though her interpretation also neglects considerations of power and domination as key factors of sexual violence.[22]

Whether Gen. 19:1–29 has anything to do with homosexuality is certainly debatable; I leave this matter for another discussion.[23] The point is that the story of Lot and his two daughters has often been read in order to avoid addressing sexual violence and rape in the first place. Most importantly, we should not forget that Gen. 19:30–38 has rarely been interpreted in public. For instance, Christian lectionaries exclude this passage. Even the literary critic, Robert Alter, states in his recent English Bible translation that "[t]he narrator withholds all comment on the incestuous enterprise of the two virgin sisters."[24] The motto is: "Do not talk about rape, sexual violence, and incest. Silence, please!"

5 Thinking about Biblical Rape with the Visual Arts

Perhaps art expresses best the general ambiguity towards incestuous rape and the pervasive reticence of holding rapists accountable. The Israeli artist, Yehuda Levy-Aldema, created a sculpture about Gen. 19:30–38, specifically of verse 32, that is called *TEKU: A Tie Outcome*. The artwork is part of a series of over forty pieces on the nine verses. The artwork speak in a highly symbolic and abstract visual language taking seriously the biblical text, the complex Jewish and Christian interpretation histories, Western art history, and contemporary social analy-

---

19 Ibid., 91.
20 Ibid., 96.
21 For such a reading, see, e.g., Guest, "Judges".
22 See, e.g., Sivakumaran, "Male/Male Rape".
23 See, e.g., Toensing, "Women of Sodom and Gomorrah".
24 Alter, *The Five Books of Moses Torah*, 64.

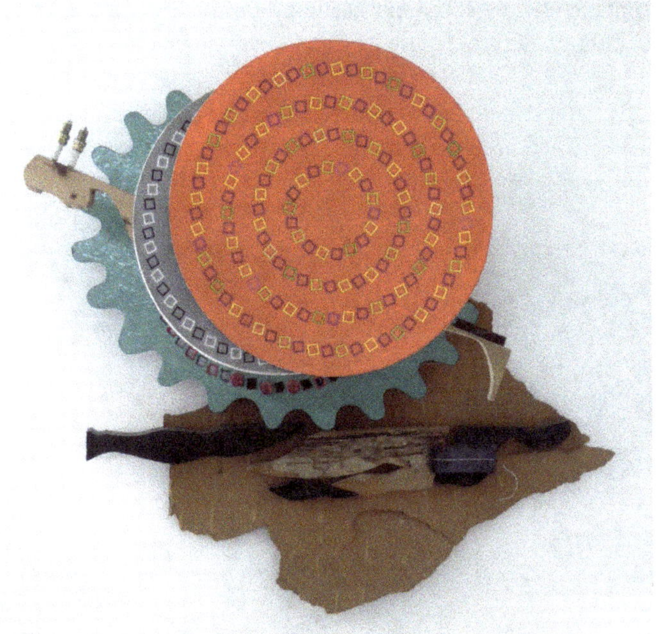

Fig. 1: Yehuda Levy-Aldema, *TEKU: A Tie Outcome.*

sis. What becomes immediately apparent is the fact that Levy-Aldema's art does not reproduce literalist, predictable, or otherwise stereotypical depictions of the biblical tale. His is not illustrative art, but art operating on the conceptual and abstract level. It challenges viewers to look at the visual interpretation with attention, care, and deliberate effort.

Already the title raises questions. Why is it called *TEKU=A Tie Outcome?* Those who study the Talmud know that the word *teku* (תיקו) appears in the Gemara when the rabbis cannot decide an issue under consideration. In Hebrew *teku* means "let it stand, i.e. the question remains undecided."[25] Said differently, the name of the sculpture gives viewers a clue that something cannot be decided. The difficulty has to do with the elder daughter's proposition: "And-let-us-sleep with-him...." (Gen. 19:32c). Do readers believe her words? Do they notice that the younger sister never speaks a single word in the entire passage? Do readers accept that the elder daughter indeed proposes incestuous sex with her father?

---

25 See, e.g., Jastrow, *Dictionary*, 1331.

What does our acceptance tell us about our assumptions of the young women's sexuality and their father's depicted passivity? As Levy-Aldema asks: Can this be?

Most interestingly, Levy-Aldema does not conceptualize his artwork as a salacious nudity scene between an older man and two younger women, as has so persistently been the case in Western art.[26]

Fig. 2: Peter Paul Rubens, *Lot and His Daughters.*   **Fig. 3:** Otto Dix, *Lot und seine Töchter.*

In fact, Levy-Aldema's abstract conceptualization does not show any flesh at all, and so any explicit image remains firmly located in the imagination of the viewers. They need to grasp what the artwork depicts in order to recognize what they are looking at and how the artwork relates to verse 32. On the surface, Levy-Aldema's sculpture consists of various forms of wood, plastic pieces, pastel and acrylic colors, wires, stones, and a photograph. For sure, no literal or even graphic depictions illustrate the text, but abstract symbols articulate its visual meaning. Importantly, Levy-Aldema's artworks always require viewers to associate the visual elements with the biblical text to understand the artist's interpretation. He insists that his art is "a tool to understand the Bible" if interpreters listen for the

---

26 See, e.g., Eaker, "Human Drama". See also Mellinkoff, "Titian's Pastoral Scene"; Lowenthal, "Lot and His Daughters".

"sound of silence" in the text.[27] Viewers must be willing to move into the artist's "visual world" that is considerably different from "the semantic world."[28] The listening process ensures a slow-reading experience and, unsurprisingly, Levy-Aldema defines his art as "slow art."[29] That the artist is willing to break new exegetical ground is clear to anybody looking at his sculptures.

A closer look at the artwork, *TEKU=A Tie Outcome*, reveals the artist's exegetical convictions. This particular piece consists of two wheels. The wheel in the back is painted in metallic, industrial green and contains four circles that feature square holes colored in alternating red and green. A few of those holes are filled with red and round reflectors. The wheel's shape is similar to a chainring of a bicycle, perhaps like one of the newly designed bicycle chainrings that give riders "enhanced power output and performance by eliminating their dead spot during each pedal stroke."[30] The wheel would be going down in a push and pull movement, suggesting the act itself. It implies that the movement requires much effort; it does not come easily, needing great will of execution. In the front is a red wheel mounted on a gray wheel as a background; it is an "illusion wheel." Painted on the red wheel are four circles that consist of little purple and yellow squares. The pattern copies "Pinna's intertwining illusion,"[31] so named after its designer, the psychologist and vision scientist, Baingio Pinna, at the University of Sassari in Italy. The four circles create a visual illusion of the circles as intertwining although they are actually concentric.

The green wheel and the red wheel are 35 centimeters apart from each other. They are connected by a stick on which a female figure, made from pine wood, floats. She consists of the basics: a head, breasts, and long legs. The head and legs are far enough apart to stick out from behind the illusion wheel. A closer look shows that the wooden female body is cut into half, from the head to just below the breasts. On top of the female figure's head rest two brand-new, never-used spark plugs that start car engines. The spark plugs distinguish her feelings and the logical elements of the imagined act; each needs a starter. On

---

27 In a skype conversation with the artist on July 16, 2017.

28 In a skype conversation with the artist on July 9, 2017.

29 For the slow movement in general, see, e.g., Honore, *In Praise of Slowness*. For the slow art movement, see, e.g., Reed, *Slow Art*; Findlay, *Seeing Slowly*; Tishman, *Slow Looking*. There is also a book for the academy: Berg and Seeber, *The Slow Professor*. Interestingly, Reed defines slow art as "the sacred gaze adapted to modernity" (p. 76). In his view, slow art "began roughly 250 years ago as a movement of resistance that contested dominant social conditions" (p. 73).

30 So explained here: http://www.wiggle.com/osymetric-mtb-chain-ring/ (accessed June 10, 2019).

31 Pinna, "Pinna Illusion".

top of her legs are two pieces of salt stones from Mount Sodom, and on top of her heels lies a rectangular, small piece of iron. Her legs and feet are weighted down, as if hinting at her memories of Sodom when her father offered his daughters to the mob; she can barely get moving. Invisible in the photo above, the backside of the front wheel features seven sharp knives bent in different directions. If the wheels moved, the female figure would get seriously injured, symbolizing the sexual violence implied in the visual interpretation of the biblical text.

Below the two wheels and the female wooden figure is another wooden figure that is attached to a piece of fragmented cork. It is partially painted in coaltar paint, a black color that penetrates any material onto which it is painted. The "male" figure is placed in the opposite direction to the female figure above it. The head, neck, genitals, and legs are painted in black, but the torso appears in the original wooden color and looks as if it is eaten up by worms. A small solar panel attaches to his neck and heart area with two unattached wires, one in red and the other in white, hanging out of the panel. Would it be possible to connect the wires to the spark plugs placed on the female figure's head if the wheels were moved? But wait! The 69 position of the two figures prevents this possibility because the spark plugs and the wires would always remain too far apart. What is the message here? Is the whole thing an illusion? Clearly, something is not right. Is it that the textual meaning cannot be, that the elder daughter would never say such a thing, and that the father is already eaten up by his incestuous desire? Does the artwork suggest that the father does the deed, the daughter's question is an illusion, and the text says what it does not mean? Perhaps a feminist *teku* is required, as *TEKU* affirms that incest between father and daughter is not initiated by the daughters, abundantly indicated in social scientific research.[32]

Another visual ambiguity appears in *TEKU*, challenging the plain meaning of verse 32. A photograph is attached to the stick that connects both wheels. The photograph shows a wooden wheel and a knife sharpened by the wheel, but wood never sharpens metal. Does the photo hint at contemporary Hebrew slang according to which a penis is like a knife?[33] Is this another illusion to communicate the idea that the words of the elder daughter cannot be? The artist ex-

---

32 For a classic analysis, see, e.g., Cormier, Kennedy and Sangowicz, "Psychodynamics of Father Daughter Incest," 206: "The fathers almost invariably claim that the daughters were provocative, or in any event willing."

33 For an interesting review of this linguistic possibility, see Handelzalts, "One Hebrew Letter."

plains that the ambiguity is also articulated in Bereishit Rabba 52.4, which turns the biblical text on its head by commenting on Gen. 20:1[34]:

"[A]s people would say: Lot, Abraham's nephew, שֶׁהָיוּ אוֹמְרִים לוֹט בֶּן אֲחִי אַבְרָהָם has been intimate with his two daughters...." בָּא עַל שְׁתֵּי בְנוֹתָיו

The Sages of Bereishit Rabba acknowledge the possibility that the father is the incestuous rape's initiator, as he "came onto" (בָּא עַל) them. The renowned Jewish interpreter of the eleventh century CE, Rashi, mentions this statement in his discussion on Gen. 20:1.[35] This reference is significant because Rashi is one of the most esteemed medieval commentators in the Jewish tradition. Bereishit Rabba 52.3 also explains that "Lot was foolish with his tongue, for he should have said to his daughter, 'Shall we commit that sin for which the whole world was punished?'"[36] Interestingly, the artist Levy-Aldema puts enough visual ambiguities into *TEKU=A Tie Outcome* to articulate the tension of the literal meaning. He recognizes the impossibility of the elder daughter's words in Gen. 19:32. His artwork thus stands in the Jewish exegetical tradition of Bereshit Rabbat and Rashi that the father is the actor. Although they do not make an explicit statement, their comments suggest the possibility of Lot raping his daughters.

In other words, the artwork *TEKU* encourages viewers to ask questions about a tough proposition because, ultimately, questions are what Levy-Aldema is after. He wants viewers to question the plain meaning of the text, stating: "I want to ask questions. My belief is to be in the questions of things!"[37] Most importantly, he recognizes: "We don't have answers, but we can ask questions ... To stand in the lineage of people asking questions is a huge honor. I do it in visual language, not words."[38] The interest to raise questions points to Levy-Aldema's Israeli artistic sensibilities more than he realizes. The former chief curator of the Israel Museum in Jerusalem, Yigal Zalmona, observes in 2010 that "many contemporary Israeli artists ... accept ... the conflicts inherent in Israeli life and recogniz[e] that the concept of identity must be framed as a question rather than an an-

---

34 Bereishit Rabbah 52.4. Available online at https://www.sefaria.org/Bereishit_Rabbah.52.4? lang=bi&with=all&lang2=en (accessed November 30, 2018). For an English translation online, see https://archive.org/stream/RabbaGenesis/midrashrabbahgen027557mbp_djvu.txt.

35 See online at https://www.sefaria.org/Rashi_on_Genesis.20.1?lang=bi (accessed November 30, 2018).

36 Bereishit Rabbah 52.3.

37 In a skype conversation with the artist on June 18, 2017.

38 In a skype conversation with the artist on December 10, 2017.

swer."[39] Standing within this lineage of Israeli artists, Levy-Aldema nurtures the expression of visual, linguistic, and hermeneutical ambiguity. He asserts forcefully: "Everything is about having a question."[40] Yet the insistence on the need to raise questions is also related to Levy-Aldema's theology. He is convinced that "you are much closer to God when you ask questions."[41] Accordingly, *TEKU* helps viewers to reevaluate the long-standing exegetical acceptance of the plain meaning of Gen. 19:32. The artwork proposes that androcentric readings obfuscate what is "really" going on in the cave. They cover up the incestuous rape whereas Levy-Aldema's artwork invites viewers to uncover the impossibility of the daughters having voluntary sex with their father. According to Levy-Aldema's sculpture, the time has come for ending excuses on incestuous rape.

6 Reading Biblical Rape Texts in the Context of the Sexual-Violence Pandemic

What feminist and artistic interpreters realize, then, is the fact that the Bible contains stories and poems about sexual violence and rape when one reads these texts with a hermeneutics that takes seriously the sexual-violence pandemic in the world.[42] The problem is that for the past two thousand years, readers have mostly ignored these passages, classifying them as stories and poems about marriage, love, or even consensual sex. Readers have also excused texts about sexual violence as deserved punishment by God, and generally relegated these texts to the theological margins. These avoidance strategies have meant that clergy rarely, if ever, study or preach on these biblical texts. When feminist exegetes began interpreting biblical texts with feminist issues in mind during the 1970s, they brought biblical prose and poetry on sexual violence to the public's attention. Yet many exegetes still do not want to know about biblical rape texts. They find the topic too disturbing to consider it as an integral part of their religious and scholarly work. Mostly, they have covered up sexual violence in the Bible and in the world and they fail to face their own complicities, sometimes even as feminists and feminist allies.

---

39 Zalmona, *A Century of Israeli Art*, 491.
40 In a skype conversation with the artist on June 4, 2017.
41 In a skype conversation with the artist on March 4, 2018.
42 See, e. g., Scholz, *Sacred Witness*; Graybill, Lawrence and Minister, *Rape Culture and Religious Studies.*

The fate of the first German Protestant bishop, Maria Jepsen, illustrates this painful situation. In 1992, Jepsen was installed as the first Lutheran woman bishop in Germany and German feminist theologians welcomed and celebrated her appointment. Yet she allegedly covered up the sexual abuse perpetrated by a male Protestant minister while she was the bishop of the North Elbian Evangelical Lutheran Church. In 2010, Jepsen resigned after the allegation became public.[43] Meanwhile, biblical rape prose and poetry await the readerly attention, because hideous rape crimes keep being committed. The question is how interpreters will read those texts. Will we read them by siding with victim survivors and by honoring their perspectives, so that one day soon no more theological or exegetical excuses will be made, and an end of sexual violence will have arrived in religious organizations and elsewhere in society? Certainly, biblical art should also become part of exegetical teaching and research, enhancing and deepening the readerly understanding about the pervasive cultural history of sexual violence present not only in the Bible but also in art, literature, music, theater, and even digital games.

Another major insight has emerged from reading the Bible with a rape-sensitive hermeneutics. Contemporary exegetical-feminist work on Gen. 34 and Gen. 19:30 – 38 demonstrates that the hermeneutical quest for biblical origins ought to be relegated to the methodological dustbin for several reasons. One reason is that the historical-critical quest supported and even advanced colonial, economically, racially, and ethnically exploitative, and phallogocentric structures of domination.[44] Another reason is that historical readings have obfuscated biblical rape and incest texts as depictions about heteronormative sex, love, or marriage in ancient Israel. Often these passages have also been interpreted as metaphors about divine punishment and love, as in the case of the so-called "marriage metaphor."[45] The confrontation with the misogynist and heteronormative interpretation histories exposes ethical assumptions that still exist in discussions of gender and sexuality in their intersectional manifestations. Yet, in my view, the goal should never be to get rid of the Bible, really an impossible strategy in light of over two billion Christians worldwide. The challenge remains to produce ethically sound interpretations that end the long-lasting silence on sexual violence. These readings should be welcomed and supported rather than si-

---

43 See, e.g., Spiegel online, "Bischöfin von Missbrauchsfall gewusst". See also Kaman, "Bischöfin Jepsen tritt zurück".
44 See Scholz, "Von der Dekolonisation deutschsprachiger Bibelexegese träumen".
45 See, e.g., Macwilliam, *Queer Theory*; Day, "Teaching the Prophetic Marriage Metaphor Texts".

lenced or marginalized. Furthermore, these interpretations need to inform the theological thinking of all clergy who study, teach, and preach the Bible.

7 Breaking the Silence: A Concluding Thought

In sum, the Catholic "clergy abuse phenomenon," as Thomas Doyle calls it, is only the tip of the iceberg. Biblical scholars, too, are among rapists, child pornography viewers, and sexually violent perpetrators; they are also among victim survivors of sexual violence.[46] Recent statistics on rape in the United States count 1 in 6 women and 1 in 10 men as a rape victim survivor.[47] How in the world have mostly male clergy and Bible scholars not recognized the severity of this issue throughout the past two thousand years of biblical interpretation? Although the situation continues to be dire in the field of biblical studies, feminist biblical scholars have exposed many phallogocentric and heteropatriarchal readings for their rape-prone positions. The silence is broken. The challenge is to spread the word.

---

46 For the scholarly maneuvers of excusing scholars of convicted sex crimes, see, e. g., Stephen Young, "Love the Scholarship But Hate the Scholar's Sin? 'Himpathy' for an Academic Pedophile Enables a Culture of Abuse," *Religion Dispatches* (June 24, 2020), available at: https://religion-dispatches.org/love-the-scholarship-but-hate-the-scholars-sin-himpathy-for-an-academic-pedo-phile-enables-a-culture-of-abuse/. For the pervasiveness of academics who are convicted of child pornography, see Lori Handrahan, "Child Sex Trafficking in Higher Education" (February 14, 2017), available here: https://medium.com/@LoriHandrahan2/professors-staff-arrested-for-trading-in-child-rape-6c39fcf62a9e; note that several professors in religious and theological studies are on this list. Bible scholars include Richard Pervo (see https://en.wikipedia.org/wiki/Richard_Pervo). Another Bible scholar, Jan Joosten, was convicted of child pornography in June 2020, see, e. g., Archie Bland and Jon Henley, "Oxford professor sentenced to jail in France over child abuse images," *The Guardian* (June 22, 2020): https://www.theguardian.-com/world/2020/jun/22/oxford-university-professor-jan-joosten-jailed-france-child-abuse-im-ages. The religious-studies historian, Elaine Pagels, accuses her former doctoral mentor, Helmut Koester at Harvard Divinity School, of sexually attacking her as a graduate student; see Jana Riess, "Elaine Pagels on grief, her #MeToo story, and why we find meaning in religion," *RNS Religion News Service* (June 24, 2020): https://religionnews.com/2018/10/26/elaine-pagels-on-grief-her-metoo-story-and-why-we-find-meaning-in-religion/. Hers is not an isolated experience in academia even today; see, e. g., Nick Anderson, "Academia's #MeToo moment: Women accuse professors of sexual misconduct," *Washington Post* (May 10, 2018), available here: https://www.washingtonpost.com/local/education/academias-metoo-moment-women-accuse-profes-sors-of-sexual-misconduct/2018/05/10/474102de-2631–11e8–874b-d517e912f125_story.html.
47 RAINN, "Victims of Sexual Violence".

Works cited

Alter, Robert. *The Five Books of Moses Torah*. Vol. 1, *The Hebrew Bible: A Translation with Commentary* New York: W.W. Norton, 2019.

Berg, Maggie and Barbara K. Seeber. *The Slow Professor: Challenging the Culture of Speed in the Academy*. Toronto: University of Toronto Press, 2016.

Brueggemann, Walter. *Genesis*. Interpretation: A Bible Commentary for Teaching and Preaching. Atlanta: John Knox Press, 1982.

Byron, Gay L. and Vanessa Lovelace, eds. *Womanist Interpretations of the Bible: Expanding the Discourse*. Atlanta: SBL Press, 2016.

Cormier, Bruno M., Miriam Kennedy and Jadwiga Sangowicz. "Psychodynamics of Father Daughter Incest." *Canadian Psychiatric Association Journal* 7/5 (1962): 203–217. DOI: 10.1177/070674376200700502 (accessed June 23, 2020).

Day, Linda. "Teaching the Prophetic Marriage Metaphor Texts." *Teaching Theology & Religion* 2/3 (1999): 173–179.

Doyle, Thomas. "Abuse summit achieved something, but not what pope or bishops expected," *National Catholic Reporter*, March 2019, https://www.ncronline.org/news/ac countability/abuse-summit-achieved-something-not-what-pope-or-bishops-expected (accessed October 7, 2019).

Eaker, Adam. "Human Drama and Psychological Insight: Ruben's Lot and His Daughters." *THE MET*, April 4, 2017, https://www.metmuseum.org/blogs/now-at-the-met/2017/rubens-lot-and-his-daughters (accessed: March 13, 2021).

Exum, J. Cheryl. "Desire Distorted and Exhibited: Lot and His Daughters in Psychoanalysis, Painting, and Film." In *A Wise and Discerning Mind: Essays in Honor of Burke O. Long*, ed. by Saul M. Olyan and Robert C. Culley, 83–108. Providence: Brown Judaic Studies, 2000.

Fewell, Danna Nolan and David M. Gunn. "Tipping the Balance: Sternberg's Reader and the Rape of Dinah." *Journal of Biblical Literature* 110/2 (1991): 193–211.

Findlay, Michael. *Seeing Slowly: Looking at Modern Art*. Munich, London and New York: Prestel Verlag, 2017.

Fretheim, Terence E. "The Book of Genesis: Introduction, Commentary, and Reflections." In *General and Old Testament Articles: Genesis, Exodus and Leviticus*, ed. by Leander E. Keck, 319–674. The New Interpreter's Bible: A Commentary in Twelve Volumes, Vol. 1. Nashville: Abingdon Press, 1994.

Graybill, Rhiannon, Beatrice Lawrence and Meredith Minister, eds. *Rape Culture and Religious Studies: Biblical Perspectives*. Lanham: Lexington Books, 2019.

Guest, Deryn. "Judges." In *The Queer Bible Commentary*, ed. by Deryn Guest et al., 182–185. London: SCM, 2006.

Handelzalts, Michael. "How One Hebrew Letter Came to Mean Both 'Penis' and 'Weapon'," *Haaretz*, October 15, 2013, https://www.haaretz.com/archaeology/.premium-how-zayin-came-to-mean-arms-and-penis-1.5273875 (accessed June 23, 2020).

Honore, Carl. *In Praise of Slowness: How a Worldwide Movement is Challenging the Cult of Speed*. New York: HarperOne, 2004.

Jastrow, Marcus, comp. *A Dictionary of the Targumim, the Talmud Babli and Yerushalmi, and the Midrashic Literature*. New York: Pardes Publishing House, 1950.

Kaman, Mathias. "Hamburger Bischöfin Jepsen tritt zurück," *Die Welt*, July 16, 2010, https://www.welt.de/politik/deutschland/article8497264/Hamburger-Bischoefin-Jepsen-tritt-zurueck.html (accessed: March 16, 2021).

Lowenthal, Ann. "Lot and His Daughters as Moral Dilemma." In *The Age of Rembrandt: Studies in Seventeenth-Century Dutch Painting*, ed. by Roland Fleischer and Susan S. Munshower, 13–27. Papers in Art History from The Pennsylvania State University Vol. III. University Park: Penn State University Press, 1988.

Macwilliam, Stuart. *Queer Theory and the Prophetic Marriage Metaphor in the Hebrew Bible.* Sheffield: Equinox, 2011.

Mellinkoff, Ruth. "Titian's Pastoral Scene: A Unique Rendition of Lot and His Daughters." *Renaissance Quarterly* 51/3 (1998): 828–863.

Pinna, Baingio. "Pinna Illusion," *Scholarpedia* 4/2: 6656, 2009, DOI: 10.4249/scholarpedia.6656 (accessed: June 10, 2019).

Rad, Gerhard von. *Genesis: A Commentary* (rev. edition). Philadelphia: The Westminster Press, 1972.

Rape, Abuse & Incest National Network (RAINN). "Victims of Sexual Violence: Statistics," https://www.rainn.org/statistics/victims-sexual-violence (accessed June 23, 2020).

Reed, Arden. *Slow Art: The Experience of Looking, Sacred Images to James Turrell.* Oakland: University of California Press Books, 2017.

Scholz, Susanne. "Von der Dekolonisation deutschsprachiger Bibelexegese träumen." In *Von Peripherien und Zentren, Mächten und Gewalten. Jerusalemer Ansätze für eine postkoloniale Theologie*, ed. by Ulrich Winkler, Christian Boerger and Joel Klenk, 93–113. JThF 44. Münster: Aschendorff Verlag, 2021.

Scholz, Susanne. *Rape Plots: A Feminist Cultural Study of Genesis 34.* New York: Peter Lang, 2000.

Scholz, Susanne. *Sacred Witness: Rape in the Hebrew Bible.* Minneapolis: Fortress Press, 2010.

Scholz, Susanne. "Marriage, Love, or Consensual Sex? Feminist Engagements with Biblical Rape Texts in Light of Title IX." In *Rape Culture, Gender Violence, and Religion: Biblical Perspectives*, ed. by Caroline Blyth, Emily Colgan and Katie B. Edwards, 179–199. London: Palgrave McMillan, 2018.

Scholz, Susanne. "Reading Biblical Rape Texts beyond a Cop-Out Hermeneutics in the Trump Era." In *Rape Culture and Religious Studies: Biblical Perspectives*, ed. by Rhiannon Graybill, Beatrice Lawrence and Meredith Minister, 21–35. Lanham: Lexington Books, 2019.

Schüssler-Fiorenza, Elisabeth. *Democratizing Biblical Studies: Toward an Emancipatory Educational Space.* Louisville: Westminster John Knox, 2009.

Seifert, Elke. "Lot und seine Töchter: Eine Hermeneutik des Verdachts." In *Feministische Hermeneutik und Erstes Testament: Analysen und Interpretationen*, ed. by Hedwig Jahnow et al., 48–65 Stuttgart: Kohlhammer, 1994.

Sivakumaran, Sandesh. "Male/Male Rape and the 'Taint' of Homosexuality." *Human Rights Quarterly* 27/4 (2005): 1274–1306.

Spiegel online. "Bischöfin soll schon vor Jahren von Missbrauchsfall gewusst haben," *Spiegel Online*, October 7, 2010, https://www.spiegel.de/panorama/justiz/hamburg-bischoefin-soll-schon-vor-jahren-von-missbrauchsfall-gewusst-haben-a-705769.html (accessed: March 13, 2021).

Tishman, Shari. *Slow Looking: The Art and Practice of Learning through Observation*. New York: Routledge, 2018.

Toensing, Holly Joan. "Women of Sodom and Gomorrah: Collateral Damage in the War against Homosexuality." *Journal of Feminist Studies in Religion* 21/2 (2005): 61–74.

Zalmona, Yigal. *A Century of Israeli Art*. London: Lund Humphries, 2013.

List of Figures

Fig. 1: Yehuda Levy-Aldema, *TEKU=A Tie Outcome*, 2017–2019, cork board with hot-glue stoppers, pine wood, white wood, crystal salt from the Dead Sea, a little solar panel, metallic color, two spark plugs, a piece of iron, coal-tar paint, acrylic paints, 7 red reflectors, 7 knives, plaster, band saw blade, and a photograph, 97 x 92 x 58 cm, permission to reprint this image granted by the artist. For his website, visit http://www.levy-aldema.com/Sodom-and-gomorrah.

Fig. 2: Peter Paul Rubens (1577–1640), *Lot and His Daughters*, ca. 1610, Oil on canvas, 108 x 146 cm, Staatliches Museum Schwerin (Inv. Nr. G 158), © akg-images.

Fig. 3: Otto Dix (1891–1961), *Lot und seine Töchter*, 1939, Mischtechnik auf Hartfaserplatte, 195 x 130 cm, private collection, © VG Bild-Kunst, Bonn 2021 / akg-images.

Uwe Kaminsky
Tabuisierung und Gewalt

Sexualisierte Gewalt in der konfessionellen Heimerziehung der 1950er- und 1960er-Jahre

In konfessionellen Erziehungsheimen in Deutschland ist es in der Nachkriegszeit zu vielen Fällen von sexualisierter Gewalt gekommen. Nicht nur übergriffige Einzelne haben die Taten begangen. Auch die Struktur einer autoritär verfassten Heimerziehung und eine konfessionsspezifische Tabuisierung von Sexualität haben dies begünstigt.[1] Am Beispiel erforschter Fälle in unterschiedlichen Heimen aus der Zeit Ende der 1940er- bis Mitte der 1970er-Jahre geht es im nachfolgenden Beitrag aber nicht nur um die Darstellung der Taten, sondern auch um die Erhellung der Hintergründe im Rahmen einer kirchengeschichtlichen Einordnung.

1 Konfessionelle Heimerziehung in Deutschland – Struktur und Folgen

Heimerziehung als eine Form der „Ersatzerziehung" in Deutschland war historisch bedingt ein stark konfessionell geprägtes Feld. Für die konfessionelle Verfasstheit der Heimerziehung erwies sich das Reichsjugendwohlfahrtsgesetz (RJWG) aus dem Jahr 1922, das 1924 in Kraft trat, als entscheidend. Konkret sah § 69 vor, dass im Falle der Anstaltserziehung der Minderjährige soweit möglich „in einer Anstalt seines Bekenntnisses" unterzubringen sei.[2] Das JWG von 1961 bestätigte diese Ausrichtung, wobei 70 % bis 80 % der Heime noch bis Mitte der 1970er-Jahre einen konfessionellen Träger besaßen – im Jahr 1967/68 existierten gut 600 katholische Heime mit über 50.000 Plätzen und fast 500 evangelische Heime mit beinahe 27.000 Plätzen. Auch die Heime in staatlicher Trägerschaft blieben vielerorts noch bis in die 1970er-Jahre jeweils nach Konfessionen getrennt. Man wird davon ausgehen können, dass von den insgesamt etwa 800.000 Kindern und Jugendlichen, die sich zwischen 1949 und 1975 in der Bundesrepublik in einer

---

1 Siehe dazu Gräb-Schmidt, „Abgrund menschlicher Möglichkeiten" sowie Moschella, „Patriarchy, Power, and Bodies" in diesem Band.
2 Vgl. O. A., RJWG, 645. Gemeint waren hierbei beide Geschlechter.

https://doi.org/10.1515/9783110699203-017

Form der Ersatzerziehung befunden haben, 500.000 bis 600.000 Kontakt zu einem katholischen oder evangelischen Heim hatten.[3]

Grundprinzip der Heime war eine Trennung nach Alter und Geschlecht in den dortigen Heimgruppen. Kontakte zwischen Jungen und Mädchen ab der Pubertät wurden unter Gesichtspunkten besonderer sittlicher Strenge verboten. Sexualität war weitgehend tabuisiert und abgewehrt. Die nicht vorhandene Koedukation verhinderte das Erlernen des Umgangs mit dem anderen Geschlecht.

2 Sexualisierte Gewalt – Beispiele

Sexuell konnotierte Gewalt spielte seit jeher in der durch Disziplin- und Gehorsamsanforderungen bestimmten Heimerziehung eine wichtige Rolle – wie in Familien auch. Galt es in bürgerlichen Familien, in Kasernen oder Heimen noch in der ersten Hälfte des 20. Jahrhunderts vor allem durch emotionale Distanzierung und Regeln einen Ablauf von Strafen und körperlichen Züchtigungen zu bestimmen, so stand deren Ausführung immer in der Gefahr in ein brutales Prügeln überzugehen. Schläge auf „die Erziehungsfläche", so wurde das Gesäß dann funktional bezeichnet, hatten oftmals eine sexuelle Komponente, ganz besonders, wenn dabei der Po entblößt wurde. So trafen z. B. die Schläge der Nonnen in einer katholischen Heimeinrichtung mit einem Handfeger auf den nackten Po immer auch die Hoden der Jungen, was von diesen als besonders schmerzhaft und entwürdigend empfunden wurde.[4]

Wie bei den Strafen lassen sich auch hinsichtlich des Ausmaßes der sexuellen Gewalt, die die Minderjährigen in den Heimen erfahren mussten, wegen fehlender Überblicksdaten leider keine quantitativen Angaben machen. Der Runde Tisch über sexualisierte Gewalt hat über das Deutsche Jugendinstitut eine Befragungsstudie bei Institutionen gemacht, die für die Jahre 2007 bis 2010 bei rund 6 % der Schulen einen Verdachtsfall von Übergriffen einer Betreuungsperson gegenüber den Betreuten auswies, bei 3 % der Internate und rund 10 % der Heime. Nahm man die Übergriffe von Kindern und Jugendlichen auf andere hinzu, waren es gar 20 % in Schulen, knapp 30 % in Internaten und 42 % in stationären Einrichtungen.[5] Diese auch noch für die Gegenwart relativ hohen Zahlen möglicher Fälle sexualisierter Gewalt verweisen auf die wahrscheinlich noch höhere Relevanz des Themas in der Vergangenheit.

---

3 Vgl. Frings und Kaminsky, *Gehorsam*, 34–39. Siehe auch die Sammelbände Damberg u. a., *Mutter Kirche* sowie Damberg und Jähnichen, *Soziale Bewegungen*.
4 Siehe hierzu Kaminsky und Klöcker, *Medikamente*.
5 Vgl. Deutsches Jugendinstitut e.V., *Abschlussbericht*, 238–240.

In eigenen Forschungen über die konfessionelle Heimerziehung in den Jahren 1949 bis 1975 kamen einzelne Fälle immer wieder zur Sprache. Nur wenige Vorgänge, die entweder zu einem Gerichtsverfahren führten oder von den Aufsichtsbehörden aufgegriffen wurden, haben sich auch in der Aktenlieferung niedergeschlagen, wie es etwa Ende der 1950er-Jahre im Zusammenhang mit der Verurteilung von drei Erziehern wegen Sittlichkeitsvergehen innerhalb kurzer Zeit im katholischen Martinistift in Westfalen der Fall war.[6] Die allgemein verbreitete Praxis, dass Erzieher nicht selten in unmittelbarer Nähe zu den Schlafräumen der Kinder und Jugendlichen schliefen, bot in diesem Fall vielfältige Gelegenheiten zu entsprechendem Handeln.

Allgemein wird man sagen müssen, dass Erziehungseinrichtungen immer in der Gefahr stehen, dass Täter sexualisierter Gewalt in ihnen nach möglichen Opfern suchen.[7] In Interviews mit ehemaligen Heimkindern kam das Thema fast immer zur Sprache, nicht nur im Heimkontext sondern oft auch im Rahmen der Unterbringung in Pflegefamilien. Nicht nur Männer tauchen dabei als Täter auf, auch Frauen als Täterinnen wurden von ehemaligen Heimkindern in zahlreichen Fällen genannt, in denen es um sexualisierte Gewalt gegen Schutzbefohlene ging.[8] Gerade auch Berichte aus dem letzten Jahrzehnt über Skandale von sexualisierter Gewalt in evangelischen wie katholischen Einrichtungen unterstreichen, dass Heime Gewaltmilieus begünstigten, die Täterstrategien zur sexualisierten Ausbeutung zum Erfolg führten.[9]

Sexuelle Gewalt fand jedoch nicht nur zwischen Erziehungskräften und den ihnen anvertrauten Minderjährigen statt. Gerade in den Erziehungsheimen, die fast ausschließlich geschlechtsspezifisch ausgerichtet waren und auf die sexuellen Bedürfnisse der Jugendlichen auf Grund der in der Gesellschaft und im Verständnis der an religiöse Gemeinschaften gebundenen Erziehungskräfte be-

---

6 Vgl. Frings und Kaminsky, *Gehorsam*, 445–449.

7 So wurde am Beispiel des Missbrauchs in der katholischen Kirche aufgrund der Daten bei der Telefonhotline der Unabhängigen Beauftragten für Fragen des sexuellen Kindesmissbrauchs (Stand 2015) festgestellt, dass zwar in 66,8 % der Fälle keine Kontexte angegeben wurden, doch es sich bei 18,2 % um katholische Kinderheime und bei 15,0 % um Internatsschulen handelte (Fegert u. a., „Betroffene", 517 f.). In der sogenannten MHG-Studie wurden dagegen nur 6,9 % der Beschuldigten dem Kontext „Heim" zugeordnet; siehe Dreßing u. a., *MHG-Studie*, 265. Vgl. als jüngste Beispiele für u. a. auch einen Internatskontext Baumeister und Weber, *Vorfälle von Gewaltausübung*; Frings, *Der Chor zuerst*; am Beispiel von Einrichtungen des Jesuitenordens Raue, *Bericht*.

8 Vgl. Schmuhl und Winkler, *Frauenasyl*, 296 f.; Winkler und Schmuhl, *Heimwelten*, 82–86; Frings und Kaminsky, *Gehorsam*, 123.

9 Vgl. Baums-Stammberger, Hafeneger und Morgenstern-Einenkel, *Würde*; Keupp u. a., *Schweigen* (2017a); Keupp u. a., *Benediktinerabtei Ettal*.

stehenden Moralvorstellungen in der Regel außerordentlich abweisend reagierten, gehörte offenbar nicht selten sexuelle Gewalt der Mädchen und Jungen untereinander zum Alltag. Besonders die Schwächeren wurden Opfer der Übergriffe, die zudem ihre Position in der Gruppenhierarchie verschlechterte.[10]

Die Diskrepanz zwischen einem Sexualität unterdrückenden und diese bestrafenden Verhalten auf der einen Seite und sexuellen Übergriffen auf der anderen Seite ist sehr auffällig. Tabuisierung und Entgrenzung liegen eng beieinander. Dies deutet auf eine „Unterwelt" des Heimes hin, die in einer ansonsten repressiven Atmosphäre Verbotenes zuließ und gerade nicht zur offiziellen Seite des Heimes gehörte.[11]

Die auf Grund des Personalmangels geringe Aufsicht durch Erziehende, das „sexualpädagogische Vakuum" in den Heimen und die Tabuisierung von Sexualität generell fallen ins Auge. Sie begünstigten sexualisierte Gewalt in den Heimen, worauf nachfolgende Beispiele verweisen. Die repressive Sexualmoral der Nachkriegsjahrzehnte der Bundesrepublik entsprach einer längeren Tradition der Negierung einer Sexualität des Kindes und Jugendlichen, dem Bild des „asexuellen Kindes".[12] Sexualität war insbesondere in ihren Ausdrucksformen von Onanie, vorehelichem Geschlechtsverkehr und Homosexualität tabuisiert.[13] Auch eine Aufdeckung von Fällen sexualisierter Gewalt wurde durch die Tabuisierung von Sexualität behindert, wie besonders der Umgang konfessioneller Träger mit Verdachtsfällen belegt.

Ende 1955 wurde ein ehemaliger Erzieher der Düsselthaler Anstalten, der von 1949 bis 1953 in dem Heim Neudüsseltal und nachfolgend in einer Einrichtung in Hannover gearbeitet hatte, wegen Missbrauchs von Kindern zu drei Jahren Gefängnis verurteilt. Befremdend hatte es dabei gewirkt, dass – wie die Zeitung „Rheinische Post" schrieb –

> beide Anstalten, obwohl ihnen die gefährlichen Neigungen dieses Erziehers zumindest verdachtsweise bekannt waren, die Angelegenheit ‚intern' regelten, indem sie den Verdächtigen entließen, ohne die Sache weiter zu verfolgen oder zumindest vor diesem Jugendverderber zu warnen.[14]

---

10 Vgl. etwa Benad, Schmuhl und Stockhecke, *Endstation Freistatt*.

11 Zur „Unterwelt" im Rahmen einer „totalen Institution" (Erving Goffman) siehe Goffman, *Asyle*, 169–305.

12 Siehe zusammenfassend Elberfeld, „Sünde" ,249–251; am Beispiel katholischer Moralvereine Steinbacher, *Wie der Sex nach Deutschland kam;* allgemein Herzog, Politisierung, 127–171.

13 Siehe dazu auch Cornwall, „Interruption of Time" in diesem Band.

14 Frings und Kaminsky, *Gehorsam*, 503.

In einem anderen Fall aus dem Heim Neudüsseltal hatte 1956 ein Mädchen behauptet, es sei zu einem Übergriff durch einen Erzieher gekommen. Dieser Fall wurde zeitgenössisch dahingehend aufgeklärt, dass das Mädchen durch die Behauptung Rache für eine erlebte Zurücksetzung nehmen wollte. Dennoch gab das Landesjugendamt zu bedenken, ob die langjährige Praxis, „Familienmädchen" für Ordnungsarbeiten männlichen Erziehern zur Verfügung zu stellen, aufrecht erhalten werden könne.[15]

In den Düsselthaler Anstalten, dem Träger des vorgenannten Heimes, war 1961 auf Intervention des Geschäftsführers des rheinischen Landesverbandes der Inneren Mission und Kuratoriumsmitglied, Otto Ohl, ein Erzieher entlassen worden, der in Verdacht des Missbrauchs von Zöglingen stand. Auf Nachfrage des Landesjugendamtes hatte Ohl diesen eine Öffentlichkeit ausschließenden Weg gewählt, da „bei der ungeklärten Situation seines Erachtens Gruppenvernehmungen verheerende pädagogische Folgen hätten und dann derartige Gesprächsthemen sich lange bei den Jugendlichen hielten".[16] Ohl hätte zudem von einem Verwandten des Betreffenden, der in einem öffentlichen Amt stehe und eine „geachtete Persönlichkeit" sei, die Garantie, dass eine weitere pädagogische Tätigkeit für diesen nicht in Frage komme.[17] Der ehemalige Erzieher sei mittlerweile Saatzüchter und solle doch auch mit Rücksicht auf seine Ehe und seinen neuen Beruf nur schonend befragt werden. Auch wenn Landesrat Jans vom aufsichtführenden Landesjugendamt gegenüber Ohl ein gewisses Verständnis für dessen Verhalten zeigte, konnte er sich doch dessen Ansicht eines öffentlichkeitsvermeidenden Täterschutzes nicht anschließen und bat in solchen Fällen um eine Meldung an das Landesjugendamt, das schließlich die „Verantwortung" habe.[18] Eine Sanktion der Aufsichtsbehörde erfolgte nicht.

In einem anderen Fall berührte im Jahre 1960 ein 32-jähriger Diakon der Betheler Nazareth-Bruderschaft in einer westfälischen Einrichtung einen 14jährigen Zögling, der zu Hausdiensten bei ihm beordert war, unsittlich, was der nach einer Entweichung festgenommene Junge vor der Ortspolizei offenbarte. Der geständige Diakon wurde von seinem Brüderhaus zurückgerufen und nicht, wie es sonst bei Verstößen gegen den § 175 des Strafgesetzbuches üblich war, aus der

---

15 A.a.O., 504. Um ein klares Verhältnis der Erzieher zu den schulentlassenen Mädchen festzulegen, verlangte die Heimleitung daraufhin, dass alle männlichen Erzieher die Mädchen mit dem distanzschaffenden „Sie" anreden müssten.

16 So die widergegebene Äußerung Ohls im Schreiben des Landesjugendamtes an die Oberstaatsanwaltschaft Düsseldorf vom 9.1.1962. Ohl hoffte, für die Jugendlichen genüge der Schock, „daß der, der hier verdächtigt wurde, einfach verschwunden sei", zitiert nach ebd.

17 Ebd.

18 Jans an Ohl v. 19.2.1962, zitiert nach ebd.

Brüderschaft ausgeschlossen, sondern danach im Büro der Fürsorgeabteilung in Bethel beschäftigt. Ein Schöffengericht in Herford verurteilte ihn 1961 zu acht Monaten Freiheitsstrafe auf Bewährung.[19]

Der hier zu Tage tretende Umgang mit Fällen sexualisierter Gewalt in konfessionellen Heimen zielte offenbar darauf, öffentliches Aufsehen und damit einen Imageverlust der Heime zu vermeiden sowie die Täter aus dem Blickfeld zu bringen. Ein Interesse an den Opfern wird darin kaum deutlich. Ihnen wurde teilweise sogar eine Mitschuld zugesprochen, da sie als „sexuell vorbelastet" galten und nicht auszuschließen sei, die geschehenen Vorfälle provoziert zu haben.[20] Auch hatten nicht wenige Kinder und Jugendliche vor der Heimeinweisung im familiären Umfeld sexualisierte und andere Formen von Gewalt erfahren, ohne dass dies den Tätern, sondern eher den Minderjährigen zur Last gelegt worden war.[21]

3 Erklärungsversuche durch Religion und ihre Praxis

Die Erklärungen für das Auftreten von sexuell konnotierter Gewalt in konfessionellen Heimen insbesondere in den 1950er- bis 1970er-Jahren, jenseits eines Rückbezugs auf individuelles Fehlverhalten müssen verschiedene Bereiche umfassen.[22] Sie reichen von der Tabuisierung der Sexualität an sich, über das sexuelle Askeseideal der betreuenden Personalgenossenschaften bis zur „totalen Institution" als Ausdruck einer autoritären, religiösen Sexualmoral.

3.1 Tabuisierung von Sexualität an sich

In einem Vortrag beschrieb im Jahre 1951 die 1908 geborene Vikarin Dr. phil. Elisabeth Treute, die zugleich auch das Kandidatinnenseminar der evangelisch-lutherischen Landeskirche Hannovers leitete[23], das „Problem der Sexualität und

---

19 Ev.-kirchl. Erziehungsverein für Westfalen an LWL v. 14.9.1960 u. Urteil des Schöffengerichts Herford v. 25.4.1961, zitiert nach Frings und Kaminsky, *Gehorsam*, 505.

20 Vgl. a.a.O., 440; zur Debatte über Perversionen und Missbrauch in der deutschen Sexualwissenschaft allgemein Herzog, „Traumatisierung", besonders 38–44.

21 Vgl. Frings und Kaminsky, *Gehorsam*, 63; Kaminsky, *Kinder- und Jugendhilfe*, 57 u. 70–72. Allgemein Lützke, *Öffentliche Erziehung*, 211–214.

22 Siehe dazu auch Müllner, „Frightening Continuities" in diesem Band.

23 Vgl. insgesamt Frings und Kaminsky, *Gehorsam*, 394.

seine Überwindung in unseren Mädchenheimen". Sie konstatierte, dass die Mädchen, die oft wegen Verstößen gegen die gesellschaftlichen Sittlichkeitsvorstellungen ins Heim gekommen waren, das Problem der Sexualität ins Heim mitbrächten. Da dem „Geschlechtstrieb" im Heim seine Betätigung entzogen sei, gelte: „Dumpf wartend lebt das Mädchen nun wieder dahin und sehnt sich nach dem Augenblick, wo dies ein Ende hat."[24]

In der Heimsituation mit der dortigen „Massenansammlung" seien dann insbesondere die „Haltlosen und Triebhaften" unter den Mädchen besonders gefährdet im Sinne einer christlichen Volkssittlichkeitsvorstellung und würden sich „mit einer Gefährtin" einlassen.

„Homo-Sexualismus ist fast immer Ausdruck eines geschwächten Willens, des Mutlosen." Sexuelle Orientierung wurde in ihren Ausführungen zu einer Frage des „Willens" der Einzelnen, der als „geschwächt" wahrgenommen wurde. Dies entsprach einer Debatte über den im Rahmen der Pädagogik in der ersten Hälfte des 20. Jahrhunderts Platz einnehmenden Psychopathiebegriff, in dem „die Willensschwachen und Haltlosen" eine feste Kategorie bildeten.[25]

Dagegen empfahl sie die „Schaffung einer reinen, sauberen Atmosphäre in einer Gruppe". Hierbei wurde moralische Rigidität mit Hygienevorstellungen verbunden, die den vermeintlichen „Schmutz" des Lebens abwehren sollten. Es helfe Sport im Heim, der weniger als Wettspiel, sondern vielmehr als Rhythmus wichtig sei. „Den ganzen Heimaufenthalt muß er durchklingen." Auch die Arbeit in Feld und Garten, die aber auch eine geistige Seite haben sollte, sei zur Ablenkung geeignet. Sie regte an, über die „Zeitschriften" und die dort gezeichneten Bilder von Liebe zu reden, diese nicht einfach nur zu verbieten. Auch in der Freizeitgestaltung sollte die „Pflege der Mütterlichkeit" erfolgen. „Was soll das Mädchen später mit seiner Freizeit anfangen? Wenn die Erzieherin immer nur sagt ‚jetzt spielen wir Ball' u. ä. – später sagt dann jemand ‚jetzt gehen wir auf den Ball' oder ‚jetzt verkaufen wir uns'!"[26]

Die projektive Fantasie einer Selbstprostituierung der Heimkinder markiert das sexualpädagogische Vakuum, das zwischen der Übertretung von Regeln eines sittlich enggeführten Lebens mit der Perspektive auf „Mütterlichkeit" und der Prostitution lag. Hier hätte ein Startpunkt für ein pädagogisches Einwirken liegen können. Allerdings standen der Entwicklung einer Sexualpädagogik große, in der

---

24 Treute, „Überwindung", 2.
25 Vgl. z. B. das entsprechende Kapitel bei den ursprünglich 1926 publizierten Vorlesungen von Homburger, *Vorlesungen über Psychopathologie*, 304–324; allgemein Rose, Fuchs und Beddies, *Diagnose „Psychopathie"*; Kölch, *Theorie und Praxis der Kinder- und Jugendpsychiatrie*.
26 Alle vorstehenden Zitate aus: Treute, „Überwindung", 3 f.

Institution des Heims und der engen christlichen Moral liegende, Widerstände entgegen.

Der Arzt und Psychotherapeut Guido Groeger, der in Nordrhein-Westfalen die Beratungsarbeit in der Evangelischen Kirche begründete, meinte 1951, dass in der Gemeinschaftserziehung der Jugend nicht so getan werden dürfe, als gebe es keine Sexualität. „Hier liegt eine besondere Not der christlichen Erziehung vor, weil sie weithin das Gebiet des Geschlechtlichen als das Verruchte schlechthin zu kennzeichnen pflegt."[27] Insbesondere die Angst vor der als „pervers" und „widernatürlich" beschriebenen Homosexualität wie auch vor der Onanie war stark.[28]

Ein Beispiel für die Praxisauswirkung der fehlenden Sexualpädagogik im katholischen Feld stellt ein hektografiertes Manuskript „Aus der Heimerziehung" dar, das sich im Franz Sales Haus, der zweitgrößten katholischen Anstalt für geistig behinderte Menschen in Deutschland, befindet.[29] Es ist undatiert und wird dem Schulrektor zugeschrieben, der bis Ende der 1960er-Jahre agierte. Als Element der Heimerziehung wird darin die religiöse Erziehung angesehen. Sie wurde konkret in der „Gebetserziehung", dem Empfang der „hl. Sakramente" (Beichte und Kommunion) und der „Gemütspflege" anhand des Kirchenjahres gesehen.[30] Auch die „geschlechtliche Erziehung" galt als wichtiger Teil der Heimerziehung. Im Eigenverständnis hat „Gott auch das Geschlechtliche erschaffen", das aber durch den „Sündenfall" der „ungeordneten Begehrlichkeit ausgeliefert wurde". Hiergegen hätten die Erziehenden die Tugenden der „Keuschheit" und der „Schamhaftigkeit" zu stärken. Kinder im Heim seien in größerer „Gefahr der Verführung". Insbesondere Kinder, die bereits „verführt" worden seien, stellten angeblich eine „große Gefahr für die anderen Kinder" dar, da „geschlechtlich verdorbene Kinder ihr Wissen anderen mitteilen und andere zur gemeinsamen Sünde verführen wollen". Beim „schwachsinnigen Kind" komme noch hinzu, dass es „oft Erfüllung seines Strebens nach Lust in der primitiven Befriedigung der Geschlechtslust" suche. Dem solle dann durch Verhinderung von Langeweile, gute Lektüre und gute sexuelle Belehrung entgegengewirkt werden. „Das Kind muß jeden Verführer sofort der Erzieherin benennen." Auch „übernatürliche Erziehung" in Form von Beichte, Kommunion, täglichen Gebeten und „eine echte Marienverehrung" sollten helfen.[31]

Diese theologisierende Flucht sollte offenbar die Tabuisierung von Sexualität im eigenen Leben stützen und konnte nur verheerende Auswirkungen auf die

27 N.N., „Essener Tagung"; Zitat 8 f.
28 Vgl. Elberfeld, „Sünde", 249–258.
29 Kaminsky und Klöcker, *Gehorsam*, besonders 29–34.
30 A.a.O., 30.
31 Alle vorstehenden Zitate: A.a.O., 31.

Kinder und Jugendlichen haben. Hierin repräsentierte sich der „vergiftete Eros"[32] einer enggeführten christlichen Erziehung. Bemerkenswert erscheint darin der Hinweis auf Kinder, die bereits Opfer sexualisierter Gewalt waren und wegen ihrer negativen Erfahrungen mit Sexualität als gefährdend für andere wahrgenommen werden und damit von Opfern zu Mittätern gemacht wurden. Sexualität wurde als Einbruch der Sünde in die vermeintlich heile Welt religiöser Erziehung wahrgenommen.

Auch der evangelische Theologe und Heimleiter des Heimes Oberbieber bei Neuwied, Gerhard Fangmeier, erkannte die Ursache „jugendlicher Verfehlungen" in der „ungezügelten Sexualität" (S. 20), welche durch den von ihm konstatierten „weitgehenden Sittenverfall allerdings nicht groß auffällig" (S. 21) würde, wie er 1965 bei einem Vortrag über Jugenddelinquenz ausführte.[33] Hier sah er eine Ursache von „Sünden-, Schuld- und Angstgefühl, das bis zur Verzweiflung gehen kann" (S. 21). Er betrachtete dies als die in der Bibel beschriebene „Urangst", welche aus dem Verstoß gegen „Gottes Schöpfungsordnung" resultiere. Jugendliche Sexualität erhielt darin die Zuschreibung von „Mißbrauch mit dem Bewußtsein des Frevels" (S. 22).

Am Beispiel eines noch nicht schulpflichtigen Mädchens, dem von seinem Vater sexualisierte Gewalt angetan wurde – wobei ganz im Duktus der Zeit das Mädchen als mitschuldig mit einer „merkwürdig koketten Art" (S. 22) beschrieben wurde – verwies Fangmeier auf ein zusätzliches „Heilmittel", die „Vergebung von Schuld" (S. 23). Wenn diese, wie im vorliegenden Fall, als sich Mutter, Vater und Tochter in einem Gottesdienst wieder trafen, „im Glauben begehrt und in der Liebe Christi gespendet" werde, könne der „Bann der Sünde" gebrochen werden (S. 23). Gerhard Fangmeier selbst wird von ehemaligen Heimkindern nicht nur ein gewaltvolles Heimregime, sondern auch sexualisierte Gewaltakte vorgeworfen.[34]

3.2 Sexuelles Askeseideal

Das sexuelle Askeseideal der betreuenden Personalgenossenschaften (Diakonissen, Nonnen) barg besondere Gefahren. Der katholische Theologe und spätere Psychoanalytiker Hubert Thurn beschrieb die Gefahrenlage im „Handbuch der Heimerziehung" bereits Ende der 1950er-Jahre so:

---

32 Siehe Lintner, *Eros entgiften.*
33 Alle nachfolgenden Zitate aus: Fangmeier, „Jugendkriminalität", besonders 20 – 23.
34 Kaminsky, *Kinder- und Jugendhilfe*, besonders 52 – 61 und 129 – 136.

„Es kann wohl kein Zweifel daran bestehen: durch den Zölibat des Priesters und der Ordensleute entsteht sehr leicht eine Überempfindlichkeit, eine unsachgemäße Vorbetonung und Überspannung – sagen wir es ganz offen: auch die Möglichkeit der Unehrlichkeit und Heuchelei gegenüber den Forderungen der sittlichen Ordnung im engeren Sinn."

Thurn meinte: „Innerhalb der Erziehung zur Keuschheit sollte ein Wissen um natürliche Dinge zur rechten Zeit vermittelt werden." Aber man solle keine Wunder von einer sexuellen Aufklärung erwarten, sonst würde man einem „Intellektualismus" huldigen. Durch die Enge in den meisten Heimen, geschehe eine „Verstrickung in Unarten und Schuldgefühle", die dann oft Anlass werde, sich „von einem Leben aus dem Glauben abzuwenden und haltlos zu werden".[35]

Der Zölibat kann nicht als kausale Ursache für sexualisierte Gewalt im Sinne einer hydraulischen Triebstautheorie geltend gemacht werden[36], aber er kann eine Unreife in der sexuellen Entwicklung kaschieren helfen und damit Beziehungsunfähigkeit und emotionale wie sexuelle Problematiken als Ideal verklären.[37] Gerade im Zusammenhang von sexualisierter Gewalt gegenüber Minderjährigen können dann die sexuelle und emotionale Unreife und die mangelnde Befähigung zur Intimität ihren Ausdruck finden.

Die Onanie galt als Sucht, die es zu bestrafen gelte.[38] Die sich darin ausdrückende Leibfeindlichkeit wurde auch in der Bestrafung der vermeintlich zur Sünde führenden Körperteile praktiziert. Wer ein Schweigegebot übertrat, erhielt Schläge auf den Mund, wer an seinen Geschlechtsteilen spielte, wurde mit Schlägen auf diese bestraft. Die Geschichte einer evangelischen Schwester, die nach der Erinnerung eines ehemaligen Heimkindes mit einem Lineal durch die Bettreihen in einem Heim gegangen ist und drohte, den Penis eines Kindes abzuschlagen, ist nur ein Beispiel hierfür.[39]

Durch Hygieneanforderungen wurde das ansonsten tabuisierte Anfassen der Geschlechtsorgane durchbrochen, was sich aber in einem katholischen Heim zu

---

35 Thurn, „Erkenntnisse", 748–754, hier 753. Das Handbuch erschien zwischen 1952 und 1966 in zwölf Lieferungen, die Beiträge lagen allesamt spätestens 1959 vor, sodass dieses Handbuch die Erziehungsleitbilder der 1950er-Jahre paradigmatisch bündelt.

36 Eine Studie des John Jay College von 2011 kam zu dem Ergebnis, dass bei weniger als 5 % der beschuldigten Diakone und Priester in den USA eine pädosexuelle Sexualpräferenz vorzufinden war (Fernau, Stiller und Treskow, „Internationale Befunde", 34; Bundschuh, *Sexualisierte Gewalt*, 25–27).

37 Vgl. Müller, *Verschwiegene Wunden*, 125; Bundschuh, *Sexualisierte Gewalt*, 40 f.

38 Siehe zur ins 18. Jahrhundert zurückreichenden Debatte über die Onanie Braun, *Die Krankheit Onania*; Belemann-Smit, *Wenn schnöde Wollust dich erfüllt*.

39 So erzählt von Siegfried Massat, in: Kaminsky, *Kinder- und Jugendhilfe*, 101–103.

systematischen Waschritualen und Formen sexualisierter Gewalt steigerte, die Schwestern dort an minderjährigen Jungen vollführten.[40]

Das Vakuum einer Aufklärung oder gar Sexualpädagogik blieb. Zeitzeuginnen, die ihre erste Menstruation bekamen, berichten über das Vorenthalten von Binden und Beschimpfungen, wenn Kleidung oder gar der Boden beschmutzt wurde. Reinlichkeitsvorstellungen und Sittlichkeitsideale hingen eng zusammen. Hierhin gehören auch erzwungene gynäkologische Untersuchungen von Mädchen, die aus dem Heim weggelaufen waren, nach ihrer Rückführung. Sie wurden vielfach von den Betroffenen als Vergewaltigung erlebt.[41]

3.3 Die „Totale Institution" als Ausdruck autoritärer religiöser Pädagogik

Die Ausübung sexualisierter Gewalt wurde von religiösen und institutionellen Rahmenbedingungen gestützt. Qualifizierungsdefizite prägten das Feld und die Professionalisierung durch die immer mehr Einzug haltenden Humanwissenschaften ging nur schleichend voran. Auch die ungünstigen äußeren Bedingungen wie große Schlafsäle und beengte Raumverhältnisse förderten einen Alltag voller Demütigungen und Entrechtung im Heim.

Die autoritäre Mentalität der bundesdeutschen Nachkriegsgesellschaft, in der Schläge in der Erziehung zumindest in Maßen allgemein akzeptiert wurden, trug wesentlich zum traurigen Los der Heimkinder bei.[42] Verstärkt wurde dies durch religiös überhöhte Erziehungsvorstellungen, die den strafenden Gott betonten und von manchen Erziehenden zur Autoritätsverstärkung missbraucht wurden. Wörtliche, unhistorische Bibelauslegungen wie „Wer seine Rute schont, der haßt seinen Sohn; wer ihn aber lieb hat, der züchtigt ihn beizeiten" (Prov 13,24) oder „Laß nicht ab, den Knaben zu züchtigen; denn wenn du ihn mit der Rute schlägst, so wird er sein Leben behalten; du schlägst ihn mit der Rute, aber du errettest ihn vom Tode" (Prov 23,13 – 14) und „Wen der Herr lieb hat, den züchtigt er" (Hebr 12,6) dienten zur Rechtfertigung.

Bei katholischen Ordensgemeinschaften – hier vor allem bei Schwesterngemeinschaften – ist davon auszugehen, dass die eigene Prägung durch das Noviziat und den Ordensalltag im Mutterhaus, die in der Regel bis zum Zweiten Vatikanischen Konzil (1962 – 1965) auf den meist kaum abgeänderten, im Kaiserreich

---

40 Vgl. Frings, *Franz-Sales Haus*; sowie aktuelle Forschungen über den Alltag in: Kaminsky und Klöcker, *Medikamente*.

41 Vgl. Frings und Kaminsky, *Gehorsam*, 392 f.

42 Vgl. Rudloff, „Eindämmung".

oder noch davor verfassten Konstitutionen der Gemeinschaften basierte, den Umgang mit den ihnen anvertrauten Kindern und Jugendlichen in den Heimen in starkem Maß beeinflusste. Obwohl diese klösterlich ausgerichtete Erziehungspraxis bereits 1950er-Jahre in katholischen Fachkreisen als nicht mehr zeitgemäß in Frage gestellt wurde und sich hier spätestens nach dem Zweiten Vatikanischen Konzil für die katholische Heimerziehung die Wende von der „Bewahrung zur Bewährung" abzuzeichnen begann, wirkte sich dies in den einzelnen Heimen nicht sogleich aus.[43]

Ähnlich war dies im evangelischen Feld. Ein klassischer Vertreter des evangelischen heimpädagogischen Praxiswissens war der Leiter des Erziehungsheims Oberbieber (bei Neuwied), der Theologe Gerhard Fangmeier (1900 – 1985).[44] Er schöpfte aus einem offensiv vertretenen Praxisbezug, den er in seine Ausführungen immer wieder einfließen ließ. Fangmeier schrieb im seit 1952 bis 1966 in Teillieferungen erscheinenden „Handbuch der Heimerziehung" den Artikel „Die Seelsorge für Kinder und Jugendliche, insbesondere für die männliche Heimjugend".[45] Er unterteilte die ihm im Heim Oberbieber anvertrauten Kinder und Jugendlichen anhand einer wertenden Charakterpsychologie. In einem Vortrag über „Jugendkriminalität aus der Sicht des Theologen" zählte Fangmeier 1965 drei Typen von jugendlichen Delinquenten auf, die er mit biblischen Gleichnisgeschichten umschrieb: den „Labilen", den „Verhärteten" und den aus „sexueller Triebhaftigkeit" Abweichenden.[46]

Der „Labile" als wurzelloser Mensch ohne Ausdauer und Stetigkeit, der im Heim zum Weglaufen tendiere, wurde nach seiner Sicht im biblischen Gleichnis vom verlorenen Sohn beschrieben. Hier plädierte er nicht für Strenge, sondern für die „liebevoll geöffneten Arme des Vaters" (S. 16), die eine Verhaltensänderung herbeiführen würden. Allerdings gebe es zur Heimpraxis hier auch eine Bruchstelle, denn man dürfe die Jugendlichen nicht einfach ziehen lassen. Die „Verhärteten" mit den Merkmalen „Egoismus", „Enttäuschtheit" und „Zynismus" wurden von ihm als „Judasnaturen" (S. 18) bezeichnet. Dieser Typus müsse, anders als die zuvor beschriebenen „verwahrlosten Labilen", nicht bestärkt werden, sondern im Gegenteil aus seiner „vermessenen hoffärtigen Haltung, aus seinem Herrenmenschentum heruntergedrückt werden und zur Demut gebracht werden" (S. 18). Die Erzeugung von „Herzensdemut" sollte durch das Vorbild von Menschen mit „innerer Hoheit", mit „klarer und gutherziger Seele" (S. 19) erfolgen, die

---

43 Henkelmann, „Entdeckung", 162; siehe insgesamt auch Heijst, *Charitable Care*, 213 – 264; Frings, *Elisabeth-Schwestern*.
44 Vgl. zur Biografie Fangmeiers: Kaminsky, *Kinder- und Jugendhilfe*, 52 – 61.
45 Fangmeier, „Seelsorge".
46 Fangmeier, „Jugendkriminalität", 15 – 21.

er zum Beispiel in einer älteren Schwester erkannte, die mehr als zwanzig Jahre in Oberbieber gearbeitet hatte.

Fangmeiers Betrachtungen wurden auf Fortbildungsveranstaltungen vorgetragen oder in den „Fortbildungsbriefen" des Evangelischen Erziehungsverbandes abgedruckt, auch wenn seine Ratschläge doch wenig konkret waren. Trotz aller psychologischen und psychotherapeutischen Erkenntnisse, mit denen Fangmeier in Verbindung kam und die er offenbar auch anwendete, blieb für ihn eine Charakterologie entscheidend.[47] Dabei kombinierte sich eine phänomenologische Typenbildung aus dem eigenen Erfahrungswissen mit einer wertenden Charakterbeschreibung der Kinder und Jugendlichen, die dann religiös verfestigt wurde. Das Credo des Theologen verschob dabei pädagogische, psychologische und heilerzieherische Fragen in eine Glaubensdimension. Durch die Unterfütterung der eigenen Charaktertypologie mit biblischen Gleichnisgeschichten, erhielten seine moralisierenden Zuschreibungen einen religiös bekräftigten Ewigkeitswert.

Entscheidend blieben für die evangelischen und die anderen Erziehungsheime die vom Soziologen Erving Goffman als typisch herausgestellten Merkmale einer „totalen Institution", wie ein auf das Heim begrenztes soziales Milieu, die Abhängigkeit der Zöglinge vom Personal, der eingeschränkte Kontakt zur Außenwelt, der Mangel an psychischer und physischer Integrität sowie insbesondere die Anpassung an reibungslose Abläufe der Institution.[48] Dies wurde durch die spezifisch theologische und religionspädagogische Argumentation der Fünfzigerjahre gestützt und bestenfalls in Ansätzen hinterfragt. So vom Leiter des bayerischen Evangelischen Erziehungsverbandes, Ernst Nägelsbach, der 1950 zwar das „Strafamt" des Erziehers verteidigte, doch auf Comenius verwies, der einen Erzieher, der schlage, mit einem Musiker verglichen habe, der sein ungestimmtes Instrument mit Fäusten bearbeite.[49]

Die bisherigen Erkenntnisse über evangelische Erziehungsleitbilder markieren erst seit dem Beginn der Sechzigerjahre einen Wandel in den theologischen und religionspädagogischen Konzeptionen von der „Zucht" zur „Selbstverwirk-

---

47 Fangmeiers Charaktertypologie lehnte sich bei Fritz Künkel (1889–1956) an, der sich in der Zwischenkriegszeit der Adlerschen Richtung der Psychoanalyse angeschlossen und eine umfangreiche Charakterlehre entwickelt hatte, die die vermeintliche philosophische Schwäche der Individualpsychologie durch Religionsphilosophie ausgleichen wollte. Vgl. Kaminsky, *Kinder- und Jugendhilfe*, 54–56.
48 Goffman, *Asyle*, 24–77; Rudloff, „Eindämmung".
49 Vgl. Frings und Kaminsky, *Gehorsam*, 122 f.

lichung".[50] Die paradigmatische Kritik von Dorothee Sölle am Gehorsamsbegriff aus dem Jahr 1968 markierte ein Umdenken im theologischen Diskurs.[51]

Wenige Veränderungen drangen bis Mitte der Sechzigerjahre in die Praxis der Heimerziehung ein, wie sich an den problematischen Themen der Strafen, der unzureichenden Schulausbildung der Heimkinder, der verengten Berufsausbildungen (besonders bei Mädchen), der mangelhaften Sozialversicherung im Heim und der bis Ende der Sechzigerjahre stark reglementierten Freizeit zeigte. Die Heimkampagnen der Außerparlamentarischen Opposition seit 1969 kritisierten gerade diese Defizite der Heimerziehung. Die Forderung nach der Ermöglichung von Sexualität war zentral.

Die Veränderungsstimmung nutzten die Reformer z. B. im evangelischen Feld, um sich zumindest programmatisch durchzusetzen. Die Denkschrift des Evangelischen Erziehungsverbandes von 1970 „Zur Lage der Heimerziehung" markierte eine solche „umfassende Neudurchdenkung und Neugestaltung der Arbeit".[52] Die Erziehung „unter dem Gesetz" wurde durch den Anspruch auf eine Erziehung „unter dem Evangelium" abgelöst, also die Orientierung an Gehorsam und Disziplinierung sowie einer zum Teil rigiden Strafpädagogik durch eine therapeutische Intervention im Sinne heilender Hilfen zur Persönlichkeitsbildung ersetzt.[53] Auf diese Weise wurde auch die religiöse Erziehung von Zwangskomponenten befreit und als freies Angebot religiöser Lebensdeutung verstanden. Bis sich dieser Wandel allerdings auch in der Praxis evangelischer Heimerziehung durchsetzte, dauerte es vielerorts bis in die Achtzigerjahre. Noch 1978 war in einem Heim in Hannover das versteckte Untermischen von sedierenden Medikamenten in die Nahrung erziehungsschwieriger Jugendlicher nachweisbar.[54]

4 Fazit

Die Häufigkeit und das Ausmaß sexualisierter Gewalt in konfessionellen Heimen stellt ein kaum abschätzbares Dunkelfeld bis in die Gegenwart dar. Der Abschlussbericht des DJI-Projekts im Auftrag der Unabhängigen Beauftragten zur Aufarbeitung der Fälle von sexualisierter Gewalt an Minderjährigen aus dem Jahre

---

50 Jähnichen, „Transformation", 131.
51 Vgl. Sölle, *Phantasie*. Die Erstausgabe erfolgte im Symboljahr 1968. Zum Gehorsam ausführlich Wirth, *Distanz*.
52 Kaminsky, „Diakonie"; für Reformprozesse auf katholischer Seite siehe Henkelmann, „Caritas".
53 Kaminsky, „Diakonie", 200.
54 Vgl. Frings und Kaminsky, *Gehorsam*, 407–413.

2011 benannte Merkmale von Institutionen, die bis in die Gegenwart sexualisierte Gewalt begünstigen:

Hierzu zählen vor allem die Abgeschlossenheit von Institutionen, die einen Einblick von außen erschwert, eine Leitungspraxis, die eine offene Diskussion von Problemen oder verdächtigen Wahrnehmungen unterbindet, ein pädagogischer Ansatz, der von Kindern absoluten Gehorsam gegenüber Autoritäten verlangt und eine fehlende fachliche Verständigung über pädagogisch angemessene und unangemessene Formen von Nähe und Distanz.[55]

In konfessionellen Heimen kommt noch besonders eine Form der Religionserziehung hinzu, die eine Tabuisierung von Sexualität an sich, ihre vermeintliche „Sündigkeit" zum Inhalt hatte. Gehorsam, sexualisierte und andere Formen von Gewalt gehörten dabei eng zusammen. Die Enttabuisierung der Sexualität nach dem Kulturbruch 1968 läßt sich als Reaktion auf die Tabuisierung zuvor wahrnehmen. Im Resultat konnten sich dabei ebenfalls unangemessene Formen von Nähe und Distanz gerade zwischen Erwachsenen und Kindern einstellen, was bis zum Aufkommen einer auch politisch einflußreichen Pädophilenbewegung in der Bundesrepublik reichte.[56] Was auch in diesen Gegenbewegungen sichtbar blieb, war die Bezogenheit auf das Tabu der Sexualität, das in seinen ambivalenten Bezügen zwischen Begrenzung und Grenzüberschreitung weiterexistierte.[57]

Literatur

Baader, Meike Sophia. „Pedo-Sexuality: An Especially German History," übers. v. Nicolas Levis. *Women's Studies Quarterly* 43 1/2 (2015): 315–322.

Baader, Meike u. a., Hg. *Tabubruch und Entgrenzung: Kindheit und Sexualität nach 1968.* Bd. 49, *Beiträge zur historischen Bildungsforschung.* Köln: Böhlau Verlag, 2017.

Baumeister, Johannes und Ulrich Weber. *Vorfälle von Gewaltausübung an Schutzbefohlenen bei den Regensburger Domspatzen. Untersuchungsbericht.* https://www.uw-recht.org/images/Abschlussbericht_Domspatzen.pdf. (letzter Zugriff 20.12.2020), 2017.

---

55 Vgl. Deutsches Jugendinstitut e.V., *Abschlussbericht*, 20 f. Ähnlich auch Keupp u. a., *Schweigen* (2015), 66 und Keupp u. a., *Benediktinerabtei Ettal*.

56 Vgl. Elberfeld, „Sünde", 262–273, besonders 267 (so kontrastierten Vertreter der Pädophilenbewegung die erlaubte Anwendung körperlicher Gewalt in der familiären Erziehung mit dem Verbot vermeintlich einvernehmlicher sexueller Kontakte zwischen Erwachsenen und Kindern). Siehe eine mittlerweile umfangreiche Debatte über Pädophilie am Beispiel der Partei „Die Grünen" (Walter, Klecha und Henscl, *Die Grünen*) sowie in der deutschen Sozialpädagogik (vgl. Baader, „Pedo-Sexuality" und Bundschuh, „Pädophilenbewegung"), zuletzt das Gutachten über den Sozialpädagogen Helmut Kentler (Nentwig, *Helmut Kentler*).

57 Siehe die Beiträge in Baader u. a., *Tabubruch*.

Baums-Stammberger, Brigitte, Benno Hafeneger und Andre Morgenstern-Einenkel. *„Uns wurde die Würde genommen": Gewalt in den Heimen der Evangelischen Brüdergemeinde Korntal in den 1950er bis 1980er Jahren.* Leverkusen-Opladen: Budrich UniPress, 2019.

Belemann-Smit, Anja. *Wenn schnöde Wollust dich erfüllt: geschlechtsspezifische Aspekte in der Anti-Onanie-Debatte des 18. Jahrhunderts.* Diss. Frankfurt am Main: Peter Lang, 2003.

Benad, Matthias, Hans-Walter Schmuhl und Kerstin Stockhecke. *Endstation Freistatt. Fürsorgeerziehung in den v. Bodelschwinghschen Anstalten Bethel bis in die 1970er Jahre.* Bielefeld: Verlag für Regionalgeschichte, 2009.

Braun, Karl. *Die Krankheit Onania: Körperangst und die Anfänge moderner Sexualität im 18. Jahrhundert.* Historische Studien 16. Frankfurt am Main: Campus, 1995.

Bundschuh, Claudia. *Sexualisierte Gewalt gegen Kinder in Institutionen: nationaler und internationaler Forschungsstand; Expertise im Rahmen des Projekts „Sexuelle Gewalt gegen Mädchen und Jungen in Institutionen."* München: Deutsches Jugendinstitut e.V., Abt. Familie u. Familienpolitik, 2010.

Bundschuh, Claudia. „Die sogenannte Pädophilenbewegung in Deutschland." In *Tabubruch und Entgrenzung: Kindheit und Sexualität nach 1968,* hg. v. Meike Baader u. a., 85 – 100. Beiträge zur historischen Bildungsforschung 49. Köln: BV, Böhlau Verlag, 2017.

Cornwall, Susannah. „Sexual Abuse and the Interruption of Time, with Reference to the IICSA Reports into Clerical Sexual Abuse within the Church of England." In *Sexualisierte Gewalt in kirchlichen Kontexten. Neue interdisziplinäre Perspektiven,* hg. v. Mathias Wirth, Isabelle Noth und Silvia Schroer, 405 – 421. Berlin und Boston: De Gruyter, 2022.

Damberg, Wilhelm, Bernhard Frings, Traugott Jähnichen und Uwe Kaminsky. *Mutter Kirche – Vater Staat? Geschichte, Praxis und Debatten der konfessionellen Heimerziehung seit 1945.* Münster: Aschendorff, 2010.

Damberg, Wilhelm und Traugott Jähnichen, Hg. *Neue soziale Bewegungen als Herausforderung sozialkirchlichen Handelns.* Konfession und Gesellschaft Bd. 51. Stuttgart: Kohlhammer, 2015.

Deutsches Jugendinstitut e.V., Hg. *Sexuelle Gewalt gegen Mädchen und Jungen in Institutionen. Abschlussbericht des DJI-Projekts im Auftrag der Unabhängigen Beauftragten zur Aufarbeitung des sexuellen Kindesmissbrauchs, Dr. Christine Bergmann.* http://www.dji.de/fileadmin/user_upload/sgmj/Abschlussbericht_Sexuelle_Gewalt_02032012.pdf (letzter Zugriff: 7. November 2019). München, 2011.

Dreßing, Harald u. a. *Sexueller Missbrauch an Minderjährigen durch katholische Priester, Diakone und männliche Ordensangehörige im Bereich der Deutschen Bischofskonferenz* (MHG-Studie). https://www.dbk.de/fileadmin/redaktion/diverse_downloads/dossiers_2018/MHG-Studie-gesamt.pdf (letzter Zugriff 20. 12. 2020). Mannheim, Heidelberg und Gießen, 2018.

Elberfeld, Jens. „Von der Sünde zur Selbstbestimmung. Zum Diskurs ‚kindlicher Sexualität' (Bundesrepublik Deutschland 1960 – 1990)." In *Sexuelle Revolution? Zur Geschichte der Sexualität im deutschsprachigen Raum seit den 1960er Jahren,* hg. v. Peter-Paul Bänziger u. a., 247 – 283. Bielefeld: transcript Verlag, 2015.

Fangmeier, Gerhard. „Jugendkriminalität aus der Sicht des Theologen." *Fortbildungsbrief (des EREV)* 6/1 (1965): 14 – 23.

Fangmeier, Gerhard. „Die Seelsorge für Kinder und Jugendliche, insbesondere für die männliche Heimjugend." In *Handbuch der Heimerziehung,* hg. von Ferdinand Trost, 638 – 657. Frankfurt am Main: Diesterweg, 1952 – 1966.

Fegert, Jörg Michael u. a. „Betroffene sexuellen Missbrauchs durch Priester, Ordensangehörige und Mitarbeiter in kirchlichen Institutionen: Kontext und Auswirkungen." *Nervenheilkunde* 34/7 (2015): 514–522. DOI: 10.1055/s-0038–1627432.

Fernau, Sandra, Anja Stiller und Laura Treskow. „Nationale und internationale Befunde zu sexuellem Missbrauch durch katholische Geistliche." In *Sexueller Missbrauch Minderjähriger durch katholische Geistliche in Deutschland*, hg. v. Sandra Fernau und Deborah F. Hellmann, 27–58. Baden-Baden: Nomos Verlagsgesellschaft mbH, 2014.

Frings, Bernhard. *Heimerziehung im Essener Franz-Sales Haus 1945–1970: Strukturen und Alltag in der „Schwachsinnigen-Fürsorge"*. Münster: Aschendorff Verlag, 2012.

Frings, Bernhard. *Die Essener Elisabeth-Schwestern 1843 bis 2017: gelebte Barmherzigkeit „vor Ort."* Münster: Aschendorff Verlag, 2017.

Frings, Bernhard. *Der Chor zuerst: institutionelle Strukturen und erzieherische Praxis der Regensburger Domspatzen 1945 bis 1995*. Regensburg: Verlag Friedrich Pustet, 2019.

Frings, Bernhard und Uwe Kaminsky. *Gehorsam – Ordnung – Religion: konfessionelle Heimerziehung 1945–1975*. Münster: Aschendorff Verlag, 2012.

Goffman, Erving. *Asyle: über die soziale Situation psychiatrischer Patienten und anderer Insassen*, übers. v. Nils Lindquist. Edition Suhrkamp 678. Frankfurt am Main: Suhrkamp Verlag, 1973.

Gräb-Schmidt, Elisabeth. „Der Abgrund menschlicher Möglichkeiten und der Anspruch des Anderen – Theologisch-ethische Perspektiven zu sexualisierter Gewalt in kirchlichen Kontexten." In *Sexualisierte Gewalt in kirchlichen Kontexten. Neue interdisziplinäre Perspektiven*, hg. v. Mathias Wirth, Isabelle Noth und Silvia Schroer, 307–325. Berlin und Boston: De Gruyter, 2022.

Heijst, Annelies van. *Models of Charitable Care: Catholic Nuns and Children in their Care in Amsterdam, 1852–2002*. https://brill.com/view/title/14347 (letzter Zugriff: 17. Mai 2020). Leiden: Brill, 2008.

Henkelmann, Andreas. „Die Entdeckung der Welt – Katholische Diskurse zur religiösen Heimerziehung zwischen Kriegsende und Heimrevolten (1945–1969)." In *Mutter Kirche – Vater Staat? Geschichte, Praxis und Debatten der konfessionellen Heimerziehung seit 1945*, hg. v. Wilhelm Damberg, 147–171. Münster: Aschendorff Verlag, 2010.

Henkelmann, Andreas. „Caritas als zivilgesellschaftlicher Akteur? Katholische Kinder- und Jugendhilfe auf den Deutschen Jugendhilfetagen während der 1970er Jahre." In *Neue soziale Bewegungen als Herausforderung sozialkirchlichen Handelns*, hg. v. Wilhelm Damberg und Traugott Jähnichen, 207–243. Konfession und Gesellschaft Bd. 51. Stuttgart: Kohlhammer, 2015.

Herzog, Dagmar. *Die Politisierung der Lust: Sexualität in der deutschen Geschichte des 20. Jahrhunderts*. Gießen: Psychosozial-Verlag, 2021.

Herzog, Dagmar. „Sexuelle Traumatisierung und traumatisierte Sexualität. Die westdeutsche Sexualwissenschaft im Wandel." In *Tabubruch und Entgrenzung: Kindheit und Sexualität nach 1968*, hg. v. Meike Baader u. a., 37–54. Beiträge zur historischen Bildungsforschung Bd. 49. Köln: Böhlau Verlag, 2017.

Homburger, August. *Vorlesungen über Psychopathologie des Kindesalters*. Berlin: Springer Verlag, 1926.

Jähnichen, Traugott. „Von der ‚Zucht' zur ‚Selbstverwirklichung'? – Transformation theologischer und religionspädagogischer Konzeptionen evangelischer Heimerziehung in den 1950er und 1960er Jahren." In *Mutter Kirche – Vater Staat? Geschichte, Praxis und*

Debatten der konfessionellen Heimerziehung seit 1945, hg. v. Bernhard Frings u. a., 131–146. Münster: Aschendorff Verlag, 2010.

Kaminsky, Uwe und Katharina Klöcker. Medikamente und Heimerziehung am Beispiel des Franz Sales Hauses. Historische Klärungen – ethische Perspektiven. Münster: Aschendorff Verlag, 2020.

Kaminsky, Uwe. *„Danach bin ich das erste Mal abgehauen" Zur Geschichte der evangelischen Kinder- und Jugendhilfe Oberbieber 1945–1975*. Essen: Klartext, 2015.

Kaminsky, Uwe. „Die Diakonie im Angesicht des ‚Paukenschlages' – Reformüberlegungen zur Heimerziehung nach 1968. In *Neue soziale Bewegungen als Herausforderung sozialkirchlichen Handelns*, hg. v. Wilhelm Damberg und Traugott Jähnichen. Konfession und Gesellschaft Bd. 51, 179–206. Stuttgart: Kohlhammer, 2015.

Keupp, Heiner u. a. *Schweigen – Aufdeckung – Aufarbeitung: Sexualisierte, psychische und physische Gewalt im Benediktinerstift Kremsmünster*. Sexuelle Gewalt in Kindheit und Jugend: Forschung als Beitrag zur Aufarbeitung. DOI:10.1007/978-3-658-14654-2 (letzter Zugriff: 16. Mai 2020). Wiesbaden: Springer VS, 2017.

Keupp, Heiner u. a. *Sexueller Missbrauch und Misshandlungen in der Benediktinerabtei Ettal: Ein Beitrag zur wissenschaftlichen Aufarbeitung*. Sexuelle Gewalt in Kindheit und Jugend: Forschung als Beitrag zur Aufarbeitung. DOI:10.1007/978-3-658-14745-7 (letzter Zugriff: 16. Mai 2020). Wiesbaden: Springer VS, 2017.

Keupp, Heiner u. a. *Schweigen, Aufdeckung, Aufarbeitung. Sexualisierte, psychische und physische Gewalt in Konvikt und Gymnasium des Benediktinerstifts Kremsmünster*. https://web.archive.org/web/20150405045907/http://www.ipp-muenchen.de/files/bericht_kremsmuenster_ipp_issn_1614-3159_nr-11.pdf (letzter Zugriff: 28. November 2018). München, 2015.

Kölch, Michael. *Theorie und Praxis der Kinder- und Jugendpsychiatrie in Berlin 1920–1935: Die Diagnose „Psychopathie" im Spannungsfeld von Psychiatrie, Individualpsychologie und Politik*, 2006, https://refubium.fu-berlin.de/handle/fub188/6534 (letzter Zugriff am 4.10.2020).

Lintner, Martin M. *Den Eros entgiften. Plädoyer für eine tragfähige Sexualmoral und Beziehungsethik*. Innsbruck: Tyrolia, 2011.

Lützke, Annette. *Öffentliche Erziehung und Heimerziehung für Mädchen 1945 bis 1975: Bilder „sittlich verwahrloster" Mädchen und junger Frauen*. PhD Thesis. https://duepublico2.uni-due.de/receive/duepublico_mods_00010668. (letzter Zugriff: 20.12.2020), Essen: Duisburg-Essen Publications online, 2002.

Moschella, Mary Clark. „Patriarchy, Power, and Bodies: A Pastoral Theological View of Sexual Abuse in the Church." In *Sexualisierte Gewalt in kirchlichen Kontexten. Neue interdisziplinäre Perspektiven*, hg. v. Mathias Wirth, Isabelle Noth und Silvia Schroer, 509–519. Berlin und Boston: De Gruyter, 2022.

Müller, Wunibald. *Verschwiegene Wunden: sexuellen Missbrauch in der katholischen Kirche erkennen und verhindern*. München: Kösel, 2010.

Müllner, Ilse. „Frightening Continuities: Reading Stories on Sexual Violence in the Book of Samuel Today." In *Sexualisierte Gewalt in kirchlichen Kontexten. Neue interdisziplinäre Perspektiven*, hg. v. Mathias Wirth, Isabelle Noth und Silvia Schroer, 251–266. Berlin und Boston: De Gruyter, 2022.

Nentwig, Teresa. *Bericht zum Forschungsprojekt: Helmut Kentler und die Universität Hannover*. https://www.uni-hannover.de/fileadmin/luh/content/webredaktion/universitaet/

geschichte/helmut_kentler_und_die_universitaet_hannover.pdf (letzter Zugriff:
  20.12.2020) Hannover: Leibniz Universität Hannover, 2019.
N.N. „Die Essener Tagung." *Evangelische Jugendhilfe* 17 (1951): 1–13.
O.A. „Reichsgesetz für Jugendwohlfahrt v. 9.7.1922." *Reichsgesetzblatt* 54/1 (1922): 632–647.
Raue, Ursula. *Bericht über Fälle sexuellen Missbrauchs an Schulen und anderen Einrichtungen
  des Jesuitenordens – 27. Mai 2010.* https://canisius.de/wp-content/uploads/bericht_27_
  05_2010_ueber_faelle_sexuellen_missbrauchs_an_jesuiteneinrichtungen.pdf (letzter
  Zugriff: 20.12.2020), Berlin, 2010.
Rose, Wolfgang, Petra Fuchs und Thomas Beddies. *Diagnose „Psychopathie". Die urbane
  Moderne und das schwierige Kind. Berlin 1918–1933.* Wien: Böhlau, 2016.
Rudloff, Wilfried. „Eindämmung und Persistenz. Gewalt in der westdeutschen Heimerziehung
  und familiäre Gewalt gegen Kinder." *Zeithistorische Forschungen* 2 (2018). DOI:
  10.14765/ZZF.DOK.4.1182.
Schmuhl, Hans-Walter und Ulrike Winkler. *Vom Frauenasyl zur Arbeit für Menschen mit
  geistiger Behinderung: 130 Jahre Diakonie Himmelsthür (1884–2014).* Schriften des
  Instituts für Diakonie- und Sozialgeschichte an der Kirchlichen Hochschule
  Wuppertal/Bethel 24. Bielefeld: Verlag für Regionalgeschichte, 2014.
Sölle, Dorothee. *Phantasie und Gehorsam.* Stuttgart und Berlin: Kreuz Verlag, 1969[3].
Steinbacher, Sybille. *Wie der Sex nach Deutschland kam: der Kampf um Sittlichkeit und
  Anstand in der frühen Bundesrepublik.* München: Siedler, 2011.
Thurn, Hubert. „Die wichtigsten Erkenntnisse der Psychologie und Psychotherapie und deren
  Verwertung für die religiöse Erziehung im Heim." In *Handbuch der Heimerziehung*, hg.v.
  Friedrich Trost, 748–754. Frankfurt am Main: Diesterweg, 1952.
Treute, Elisabeth. „Das Problem der Sexualität und seine Überwindung in unseren
  Mädchenheimen." *Evangelische Jugendhilfe* 16 (1951): 1–4.
Walter, Franz, Stephan Klecha und Alexander Hensel. *Die Grünen und die Pädosexualität: eine
  bundesdeutsche Geschichte.* Göttingen und Bristol: Vandenhoeck & Ruprecht, 2015.
Winkler, Ulrike und Hans-Walter Schmuhl. *Heimwelten: Quellen zur Geschichte der
  Heimerziehung in Mitgliedseinrichtungen des Diakonischen Werkes der Ev.-Luth.
  Landeskirche Hannovers e.V. von 1945 bis 1978.* Schriften des Instituts für Diakonie- und
  Sozialgeschichte an der Kirchlichen Hochschule Wuppertal/Bethel 20. Bielefeld: Verlag
  für Regionalgeschichte, 2011.
Wirth, Mathias. 2016. *Distanz des Gehorsams: Theorie, Ethik und Kritik einer Tugend.* Religion
  in philosophy and theology 87. Tübingen: Mohr Siebeck.

Elisabeth Gräb-Schmidt

Der Abgrund menschlicher Möglichkeiten und der Anspruch des Anderen

Theologisch-ethische Perspektiven zu sexualisierter Gewalt in kirchlichen Kontexten

Die Beschäftigung mit sexualisierter Gewalt treibt Kirchen und Gesellschaft im deutschsprachigen Raum seit mindestens zwei Jahrzehnten um.[1] Was ist mit dem Begriff „Sexualisierter Gewalt" gemeint? Mit ihm soll differenziert und sexualisierte Gewalt von einem sexuellen „Missbrauch" unterschieden werden. Mit sexualisierter Gewalt ist daher gemeint, „dass Sexualität instrumentalisiert wird, um Gewalt und Macht auszuüben."[2] Die Verwendung dieser Begrifflichkeit orientiert sich an deren Gebrauch als Machtausübung. Das Regionale Informationszentrum der Vereinten Nationen für Westeuropa (UNRIC) stellt mit seiner Bestimmung sexualisierter Gewalt das Phänomen klar in den Kontext von verbrecherischen und kriegerischen Handlungen und macht ebenso auf die weitreichenden Konsequenzen für die Opfer aufmerksam.[3] Ob allerdings der Begriff „sexualisierte Gewalt" für den jeweiligen individuellen „Fall" tatsächlich hilfreich ist, muss zumindest überprüft werden. Häufig werden unter diesem Topos „Fälle" zusammengefasst, für die mindestens eine Differenzierung in Grenzverletzungen, in sexuelle Übergriffe und in strafrechtlich relevante Formen sinnvoll sein können.[4]

In diesem Sinne etwa definiert die Studie *Gewalt gegen Männer* sexualisierte Gewalt als einen Teil des Gewaltphänomens:

> Sexualisierte Gewalt ist nach unserem Verständnis eine besondere Form der Gewalt, die körperliche und psychische Aspekte sowie körperliche Misshandlung in unterschiedlichem Maße miteinander verbindet. Sexualisierte Gewalt ist mit einer Verletzung der körperlichen und psychischen Integrität eines Menschen verbunden.[5]

---

1 Vgl. für eine Aufarbeitung der frühen Debatten im Spiegel medialer Berichterstattung: Rainer, „Kirche(n) am Pranger?".

2 Rat der EKD, *Bericht zu Verantwortung und Aufarbeitung*; zur Vermeidung der Rede vom „Missbrauch" als Teil einer „Sprache der Verschleierung und Verharmlosung" vgl. Kappeler, „Anvertraut und ausgeliefert", 8.

3 Vgl. UNRIC, „Gewalt gegen Frauen".

4 Zur weiteren Differenzierung vgl. Wazlawik, „Sexualisierte Gewalt", 48 sowie Schreiber, „Begriffe vom Unbegreiflichen" in diesem Band.

5 Jungnitz u. a. *Gewalt gegen Männer*, 18 f.

https://doi.org/10.1515/9783110699203-019

Die folgenden Überlegungen wollen den Versuch unternehmen, die Möglichkeiten der Bekämpfung sexualisierter Gewalt zu reflektieren.[6]

Für die evangelische Kirche kann festgehalten werden, dass sie „intensiv [...] an Maßnahmen zum Schutz vor sexualisierter Gewalt seit 2010" arbeitet.[7] In den vergangenen zwei Jahren widmete sich die Synode der EKD in ihrer Herbstsitzung dem Thema. Sexualisierte Gewalt sei, so der Ratsvorsitzende der EKD, Heinrich Bedford-Strohm, als eine „Herausforderung [...] für die Menschenwürde" zu begreifen, angesichts derer es auch für die evangelische Kirche gelte, „weitere Konsequenzen [zu] ziehen, noch intensiver in Präventionskonzepten und zielgenauer Aufarbeitung [zu] arbeiten".[8] Denn gerade die Kirche stünde in besonderer Weise in der Pflicht zu Aufarbeitung und Prävention, da sie „sich auf Jesus Christus bezieht, denjenigen, der für radikale Liebe steht."[9] Im Blick auf den Auftrag der Kirche bedeutet dies, dass „[w]enn im Rahmen dieser Institution Handlungen passieren, die das Leben von Menschen zerstören, dann [...] mit Füßen getreten [wird], wofür die Kirche steht".[10] Dabei können aber gerade auch gewisse Einstellungen zum eigenen Dienst Quelle von zu sexualisierender Gewalt tendierenden Dispositionen werden. So kann „eine Theologie des Dienstes", die im Dienen die einzige Befriedigung sieht,[11] zu einem gefährlichen Verhältnis gegenüber schwächeren Gemeindegliedern führen.[12]

Vor dem Hintergrund der Bestimmung der Kirche durch Dietrich Bonhoeffer, der schreibt: „Die Kirche ist nur Kirche, wenn sie für Andere da ist"[13], ist dies besonders zu beachten. Das Sein für Andere spricht die Dimension des Dienstes an, der die evangelische Freiheit auszeichnet. Hier muss darauf geachtet werden, dass solcher Dienst für Andere nicht missverstanden wird. Er bedeutet das Abgeben von Macht. Denn der Dienst hat sich immer an der Freiheit des Anderen zu

---

6 In diesem Zusammenhang ist es daher auch unerheblich, dass aus quantitativer Sicht nur ein kleiner Teil der Fälle sexualisierter Gewalt in der evangelischen Kirche geschieht. Nach Bergmann waren dies etwa im Jahr 2011 9 % der bekannten Fälle (Bergmann, „Sexualisierte Gewalt – Politische Reaktionen", 131). Allerdings haben, bezieht man auch Schulen und Heime mit ein, 60 % der gemeldeten Fälle einen kirchlichen Hintergrund.

7 EKD, *Bericht des Rates*, Kap. 4.22. Den Anstoß zur Aufarbeitung gab die Aufdeckung des langjährigen sexuellen Missbrauchs am Berliner Canisius-Kolleg durch den damaligen Rektor Klaus Mertes (vgl. Anker und Behrendt, „Das Schweigen"). Vgl. dazu ausführlich: EKD, *Bericht des Rates*.

8 Bedford-Strohm, „Kultur der Erinnerung", Kapitel II, 3.

9 Ebd.

10 Ebd.

11 Müller, „Sexueller Missbrauch Minderjähriger", 94.

12 Vgl. Bedford-Strohm, „Kultur der Erinnerung", Kapitel II, 3.

13 Bonhoeffer, *Widerstand und Ergebung*, 193.

bemessen zwecks dessen Selbstbestimmung und Personseins. Bestimmt sich dieses Da-Sein-für-Andere als ein Auftrag, der seinen Ursprung in den Ansprüchen der Anderen findet, so muss sich das Maß der Erfüllung der Aufgabe der Kirche – auch – an dem Ernstnehmen und Erfüllen dieser Ansprüche messen lassen.

Am Beginn der Erfüllung dieses Auftrags der Kirche steht daher im Blick auf unsere Frage die Hinwendung zu den Opfern sexualisierter Gewalt, mithin die Aufarbeitung ihrer Leidensgeschichte und der Verstrickung der Kirche darin.[14] In christlich theologischer Perspektive geht diese Aufgabe einher mit der Zuordnung von Freiheit und Dienst, einem Dienst, der den Schutz der Opfer impliziert.[15] Dies erfordert – insbesondere vor dem Hintergrund von Freiheit und Macht – eine nähere Konturierung des Freiheitsbegriffs. Freiheit und Verantwortung sind daher auch die Stichworte, mit denen im Folgenden die Frage nach sexualisierter Gewalt und Sexualität betrachtet werden soll.[16] Nur vor diesem Hintergrund der Freiheit und Verantwortung kann die Verbindung von Sexualität und Machtmissbrauch deutlich werden, um dann auch die Prävention sexualisierter Gewalt danach ausrichten zu können. Die Prävention sexualisierter Gewalt kann nur als gelungen bzw. gelingend betrachtet werden, wenn sie dazu geeignet ist, auch den strukturellen Ermöglichungsbedingungen sexualisierter Gewalt im Raum der Kirche entgegenzuwirken. Aber um Prävention zu ermöglichen, darf es nicht allein um Konzepte und Handlungsleitfäden zur Veränderung von Strukturen gehen. Es bedarf auch einer theologisch-ethischen Reflexion der Sexualität bzw. deren Vernachlässigung im theologischen Gedankengebäude, um ihrer Missachtung in der Theologiegeschichte auf die Spur zu kommen.

Im Folgenden soll daher eine theologische Reflexion der Sexualität vor dem Hintergrund ihrer theologischen Vernachlässigung vorgenommen werden. Aus ethisch-theologischer Sicht erfordert dies, sich auch der Bedeutung der leiblichen Bestimmung des Menschseins[17] gerade für das christliche Verständnis zuzuwenden.[18] Die Erhellung des Stellenwerts der Sexualität gilt es vor diesem Hintergrund zu betrachten. Dies geschieht im Folgenden in einem 1. Kapitel mittels Rekurses auf Sören Kierkegaards Analyse der Sexualität in *Der Begriff Angst*[19] (1). Daran soll

---

14 Siehe dazu auch Mercer, „Spiritual Care for Survivors" in diesem Band.

15 So gilt es – in Anlehnung an 2 Kor 3,17 – sich dem Komplex mutig und in transparenter Weise zu stellen.

16 Vgl. stellvertretend zunächst ARD 1, „Kultur der Grenzverachtung"; Dobrinski, „Die evangelische Kirche"; Becker, „Durchkitzeln".

17 Vgl. Levinas, *Autrement qu'être*; Waldenfels, *Schattenrisse der Moral*.

18 Siehe dazu auch Moschella, „Patriarchy, Power, and Bodies" in diesem Band.

19 Kierkegaard, *Der Begriff Angst*.

sich in einem zweiten Abschnitt eine theologische Reflexion einer Würdigung der Sexualität anschließen (2), um in einem letzten Teil einen Ausblick auf Konsequenzen der Kirche für einen möglichen Umgang mit sexuellem Missbrauch und dessen Prävention vorzunehmen (3). Ein solcher Ausblick dient dazu, verantwortungsbasiert auch auf institutionelle Weichenstellungen und die sich daraus entwickelnden Veränderungsbemühungen im Hinblick auf Prävention von Missbrauch und sexualisierter Gewalt im Raum der Kirche hinzuwirken.

1 Überlegungen zum Verhältnis von Freiheit, Sexualität und Sünde im Anschluss an Sören Kierkegaard

Für das Verständnis des Zusammenhangs von Freiheit, Sexualität und Sünde bietet Kierkegaards Verständnis des Menschen klare Anhaltspunkte. Kierkegaard bestimmt das Selbst des Menschen als Synthese von Leib und Seele, die durch ein Drittes, den Geist, zusammengehalten wird. Das heißt, der Mensch ist nicht nur ein rationales Wesen, ein *animal rationale*, sondern ein geistiges Wesen und darin kommt seine Freiheit zum Ausdruck.[20] Alle Probleme, alle Fehlentwicklungen ergeben sich aus einem Misslingen jener Synthese von Leib und Seele und der Verortung des Geistes im Selbstverhältnis des Menschen. Dieses Misslingen der Integration von Leib und Seele im Selbstverhältnis identifiziert Kierkegaard aber als den Normalfall. Dogmatisch wurde dies unter dem Begriff der Erbsünde verhandelt. Kierkegaard wendet sich der psychologischen und analytischen Beschreibung dieser postlapsarischen *conditio humana* zu, um dem Menschen zur Durchsichtigkeit seines Selbstverständnisses und -verhältnisses zu verhelfen, d. h. dem Menschen Einblick in seine Voraussetzungsbedingungen zu gewähren.

Kierkegaard gewinnt seine Einsicht aus einer minutiösen Analyse der Freiheitssituation des Menschen, sozusagen als Interpretation des Sündenfalls als der Geschichte der Vertreibung aus dem Paradies. Dieser hat die Freiheit des Menschen in neue Verhältnisse und vor veränderte Bedingungen gestellt.[21] Eine entscheidende Rolle kommt dabei für das Verständnis des Menschen auch und gerade der Sexualität zu. So entscheidet sich nach Kierkegaard am Verhältnis zur Sexualität zugleich die Freiheit oder der Verlust der Freiheit und damit das Personsein des Menschen, das zur Verantwortung fähig ist. Diese Gefahr des Verlusts

---

20 Vgl. dazu neuerdings Evans, *Kierkegaard and Spirituality.*
21 Vgl. Kierkegaard, *Der Begriff Angst.*

der Freiheit, die der Sexualität innewohnt, liegt begründet in der sie begleitenden Angst als Ausdruck dieses Selbstverlusts. Zwar sind Angst und Sünde nicht identisch, aber aus und in der Angst kommt es zur Sünde des Menschen, d. h. zu seinem Freiheits- und Selbstverlust. Bemerkbar macht sich dies in der Schuld, zuvor aber in der Scham.

Scham wird dort erfahren, wo unser Dasein in seiner Selbstsicherheit brüchig wird. So kann die Emotion der Scham als kategoriales Pendant zur Angst auftreten. Wie die Freiheit paart sie sich nach Kierkegaard mit der Lebensangst, die ihrerseits Anzeichen für den Verlust der Freiheit ist und damit für die Präsenz der Sünde als Selbstsucht. Kierkegaard hat – wie vor ihm David Hume, aber auch Thomas v. Aquin und Augustin – die Scham als Zwischenphänomen zwischen Sozialität und Individualität diagnostiziert, wie auch zwischen positiven und negativen Funktionen der Scham unterschieden. Als Menschen wollen wir (an-) erkannt sein und nicht objektiviert werden. Es ist die Angst des Individuums – so nach Max Scheler[22] – in das Allgemeine aufgesogen zu werden, oder – so nach Sartre – zum bloßen Objekt degradiert zu werden. Daher bildet nach Sartre die Scham eine universale menschliche Konstante gerade dadurch, dass sie mich nicht nur darauf reduziert, „dieses oder jenes tadelnswerte Objekt zu sein, sondern überhaupt *ein* Objekt [...]. Die Scham ist das Gefühl *eines Sündenfalls*, nicht weil ich diesen oder jenen Fehler begangen hätte, sondern einfach deshalb, weil ich in die Welt ‚gefallen' bin, mitten in die Dinge [...]"[23]. In Entsprechung zu diesem Sündenfall des „In die Welt gefallen-Seins" bei Sartre, bestimmt auch Augustin im 14. Buch seines *Gottesstaates* Scham als universale Konstante, die bei allen Menschen und allen Völkern vorkommt. Bei Augustin wird als Merkmal der Scham das Verbergen, das Verstecken genannt, das sich in der Verhüllung der Unangemessenheit des durch den Sündenfall gestörten Verhältnisses von Leib und Geist ausdrückt. In ihm wohnt das Schamgefühl.[24] Die Scham markiert die Reaktion auf die Umkehrung der natürlichen Ordnung der Herrschaft des Geistes über das Fleisch, den Körper. Das paulinische Aufbegehren des Fleisches gegen den Leib (Röm 7,14 ff.) drückt diesen Sachverhalt aus.

Die Scham bringt mithin unser Personsein als solches allererst vor sich. Dies geschieht, indem sich der Mensch in den Augen des Anderen sieht. Im Blick des Anderen wird uns zweierlei zugleich klar: dass wir nicht allein sind, dass wir aber dennoch in unserem Selbstsein Bestand haben wollen. Gerade dazu bedürfen wir aber des Anderen. Der Blick des Anderen zeigt sich so als Schnittstelle zwischen

---

22 Vgl. Scheler, *Über Scham und Schamgefühl*, 80 f.
23 Sartre, *Das Sein und das Nichts*, 516, Hervorhebung original.
24 Vgl. Augustin, *De civitate dei*.

dem unhintergehbaren Bezogensein von Individuellem und Allgemeinem. Entwicklungspsychologisch zeigt sich dies bereits bei mehrmonatigen Babys. Schon dort kann Beschämung geschehen.[25] Sachliche und soziale Misserfolge können zu Verlegenheit und Rückzug führen. Dabei ist es auch hier der Blick des Anderen, sei es des geliebten Menschen, sei es der Eltern, in dem wir uns anerkannt oder missbilligt fühlen. Wird nicht jener lieb- und wertschätzende Glanz in den Augen der Mutter oder des Vaters erfahren, dann erwacht die Scham in uns. Dann fühlen wir uns bloßgestellt. So kann Scham sich schon in den ersten Lebenswochen entwickeln, sobald sich das Ich herausbildet. Das Kind erwartet Liebe und Versorgung, Wärme und Geborgenheit, Gesehenwerden, Einfühlung. Wer diese Dinge erfährt, erfährt Anerkennung.

Entsprechend kann die Anerkennung und der reife Umgang mit Scham auch als Befreiung zum Selbstsein erfahren werden. Entscheidend kommt dafür die Verhältnisbestimmung von Liebe und Sexualität ins Spiel. Die Liebe achtet den Anderen als Anderen. Sie zähmt die mit der Sexualität einhergehende Begierde. Man muss die Sexualität von der sie begleitenden Begierde unterscheiden, die aus verdeckter und verdrängter Scham resultiert. In ihr führt die Sexualität zur Entkoppelung des Willens, die sie in besonderer Weise zum Einfallstor der Manifestation der Sünde als Verlust der Freiheit macht. Als angemessene Reaktion des freiheitsbestimmten Menschen entspräche dieser Entkoppelung des Willens die Scham. Die Einhaltung oder Wiedergewinnung der Freiheit in der Scham ist daher nicht an die Absage der Sexualität, wohl aber an die der Begierde gebunden, die sich in verdeckter und verdrängter Scham Ausdruck verleiht.

Und hier zeigt sich dann auch die Gefahr sexualisierter Gewalt. Sexualisierte Gewalt kann zum Ersatzphänomen verleugneter Scham werden, die dazu führt, das Gegenüber, insbesondere Abhängige, als Sexualobjekt zu benutzen, herabzuwürdigen, zu vergewaltigen, um sich daraus Anerkennung zu holen und die Scham zu überdecken. Das Phänomen sexualisierter Gewalt übertüncht die Scham. Verdeckt und verkannt kann Scham dann auch zum Motor eskalierender Gewalt degenerieren, die sich durch Abschreckung Anerkennung holt. Doch das ist nicht die Schuld der Sexualität. Und dieses Verdecken der Scham, sozusagen die Scham über die Scham, schlägt um in usurpierende Gewaltphantasien über den Anderen. So liegen Scham und Schuld nah beieinander. Sie sind nicht voneinander zu trennen – wohl aber zu unterscheiden. Der sie verbindende Konnex ist die Freiheit und Identität des Menschen, die sich in beiden Begriffen verber-

---

25 Der Entwicklungspsychologe Tomkins sieht Scham als einen Affekt, der schon früh auftritt: bereits bei sechs bis acht Monate alten Babys (vgl. Tomkins, *Affect Imagery Consciousness*, 141).

gen.[26] Und weil Sexualität mit der persönlichen Identität verbunden ist, ist sie der gefährdete Ort, an dem sich dieser Wechsel von Scham zur Gewalt vollziehen kann. Gerade aufgrund dieses Identitätsbezugs kommt mit der Sexualität, wie mit der Freiheit, die Angst ins Spiel, die mit der Scham nicht umgehen kann.

Man darf daher zu Recht fragen, ob die gegenwärtigen Erfahrungen, die unsere vermeintlich von Scham befreite Gesellschaft in Bezug auf Gewalt macht, einen Selbst- und Freiheitsverlust demonstriert, der sich im Wechselspiel von Scham und Aggression als deren Leugnung vollzieht. Wenn wir auf die zahlreichen Fälle sexualisierter Gewalt schauen, die ja nicht nur im Raum der Kirche zu finden sind, sondern beispielsweise auch im Sport, ist dieser Verdacht nicht von der Hand zu weisen. Die daraus resultierenden sexuellen Übergriffigkeiten sind aber zu unterscheiden von einer Sexualität, die im Rahmen von Beziehungen gelebt wird, in welchen die Partner*innen einander in Liebe zugetan sind.

Liebe kann sich daher als Seismograph der Freiheitsbestimmung des Menschen wähnen. Und umgekehrt sind die Freiheit und der Selbststand der Person Voraussetzung für die Vollgestalt der Sexualität in der Liebe, gegen Vereinnahmung und Besitzansprüche an den Anderen. Als solch ein Seismograph kann Liebe als Ausdruck der Freiheit gerade in der Schamhaftigkeit zugleich die besondere Würde des Menschen wahrnehmen, wie schon Immanuel Kant sie gesehen hat. Für Kant war der Mensch ein Werk der Freiheit, in der die Würde der Selbstzwecklichkeit wurzelt. Solcher Würde entspricht die Gottebenbildlichkeit, die nicht von ungefähr auf ein Gegenüber verweist, das den Anderen als Anderen wertschätzen kann. An diese Wertschätzung des Anderen auch und gerade in der

---

26 Für die katholische Kirche stellt der Salzburger Dogmatiker Hans-Joachim Sander (Sander, „Moralischer Anspruch") eine Diskrepanz zwischen der Anerkennung von Schuld und dem Empfinden von Scham fest, die für den Zusammenhang sexualisierter Gewalt im Raum der Kirchen insgesamt bedeutsam scheint. Den unterschiedlichen Charakter von Scham und Schuld bestimmt er hier wie folgt: „Während Scham peinlich berührt, eine eigene Verstrickung zu bedenken, lässt sich über die Schuld stets mit dem Wissen um die Wahrheit, was Sünde ist, triumphieren." (S. 91) Dies führt zu einer Einstellung der „Schamlosigkeit, Verwerfliches stets nur anderen entgegenzuhalten." (S. 88) Die andere Seite der Medaille besteht nun allerdings darin, dass „[a]us Schamlosigkeit [...] eine Energie [resultiert], auch offenkundige Schuld nicht einzugestehen" (S. 90). So verleitet die fehlende Scham trotz offenkundig vorhandener Schuld dazu, beide, Scham und Schuld, auf die jeweils Anderen abzuwälzen und sich so einer kritischen Selbstreflexion, zu der die Scham drängt, weil sie aus den Ansprüchen der Anderen entsteht (Levinas), leicht zu entziehen, weil die Zuschreibung von Schuld und Sünde zu einer dogmatischen und nicht mehr einer ethischen Frage erklärt wird, die im Gegensatz zu ersterer von einem vermeintlich neutralen Standpunkt aus ohne die Rückfrage nach der eigenen Beteiligung beantwortet werden kann.

Sexualität zu erinnern, ist angesichts der gegenwärtigen Situation vielfältigen Missbrauchs die Aufgabe einer theologischen Reflexion von Sexualität.

2 Aspekte einer Theologie der Sexualität als Zeichen einer heilsamen Überwindung menschlicher Entzweiung

Die dem Menschen von Gott zugedachte Stellung ist, Gottes Ebenbild zu sein als ein personales Gegenüber. Personalität erfordert Freiheit und Selbststand, aber immer auch ein personales Gegenüber. Ein solches Gegenüber ist auch menschlich gesehen Voraussetzung von Freiheit. In der Sexualität, in ihrem Begehren zum Anderen hin, führt unser Streben über das eigene Selbst hinaus zur Begegnung mit dem Anderen. So steht Sexualität auch für die Überwindung der Trennung vom Anderen. Die Neugier und Lust an der Beziehung tritt hier zum Vorschein und symbolisiert die Lust am Leben selbst, die den Schöpfer lobt. Erinnert sei hier biblisch an das Hohelied. Aber auch Gen 1,27 steht für dieses Hinaustreten hin zum Anderen.

So mag unter nahezu paradiesischen Bedingungen Liebe mit Sexualität zusammenfallen, aber unter irdischen Bedingungen sozusagen *post lapsum adae –* nach dem Sündenfall – hat sich gerade in die Sexualität die Bezogenheit auf sich selbst eingeschlichen, das sog. „Selbstische"[27], das ganz auf sich und sein eigenes Wohlergehen bezogen ist, (als *incurvatus in se ipsum*). Ein Blick auf Kierkegaard wiederum zeigt: es geht in der Beziehung von Sexualität und Sünde nicht um eine Verteufelung der Sexualität, wohl aber um eine Erhellung ihrer Gefahren. Er sagt: „Die Sündhaftigkeit ist also nicht Sinnlichkeit, keineswegs, aber ohne Sünde keine Sexualität".[28] Trotz leiblicher Nähe ist der Mensch nirgendwo so sehr gefährdet, den Anderen zu übersehen, ihn zu missachten, wie in der Sexualität. Worauf es uns ankommt ist aber, dass zwar ein Zusammenhang von Sexualität und Sünde besteht, sie aber nicht als Gleichsetzung zu verstehen ist. Mit der Gleichsetzung geht letztlich auch ein Missverstehen der Sexualität einher. D. h. nicht Sexualität ist Sünde, aber durch die Sünde – und d. h. mit einer Verkehrung der Freiheit in Unfreiheit – läuft die Sexualität Gefahr ihrer Triebhaftigkeit unkontrolliert zu erliegen. Sie führt zu jenem „Selbstischen", das zwar nicht die Bestimmung der Sexualität ist, aber ihre Gefährdung. Dieses bringt sie in die Nähe

---

27 Nach Kierkegaard, vgl. die Bestimmung der Angst in Kierkegaard, *Der Begriff Angst*, 58.
28 A.a.O., 46.

der – theologisch gesprochen – Sünde, der – säkular gesprochen – Entfremdung der Menschen voneinander. Und diese liegt eben in der mit der Sexualität verbundenen Begierde, in der es dem Menschen nur um sich selbst geht. Kierkegaard geht daher diesem Phänomen der Begierde näher auf die Spur. Sie ist nicht gleichzusetzen mit Sexualität, aber sie kann diese so besetzen, dass sie zum Verlust der Freiheit führt. Und dieser Verlust der Freiheit ist das, was als Sünde gekennzeichnet wird.

Sexualität kann zwar einerseits Kennzeichen der Liebe sein, andererseits aber auch der rücksichtslosen Begierde. Sie kann einerseits als Liebe in vorbildlicher Form zum Loslassen der eigenen Freiheit zugunsten derjenigen des Anderen führen, aber andererseits als unkontrollierte Triebhaftigkeit in der Begierde eben auch die garstige Wende einer Bemächtigung der Freiheit des Anderen bedeuten. Nicht also die Sexualität in ihrem Trieb, wohl aber die Begierde, die jenen Trieb von der Liebe trennt, indem sie nur dem eigenen Begehren nachgibt, ist zu verwerfen. Solcher Begierde ist die Freiheit abhandengekommen, die der Mensch zur Erfüllung seines Seins und d. h. seines Seins als Mitsein bedarf.

Diese Beobachtungen sind m. E. aufschlussreich für das Begreifen des Problems von sexualisierter Gewalt. Denn in der Thematisierung der Begierde nehmen sie die Sexualität zugleich vor dem Hintergrund der Freiheit und damit auch vor der Frage der Macht und Verantwortung in den Blick. Dabei ist durch die enge Verbindung von Sexualität und Triebhaftigkeit deutlich, dass die Sexualität eng mit dem Verlust der Freiheit als Verlust der Selbststeuerung und Selbstbeherrschung des Menschen korreliert. Wie endliche Freiheit gefährdet und missverstanden werden kann, so auch Sexualität. Wie für die Freiheit, so gilt auch für die Sexualität: sie ist in ihrer Ambivalenz wahrzunehmen. Das erfordert es, im Begehren des Fremden und Anderen gerade dessen Eigenwert zu lieben. Das ist aber besonders schwierig im Kontext von Sexualität, wenn Wohlgefallen und Trieb sich mischen und der Trieb Oberhand gewinnt. Und dies zeigt sich in der Begierde. In ihr zeigt sich, dass die Triebhaftigkeit des Menschen als ein Missachten der Freiheit des Anderen auftreten kann. Dieser Form der Begierde zu wehren, bedarf es der Freiheit. In der Sexualität droht daher immer wieder der Freiheitsverlust, der zu Gewalt und Missbrauch führen kann. Und hier können wir dann auch alle Szenarien des Missbrauchs und der sexuellen und sexualisierten Gewalt einzeichnen. Denn die Gefahr, dass der Andere bloß als Lustobjekt wahrgenommen wird – oder gar als „Opfer" – wird dort zur Bedrohung. Ein emanzipierter Umgang mit Sexualität hingegen erfordert den Rückgewinn der Verantwortung im Begehren des Anderen.

Eine glückliche Sexualität unterscheidet sich dann gegenüber einer solchen, die die Szenarien sexualisierter Gewalt hervorruft, darin, dass das Andere im Andern begehrt wird, und zwar als Anderes, dem das Fremde gelassen wird, das als solches anzieht, das aber niemals „greifbar" ist.[29] Wenn Sexualität von Liebe begleitet ist, sehnt sie sich nach dem Anderen als Anderem. Sie lässt dann dem Anderen sein Anderssein. Der begehrte Mensch wird damit der Objektivierung entzogen. Eine Objektivierung des Anderen bedeutet hingegen immer eine Bestreitung von dessen Freiheit, dessen Subjekthaftigkeit und Personalität. Es ist ein Angriff auf seine Natalität, auf die Geburtlichkeit des Menschen, die jeden zum unverwechselbaren Individuum macht. In ihrer Rede von der Natalität hat Hannah Arendt diesen Freiheitsanspruch betont.[30] Die Geburtlichkeit hat damit jene zwei Dimensionen, die für das Verständnis von Sexualität aufschlussreich sind, neben der geschlechtlichen Identität noch jene der Ursprünglichkeitssituation der Freiheit. Es ist nun diese zweite Dimension, die Sexualität mit Liebe zusammenbindet – resultiert die Liebe doch aus der Freiheit des Menschen. Im einander Freiheit Geben sehen die Einzelnen sich in der Liebe in einer umfassenderen Weise als nur sexuell bestimmt. Sexualität zeigt sich dann nicht nur in einem Hingezogensein, sei es zu Menschen anderen, sei es zu Menschen gleichen Geschlechts. Umgreift die Liebe die Sexualität, dann gehört zu ihr eine Erfüllung, die von der Befriedigung bloßer Bedürfnisse sehr genau zu unterscheiden ist. Solchermaßen bleibt Liebe, auch sexuelle Liebe, sich ihrer Freiheit im Ursprung, ihrer Natalität bewusst durch alle ihre Gefährdungen in der Scham bzw. Angst hindurch. An der Zulässigkeit, das heißt am Freiheitsraum für die Scham – und nicht in ihrer Verdrängung –, wird sich sogar erweisen, ob ein reifer Umgang mit Sexualität nicht in die Sünde, sondern zur Befreiung des Menschen führt, die grundlegend in einem reifen Umgang mit der Scham begründet liegt. Die Geburtlichkeit des Menschen gemahnt an die Möglichkeit der positiven Seite der Sexualität als eines bleibenden Freiheitsgewinns. Die kurzschlüssige Identifizierung von Sexualität mit der Erbsünde als Verlust der Freiheit ist aufgrund ihrer Ambivalenz daher naheliegend – wenn auch ein Grundmissverständnis in der theologischen Tradition[31] – ist Sexualität doch als gute Schöpfung, als Bezie-

---

29 Kirchhof, *Verlangen und Melancholie*, 6.

30 Hannah Arendt hat das mit einem uns zu denken gebenden Satz veranschaulicht: „Dass in der Welt Freiheit herrscht, dass der Mensch immer wieder neu anfangen kann, ist nirgendwo schöner zum Ausdruck gebracht als in der Weihnachtsgeschichte: Uns ist ein Kind geboren" (Arendt, *Vita activa*, 317).

31 Insofern ist aber auch auf der anderen Seite verständlich, dass man Wege gesucht hat, sich aus diesem selbstisch-isolierenden Teufelskreis der Sünde der Sexualität zu lösen. Das sah man am ehesten gewährleistet durch Bindung der Sexualität an die Erzeugung von Nachkommen, an die Fruchtbarkeit, die so die gute Schöpfung eindrücklich darstellen soll. Aber die Sexualität ist unabhängig von der Kinderzeugung ein Gut, und zwar eines, das die gute Schöpfung nachahmt, insofern sie ein Abbild der Liebesbeziehung intendiert, die nicht nur die gute Schöpfung, sondern

hungsgeschehen par excellence gedacht. Diese unaussprechliche Freude nicht allein zu sein ist es, die in der Sexualität materialiter und zeichenhaft zelebriert wird, allerdings unter dem Vorbehalt, dass die Sexualität von Liebe begleitet ist. Dann ist mit der Sexualität das Schlüsselmoment der Heilung der Entzweiung des Menschen als Verheißung mitgegeben.

Gerade christlicherseits ist einer freiheitseröffnenden Kraft der Liebe immer wieder ein Loblied gesungen worden, so von Paulus und Johannes. Vor allem aber Martin Luther hat diese Liebe auch im Zusammenhang ihrer leiblichen Dimension sehen wollen. So hat er sich in der Ablehnung des Mönchtums einem sexualitätsfeindlichen Verständnis des Christseins nicht angeschlossen, sondern auch die Sexualität – gleich dem Sänger des Hoheliedes – gepriesen als wunderbare Gabe der Schöpfung. Mit Mönchtum und Klerus jedoch ist die Sexualität der Verachtung preisgegeben worden. Dort wird aber nach Luther nicht nur die Natur, sondern auch das Evangelium missachtet, das die Versöhnung mit Gott und seiner Schöpfung verheißt. Unter Voraussetzung dieser Versöhnung ist der Sexualität eben auch nicht einfach durch Askese zu begegnen.

Das hat Martin Luther erkannt, für den es die große Entdeckung im Leben war, wie glücklich die Liebe macht, gerade auch die sexuelle Liebe. Morgens neben seiner Käthe aufzuwachen, war für ihn ein großes Geschenk und Bild der guten Schöpfung Gottes. Für diese Entdeckung, die sozusagen eine Beigabe der reformatorischen Erkenntnis war, war er seinem Gott dankbar. In seiner unbestechlichen Selbstwahrnehmung entdeckte er durch alle Verfinsterungen, der die Sexualität in der christlichen Tradition ausgesetzt war, die Sexualität als Schöpfergabe, die irdisches Glück als Abglanz ewiger Seligkeit verhieß.[32]

Die Zweierbeziehung verweist den Menschen daher nicht nur auf die Generationenfolge, sondern auf seine Wesensbestimmtheit des In-Beziehung-seins: „No man is an island" (Jonathan Donne). Gerade in solchen Bezügen wird das Individuum als Individuelles vor sich selbst gebracht. Dies geschieht aber nicht in Selbstabgeschlossenheit und Objektivierung des Anderen, auch nicht in Machtausübung gegen den Anderen, sondern gerade durch sein An- und Aufgerufensein, das in der Genesis symbolisch mit der Gottebenbildlichkeit angezeigt wird (Gen 1,26). Das hebräische „Jada" für die liebende Beziehung zwischen zwei Menschen bringt das eindeutig auf den Punkt. Es könnte nicht und nirgendwo besser gesagt werden. Es zeigt sich darin die Weisheit des alttestamentlichen Denkens. Es sagt klar, dass die Sexualität nicht verdrängt werden muss, nicht

---

das Wesen Gottes selbst in seiner Beziehung zur Welt ebenso wie in seinem dreieinigen Wesen selbst abbildet.

32 Vgl. Scholz, *Genug Tumult ausgelöst*, besonders 75 – 91.

darf, sondern ihren Ort behält, der ihr im Leben des Menschen gebührt als Zeichen der Überbrückung der paradiesischen Entfremdung, als Rückkehr nicht nur in die Freiheit, sondern in die Schönheit und Güte der Schöpfung.

Eingefangen hat diese Erfahrung dichterisch Peter Nadas in seinem Roman *Parallelgeschichten*, wie es Klaas Huizing zusammengefasst hat:

> Sexualität, die den anderen nicht instrumentalisiert, erweist sich, wenn sie denn gelingt und beide reicher macht, als der Königsweg zum Anderen, der eingeschlagen werden kann, nachdem jeder in einer großen Entdeckungssituation der Scham auf die eigene Unvollkommenheit, Vereinzelung und Einsamkeit aufmerksam geworden ist und begehrt, den Bruch zwischen sich und dem Anderen zu schließen.[33]

Nur in der Überwindung dieses Bruchs der Entfremdung kann die Wahrnehmung des Anderen, im Sinne der Anerkennung und des Zulassens der Existenz des Fremden im Anderen anerkannt werden. Im Blick des Anderen zeigt sich jedes Mal aufs Neue die Möglichkeit des Selbstverstehens und letztlich des Verstehens des Humanum, wodurch wir uns erkennen und uns erkannt fühlen.

3 Die Aufgabe der Kirche: Konsequenzen für den Umgang mit sexualisierter Gewalt und deren Prävention

Die Schuld der Kirche am gegenwärtigen Szenario der sexualisierten Gewalt ist nicht unerheblich, nicht zuletzt gerade durch die Tradition der Missachtung der Sexualität, und zwar in beiden Kirchen. So wurde das Thema auch in der evangelischen Kirche lange zurückgedrängt. Auf katholischer Seite kommt durch den Zölibat sowie in der Weigerung der Frauenordination eine ablehnende Haltung zur Sexualität zum Ausdruck. Die Vernachlässigung und Missachtung der Sexualität in Theologie und Kirche resultierte nicht zuletzt aus einer Leibfeindlichkeit der Theologie, die bereits die Anthropologie und dadurch das Sündenverständnis geleitet hat. Dagegen steht, dass die Sexualität tatsächlich – das hat Martin Luther gesehen – zum Menschsein hinzugehört, auch und gerade zu seinem Freisein und seiner Identität. Reformatorische Theologie sollte sich daher darauf besinnen, dass eine Leibfeindlichkeit des Christentums sich nicht auf Martin Luther berufen kann. Vielmehr wurde einem solchen Missverständnis der Vernachlässigung der Sexualität bereits durch Luther der Boden entzogen.

---

33 Huizing, *Scham und Ehre*, 272.

Die Sexualität hat nach evangelischem Verständnis ein Eigenrecht. Sie dient nicht nur der Reproduktion. Luther konnte sie bisweilen als direkte Wirkung des Schöpfergottes gutheißen – ganz unabhängig von irgendeiner Funktion. Die in ihr zum Ausdruck kommende liebende Beziehung zweier Menschen konnte als in sich selbst würdig angesehen werden. Damit gehört auch und gerade die Sexualität zu den Bestimmungen, die theologisch reflektiert werden müssen, soll der Mensch sich im Glauben bewähren und Anteil am Leben des Geistes gewinnen können, der die Freiheit des Menschen signalisiert. Umso mehr stellt sich angesichts der Debatte über sexualisierte Gewalt die dringende ethische Frage nach Freiheit und Verantwortung. Wie können wir an Verantwortung appellieren, wenn sich die Sexualität der Freiheit zu bemächtigen droht, wenn Sexualität umschlägt in Macht und Gewalt über Andere und damit die eigene und die Freiheit des Anderen zerstört? Solch drohenden Verlust der Freiheit hat – wie gezeigt – Sören Kierkegaard aufs Genauste beschrieben. Kierkegaard sieht, wie vor ihm Augustin und Luther, den Konflikt, den die Sexualität in Form der Begierde für die menschliche Freiheit hervorrufen kann. Es ist die Begierde, die *concupiscentia*, die die Freiheit nicht erhalten kann gerade dadurch, dass sie meint, sie festzuhalten. Aber Freiheit lässt sich als Eigenschaft nicht festhalten. Personalität erfordert Freiheit und Selbststand, aber beide sind ihrerseits Bezogenheit. Im Rausch der Begierde kann die Personalität in ihrer Freiheit untergehen. Nicht von ungefähr enden die letzten Gebote der Zehn Gebote mit einem Begehrensverbot.[34]

Die Gefahr der Sexualität für den Menschen liegt jedenfalls in der Bewahrung der Ambivalenz seines Freiheitspotentials, das sich gegenüber möglichen Versuchungen der Macht, Bemächtigung, behaupten muss. Gerade hier droht das Scheitern der Freiheit, und dieses ist dort am naheliegendsten, wo die Sexualität ins Leben eintritt. Ihre Ambivalenzen müssen daher ebenso wie diejenigen der Freiheit immer vor Augen bleiben. So hat die Sexualität teil an der generell den Menschen auszeichnenden Bestimmung zur Freiheit und damit an deren Ambivalenzen. Die Unterscheidung und Beziehung von Sexualität und Liebe ist daher neu zu reflektieren und die Naturkräfte der Sexualität auch als gute Schöpfung wahrzunehmen. Gehalten und getragen wird diese wesentlich durch die Liebe. Sie ist auch menschlich gesehen Voraussetzung von Freiheit. Solange Sexualität der Liebe zugeordnet bleibt, wird sie nicht zu Missachtung oder Benutzung anderer als (Lust-)Objekt führen, die durch Macht- und Gewaltphantasien die Achtung des Anderen konterkariert. Im Rahmen der Prävention gilt es, Strukturen und persönliche Dispositionen, die sexualisierte Gewalt begünstigen, in einer Weise zu erkennen und so zu verändern, dass kirchliche Kernaufgaben darunter nicht

---

34 Vgl. die Gebote 9–10.

leiden. Dies ist nicht möglich, ohne die theologischen Hintergründe mitzubedenken, die sexualisierte Gewalt in kirchlichen Kontexten ermöglichen und vielleicht sogar befördern können.

Hierzu gehört auch die im Zusammenhang mit sexualisierter Gewalt gewonnene Einsicht, dass es gerade die „Angst, [...] sich mit ihrer eigenen Sexualität auseinander zu setzen"[35] ist, die kirchliche Amtsträger zu Tätern werden lässt. Es wird daher nicht genügen, Formen unterdrückter Sexualität zu bearbeiten, sondern es müssen auch diejenigen psychischen Dispositionen, die zu einem gewaltförmigen, Andere erniedrigenden und ausbeutenden Handeln führen können, Gegenstand der Reflexion (und auch der Supervision) werden. Hier ist es die Sprachfähigkeit, die geschult werden muss, aber auch die Kenntnis des Zusammenhangs von Sexualität und Macht bzw. Gewalt. Denn es ist gerade nicht aus den Augen zu verlieren, dass sexualisierte Gewalt oftmals nicht primär ein sexuelles, sondern ein bemächtigendes, Gewalt ausübendes Verhalten darstellt. Dabei hat theologische Ethik hier nicht nur die kirchlichen Strukturen kritisch zu analysieren und zu befragen, inwieweit sie zu Strukturen und Räumen der Ermöglichung sexualisierter Gewalt werden können. Sie kann auf Basis dessen vor dem Hintergrund einer ekklesiologischen Klärung darüber, inwiefern und auf welche Weise die Schaffung dieser Räume dem kirchlichen Auftrag dient, den Missbrauch des Auftrages als Ausnutzung solcher Räume aufspüren und eine ethische Orientierung entwickeln, wie dem Missbrauch gewehrt werden kann.

Zum Schutz der Schwachen ist die Aufmerksamkeit daher auf strukturelle Asymmetrien von Macht zu richten, aber auch auf persönliche Dispositionen, die diese verstärken. Im Blick auf die evangelische Kirche spricht Kirsten Fehrs von einem „evangelische[n] Muster".[36] Dieses bestünde etwa in einer „unreflektierte[n] Vermischung von Privatem und Dienstlichem; dezentrale[n] Strukturen, [...] fehlender Beschwerdemöglichkeit; Einrichtungen als Closed-Shops"[37]. Während nun im Bereich von Schule und Diakonie die Maßnahmen und Regeln eines auf die Struktur zielenden Schutzes – etwa die weitgehende Vermeidung von Vier-Augen-Situationen – greifen, gilt für den Schutz des intimen Raumes pastoraler Arbeit ganz besonders, aber nicht nur, die gezielte Sensibilisierung – für die christliche Tradition der unbedingten Verantwortung und des Schutzes der Schwachen einer- und für die Verhaltensweisen von Tätern und Opfern andererseits – sowie die nachdrückliche Anleitung von Amtsträgerinnen und Amtsträgern zur Reflexion über die eigenen Dispositionen und die Ermutigung, sich

---

35 Müller, „Sexueller Missbrauch Minderjähriger", 88.
36 Fehrs, *Einbringung zur Verantwortung*, 9.
37 A.a.O., 5.

diesen mit allen Konsequenzen zu stellen. Auch hierzu bedarf es der Freiheit. Den Anderen zu achten setzt voraus, selbstsicher mit der Anerkennung eigener Schwächen umzugehen. Freiheit bewährt sich in der Achtung des Anderen in seinem Anderssein. Diese Achtung der Andersheit der Anderen erwächst aus der Erfahrung eigener Vulnerabilität. In dieser Erfahrung wird dem Handelnden die Aufgabe, für den Schutz des Anderen einzutreten, deutlich. Die Grenzerfahrung der Vulnerabilität muss daher gezielt thematisiert werden, wenn es um Prävention sexualisierter Gewalt geht. In ihr entwickelt sich ein Empfinden für den Anspruch des Anderen als Grenze, die es zu respektieren gilt, und der eine „Haltung der Distanz", eine „Haltung der Achtsamkeit"[38] gegenüber der widerständigen Andersheit des Anderen entspricht. Eine solche Haltung lässt aus „Respekt der Liebe [...] Raum für die Andersheit des Anderen".[39]

Zu einem Gebot erhoben findet sich diese Haltung der Achtung und Verantwortung für den Anderen in der jesuitischen *regula tactus*, die „den Abgrund menschlicher Möglichkeiten durch ein Berührungsverbot versiegeln wollte".[40] Dagegen steht die den Anderen nicht achtende Grenzüberschreitung, die bis hin zu einer „Kultur der Grenzverachtung"[41] reicht. Dieser muss eine Achtung des Anspruchs des Anderen gegenübertreten, die deutlich wird an der Achtung der „Materialität des Anderen aus Haut und Haar, die immer nur singuläre leibliche *morphe* des Anderen, die [...] im Hass auf Andersheit aber getötet wird".[42]

Der Bericht zu Verantwortung und Aufarbeitung hält in diesem Sinne unmissverständlich und grundsätzlich fest:

> [E]s geht [bei der Positionierung gegen sexualisierte Gewalt und Grenzverletzungen in den Reihen der EKD] elementar um das höchste Gut des christlichen Selbstverständnisses, nämlich darum, Kinder, Jugendliche und andere Schutzbedürftigen [sic!] zu schützen und das in die Kirche gesetzte Vertrauen zu wahren.[43]

Das gilt für das Verhältnis der Geschlechter[44] ebenso wie für die Stellung von Kindern. „Eine wirksame Missbrauchs-Prävention ist letztlich [...] nur im Rahmen eines allgemeinen kulturellen Wandels möglich, in dem sich das Geschlechter-

---

38 Rat der EKD, *Bericht zu Verantwortung und Aufarbeitung*, 15.
39 Wirth, „Regula tactus", 188.
40 A.a.O., 189.
41 Fehrs, *Einbringung zur Verantwortung*, 4.
42 Wirth, „Regula tactus", 188.
43 Rat der EKD, *Bericht zu Verantwortung und Aufarbeitung*, 16.
44 Goertz, „Kinderrechte", hier insbesondere 79.

verhältnis selbst verändert."[45] Dazu gehört allerdings auch, die eigenen Grenzen zu kennen und andere professionelle, etwa psychologische, Hilfe zu vermitteln.

Wird der Schutz von Schwachen als Anspruch an das Handeln der Kirchen insgesamt, aber auch aller ihrer Mitarbeitenden als grundlegendes Handlungsprinzip anerkannt, so gilt es, diesem Anspruch gerecht zu werden. Ein erster Schritt auf diesem Wege ist zweifelsohne die Aufarbeitung sexualisierter Gewaltverbrechen in einer Art und Weise, die die eigene strukturelle, institutionelle, aber auch persönliche Schuld in vollem Umfang anerkennt.[46] Denn es lässt sich nicht leugnen, dass gerade die Strukturen der Kirche als Organisation oftmals Raum für die Möglichkeit sexualisierter Gewalt geboten haben, aber die kirchliche Tradition und Praxis kann ebenso in herausragender Weise Ressourcen zur Aufarbeitung und zur Prävention von sexualisierter Gewalt mobilisieren. Für eine Aufarbeitung, die die Scham über das Geschehene zum Ausdruck bringen kann und die einen konstruktiven und nicht-verharmlosenden Umgang mit Scham und Schuld findet, liegen gerade in kirchlicher Praxis und theologischer Reflexion wertvolle Ressourcen. Dies nötigt zu weiterem Nachdenken, das um der Verantwortung für die Leidtragenden sexueller Gewalt willen nicht abreißen darf.

Für die Aufgabe der Kirche gilt: Kirchliche Handlungen sind orientiert an der Bildung und Abbildung des Leibes Christi, die im Dienst am Anderen seine Erfüllung finden. Dies geschieht im Priestertum aller Gläubigen füreinander, indem der Leib Christi gestaltet und aufgebaut wird mittels der Vielfalt der Charismen. Dieses Geschehen gibt dem Menschen den von Gott zugedachten Status, als ein personales Gegenüber Gottes Ebenbild zu sein und zwar auch in seiner Leiblichkeit, die die Sexualität einschließt, sie aber an die Freiheit in Liebe bindet. Im Blick auf den Umgang mit sexualisierter Gewalt und deren Prävention muss daher konstatiert werden, dass seitens Theologie und Kirche lange die elementare Bedeutung der Sexualität für das Selbstsein des Menschen verkannt und damit die Sexualität aus den theologischen Reflexionen verdrängt wurde. Im Zuge der Leibfeindlichkeit wurde ein Leben aus dem Geist bereits als ein Hinter-sich-lassen der polaren Elemente des Menschseins verstanden – Seele und Leib, Vernunft und Natur. In der Missachtung dieser Polarität kommt es aber nicht zur Wahrnehmung und Anerkennung des Anderen, nicht zur Überwindung der Trennung, wie sie Folge des Sündenfalls ist. Eine solche Überwindung der Trennung von den Mitmenschen und von Gott kann nicht durch eine sphärische Leibferne, sondern nur durch eine irdisch-leibliche Dimension des Menschseins erreicht werden, und nur

---

45 In Aufnahme von Harten, *Sexualität, Missbrauch, Gewalt*, 253; zitiert nach Goertz, „Kinderrechte", 79.
46 Vgl. etwa: Fehrs, *Einbringung zur Verantwortung*, 1.

ein solches Verständnis des Menschen ist auch dem christlichen angemessen. Es schließt Sexualität ein und damit auch die leibliche Wahrnehmung des Anderen.

Literatur

Anker, Jens und Michael Behrendt. „Das Schweigen muss gebrochen werden," *Berliner Morgenpost*, 21.01.2010, https://www.morgenpost.de/berlin-aktuell/article104884741/ Das-Schweigen-muss-gebrochen-werden.html (letzter Zugriff: 13.07.2020).

ARD 1 (Tagesschau.de). „Eine Kultur der Grenzverachtung," *Tagesschau 20:00 Uhr*, 13.11.2018, https://www.tagesschau.de/inland/ekd-synode-111.html (letzter Zugriff: 13.07.2020).

Arendt, Hannah. *Vita activa oder Vom tätigen Leben*. München: Piper, 1997[9].

Augustin. *De civitate dei*, Buch XIV., zugänglich bspw. in *Vom Gottesstaat, 2. Band: Buch 11 bis 22*, übers. v. Wilhelm Thimme. München: DTV, 2007.

Becker, Claudia. „Durchkitzeln auf dem Schoß des Pastors," *Die Welt (Online-Ausgabe)*, 13.11.2018, https://www.welt.de/politik/deutschland/article183805216/Missbrauch-in-der-Kirche-Durchkitzeln-auf-dem-Schoss-des-Pastors.html (letzter Zugriff: 13.07.2020).

Bedford-Strohm, Heinrich. „,Das tut zu meinem Gedächtnis' (Lk 22,19). Zur Kultur der Erinnerung," *Mündlicher Bericht des Ratsvorsitzenden der EKD*, https://www.ekd.de/ bericht-rat-synode-2018-muendlich-40041.htm (letzter Zugriff: 13.07.2020).

Bergmann, Christine. „Sexualisierte Gewalt – Politische Reaktionen." In *Sexualisierte Gewalt. Institutionelle und professionelle Herausforderungen*, hg.v. Karin Böllert und Martin Wazlawik, 127–138. Wiesbaden: Springer VS, 2014.

Bonhoeffer Dietrich. *Widerstand und Ergebung. Briefe und Aufzeichnungen aus der Haft*, hg.v. Eberhard Bethge. München: Kaiser, 1976.

Critchley Simon. *Unendlich fordernd. Ethik der Verpflichtung, Politik des Widerstands*. Berlin: Diaphanes, 2008.

Dobrinski, Mathias. „Die evangelische Kirche muss in den eigenen Abgrund blicken," *Süddeutsche Zeitung*, 14.11.2018, https://www.sueddeutsche.de/panorama/ evangelische-kirche-missbrauch-1.4208814 (letzter Zugriff: 13.07.2020).

Evangelische Kirche in Deutschland (EKD). *Bericht des Rates der EKD – Teil B (schriftlich). 5. Tagung der 12. Synode vom 11. bis 14. November 2018 in Würzburg*, https://www.ekd. de/4-kirche-in-der-gesellschaft-39697.htm (letzter Zugriff: 13.07.2020).

Evans, C. Stephen. *Kierkegaard and Spirituality. Accountability as the Meaning of Human Existence*. Michigan: W.B. Eerdmans Publishing Co., 2019.

Fehrs, Kirsten. *Einbringung zur Verantwortung und Aufarbeitung bei sexualisierter Gewalt in der evangelischen Kirche. Zeitraum 2010 bis 2018*. (= Drucksache IX / 3 der 5. Tagung der 12. Synode der EKD, 11. bis 14. November 2018 in Würzburg).

Goertz, Stephan. „Kinderrechte und Geschlechterverhältnis. Thesen über einen Zusammenhang." In *Sexualisierte Gewalt im Schutz von Kirchenmauern. Anstöße zur differenzierten (Selbst-)Wahrnehmung*, hg.v. Herbert Ulonska und Michael J. Rainer, 75–83. Münster: LIT, 2005.

Harten, Hans-Christian. *Sexualität, Missbrauch, Gewalt. Das Geschlechterverhältnis und die Sexualisierung von Aggressionen*. Opladen: Westdt. Verlag, 1995.

Huizing, Klaas. *Scham und Ehre. Eine theologische Ethik.* Gütersloh: Gütersloher Verlagshaus, 2016.

Jungnitz, Ludger u. a., Hg. *Gewalt gegen Männer. Personale Gewaltwiderfahrnisse von Männern in Deutschland.* Opladen und Farmington Hills: Budrich, 2007.

Kappeler, Manfred. „Anvertraut und ausgeliefert – Sexuelle Gewalt in pädagogischen Institutionen." In *Sexualisierte Gewalt. Institutionelle und professionelle Herausforderungen*, hg. v. Karin Böllert und Martin Wazlawik, 7 – 19. Wiesbaden: Springer VS, 2014.

Kierkegaard, Søren. *Der Begriff Angst*, hg. v. Lieselotte Richter. Hamburg: Rowohlt, 1967.

Kirchhof, Bodo. *Verlangen und Melancholie*. Frankfurt: Frankfurter Verlagsanstalt, 2014.

Levinas, Emmanuel. *Autrement qu'être ou au-delà de l'essence*. Den Haag: Mijhoff, 1974.

Mercer, Joyce Ann. „Spiritual Care for Survivors of Church-Related Sexual Abuse: Making the Case for Moral Injury." In *Sexualisierte Gewalt in kirchlichen Kontexten. Neue interdisziplinäre Perspektiven*, hg. v. Mathias Wirth, Isabelle Noth und Silvia Schroer, 521 – 536. Berlin und Boston: De Gruyter, 2022.

Moschella, Mary Clark. „Patriarchy, Power, and Bodies: A Pastoral Theological View of Sexual Abuse in the Church." In *Sexualisierte Gewalt in kirchlichen Kontexten. Neue interdisziplinäre Perspektiven*, hg. v. Mathias Wirth, Isabelle Noth und Silvia Schroer, 509 – 519. Berlin und Boston: De Gruyter, 2022.

Müller, Wunibald. „Sexueller Missbrauch Minderjähriger in der Kirche." In *Sexualisierte Gewalt im Schutz von Kirchenmauern. Anstöße zur differenzierten (Selbst-)Wahrnehmung*, hg. v. Herbert Ulonska und Michael J. Rainer, 85 – 96. Münster: LIT, 2005.

Rainer, Michael J. „Kirche(n) am Pranger? Sexualisierte Gewalt/Missbrauch und Kirche im Spiegel der Medien." In *Sexualisierte Gewalt im Schutz von Kirchenmauern. Anstöße zur differenzierten (Selbst-)Wahrnehmung*, hg. v. Herbert Ulonska und ders., 11 – 27. Münster: LIT, 2005.

Rat der EKD. *Bericht zu Verantwortung und Aufarbeitung bei sexualisierter Gewalt in der evangelischen Kirche. Zeitraum 2010 bis 2018.* (= Drucksache IX / 1 der 5. Tagung der 12. Synode der EKD. 11. bis 14. November 2018 in Würzburg).

Sander, Hans-Joachim. „Wenn moralischer Anspruch schamlos wird. Von der Unverschämtheit im sexuellen Missbrauch und in der kirchlichen Schuldkultur." *Stimmen der Zeit* 237/2 (2019): 83 – 92.

Sartre, Jean-Paul. *Das Sein und das Nichts. Versuch einer phänomenologischen Ontologie*, übers. v. Hans Schöneberg und Traugott König. Hamburg: Rowohlt, 2012[17].

Scheler, Max. *Über Scham und Schamgefühl.* Bd. 1, *Zur Ethik und Erkenntnislehre. Schriften aus dem Nachlass.* Bern: Francke, 1957.

Scholz, Günter. *Habe ich nicht genug Tumult ausgelöst? Martin Luther in Selbstzeugnissen.* München: C. H. Beck, 2016.

Schreiber, Gerhard. „Begriffe vom Unbegreiflichen. Beobachtungen zur Rede von ‚sexueller Gewalt' und ‚sexualisierter Gewalt'." In *Sexualisierte Gewalt in kirchlichen Kontexten. Neue interdisziplinäre Perspektiven*, hg. v. Mathias Wirth, Isabelle Noth und Silvia Schroer, 123 – 145. Berlin und Boston: De Gruyter, 2022.

Tomkins, Silvan. *Affect Imagery Consciousness. Volume II, The Negative Affects.* London: Tavistock, 1963.

UNRIC. „Gewalt gegen Frauen. Die Fakten," *UNRIC-Hintergrundinformation*, https://archive. unric.org/de/pressemitteilungen/26167-gewalt-gegen-frauen-die-fakten (letzter Zugriff: 13. 07. 2020).

Waldenfels, Bernhard. *Schattenrisse der Moral.* Frankfurt a. M.: Suhrkamp, 2006.

Wazlawik, Matthias. „Sexualisierte Gewalt und die katholische Kirche in Deutschland – Diskurse, Reaktionen und Perspektiven." In *Sexualisierte Gewalt. Institutionelle und professionelle Herausforderungen*, hg. v. Karin Böllert und Martin Wazlawik, 45 – 56. Wiesbaden: Springer VS, 2014.

Wirth, Mathias. „Regula tactus. Zur Aktualität einer kirchlichen Norm als Prävention und Plädoyer gegen sexualisierte Gewalt." *Wege zum Menschen* 65/2 (2013): 185 – 195.

Reiner Anselm

Vertrauen – Konsens – Gemeinschaft

Über die Ambivalenzen zentraler Leitvorstellungen
theologischer Ethik

1 Weiche Faktoren, harte Konsequenzen: Sexualisierte Gewalt und die theologische Tiefengrammatik menschlicher Beziehungen

Es kann mittlerweile als allgemein akzeptiert gelten, dass es nicht nur individuelle Verfehlungen waren, die zu sexualisierter Gewalt auch in der evangelischen Kirche geführt haben – so unentschuldbar solche Verfehlungen Einzelner sind, das sei ausdrücklich gleich vorab betont. Sicher haben die Ideale der sexuellen Revolution, sicher auch die der Reformpädagogik das je Ihre dazu beigetragen. Möglicherweise hat auch das Amtsverständnis seinen Beitrag geleistet – auch wenn die mitunter geäußerte Einschätzung, dass in der religiösen und gesellschaftlichen Macht der Pastoren ein wichtiger Faktor gelegen habe, mir auch schon für den Protestantismus der 1960er-Jahre überzogen zu sein scheint. Ich möchte daher den Blick auf einen anderen Faktor lenken, der nicht die Macht der Amtsstrukturen, sondern die Ambivalenz maßgeblicher Leitvorstellungen theologischer Ethik fokussiert. Zugespitzt formuliert: Nicht die strukturelle Macht, sondern die kaum angreifbare *soft power* ethischer Ideale könnte in meinen Augen ein durchaus wesentlicher Faktor dafür gewesen sein, dass es zu einem systemischen Versagen kam, dass systematisch die Widerstandskräfte gegen solche Übergriffigkeiten und Verfehlungen Einzelner geschwächt wurden. Drei solcher Faktoren scheinen mir dabei von besonderem Interesse: Vertrauen, Konsens und Gemeinschaft.

Allen drei Leitbegriffen ist gemeinsam, dass sie nicht nur eine zentrale Rolle für das kirchliche Selbstverständnis einnehmen, sondern zudem profiliert sind im Gegenüber zu den liberalen Strukturprinzipien des Verhältnisses zwischen den einzelnen Bürgerinnen und Bürgern in den rechtsstaatlichen Demokratien westlichen Typs: Während dort Autonomie oder Selbstbestimmung, Kompromiss und Gesellschaft als Leitprinzipien fungieren, sind es hier eben Vertrauen, Konsens und Gemeinschaft. Dominiert dort die Ausrichtung am Rechten, sind hier Vorstellungen des Guten leitend. Nun wäre es ein Leichtes, mit dieser Diagnose im

https://doi.org/10.1515/9783110699203-020

Rücken auf die durchlaufenden Problemlinien protestantischer Ethik in den modernen westlichen Demokratien hinzuweisen: so ließe sich etwa, wie es Friedrich Wilhelm Graf immer wieder pointiert akzentuiert hat, über die Kontrastierung zwischen den protestantischen Wertvorstellungen und den Organisationsprinzipien liberaler Gesellschaften klagen[1], oder gar aufgrund des einseitigen Bevorzugens des Gemeinschaftsideals im Protestantismus, das auf Kosten der Rechte Einzelner geht, eine Parallele zwischen der zumindest indirekten Unterstützung der massenhaften Menschenrechtsverletzungen in den deutschen totalitären Herrschaften des 20. Jahrhunderts und den Menschenrechtsverletzungen im Rahmen der Fälle von sexualisierter Gewalt ziehen.

Doch eine solche polemische Zuspitzung scheint mir doch am Problem vorbei zu gehen, nicht nur weil es die Untaten gerade der nationalsozialistischen Barbarei zu nivellieren geeignet ist, sondern vor allem weil die negative Wirkung der Leitbegriffe Vertrauen, Konsens und Gemeinschaft in einem erheblichen Maß von den Angehörigen der Generation ausgeht, die sich mit Vehemenz für die Aufarbeitung des Versagens der Kirche gegenüber dem Nationalsozialismus einsetzt. Es handelt sich darum hier in meinen Augen nicht einfach um die Fortschreibung der unheilvollen Muster aus der Zeit des Nationalsozialismus, sondern um eine Art „Rebound-Effekt", bei dem es beim Verfolgen durchaus valabler Motive zu einer Neubelebung von Argumentationsmustern kommt, die erst im Verbund mit äußeren Faktoren, nämlich dem Aufkommen kontextueller Denkmuster, dem Zurückdrängen von Unbedingtheiten und der sexuellen Revolution eine neue toxische Mischung im Blick auf sexuelle Übergriffe bis hin zur sexualisierten Gewalt ergeben.

In einer Perspektive scheint mir die Kontinuität zwischen den Denkstrukturen des Nationalsozialismus allerdings doch erwähnenswert und bedrückend zu sein: Es ist erschreckend, wie im Kontext der Heimerziehung Denkmuster der Dehumanisierung überlebten. Heiminsassen und Heiminsassinnen galten offenbar in der Sicht mancher eben nicht als Subjekte, sondern als Objekte, die man aufgrund ihrer problematischen Biographie von der Gemeinschaft abzusondern hatte.[2] Der Schritt dazu, diese auch als Gegenstand für individuelle Übergriffigkeiten aufzufassen, ist dann nicht mehr groß. Auf diese negative Seite des Gemeinschaftsbegriffs, der eben nur zu leicht mit gesellschaftlicher Exklusion einhergeht, wird später noch einmal zurückzukommen sein. Für den Gesamtzusammenhang der sexualisierten Gewalt im Bereich der evangelischen Kirche trifft diese Problemkonstellation aber wohl nur für einen kleineren Teilbereich zu. Für den größeren

---

1 Graf, *Missbrauchte Götter*.
2 Vgl. Kuhlmann, *Erbkrank oder erziehbar*, besonders 40 – 47 und 242 – 249.

Teil dürfte gelten, dass nicht die intentionale Leugnung der persönlichen Rechte, sondern das authentische Vermitteln der innerkirchlich positiv konnotierten Kategorien von Vertrauen, Konsens und Gemeinschaft zunächst unbeabsichtigt ein Klima geschaffen hat, in dem die Abwehrkräfte des an den Rechten jedes Einzelnen orientierten, menschenrechtsbasierten Denkens systematisch geschwächt wurden. Denn diese Kategorien zielen auf die Abgrenzung der Kirche gegenüber der Gesellschaft und verweisen auf die ganz eigenständige Art des Zusammenlebens als Kirche. Sie entstammen also gerade nicht der politischen, anti-liberalen Rhetorik, sondern sind in einer ekklesiologischen Semantik verortet, die in der Kirche gerade das Gegenmodell zu gesellschaftlichen Tendenzen sah, die man als problematisch identifiziert hatte. Genau dies macht die in meiner Titelformulierung angesprochene *Ambivalenz* der Leitbegriffe aus. Ihnen zu widersprechen, bedeutet zugleich, die Eigenständigkeit kirchlich-evangelischer Organisationsformen zu kritisieren.

2 Die Ambivalenz des Vertrauens

Am Begriff des Vertrauens lässt sich diese Struktur gut verdeutlichen. Wer an das Vertrauen als Prinzip der Regelung von Beziehungen appelliert, möchte damit nicht einfach ein Verhältnis etablieren, das von Macht und Gehorsam, von Unterordnung und Dominanz gekennzeichnet ist. Der Imperativ „du musst mir vertrauen" bringt das deutlich zum Ausdruck, denn er trägt den Widerspruch schon in sich: Vertrauen wird entgegengebracht, es lässt sich nicht befehlen oder erzwingen. Wie Zuneigung kann Vertrauen nicht eingefordert werden, ohne die Struktur des Vertrauens zu zerstören. Der Vergleich mit den Nahbeziehungen Freundschaft, Liebe, Elternschaft zeigt dies: Freunde, Partner, Eltern und Kinder können zwar das Ihre dazu beitragen, dass Vertrauen entstehen kann, dennoch aber gibt es kein direktes Verhältnis zwischen dem eigenen Verhalten und dem Vertrauen, das andere in mich setzen. Vertrauen baut sich langsam auf, entsteht als ein Geflecht aus Kommunikation und Erfahrung.[3] Das gemeinsame Leben, das Sich-Begegnen unter dem Paradigma der Gemeinschaft sind hierfür zentral. Glaube als Vertrauen macht hier keine Ausnahme, er entsteht ebenfalls durch gemeinsam geteilte Erfahrungen.

Dementsprechend geht es an der Komplexität der Problematik vorbei, wenn man gleich schließt, dass die Vertrauensrhetorik nur von der Absicht getragen ist, sich den anderen untertänig oder gefügig zu machen. Ein solcher strategischer

---

3 Vgl. Möllering, *Trust, reason, routine, reflexivity.*

Gebrauch der Vertrauenssemantik ist zwar Teil der Problematik und dürfte in fast allen Fällen schließlich dafür verantwortlich sein, dass es zu konkreten Übergriffen gekommen ist. Aber es würde die Schwere und Schärfe der Problematik verkennen, wenn man sich gleich auf diesen strategischen Gebrauch und damit die individuelle Perspektive konzentrieren würde. Es ist das Gewebe der Vertrauenssemantik, der Vorstellungen von Konsens und Gemeinschaft, die die Tiefenstruktur der Fälle sexualisierter Gewalt ausmacht und die zugleich so unendlich schwer zu bearbeiten ist.[4] Denn das von den einzelnen Mitgliedern einander entgegengebrachte Vertrauen ist die Grundlage für die Umgangsweise derjenigen, die sich gemeinsam als Kinder Gottes verstehen, ebenso wie Vertrauen eine Grundkategorie des Glaubens darstellt.[5]

3 Gemeinschaft und Konsens als Fortsetzung dieser Ambivalenzen

Ihr Korrelat – und damit verbindet sich der Vertrauensgedanke mit dem der Gemeinschaft – findet diese Auffassung darin, dass in der „Gemeinde von Brüdern", wie es exemplarisch in der auf Selbstständigkeit der Kirche ausgerichteten dritten These der Barmer Theologischen Erklärung heißt, die Beziehungen untereinander nicht nach Maßgabe des Rechts geregelt werden sollen.[6] Vorbild dieser Vorstellung, die in 1 Kor 6 ihren prägnantesten biblischen Bezug hat, ist die Familie, deren Mitglieder sich ebenfalls nicht auf der Grundlage des Rechts und damit als autonome Individuen, die sich durch eigenen Entschluss verbinden, organisieren. Stattdessen ist es die Verbindung zu einer übergeordneten Größe, der Verwandtschaft oder eben der Gemeinschaft, die das organisierende Prinzip darstellt. Als Bild vom Organismus, als Vorstellung der Gemeinde als Leib hat diese Vorstellung ja auch prominent Eingang gefunden in die neutestamentlichen Texte zur Beschreibung der Gemeindestruktur. Die einschlägigen Formulierungen im Römer- und 1. Korintherbrief (Röm 12,5; 1 Kor 12), im Epheser- und im Kolosserbrief (Eph 4 f.; Kol 1) bringen das ganz deutlich zum Ausdruck. Es ist der Gemeinschaftsgedanke, das gemeinsame Verbunden-Sein in Christus, das die Verhältnisse untereinander strukturieren soll. Der intensive Gebrauch der Vokabel „einmütig" in vielen kirchlichen Kontexten, die eine bestimmte, eben an der Gemeinschaft der Kinder Gottes ausgerichtete Art des Umgangs auch bei konfli-

---

4 Vgl. Butz, „Vertrauen Sie mir".
5 Vgl. Richter, „Vertrauen – im Wachsen".
6 Burgsmüller, *Kirche als Gemeinde von Brüdern*.

gierenden Interessen anzeigen soll, ist der auffällige sprachliche Indikator für diesen Sachverhalt. Im Anschluss an das Zusammenleben der Urgemeinde nach Act 2,42 sowie die Ermahnung des Paulus in Phil 2,1–4 findet diese Sprechweise Eingang in zahlreiche Kirchenordnungen, sie bringt ohne Zweifel auf den Punkt, was die Gemeinde von Brüdern auch im Blick auf ihre Organisationsgestalt kennzeichnen soll und worin sie sich von Staat und Politik unterscheidet.[7]

Dementsprechend kommt es dann auch darauf an, Meinungsverschiedenheiten untereinander so zu regeln, dass es möglichst zum Konsens kommt. Im Kontrast dazu ergibt sich eine Abständigkeit zu den Mechanismen moderner Staatlichkeit: Entscheidungsfindung durch Verfahren, die Prozeduralisierung von Konflikten, die Einforderung und die Garantie von Minderheitenrechten. Denn hier handelt es sich insgesamt um Formen, die aus der Unhintergehbarkeit einer Individualperspektive konzipiert sind, während das Ideal kirchlicher Vergemeinschaftungsformen eben das Miteinander als Schwestern und Brüder darstellt. Notwendig stehen sich dann die Merkmale der „kalten" Staatlichkeit der Wärme der kirchlichen Gemeinschaft gegenüber. Dass dieser Wärme eben auch eine tiefe Ambivalenz eingeschrieben sein kann, wird demgegenüber negiert, ebenso wie die heilsame Wirkung von Individualrechten, Selbstbestimmung und Minderheitenschutz.

Vertrauen – Konsens – Gemeinschaft, in der hier entwickelten Charakterisierung markieren sie die Charakteristika kirchlicher Binnenbeziehungen. Wie Christinnen und Christen Gott „Vater" nennen, so sollen sie ihr Verhältnis untereinander auch als Familie gestalten, und zwar idealisiert nach dem Vorbild der Heiligen Familie, nach dem Prinzip der Vertrauens- und Gemeinschaftsvorstellung, deren Prinzip der Konsens ist. Lange Zeit negierte die christliche Ethik daher die realen Strukturen und Machtverhältnisse innerhalb von Familien. Gleichzeitig führte diese Orientierung an einer idealisierten, harmonischen Familie nicht nur dazu, dass sich bis heute Christinnen und Christen oft schwer tun mit der konstitutiven Konflikthaftigkeit und Agonalität des Staatlichen, vor allem des Politischen.[8] Es führt auch dazu, dass es eine große Skepsis gegenüber der Geltung von individuellen Schutzrechten innerhalb der Kirche gibt. Autonomie und Selbstbestimmung, aber eben auch Grundrechte und ihre Geltung wurden und werden teilweise immer noch als wesensfremd kritisiert. An dieser Perspektive ist zweifelsohne richtig, dass man zwischen den Regeln, mit denen der Staat in unser Leben eingreift bzw. unser Leben reguliert, und den Regeln, nach denen wir untereinander, insbesondere in Nahbeziehungen, zusammenleben, unterscheiden

---

7 Vgl. Munsonius, *Evangelisches Kirchenrecht*, 9–48.
8 Vgl. Mouffe, *Agonistik*.

muss.[9] Dass aber Recht in Nahbeziehungen, dass auch die Vorstellung von Selbstbestimmung und elementaren Rechten in Nahbeziehungen nichts zu suchen habe, das erscheint mir nun aber doch eine zu weitreichende Forderung, ebenso wie eine Auffassung, dass die elementaren Schutzmechanismen, die in einem grundrechtebasierten, auf dem Respekt vor der Individualität gegründeten Verhältnis zwischen dem Einzelnen und den Organen staatlicher Ordnung liegen, nicht in der Kirche und auch nicht in anderen Nahbeziehungen gelten sollen. Rechtsförmige Beziehungen lassen sich auf diese Bereiche nicht ohne Einschränkungen übertragen, sie müssen aber selbstverständlich auch auf diesen Bereich ausstrahlen. Denn auch wenn Rechtsförmigkeit mitunter in Nahbeziehungen merkwürdig wirkt – scheint sie doch über eine Hermeneutik des Misstrauens selbst das Gelingen von Beziehungen zu verhindern – sollte man nicht einfach den Gedanken verabschieden, dass das Recht in allen solchen Lagen vor allem dazu da ist, die Selbstbestimmungsrechte der Schwächeren zu schützen. Gerade für den Bereich der Familie muss man dies als Errungenschaft beschreiben. Denn nirgendwo sonst ist sexualisierte Gewalt so verbreitet wie in der Ehe und der Familie – und es stellte einen entscheidenden Rechtsfortschritt dar, als in Deutschland die sexualisierte Gewalt in der Ehe unter Strafe gestellt wurde.

Nun dürfte es innerhalb der Kirche wohl kaum jemanden geben, der heute die Geltung der Menschenrechte und ihre grundlegende Bedeutung auch für eine christliche Ethik bestreitet. Was ich versucht habe zu zeigen, ist vielmehr, dass die Betonung der Bedeutung der Menschenrechte dann nicht ausreicht, wenn nicht hinreichend deren notwendige Ausstrahlungskraft auch in die Nahbeziehungen hinein anerkannt und aus ihr Konsequenzen für die ekklesiologische Selbstbeschreibung gezogen werden. Ja, Kirche ist die Gemeinschaft von Brüdern und Schwestern, aber das darf nicht dazu führen, dass in bester Absicht für die Kirche Leitmotive formuliert werden, die in der Lage sind, der Anerkennung von Individualität und vor allem von Schutzrechten entgegenzuwirken. Das entsprechende Mentalitätsgeflecht soll, darf und kann nicht die individuelle Verantwortlichkeit für schreckliche, verachtenswerte Vergehen nivellieren. Aber sein Vorhandensein sollte dazu führen, sich innerkirchlich umfassender, und zwar nicht nur auf Strukturen, sondern eben auch auf Mentalitäten und Leitmotive bezogen, mit den Grundlagen und Vorbedingungen auseinanderzusetzen, die zumindest keine Stärkung der Resistenz gegen die entsprechenden Praktiken mit sich gebracht haben.

---

9 Vgl. Wiesemann, „Vertrauen als moralische Praxis".

4 Ausblick: Für einen aufgeklärten Universalismus statt einer Betonung der Besonderheiten

Abschließend zeige ich hier noch eine auf die Grundlagen der Ethik, aber auch der Theologie insgesamt bezogene Bemerkung zum Schluss: Im Rahmen des *cultural turn*, der Entdeckung der Kontextualität und der historischen Situiertheit der Vernunft, hat es eine durchaus begründete Skepsis an den Universalitätsansprüchen der Vernunft gegeben. So sehr ich auch davon überzeugt bin, dass eine christliche Ethik stark die Situativität des Handelns und die Dimensionen des guten Lebens in den Blick zu nehmen hat, so sehr müssen wir uns auch bewusst sein, dass eine derartige Relativierung und Kontextualisierung die Universalität individueller Schutzrechte und damit in dieser Hinsicht den Vorrang des Rechten vor dem Guten zu berücksichtigen hat[10] – wollte man sich nicht selbst an der problematischen Fortschreibung einer Traditionslinie beteiligen.

Literatur

Burgsmüller, Alfred und Rudolf Weth, Hg. *Kirche als „Gemeinde von Brüdern"*. Gütersloh: Mohn, 1983/84.

Butz, Ulrike. „„Vertrauen Sie mir, ich bin Arzt!' Der Zusammenhang von Vertrauen und Macht in der Arzt-Patienten-Beziehung." In *Autonomie und Macht. Interdisziplinäre Perspektiven auf medizinische Entscheidungen*, hg. v. Reiner Anselm u. a., 51–66. Göttingen: Edition Ruprecht, 2014.

Graf, Friedrich Wilhelm. *Missbrauchte Götter. Zum Menschenbilderstreit in der Moderne*. München: Beck, 2009.

Habermas, Jürgen. *Faktizität und Geltung: Beiträge zur Diskurstheorie des Rechts und des demokratischen Rechtsstaats*. Frankfurt am Main: Suhrkamp, 1992.

Kuhlmann, Carola. *Erbkrank oder erziehbar? Jugendhilfe zwischen Zuwendung und Vernichtung in der Fürsorgeerziehung in Westfalen 1933–1945*. Weinheim und München: Juventa Verlag, 1989.

Möllering, Guido. *Trust, reason, routine, reflexivity*. Amsterdam: Elsevier, 2006.

Mouffe, Chantal. *Agonistik. Die Welt politische Denken*. Berlin: Suhrkamp, 2014.

Munsonius, Hendrik. *Evangelisches Kirchenrecht. Grundlagen und Grundzüge*. Tübingen: Mohr Siebeck, 2015.

Richter, Cornelia. „Vertrauen – im Wachsen. Eine Skizze zum theologischen Forschungsstand 2007–2010." *Hermeneutische Blätter* 1–2 (2010): 25–44.

---

10 Siehe Van Dyk, „Identitätspolitik"; Habermas, *Faktizität und Geltung*.

Van Dyk, Silke. „Identitätspolitik gegen ihre Kritik gelesen. Für einen rebellischen Universalismus." *Aus Politik und Zeitgeschichte* 9–11 (2019): 25–32.
Wiesemann, Claudia. „Vertrauen als moralische Praxis – Bedeutung für Medizin und Ethik." In *Autonomie und Vertrauen. Schlüsselbegriffe der modernen Medizin*, hg. v. dies. und Holmer Steinfath, 69–99. Wiesbaden: Springer, 2016.

Christoph Seibert

Menschenführung als Kontext sexualisierter Gewalt

Von der Ambivalenz einer unverzichtbaren Praxis

Deutsche haben es in der Regel schwer mit dem Wortfeld „führen, Führer, Führung", und zwar aus guten Gründen. Und dennoch gehört es zum festen Bestandteil unserer Alltagssprache. Dabei kommen dem Verb „führen" und seinen substantivierten Formen eine Fülle an disparaten Bedeutungen zu: Wir reden davon, dass beim sportlichen Wettkampf eine bestimmte Person oder Mannschaft führt und meinen damit, dass sie vor den anderen liegt; wir führen Titel im Namen, Hunde an der Leine und Kraftfahrzeuge im Straßenverkehr; wir führen ein Restaurant oder eine Firma, führen etwas auf, beispielsweise ein Theaterstück, oder wir führen uns auf, was je nach Umständen peinlich werden kann; wir müssen in bestimmten Fällen ein polizeiliches Führungszeugnis einholen und können außerdem wegen guter Führung sogar vorzeitig entlassen werden. Wie dem auch sei, bereits diese lose und mitnichten erschöpfende Aufzählung zeigt jedenfalls die Vielfältigkeit der Bedeutungen an, die wir mit dem Wort „führen" verbinden. Gleichzeitig ist deutlich, dass es dabei um ein relationales Konzept geht, das eine spezifische Art der Beziehung zwischen Personen, Dingen, Tieren oder Institutionen meint.

Wenn ich im Folgenden über Menschenführung nachdenke, wird dieser relationale Grundzug interpersonell spezifiziert, also eine Beziehungsart in den Blick genommen, die ganz allgemein dadurch ausgezeichnet ist, dass jemand führt und jemand anderes geführt wird. Was grammatikalisch dabei als eindeutige Verteilung der aktiven Komponente auf Seiten der Führenden und der passiven Komponente auf Seiten der Geführten erscheint, ist von der Sache her gesehen allerdings alles andere als eindeutig. Betrachtet man nämlich die Struktur der Beziehung zwischen beiden etwas genauer, zeigt sich in Anlehnung an Einsichten aus dem berühmten Kapitel „Herr und Knecht" in Hegels *Phänomenologie des Geistes*, dass nicht nur die Führende in ihrer Rolle abhängig bleibt vom bestätigenden Verhalten des Geführten, auch Letzterer ist keineswegs eine passiv verbleibende Instanz, sondern arbeitet aktiv, wenngleich nicht notwendig freiwillig

Anmerkung: Ich danke Simon Jungnickel für Hintergrundrecherchen und allen Teilnehmer*Innen der systematisch-theologischen Sozietät der Universität Hamburg im Sommersemester 2020 sowie Barbara Müller für nachträgliche Lektüre und Diskussion des Textes. Last but not least danke ich Dr. Alke Arns für wertvolle Hinweise zur Aufarbeitungsliteratur.

https://doi.org/10.1515/9783110699203-021

an der Aufrechterhaltung der Beziehung mit. Diese später noch wichtig werdende Zuordnungsschwierigkeit schon einmal vorausgeschickt, mag man beim Begriff der Menschenführung zunächst an betriebswirtschaftliche Strategien der Personalführung oder an eingespielte Praktiken denken, die in eher hierarchisch organisierten Institutionen wie etwa beim Militär eine unverzichtbare Rolle spielen. Damit wäre das semantische Spektrum des Begriffs jedoch definitiv zu eng gefasst. Gegenüber solchen rein professionsspezifischen Bedeutungen möchte ich ein von spezifischen Professions- jedoch nicht von Rollengesichtspunkten partiell gelöstes, gewissermaßen entgrenztes Verständnis dieses Begriffs darlegen. Folgt man der damit gelegten Spur, liegt es zugleich nahe, die Formierung dessen, was uns als handelnde Subjekte jeweils ausmacht, ebenfalls vor dem Hintergrund der verschiedensten Konstellationen eines Führens und Geführtwerdens zu verstehen. Für die bisweilen drängenden Fragen nach dem, wer wir sind, wie wir geworden sind und zu wem wir möglicherweise noch werden, heißt das entsprechend, dass auch sie nur bearbeitet, wohl aber kaum final geklärt werden können, wenn die vielfältigen Erfahrungen mit den Praktiken der Menschenführung als determinierende Faktoren miteinbezogen werden. Im Ganzen gesehen kommt es mir somit auf das an, was Ulrich Bröckling im Anschluss an Michel Foucault als „sanfte Selbst- und Sozialtechnologien" bezeichnet. Darunter versteht er Praktiken, „die über freiwillige Mitwirkung, personale Bindungen, den zwanglosen Zwang des besseren Arguments oder ökonomische Anreize operieren".[1]

Diese begriffliche Vorklärung vorausgesetzt, möchte ich im Folgenden einer durchaus bekannten These nachgehen und danach fragen, inwiefern sich pastorales Handeln als eine „sanfte" Praxis der Menschenführung beschreiben lässt, die vor allem auf „freiwillige Mitwirkung" und „personale Bindung" setzt, und dabei der Möglichkeit von spezifischen strukturellen Missverhältnissen ausgesetzt bleibt. Erst an dieser Stelle wird dann die Thematik der sexualisierten Gewalt zu platzieren sein. Methodisch gehe ich also so vor, dass das besondere Thema der sexualisierten Gewalt nicht direkt, sondern über einen konzeptionellen Umweg angesprochen wird. Es wird in einen Referenzrahmen gestellt, der allgemeiner gehalten ist und auf den ersten Blick kaum Berührungspunkte mit ihm aufweist. Durch diesen Umweg erhoffe ich mir, Bekanntes in einem anderen Licht sehen und deuten zu können.[2] Als kritische Folie dienen mir dabei vor allem Foucaults einschlägige Studien zur „Pastoralmacht", deren Leistungsfähigkeit und Grenzen

---

1 Bröckling, *Gute Hirten*, 9.
2 Zu dieser Methodik vgl. Plessner, „Mit anderen Augen".

deutlich werden, wenn sie genauer ins Verhältnis zu konkreten Fällen sexualisierter Gewalt gebracht werden.[3]

Vor diesem Hintergrund gestaltet sich der Beitrag wie folgt: Da die Thematik aufs Engste mit dem zusammenhängt, was wir unser Selbst nennen, werden die einzelnen Abschnitte anhand verschiedener Bilder des Selbst organisiert. Zunächst wird das Thema in einer Perspektive eröffnet, die das Selbst als etwas zutiefst verletzliches vorstellig werden lässt; anknüpfend daran gehe ich auf Foucaults Verständnis von Selbstformungs- und Machtpraktiken ein, deren Konnex im Konzept der Pastoralmacht exemplarisch erhellt wird; drittens werden einige der gewonnenen Einsichten anhand einer kurzen Fallskizze sexualisierter Gewalt weiter bestimmt.

1 Zerbrechliches Selbst. Bedingungen der Verletzlichkeit

Als anthropologischen Referenzpunkt der Überlegungen wähle ich den der Erfahrung stets präsenten Umstand, dass Menschen ebenso wie Tiere schmerzempfindliche und verwundbare Wesen sind. Unter dem Programmbegriff der *vulnerability* wird diese Tatsache gegenwärtig verstärkt zum Ansatzpunkt von Ethiken verschiedenster Couleur erklärt, wobei vor allem Arbeiten im Bereich der feministischen Theoriebildung und der Genderstudies, die sich um Fragen der Leib- und Körperlichkeit drehen, als zeitgenössische Wegbereiter angesehen werden können.[4] Ich weise auf diese Debatte nur hin, um drei damit einhergehende anthropologische Prämissen zu markieren, die für meine Überlegungen wichtig sind. Sie beziehen sich auf die Natalität des Menschen, sein leiblich-soziales Ausgesetztsein und schließlich auf eine sich daraus ergebende nicht-essentialistische Vorstellung des Selbst. Die erste Prämisse besteht darin, dass im *vulnerability*-Diskurs Menschen nicht primär ausgehend von ihren kognitiv-intellektuellen Fähigkeiten als rationale Akteure oder Vertragspartner verstanden werden, sondern ganz nach dem Motto: „Leib bin ich ganz und gar"[5] ausgehend von ihrer situierten Leiblichkeit und der darin eingeschlossenen Verankerung in der Welt. Dabei ist es wichtig zu sehen, dass diese Welthabe nichts ist, was jemand

---

3 Es überrascht, dass eine Analyse dieses Konzeptes in dem wichtigen und hoch interessanten Sammelband, Striet und Werden, *Unheilige Theologie!*, fehlt.
4 Vgl. etwa Schnell, *Ethik im Zeichen*; Butler, *Vulnerability in Resistance*; Mackenzie, *Vulnerability*; Gilson, *The Ethics of Vulnerability*.
5 Nietzsche, *Also sprach Zarathustra*, 300.

sich hätte aussuchen können, sie ist weder frei gewählt noch wurde sie durch eigenen Entschluss zugeeignet. Es ist dieser Umstand, den Hannah Arendt sehr einprägsam mit dem Begriff der „Natalität" bezeichnet, womit nicht das biologische Ereignis der Geburt gemeint ist, sondern das kontingente Entstehen einer tätigen Perspektive, die mit jedem Geborenwerden Gestalt gewinnt und einen „neuen Anfang", eine neue „Initiative"[6] in den Lauf des Weltgeschehens setzt. Dass Natalität nach Arendt ein „Kategorien-bildendes Faktum"[7] für das politische Denken und damit von erheblichem normativen Gewicht ist, dürfte mit der bereits angezeigten Nichtwählbarkeit zu tun haben, die ja permanent damit konfrontiert, mit anderen Menschen zusammenleben zu *müssen*, wobei über die ethische Qualität der verschiedenen Formen, in denen das geschieht, also darüber, wie wir zusammenleben *wollen*, noch nichts gesagt ist.[8] Kurzum, die mit dem Konzept der Natalität zum Ausdruck gebrachte Nichtwählbarkeit unserer leiblichen Verankerung in der Welt ist das sowohl individuell als sozial bestimmende Grundfaktum, von dem jede ethische Überlegung nicht nur auszugehen hat, sondern stets daran rückgekoppelt werden muss.

Die zweite Prämisse hängt unmittelbar mit diesem Punkt zusammen. Wenn es sich nämlich so verhält, dass wir nicht anders können, als uns zu anderen zu verhalten, lässt sich das dahingehend interpretieren, dass wir einander unweigerlich ausgesetzt sind, und zwar allein schon aufgrund unserer leiblichen Kopräsenz. Dieses Faktum des leiblichen Ausgesetztseins eröffnet natürlich Raum für Szenarien, die vom existentiellen Bedroht- und Ausgeliefertsein über Figuren des sexuellen Begehrens bis hin zur sprachlichen Kommunikation und körperlichen Gewalt reichen. In welcher Szene es auch gefasst werden mag, man sollte sich nicht dazu verleiten lassen, es als eine besondere Eigenschaft unter anderen auszumachen, die man zuschreiben und aberkennen oder in einer beobachtenden Einstellung zum Objekt erheben kann. Denn um was es dabei geht, steht uns ebenso wenig zur Disposition wie unsere Verankerung in der Welt, es fungiert fast schon als transzendentale Bedingung, die bereits in Anspruch genommen wird, wenn wir füreinander Gegenstand einer Wahrnehmung, eines Urteils oder einer Handlung werden. Denn welche Tätigkeit wir auch vollziehen mögen, um uns selbst und andere als „soundso" näher zu bestimmen, sie steht in letzter Konsequenz unter der Bedingung, dass wir füreinander überhaupt in irgendeiner Form leiblicher Präsenz zugänglich sind. So gesehen lässt sich sagen, dass wir dieses „Ausgesetztsein nicht willentlich ausschalten [können], denn es ist ein Zug

---

6 Arendt, *Vita activa*, 18.
7 Ebd.
8 Vgl. dazu Butler, „Gefährdetes Leben", besonders 697–701.

[der] Körperlichkeit selbst, und in diesem Sinn ist es [unser] Leben, und doch ist es nichts, was [wir] unter Kontrolle haben könnte[n]".[9] Sind wir aufeinander in dieser Weise leiblicher Kopräsenz bezogen und gehört es zu dieser Erfahrung, sich in verschiedenen Hinsichten und Graden als verletzlich zu erleben, heißt das, dass zum Grundfaktum des Ausgesetztseins gleichursprünglich die Vulnerabilität dessen, was wir jeweils sind, als konstitutive Determinante mitgesetzt ist.

Was bedeutet das nun drittens für die Vorstellungen, die wir uns von dem machen, was wir unser Selbst nennen? Wie immer man hier im Einzelnen votieren möchte, um Verletzlichkeit direkt in der strukturellen Matrix von Selbstverhältnissen zu verankern, es dürften nur solche Vorstellungstypen infrage kommen, die das bereits zitierte Motto „Leib bin ich ganz und gar" in sich aufnehmen können. Und dazu sind insbesondere nichtessentialistische Vorstellungen imstande. Was damit gemeint ist, möchte ich anhand eines idealtypisch konstruierten Kontrasts zu einer essentialistischen Auffassung etwas näher bestimmen.[10] Eine *essentialistische* Vorstellungsart des Selbst lässt sich beispielsweise anhand der immer wieder anzutreffenden Unterscheidung zwischen einer Innen- und einer Außendimension des Selbst kenntlich machen. Diese Unterscheidung erinnert entfernt an Kern-Schale-Modelle, sie unterstellt jedenfalls, dass man zu dem jeweils Unterschiedenen jeweils für sich einen Zugang gewinnen könne. Im Hintergrund dürfte dabei die Idee von einem wahren Selbst stehen, welches vorzugsweise im Modus der Innerlichkeit gegeben und deshalb auch unabhängig von allen Handlungen und Ausdrucksweisen unmittelbar oder direkt zugänglich sein kann. Es birgt gewissermaßen das Potential, das mehr oder weniger verdeckt und ungenützt in uns schlummere und auf das zurückgegriffen werden könne, wenn äußere Realisierungsformen scheitern oder wenn wir uns in den sozialen Rollen, die wir übernehmen, von uns selbst entfremden würden. In solchen Fällen werden dann gerne Parolen der Eigentlichkeit wirksam, die uns zurück zu unserem wahren Ich jenseits jener Rollen rufen wollen, und die zeitgenössische Wellness- oder Coachingindustrie bietet ein reichhaltiges Repertoire an Techniken an, die uns helfen sollen, diesen Parolen nachzukommen. Auf was es mir nun ankommt, ist, dass hier offenbar von einem Selbst ausgegangen wird, welches von seinen Ausdrucksweisen im Tun und im Erleiden mehr oder weniger eindeutig unterschieden werden soll, mithin ein inneres, wahres Selbst jenseits seiner äußeren Verwirklichung. Die Dinge auch nur annäherungsweise so zu sehen, hat freilich seinen Preis. Es ist dann nämlich kaum mehr möglich, Verletzbarkeit konsistent als *konstitutive* Eigenschaft des Selbst zu denken. Denn eine Dimension

---

9 Butler, *Kritik*, 47.
10 Im Anschluss an Jaeggi, *Entfremdung*, 73 f.

des Selbst, wie eng oder weit, verborgen oder offenbar man sie auch fassen möge, scheint sich dann mit diesem Begriff nicht richtig fassen zu lassen, scheint dem, um was es dabei geht, in eigentümlicher Weise entzogen oder vielleicht sogar enthoben zu sein.

Demgegenüber machen *nichtessentialistische* Vorstellungsarten darauf aufmerksam, dass das, was wir unser Selbst nennen, sich überhaupt nicht losgelöst von seinen in Handlungszusammenhängen realisierten Ausdrucksformaten thematisieren lässt. Folgt man dieser Idee, gibt es „keine ‚Wahrheit des Selbst' jenseits seiner Äußerungen. Was man *ist*, muss, um Wirklichkeit zu gewinnen, sich ausdrücken und *entäußern*".[11] Zwischen den Rollen, die wir „spielen" und dem, wer wir „sind", lässt sich daher nicht mehr wirklich trennscharf unterscheiden, zumindest nicht, indem auf ein wahres Selbst verwiesen wird, welches sich noch nicht in irgendwelchen sozialen Rollen schon irgendwie gefunden oder verloren hat. Im Hintergrund dieser Vorstellung steht offenbar die paradox wirkende Idee, dass wir uns immer nur in Bezug zu einem Anderen, welches wir eben nicht oder nicht ganz sind, als das erfahren, was wir sind. Diese Idee, die Identität und Alterität miteinander zu vermitteln sucht, lässt sich natürlich in ganz unterschiedlichen Modellen abbilden, etwa in Hegels Phänomenologie von der Erfahrung des Bewusstseins, in Kierkegaards Theorem des Selbst als eines Verhältnisses, das sich zu sich selbst verhält, indem es seine heterogenen Pole koordiniert, oder in Meads symbolischem Interaktionismus. So unterschiedlich diese Modelle auch sein mögen, in allen Varianten kommt es letztlich darauf an, dass das, was wir unser Selbst nennen, ein in sich *prekäres Verhältnis* ist, das allein in (inter-)personellen Aneignungsbeziehungen wirklich ist, von denen freilich gilt, dass es über sie letztlich nicht durchweg verfügen kann. Kann es über sie aber nicht durchweg verfügen, so mutet jede Rechenschaft, die man von sich selbst gibt, nahezu Unmögliches zu. Denn das Eigennarrativ ist dann zugleich ein Narrativ über diejenigen kontingenten sozialen Umstände, Personen und Ereignisse, welche die selbstreferenzielle Struktur der gesuchten Erzählung permanent außer Kraft zu setzen drohen.[12] Unsere vermeintliche Souveränität als Subjekte von Aneignungs- und Rechenschaftsbeziehungen ist folglich durchzogen von Faktoren, über die wir nur sehr eingeschränkt verfügen können.

Damit ist für das Verständnis der Vulnerabilität ein entscheidender Fortschritt erzielt. Wenn nämlich keine Tiefendimension der Immunität des Selbst ausgemacht werden kann, dann heißt das, dass es in den praktischen Beziehungen, in denen sich die Formierung des Selbst im Zuge von Aneignungsakten vollzieht, um

---

11 A.a.O., 74, Hervorhebung original.
12 Vgl. Butler, *Kritik*, 15.

das gefühlte Ganze des Lebens geht, wenngleich auch in vermittelten Weisen. Nur wenn es sich so verhält, dürfte es möglich sein, Verletzbarkeit nicht nur partikularisierend zu bestimmen, sondern konsistent in der Mitte derjenigen Beziehungsformen zu platzieren, als die wir existieren. Die Problematik von Menschenführungspraktiken liegt so gesehen darin, dass sich die Beziehungsdynamik zwischen Führenden und Geführten zwar rollenspezifisch zu erkennen gibt – etwa im Erziehungs- oder Bildungshandeln, im politischen Engagement, im Sport oder im religiös motivierten Bindungsverhalten –, was dabei aber Personen zugefügt wird, wenn es zu verletzenden Grenzüberschreitungen kommt, lässt sich in seinen Wirkungen nur schwer auf einen klar abgrenzbaren Teilbereich ihres Lebens eingrenzen, sondern betrifft in vielen Fällen die Gesamtperspektive, in denen sie sich überhaupt als konkrete, verletzliche Subjekte in ihrer Welt wahrnehmen. Darauf wird der nächste Abschnitt in einer exemplarischen Vertiefung näher eingehen.

2 Geformtes Selbst. Menschenführungspraxis

Wer sich mit dem Thema der Menschenführung beschäftigt, ohne dabei sofort an die Anwendung von Managementstrategien zu denken, kommt nicht an den dafür einschlägigen Arbeiten von Michel Foucault vorbei. Wenn ich mich ihnen zuwende, dann mit einem sehr eingeschränkten Untersuchungsradius mit Blick auf das komplexe Gesamtwerk, dessen Genese in der Forschung gerne anhand von Dreiphasenmodellen interpretiert wird.[13] Der Frage, ob solche Einteilungsversuche berechtigt sind, muss hier nicht weiter nachgegangen werden, da ihre Diskussion für mein spezifisches Interesse an diesem Denker nicht viel austrägt. Erwähnenswert ist aber allemal, dass Foucault in den achtziger Jahren in diversen Kommentierungen seiner recht unübersichtlich scheinenden Denkentwicklung wiederholt darauf aufmerksam macht, dass nicht die Machtproblematik als solche, sondern die Subjektthematik das „umfassende Thema"[14] seiner Arbeiten sei. Folgt man diesem Hinweis, lässt sich vorsichtig von einer Einheit der im Werk wirksamen Forschungsperspektiven reden, ohne dabei die Akzentuierung leugnen zu müssen, die seit *Sexualität und Wahrhe*it verstärkt hervortritt und schließlich in den Studien zu antiken und frühchristlichen Techniken der Selbstbildung ganz klar zu erkennen ist. Interessant ist es jedenfalls zu beobachten, dass in Werken der siebziger Jahre überwiegend Subjektivierungsprakti-

---

13 Vgl. etwa Fink-Eitel, *Michel Foucault*.
14 Foucault, „Subjekt und Macht", 270; vgl. 776 f. und 875.

ken untersucht werden, in denen sich dann eine bestimmte Form von Subjektsein als Wirkung einstellt, wobei vor allem Wissens- und soziale Kontrollpraktiken eine Rolle spielen. Dabei kann freilich der Eindruck entstehen, dass am Ort des Subjekts überhaupt keine widerstrebenden Kräfte ausgemacht werden können, es diesen Praktiken vielmehr restlos ergeben sei. Liest man Foucaults Hinweis folgend die späten Studien zur ethischen Selbstformung in Kontinuität zu diesen früheren Arbeiten, legt es sich indessen nahe, diesen Eindruck zumindest vorsichtig zu relativieren, da nun die „internen" Effekte von Praktiken in den Blick kommen, in denen Subjekt und Objekt identisch sind, also ein Subjekt sich zu dem macht, was es sein will.[15] Damit wird die Machtfrage freilich nicht obsolet, es wird aber vielleicht möglich, ihre einzelnen Facetten so zu fassen, dass Selbst- und Fremdbestimmungsgesichtspunkte spezifischer aufeinander bezogen werden können. Diese für meine Überlegungen nicht unwichtige Problematik der Foucaultinterpretation vorausgeschickt, wende ich mich nun dem Konzept der Pastoralmacht zu, um einzelne Aspekte des Verhältnisses von Menschenführungspraxis, Selbstformung und Macht exemplarisch zu untersuchen.[16]

Eine hilfreiche Bestimmung erlangt der Begriff der Menschenführung bei Foucault im Kontext dessen, was es heißt, zu regieren, so dass man anstatt von Menschenführung auch von „Menschenregierungskünsten"[17] reden kann. Die Bedeutung von „regieren" (*gouverner*) sollte allerdings nicht zu eng gefasst werden, indem man sie etwa allein auf staatliches oder administratives Handeln bezieht und ihre eigentümliche Gestalt im Befehl oder im behördlichen Schreiben erkennt. Foucault hat eine sehr viel umfassendere Bedeutung im Blick, wenn er darunter die Gesamtheit derjenigen Techniken und Verfahren versteht, mittels derer Menschen aufeinander Einfluss nehmen, um ihr Leben zu lenken. Es handelt sich also um Mittel der sozialen und individuellen Steuerung: „Unter Regierung verstehe ich die Gesamtheit der Institutionen und Praktiken [Prozeduren, Techniken, Methoden], mittels deren man die Menschen lenkt, von der Verwaltung bis zur Erziehung".[18] „Lenken" ist dabei nur ein anderer Ausdruck für „führen",[19] wobei neben dem im engeren Sinn politischen und administrativen Regierungshandeln auch „Kinder[], Seelen, Gemeinschaften, Familien [oder] Kranke[]"[20] als Adressaten dieser Tätigkeit fungieren; außerdem kann sie sich

---

15 Zu dieser Lesart vgl. Saar, *Genealogie als Kritik*, 263 f.

16 Zum Thema der Pastoralmacht im Zusammenhang mit sexualisierter Gewalt im kirchlichen Kontext siehe auch Moschella, „Patriarchy, Power, and Bodies" in diesem Band.

17 Vgl. Bröckling, *Gute Hirten*, 7.

18 Foucault, „Gespräch mit Ducio Trombadori", 116.

19 Vgl. a.a.O., 117.

20 Foucault, „Subjekt und Macht", 286.

sowohl auf andere als auch auf das eigene Selbst beziehen.[21] Es ist offensichtlich, dass die Tätigkeit des Regierens, verstanden als Führen und Lenken anderer Menschen sowie seiner selbst, eine Realisierung von Macht darstellt. Doch auch an diesem Punkt ist es wichtig, das semantische Spektrum des Machtbegriffs nicht vorschnell auf äußeren Zwang oder physische Gewalt hin einzuschränken, er ist offener gehalten: Zum einen geht es Foucault nicht um die Analyse von Macht in einem substantialisierenden Sinn – *die* Macht gibt es nicht – , sondern wenn er von Macht redet, geht es um ganz bestimmte, plural verfasste Wirkungs- und Gegenwirkungskonstellationen, das heißt um eine „Vielfältigkeit von Kräfteverhältnissen",[22] die sich permanent verschieben, ohne dabei von einem Zentrum aus gesteuert zu werden. Deshalb wehrt er sich zum anderen auch dagegen, derartige Machtbeziehungen mit institutionalisierter Herrschaft zu verwechseln, sei es in einem politischen oder rechtlichen Sinn. Politische Herrschaft ist stattdessen eine integrierende Form im Umgang mit heterogenen, instabilen Machtverhältnissen,[23] die die menschliche Sozialität in allen ihren Ausprägungen durchziehen. Vor dem Hintergrund dieses Interesses an den verschiedenen Ausübungsmodalitäten von Macht bestimmt Foucault in den ethisch akzentuierten späteren Texten die Charakteristik von Machtbeziehungen interessanterweise auch unter einem handlungstheoretischen Vorzeichen. „Macht existiert nur als Handlung"[24] und zielt dabei darauf ab, das Handeln anderer zu beeinflussen bzw. zu lenken. Das geschieht, indem sie deren praktische Möglichkeiten strukturiert und dadurch Handlungsoptionen „erleichtert oder erschwert, [...] erweitert oder [ein]schränkt".[25] Diese Definition von Macht als ein „auf Handeln gerichtetes Handeln"[26] ist deshalb thematisch weiterführend, da sie die Machtausübung an eine Freiheitsunterstellung bindet. Von einer Machtbeziehung, so die Pointe, kann nur dann die Rede sein, wenn die Situation, in welcher sie auftritt, mehrere Möglichkeiten, sich zu verhalten, offenlässt. Diejenigen, auf welche Einfluss ausgeübt werden soll, müssen daher als freie Subjekte angesehen werden können, wobei man unter „Freiheit" kein inhaltlich anspruchsvolles Konzept – zum Beispiel Freiheit im transzendentalen Sinn – verstehen sollte, sondern erst einmal die elementar praktische Option, sich zu widersetzen, „Nein" zu sagen. Folgt man dieser Idee, wird es natürlich immens schwierig, wenn nicht sogar unmöglich,

---

21 Foucault hat bekanntlich vor allem in der Philosophie der Antike Bausteine einer solchen Führung des eigenen Selbst gefunden. Vgl. Foucault, *Hermeneutik des Subjekts*.

22 Foucault, *Der Wille zum Wissen*, 93.

23 Vgl. a.a.O., 94.

24 Foucault, „Subjekt und Macht", 285.

25 A.a.O., 287.

26 A.a.O., 286.

Freiheit an sich selbst zu thematisieren, ohne zugleich auf ihre Verstrickungen in bestimmten Machtkonstellationen zu achten. Das eine lässt sich deshalb nur im Verhältnis zum anderen thematisieren. Vor diesem Hintergrund kann die einleitend angedeutete Problematisierung einer eindeutigen Zuweisung von Aktivität/Passivität mit Blick auf das Verhältnis Freiheit/Unfreiheit neu gelesen werden. Jedenfalls ist jene Widerstandsoption nicht etwas, das der Macht bloß äußerlich wäre, sie bildet vielmehr einen wesentlichen Faktor ihrer Wirksamkeit, mit der Folge, dass auch die Praxis der Menschenführung sich nach einem agonalen Muster zwischen Machtanspruch und Möglichkeit des Widerspruchs vollzieht. So verstanden, bildet der Nexus der Macht einen anthropologischen Sachverhalt von schlechterdings kategorialer Natur. Auch kirchliches und darin eingeschlossen pastorales Handeln kann dem nicht entkommen, wenn es überhaupt etwas bewirken will. Schließlich geschieht in den Grundfunktionen der Evangeliumsverkündigung und der Sakramentsverwaltung immer auch das, was Foucault allen anderen Formen des Regierens gleichermaßen zuerkennt: eine Strukturierung des Feldes möglichen Handelns.

Damit bin ich an dem Punkt angekommen, an dem die Konzeption der Pastoralmacht näher in den Blick genommen werden kann, die sich Foucault gleichermaßen als eine Technik vorstellt, welche darauf abzielt, „Individuen [...] kontinuierlich und permanent zu leiten".[27] Es ist dieser klare Fokus auf das Individuum, der sie tendenziell von der auf Kollektive zielenden Macht des Staates unterschieden sein lässt. Im Unterschied zur Staatsmacht handelt es sich hier also um eine eher „individualisierende Macht".[28] Ihren Entstehungszusammenhang findet Foucault im frühen Christentum, wobei diese genealogische Perspektive eine erwähnenswerte gegenwartsdiagnostische Schlagseite hat. Denn in der dabei zum Vorschein kommenden Praxis der Menschenführung, die Foucault mit einem Zitat von Gregor von Nazianz als „Kunst der Künste" auszeichnet, erkennt er einen wichtigen Bestimmungsfaktor für das, was wir heute – trotz aller semantischen und pragmatischen Transformationen – mit der Führung von Einzelpersonen verbinden, sei es in Therapie und Coaching, im Rahmen des kirchlichen Handelns oder in betriebswirtschaftlichen Personalförderprogrammen:

> Durchgängig, und zwar bis in unsere heutige Zeit, wird die Führung von Einzelpersonen, das Lenken ihrer Seele, die Steuerung ihres schrittweisen Vorankommens, die mit ihnen zu-

---

27 Foucault, „Omnes et singulatim", 167.
28 Ebd. Dabei muss freilich gesehen werden, dass Foucault eine Geschichte erzählt, in welcher die moderne Staatsmacht und die Entwicklung der Pastoralmacht eng aufeinander bezogen werden.

sammen vorgenommene Erforschung der geheimen Regungen ihres Herzens in das Zeichen dieser *ars artium* gestellt.[29]

Soviel in aller Kürze zu dieser wichtigen Pointe. Wie entfaltet Foucault nun diese Form der Menschenführung?

Anhand der vorliegenden Texte können zwei sich inhaltlich eng überlappende Schwerpunkte ausgemacht werden: zum einen die Orientierung am Motiv des Hirten, zum anderen die Orientierung am frühchristlichen Mönchtum, dessen Bestimmungen Foucault seit seinen Vorlesungen am Collège de France aus dem Jahr 1981/82 in Abgrenzung zu griechisch-römischen Konzepten der Selbstsorge entwickelt.[30] Ich werde im Folgenden einige Aspekte dieser Bezüge miteinander entfalten, zwischen den früheren Texten und den posthum herausgegebenen Studien zur „Kunst der Künste" also nicht gesondert unterscheiden. Dabei dient mir die Hirten-Metapher als Folie. Im Großen und Ganzen lassen sich drei thematisch relevante Grundelemente an der frühchristlichen Fassung des Hirtenmotivs ausmachen:[31] 1. Der Hirte trägt Verantwortung, und zwar sowohl für die ganze Herde als auch für jedes einzelne Schaf. Dazu gehört, dass der Hirte auch bereit sein muss, sich für seine Schafe zu opfern. Im Hintergrund steht die Idee, dass der Hirte eine wohlwollende Haltung gegenüber seiner Herde hat, die darauf zielt, die Einzelnen auf ihr himmlisches Heil auszurichten. 2. Was die Herde angeht, so ist ihre Beziehung zum Hirten eine jeweils individuelle, näher verstanden als Beziehung einer persönlichen, freiwilligen Unterordnung.[32] An dieser Stelle profiliert Foucault schließlich den für ihn ungemein wichtigen Gehorsamsgedanken. Gehorsam, so seine These, ist im frühen Mönchtum eine vor nichts haltmachende, mithin totale Forderung,[33] die in Form der Demut (*humilitas*) fast schon zu einem Existential, einer „ständige[n] Struktur"[34] des Selbst wird. Was das Selbst des Novizen ist, formiert sich somit immer unter Einschluss jener Grundhaltung. 3. Dieser Art der individualisierten, seitens des Novizen im Gehorsam manifesten Beziehung entspricht nun eine spezifische, ebenso individualisierte Erkenntnisform seitens des Hirten. Er muss nämlich in der Lage sein, die Belange jedes seiner Schafe zu kennen, um auf sie zu ihrem Wohl, das heißt zu ihrem himmlischen Heil, einzuwirken. Die dazu erforderlichen Techniken sind

---

29 Foucault, *Die Geständnisse des Fleisches*, 162.
30 Wichtiges Dokument ist hier Foucault, *Hermeneutik des Subjekts*.
31 Foucault verfolgt dieses Motiv bis in ägyptische Traditionen hinein. Vgl. Foucault, „Omnes et singulatim", 168.
32 Vgl. a.a.O., 178.
33 Vgl. Foucault, *Die Geständnisse des Fleisches*, 170.
34 A.a.O., 173.

aus dem frühen Mönchtum hinreichend bekannt, und werden von Foucault in *Sexualität und Wahrheit 4* eingehend analysiert. Im Zentrum stehen dabei a) die permanente Gewissensprüfung des Einzelnen, mit dem Ziel, Qualität und Ursprung einzelner mentaler Bilder und Gedanken sehr genau unterscheiden zu lernen; hinzu kommt b) das Geständnis gegenüber dem Oberen, im Zuge dessen das, was introspektiv vernommen wurde, vor anderen sprachlich offenbar gemacht wird.[35] Gewissensprüfung und Geständnis sind somit zwei Seiten eines einheitlichen Vorgangs, bilden gewissermaßen die innere und äußere Dimension eines spezifischen Selbstbildungsprozesses: „Der Blick auf sich selbst und die Diskursivierung dessen, was er erfasst, müssen ein und dasselbe sein. Sehen und Aussagen in einem einzigen Akt – das ist das Ideal, an das sich der Novize halten muss".[36] Denn nur so kann der Obere hinreichende Kenntnis über den Zustand seiner Mönche erlangen und sich für ihr Wohl einsetzen. Für Foucault bringt diese Praxis aus „völligem Gehorsam [...], Selbsterkenntnis und [...] Bekenntnis"[37] etwas für die griechisch-römische Antike Neues auf den Plan, dessen Grundfunktionen in zum Teil erheblich transformierten Formen bis heute weiterwirken.

Fazit: Es mag vielleicht müßig erscheinen, zum Verständnis von zeitgenössischen Menschenführungspraktiken die aus der Zeit gefallene Metapher des Hirten zu bemühen, zumal Foucault selbst zwar eine Verbindung, aber keinen linear verlaufenden Zusammenhang zwischen frühchristlicher Praxis und heutigen Konstellationen behauptet. Erschwerend hinzu kommt, dass im heutigen Selbstverständnis evangelischer Pfarrer*innen das Hirtenmotiv sicherlich kein ausgewiesen starkes Leitbild zum Verständnis des eigenen Tuns bildet. Hingegen ist es aber aus der Sprachwelt des *common sense* kaum mehr wegzudenken, in der das pastorale Amt gerne mit der Tätigkeit eines Hirten verglichen wird, der sich um seine „Schäfchen" zu kümmern habe. Davon vielleicht gar nicht so weit entfernt ist das Leitbild der Seelsorger*innen, welches sich großer Beliebtheit erfreut und im Aspekt der Fürsorge eine vage Verbindung zum Hirtenmotiv immerhin vorstellbar macht.[38] Solche diffusen Bedeutungsüberlappungen lassen sich im Sinn einer Vermutung deuten, die Ulrich Bröckling seinen Studien über Menschenregierungskünste vorangestellt hat, nämlich dass auch heute noch die Hirtenmetaphorik zumindest als „implizite Bezugsgröße"[39] präsent bleibt. Folgt man dieser Spur, fällt an Foucaults Charakterisierung der Pastoralmacht jedoch

---

35 Vgl. a.a.O., 186–200.
36 A.a.O., 193.
37 Foucault, „Omnes et singulatim", 180.
38 Eine Interpretation von Seelsorgepraktiken im Rahmen des Theorems der Pastoralmacht versucht Hermann Steinkamp, *Seelsorge als Anstiftung zur Selbstsorge*.
39 Bröckling, *Von Hirten*, 15.

eine starke Einseitigkeit in den Beschreibungen auf. Ich meine seine Gewichtung des mönchischen Gehorsams als einer lebensformierenden Haltung. Zwar geschieht dieser Gehorsam zumindest im ersten Grundakt freiwillig – es geht um einen freiwilligen Verzicht auf das eigene Wollen –, allerdings kann man sich des Eindrucks kaum erwehren, dass die Ausgangsthese, der zufolge Menschenführung die Option der Freiheit, das heißt der Widerspenstigkeit, impliziert, mit Blick auf die geführte „Herde" eigentümlich unterbestimmt bleibt. Bröcklings Kritik fällt deshalb auch radikal aus, wenn er scheibt, dass Foucault ein Modell der Führung präsentiere, „in dem die Menschen geführt werden, als seien sie Tiere".[40]

Obgleich ich die Kritik an dieser Stelle für etwas überzogen halte, lässt sie sich angesichts des vorliegenden Textmaterials durchaus vertreten. Das Problem besteht darin, dass Foucaults permanente Betonung des Gehorsams diejenige Haltung fast unkenntlich macht, in deren Licht nicht nur die Imperative der Demut und des Gehorsams, sondern auch die Freiwilligkeit des Grundaktes zum Verzicht erst verständlich werden. Das ist erst möglich, wenn man die Haltung des Vertrauens gleichermaßen in die Analysen miteinbezieht. Denn erst dann kann ersichtlich werden, dass die Pflichterfüllung nicht blind geschieht, sondern ihrerseits unter Einschluss eines Vertrauens in die wohlwollende Autorität des Abtes als Spiegel der Autorität Gottes ausgeübt wird.[41] Man könnte sogar sagen, dass jenes Vertrauen die Bedingung der Möglichkeit für diejenige Art des Gehorsams bildet, die letztlich gefordert ist. Wie auch immer man also die Relevanz von Foucaults Konzept der Pastoralmacht für die Thematik der sexualisierten Gewalt einschätzen mag, schon jetzt dürfte klar sein, dass der bloße Fokus auf der Asymmetrie zwischen Gehorchenden und Lenkenden für die eigentümlichen Dynamiken sexualisierter Gewalt in kirchlichen Kontexten blind machen kann. Sie lassen sich in der Regel nicht auf einen offenkundigen Gehorsamsakt reduzieren, sondern stellen sich in einem nur schwer transparent zu machenden Geflecht von persönlichen Vertrauensinvestitionen, Abhängigkeiten, Bedürfnissen, Schweigegeboten, Scham- und Schuldempfinden ein. Insofern spielt der Vertrauensfaktor in ihnen nicht nur eine beliebige, sondern eine konstitutive Rolle. Um diese Vermutung am Material zu erproben, schließe ich meine Überlegungen mit Notizen zu einer Fallstudie.

---

40 A.a.O., 26.

41 Vgl. dazu Foucault, *Die Geständnisse des Fleisches*, 486–524, besonders 509 f., 518 und 520.

3 Verletztes Selbst. Aspekte einer Fallstudie

In den 1990er-Jahren wurden Fälle sexualisierter Gewalt in der ehemaligen Nordelbischen Evangelisch-Lutherischen Kirche (heute: Evangelisch-Lutherische Kirche in Norddeutschland) bekannt. Mit der Aufdeckung dieser Fälle, die bis in die 1970er-Jahre zurückreichen, trat die damalige Bischöfin im Sprengel Hamburg und Lübeck, Maria Jepsen, von ihrem Amt zurück und eine sehr schwierige Geschichte der Aufarbeitung nahm ihren Lauf. Im August 2012 wurde eine unabhängige Kommission mit der Untersuchung dieser Fälle beauftragt, deren Ergebnisse im Schlussbericht aus dem Jahre 2014 der Öffentlichkeit vorliegen.[42] Dieser Bericht bildet die Quelle der nachstehenden Überlegungen, ohne dass ich auf Probleme der methodischen Durchführung und Validität näher eingehen kann; außen vor bleiben auch Fragen der straf- und disziplinarrechtlichen Bewertung. Es soll lediglich darum gehen, anhand von zwei ausgewählten Fallbeschreibungen einige der voranstehend entwickelten konzeptionellen Bestimmungen hermeneutisch zu erproben, und zwar ungeachtet dessen, ob dabei tatsächlich ein strafrechtlich relevanter Befund vorliegt. Ich beziehe mich auf die Fälle, welche im Bericht der Kommission mit dem Kürzel „Pastor J." und „Pastor O." gekennzeichnet sind, und die Elemente einer Menschenführungspraxis insofern erkennbar werden lassen, als pastorales Handeln Einfluss darauf nimmt, wie Menschen – hier: Jugendliche und junge Erwachsene – sich selbst und die Welt verstehen. Die von der Kommission untersuchten sexuellen Grenzverletzungen und Übergriffe bewegen sich nicht nur in diesem Kontext, ihre Akteure nutzen ihn vielmehr für die eigenen Zwecke geschickt aus.

Dabei ist es zunächst wichtig zu sehen, dass sowohl Pastor J. als auch Pastor O. als Personen beschrieben werden, die einen Vertrauensvorschuss genießen und zu denen man als Führungspersönlichkeiten gerne aufschaut. Sie gelten als Vorbilder und Autoritäten;[43] Pastor J. wird etwa als „heilsames Institut"[44] bezeichnet, mit dem man eigene Probleme besprechen kann, Pastor O. erscheint vielen als „Fels in der Brandung" des Lebens, als „Lichtgestalt" oder „Ersatzvater".[45] Beiden wird seitens der Jugendlichen und jungen Erwachsenen also ein prinzipielles Wohlwollen und Interesse an der Entwicklung ihrer Person unterstellt, was es leichter macht, um in Gruppen- oder Zweiergesprächen mit geständnisgleichen Offenbarungen persönlicher Angelegenheiten hervorzutreten.

---

42 Vgl. Ladenburger u. a., *Schlussbericht*.
43 Vgl. a.a.O., 66.
44 A.a.O., 44.
45 A.a.O., 57.

Solche Offenbarungen tragen allerdings auch dazu bei, dass ein sozialer Raum eröffnet wird, in dem es zunehmend schwerer fällt, sich von den vermeintlich gut gemeinten Handlungen der Kirchenmänner abzugrenzen. Pastor J. schreibt einer Betroffenen sogar die Rolle seiner „Heilerin"[46] zu, wenn sie sexuelle Aktivitäten zulasse, da es ihm dadurch ermöglicht werde, seine homosexuellen Neigungen in den Griff zu bekommen. Derartige Erhöhungen, die zugleich als symbolische Belohnungen wirken, dürften es der Betroffenen jedenfalls erheblich erschweren, Widerstand zu üben. Sie möchte ja ohnehin ihrem Pastor gefallen, wobei durch ihre Stilisierung als „Heilerin" die bereits etablierten Abhängigkeiten jetzt noch moralisch verstärkt werden: Darf sie unter dieser Voraussetzung J. ihren Dienst ernsthaft versagen? Dies sei exemplarisch erwähnt, um deutlich zu machen, dass es in den geschilderten Konstellationen weniger um explizite Gehorsamsakte gegenüber einer Person geht, die die Ausführung von sexuellen Handlungen befiehlt. An die Stelle der im Gehorsamsakt vielfach aktualisierten Beziehungsasymmetrie und der in ihr strukturell angelegten Distanz zwischen befehlsgebenden und -ausführenden Instanzen[47] tritt vielmehr ein kompliziertes Geflecht aus vertrauensbasierter Nähe und Kumpelhaftigkeit einerseits und kaschierter Machtausübung andererseits, gepaart mit Suggestions-,[48] Geständnis-[49] und Verheimlichungspraktiken,[50] Belohnungssystemen und der Angst seitens der Betroffenen, die ersehnte Nähe zur Bezugsperson des Pastors zu verlieren. Jedenfalls kann es in solchen Beziehungskonstellationen sehr viel schwerer fallen, ein klares „Nein" gegenüber bestimmten Verhaltensweisen zu finden als in Situationen, in denen Gehorsam gegenüber Personen verlangt wird, zu denen eine eher distanzierte, formale Beziehung besteht. Vor diesem Hintergrund möchte ich abschließend zwei Aspekte kurz hervorheben, nämlich die sich mit den Analysen von Foucault berührenden Geständnis- und Verheimlichungspraktiken.

Die kirchlichen Kontexte, in denen sich beide Pastoren die Personen ihres Begehrens auswählen, sind ähnlich: Es handelt sich um partiell geschlossene Systeme, um Konfirmationsunterricht, Jugendfreizeiten und Jugendgruppen. Im Fokus steht dabei die Verdichtung der in diesen Kontexten thematisierten Themen im persönlichen Gespräch, sei es zu Hause, im Zelt, oder im Anschluss an die jeweilige Gruppe in einer *face-to-face* Situation. Dabei liegt es nahe, dass diese Gespräche durch Rückfragen und ähnliche Instrumente gelenkt werden, mit dem Ziel, die Jugendlichen zu einer vertieften Selbstwahrnehmung zu verhelfen. Wel-

---

46 Vgl. a.a.O., 44.
47 Vgl. dazu Wirth, *Distanz des Gehorsams.*
48 Vgl. Ladenburger u. a., *Schlussbericht*, 48.
49 Vgl. a.a.O., 58 f.
50 Vgl. a.a.O., 44 und 47.

che Formen jene Vieraugengespräche auch annehmen, sie sind jedenfalls Techniken, um persönliche Nähe und Bindung herzustellen, säen dadurch aber auch insgeheim den Keim der Angst vor dem Verlust jener Nähe. Wie bereits angedeutet, werden damit Situationen geschaffen, die zwar im Kontext pastoralen Handelns überhaupt nicht ungewöhnlich, eher sogar typisch sind, die aber von beiden Pastoren in unterschiedlicher Weise sexuell ausgenutzt werden. Stabilisiert werden sie unter anderem durch Verheimlichungstaktiken, die sich in sogenannten Schweigegeboten Ausdruck verleihen. Die für Ich-Du-Beziehungen strukturell ohnehin schon starke Selbstbezüglichkeitskomponente gewinnt in solchen Geboten eine Verstärkung, die sich gegenüber den kritischen Funktionen sozialer Öffentlichkeit systematisch abschottet. Es kommt zu einer auf die Ich-Du-Sphäre begrenzten Abkapselung von Macht, die ohne externe Kontrollmechanismen ihr gefährliches Spiel immer weitertreiben kann. Dieser Umstand lässt sich seinerseits natürlich durch verschiedene Maßnahmen unterstützen, etwa wenn er mit Alkohol und Zigaretten gönnerhaft belohnt wird,[51] aber auch, wenn die Möglichkeit, das Schweigen zu brechen, mit religiösen Drohmotiven einhergeht, frei nach dem Motto „Eine gute Christin hält ein Versprechen" oder „Gott gefällt nicht, wenn das weitererzählt wird". Das Hüten des dunklen Geheimnisses wird somit in perfider Weise zu einer absoluten Verpflichtung erklärt, das heisst mit dem Tun des Willens Gottes selbst identifiziert.

Neben das Format der Ich-Du-Beziehungen treten dann vor allem bei Pastor O. auch gruppenbezogene Selbsterforschungs- und Geständnistechniken, deren sozialen Dynamiken sich Einzelne nur schwer entziehen können, ohne von anderen misstrauisch beäugt zu werden. O. praktiziert mit den Jugendlichen regelmäßig Selbsterfahrungsübungen vom Typ „Heißer Stuhl",[52] wobei als enthemmendes Mittel reichlich Alkohol konsumiert werden darf. Eine Aussage, die das Erlebte auf den Punkt bringt, lautet:

> Also das Kennzeichnende, fand ich, an diesen Sitzungen war, dass man sich im übertragenen Sinne nackt ausgezogen hat, man hat sich seelisch entblößt. Es war nicht so, dass man seelsorgerlich wieder zusammengesetzt wurde. Es ging zur sogenannten Entlastung dann über in diese Massagespiele, ‚seven up' genannt; mit verbundenen Augen musste man raten, wer einem den Rücken massiert.[53]

Was sich dabei ereignet, könnte man als kollektive Exposition individueller Verletzbarkeit beschreiben, die mit subtilen eigenen und fremden Schuldzuwei-

---

51 A.a.O., 47.
52 Vgl. a.a.O., 58.
53 A.a.O., 66.

sungen und Scham einhergeht. Es handelt sich jedenfalls um eine Situation psychisch-körperlicher Überforderung, die einen gravierenden Effekt hat:

> Im Verhältnis der Betroffenen zum Pastor haben sie [die gruppendynamischen Prozesse] die grundsätzliche Verletzlichkeit, die mit dem Erwachsenwerden verbunden ist, zu einer sehr konkreten verdichtet, so dass diese faktisch nicht in der Lage waren, sich gegen die strahlende Autorität des Pastors zur Wehr zu setzen.[54]

Fazit: Die auf den Bericht der unabhängigen Kommission geworfenen Schlaglichter können auf mindestens drei Punkte aufmerksam machen: Zum einen zeigen sie die prinzipielle Ambivalenz von Menschenführungspraktiken auf, die im Rahmen von Vertrauens-, Nähe-, Beziehungs- und Bindungsaufbau arbeiten. Jenseits von formalisierten und anonym verbleibenden Interaktionsverläufen eröffnen solche Praktiken zwar unverzichtbare Möglichkeiten, sich mit Belangen von einzelnen Menschen intensiv auseinanderzusetzen, schaffen dadurch aber auch Situationen, in denen Distanzierungs- und Abgrenzungsmechanismen problematisch werden oder sogar ganz ausfallen können. Dieses Risiko dürfte allen derartigen Praktiken strukturell eingezeichnet sein, was mich folgern lässt, dass sie – pastorales Handeln eingeschlossen – auf externe Kritik- und Kontrollmechanismen angewiesen sind. Zum zweiten zeigen sie, dass Foucaults Analysen durchaus einen analytischen Erschließungswert haben, wenngleich seine im Kontext der Pastoralmacht stehende Betonung des Gehorsams eine präzisere Beschreibung erfordert, wenn es um Fälle sexueller Grenzverletzungen und Übergriffe geht. Achtet man allein schon darauf, dass sich in der Praxis der Menschenführung „führen" und „geführt werden", „Aktivität" und „Passivität" nicht so eindeutig identifizieren lassen, wie es *prima vista* vielleicht den Eindruck erweckt, muss der Fokus auf den Gehorsam ausgeweitet und im Kontext von anderen Verhaltensweisen verstanden werden. Damit möchte ich nicht sagen, dass in den untersuchten Fällen Gehorsamsakte komplett ausfielen. Ihre Entschlüsselung fällt aber sehr viel komplizierter aus, wenn das Geflecht an Wirkfaktoren mitbedacht wird, aus dem jene Akte letztlich hervorgehen. Möglicherweise erscheint dann etwas als Gehorsam, was beim näheren Hinsehen anders zu bestimmen wäre, oder es lassen sich Verhaltensweisen, die dem ersten Anschein nach vertrauensbasiert und freundschaftlich wirken, doch als Gehorsamsakte identifizieren, die in der Angst vor einem Bindungsverlust etc. unternommen werden. Und drittens zeigen die betrachteten Fälle, dass Variationen jener Geständnis- und Selbstprüfungstechniken, deren erste systematische Ausarbeitung Foucault im frühen Mönchtum verortet, immer noch fortwirken. Sie

---

54 Ebd.

bilden gleichsam Techniken, die in der Arbeit an sich selbst und am anderen wichtige Funktionen erfüllen, die aber zugleich das Risiko in sich tragen, in unterschiedlicher Weise ausgenutzt zu werden. Die im Schlussbericht untersuchten Fälle zeigen das in einer erschreckenden Klarheit auf.

Literatur

Arendt, Hannah. *Vita activa oder vom tätigen Leben.* München: Piper, 1999.
Bröckling, Ulrich. *Gute Hirten führen sanft. Über Menschenregierungskünste.* Berlin: Suhrkamp, 2019.
Bröckling, Ulrich. „Von Hirten, Herden und dem Gott Pan. Figurationen pastoraler Macht." In *Gute Hirten führen sanft. Über Menschenregierungskünste,* hg. v. ders., 15 – 44. Berlin: Suhrkamp, 2019.
Butler, Judith, Zeynep Gambetti und Leticia Sabsay, Hg. *Vulnerability in Resistance.* Durham: Duke University Press, 2016.
Butler, Judith. *Kritik der ethischen Gewalt,* übers. v. Reiner Ansén. Frankfurt a. M.: Suhrkamp, 2007.
Butler, Judith. „Gefährdetes Leben, Verletzbarkeit und die Ethik der Kohabitation." *DZPh* 60/5 (2012): 691 – 704.
Fink-Eitel, Hinrich. *Michel Foucault zur Einführung.* Hamburg: Junius, 2002.
Foucault, Michel. „‚Omnes et singulatim': zu einer Kritik der politischen Vernunft." In *Dits et Ecrits* Bd. 4, hg. v. Daniel Defert, übers. v. Michael Bischoff, 165 – 198. Frankfurt a. M.: Suhrkamp, 2005.
Foucault, Michel. „Gespräch mit Ducio Trombadori." In *Dits et Ecrits* Bd. 4, hg. v. Daniel Defert, übers. v. Michael Bischoff, 51 – 119. Frankfurt a. M.: Suhrkamp, 2005.
Foucault, Michel. „Subjekt und Macht." In *Dits et Ecrits* Bd. 4, hg. v. Daniel Defert, übers. v. Michael Bischoff, 269 – 294. Frankfurt a. M.: Suhrkamp, 2005.
Foucault, Michel. *Hermeneutik des Subjekts, Vorlesungen am Collège de France (1981/82),* übers. v. Ulrike Bokelmann. Frankfurt a. M.: Suhrkamp, 2016.
Foucault, Michel. *Der Wille zum Wissen. Sexualität und Wahrheit 1,* übers. v. Ulrich Raulff und Walter Seitter. Frankfurt a. M.: Suhrkamp, 2019.
Foucault, Michel. *Die Geständnisse des Fleisches. Sexualität und Wahrheit 4,* übers. v. Andrea Hemminger. Berlin: Suhrkamp, 2019.
Gilson, Erinn C. *The Ethics of Vulnerability: A Feminist Analysis of Social Life and Practice.* New York: Routledge, 2014.
Jaeggi, Rahel. *Entfremdung. Zur Aktualität eines philosophischen Problems.* Berlin: Suhrkamp, 2016.
Ladenburger, Petra u. a. *Schlussbericht der unabhängigen Kommission zur Aufarbeitung von Missbrauchsfällen im Gebiet der ehemaligen Nordelbischen Evangelisch-lutherischen Kirche, heute Evangelisch-lutherische Kirche in Norddeutschland,* https:// kirchegegensexualisiertegewalt.nordkirche.de/fileadmin/user_upload/baukaesten/ Baukasten_Kirche_gegen_sexualisierte_Gewalt/Dokumente/Untersuchungsbericht.pdf (letzter Zugriff: 28. 08. 2020). Hamburg, Köln und Bonn, 2014.

Mackenzie, Catriona; Wendy Rogers; Susan Dodds, Hg. *Vulnerability: New Essays in Ethics and Feminist Philosophy.* New York: Oxford Univ. Press, 2014.

Moschella, Mary Clark. „Patriarchy, Power, and Bodies: A Pastoral Theological View of Sexual Abuse in the Church." In *Sexualisierte Gewalt in kirchlichen Kontexten. Neue interdisziplinäre Perspektiven*, hg. v. Mathias Wirth, Isabelle Noth und Silvia Schroer, 509–519. Berlin und Boston: De Gruyter, 2022.

Nietzsche, Friedrich. *Also sprach Zarathustra, Teil 1: Von den Verächtern des Leibes.* Bd. 2, *Werke in drei Bänden*, hg. v. Karl Schlechta. Darmstadt: Wissenschaftliche Buchgesellschaft, 1997.

Plessner, Helmut. „Mit anderen Augen." In *Gesammelte Schriften* Bd. 8, hg. v. Günter Dux, 88–104. Frankfurt a. M.: Suhrkamp, 2003.

Saar, Martin. *Genealogie als Kritik. Geschichte und Theorie des Subjekts nach Nietzsche und Foucault.* Frankfurt a. M.: Campus Verlag, 2007.

Schnell, Martin W. *Ethik im Zeichen vulnerabler Personen. Leiblichkeit – Endlichkeit – Nichtexklusivität.* Weilerswist: Velbrück Wissenschaft, 2017.

Steinkamp, Hermann. *Seelsorge als Anstiftung zur Selbstsorge.* Münster: Lit, 2005.

Striet, Magnus und Rita Werden, Hg. *Unheilige Theologie! Analysen angesichts sexueller Gewalt gegen Minderjährige durch Priester.* Freiburg: Herder, 2019.

Wirth, Mathias. *Distanz des Gehorsams. Theorie, Ethik und Kritik einer Tugend.* Tübingen: Mohr Siebeck, 2016.

Mathias Wirth
Die Banalisierung sexualisierter Gewalt im Gestus ihrer Entschuldigung

In diesem Beitrag möchte ich ethische Probleme solcher Praxen kirchlicher Autoritäten untersuchen, die nach Berichten über sexualisierte Gewalt[1] gegen Kinder und Jugendliche öffentlich auf Entschuldigung oder Verzeihung setzen und damit womöglich einen prekären Tonfall anschlagen.[2] Dieser Studie geht es um eine normative Reaktion auf den Sachverhalt verschiedener Kirchen, die um Entschuldigung für ihr amtliches Vergehen bitten, zum Beispiel dafür, durch eine bestimmte Theologie, Moralität und Organisation alptraumhafte Situationen kreiert zu haben,[3] in denen erhoffter Schutz und Zuwendung in ihr Gegenteil gekehrt wurden.[4] Gegen die in unterschiedlichen konfessionellen Kontexten ritualisierte Form der Bitte um Entschuldigung oder Vergebung, die auf Entlastung und Straflosigkeit setzt,[5] fragt diese Studie, ob fast schon zum Klischee gewordene kirchenoffizielle Statements überhaupt normativ plausibel sind. Denn die routinemäßige Hervorbringung einer Proklamation und Exkulpation von autoritärem Fehlverhalten leistet womöglich einer doppelten Banalisierung Vorschub und bewirkt damit das Gegenteil von dem, was die Bitte um Rehabilitation intendiert.[6] Auch die grundsätzliche Schönheit des Vergebens, die den in Rede

---

1 Einen Überblick über verschiedene Formen sexualisierter Gewalt bietet Greber, „Machtmissbrauch", 47. Vgl. weiter: Wirth und Schmiedebach, „Sexualisierte Gewalt gegen Minderjährige", 11 f.

2 Zu entsprechenden Stellungnahmen, inkl. einer Listung wichtiger Fälle, vgl. Janssen, „Reaktionen und Massnahmen", 199 f. und weiter Heimbach-Steins, „Macht", 233 sowie Sander, „Ehrfurcht", 379.

3 Vgl. Enxing, *Schuld und Sünde*, 109 und Jütte, „Die ureigenste Schuld", 125.

4 Vgl. Unabhängige Kommission zur Aufarbeitung sexuellen Kindesmissbrauchs, *Geschichten, die zählen*, 16 und 157–159.

5 Vgl. Derrida, *Vergeben*, 12 und 17–18; Flaßpöhler, *Verzeihen*, 169. Auch wenn die Begriffe Entschuldigung und Vergebung strikt getrennt werden können, zum Beispiel in der Hinsicht, dass eine Bitte um Vergebung jeden Versuch der Entschuldigung unterlässt (vgl. Werner, *Die Freiheit der Vergebung*, 19), werden beide Begriffe in den hier anvisierten Diskursen nicht als Antipoden, sondern beinahe als Synonyme angeführt, vgl. Sauter, „Wie können ‚wir' vergeben", 73.

6 Ein Banalisierungsproblem prägt den kirchenamtlichen Umgang mit Formen sexualisierter Gewalt auf chronische Weise und stellt einen interkonfessionellen Defekt gegenüber Personen dar, die nach einem *disclosure* Kontakt zu kirchlichen Stellen aufnehmen, vgl. Unabhängige Kommission zur Aufarbeitung sexuellen Kindesmissbrauchs, *Geschichten, die zählen*, 156. Auch der Gestus der Entschuldigung steht unter diesem Vorbehalt und trägt, das soll in dieser Studie

https://doi.org/10.1515/9783110699203-022

stehenden Gestus so bestechlich macht und auf die Jean Paul aufmerksam gemacht hat,[7] wird womöglich durch prudentielles Kalkül mit Hässlichem vertrackt.[8] Denn bei einer Bitte um Verzeihung oder Entschuldigung, das weiß eigentlich schon jedes Kind, kommt es nicht auf die bloße Quoddität an, also auf ein lapidares oder übertrieben feierliches Sagen des Wortes, sondern auf die Quiddität einer konkreten diskursiven Verständigung über ein geschehenes Übel.[9] Dieser Disproportion zwischen der Dasheit und der Washeit institutioneller Entschuldigungspraxen soll nachgegangen werden.

1 Das Problem der sexualisierten Gewalt und des Unverzeihlichen

Verbrechen gegen das Menschliche oder solches Übel, das mit der Zeit nicht besser, sondern schlimmer wird, sind, wie Vladimir Jankélévitch, aber auch Emmanuel Levinas notieren, unverzeihlich.[10] Sexualisierte Gewalt in ihren invasiven, also eindringenden Formen und ihren nicht-invasiven, blossstellenden Formen, die im Akt der Gewalt diabolisch, das heißt durcheinanderwerfend, zudem noch Lust und Erregung hervorbringen können, ist ein Kandidat für das, was den meisten als unverzeihlich erscheint. Denn sie verletzt nachhaltig und kann alle Formen der Gewalt implizieren, die ebenso in kirchlicher Rückschau Entsetzen auslösen.[11] Da es sich zugleich nicht um unausweichliche Praxen handelt, weil zum Beispiel in kirchlichen Einrichtungen „[...] fürsorgliche Betreuung, eine empathisch-zugewandte Erziehung und Förderung"[12] mit komplexen Gewaltrea-

---

ausgewiesen werden, zu den „ambivalenten Erfahrungen" bei, die Gewaltbetroffene in kirchlichen Kontexten machen, in denen „[...] auch eine fehlende Priorisierung der Missbrauchsthematik sowie eine nicht als hinreichend wahrgenommene Sorgfalt und Sensibilität im Umgang mit Betroffenen" (ebd.) jedenfalls in Teilen, persistiert. Dies ist zudem deshalb unverständlich, weil die Prävalenz sexualisierter Gewalt gegen Kinder weltweit hoch ist, aktuelle Studie gehen von einer zwölfprozentigen Betroffenheitsquote unter Kindern aus, sodass Institutionen mit Bezug zu Kindern damit rechnen und Prävention sowie Intervention, inklusive des moralischen Umgangs mit gewaltbetroffenen Personen, längst professionalisiert sein müssten, vgl. Manay und Collin-Vézina, „Recipients", 1 und weiter Wutzke, „Damit wir wissen", 98.

7 Vgl. dazu, inkl. der Belegstelle, Kobusch, „Schuld", 130.

8 Vgl. Looney, „Unstrafbar", 192.

9 Vgl. Arms, „When Forgiveness", 115.

10 Vgl. Jankélévitch, *Das Verzeihen*, 250 f. und Levinas, *Die Unvorhersehbarkeiten*, 174. Vgl. dazu Looney, „Unstrafbar", 187–190.

11 Vgl. Beinert, „Gottesmissbrauch", 207 und Ries, „Ein seelisches Trümmerfeld", 365.

12 Baums-Stammberger, Hafeneger und Morgenstern-Einenkel, *Würde genommen*, 11.

litäten koexistieren, kann ein Rekurs auf eine ideologisch völlig abgesicherte Kultur oder eine Art Zwang nicht als Entschuldigung dienen. Exzessive Strafpraxen und sexualisierte Gewalt mitsamt ihrer pseudo-religiösen Verbrämung kommen überall dort ungehemmt zur Darstellung, wo eine begonnene historische Aufarbeitung und das *disclosure* betroffener Personen Einblicke in ein neues *saeculum obscurum* der Kirchen bringt. Was für wen verzeihlich oder unverzeihlich ist, so wird sich im Folgenden zeigen, liegt allein im Ermessen der Person, die Ziel sexualisierter Gewalt geworden ist.

Um es vorweg zu betonen: Es geht in dieser Studie nicht um ein grundlegend negatives Werturteil über Praxen der Entschuldigung und des Verzeihens. Im Gegenteil sollen sie als das regelmäßig moralisch Richtige *(honestum)* gegen einen Abusus verteidigt werden, der am Ort des Umgangs mit sexualisierter Gewalt in kirchlichen Kontexten Entschuldigung und Vergebung an Nützlichkeitserwägungen *(utile)* orientiert. Was wiederum nicht bedeutet, dass bestimmte Formen der Entschuldigung im Problembezirk Kirche und ihrem Umgang mit sexualisierter Gewalt verheerende Verhältnisse nicht beenden könnten,[13] denn: „Entschuldigungen können manchmal nützlich sein, allerdings nur als Hinweis darauf, was eine künftige Beziehung [zum Beispiel zwischen Kirchen und Minderjährigen] bereithalten könnte [...]“.[14] Insgesamt ist eine normativ hohe Schätzung des moralischen Phänomens der Entschuldigung und der Vergebung plausibel: Ohne die unvertretbare Vergebungsbitte und die ebenso unvertretbare Verzeihung[15] blieben Personen derart in die Geschichte ihrer Handlungen und deren Folgen verstrickt, dass ein Entkommen unmöglich und Verfolgung durch die Vergangenheit notorisch wäre.[16] Stattdessen sind handelnde Personen chronisch auf eine Zukunft durch Vergebung angewiesen, die nicht von der Vergangenheit abhängt.[17] Insofern beschreibt die Vergebung als eine „vorwärtsgerichtete Emotion“[18] einen Entwicklungspfad: „Einem Menschen, der dagegen nicht(s) vergessen kann, geht man lieber aus dem Weg“.[19] Durch erfolgreiche Vergebungsdiskurse kommt es nämlich zur revitalisierenden Trennung von Person und

---

13 Vgl. Born, *Missbrauch*, 142.

14 Nussbaum, *Zorn*, 27.

15 Vgl. Frettlöh, „Vergebung“, 129 und Swinburne, *Responsibility*, 173.

16 Vgl. Arendt, *Vita activa*, 301 f. und dazu Bernhardt, *Zur Vergebung*, 80.

17 Vgl. Looney, „Unstrafbar“, 207; Nussbaum, *Zorn*, 11 und Sauter, „Wie können ‚wir' vergeben“, 75.

18 Vgl. Nussbaum, *Zorn*, 18.

19 Frettlöh, „Vergeben“, 43. Bereits Friedrich Nietzsche hatte in seiner *Genealogie der Moral* (1887) auf den Konnex von Vergessen und einem guten Leben verwiesen (vgl. Nietzsche, *Genealogie*, 292 und dazu von Sass, „Vergeben“, 319).

Tat, fast im Sinne einer Neuschöpfung,[20] auf die fallible Wesen ebenso angewiesen sind[21] wie auf ein soziales Umfeld, das eine „Haltung der prinzipiellen Verzeihungsbereitschaft"[22] erkennen lässt. Es sind außerdem für die soziale Kohäsion wichtige weitere Verzeihungsdiskurse, wie der Umstand, dass Rachegelüsten nicht nachgegangen und ein gewisses Von-sich-Absehenkönnen verfolgt wird,[23] die Versöhnlichkeit zu einem moralisch wichtigen Archipel machen und zum „Kennzeichen einer humanen Kultur".[24]

Was aber, wenn sexualisierte Gewalt und besonders die invasiven Formen in den Bereich des Unverzeihlichen fallen?[25] Zwar kann mit Jacques Derrida betont werden, Verzeihen beziehe sich in einem gehaltvollen Sinn nur auf das Unverzeihliche, weil es nur dann um echte Verzeihung gehe und keine Entschuldigungsgründe geltend gemacht werden können. Aber weder bei Derrida und noch

---

20 Vgl. im Anschluss an Jankélévitch Looney, „Unstrafbar", 191 und weiter Sauter, „Wie können ‚wir' vergeben", 83.

21 Vgl. Derrida, *Vergeben*, 11; Bernhardt, *Zur Vergebung*, 80 und Kobusch, „Schuld", 130. Allerdings bleibt das Verzeihen nicht ohne Anknüpfungspunkt, denn es wäre eine reduktionistische Annahme, so Derrida, wenn Personen gänzlich mit dem identifiziert würden, was sie getan haben, vgl. Derrida, *Vergeben*, 15 und ähnlich Butler, *Kritik der ethischen Gewalt*, 59, die betont, dass Personen in ihren Handlungen nie einfach mit sich identisch seien, woran eine Ethik der Nachsicht und der Schonung anknüpfen könne; eine Maxime, auf die theologische Anthropologie und Ethik aufgrund der Gottes-Perspektive gestoßen werden, da allein bei Gott Kongruenz von Person und Handlung, also von Sein und Vollbringen, plausibel wäre.

22 Kodalle, *Verzeihung denken*, 14.

23 Vgl. Bernhardt, *Zur Vergebung*, 87 und Sauter, „Wie können ‚wir' vergeben", 74.

24 Kobusch, „Schuld", 129.

25 Überlebende der NS-Verbrechen wie Jean Améry (1912–1978) oder Vladimir Jankélévitch (1903–1985) haben für ein „Recht auf Unversöhnlichkeit" argumentiert, auch um sich gegen den destruktiven Einfluss der Zeit zu stemmen, die selbst infamste Verbrechen gegen das Menschliche bald zu einer bloß dunklen Episode herunterspielt, vgl. Bernhardt, *Zur Vergebung*, 35 f. Weil der Preis der Vergebung das Vergessen sei, gebe es eine „[…] Pflicht zur Nicht-Vergebung, im Namen der Opfer" (Derrida, *Vergeben*, 21). Ich erwähne dies, um die schiere Möglichkeit des Unversöhnlichen am extremsten Fall zu plausibilisieren, nicht aber um an der „Singularität der Shoa" (A.a.O., 27) Zweifel zu hegen. Auch in der Theologie hat die Unversöhnlichkeit, jedenfalls *ex parte homines*, einen legitimen Platz, was sich schon aus dem Theologumenon der Versöhnung ergibt, das ohne existentielle Bedeutung bliebe, wenn umfassende Versöhnung bereits in der Geschichte und durch die Geschichte erfolgen könnte. Paul Ricœur stellt ebenfalls die Unverfügbarkeit der Vergebung heraus und nennt ihren Ursprung eine Höhe, deren Gegenteil die Tiefe der Selbstheit sei (vgl. Ricœur, *Das Rätsel der Vergangenheit*, 712 und dazu Flaßpöhler, *Verzeihen*, 107). Für die Fragestellung dieser Studie folgt daraus: Mit Versöhnung darf nicht einfach gerechnet werden, wie es der Gestus der Entschuldigung durch kirchenamtliche Vertretungen nahelegt. Nach Hannah Arendt trifft einen die Verzeihung aufgrund ihrer Unberechenbarkeit immer völlig unerwartet und kann mithin nicht durch eine Inszenierung angebahnt werden (vgl. Arendt, *Vita activa*, 306 f. und weiter Bernhardt, *Zur Vergebung*, 102).

weniger bei seinem Opponenten, Vladimir Jankélévitch, geht es um einen Automatismus der Versöhnung.[26] Das Unverzeihliche sei widerständig und nur in höchst persönlichen Akten supererogatorischer Moral könne es eine Verzeihung des Unverzeihlichen geben.[27] Das bedeutet für die Mehrheit der Fälle, etwas kann unverzeihlich bleiben, auch in jüdischer und christlicher Perspektive.[28] Denn die Verzeihung kann, entgegen ihrem positiven Klang, etwas Destruktives haben,[29] wenn zum Beispiel die Negierung der Würde einer Person oder eine Bagatellisierung einer Tat impliziert ist. So kann zum Beispiel niemals von Eltern verlangt werden, denen zu verzeihen, die mitverantwortlich für Ermöglichungsstrukturen sexualisierter Gewalt sind, in deren Folge ihr Kind massiv und anhaltend geschädigt wurde.[30] Hier wird auch eine genuin theologische Perspektive relevant, die man zwar, etwas orientiert an Stereotypen, mit einem Imperativ des Verzeihens verbinden könnte, obwohl, wie Michael Beintker pointiert hat, „Theologie [...] zur Kenntnis nehmen [muss], dass es Ausmaße von Schuld gibt, denen das Vergeben nicht gewachsen ist."[31] Wenn Menschen aber betonen, es menschlicherseits nicht zu vermögen, Versöhnung zu schaffen, weil dies immer Nivellierung und Banalisierung bedeutet, kann man an einem anderen theologischen Ort als dem vorschneller Versöhnungsappelle an die Option eines Gottes denken, der Neuanfänge in einem fulminanten Sinne schafft.[32] Versöhnung wäre dann eine primär eschatologische Kategorie, weil sie jedenfalls *ex parte homines* kategorisch limitiert ist.[33] Kann man dann noch relativ umstandslos, auch als Kirche, um Verzeihung bitten, so als sei dies etwas, zu dem man sich durch Rhetorik und einen psychologisch-moralischen Ruck durchringen kann?

---

26 Vgl. dazu Levinas, *Humanismus*, 7.

27 Vgl. Ansorge, *Gerechtigkeit*, 502.

28 Vgl. Nussbaum, *Zorn*, 93.

29 Von Sass, „Does God Forget", 172.

30 Vgl. Hailes u. a., „Long-term outcomes", 830.

31 Beintker, „Was leistet Aufarbeitung", 4.

32 Von Sass, „Does God Forget", 172; Zachhuber, „Forgiveness", 190: „God's forgiveness is closely aligned with his creative power. Insofar as he is the one who ‚makes all things new' (Revelation 21,5)."

33 Vgl. Frettlöh, „Vergeben", 55; Sauter, „Gottes schöpferisches Vergeben", 345 und Wirth, „Trostlose Eschatologie", 263.

2 Das Problem des Ritus der Entschuldigung

„Beschämt und schockiert bitten wir alle um Entschuldigung und Vergebung, die Opfer dieser abscheulichen Taten geworden sind".[34] Ein Zitat aus einer kirchlichen Erklärung aus dem Jahr 2010, das so oder so ähnlich in den großen christlichen Kirchen in den letzten Jahren im Kontext von Fällen körperlicher und sexualisierter Gewalt immer wieder ins Feld der Wut und der Verletzung geführt wurde und zum Bild einer Institution beitragen soll, die aus vergangenen Fehlern gelernt hat. Allerdings wird die „zum x-ten Male [...] an die Opfer gerichtete Bitte um Vergebung"[35] mit Skepsis notiert. Derrida spricht sogar von einem „Theater des Pardons"[36] und Paul Ricœur, der ebenfalls das „Schauspiel öffentlicher Reue"[37] moniert, sieht darin einen Missbrauch der „abrahamitschen Sprache der Vergebung"[38], wenn diese aus prudentiellen Gründen, also im Modus der Vereinnahmung, Verwendung finde. Kritikern gelten die Kirchen mit ihrem umfassenden Anspruch an die Person, wie Michel Foucault im Begriff der Pastoralmacht pointiert, ohnehin als Inbegriff der einnehmenden Institution (*greedy institution*) (Lewis A. Coser),[39] die sich im Gestus der Entschuldigungsbitte, wenn diese als *short cut* auffällt, auch als solche erweist. Da die begonnenen Bemühungen um Prävention und Intervention bei sexualisierter Gewalt in der Domäne des Kirchlichen weiterhin Probleme erkennen lassen und disproportional zum fast ubiquitären Entschuldigungsgestus stehen,[40] liegt der Verdacht eines *short cut* durch vorschnelle Entschuldigungen nahe.[41]

Derrida hat mit Blick auf das 20. Jahrhundert und die infame Missachtung jedweder Menschlichkeit im NS sowie mit Blick auf den politischen und morali-

---

34 Erklärung Frühjahrsvollversammlung der Deutschen Bischofskonferenz am 25.02.2010. Für ein evangelisches Pendant, vgl. Gemeinsame Erklärung der Evangelisch-Lutherischen Landeskirche Hannovers, 9 und dazu Wirth, „Mikroskopie", 82 (Anm. 81).
35 Vgl. Enders, „Sexueller Missbrauch", 43.
36 Derrida, „Jahrhundert der Vergebung", 10. Vgl. auch Derrida, *Vergeben*, 35 f. und dazu Flaßpöhler, *Verzeihen*, 169 f.
37 Ricœur, *Das Rätsel der Vergangenheit*, 742.
38 A.a.O., 715.
39 Vgl. Fernau, „Strukturelle Hintergründe", 260 und Nussbaum, *Zorn*, 99: „Es ist [...] die organisierte Kirche, die durchschlagenden Einfluss auf das Alltagsleben und die Alltagskultur hat." Dies schildert Kai Christian Moritz aus seiner Perspektive als Person, die Ziel schwerster sexualisierter Gewalt wurde, wenn er betont, derart „seelisch gebunden" gewesen zu sein, dass der katholische Priester, der ihn vergewaltigte, überhaupt keine Gewalt zur Anwendung bringen musste, vgl. Moritz, „Theologie", 33.
40 Vgl. Sautermeister, „Transformation", 270.
41 Vgl. Enxing, „Erlöse uns von dem Bösen", 337.

schen *aftermath* kritisch von einem „Jahrhundert des Verzeihens" gesprochen, in dem sich eine Vielzahl von Ritualen zur öffentlichen Bewältigung von Schuld etabliert haben.[42] Oft kommen solche inszenierten Bitten um Entschuldigung mit pragmatischer Trajektorie. Dabei geht und ging es nicht selten um eine „Stabilisierung politischer Verhältnisse".[43] Riten der Versöhnung stehen so aber in der Gefahr, dem Erreichen prudentieller Güter zu dienen, ohne primär an einem authentischen und aufreibenden Versöhnungsgeschehen interessiert zu sein.[44] Besteht der Verdacht auf einen instrumentellen Gebrauch von Versöhnungsdiskursen, können sie nicht gelingen. Denn jede Vereinnahmung der Vergebung, auch aus religiösen Gründen, macht sie obsolet.[45] Trotz aller mediokren Elemente, denen wir uns im moralischen und psychologischen Alltag des Entschuldigens nicht entziehen können, braucht die Vergebung und das Entschuldigen einen Kern, der sich jedweder Vereinnahmung entzieht, um glaubwürdig und annehmbar zu sein. Der Gestus der institutionellen Entschuldigung für personale Schuld, einschließlich damit verbundener Strukturen und ihre Fortsetzung, weckt jedenfalls erhebliche Zweifel an einem solchen Kern der Entschuldigung. So wird auf Dauer die Entschuldigung und mit ihr die Bitte um Verzeihung diskreditiert und zur „bloßen Entschuldigung" herabgestuft.[46]

2.1 Banalisierung durch eine doppelte Anonymisierung

Der in Rede stehende Gestus der Entschuldigung durch Institutionen leistet insofern in Analogie zur billigen Gnade einer *cheap forgiveness* Vorschub, weil sich pauschal an bestimmte Gruppen gerichtet wird, obwohl Verzeihungsdiskurse ihren genuinen Ort im Zwiegespräch haben. Im Gegensatz dazu bleiben öffentliche Erklärungen durch Amtspersonen, die stellvertretend handeln, allgemein, ignorieren die konkret betroffenen Personen auf beiden Seiten des Schulddiskurses und machen ihn in dieser Hinsicht unerträglich. Dabei wird leicht das moralisch Richtige zugunsten des politisch Nützlichen ignoriert, was besonders fatal ist, weil die in Rede stehenden Vollzüge an die moralischen Überzeugungen

---

42 Derrida, „Jahrhundert der Vergebung", 10. Vgl. dazu Bernhardt, *Zur Vergebung*, 11.

43 Vgl. Ansorge, *Gerechtigkeit*, 500. Das hat Paul Ricœur exakt auch so gesehen, vgl. Ricœur, *Das Rätsel der Vergangenheit*, 742.

44 Vgl. Adorno, „Was bedeutet", 570 und dazu Beintker, „Was leistet Aufarbeitung", 8 und weiter Scheiber, *Vergebung*, 155.

45 Vgl. Bernhardt, *Zur Vergebung*, 15.

46 Vgl. ebd.

der Adressierten appellieren und in der Gefahr stehen, dieses erneut nur als Mittel zum Zweck zu betrachten.

Um Personen, die Ziele sexualisierter Gewalt in kirchlichen Kontexten wurden, nicht noch mit einer Art „modrigem Laub" zu bewerfen, weil Rituale des Entschuldigens erstens überhaupt nichts Hilfreiches leisten, zweitens Bloßstellungen in Kauf nehmen und drittens Praxen des Zudeckens favorisieren, bedarf es robusterer ethischer Deliberation auf Seiten der heute Verantwortlichen. Um mit dem rudimentären Problem der Anonymisierung zu beginnen: Verzeihen richtet sich auf ein begangenes Übel. Es besteht moralphilosophischer Konsens darüber, dass die „Zuständigkeit für das Verzeihen eines Übels ganz konkret bei dem liegt, auf den sich die Zufügung richtet. Mit anderen Worten ist das Subjekt des Verzeihens derjenige, dem ein Übel zugefügt wurde."[47] Das gilt außerdem über den Tod hinaus. Auch nach einem Mord kann keine andere Person Verzeihung gewähren; höchstens für das Übel, das einer zurückgebliebenen Person dadurch angetan wurde und nur durch eben diese Personen verziehen werden kann. Loyalität zu einer verstorbenen Person, weil menschlicherseits ein Mord nicht vergeben werden kann, zeigt faktisch so etwas wie den „ewigen Wert" einer Person.[48] Analog erscheint der Gestus der offiziell-kirchlichen Entschuldigung verfehlt, weil er sich nicht an ein konkretes Gegenüber wendet und faktisch keine direkte Reaktion darauf möglich ist und mithin als ungewollt aufgefasst werden muss.

Eine Banalisierung im Kontext kirchlicher Entschuldigungspraxen liegt auch dort vor, wo stellvertretend für andere gesprochen wird, so als gäbe es keine konkreten Verantwortlichen, die einerseits Ermöglichungsstrukturen und andererseits keinen ausreichenden Schutz von und vor zum Beispiel Personen mit Paraphilien geschaffen haben. Wenn kirchliche Amtspersonen stellvertretend Entschuldigungen vortragen, wird der Eindruck erweckt, faktisch verantwortliche Personen könnten nicht oder nicht mehr in den Prozess einer erhofften Versöhnung integriert werden.[49] Wo im Sinn einer „Depersonalisierung des Schuldverhältnisses"[50] notorisch niemand Schuld übernimmt und lediglich stellvertretend Schuld für sämtliches Komplizentum durch Nichtstun und Wegschauen, auch im Sinne eines kirchlichen Korpsgeistes,[51] übernommen wird, entsteht weiterhin der

---

47 Vgl. Crespo, *Das Verzeihen*, 97.
48 Vgl. a.a.O., 101.
49 Wo dies der Fall ist, also Täterinnen und Täter nicht mehr ermittelt werden können, kann ein Versuch der Anerkennung geschehenen Leids, zum Beispiel durch finanzielle Unterstützung („Wiedergutmachung"), Ausdruck finden, vgl. Lienemann, „Nachträgliche Gerechtigkeit", 47.
50 Beintker, „Was leistet Aufarbeitung", 8 f.
51 Vgl. Noth, „Mythen", 92.

Eindruck eines wenig konkreten und mithin diffusen Vorgehens durch kirchliche Verantwortliche. Normativ unplausibel ist diese zweite Banalisierungsform aufgrund der impliziten Behauptung, Ermöglichungsbedingungen für sexualisierte Gewalt in kirchlichen Kontexten lägen außerhalb der Reichweite einzelner Personen der kirchlichen Hierarchie. Normativ unplausibel ist eine stellvertretende Entschuldigung auch aufgrund des Konnexes von „Schuld und Selbst, von Schuldigsein und Selbstheit", wie Paul Ricœur im Sinne der Nicht-Delegierbarkeit und Nicht-Anziehbarkeit fremder Schuld betont.[52]

2.2 Banalisierung durch Verzeihlichkeitsapplikationen

Wenn Kirchen und ihre öffentlichen Vertreter*innen um Verzeihung bitten, bleibt oft unklar, was damit genau gemeint ist. Die Bitte kann sich darauf beziehen, dass Kirchen oft nichts zum Schutz, nichts zur Prävention und nichts zur Strafverfolgung beigetragen haben,[53] bzw. Ermöglichungsstrukturen, auch theologischer Art, gebilligt oder sogar geschaffen haben. Geht es also um Verzeihung für das, was im Umfeld eines gewaltsamen *hands on* geschehen oder eben nicht geschehen ist?[54] Oder wird um eine Entschuldigung für etablierte pathogene Strukturen,[55] zum Beispiel für die starke Vermischung von privat und beruflich, gebeten? Oder, noch problematischer, wird um Verzeihung für Strukturen mit hohem Autoritätsindex gebeten oder um Nachsicht für unzureichende Förderung und den Mangel an Ermutigung zu Autonomie und Kritik? Oder geht es um Verzeihung für Praktiken, die zur Löschung eines adäquaten Misstrauens auch gegen Personen mit Ämtern in den Kirchen beigetragen haben?[56] Hier müssten konkrete Entschuldigungsgründe namhaft gemacht werden. Solche dürften kaum vorliegen[57] und selbst wenn Unkenntnis angegeben würde, stellte es eine Schuld dar, dazu keine Kenntnis erlangt zu haben.

Eine Form der Banalisierung im Gestus der Entschuldigung von sexualisierter Gewalt in kirchlichen Kontexten liegt in der Annahme, dass die in Rede stehende Gewalt überhaupt als verzeihlich erachtet wird. Ethisch geradezu abwegig wäre es im Kontext dieser Banalisierungs-Form, wenn Personen, die Ziele sexualisierter

---

52 Ricœur, *Das Rätsel der Vergangenheit*, 712. Vgl. auch Augst, *Auf dem Weg*, 199 und den Beitrag von Bastian König, „Erfahrungen sexualisierter Gewalt verstehen", in diesem Band.
53 Vgl. Sautermeister, „Transformation", 271.
54 Vgl. Crespo, *Das Verzeihen*, 101.
55 Vgl. Kaufmann, „Moralische Lethargie", 14.
56 Vgl. Enders, „Sexueller Missbrauch", 18–23.
57 Siehe dazu den kirchenhistorischen Hinweis von Markus Ries in Anm. 70.

Gewalt wurden, nun wiederum mit Soll-Suggestionen (Arnold Gehlen) konfrontiert würden,[58] deren moralischer Druck wiederum der Institution Mittel gibt, Personen mit einer Geschichte der Gewalt erneut in ein bestimmtes Bindungsverhalten der Institution zu verwickeln.[59] Dies geschieht, wenn zum Beispiel an die Loyalität einer Person appelliert wird, die in kirchlichen Kontexten aufgewachsen ist.[60] Insofern zeigt sich der Gestus der Entschuldigung in seiner kirchlichen und institutionalisierten Form als aufdringliche Missachtung der professionsethischen Maxime der Dezentrierung, also des Absehens von den eigenen Bedürfnissen und Wünschen, was auch eine Institution, vertreten durch einzelne Personen, leisten muss.[61] Gerade im Zusammenhang mit sexualisierter Gewalt und Appellen an die Versöhnlichkeit, die von delinquenten Institutionen ausgehen, gelten „Abstinenzregeln".[62] Denn beim fragilen sozialen Phänomen des Verzeihens geht es nicht um ein einfaches Können,[63] über das Personen ebenso verfügen wie über andere Fähigkeiten.[64] Es hat seinen genuinen Ort nicht im Streitgespräch, sondern in der Begegnung mit der schuldiggewordenen Person und ihrer mitkommenden „Verlorenheit und [...] Verlassenheit",[65] die bei den nach Öffentlichkeit heischenden Entschuldigungs-Postulaten geradezu ausgeschlossen ist:[66]

> Diese Einsamkeit zu zweien in der Szene der Vergebung könnte jede Vergebung, die kollektiv, im Namen einer Gemeinschaft, einer Kirche [...] von einem Ensemble anonymer, bisweilen toter Opfer oder ihrer Repräsentanten, Nachkommen oder Überlebenden erbeten wird, des Sinns oder der Authentizität berauben.[67]

---

58 Vgl. Fernau, „Strukturelle Hintergründe", 257.

59 Vgl. Augst, *Auf dem Weg*, 204 und Greber, „Machtmissbrauch", 47.

60 Vgl. Fernau, „Strukturelle Hintergründe", 240 und Unabhängige Kommission zur Aufarbeitung sexuellen Kindesmissbrauchs, *Geschichten, die zählen*, 14.

61 Vgl. zur Dezentrierung Greber, „Machtmissbrauch", 47 und die Unabhängige Kommission zur Aufarbeitung sexuellen Kindesmissbrauchs, *Geschichten, die zählen*, 14. Hier sind es allerdings konkrete Personen, die zwar die Institution Kirche vertreten, aber dennoch als individuell verantwortliche Personen handeln, wenn sie der professionsethischen Maxime der Dezentrierung folgen und „[...] weder ihre persönlichen Gefühle, Wünsche oder Bedürfnisse in dieser [professionellen Klient*innen-]Beziehung ausagieren noch einen freundschaftlichen, familiären, erotisch-sexuellen oder anderen Nutzen aus dieser Beziehung ziehen" (a.a.O., 18).

62 Vgl. Unabhängige Kommission zur Aufarbeitung sexuellen Kindesmissbrauchs, *Geschichten, die zählen*, 14 und Wirth, „Regula tactus", 188 f.

63 Vgl. Werner, „Machtmissbrauch", 211.

64 Vgl. Ricœur, *Das Rätsel der Vergangenheit*, 147 und dazu Bernhardt, *Zur Vergebung*, 106 f.

65 Jankélévitch, *Das Verzeihen*, 271. Vgl. auch Nussbaum, *Zorn*, 87.

66 Vgl. Derrida, *Vergeben*, 17.

67 Ebd.

Es wird in öffentlichen Entschuldigungs-Bitten vielmehr das hegemoniale Agieren kirchlich Letztverantwortlicher ohne Anerkennung konkreter Personen fortgesetzt.[68] Dieser Verdacht legt sich auch deshalb nahe, weil es Gewaltbetroffene selbst waren, die auf ihr Schicksal und die damit verbundenen oft schweren Traumen aufmerksam machen mussten,[69] obwohl kirchenoffizielle Stellen schon Jahrzehnte Kenntnisse über die in Rede stehenden Delinquenzen und Delikte hatten.[70] Eine nachhaltige Berücksichtigung des Kindeswohls wurde minorisiert oder ignoriert.[71] Die agonale Kontinuität, in die Kinder und Jugendliche durch (sexualisierte) Gewalt verwickelt wurden und werden und von der präzise für viele kirchliche Kontexte nicht als Ausnahme oder Missgriff, sondern als Routine-Hervorbringung zu sprechen ist, erlaubt keine vorschnelle Rehabilitation, die aber durch stellvertretende und öffentliche Entschuldigungs-Postulate anvisiert wird. Solange vulnerablen Personen weiterhin keine geeigneten Mittel zur Verfügung stehen, kirchliche Institutionen dazu zu bewegen, sie gerecht zu behandeln und mithin negative Gefühle, die im Umfeld des Verzeihens charakteristisch abgelegt werden können, persistieren, ist in den meisten Fällen noch keine Basis für ein Verzeihen geschaffen. Da in einigen Verständnissen von Verzeihlichkeit das Aufgeben jeglichen negativen Gefühls als Merkmal genannt wird,[72] ein solcher Verzicht bei vielen Formen der sexualisierten Gewalt aber nicht möglich ist, wäre es insofern abwegig, das soll ausdrücklich betont werden, wenn sich die amtliche Bitte um Verzeihung auf das Kerndelikt eines sexuellen Übergriffs bezöge.

---

68 Vgl. a.a.O., 16.

69 Vgl. Ries, „Ein seelisches Trümmerfeld", 365 und weiter Görgen, Söhner und Fangerau, „Kindeswohl", 48.

70 Markus Ries konnte zum Beispiel für den Schweizer Kontext nachweisen, dass bereits seit den 1950er-Jahren das Problem der sexualisierten Gewalt gegen Kinder in Erziehungseinrichtungen bekannt war, vgl. Ries, „Ein seelisches Trümmerfeld", 367 und ähnlich Fegert und Wolff, „Eine neue Qualität", 15–20 und Heimbach-Steins, „Macht", 229. Auch die Erkenntnis und Kritik der feministischen Theorie hat Anlass geboten (und animiert weiterhin dazu, vgl. Wirth, „Die Multirealisierbarkeit"), die gewaltförmigen Strukturen in den Kirchen und ihren institutionellen Derivaten in den Blick zu nehmen (siehe zum Konnex von feministischer Theologie, Geschlecht und Gewalt den Einleitungsteil dieses Bandes).

71 Vgl. Unabhängige Kommission zur Aufarbeitung sexuellen Kindesmissbrauchs, *Geschichten, die zählen*, 18.

72 Vgl. Crespo, *Das Verzeihen*, 113.

2.3 Banalisierung durch eine christliche Moral unbedingter Verzeihung

Weil Menschen, so eine verbreitete harmatiologische Überzeugung, nicht zum Guten im Stande sind,[73] muss ihnen unbedingte Verzeihung zuteilwerden, wenn auf irgendeine Art Zukunft möglich sein soll. Als Referenztext firmiert das Jesus-Logion aus Lk 23,34: „Vater, vergib ihnen, denn sie wissen nicht, was sie tun". Die damit verbundene Delegation verlangt auch vom Menschen Jesus nicht, was schlicht nicht von Personen verlangt werden kann. Martha Nussbaum verweist auf die Gefahr, dass „der Vergebungsprozess an sich gewaltsam gegen das Ich ist".[74] Aber Jesus verzeiht nicht selber, sondern legt die Verzeihung in die Zukunft: „Die Sündenvergebung wird als das alleinige Privileg Gottes angesehen und ist [...] traditionell nicht übertragbar."[75] Es ist selbst für Jesus unmöglich, die Misshandlung und Auslöschung seines Lebens umstandslos zu verzeihen,[76] so als sei dies der finale Ausweis einer hyperbolischen Moral.[77] Insofern die biblischen Autoren das Desiderat der Vergebung anführen, weil darin die Sehnsucht nach Frieden und gelingender Koexistenz Ausdruck findet, spricht Jesus vielmehr eine religiöse Hoffnung aus.[78]

Die Rezeption eines Ethos des Verzeihens in der christlichen Erziehung hat allerdings oft anders gelautet und konnte von Täterinnen und Tätern sowie den Vertreterinnen und Vertretern kirchlicher Institutionen dazu genutzt werden,

---

73 Vgl. Drewermann, „Im Grunde hilft nur ein anderer Mensch", 96.

74 Nussbaum, *Zorn*, 107.

75 Werner, *Die Freiheit der Vergebung*, 292. Vgl. auch Frettlöh, „Vergebung", 116 f.; Sauter, „Gottes schöpferisches Vergeben", 345. Dagegen steht die Überzeugung, die ebenfalls in den neutestamentlichen Texten begegnet, nach der nur die Person auf Vergebung hoffen dürfe, die selbst versöhnlich gewesen ist. Nicht zuletzt die Passage über Schuld und Schuldiger aus dem *Vater unser* (Lk 11,4; Mt 6,12) legt eine solche Tauschlogik nahe, vgl. Flaßpöhler, *Verzeihen*, 109 und Sauter, „Wie können ‚wir' vergeben", 70. Allerdings kann mit Blick auf die oben genannte Praxis Jesu am Kreuz eingeschränkt werden: Eine empfohlene Haltung der Versöhnlichkeit verlangt erstens keinen Automatismus und verbietet zweitens eine Bagatellisierung von Schuld, trotz oder gerade wegen der religiösen Hoffnung auf Versöhnung, vgl. Sauter, „Gottes schöpferisches Vergeben", 353: „Gottes Vergebung erlaubt Menschen [...] nicht, ein Verschulden zu entkräften oder es zu verharmlosen."

76 Vgl. Frettlöh, „Der auferweckte Gekreuzigte", 89, deren Position durch die Arbeit von Tombs und Figueroa weitergeführt wird, die dem Kreuzesgeschehen selbst Elemente sexualisierter Gewalt zuschreiben, vgl. Figueroa und Tombs, „Recognising Jesus", 57 f.

77 Vgl. Kiessling, „Sexueller Missbrauch an Kindern", 96 und Sauter, „Wie können ‚wir' vergeben", 85.

78 Vgl. Swinburne, *Responsibility*, 172.

Schweigsamkeit von Personen, die Ziele sexualisierter Gewalt wurden,[79] zu erzeugen: „Vor allem religiös erzogene Mädchen und Jungen haben gelernt, dass man eine Entschuldigung annehmen, Fehler verzeihen und dann ‚alles vergessen' muss".[80] Ein solcher Automatismus der Vergebung wird dabei aus biblischen Texten herausgelesen: „In den Gleichnissen, aber auch andernorts im Neuen Testament, begegnet wiederholt der Apell, sich vom Vergebungswillen Gottes her bestimmen zu lassen, um so selbst die Möglichkeit von Vergebung und Versöhnung zu eröffnen."[81] Der Imperativ des unbedingten Verzeihens ist auch eine vermeintliche Strategie, das Böse aus kirchlichen Reihen zu verbannen und eine scheinbar heilige Gemeinschaft *(societas perfecta)* zu kreieren.[82] Denn wenn

---

79 Vgl. Unabhängige Kommission zur Aufarbeitung sexuellen Kindesmissbrauchs, *Geschichten, die zählen*, 13.

80 Vgl. Enders, „Sexueller Missbrauch", 42; Fernau, „Strukturelle Hintergründe", 244; Frettlöh, „Der Mensch heißt Mensch", 190 sowie die Unabhängige Kommission zur Aufarbeitung sexuellen Kindesmissbrauchs, *Geschichten, die zählen*, 155. Die theologale Perfidie und defekte Empathie im Kontext eines Ethos der unbedingten Versöhnlichkeit, die schon dadurch entsteht, dass sexualisierte Gewalt primär als Sünde verstanden und damit primär in die Zuständigkeit kirchlicher Bewältigungsstrategien absorbiert wird (vgl. ebenso Schaupp, „Kirchliches Sexualethos", 191 f.), hat Kai Christian Moritz aus der Perspektive seiner eigenen Biographie pointiert, Moritz, „Theologie", 34 f.: „Da der beschuldigte Priester die Taten eingeräumt und bereut hatte, werde ihm ein geistlicher Begleiter für die Zeit der Buße zur Seite gestellt. Dieser wäre sicher auch zu einem Gespräch mit mir bereit. Da die Kirche einem reuigen Sünder vergeben habe, sollte ich mir doch auch überlegen, dies zu tun. [...] Den Vorschlag seines monastischen geistlichen Begleiters nach einem versöhnlichen Handschlag lehnte ich ab. Ich wollte mir nicht die Hände schmutzig machen." Mit einer solchen Strategie dieses kirchlichen Vertreters, gegen die sich der Gewaltbetroffene wendet, wird eine Bagatellisierung sexualisierter Gewalt, selbst ihrer exzessivsten Formen, unternommen, vgl. Klein, „Gewalt", 318: „Sexueller Missbrauch wird in der kirchlichen Diskussion oft als ein sexuelles Vergehen und ein Verstoss gegen das sechste Gebot verstanden und damit als Schuld im Bereich der Keuschheit [...]. Sexueller Missbrauch wird verharmlost, weil er so in eine Reihe mit dem Ehebruch oder dem Verstoss gegen das Ehelosigkeitsgelübde steht." Vgl. dazu ebenso Augst, *Auf dem Weg*, 203. Die unerträgliche Einladung zu einem einfachen Handschlag und zu schneller Versöhnung in der Geschichte von Kai Moritz kann auch vor diesem Hintergrund erörtert und vor allem kritisiert werden. Denn das Hauptanliegen nach Sexualdelikten sollte keine hamartiologische Ablenkung von der zentralen Frage darstellen, wem geschadet wurde und welche Formen der Intervention und Prävention indiziert sind. Dabei bietet die christliche Tradition eine Vielzahl von Ansatzpunkten, die zurecht monierten Empathie-Defekte und Handlungsdefizite zu korrigieren.

81 Vgl. Ansorge, *Gerechtigkeit*, 201 und Swinburne, *Responsibility*, 169.

82 Vgl. Borgman, „Erlösung", 85; Heimbach-Steins, „Macht", 235 f.; Kaufmann, „Moralische Lethargie", 13 und Striet, „Sexueller Missbrauch", 23 f. Diese ist auch deshalb nur „vermeintlich" eine moralisch reine Gemeinschaft, weil der protegierte Automatismus des Vergebens das Gegenteil von dem bewirken kann, was erhofft wird. Denn mit der Vergebungsbereitschaft der an-

Böses prompt verziehen wird, ist es eliminiert und existiert nicht mehr. Insbesondere die amtlichen Vertretungen dieses Mechanismus profitieren davon, besonders augenfällig in Bußritualen in Gottesdiensten, sodass, jedenfalls *intra muros*, Pfarrpersonen kaum unterstellt wird, ein Gefahrenpotential für andere darzustellen.[83] Gemäss der Logik *„forgiving and forgetting"*[84] werden Formen sexualisierter Gewalt dann wie Bagatelltraumen auf diese bewährte Strategie der sozialen und religiösen Kohäsion bezogen. Das Votum für ein Vergeben und Vergessen wird, wie Theodor Adorno zum Themenkomplex „Aufarbeitung der Vergangenheit" notiert, dabei meistens von der Gruppe delinquenter Personen ins Spiel gebracht.[85]

Zum Bedeutungsprofil einer Moral unbedingten Verzeihens, inklusive ihrer Banalisierungsdrift, gehört auch eine eschatologische Perspektive. Es macht nämlich gerade Hoffnung aus, dass sie sich auf eine andere Gerechtigkeit bezieht, die nicht bis zur bittersten Konsequenz fragt, was wer verdient,[86] sondern eine Güte impliziert, ohne die Menschen nicht gut leben können.[87] Für die Frage dieses Beitrags relevant ist nun, wenn aus dieser eschatologischen Perspektive eine Nivellierung der Gegenwart gefolgert wird, so als sei das Verbrechen und die Gewalt bereits keine mehr. Das käme einer Verklärung gleich, die keinen Blick mehr für die faktische Not solcher Personen hat, die Ziele von Gewalt geworden sind. Durch einen eschatologischen Fokus einer letztlich nur von Gott leistbaren Versöhnung dessen, was Menschen nicht verzeihen können, muss es allerdings nicht notwendig zu einer Art Banalisierung des faktischen Leidens kommen.[88] Mit Eugen Drewermann gehe es vielmehr darum, unter dem Abgrund etwas zu finden, das trägt.[89] Damit bleibt der Abgrund ein Abyssus und auch sexualisierte Gewalt muss in eschatologischer Perspektive nicht beschönigt werden, um vielleicht erst durch Gottes transgressives Handeln in Frieden überführt zu werden.

---

deren kann spekuliert werden, wodurch die Hemmung entfällt, etwas Böses und Verantwortungsloses zu tun, vgl. Werner, *Die Freiheit der Vergebung*, 46.

83 Vgl. Noth, „Mythen", 89.

84 Von Sass, „Does God Forget", 171. Vgl. auch Beintker, „Was leistet Aufarbeitung", 4 und Welker, „Geschichte erinnern", 157.

85 Vgl. Adorno, „Was bedeutet", 555.

86 Vgl. Wirth, *Der Rigor der Gerechtigkeit*, 205.

87 Vgl. Drewermann, „Im Grunde hilft nur ein anderer Mensch", 106 sowie Frettlöh, „Der Mensch heißt Mensch", 207 und Wirth, *Der Rigor der Gerechtigkeit*, 205.

88 Vgl. Sauter, „Gottes schöpferisches Vergeben", 353.

89 Vgl. Drewermann, „Im Grunde hilft nur ein anderer Mensch", 113.

3 Was, wenn bestimmte Taten nicht an Entschuldigungspraxen assimiliert werden können? (Fazit)

Die feststehende Erzählweise der Bitte um Entschuldigung durch kirchliche Stakeholder nach sexualisierter Gewalt übergeht die Polytonalität individueller Erfahrung (Banalisierung durch Verzeihlichkeits-Attest) und konkrete Verantwortungskompetenz (Banalisierung durch Stellvertretung). Das in Rede stehende Narrativ folgt einem Werturteil, das wenig Interesse an konkreten Personen aufbringt. Inwiefern dabei die offizielle Bitte um Entschuldigung sogar als Missachtungspraktik gelten muss, weil sie weder der Person ins Gesicht schaut, die Ziel sexualisierter Gewalt wurde, noch der Person, die nicht alles Mögliche zur Prävention getan hat, war die Fragestellung dieses Beitrags.

Im Ganzen bestätigt sich der Anfangsverdacht gegen kirchliche Vergebungsbitten: „Feierliche Gesten der Wiedergutmachung oder des Widerrufs"[90] erscheinen nicht nur Jankélévitch suspekt, denn entgegen ihrem Nimbus der Versöhnlichkeit sind sie mit vielen Problemen verbunden: Ihre Rhetorik ist auch in kirchlichen Kontexten relativ kostenlos,[91] es wird durch das vermeintliche Recht und die Macht, um Entschuldigung zu bitten,[92] Hegemonie ausgeübt und

---

90 Jankélévitch, *Das Verzeihen*, 276.

91 Gerard Rodgers erinnert aus der Perspektive seiner Gewaltbetroffenheit zum Beispiel an den Besuch des römisch-katholischen „Papstes" Franziskus in Irland 2018 und an sein „begging for forgiveness", woraus sich für seine Geschichte und Gegenwart mit einer katholischen Männerkongregation in Irland genau nichts ergeben habe, vgl. Rodgers, *Resisting*, 250 (siehe dazu auch den Beitrag von Jasmin Mannschatz, „Expected to carry the weight of their shame" in diesem Band). Vgl. ebenso Moritz, „Theologie", 36, der aus der Perspektive der Betroffenheit deutlich macht: „Wann werden die Überlebenden endlich geistig wie materiell in einer Währung entschädigt, die für beide Seiten den gleichen Wert hat. Ein Tipp: Gebete, Schweigen und Gedenktage sind es übrigens nicht!". Bei all diesen kirchlichen Praxen handelt es sich, um eine Kritik Wolfgang Beinerts aufzugreifen, höchstens um Analgetika (vgl. Beinert, „Gottesmissbrauch", 203), die offenbar nur bei denen wirken, die möglichst schnell einen Schlussstrich ziehen wollen und nicht „[...] nach den letzten Gründen des Skandals suchen" (ebd.). Vgl. auch Frettlöh, „Vergeben", 41. Dass allerdings Begegnungen zwischen Kirchenoffiziellen und Personen mit sexualisierten Gewalterfahrung tatsächlich anders ausfallen können, wenn sie einen Anlass bieten, an dem Betroffene endlich reden können und gehört werden, beschreibt zum Beispiel Borgman, „Erlösung", 84. Vgl. weiter Striet, „Sexueller Missbrauch", 39.

92 Vgl. Derrida, *Vergeben*, 15. Was mit dieser Frage auf dem Spiel steht, ist kein bloßes Detail oder die Sorge um politische Korrektheit, es geht um die Frage der „Freiheit der Vergebung", auf die Gunda Werner als „Kernfrage im Vergebungsgeschehen" hingewiesen hat und damit die offenen Fragen, „wer eigentlich vergeben darf, wem vergeben werden kann und in welcher und mit

die Adressierten sehen sich mit einer sozialen und moralischen Platzanweisung im Sinne eines[93] „Entweder man vergibt, oder man wird selbst zum Übeltäter" konfrontiert.[94] So wird der Unterschied zwischen „Opfern und Tätern" eingeebnet und aus dem Theologumenon der Universalität der Sünde werden im Stil eines nivellierenden Fehlschlusses ethische Konsequenzen gezogen. Aber einfach nichts zu sagen ist auch keine Option, und dennoch gilt: „Diese Angelegenheit wird nicht einfach abzuwickeln sein"[95], wie wiederum Jankélévitch in einem anderen Kontext gegen das schnelle Versöhnungsdesiderat vonseiten delinquenter Personen festhält, auf das schon mit Adorno verwiesen wurde. Darauf bestehen auch eschatologische Vorstellungen von einer spezifisch transformativen *post-mortem*-Passage, die man reformatorischerseits mit der Metapher des Schlafes und katholischerseits mit der Vorstellung eines Gerichts gegen die Gefahr einer billigen Versöhnung in Verbindung brachte. Gegen den theologisch relevanten Kern solcher umstrittenen Bilder wendet sich jedenfalls, wer sich im Gestus der Entschuldigung Banalisierungen einhandelt, die einer vermeintlichen Versöhnung Vorschub leisten.

Dagegen impliziert Verzeihen in einem adäquaten Sinn die Verurteilung eines Übels und setzt dennoch auf das Vertrauen in eine delinquent gewordene Person und Institution.[96] Verzeihung ist dabei nur denkbar, wenn sie sich auf ein Andersgeworden beziehen kann und wenn Anlass zu einer Re-evaluation besteht.[97] Kirchliche Institutionen könnten Denken und Handeln transformieren und Anlass zu einer Re-evaluierung bieten.[98] Dieses Vorgehen wäre etwas völlig anderes als Personen mit Erfahrungen sexualisierter Gewalt durch Entschuldigungsriten an einen neuen alten Ort zu führen, um sie dort dem eigenen Wollen zu assimilieren. Verzeihung kann nicht gefordert werden, sie folgt nach Jacques Derrida der „Logik der Ausnahme"[99] und bei Paul Ricœur der „Logik des Überflusses"[100]. Dem

welcher Instanz vergeben wird", zueinander bringt, vgl. Werner, *Die Freiheit der Vergebung*, 14 und weiter, zum spezifischen Kontext dieser Studie, Frühbauer, „Schuld", 358 f.

93 Vgl. Ricœur, „Das Rätsel der Vergangenheit", 742.

94 Nussbaum, *Zorn*, 96.

95 Jankélévitch, *Das Verzeihen*, 276. Vgl. weiter Arns und Beneke, „Sexualisierte Gewalt", 231.

96 Vgl. Crespo, *Das Verzeihen*, 116. Dies aber ist gerade im Zusammenhang mit sexualisierter Gewalt in institutionellen Kontexten, hier der Kirchen, schwer erreichbar, weil die Verletzung von Vertrauen zu den Charakteristika sexualisierter Gewalt gehört, vgl. Unabhängige Kommission zur Aufarbeitung sexuellen Kindesmissbrauchs, *Geschichten, die zählen*, 16.

97 Vgl. Crespo, *Das Verzeihen*, 102; Frettlöh, „Vergeben", 55; Von Sass, „Does God Forget", 164 und Swinburne, *Responsibility*, 171.

98 Vgl. Jordan, *Telling Truth*, 28 f.

99 Derrida, *Vergeben*, 33.

Genre der Entschuldigungsdeklaration entgeht diese Grundannahme und damit die Option, sich weniger am eigenen institutionellen Selbstbild als an der individuellen Erfahrung Betroffener zu orientieren. Insofern kommt es nicht nur zu den genannten Bagatellisierungen, sondern auch zu einer Fortsetzung von gewaltförmigen Bezugnahmen, die durch die Bitte um Entschuldigung eigentlich zurückgenommen werden sollen. Denn mit Hilfe der ritualisierten Bitte durch kirchliches Leitungspersonal kann wieder Kontrolle über Personen mit Erfahrungen sexualisierter Gewalt gewonnen werden, wie Ursula Enders pointiert hat: „Ebenso ist die Bitte um Entschuldigung eine für Täter typische Verteidigungsstrategie: Der Appell an das soziale Gewissen der Opfer soll dies erneut zum Schweigen bringen und somit der Aufdeckung weiterer Gewaltverbrechen vorbeugen".[101]

Bei etablierten Entschuldigungsriten im Kontext sexualisierter Gewalt in kirchlichen Kontexten, die besonders durch das Format der stellvertretenden Artikulation auffallen, kommt es also nicht notwendig zu einem Abbau, sondern mitunter sogar zu einer Fortsetzung eines mindestens unbedachten Umgangs mit sexualisierter Gewalt. Ich plädiere selbstverständlich nicht dafür, gar nichts zu sagen.[102] Denn diese Praxis ermöglicht und begleitet sexualisierte Gewalt. Aber

---

100 Hidber, „Die leise Stimme", 272. Beide Prädikate sind bei näherem Hinsehen zu unterscheiden, denn die Qualifizierung als Ausnahme bei Derrida impliziert, dass die Vergebung dann in den meisten Fällen nicht das moralisch Richtige ist, vgl. Looney, „Unstrafbar", 187.

101 Enders, „Sexueller Missbrauch", 41. Vgl. auch Görgen, Söhner und Fangerau, „Kindeswohl", 47 f. und Müllner, „Das Memorandum", 135.

102 Dies bleibt weiterhin dort eine Strategie, wo Grenzverletzungen nicht eingestanden und verharmlost werden, wie der Fall der katholischen Ordensschule Collegium Josephinum in Bonn aus 2012 zeigt. Obwohl es dort bei Schülern zu rektalen Einführungen von Objekten durch Priester gekommen ist, im genannten Fall waren es Zäpfchen, die bei Bagatellerkrankungen verabreicht wurden, wurden keine selbstkritischen oder empathischen Stellungnahmen durch die verantwortliche kirchliche Institution bekannt. Dies verwundert umso mehr, als gerade diese Ordensschule über eine dokumentierte Geschichte der sexualisierten Gewalt verfügt (vgl. Janssen, „Reaktionen und Massnahmen", 203), deren Reichweite allerdings nicht zu einer angemessenen normativen Reaktion auf den Sachverhalt der kaum rechtfertigbaren rektalen Gabe von Medikamenten ausgerechnet durch Ordensbrüder führte, vgl. zu diesem Fall Wirth und Schmiedebach, „Sexualisierte Gewalt gegen Minderjährige", 13; Wirth, „Regula tactus", 192 f. und Wirth und Schmiedebach, „Sexualisierte Gewalt am erkrankten Kind", 64. Die dabei trotz lehrbuchhafter Deutlichkeit übersehene Risikostruktur kirchlicher Kinder- und Jugendeinrichtungen, inklusive kirchlicher Schulen entsteht durch „[...] Vermischung privater und professioneller Beziehungen, [durch] die Nähe bei Übernachtungen [zum Beispiel bei Fahrten] und im täglichen Miteinander oder auch der ganz besondere [durch den] Vertrauensaufbau innerhalb der Seelsorge [...], die sich Täter und Täterinnen zu nutzen machen können" (Arns und Beneke, „Sexualisierte Gewalt", 226 f.).

der etablierte Weg der Entschuldigungsdeklaration führt nicht zum Abbau eines Empathiedefekts mit Personen, die Erfahrungen mit sexualisierter Gewalt gemacht haben.[103] Eine Neuperspektivierung könnte zum Beispiel den Fokus weg vom Problem der Schuld hin zum Phänomen der Verletzlichkeit richten. Mit der Leitfrage nach der Verletzlichkeit könnte ein weniger fragmentarischer Umgang mit sexualisierter Gewalt gefunden werden.[104]

Literatur

Adorno, Theodor W. „Was bedeutet: Aufarbeitung der Vergangenheit." In *Kulturkritik und Gesellschaft II: Eingriffe. Stichworte*, hg. v. ders., 555–572. Gesammelte Schriften Bd. 10/2. Frankfurt a. M.: Suhrkamp, 1977.

Ansorge, Dirk. *Gerechtigkeit und Barmherzigkeit Gottes. Die Dramatik von Vergebung und Versöhnung in bibeltheologischer, theologiegeschichtlicher und philosophiegeschichtlicher Perspektive.* Freiburg i. B.: Herder, 2009.

Arendt, Hannah. *Vita activa oder Vom tätigen Leben.* München: Piper, 2008[8].

Arms, Margaret F. „When Forgiveness Is Not the Issue in Forgiveness: Religious Complicity in Abuse and Privatized Forgiveness." In *Forgiveness and Abuse. Jewish and Christian Reflections*, hg. v. Marie M. Fortune und Joretta Marshall, 107–128. New York: Haworth, 2002.

Arns, Alke und Doris Beneke. „Sexualisierte Gewalt in der evangelischen Kirche und Diakonie – Tatorte und Aspekte der Täter-Opfer-Institutionen-Dynamik – Prävention und Intervention." In *Kompendium „Sexueller Missbrauch in Institutionen". Entstehungsbedingungen, Prävention und Intervention*, hg. v. Jörg M. Fegert und Mechthild Wolff, 224–232, Weinheim: Beltz Juventa, 2015.

Augst, Kristina. *Auf dem Weg zu einer traumagerechten Theologie. Religiöse Aspekte in der Traumatherapie – Elemente heilsamer religiöser Praxis.* Praktische Theologie heute 121. Stuttgart: Kohlhammer, 2012.

Baums-Stammberger, Brigitte, Benno Hafeneger und Andre Morgenstern-Einenkel. *„Uns wurde die Würde genommen". Gewalt in den Heimen der Evangelischen Brüdergemeinde Korntal in den 1950er bis 1980er Jahren.* Opladen: Budrich UniPress Ltd, 2019.

---

103 Vgl. Enders, „Sexueller Missbrauch", 44 und weiter Jütte, „Die ureigenste Schuld", 129. Die Gefahr einer Empathie-Abstinenz ist auch deshalb einzukalkulieren, weil Personen, die in kirchlichen Kontexten Ziele sexualisierter Gewalt wurden, bis heute nach einem *disclosure* gegenüber kirchlichen Behörden mit „mangelnder Sensibilität, Empathie und Sachkenntnis" konfrontiert werden, siehe dazu: Unabhängige Kommission zur Aufarbeitung sexuellen Kindesmissbrauchs, *Geschichten, die zählen*, 155.

104 Vgl. Mullin, „Children", 266. Der Fokus auf die Schuldfrage lässt viele andere Problembezirke unberücksichtigt, zum Beispiel das Phänomen der Introjektion bei Gewaltbetroffenen, die nicht selten eine Art Mitschuld annehmen, die durch die Entschuldigungsriten mitaufgerufen wird (vgl. Augst, *Auf dem Weg*, 200 und Frühbauer, „Schuld", 351 f.).

Beinert, Wolfgang. „Gottesmissbrauch." In *Nicht ausweichen. Theologie angesichts der Missbrauchskrise*, hg. v. Matthias Remenyi und Thomas Schärtl, 203–215. Regensburg: Verlag Friedrich Pustet, 2019.

Beintker, Michael. „Was leistet Aufarbeitung der Vergangenheit?" In *Geschichte erinnern als Auftrag der Versöhnung. Theologische Reflexionen über Schuld und Vergebung*, hg. v. Sándor Fazakas und Georg Plasger, 1–13. Forschungen zur Reformierten Theologie 5. Neukirchen-Vluyn: Neukirchener Theologie, 2015.

Bernhardt, Fabian. *Zur Vergebung. Eine Reflexion im Ausgang von Paul Ricœur.* Berlin: Neofelis Verlag, 2014.

Borgman, Erik. „Erlösung, Kirche und sexueller Missbrauch. Theologische Reflexionen über die römisch-katholische Kirche." In *„Guter" Sex: Moral, Moderne und die katholische Kirche*, hg. v. Regina Ammicht Quinn, 83–97. Paderborn: Ferdinand Schöningh, 2013.

Born, Luna. *Missbrauch mit den Missbrauchten. Mehr Träume, als die katholische Kirche zerstören kann.* Baden-Baden: Tectum Verlag, 2019.

Butler, Judith. *Kritik der ethischen Gewalt.* Frankfurt a. M.: Suhrkamp, 2003.

Crespo, Mariano. *Das Verzeihen. Eine philosophische Untersuchung.* Heidelberg: C. Winter, 2002.

Derrida, Jacques. „Jahrhundert der Vergebung. Verzeihen ohne Macht – unbedingt und jenseits der Souveränität. Im Gespräch mit Michel Wieviorka." *Lettre International* 48 (2000): 10–18.

Derrida, Jacques. *Vergeben. Das Nichtvergebbare und das Unverjährbare.* Wien: Passagen, 2017.

Drewermann, Eugen. „Im Grunde hilft nur ein anderer Mensch. Von Schuld und Erlösung in der Botschaft Jesus." In *Das kann ich dir nie verzeihen. Theologisches und Psychologisches zu Schuld und Vergebung*, hg. v. Karin Finsterbusch und Helmut A. Müller, 95–115. Göttingen: Vandenhoeck & Ruprecht, 1999.

Enders, Ursula. „Sexueller Missbrauch in Institutionen. Zur Strategie der Täter, zur Verantwortung der Institution und den Reaktionen der Kirche." In *Sexuelle Gewalt: Fragen an Kirche und Theologie,* hg. v. Stephan Goertz und Herbert Ulonska, 17–44. Berlin: Lit Verlag, 2010.

Enxing, Julia. „„…und erlöse uns von dem Bösen'. Hoffnung auf Erlösung und ihre gesellschaftliche Relevanz." In *Satisfactio. Über (Un-)Möglichkeiten von Wiedergutmachung*, hg. v. dies. und Dominik Gautier 331–345. Leipzig: Evangelische Verlagsanstalt, 2019.

Enxing, Julia. *Schuld und Sünde (in) der Kirche. Eine systematisch-theologische Untersuchung.* Mainz: Grünewald, 2018.

Fegert, Jörg M. und Mechthild Wolff. „Eine neue Qualität der Debatte um Schutz vor Missbrauch in Institutionen." In *Kompendium „Sexueller Missbrauch in Institutionen". Entstehungsbedingungen, Prävention und Intervention,* hg. v. dies., 15–36. Weinheim: Beltz Juventa, 2015.

Fernau, Sandra. „Strukturelle Hintergründe des sexuellen Missbrauchs in katholischen Institutionen: Zur Rolle von innerkirchlichen Machtverhältnissen und religiösen Verstrickungen von Betroffenen." *Journal of the European Society of Women in Theological Research* 27 (2019): 229–261.

Figueroa, Rocío und David Tombs. „Recognising Jesus as a Victim of Sexual Abuse: Responses from Sodalicio Survivors in Peru." *Religion & Gender* 10 (2020): 57–75.

Flaßpöhler, Svenja. *Verzeihen. Vom Umgang mit Schuld.* München: Deutsche Verlags-Anstalt, 2016.

Frettlöh, Magdalene L. „Der auferweckte Gekreuzigte und die Überlebenden sexueller Gewalt. Kreuzestheologie genderspezifisch wahr genommen." In *Das Kreuz Jesu. Gewalt – Opfer – Sühne,* hg. v. Rudolf Weth, 77–104. Neukirchen-Vluyn: Neukirchener Verlag, 2001.

Frettlöh, Magdalene L. „„Der Mensch heißt Mensch, weil er…vergibt'? Philosophisch-politische und anthropologische Vergebungs-Diskurse im Licht der fünften Vaterunserbitte." In *„Wie? Auch wir vergeben unsern Schuldigern?" Mit Schuld leben,* hg. v. Jürgen Ebach u. a., 179–215. Gütersloh: Chr. Kaiser Gütersloher Verlagshaus, 2004.

Frettlöh, Magdalene L. „Vergeben und vergessen. Eine theologisch und philosophisch bedachte Zwillingswendung zum Umgang mit Schuld eschatologisch perspektiviert." In *Schuld. Theologische Erkundungen eines unbequemen Phänomens,* hg. v. Julia Enxing, 40–57. Ostfildern: Matthias Grünewald Verlag, 2015.

Frettlöh, Magdalene L. „Vergebung oder ‚Vernarbung der Schuld'? Theologische und philosophische Notizen zu einer frag-würdigen Alternative im gesellschaftlichen Umgang mit Schuld." *Evangelische Theologie* 70 (2010): 116–129.

Frühbauer, Johannes J. „Schuld. Verantwortung. Versöhnung?" In *Hinter Mauern. Fürsorge und Gewalt in kirchlich geführten Erziehungsanstalten im Kanton Luzern,* hg. v. Markus Ries und Valentin Beck, 339–364. Zürich: TVZ, 2013.

„Gemeinsame Erklärung der Evangelisch-Lutherischen Landeskirche Hannovers und des Diakonischen Werkes zu der Situation in Heimen der Jugendfürsorge in den 50er und 60er Jahren." In *Heimwelten. Quellen zur Geschichte der Heimerziehung in Mitgliedseinrichtungen des Diakonischen Werkes der Ev.-Luth. Landeskirche Hannovers e.V. von 1945 bis 1978,* hg. v. Ulrike Winkler und Hans-Walter Schmuhl, 9–10. Bielefeld: Verlag für Regionalgeschichte, 2011.

Greber, Franziska. „Machtmissbrauch und Grenzverletzungen – Erkenntnisse und Perspektiven." In *Schaut hin! Missbrauchsprävention in Seelsorge, Beratung und Kirchen,* hg. v. Isabelle Noth und Ueli Affolter, 47–68. Zürich: TVZ, 2015.

Görgen, Arno, Felicitas Söhner und Heiner Fangerau. „Kindeswohl als kollektives Orientierungsmuster." In *Sexuelle Gewalt in Kindheit und Jugend. Theoretische, empirische und konzeptionelle Erkenntnisse und Herausforderungen erziehungswissenschaftlicher Forschung,* hg. v. Sabine Andresen und Rudolf Tippelt, 40–53. Beiheft Zeitschrift für Pädagogik 64. Weinheim: Beltz Juventa, 2018.

Hailes, Helen u. a. „Long-term outcomes of childhood sexual abuse: an umbrella review." *Lancet Psychiatry* 6 (2019): 830–839.

Heimbach-Steins, Marianne. „Macht – Missbrauch. Sexuelle Gewalt gegen Kinder und Jugendliche und die Krise der katholischen Kirche." *Soziale Passagen* 2 (2010): 227–240.

Hidber, Bruno. „Die leise Stimme des Verzeihens angesichts der Übermacht des Bösen." *Theologie der Gegenwart* 53 (2010): 264–274.

Jankélévitch, Vladimir. *Das Verzeihen. Essays zur Moral und Kulturphilosophie.* Frankfurt a. M.: Suhrkamp, 2003.

Jannsen, Bettina. „Sexueller Missbrauch – Reaktionen und Maßnahmen der katholischen Kirche." In *Kompendium „Sexueller Missbrauch in Institutionen". Entstehungsbedingungen, Prävention und Intervention,* hg. v. Jörg M. Fegert und Mechthild Wolff, 197–207. Weinheim: Beltz Juventa, 2015.

Jordan, Mark D. *Telling Truth in Church: Scandal, Flesh, and Christian Speech.* Boston: Beacon Press, 2003.

Jütte, Stephan. „Die ureigenste Schuld der Kirche. In welchem Verhältnis steht die Kirche zur Schuld." In *Schuld. Theologische Erkundungen eines unbequemen Phänomens,* hg. v. Julia Enxing, 122–135. Ostfildern: Matthias Grünewald Verlag, 2015.

Kaufmann, Franz-Xaver. „Moralische Lethargie in der Kirche." In *Sexuelle Gewalt: Fragen an Kirche und Theologie,* hg. v. Stephan Goertz und Herbert Ulonska, 11–16. Berlin: Lit Verlag, 2010.

Kiessling, Klaus. „Sexueller Missbrauch an Kindern und Jugendlichen – Fakten Folgen Fragen." In *Sexueller Missbrauch. Fakten – Folgen – Fragen,* hg. v. ders., 12–41. Ostfildern: Matthias Grünewald Verlag, 2011.

Klein, Stephanie. „Gewalt und sexueller Missbrauch in kirchlich geführten Kinderheimen." In *Hinter Mauern. Fürsorge und Gewalt in kirchlich geführten Erziehungsanstalten im Kanton Luzern,* hg. v. Markus Ries und Valentin Beck, 301–338. Zürich: TVZ, 2013.

Kobusch, Theo. „Schuld, Vergebung und Freiheit im Denken der christlichen Spätantike." In *Vergebung. Philosophische Perspektiven auf ein Problemfeld der Ethik,* hg. v. Johannes Brachtendorf und Stephan Herzberg, 115–138. Münster: mentis Verlag, 2014.

Kodalle, Klaus-Michael. *Verzeihung denken. Die verkannte Grundlage humaner Verhältnisse.* München: Wilhelm Fink Verlag, 2013.

Levinas, Emmanuel. *Die Unvorhersehbarkeiten der Geschichte*, übers. v. Alwin Letzkus. Freiburg und München: Karl Alber, 2006.

Levinas, Emmanuel. *Humanismus des anderen Menschen*, übers. v. Ludwig Wenzler. Hamburg: Felix Meiner Verlag, 1989.

Lienemann, Wolfgang. „Nachträgliche Gerechtigkeit? Schuld und Versöhnung im Kontext der südafrikanischen Wahrheitskommission." In *„Wie? Auch wir vergeben unsern Schuldigern?" Mit Schuld leben,* hg. v. Jürgen Ebach u. a., 40–58. Gütersloh: Chr. Kaiser Gütersloher Verlagshaus, 2004.

Looney, Aaron. „Unstrafbar, Unsühnbar, Unvergebbar – Vladimir Jankélévitch und die Grenzen zwischenmenschlicher Vergebung." In *Vergebung. Philosophische Perspektiven auf ein Problemfeld der Ethik,* hg. v. Johannes Brachtendorf und Stephan Herzberg, 187–215. Münster: mentis Verlag, 2014.

Manay, Natalia und Delphine Collin-Vézina. „Recipients of children's and adolescents' disclosures of childhood sexual abuse: A systematic review." *Child Abuse & Neglect* (2019). DOI: 10.1016/j.chiabu.2019.104192 (Online ahead of print; letzter Zugriff: 21.01.2020).

Mannschatz, Jasmin. „‚We were expected to carry the weight of their shame and guilt, thinking it was our shame.' Gerard Rodgers' sozialethisches Prinzip *mea culpa* im Kontext sexualisierter Gewalt." In *Sexualisierte Gewalt in kirchlichen Kontexten. Neue interdisziplinäre Perspektiven*, hg. v. Mathias Wirth, Isabelle Noth und Silvia Schroer, 479–500. Berlin und Boston: De Gruyter, 2022.

Müllner, Ilse. „Das Memorandum Freiheit und seine kommunikativen Horizonte." In *Das Memorandum. Die Position im Für und Wider,* hg. v. Judith Könemann und Thomas Schüller, 134–141. Freiburg i. Br.: Herder, 2011.

Moritz, Kai Christian. „Theologie – es geht weder mit ihr noch ohne sie." In *Nicht ausweichen. Theologie angesichts der Missbrauchskrise,* hg. v. Matthias Remenyi und Thomas Schärtl, 32–37. Regensburg: Verlag Friedrich Pustet, 2019.

Mullin, Amy. „Children, Vulnerability, and Emotional Harm." In *Vulnerability. New Essays in Ethics and Feminist Philosophy*, hg. v. Cetriona Mackenzie, Wendy Rogers und Susan Dodds, 266–287. New York: Oxford University Press, 2014.

Nietzsche, Friedrich. *Zur Genealogie der Moral. Eine Streitschrift.* Bd. 5, *Kritische Studienausgabe.* Berlin und New York: dtv, 1999.

Noth, Isabelle. „Mythen des seelsorglichen Selbstverständnisses." In *Schaut hin! Missbrauchsprävention in Seelsorge, Beratung und Kirchen*, hg. v. dies. und Ueli Affolter, 89–93. Zürich: TVZ, 2015.

Nussbaum, Martha. *Zorn und Vergebung. Plädoyer für eine Kultur der Gelassenheit.* Darmstadt: Wissenschaftliche Buchgesellschaft, 2017.

Ricœur, Paul. *Das Rätsel der Vergangenheit. Erinnern – Vergessen – Verzeihen.* Göttingen: Wallstein Verlag, 1998.

Ries, Markus. „Ein seelisches Trümmerfeld als Verpflichtung für die Kirche." In *Hinter Mauern. Fürsorge und Gewalt in kirchlich geführten Erziehungsanstalten im Kanton Luzern*, hg. v. ders. und Valentin Beck, 365–374. Zürich: TVZ, 2013.

Rodgers, Gerard. *Resisting the Power of Mea Culpa. A Story of Twentieth-Century Ireland.* Oxford: Peter Lang, 2019.

Sander, Hans-Joachim. „Ehrfurcht – und kein Gesundbeten bitte. Scham ohne Aussicht auf Vergebung der Schuld." In *Sexueller Missbrauch von Kindern und Jugendlichen im Raum von Kirche. Analysen – Bilanzierungen – Perspektiven*, hg. v. Konrad Hilpert u. a., 373–383. Freiburg i. Br.: Herder, 2020.

Sass, Hartmut von. „Does God Forget When He Forgives? An Essay in Soteriology." In *Forgiving and Forgetting. Theology and the Margins of Soteriology*, hg. v. ders. und Johannes Zachhuber, 159–173. Tübingen: Mohr Siebeck, 2015.

Sass, Hartmut von. „Vergeben und Vergessen. Über eine vernachlässigte Dimension der Soteriologie." *Neue Zeitschrift für Systematische Theologie und Religionsphilosophie* 55 (2013): 314–343.

Sauter, Gerhard. „Gottes schöpferisches Vergeben." In *Schuld und Vergebung* (FS Michael Beintker), hg. v. Hans-Peter Großhans u. a., 341–356. Tübingen: Mohr Siebeck, 2017.

Sauter, Gerhard. „Wie können ‚wir' vergeben?" In *„Sagen, was Sache ist". Versuche explorativer Ethik (FS Hans G. Ulrich)*, hg. v. Gerard den Hertog u. a., 69–85. Leipzig: Evangelische Verlagsanstalt, 2017.

Sautermeister, Jochen. „Transformation – Dekonstruktion – Integration. „Entschuldigungsdynamiken" der rechtlichen Aufarbeitung sexuellen Missbrauchs in der katholischen Kirche." In *Sexueller Missbrauch von Kindern und Jugendlichen im Raum von Kirche. Analysen – Bilanzierungen – Perspektiven*, hg. v. Konrad Hilpert u. a., 268–279. Freiburg i. Br.: Herder, 2020.

Schaupp, Walter. „Kirchliches Sexualethos und Missbrauchsfälle. Analysen und Konsequenzen." In *„Guter" Sex: Moral, Moderne und die katholische Kirche*, hg. v. Regina Ammicht Quinn, 184–195. Paderborn: Ferdinand Schöningh, 2013.

Scheiber, Karin. *Vergebung, Eine systematisch-theologische Untersuchung.* Tübingen: Mohr Siebeck, 2006.

Striet, Magnus. „Sexueller Missbrauch im Raum der Katholischen Kirche. Versuch einer Ursachenforschung." In *Unheilige Theologie! Analysen angesichts sexueller Gewalt gegen Minderjährige durch Priester*, hg. v. ders. und Rita Werden, 15–40. Freiburg i. Br.: Herder, 2019.

Swinburne, Richard. *Responsibility and Atonement.* Oxford: Oxford University Press, 1989.
Unabhängige Kommission zur Aufarbeitung sexuellen Kindesmissbrauchs. *Geschichten, die zählen.* Bd. 1, *Fallstudien zu sexuellem Kindesmissbrauch in der evangelischen und katholischen Kirche und in der DDR.* Sexuelle Gewalt in Kindheit und Jugend: Forschung als Beitrag zur Aufarbeitung. Wiesbaden: Springer VS, 2020.
Welker, Michael. „Geschichte erinnern – heilende und zerstörerische Formen der Erinnerung und des Gedächtnisses." In *Geschichte erinnern als Auftrag der Versöhnung. Theologische Reflexionen über Schuld und Vergebung,* hg. v. Sándor Fazakas und Georg Plasger, 149 – 160. Forschungen zur Reformierten Theologie 5. Neukirchen-Vluyn: Neukirchener Theologie, 2015.
Werner, Gunda. *Die Freiheit der Vergebung. Eine freiheitstheoretische Reflexion auf die Prärogative Gottes im sakramentalen Bußgeschehen.* Regensburg: Verlag Friedrich Pustet, 2016.
Werner, Gunda. „Machtmissbrauch durch die Beichte – eine kritische Rekonstruktion." In *Sexueller Missbrauch von Kindern und Jugendlichen im Raum von Kirche. Analysen – Bilanzierungen – Perspektiven,* hg. v. Konrad Hilpert u. a., 209 – 220. Freiburg i. Br.: Herder, 2020.
Wirth, Mathias. „Die Multirealisierbarkeit des Geschlechtlichen." In *Gender (Studies) in der Theologie. Begründungen und Perspektiven,* hg. v. Marianne Heimbach-Steins, Judith Könemann und Verena Suchhart-Kroll. Münsterische Beiträge zur Theologie Bd. 4. Münster: Aschendorff-Verlag, 2021 [im Druck].
Wirth, Mathias. „Der Rigor der Gerechtigkeit. Eine am Beispiel der Triage in der COVID-19-Pandemie orientierte theologische Analyse." *Zeitschrift für Evangelische Ethik* 65 (2021): 201 – 213.
Wirth, Mathias. „Mikroskopie des moralischen Disruptors Gehorsam. Zur theologischen Relevanz der Filme Bastøy, Freistatt und Colonia Dignidad." *Kergyma und Dogma* 65 (2019): 68 – 91.
Wirth, Mathias und Heinz-Peter Schmiedebach. „Sexualisierte Gewalt gegen Minderjährige im medizinischen Ambiente und das Problem von Paternalismus und Täuschung." *Ethik in der Medizin* 31 (2019): 7 – 22.
Wirth, Mathias. „Trostlose Eschatologie? Zu einer unerledigten Kontroverse über Versöhnung in der neueren Dogmatik." *Neue Zeitschrift für Systematische Theologie und Religionsphilosophie* 58/3 (2016): 259 – 284.
Wirth, Mathias. „Regula tactus. Zur Aktualität einer kirchlichen Norm als Prävention und Plädoyer gegen sexualisierte Gewalt." *Wege zum Menschen* 65 (2013): 185 – 195.
Wirth, Mathias und Heinz-Peter Schmiedebach. „Sexualisierte Gewalt am erkrankten Kind." *Interdisziplinäre Fachzeitschrift Kindesmisshandlung und -vernachlässigung* 16 (2013): 64 – 69.
Wutzke, Stefan. „Damit wir wissen, was wir tun. Zum Umgang mit Verletzungen der sexuellen Selbstbestimmung in der evangelischen Kirche und ihrer Diakonie." *Wege zum Menschen* 67 (2015): 97 – 108.
Zachhuber, Johannes. „Forgiveness between Remembrance and Forgetting. Overcoming the Power of Past Evil." In *Forgiving and Forgetting. Theology and the Margins of Soteriology,* hg. v. ders. und Hartmut Von Sass, 173 – 192. Tübingen: Mohr Siebeck, 2015.

Hilary Jerome Scarsella

When Survivors Come Forward

Analyzing Patterns of Progressive Institutional Response and Working toward Transformative Interventions

1 Introduction

Although it is commonly presumed in progressive contexts that believing and supporting survivors is foundational to progressive identity, a wide array of progressive, Christian-affiliated institutions routinely respond to survivors in ways that exacerbate sexual violence trauma and actively perpetuate sexual violence in the systemic sense. Through my academic and activist work, I serve as a direct professional advocate for survivors of sexual violence who are working to address the harm they experienced in the Christian universities, academic programs, organizations, ecclesial bodies, and communities of faith in which that harm occurred.[1] What any particular survivor is looking for in a process like this varies, though in general, it is some combination of what we might expect: acknowledgement, truth-telling, care, respect, action that helps to prevent perpetrators from repeating violent behavior in the future, accountability for those who inflicted violence and those who enabled it, reflection on systemic dynamics of the institution or faith community that need to change, and finally, actual, embodied commitment to seeing those changes through. Having accompanied survivors, strategized with them, and advocated for them in these processes, I have had the opportunity to observe quite a number of Christian-affiliated institutions as they respond in real time to survivors coming forward. In most cases, these institutions would self-identify as theologically and politically progressive, yet in most cases, they fail to respond to survivors with survivor-centered respect, care, and action. However, because these institutions have a progressive identity, and because the conversation in the US about sexual violence has primarily analyzed resistance to supporting survivors as a product of conservatism, the patterns and methods by which progressive Christian communities

---

1 See the work of Into Account, a nonprofit organization that offers support to survivors and allies seeking justice, accountability, and recovery in Christian contexts: https://into-account.org/.

https://doi.org/10.1515/9783110699203-023

enable sexual violence are under-recognized. And under-recognition amplifies their power.

This chapter is an attempt to contribute something toward filling the recognition gap. I bring what I have observed of Christian progressive churches and institutions into conversation with wider scholarship on Christianity and sexual violence in order to sketch a framework that describes the patterns of response I routinely encounter in progressive Christian contexts. The framework I sketch out proposes three basic sets of patterns that progressive Christian institutions express when engaging survivors whose testimonies make a claim on them. Each set constitutes an internally coherent role that an institution – the actor – takes on in response to a survivor's testimony.[2] Individually, these roles each function on their own to obscure the possibility of justice for survivors in order to secure self-protection – typically protection of the institution, of the community of faith, of leaders involved in responding to survivors, and perhaps most powerfully, of the community's organizing beliefs, practices, and power dynamics. While, within a single institution or community, the three roles, or sets of patterns, I describe each individually serve to obscure and protect, they also work together.[3] These roles are not such that the actor takes on one of them and lives neatly within its bounds for the duration. While a particular community might favor one role over another, the real power of these roles is that if one of them starts buckling under pressure – if the chosen role starts losing its power to protect the institution – an institution (or individuals within an institution) can swap it out for one of the other two. Thus, after outlining the three individual roles and their constitutive patterns, I map the relationships between them, arguing that strategically shifting from one role to another is itself one of the more powerful defensive patterns common to progressive Christian institutions.

---

2 With the term *role* I have in mind the context of a theatrical drama in which actors take on, inhabit, and play out character roles in order to bring the drama to life. Victor Turner's book *Drama, Fields, and Metaphors* may be helpful for continuing to think through the metaphor of the *role* as I am using it and clarify its opportunities and limits. Additionally, the body of literature that has developed around social role theory may be useful toward the same end, beginning with Alice H. Eagly and Anne M. Koenig's "Social Role Theory of Sex Differences and Similarities".

3 While the scope of this chapter is limited to the ways that single institutions slip in and out particular roles for their individual benefit, there may be ways that distinct but allied institutions or communities of faith choose and move between roles in order to protect each other. The possibility of this phenomenon warrants further attention.

2 Role 1: Paternalistic Savior

2.1 Description

Having been called to action by a survivor's testimony, one role that an institution, community of faith, or individuals within these might take on is that of the *Paternalistic Savior*. This role is characterized by a conscious or unconscious belief that the survivor who has come forward is in need of rescue and that the institution, community of faith, or its representative leaders are the best suited to direct the rescue mission. I choose the word "rescue," here, rather than a word like "help" or "support," because someone in need of rescue is someone who, by definition, is totally unequipped to remedy the situation at hand. A person in need of rescue does not make a significant contribution to the rescue effort. Typically, the only power they have is the power to cry for help and wait for others to orchestrate an intervention. Whereas a person in need of *help* or *support* could be conceived as a skilled surgeon in need of a second pair of hands in the operating room, the person in need of *rescue* is quintessentially conceived as a "damsel in distress", helpless in the face of impending doom.[4]

The "damsel in distress" metaphor draws our attention to the specific ways that the paternalistic savior's response to survivors is shaped by power dynamics of gender, race, and class. In Western culture, the damsel is historically imaged as a white, cisgender woman of varying socioeconomic status. Her rescuer is historically imaged as a white, cisgender man who, in comparison with the damsel, is usually either dramatically rich or dramatically poor. Assigning the role of the damsel to a survivor is a mental act that functions as a shortcut for imposing complex and oppressive configurations of social power from the damsel in distress cultural script onto the situation at hand.[5]

While the possible configurations of oppressive social power available in the damsel script are many, at least three loom large enough that they ought to be named. First, in gendered terms, assigning survivors the role of the damsel creates and maintains an extreme power differential between rescuer/institution (metaphorically imaged as a capable man) and rescuee/survivor (metaphorically imaged as an incapable woman). Second, considering that the cultural script

---

4 For a germinal work in the literature on the damsel in distress see Lurie, "Fairy Tale Liberation".

5 Emilie Townes' work in *Womanist Ethics and the Cultural Production of Evil* speaks to the way that cultural tropes do the work of the shortcut I describe here. Theological analyses of the ritual power of symbols have relevant explanatory power as well.

fully excludes characters of color from the narrative, using it as a lens for interpreting and responding to current survivors assigns the rescuer/institution the social power of whiteness, and accordingly, the right to determine who is worthy of rescue in the first place. Third, the economic flexibility of the original script – namely that it allows a rescuer to redeem his low economic status by saving an economically valued woman, or redeem his wealth-driven, callous inhumanity by choosing to save an economically marginalized woman – suggests that taking on the role of rescuer ought to result in the amelioration of a rescuer's socially perceived inadequacies, whatever those happen to be. Conceiving of one's institution or community of faith as rescuer, then, and conceiving of a survivor who has come forward as damsel creates an expectation that the institution/community is owed social redemption as a result of its effort.

In each case, to view a survivor who has come forward as someone in need of rescue is to evacuate them of their power, knowledge, expertise, authority, and autonomy. To presume oneself a *rescuer* is to take these evacuated qualities, attribute them to oneself, and assume the right, even the ethical imperative, to impose them at will in the name of the rescue effort. Both are characteristic of the paternalistic savior.

Recall that I described the role of the paternalistic savior at the outset as characterized by a conscious or unconscious belief that the survivor who has come forward is in need of rescue and that the institution, community of faith, or its representative leaders are the best suited to direct the rescue mission. So far, I have focused on what we learn about the paternalistic savior by unpacking the language of rescue. To fully understand the role of the paternalistic savior, however, we must also reflect on what it means for this character to be not only rescuer, but also the director of the rescue mission. There is a subtle but consequential difference.

For example, it is quite possible to imagine situations in which director and rescuer are distinct, or at least, situations in which the relationship between directing and rescuing is complex, shared, equitable, and so on. We are familiar with the storyline in which a capable individual, limited by circumstance, is not able to directly intervene in a life-threatening situation and must, instead, talk someone unequipped for the task through the steps necessary for survival. We might think of movie scenes in which a special agent talks a civilian through the process of disarming a bomb or a trapped adult directs a child through the process of unlocking the door that enables their release. In these scenarios, the rescuer – the one who ultimately secures safety in a physical sense (the civilian, the child) – is not the one directing the rescue effort (the special agent, the adult). If they are to be successful, the rescuer must listen well and take direction from the director who is the bearer of knowledge critical to the rescuer's success.

The director must also hear and respect the rescuer's experiences of their surroundings in order to judge what advice the rescuer most needs. Scenarios like these do not fit the zero-sum description of rescue as I have described it in association with the role of the paternalistic savior. Indeed, when I say that the paternalistic savior is both rescuer and director of the rescue mission I mean precisely to exclude situations like those I have just described in which power is reasonably and equitably shared.

For the paternalistic savior, to direct a rescue mission is not to listen well and supply resources for collective success. It is not to hold responsibility for a shared process or empower collaboration between invested parties on the best ways to move forward. For the paternalistic savior, to direct a rescue mission is to position oneself at the top of a hierarchical chain of power relations. It is to designate oneself as visionary and decision-maker. Having determined that a survivor who has come forward is in need of rescue, the paternalistic savior deems itself best suited to decide what constitutes a successful rescue mission and how that mission will be achieved. Of course, because the explicit values of progressive Christian communities tend to reject hierarchical and authoritarian organizations of power, the paternalistic savior does not admit (and may not perceive) that this is what he is doing.[6] In fact, it is often difficult even for survivors and their allies to name the paternalistic savior's authoritarianism, precisely because this behavior seems – at least on the surface – to be at odds with the known character of the progressive Christian individual, community of faith, or institution at issue.

I call the paternalistic savior *paternalistic* because he presumes as a matter of principle to be more knowledgeable than survivors about that which is in their best interest and more capable of bringing these interests to fruition. Neither protest nor evidence to the contrary persuades him otherwise. If his actions cause survivors to suffer he deems this suffering itself in their interest and for their greater good. He is, of course, wrong in his assessment that the survivor has no knowledge or power of her own. Rather, it is his insistence that she is helpless that disempowers her.

---

6 By using masculine pronouns with reference to this or any other role, I do not intend to exclude women or nonbinary people from considering themselves able to take on these roles. People of all genders can and do act out each one. What I intend to signal by my use of gendered pronouns here is that, in the systemic sense, there are, indeed, gendered dynamics to the roles I discuss. Keeping these systemic dynamics in our consciousness through linguistic choices like those I've made here, or by some other means, has something to contribute, I believe, to our full comprehension of what it means for differently gendered individuals, collectives, and institutions to take these roles on or to resist them.

I call the paternalistic savior *savior* because the narrative of rescue is, in Christian settings, inseparable from the narrative of salvation that organizes Christianity. When humanity is conceived as in need of rescue, when the embodiment of God – called Savior – performs this rescue, and when the Church is portrayed as the body of Christ continuing His saving work in the world, to perceive of oneself or one's community as rescuer within a Christian frame is to impose a soteriological lens.

2.2 Representative Behaviors

The following is a description of behaviors that are typical of progressive Christian institutions that have taken on the role of paternalistic savior. This description is far from exhaustive. Here and in the corresponding sections of the other two roles I discuss, this description of behaviors is meant merely as a tool for initiating processes of thinking concretely about what each role looks, sounds, and acts like in embodied motion.

Those who have taken on the role of paternalistic savior operate as if they know what survivors need better than survivors do. For example, if a survivor says she needs space within the institution or community of faith to speak freely about her experiences, the paternalistic savior might, for example, resist offering such space, citing as a justification that they do not believe it is in her best interest to speak out. Or, when a survivor comes forward to ask for confidential care, the paternalistic savior may tell her that if she is serious about being well, what she needs to do is call the police, make an official report with the institution, and name her abuser in public. In either case, the paternalistic savior considers themself more knowledgeable than the survivor about right action in the wake of sexual violence, and they pressure the survivor to heed their advice.

They assume their own good intentions in a way that amplifies their dominating power over survivors. For example, deciding to resist or refuse a survivor's request – whether it is a request for space to speak out or for confidential care – can create a sense of ethical dissonance for progressives who, as a matter of principle, believe that supporting survivors is the right thing to do. Assuming one's own good intentions has the function of resolving this dissonance for the paternalistic savior. It allows such a one to reason that though they are putting up resistance to a survivor's immediate wishes, they can maintain confidence that they are doing the right thing because their intention is to preserve her wellbeing. The paternalistic savior uses excessive faith in their own good intentions as fuel to build up an ethically defensible narrative around their coercive behavior.

The paternalistic savior tends to claim interest in survivors' wellbeing as a reason to *not* do "the survivor-centered thing". For example, in one case several whistleblowers came forward to bring substantiated counts of sexual harassment and violence to the attention of a major Christian social justice organization formally associated with the perpetrator. The organization decided not to take action, stating as its justification that holding the perpetrator accountable may not represent the wishes of the direct survivors who, in this case, had not yet come forward to this organization (though they had successfully pursued an official reporting and adjudication process in the immediate context of the violence). While the organization framed its decision as motivated by care for survivors, the practical impact was that an individual who had not taken responsibility for his sexual violence remained in a position of organizational power, survivors who learned of the organization's decision experienced betrayal and disempowerment, and the direct survivors of the perpetrator were put in the unwelcome position of having to choose between opening themselves to retraumatization by coming forward or tolerating the knowledge that choosing to maintain their privacy would be accompanied by their perpetrator's continued access to power – power that he may choose again to abuse.

As a strategy of dismissal, the paternalistic savior frames survivors with whom they are in conflict as too damaged by traumatic experiences to be reasonable. If survivors or their allies put up significant resistance to a paternalistic savior's preferred course of action, and if the paternalistic savior is unable to persuade, coax, or coerce resisters back into submission, the paternalistic savior will defend the appropriateness of their continued authoritarianism by claiming that the survivor is mentally unfit to discern that which will make for justice and wellbeing. The paternalistic savior assumes to themself something like spiritual power of attorney with respect to the survivor. With an affect of tragic regret, they lament to their community that the one most directly harmed by sexual violence has, by way of her sexually violent experiences, become unable to interpret her situation accurately, make healthy decisions, or behave reasonably in community, and that the survivor's supporters mean well, but they too have been taken in by the distorting impact of the survivor's trauma. While it is always right to respect and support survivors, they say, their responsibility as community leaders has led them to the conclusion that they must take decisive action to protect the survivor from herself and the wider community from the destructive force of the survivor's trauma. The stronger a survivor's resistance to the paternalistic savior's authoritarianism, the more severe (and, often, the more affectively sorrowful) the paternalistic savior will be in their assessment of the survivor's supposed traumatic incompetence. If the paternalistic savior feels that invoking the destructive power of the survivor's current trauma is not a convincing enough justification for them to maintain authoritarian control, they will often assign the survivor another mental ailment in the form of a disorder. More often than not, the paternalistic savior's unsubstantiated claim is that the survivor suffers from borderline personality disorder. BPD is a go-to condition to invoke in this scenario because those clinically diagnosed are widely stigmatized as unreasonable, untrustworthy, and even dangerous. If a paternalistic savior can convince a community that a survivor is likely borderline, they have convinced their community that the survivor's voice ought to be resisted. By using a survivor's trauma or one's own negative speculation about her broader mental stability to suggest that she is unfit to maintain authority with respect to her own experiences, the paternalistic savior consolidates their power over the survivor, convincing community members that taking steps to resist the survivor's expressed wishes is a burden the institution has selflessly embraced in the interest of the common good.

2.3 Relationship to Power

In terms of power, the paternalistic savior is benevolently authoritarian. They express power in an authoritarian way but perceive and present themself more in the fatherly, caretaking style of the Pope than in the overtly dominating style of a fascist, national dictator. Even so, power is concentrated at the top. Ultimate power and authority with respect to interpretation, decision-making, and ethical judgment are considered to rightfully belong to those representatives of the institution or community of faith that embody the paternalistic savior role. If we were to plot the paternalistic savior's relationship to power on a linear scale, where zero is no power and ten is maximum power, we would put the paternalistic savior at ten and the survivor at zero, meaning that the paternalistic savior behaves as if all power rightly belongs to them and behaves as if the survivor has inherent and enduring right to none (See figure 1).

3 Role 2: Powerless Bystander

3.1 Description

The role of the *Powerless Bystander* is characterized, in direct contrast with the paternalistic savior, by a conscious or unconscious belief that the one playing the role (be that an institution, a community of faith, or individual leaders tasked with responding to a survivor's testimony) either has no real responsibil-

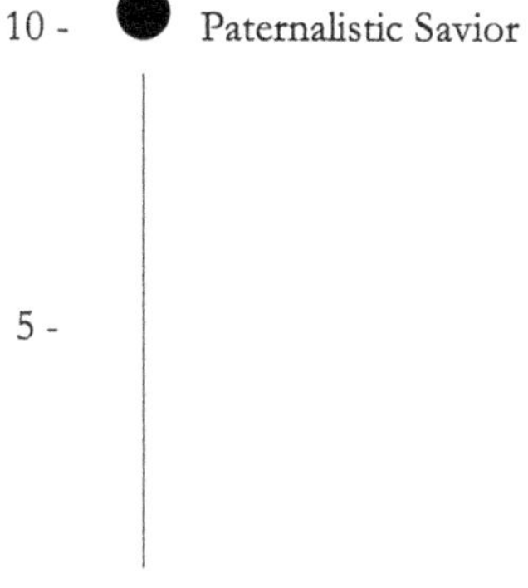

Fig. 1: Power relations as projected by the Paternalistic Savior.

ity to take action in the first place and/or, through no fault of their own, is so unequipped to engage contexts of sexual violence that they cannot be held responsible for their failures. Insistence on innocence and powerlessness with respect to one's inaction and failures stands at the center of this role.

Whereas programs like Green Dot that provide bystander intervention training have popularized the notion of an active bystander as someone adjacent to a situation of sexual violence who takes ethical action to reduce the risk of harm, I use the term *bystander* here to indicate apathy.[7] In her book on apathy as a theological problem, Elisabeth Vasko acknowledges that "there are instances in which relinquishing one's power can be life-affirming," for example, when doing so is necessary for safety.[8] This is not, however, what she terms "apathy". Apathy, for Vasko, is unethical passivity, or a way of being passive that "does not affirm life in any way."[9] She describes apathy as "conflict-avoidant behavior and indifference to suffering" that has the effect of maintaining and empowering systems of oppressive violence.[10] Affirming that apathy involves indifference to suffering, Dorothee Sölle defines apathy as a condition of not wanting "to be touched, infected, defiled, drawn in" by the oppression and injustice to which one has the opportunity to bear witness.[11] This resistance to being drawn in

---

7 For a description of the Green Dot program, see Alteristic, "Green Dot".
8 Vasko, *Beyond Apathy*, 62.
9 Ibid.
10 Ibid., 63.
11 Sölle, *Suffering*, 39–40.

is, for Vasko, "a failure to honor the *imago dei* in humanity."[12] For, one cannot bear witness to the image of God in another without being moved.

A bystander, then, in the way I am using the term, is one who takes on an apathetic posture toward survivors seeking responsive care and action. Judith Herman describes this posture and its moral consequences well. "When," she writes,

> traumatic events are of human design, those who bear witness are caught in the conflict of victim and perpetrator. It is morally impossible to remain neutral in this conflict. The bystander is forced to take sides. It is very tempting to take the side of the perpetrator. All the perpetrator asks is that the bystander do nothing. He appeals to the universal desire to see, hear, and speak no evil. The victim, on the contrary, asks the bystander to share the burden of pain. The victim demands action, engagement, and remembering.[13]

In some cases, the "nothing" that the powerless bystander does may take literal form, as in not speaking, not acting, not acknowledging, not accepting responsibility, not providing survivors with options, not taking measures to protect those known to be vulnerable. Other times, it takes quite a lot of action and effort on the part of the powerless bystander to accomplish the nothing of which Herman speaks. There may be emails and phone calls to discern the best ways to quiet the impact of a survivor's voice. There may be records deleted, sermons on unity and forgiveness preached, community meetings held, statements made, attorneys consulted, mediators retained, and arduous conversations had. When pursued by the powerless bystander, each is an attempt to dull the presenting passions that threaten to prompt something in nothing's place. Whether through action or inaction, the powerless bystander does nothing – i. e. pursues, prioritizes, and protects the preservation of no-thing as their formal response to survivors' experiences – through an internal commitment to feeling nothing. Or, to be more specific, an internal commitment to not be touched, infected, defiled, or drawn in by the sexually violent reality the survivor represents. The powerless bystander does nothing in order to fend off the consequences of feeling. He refuses feeling in order to make possible a moral defense of his choice to side with the perpetrator.

I call the powerless bystander *powerless* because he presents himself, and often also perceives himself, as acting in good faith, unable to make different choices due either to constraints of circumstance or lack of access to knowledge or resources. The powerless bystander may, for example, point to their lack of

---

12 Vasko, *Beyond Apathy*, 62 (emphasis in original).
13 Herman, *Trauma and Recovery*, 7–8.

opportunity for formal education and training around sexual violence in defense of their failed actions and as a justification for their inaction. "My seminary education didn't teach me how to preach about sexual abuse." "I am a pastoral caregiver, I don't know the first thing about what sexual harassment policies should look like." "I am a university president, I'm not trained in how to communicate appropriately with survivors of violent trauma." It is also common for the powerless bystander to invoke changing landscapes of social awareness as an argument for their innocence. "Things were different when I came of age. No one talked about abuse, so this is all new to me." "Twenty years ago, it was normal in my town for a pastor to date a congregant. I can't keep up." Of course, there is truth to the fact of social and educational gaps, changes, and limitations. What is particular to the powerless bystander, however, is the claim that such limitations fully exonerate them from responsibility to think and act with ethical integrity when confronted with a situation of sexual violence. The powerless bystander operates within a closed loop of circular ethical reasoning in which innocence indicates powerlessness and powerlessness secures innocence. In this way, the powerless bystander claims for themself the damsel position that the paternalistic savior projects onto the survivor.

The powerless bystander is, in other words, the complete inversion of the paternalistic savior. Whereas the paternalistic savior presumes the right to all power, the powerless bystander claims to have none. Whereas the paternalistic savior assumes the right to act as the director of any process of negotiating survivors' disclosures of sexual violence, the powerless bystander is constantly backing up, trying to leave the scene, attempting to look the other way so as not to have to be involved. And, because it is usually survivors or survivor advocates who are blocking the powerless bystander's exit, the powerless bystander tends to perceive survivors as a threat and as the locus of dominating power. The powerless bystander's apathetic effort would be successful if the survivor weren't putting up a resistance. The powerless bystander interprets this reality as proof that the survivor is unjustly controlling them. Whereas each of the three roles I discuss in this chapter are fundamentally defensive, meaning that they are designed to protect the one who takes them on, the role of the powerless bystander is the one of the three that tends to actually give off a defensive affect. The powerless bystander's defense is aimed, quintessentially, at survivors.

3.2 Representative Behaviors

Silence and inaction are the preferred behaviors of progressive Christian institutions and communities of faith that have taken on the role of the powerless bystander. If it is at all possible for a person or institution playing this role to get by without speaking or acting, that is what they will choose. For example, we often see the powerless bystander manifest in friends, professional colleagues, and institutions affiliated with individuals found to have perpetrated undeniably egregious forms of sexual violence. This was the case recently when some Catholic diocese and liturgical colleagues of progressive sacred music composer David Haas refused to publicly address the fact that over fifty survivors reported experiencing abuse perpetrated by Haas.[14] The same conspicuous silence occurred when peace theologian John Howard Yoder's serial sexual violence was recently brought back into the public eye.[15] The powerless bystander is moved to active engagement only when a significant resistance is mounted against their preference for inaction. Stanley Hauerwas, for example, a noted colleague and longtime advocate of Yoder's work, indicated that the reason he chose to reluctantly write his 2017 essay on Yoder's sexual violence was, at least in part, because others were questioning Hauerwas's own integrity in relation to his friend's abuses, thereby creating ample pressure for him to speak.[16]

Those playing the role of the powerless bystander use claims of powerlessness to justify decisions that enable perpetrators. In one instance, despite having a wealth of evidence that leans clearly toward the corroboration of a survivor's testimony, an institutional body tasked with adjudicating a complaint of sexual violence may issue an inconclusive verdict, disingenuously claiming that the evidence to which they had access did not, in fact, give them power to judge whether it was more (51%) or less (49%) likely that the survivor's testimony is true. An inconclusive verdict (which, in this case, amounts to a claim that the available evidence positions the adjudicating body intractably at exactly 50% confidence in the veracity of the survivor's story, no more and no less) enables an institution to avoid passing judgment. It is a form of doing nothing, which, as Herman has told us, functions as siding with the perpetrator.[17]

---

14 Krehbiel et al., "David Haas Report".

15 Goossen, "Mennonite Responses".

16 I have in mind the section of the essay in which Hauerwas says it is a difficult essay for him to write because he "must respond to those who have wondered about what I think about 'all this' because they worry that I have not appreciated the seriousness of what John did." (Howerwas, "In Defence"). In view of the clear preference of the powerless bystander for silence and inaction, it is additionally noteworthy that Hauerwas devotes the essay's significant introduction to detailing the reasons it is an essay he does not want to write.

17 This example assumes the conditions of adjudicatory processes that employ the preponderance of evidence standard for issuing a finding following an investigation.

The powerless bystander defends their silence, inaction, and wider ethical failures by emphasizing the limits of their knowledge, responsibility, and power. Whereas the above behavior invokes powerlessness as justification for one's current decisions, this behavior involves claiming powerlessness in defense of one's past failures. Often, the powerless bystander's claim is that they did not, in the past, have the kind of knowledge that would have enabled a different action. In hindsight, perhaps, it is clear that they made the wrong choice, but they ought not be held accountable for this failure, they argue, because they could not have known better at the time. A common form of this defense is when a person who was aware of one set of allegations against a serial abuser argues that their lack of knowledge of the abuser's additional victims justifies their silence and inaction regarding the abuse about which they did know.[18] Whereas it is right to claim that the content and quality of one's knowledge is relevant to an ethical assessment of one's decisions, the powerless bystander denies the equal relevance of the knowledge they did have or should have had, stretching the reach of their powerlessness beyond its historical limits.

The powerless bystander tends to oscillate between demonstrating emotional callousness toward survivors and performing immature forms of empathy as a substitute for ethical action. The apathetic goal of the powerless bystander is to resist being drawn in by the reality of the survivor's experiences. One strategy for accomplishing this end is to put up a wall of overt indifference. In this case, the powerless bystander will seem impatient with the survivor, burdened by the survivor's presence, and as if they consider themselves oppressed by the survivor's legitimate needs. A seemingly contradictory strategy for accomplishing the same apathetic end, however, is to perform overly emotional personal connection and care, distinctly separate from one's active choices regarding that survivor's stated needs. Here, the powerless bystander uses packaged, saccharine expressions of care in an attempt to satisfy the social expectation of empathy without having to actually take in and feel the truth the survivor tells in her testimony. The expressions of care that are offered do not rise and form as a response to bearing this survivor witness but serve as a preemptive defense against having to bear witness. The powerless bystander intends their insincere performance of care to act also as a substitute for any substantive action the survivor has asked of them. Sometimes, a powerless bystander will stick closely to one apathetic strategy or the other. Often, however, they will oscillate between callous indifference and performances of overly emotional connection based on their energy level

---

18 In my response to Hauerwas's 2017 comments on Yoder's sexual violence (Scarsella, "Not Making Sense") I argue that he models this quality of the powerless bystander.

and that which is most effective in a given context to guard against intrusions on their commitment to apathy.

The powerless bystander attempts to avoid critique by misconstruing the relationship between the personal and the systemic. For example, the powerless bystander may take survivors' critique of an institution's response to reports of sexual violence as an offensive suggestion that particular, individual institutional figures do not personally care enough about survivors. Or, the powerless bystander may defend against survivors' critique of an individual's response by redirecting blame to the complex systemic dynamics of the institution of which that individual is a part. When a community is looking to discern where responsibility lies in the wake of failed responses to sexual violence, the powerless bystander will scan the environment for the most convincing representative of powerlessness and then appropriate the specificity of this location onto that which is garnering survivor's scrutiny. For example, if a community's pastor is caring for a terminally ill spouse at the time when a survivor comes forward, the powerless bystander – rightly assessing that the pastor's capacity to fully engage and respond to the survivor's testimony may be limited – uses the fact of the pastor's legitimate limitation to argue that the whole community of faith was powerless to offer an institutional response to the survivor that demonstrated ethical integrity.

While the powerless bystander will sometimes name problems within an institution or community that contributed to its inadequate response (i.e. poor policies, lack of support from superiors, etc.), they resist following up with action to remedy the problem. This is because the act of naming is meant not as a step toward clarity that enables informed improvement but as a means of deflecting attention away from whatever or whomever it is that survivors are accusing of culpability. If survivors claim to have been wrongfully dismissed by figures in authority, the powerless bystander may suggest the real problem is located not in the behavior of those figures but in the language of the policies those figures were constrained to (i.e. powerless not to) follow. While the policies may or may not be insufficient, the powerless bystander turns to them in order to deflect attention away from the authority figures survivors would like to hold accountable. The goal of this kind of behavior is to preserve the greatest possible sense that the institution or community of faith is innocent by interrupting survivors' efforts to gain community clarity and confidence about precisely where responsibility lies.

3.3 Relationship to Power

As I have previously said, the powerless bystander is the complete inversion of the paternalistic savior, claiming to have no power rather than total power. Their relationship to power is characterized by a false claim to victimhood in order to protect the idea of their own innocence. They invoke powerlessness as an exit strategy and as a means of indiscriminate exoneration. If we were to plot the powerless bystander's relationship to power on a linear scale, where zero is no power and ten is maximum power, the powerless bystander would claim to be positioned at zero, and the survivor would be at ten, meaning that the powerless bystander behaves as if they have no access to power and behaves as if the survivor wields dominating power over them (See figure 2).

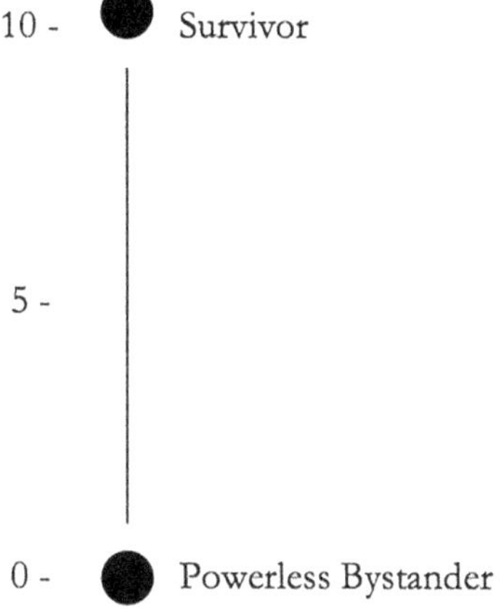

Fig. 2: Power relations as projected by the Powerless Bystander.

4 Role 3: Peace Police

4.1 Description

The role of the *Peace Police* is characterized by a conscious or unconscious belief in middle ground as morally supreme. Peace police tend to interpret sexual violence as conflict and conflict as a dualistic opposition between two polarized sides. Peace police see themselves as neutral arbiters whose task is to eliminate the threat that polarization poses to their community by bringing those in conflict to the midpoint between their perspectives. The peace police prefer to do their work through persuasion but will use coercive tactics when they deem it necessary.

This is a classically liberal position. It is excessively invested in the idea that no one side in a conflict is ever fully right or fully wrong, an investment that funds its conviction that it is always both appropriate and necessary that parties in conflict concede ground and move toward each other in order to arrive at truth and demonstrate social and spiritual maturity. Reconciliation of two split sides through a mutual process of coming to the center, whatever that center happens to be, tends to be the ethical and relational goal of the peace police. Of course, the fallacy of this way of thinking is that the midpoint between opposed sides is determined by the location of the sides and has no inherent ethical standing per se. To offer a clear example, if one side of a dispute argues for a society organized through human enslavement and the other side argues for a system of indentured servitude, the midpoint between these positions remains ethically atrocious regardless of the fact that it is middle ground. Likewise, if the first side of the dispute argues in favor of enslavement and its opposition argues for a fully free and equal society, it is clear that the just and ethical position is not found between these two positions at all but is identical to the second "extreme."[19] An automatic, unexamined assumption that truth, justice, and social maturity will always be found in the middle ground fails to evaluate perspectives, arguments, and claims on the basis of their own merits. Thus, insofar as the peace police regard peace synonymously with middle ground, the ethical quality of the peace they aim to protect is dubious at best.

In fact, while peace police strive toward the reconciliation of two split sides through a mutual process of coming to the center, the type of mutuality the peace police are interested in is not one informed by the power differentials and ethical differences between the two sides. Rather, it is a mutuality constituted by the erasure of these. Both sides are treated as, essentially, the same. Both sides are assumed, at least initially, to be good at heart, and both sides are expected to admit wrongdoing. If a survivor insists that the institution that refused to fire her rapist was not motivated by good intentions, or if she claims that while she is owed an apology she is not obligated to give one, the peace police judge her refusal to present herself as a moral equal to the institution an act of obstruction to the peace process. If obstruction to a peace process continues, it is even-

---

19 For an additional note on the fallacy of middle ground thinking, see Sterling, "Middle Ground".

tually viewed as violence, and from the perspective of the peace police, the survivor becomes the villain.

While the peace police claim to be protecting the genuine good of the community as a whole, the peace toward which they strive is better conceived as a state in which the values and norms of the group they represent (i.e. their congregation, denomination, institution, educational program, the dominant cultures within these, etc.) are sustained and free of significant disruption.[20]

Peace police guard the maintenance of a sense of equilibrium in the community to which they belong. Ultimately, what the peace police protect is the status quo. To the extent that a community's leadership represents the stability of its norms, any kind of serious disruption to the usual structure of leadership raises alarm. Peace is successfully protected in this paradigm when the people, structures, ideas, theologies, and practices that held power before a survivor's testimony was given continue to hold the same power afterward.

Because western society is shaped by a number of hegemonic norms (i.e. those of patriarchy, white supremacy, Christian supremacy, etc.), these norms are likely to be woven in some way into the fabric of the community the peace police are determined to protect. Because sexual violence is intimately related to the expression and maintenance of hegemonic organizations of power, contextually specific expressions of hegemonic norms are likely to be precisely what survivors are demanding their communities evaluate and change. Thus, it is often the case that hegemonic norms and organizations of power are central to the "peace" the peace police are protecting.[21] Peace, for the peace police, is not systemic, community-wide justice organized around the wellbeing of those who have been disproportionately harmed. It is the maintenance of the order of the community.

I call the peace police *police* in order to signal that those playing this role presume themselves to be authorized by their community to function as enforcers of group norms – with force if necessary. In western society, police are commonly presented as politically neutral figures who guard the immediate physical safety of all members of a community equally, as well as everyone's right to constitutionally-granted freedoms. The Black Lives Matter movement, however, has grown up around the reality that this view of the police is wrong. Contrary to their mandate and to their self-description the police do not protect everyone's

---

20 I am drawing an intentional parallel here with the role of the state-employed law enforcement officers in guarding against the disruption of national values and norms rooted in white supremacy and patriarchy in the United States.

21 For reflection on the patriarchal inheritance of contemporary peace theology see Thistlethwaite, *Women's Bodies as Battlefield* and Yoder, *Peace Theology*.

physical safety equally and, in fact, are responsible for injuring and killing members of society they are sworn to protect – disproportionately those who are black and brown. Police also do not protect everyone's constitutionally-granted freedoms equally. Whereas police across the United States have been quick to use excessive force against unarmed Black Lives Matter protestors exercising their freedom of speech and freedom to gather, the January 2021 events at the US Capitol showed police restraining themselves from using similar force when met with armed insurrectionists militantly intent on overthrowing the US government. Following critical race theorists like Kimberlé Crenshaw, an appropriate assessment of the systemic role of the police in western civil society is that the police are non-neutral figures whose use of force is sanctioned not by the level of threat an individual or group poses to safety or freedom per se, but by the level of threat a person or group poses to the order and norms of the nation. Insofar as the norms of the nation permit violence by some against others, so too will the police. Insofar as the norms and values of the nation give preference to the freedom of some over the freedom of others, so too will the police. If police are those who have been authorized by society to use force for the preservation of social norms, we can rightly think of those who have taken on the role of the *peace police* as those authorized by the group they represent to use force for the maintenance of community norms. Because the peace police are socially authorized to use force, they are not moved by survivors' complaints that their behavior is coercive. Because they present themselves as protecting peace, it is difficult even for accurate analyses of their behavior as violent to gain traction.

In civil society, police exist for a disciplinary purpose. They do not show up unless there is a distinct perception that social norms, agreements, or values are under threat. Police officers do not need to exert physical force or do anything at all in order to carry out their basic function as norm enforcers. Their presence and surveillance alone already indicate that the one who has prompted their arrival poses a risk and therefore warrants discipline. In the Foucauldian sense, the presence of the police is discipline.[22] Likewise, when the peace police intervene in a survivor's attempt to pursue justice and wellbeing, they do not have to speak in a scolding tone or implement concrete disciplinary measures to accomplish the disciplinary act of conveying that the survivor is out of line. The very fact that a survivor has caught and held their attention accomplishes disciplinary ends. Each concretely disciplinary word and act that follows simply adds emphasis.

---

22 See Foucault's body of work, especially *Discipline and Punish*.

4.2 Representative Behaviors

The following is a description of behaviors that are typical of progressive Christian institutions that have taken on the role of peace police.

Peace police propose that the best interpretation of the events at issue is the interpretation that admits the least amount of ethical wrongdoing on the part of perpetrators and enablers. Because their goal is to minimize conflict and bring opposed parties to middle ground, it works to their advantage to suggest from the start that the distance between parties is actually less expansive than the survivor suggests. If, for example, a survivor names her experience as rape, peace police may suggest her experience is more appropriately understood as a distressing misunderstanding with the perpetrator who merely failed to realize that she was not consenting.[23] If a survivor claims that her institution mishandled her report of abuse, peace police are likely to emphasize how important it is to keep in mind that institutional figures are good people, doing their best with limited resources. By offering perpetrators and enablers the most generous interpretation of their actions possible, peace police dampen the power of a survivor's testimony to prompt significant change. Another way to articulate this behavioral tendency is to say that a primary strategy the peace police employ for keeping peace is to refuse to acknowledge violence as violence.

Peace police seek to equalize survivors with perpetrators and enablers in terms of moral value and systemic power. Progressive theological maxims like "God sides with the oppressed" and "The Bible gives preferential option to the poor" lend moral and theological authority to those who represent the needs and perspectives of people targeted by systemic injustice. Survivors of sexual violence surely qualify. But peace police do not want those demanding divergence from the status quo to be perceived as occupying moral high ground, and so they aim to lower the community's moral evaluation of survivors by drawing attention to characteristics of a given survivor that conflict with the community's moral and theological values. Claims that a survivor has rejected Christian values of forgiveness, reconciliation, gentleness, hospitality, humility, community, or peacefulness are common. The idea that God sides with the oppressed, of course, also implicitly suggests that God does not side with the powerful. And so the peace police also work to portray those who represent the community status quo as less powerful than they really are. By telling a narrative in which survivors and institutional leaders are equals on the playing fields of morality and

---

23 Intent, of course, is not actually sufficient for determining whether rape has occurred.

power, peace police increase their odds of fending off substantive changes in community values and norms.

Peace police strategize to suppress legitimate emotional expression of those aggrieved by perpetrators' and enablers' actions. Because emotional expression has the potential to move others to action, peace police are quick to judge and control the kind of emotional expression regarded as acceptable. Survivors' expressions of anger and righteous indignation are, as a rule, prohibited. Grief is tolerated as long as it is expressed in a way that limits its transformative potential to the individual who is grieving. Grief that makes a political claim on the community is dismissed as manipulative projection.

Finally, while peace police resist setting boundaries and implementing meaningful accountability measures with respect to perpetrators and enablers, peace police may enforce boundaries strictly with survivors. This is because, as we are reminded by Judith Herman, all the perpetrator asks of a community is that it do nothing. Survivors are the ones who challenge communities to examine themselves, to identify their failures, to reevaluate their beliefs, patterns, structures, and norms. Survivors are the ones who challenge communities to change.

4.3 Relationship to Power

Peace police view themselves as neutral arbiters, external to the conflict, simply stepping in to make sure that the aggrieved parties follow a particular set of rules for engagement. In other words, on our power map, if the paternalistic savior inhabits an authoritarian position of centralized power and the powerless bystander locates themselves on the opposite end of the spectrum, claiming to be direly and faultlessly devoid of power, the peace police jump off the spectrum entirely. Their role is characterized by a disavowal of power, or a claim to be operating outside of the realm of power. I propose that we draw it as follows (See figure 3). Note that since I am concerned here to show the relationship of each role to the others, rather than the relationship of a particular role to survivors, the survivor is not represented in this diagram.

5 Roles in Relation

Notice that what we have now is a triangular diagram that can help us conceptualize not only the relationship of each individual role to power but also the relationship of each role to the others (See figure 4). With this visual as our aid,

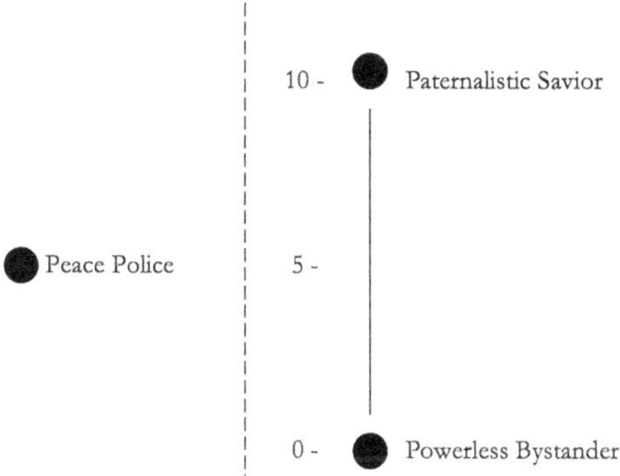

Fig. 3: Relation to power claimed by each role.

we can begin to see how it works to an institution's or community of faith's protective benefit to move around on this triangle as, itself, a strategy of defense. I call this strategic, triangular movement the Role Swap Defense.

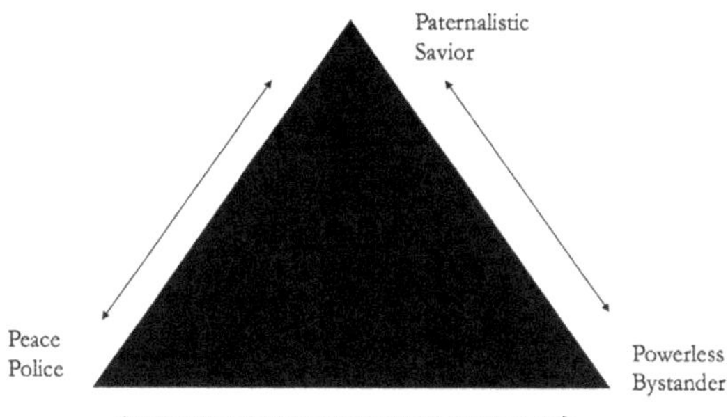

Fig. 4: Triangular model of the Role Swap Defense and map of relations between roles.

It is an excruciating task for a survivor to engage with any one of these roles, but when confronting just one of them there comes a point when it is possible to analyze, name, and critique the specific strategy a single role uses to covertly undermine survivors' wellbeing. With critique comes the possibility of acknowledgement and change. But what tends to happen is that when an institution or an individual playing the role of paternalistic savior is critiqued as such, they take off that hat and quickly re-dress in the role of the peace police or the powerless bystander. When a paternalistic savior is shown to have refused survivors' legitimate needs, the savior can slip into the garb of the powerless bystander, claiming only to have been doing its best with limited resources, casting its critics (i.e. survivors) as unjustifiably harsh. When it is revealed that the one playing the role of powerless bystander is not, in reality, a victim, the powerless bystander can move without too much difficulty into the role of the peace police and retroactively claim that its preference for inaction was, in fact, a principled act of holding open middle, neutral ground necessary to any process of reconciliation. And, when it is exposed that the peace police are not as neutral as they claim, they can move back into the position of the paternalistic savior and argue that it has been their right to direct the process all along.

Of course, the differences between these roles can't actually be reconciled in a rational sense. One is authoritarian. One claims victimhood. One disavows embeddedness in the power structure altogether. But their rational irreconcilability is the point. Any one position can be analyzed, critiqued, and dismantled. But when an institution or community of faith puts the three together and begins switching quickly and seamlessly between positions that should be fundamentally incompatible, the ones against whom these defenses are directed (namely, survivors) have the infinitely more difficult task of analyzing, critiquing, and dismantling a moving target. The institution's prospects for a successful defense rise.

Let us remember again what progressive Christian institutions and communities of faith are defending against. Why do all of this? Why develop, even unconsciously, such an elaborate strategy for dismissing survivors' voices?

When survivors come forward they are typically looking for acknowledgement and care, yes, but also change. They want the community in which violence occurred to take responsibility for dimensions of the community's shared life together that enabled the sexual violence to occur in the first place or contributed to the intensity of harm caused by the violence. Survivors know that sexual violence is not a problem proper to individuals but to social collectives, which means that addressing a particular instance of sexual violence will always necessarily involve critical reflection on the state of the community in which it occurred. The triangle offers strategies of protection against the process of that critical reflection and against the conclusions to which it might come. It offers protection against the kind of critical reflection that may have socially destabilizing consequences for the institution, the community of faith, leaders involved in responding to survivors, and perhaps most powerfully, for the community's organizing beliefs, practices, and power dynamics. It is fitting, then, that the Role Swap strategy currently working for so many progressive institutions of Christian faith is one that lends itself to being conceptualized through the shape of the geometrically stable triangle. With three axes of power available to it at any given moment, the triangle allows institutions to respond to survivors' identification and critique of any one axis by shifting its weight and flexing toward one of the other two instead – whichever best stabilizes the existing social matrix from the impact of survivors' critique.

6 Conclusion: Toward Imagining a New Role

I do not propose that the three roles I have articulated here account for every strategy progressive institutions of Christian faith use to avoid survivor-centered action in the wake of sexual violence. Nor do I want to suggest that the roles I have described are objectively fixed in exactly the way I have narrated them. In fact, if word count would allow, there is quite a bit more on the subject I already have to say. My intent in this chapter has been, merely, to create the scaffolding of an analytical structure that we can use to build our capacity to understand how progressive Christian enablement of sexual violence works at the systemic level, as well as how the systemic is embodied and maintained through particular patterns of thought and action carried out by progressive Christian communities, institutions, and individuals.

With greater clarity on the kinds of roles that work against survivors' interests, we have something like a partial photo negative of that which makes for solidarity. If taking on and shifting between the roles of paternalistic savior, powerless bystander, and peace police obstruct a community's just resistance to sexual violence, we can use what we know about the character of these roles to imagine the nature of a role that has the opposite function.

What name would we give such a role? When asked this question by a colleague at a recent professional conference, I suggested "Survivor-Centered Co-Conspirator." *Survivor-centered* marks the power relationship as one of solidarity. *Co-conspirator* indicates both a starting point of agreement between institution and survivor that a problem exists that is in need of attention and a unity of commitment to determine and enact a constructive solution. If we were to proscriptively write the script for this role, how would we fill it out? What are the survivor-centered co-conspirator's motives? What is her backstory? What are their representative behaviors? Are there other roles to which she shifts under certain circumstances?[24] And if so, what are they? The imaginative work of flesh-

---

24 Again, by using feminine and gender neutral pronouns here, I do not intend to exclude men from considering themselves able to take on the role of survivor-centered co-conspirator. Men can and should do so. What I do mean to signal is that, in the systemic sense, there are, indeed,

ing out this role, and perhaps others like it, is work that warrants our attention. I believe it is our imaginative capacity that has some of the greatest potential to intervene in our habits of defensive destruction.

Works cited

Alteristic. "Green Dot," https://alteristic.org/services/green-dot/ (accessed January 5, 2021).
Eagly, Alice H. and Anne M. Koenig. "Social Role Theory of Sex Differences and Similarities:
Implication for Prosocial Behavior." In *Sex differences and similarities in communication*, ed. by Kathryn Dindia and Daniel J. Canary, 161–177. Hillsdale: Lawrence Erlbaum Associates Publishers, 2006.
Foucault, Michel. *Discipline and Punish: The Birth of the Prison*, transl. by Alan Sheridan. New York: Vintage Books, 1995.
Goossen, Rachel Waltner. "'Defanging the Beast': Mennonite Responses to John Howard Yoder's Sexual Abuse." *Mennonite Quarterly Review* 89/1 (2015): 52–81.
Hauerwas, Stanley. "In Defence of 'Our Respectable Culture': Trying to Make Sense of John Howard Yoder's Sexual Abuse." *ABC Religion & Ethics*, October 18, 2017, https://www. abc.net.au/religion/in-defence-of-our-respectable-culture-trying-to-make-sense-of-jo/ 10095302 (accessed: August 17, 2020).
Herman, Judith. *Trauma and Recovery: The Aftermath of Violence – From Domestic Abuse to Political Terror*. Philadelphia: Basic Books, 1992.
Krehbiel, Stephanie et al. "David Haas Report," *Into Account*, https://intoaccount.org/reports/ (accessed January 5, 2021).
Lurie, Alison. "Fairy Tale Liberation." *The New York Review of Books* 15/11 (December 17, 1970), 42–44.
Scarsella, Hilary Jerome. "Not Making Sense: Why Stanley Hauerwas's Response to Yoder's Sexual Abuse Misses the Mark." *ABC Religion & Ethics*, November 30, 2018, https:// www.abc.net.au/religion/not-making-sense-why-stanley-hauerwass-response-to-yoders-sexual/10095168 (accessed: January 5, 2022).
Sölle, Dorothee. *Suffering*, transl. by Everett R. Kalin. Philadelphia: Fortress Press, 1975.
Sterling, Grant. "Middle Ground." In *Bad Arguments: 100 of the Most Important Fallacies in Western Philosophy*, ed. by Robert Arp, Steven Barbone and Michael Bruce, 367–368. Oxford: John Wiley & Sons, 2019.
Thistlethwaite, Susan Brooks. *Women's Bodies as Battlefield: Christian Theology and the Global War on Women*. New York: Palgrave MacMillan, 2015.
Townes, Emilie. *Womanist Ethics and the Cultural Production of Evil*. New York: Palgrave MacMillan, 2006.

---

gendered dynamics to the roles I discuss. Keeping these in our consciousness through linguistic choices like those I've made here, or by some other means, has something to contribute, I believe, to our full comprehension of what it means for differently gendered individuals, collectives, and institutions to take these roles on or to resist them.

Turner, Victor. *Drama, Fields, and Metaphors: Symbolic Action in Human Society.* Ithaca: Cornell University Press, 1974.

Vasko, Elizabeth T. *Beyond Apathy: A Theology for Bystanders.* Minneapolis: Fortress Press, 2015.

Yoder, Elizabeth G. *Peace Theology and Violence Against Women.* Elkhart: Institute of Mennonite Studies, 1992.

Susannah Cornwall

Sexual Abuse and the Interruption of Time, with Reference to the IICSA Reports into Clerical Sexual Abuse within the Church of England

It is not just how we *think* about time but how we *feel* about time that matters: the traumas of the past, the fragility of the present, the seductiveness of the future.[1]

I adjure you, O daughters of Jerusalem, do not stir up or awaken love until it is ready! (Song of Sol. 8:4)

1 Introduction

Sexual abuse of children is an abuse of and in time. It constitutes an unjustified anticipation of a certainty and concreteness of encounter that should not yet have come to pass. It short-circuits the necessity of types and modes of relationship unfolding in time.

Queer theorists have been suspicious of the concept of futurity and resisted the idea that time is anything but arbitrary convention. Time, they have noted, frequently works backwards as well as forwards, and we continue to be haunted in the present by spectres of the past.[2] Yet in this chapter I submit that we may be suspicious, like good queer theorists, of capitalist-inflected productive time, whilst still holding that there are also licit reasons to retain some of our common conventions around time (such as respecting an age of consent to sexual activity). I suggest that time-taking precisely necessitates space for relationship and personhood to unfold away from the context of productivity, and that relationships in which adults engage in sexual activity with children (that is, those under the legal age of consent for sexual activity in their jurisdiction)[3] interrupt

---

1 Moore, Brintnall and Marchal, "Queer Disorientations," 4.

2 Moore, Brintnall and Marchal, "Queer Disorientations".

3 In this paper, I use the terms "children" and "young people" to refer to those who are under the age of sexual consent in their jurisdictions. It is important to note that in some jurisdictions, adolescents may still be considered legal minors for other purposes, such as voting rights, and the capacity to make some legally-binding contracts, despite having reached the age of sexual consent. In the United Kingdom, for example, the legal age of majority is 18 but sexual activity is legal from 16, and people aged over 16 but under 18 may marry with parental permission. There is increasingly recognition that in sexual and romantic relationships where there is an imbal-

https://doi.org/10.1515/9783110699203-024

the non-productive, non-utilitarian nature of children's own sexual and romantic feelings. I show that some of the ways time is appealed to in recent discussions of historic sexual abuse in the Christian church – with particular reference to the IICSA reports into clerical sexual abuse within the Church of England – demonstrate and illustrate abuse's interruptive qualities.

2 The Age of Consent

The age of consent is a freighted and imperfect arbiter for setting licit limits on sexual contact. It may infantilize some young people who actively wish to have sexual relationships with (older) partners. It changes according to time and culture, which builds in an unfortunate implication that 15-year-olds in Austria (where sex is legal at 14), for example, are inherently less vulnerable and less in need of protection than those in Britain (where 16 is the age of consent). It may take too little account of falling ages at puberty due to factors such as improved nutrition. In some instances, age of consent has referred only to penetrative sex rather than to a wider range of sexual activity – and arguably does not work well as a barrier to non-penetrative activity. There have been instances where the age of consent for homosexual and heterosexual activity has differed contemporaneously, setting up an unsatisfactory inequality which I discuss further below. The existence of an age of consent clearly does not stop all underage sexual activity. And, to present-day sensibilities, occurrences such as the then 22-year-old musician Jerry Lee Lewis's 1957 marriage to his 13-year-old cousin, Myra Gale Brown, are deeply distasteful despite the fact that Brown's age did not render the marriage illegal in their jurisdiction at the time.[4] Age of consent is also an

ance of power, as between a teacher or lecturer and their student, those in positions of power and authority should not enter into intimate relationships with those who have less power and autonomy, even where the student (for example) has reached the age of consent and/or is a legal adult (see, e.g., Bull and Rye, *Silencing Students*; Hall and Batty, "Abuse of Power"). In this paper I specifically reflect on relationships between legal adults and legal minors also under the age of sexual consent, arguing that adolescence is an ambiguous and ambivalent period in which young people who are given legal autonomy in some respects, such as Gillick competence with regard to their medical treatment, should still be afforded legal protection when it comes to sexual activity.

4 Brown and Lewis married in 1957, when Brown was 13, and their first child was born when she was 15. Child marriage – including marriage of children otherwise below the age of sexual consent – is still legal in various jurisdictions including, notably, several US states. In some states there is no minimum legal age for marriage provided there is parental consent. In the decade

imperfect measure not only because some people may be "ready" before it, but also because others may not be "ready" until long afterwards and yet may experience pressure to engage in relationships purely on the grounds that they have attained the "appropriate" age.

Yet despite its many shortcomings, maintaining an age of consent builds in statutory protection of a time during which young people may be safeguarded from the intensity of their romantic feelings and sexual desires: not in order to patronize them because these are not "real", but precisely to respect them because they *are* real. Adolescence and young adulthood are times of heightened physical and emotional responsiveness, and the intensity of feeling attached to "first love" is renowned. Sexual and romantic relationships between adults and children, however (even children close to the age of legal consent), cut through any ambiguity attached to whether or not someone is able to consent; they give no benefit of the doubt. By jumping ahead past a time during which romantic and sexual feelings might be gradually unfolding, abusive relationships force into definitive fact something which might or might not be in process.

I am not suggesting that laws on sexual activity between young people themselves should necessarily be more stringent: there is some merit in Matthew Waites' perspective that "sexual activity is an integral and positive part of many young people's social experience, through which valuable feelings can find expression, and through which the self can flourish through relationships with others",[5] though clearly imbalances of power are possible here too (and, writing in the early 2000s, Waites was not yet taking into account more recent phenomena such as sexually explicit cyberbullying among children and teens). That said, where two young people of similar ages explore their sexualities together, there is less opportunity for pressure from an older partner to mean that the child in question is rushed through the period of time-taking. In some jurisdictions, there is legal recognition of a difference between sex involving two people who while technically over and under the age of sexual consent respectively are nonetheless still close in age, and sex involving two people where one is under the age of consent and there is a more significant age gap between them.

Sexual abuse is, frequently, physically violent, causing material damage to bodies not developed enough for it – but not always. Indeed, some adult survivors of childhood and adolescent sexual abuse report their feelings of shame at

---

from 2000 to 2010, over 167,000 under-18s, mostly girls and including some as young as 12, were married in the United States (Reiss, "12-Year-Olds").

5 Waites, *Age of Consent*, 241.

having found the activity exciting, pleasurable, at having wanted it. Even more devastating than the physical violation that sexual abuse can cause, however, are the emotional and spiritual implications. Such relationships are about an older person inappropriately gaining gratification from intimacy with a person who is not, in law, considered, for their own protection, to have capacity for the ramifications of that depth of intimacy. Jo Ind remarks,

> When we are children our sexualities are very much in process. We do not have sufficient autonomy in our sexualities to be capable of consent … 'Interfere' is a good word to describe what happens when an adult touches a child for his or her sexual gratification. When an adult touches a child sexually, it gets right in there to the place of the child's becoming and interferes with the delicate and mysterious process through which he or she is developing. The adult walks away having had ten minutes of sexual thrill. The child experiences the disturbance of a process which can have consequences for the rest of his or her life.[6]

Nonetheless, some eminent theologians and philosophers have argued that the age of consent should be lowered or eliminated and that consent in sex between adults and children is not always impossible. In the UK, in 1972 the Social Responsibility Council of the Society of Friends (Quakers) passed a resolution in support of lowering the age of consent to 14 for both heterosexual and homosexual activity (down from 16 and 21 at the time).[7] In the same year, John Robinson, author of *Honest to God*, former Bishop of Woolwich and at the time both Dean of Trinity College Cambridge and chair of the Sexual Law Reform Society (SLRS),[8] argued (in his Beckly Lecture to the Methodist Conference) in favour of a universal age of consent at 14.[9] That said, the SLRS was explicitly not in favour of sexual activity with younger children,[10] and Robinson himself noted the need for further safeguards:

> The most realistic solution would be to lower the legal age of consent to 14, so that no one having intercourse with a person above that age should automatically be committing a criminal offence, but then to provide additional protections … They could properly be an

---

6 Ind, *Memories of Bliss*, 124 – 125.

7 Waites, *Age of Consent*, 132.

8 The Sexual Law Reform Society had some distant associations with the PIE (Paedophile Information Exchange) via the Albany Trust, itself funded by the Home Office Voluntary Service Unit. Antony Grey was simultaneously the Albany Trust's Director and the Honorary Secretary of the Sexual Law Reform Society (Grey, "Trust"), and there were suggestions in the mid-1970s that the Albany Trust had made grants to PIE (Ellison, "Letter"), though this was refuted by the Albany Trust's chair (Bennett-England, "Albany Trust").

9 Gingell, "Dr Robinson"; Waites, *Age of Consent*, 132.

10 Longley, "Reforming the Law".

> extension of the period, say, from 14 to 17, when under the Children and Young Persons Act care and protection proceedings would be available; and legislation could be designed to safeguard minors against adults exploiting or corrupting them.[11]

Indeed, Robinson's arguments in favour of a lower age of consent were precisely designed to *protect* vulnerable young people: he held that the age of consent should be lower than the legal marriageable age in England and Wales (then, as now, 16 with parental permission and 18 without), since marriage "involves heavier commitments and responsibilities" than sexual activity in itself;[12] and he believed there was an irony in the fact that young people under the age of consent could not legally be prescribed contraceptives, when this increased the risks to them of any sexual activity they might in fact undertake. He remarked that the existing law was often not implemented "except in particularly blatant cases"[13] and therefore failed to command respect or to protect those it was intended to protect.

The Sexual Law Reform Society's 1974 report recommended that laws on the age of consent should be abolished and that the concept of age of consent should be replaced by an "age of protection" of 18.[14] This was on the grounds that meaningful consent *could* sometimes be given by individuals below the then legal age of consent, but that it would be the responsibility of the older partner to ensure that the younger partner genuinely consented. The SLRS's recommendation that the legal age of consent be reduced to 14 was a fallback option given the acknowledged difficulty of doing away with age of consent laws altogether.[15]

In France, philosophers including Michel Foucault, Jean-Paul Sartre, Jacques Derrida and Simone de Beauvoir were signatories to a 1977 petition calling on the parliament to abolish age of consent laws. Foucault, along with Guy Hocquenghem and Jean Danet took part in a radio discussion in 1978. The men queried what they felt was a legalistic discourse which misguidedly assumed that minors could never consent to sexual activity with adults without its damaging them.

Jean Danet noted that in rape cases – in France at the time – a woman was presumed to have consented to sexual activity unless she could prove she had not. By contrast, in cases of adult-child sexual activity, it was presumed that any activity must have been non consensual and therefore violent, regardless

---

11 Robinson, quoted in Gingell, "Dr Robinson".
12 Robinson, quoted in Editor, "Editorial," 622.
13 Robinson, quoted ibid.
14 Waites, *Age of Consent*, 132.
15 Ibid.

of whether actual violence had occurred.[16] Crucially, Foucault then argued that such a failure to accord a child an ability to consent was itself abusive:

> Where children are concerned, they are supposed to have a sexuality that can never be directed towards an adult, and that's that … It is supposed that they are not capable of talking about themselves, of being sufficiently lucid about themselves … Therefore they are not believed … But, after all, listening to a child, hearing him speak, hearing him explain what his relations actually are with someone, adult or not, provided one listens with enough sympathy, must allow one to establish more or less what degree of violence if any was used or what degree of consent was given. And to suppose that a child is incapable of explaining what happened and incapable of giving his consent are two abuses that are intolerable, quite unacceptable.[17]

For this reason, the three men concluded that the very notion of age of consent was a trap and that any possible offence would have to be judged on a case-by-case basis.

I have known young people below the age of consent who have made a similar case to Foucault's: that they are old enough to know their own minds; that to say otherwise is to infantilize them; that age is just a number and that quality of relationship is far more meaningful. In an interview she gave in 2014 at the age of 70, Jerry Lee Lewis' former wife Myra Gale Brown, by then Myra Williams, said,

> In my little mind, I couldn't believe that they could not see that I was a grown woman. I was only 13, but people said I was more mature than Jerry. I was serious-minded … And I really, truly wasn't a typical teenager. My generation was taught to hide under our desk when the bomb came, so you always had in the back of your mind that any minute, any day, life could come to an end. What I wanted was a baby in my arms, a home, a husband, a kitchen to cook in, a yard to raise roses.[18]

I have also known those who have formerly made such claims who have looked back with hindsight and said, "I really didn't know what I was talking about", or "I can see now what I just couldn't see then". So we come back to the concept of interruption in time: we do not do young people a disservice when we hold, even apparently arbitrarily, that their consent, however freely it appears to be given, cannot in fact be given licitly to sexual relationship with an adult. Rather, what we give is space and a possibility for a future conversation between the young person and their own adult self, which cannot happen in anticipation

---

16 Foucault, Hocquenghem and Danet, "Dialogues," 283.
17 Foucault in Foucault, Hocquenghem and Danet, "Dialogues," 184.
18 Williams, quoted in Light, "Ballad".

but only retrospectively. In historian Carolyn Dinshaw's terms, we frequently do not view the past as other, but see how it still exerts a pull on us. In her acknowledgement of our desires for "a touch across time"[19] she is talking about contact with historical figures, but this could mean our own historical selves too.

Part of the reason why things frequently look different to us as adults than they did when we were children is that we never have direct access to even the children that we ourselves were. As Kathryn Bond Stockton notes, "the child is precisely who we are not and, in fact, never were. It is the act of adults looking back. It is a ghostly, unreachable fancy".[20] Stockton resists the notion that subjecthood exists only in adults, and points to how children's economies and ecologies subvert the neat, forward-moving, productive trajectories adults often think children should have. For Stockton, growth is not forward but *sideways:* and, in children, is unruly, recalcitrant, non-reproductive.[21] The ways children may relate to each other, sexually and otherwise, are therefore different from the ways they may relate to adults (as demonstrated by the less stringent treatment, in some jurisdictions, of sex between two young people close in age but both under the legal age of sexual consent). Bringing a child's sexuality into an adult timeframe makes it mean something on a different plane. And, of course, notes Stockton, in adult discourse not all children are created equal: in media, law and culture, some children are undoubtedly constructed as more "innocent" (including more sexually innocent) and in need of protection than others.[22] Middle-class and white children may be seen as immaculate angels, and working-class and black children as sexually precocious or predatory in their own right. Age of consent is therefore an important equalizer in this respect too.

3 Sexual Abuse as Abuse in/of Time

Evidence of abuses in time has come to the fore recently within public enquiries into child sex abuse across various social institutions, including the Christian churches. The United Kingdom's statutory Independent Inquiry into Child Sex Abuse (IICSA), chaired by Prof Alexis Gay, began in 2019, interrogating a range of case studies including how reports of abuse had been handled within the Church of England. Part of its investigation concerned the management of

---

19 Dinshaw, *Getting Medieval,* 21.
20 Stockton, *Queer Child,* 5.
21 Ibid., 13.
22 Ibid., 30.

abuse within the Diocese of Chichester across many years, with particular reference to abuses perpetuated by a former bishop in the diocese, Peter Ball. The inquiry noted that one difficulty which arose when exploring how and whether to formally discipline bishops for failures in safeguarding practice was the then 12-month statute of limitations on implementing the Clergy Discipline Measure (the Church of England's procedure for dealing with allegations of serious clergy misconduct). The IISCA report comments,

> At that time, disciplinary proceedings could not be instituted more than 12 months after the date of misconduct without permission from the President of the Clergy Discipline Tribunal. It is regrettable that the Church did not take steps to abolish this rule ... in respect of safeguarding allegations. The imposition of a time limit, particularly a short one, displayed a serious lack of understanding of the psychology of trauma. It failed to acknowledge that most people would not report child sexual abuse until they were much older.[23]

Part of the failing in how abuse was handled in the Church of England, then, was the failure to allow things to unfold in time: to acknowledge that it might take time, perhaps years, for a survivor to feel ready to report what had happened. As the inquiry concluded, had better training and procedures been in place at the time, Ball might not have been able to go on to abuse more people. Yet once the abuse had taken place, the statute of limitations eroded the possibility of those who had been subject to abuse as young people only recognizing as adults that what had taken place was non-consensual and wrong. Activity which had seemed legitimate at the time – activity which the people had even themselves desired – might come to seem problematic much later, from the vantage point of the survivors' adulthood, perhaps only once they had become parents or held their own positions of responsibility and trust with young people. Like queer critical theorist Elizabeth Freeman, we might term this temporal drag: "retrogression, delay, and the pull of the past on the present".[24]

Simultaneously, there was a sense in the Church of England, as in some other investigations of historic abuse by high-profile figures in the British media, that a lapse of time, having occurred, should somehow itself afford moral immaculacy and concomitant protection to perpetrators. In popular discussions of historic sex abuse, we have become sadly familiar with phrases like "It was a different time with different expectations", or "It didn't seem wrong back then". Appeals to temporality pop up all over the place: according to the IICSA inquiry, with regard to the Diocese of Chichester, the Commissaries

---

23 Jay et al., *Anglican Church*, 68.
24 Freeman, *Time Binds*, 62.

had noted in their interim report that "The very least that could be done was to face responsibility for the mistakes of the past"[25]; yet survivors felt that even this might be "too little, too late"[26].

Past events and relationships often look different to observers in the present from how they looked at the time. In the early 1980s the popular Christian author, Adrian Plass, wrote a memoir of his time as a contributor to *Company*, a late-night religious discussion programme screened by TVS (Television South) in England. Another contributor to *Company* was the aforementioned Peter Ball, then the Bishop of Lewes in the Diocese of Chichester, and Plass dedicates a chapter to Ball's "sparkling", charismatic personality, profound spirituality, and gift for making people feel at ease. Plass draws on *Company* recordings, and an interview with Ball at the latter's home in Litlington, East Sussex, where he lived with young adults on the "Giving a Year to God" scheme (some of whom, it is now known, were among those he abused[27]). In retrospect, and in light of the crimes for which he was subsequently convicted, Ball's words make chilling reading:

> I honestly do enjoy people enormously. I am absolutely scintillating with excitement when I meet anyone; but it can cause problems ... There are only two things that I am really any good at. One is squash, and the other is making people feel that they are special to me ... You simply can't give yourself totally to everyone all the time. It gets very complicated, and I think sometimes it's dangerous.[28]

Documenting Ball's description of his assurance at being loved and forgiven by God, and how important this was in Plass's own journey of spiritual self-acceptance, Plass quotes Ball as saying,

> I know that if I was to go out today and commit the foulest crime possible with every single person in the village where I live, and then went to prison as a result, then repented, and said sincerely to God, "God, I am so very, very sorry", he would say ... "Great! This prison is full of people who you can love with me, and I love you, even more than I did before!" ... God is all right! I really do believe that with all my heart.[29]

Plass also records Ball's claim that he had made peace with his religious vows and now lived as an "extravagant celibate".[30]

---

25 Jay et al., *Anglican Church*, 71.

26 A survivor, quoted ibid., 75.

27 Williams, "Peter Ball".

28 Quoted in Plass, *Growing Up Pains*, 79.

29 Ibid., 80 – 81.

30 Ibid., 89; see also Turner, "Temptation".

When someone turns out not to have been quite who we expected, our faith in our own judgement is shaken. Such "moral injury"[31] happens when, for example, someone one considers a moral exemplar is shown to be anything but. Especially in the cases of someone like Ball, or Jean Vanier, the much-beloved founder of L'Arche International who, it emerged shortly after his death, had had coercive and non-consensual sexual relationships with multiple women,[32] we might come to believe that all that *seemed* good about them was actually delusion. One of the most difficult tensions we have to grapple with is the fact that, just as there are no plaster saints, so there are no comic-book devils either. Vanier's appeals to the full personhood and dignity of people with intellectual disabilities are no less true because of his failings. Adrian Plass is not alone in counting Ball as someone who had a profoundly positive effect on him and whose pastoral and prophetic charisms were literally life-saving. That does not diminish the enormity of Vanier's or Ball's devastating effects on those they abused and manipulated, but does present a challenge for how theologians deal with categories of redemption when sexual abuse looms so large as a sin. For another form of interruption in time is wrought by the concept that we are already living in the moment of our salvation even as we wrestle with the reality of living in a damaged world. Does an anticipation of divine forgiveness of the kind about which Ball expressed such assurance mean cheap grace, a rushing ahead to the joy of redemption without having to live the (mortal) consequences of our sin? But, on the other hand, does a society unable to meaningfully articulate a doctrine of sin[33] also leave some kinds of offenders – sex abusers among them – with no viable possibility for redemption?

We also see here how time works in and on institutions. Institutions impose their own narratives on historic and contemporary events, discarding the events that do not fit with their self-narration and memorializing those which do. In this way they collapse time in some respects and stretch it in others. Christians frequently reach back to far-away mythic times for moral warrant, and appeal to the "orders of creation" in making their sexual ethics; churches describe themselves as "New Testament churches" and seek to walk with Jesus as disciples. At other times they distance themselves from events of even five or ten years ago as if these were impossibly remote and they could not possibly be held accountable for them. Freeman has described how time becomes an organizing mechanism to direct particular bodies and identities into being docile, obedient, productive, a

---

31 Drescher, Nieuwsma and Swales, "Morality"; Shay, "Moral Injury". See also Mercer, "Spiritual Care for Survivors" in this volume.

32 Mbengue, "French Charity".

33 Zahl, "Hiding in Plain Sight".

process she calls chrononormativity. Part of its power is also, she suggests, in hiding the mechanisms of its own production, such that we simply take for granted that things are the way they are. Thus,

> Chrononormativity is a mode of implantation, a technique by which institutional forces come to seem like somatic facts … Manipulations of time convert historically specific regimes of asymmetrical power into seemingly ordinary bodily tempos and routines, which in turn organize the value and meaning of time.[34]

The hints toward time's elasticity in the IICSA accounts remind us again that time is no more innocent or immaculate than we are.

4 The Sensibilities of our Times

I noted earlier the difficulty of the fact that age of consent has sometimes differed for people of different sexes and orientations. The IICSA report[35] notes the problems attached to conflating all homosexuality with propensity to the sexual abuse of minors. The inability within the Church of England to speak honestly about same-sex desire meant that such sexuality could never be lived healthily in the open.[36] Of course, gay people, specifically gay men, are emphatically not peculiarly prone to abusing children; rather, anyone who is not encouraged to integrate their sexuality healthily into their adult psyche, to be appropriately accountable for it, may find themselves especially susceptible to experiencing all desire as shadowy, turbulent and hidden, and therefore not interrogating it properly. Rowan Williams, the former Archbishop of Canterbury, said in his evidence to the inquiry,

> Where sexuality is not discussed or dealt with openly and honestly, there is always a risk of displacement of emotions, denial and evasion of emotions, and thus a lack of any way of dealing effectively with troubling, transgressive feelings and sometimes a dangerous spiritualising of sexual attraction under the guise of pastoral concern, with inadequate self-understanding.[37]

Conversely, an inability to deal honestly and openly with *any* same-sex desire meant a lack of accountability for those whose same-sex desire was manifested

---

34 Freeman, *Time Binds*, 3.
35 Jay et al., *Anglican Church*, 90 – 94.
36 See also Moschella, "Patriarchy, Power, and Bodies" in this volume.
37 Williams, quoted in Jay et al., *Anglican Church*, 91.

in activity with children rather than with adults. Rosalind Hunt, a priest and academic expert in social work and domestic violence, added, in her evidence, that a culture of secrecy and "discretion" around (in particular) homosexuality "has enabled those who wish to abuse to do so with some impunity"[38]. There is a hint that allies who were accepting of homosexuality might have dismissed rumblings about child abuse by gay clergy on the assumption that these were no more than vexatious homophobic slanders. The report notes a concomitant implication that heterosexuals therefore did not pose a threat to children, which may have led to a reluctance to intervene where heterosexuals were suspected of having behaved inappropriately.[39]

The Ball case is complicated in this respect by the fact that at the time of Ball's offences, the age of consent for sexual activity between men in England and Wales was higher than the age of consent for sex between men and women. Some of the activity that was illegal at the time (because it constituted sexual activity with males then below the age of consent) would not be illegal now, and I am not of course calling for a reinstatement of structural injustices such as differentiated ages of consent for heterosexual and same-sex activity.[40] When I argue that crimes like Ball's ran roughshod over the time-taking that young people's desire should have when it is not rushed into sexual activity, notably with an older partner, I am not saying that homosexuality is a phase which, all things being equal, normal, healthy boys should grow out of, nor that sex between partners with a significant age gap but who are both over the age of consent is necessarily wrong. Rather, the lack of respect for boundaries (even if they seem like arbitrary boundaries) that a disregard for age of consent implies is itself a red flag for suspecting lack of integrity and ill-judgement, even if there are also good grounds for arguing that the artificially high age of consent for same-sex activity at the time was itself an injustice.

Is it unfair to impose the standards of the present on the past? The IICSA report, discussing changes that mean Church of England bishops may now sus-

---

38 Hunt, quoted ibid., 92.

39 Ibid., 92.

40 The age of consent for sexual activity between males was set at 21 in the Sexual Offences Act 1967. This was reduced to 18 in the Criminal Justice and Public Order Act 1994, and to 16 in the Sexual Offences (Amendment) Act 2000. The IICSA investigation report includes, as an annex, a table of the convictions of and allegations against Peter Ball. Activity and alleged activity that would have been criminal at the time but not now conceivably includes activity with a 16–17-year-old in 1980; a 17–20-year-old in 1980–83; an 18-year-old in 1982–83; an 18-year-old in 1985; and an 18-year-old in 1991–92 (Jay et al., *Anglican Church*, 242–252, annex 7). Ball was, however, also accused of multiple other counts of abuse against children as young as 9.

pend clergy believed to pose significant risk of harm, remarks, "This is another welcome development, although its necessity should have been obvious well before the Visitation report"[41]. Does such musing itself constitute an interruption in time, a violation of the ways in which sensibilities on issues of this kind shift and develop? Not necessarily: there are still types and modes of anticipation that are necessary and appropriate. After all, barriers such as the age of consent are about anticipating that people might need protection even when they do not appear to: they are anticipating that, given time, now-adults might change their minds about feelings and activities they experienced as children.

5 Sideways Time

Taking time is not a magic bullet. Time, as we have seen, can be subject to and an instrument of abuses in its own right. Yet measures such as age of consent are nonetheless a safeguard of sorts: a built-in waiting time, and an external block on the pace at which things might otherwise happen. We are all well aware that time is arbitrary and a convention, yet it is a convention and a discipline to which we submit ourselves willingly and frequently in everyday life. This matters in particular here, because it is a recognition of an external arbiter on the pace of our human emotions and the intensity of our relationships.

Abuse is not just about interruption or interference in a child's normal development. It is also constituted by interruption in time going forward, such that those who come (perhaps some years after the fact) to understand what they have experienced as traumatic may find themselves unwittingly, and unwillingly, reliving their trauma. It seems that a minority of adults who enact sexual abuse on children were themselves sexually abused as children:[42] for some, compulsive re-enactment could be part of an attempt to make sense of their own violation, while in other cases it may be difficult for them to understand that sexual abuse is not a normal part of adult-child relationships, though the majority of abused children do not grow up to be abusers so this is by no means inevitable.[43] Some

---

41 Jay et al., *Anglican Church*, 73.

42 Glasser et al., "Cycle".

43 The situation of sexual abuses perpetrated by minors who are themselves current or former victims of abuse is more complex and beyond the scope of my discussion here. However, it is important to note that some younger children who are sexually abused by older children still below the age of consent may be uncertain about whether their abuser is an adult or a child.

abusers treat the child in question as their friend and confidant. Robert Coles, one of the Diocese of Chichester clergy investigated by IICSA having been imprisoned for sexual assault, indecent assault and buggery,[44] was said by Janet Hind, the former diocesan Child Protection Advisor, to have "agreed that he had had sexual activity with a boy of 15/16 … [but] he saw the boy as an equal partner and didn't think he had harmed him"[45]. The difficulty is that an abused child is somewhat likely to experience the relationship in this way too, and to be flattered by being taken so seriously by a sympathetic adult who does not patronize them. Yet it is emphatically not the child's responsibility to have the cure of adult souls or carry the weight of the adult's emotional wellbeing. In short, there are all kinds of reasons why this by definition cannot be a consensual relationship of equals with the mutuality which that entails.

6 Conclusion

In this chapter I have suggested that sexual abuse is an instance of awakening something before it is ready: of stirring up emotions and desires that are so potent and so significant not because a child is not capable of such depth of feeling, but rather because they are. A year is a long time in the life of a young person. It is therefore the responsibility of adults to ensure that young people are allowed appropriate space for their emotions and desires to be felt, explored, tried and imagined without moving too rapidly past a place of uncertainty, anticipation and possibility for things to be otherwise. I have also noted that, within historic sexual abuse cases from the Church of England, appeals to "different times" and to a sense that past events may no longer incur the same moral responsibility on those involved highlight the lack of appropriate reflection on adult sexuality and desire that occurs in contexts of sexual prurience and secrecy. In Freeman's account,

> Motions do not always go forward. If identity is always in temporal drag, constituted and haunted by the failed love-project that precedes it, then perhaps the shared culture-making we call 'movements' might do well to feel the tug backward as a potentially transformative part of movement itself.[46]

---

44 The historic charge of "buggery" against Robert Coles related to a period between 1979 and 1984 when he was a vicar in Eastbourne (Jay et al., *Anglican Church*, 19). Buggery as an offence was repealed from English law in the Sexual Offences Act 2003.
45 Hind, quoted ibid., 92.
46 Freeman, *Time Binds*, 93.

The way an institution – say, the Church of England – understands itself now cannot be ahistorical; it may not, however much it might like to, reinvent itself without reference to its mistakes of the past. The backward pull of the moral culpability for historic failings must be part of what allows an institution to work toward transformation.

Additionally, a tenet of Christian faith is that God has already begun and, in some sense, completed the work of salvation in Christ. Eschatological tension, the sense of living in the time between the times, when the Kingdom of God is inaugurated but not yet fulfilled – when it is at hand, among us, within us, perhaps all around us, yet when we are also acutely aware of the world's fallenness – means that time's "backwardness" as well as its teleological bent is right there in the midst of Christian theology. Eschatological time is non-utilitarian, non-productive time: it must allow space for gradual unfolding, key for doing justice to young people's sexual integrity.

Works cited

Bennett-England, Rodney. "'The Albany Trust', letter to the editor," *The Times*, January 18, 1975, https://spotlightonabuse.wordpress.com/2014/02/27/the-albany-trust-and-the-pae dophile-information-exchange/ (accessed December 3, 2020).

Bull, Anna and Rachel Rye. Silencing Students: Institutional Responses to Staff Sexual Misconduct in UK Higher Education, https://1752group.files.wordpress.com/2018/09/si lencing-students_the-1752-group.pdf (accessed December 3, 2020). Portsmouth: University of Portsmouth and The 1752 Group, 2018.

Dinshaw, Carolyn. *Getting Medieval: Sexualities and Communities, Pre- and Postmodern.* Durham: Duke University Press, 1999.

Drescher, Kent D., Jason A. Nieuwsma and Pamela J. Swales. "Morality and Moral Injury: Insights from Theology and Health Science." *Reflective Practice: Formation and Supervision in Ministry* 33 (2013): 50–61.

Editor. "Editorial: Consent to What?" *New Law Journal* 122/5554 (1972): 621–622.

Ellison, S. E. "'The Albany Trust', letter to the editor," *The Times*, January 21, 1975, https:// spotlightonabuse.wordpress.com/2014/02/27/the-albany-trust-and-the-paedophile-in formation-exchange/ (accessed December 3, 2020).

Foucault, Michel, Guy Hocquenghem and Jean Danet. "Dialogues: Sexual Morality and the Law." In *Michel Foucault: Politics, Philosophy, Culture: Interviews and Other Writings 1977–1984*, ed. by Lawrence D. Kritzman, 271–285. New York: Routledge, 1978.

Freeman, Elizabeth. *Time Binds: Queer Temporalities, Queer Histories.* Durham: Duke University Press, 2010.

Gingell, Basil. "Dr Robinson Puts Case for Age of Consent to be 14," *The Times*, July 6, 1972, https://ianpace.wordpress.com/2014/08/26/antony-grey-and-the-sexual-law-reform-soci ety-1/ (accessed December 3, 2020).

Glasser, Mervin et al. "Cycle of Child Sexual Abuse: Links Between Being a Victim and Becoming a Perpetrator." *British Journal of Psychiatry* 179 (2001): 482–494.

Grey, Antony. "The Albany Trust," letter to the editor. *The Times*, January 25, 1975, https:// spotlightonabuse.wordpress.com/2014/02/27/the-albany-trust-and-the-paedophile-in formation-exchange/ (accessed December 3, 2020).

Hall, Rachel and David Batty. "'Abuse of Power': Should Universities Ban Staff-Student Relationships?" *The Guardian*, February 26, 2020, https://www.theguardian.com/educa tion/2020/feb/26/abuse-of-power-should-universities-ban-staff-student-relationships (accessed December 3, 2020).

Ind, Jo. *Memories of Bliss: God, Sex and Us.* London: SCM Press, 2003.

Jay, Alexis et al. *Independent Inquiry into Child Sexual Abuse (IICSA) Investigation Report: The Anglican Church: Case Studies: 1. The Diocese of Chichester; 2. The Response to Allegations Against Peter Ball.* London: Her Majesty's Stationery Office, 2019.

Light, Alan. "Ballad of the 13-Year-Old Bride," *Medium*, October 28, 2014, https://medium. com/cuepoint/ballad-of-the-13-year-old-bride-f909cbe1c6b4 (accessed December 3, 2020).

Longley, Clifford. "Reforming the Law on Sexual Misconduct," *The Times*, 22 January 1970, https://ianpace.wordpress.com/2014/08/26/antony-grey-and-the-sexual-law-reform-soci ety-1/ (accessed December 3, 2020).

Mbengue, Eva. "Founder of French Charity is Accused of Pattern of Abuse," *The New York Times*, 23 February 2020, https://www.nytimes.com/2020/02/23/world/europe/jean-vanier-abuse-larche.html (accessed December 3, 2020).

Mercer, Joyce Ann. "Spiritual Care for Survivors of Church-Related Sexual Abuse: Making the Case for Moral Injury." In *Sexual Violence in the Context of the Church: New Interdisciplinary Perspectives*, ed. by Mathias Wirth, Isabelle Noth and Silvia Schroer, 521–536. Berlin and Boston: De Gruyter, 2022.

Moore, Stephen D., Kent L. Brintnall and Joseph A. Marchal. "Queer Disorientations: Four Turns and a Twist." In *Sexual Disorientations: Queer Temporalities, Affects, Theologies,* ed. by Kent L. Brintnall, Joseph A. Marchal and Stephen D. Moore, 1–44. New York: Fordham University Press, 2018.

Moschella, Mary Clark. "Patriarchy, Power, and Bodies: A Pastoral Theological View of Sexual Abuse in the Church." In *Sexual Violence in the Context of the Church: New Interdisciplinary Perspectives*, ed. by Mathias Wirth, Isabelle Noth and Silvia Schroer, 509–519. Berlin and Boston: De Gruyter, 2022.

Plass, Adrian. *The Growing Up Pains of Adrian Plass* (previously published as *Join The Company*). London: HarperCollins, 1986.

Reiss, Fraidy. "Why Can 12-Year-Olds Still Get Married in the United States?" The Washington Post, February 10, 2017, https://www.washingtonpost.com/posteverything/wp/2017/02/ 10/why-does-the-united-states-still-let-12-year-old-girls-get-married/ (accessed December 3, 2020).

Shay, Jonathan. "Moral Injury." *Psychoanalytic Psychology 31/2* (2014): 182–191.

Stockton, Kathryn Bond. *The Queer Child: Or, Growing Sideways in the Twentieth Century.* Durham: Duke University Press, 2009.

Turner, Graham. "The Temptation that Led a Saintly Monk Into the Wilderness," *The Sunday Telegraph*, March 14, 1993, https://theneedleblog.files.wordpress.com/2015/10/sunday-telegraph-p-ball-14 – 3 – 93.jpg (accessed December 3, 2020).

Waites, Matthew. *The Age of Consent: Young People, Sexuality and Citizenship.* New York: Palgrave Macmillan, 2005.

Williams, Hattie. "Peter Ball Talked About Being Naked In Front of God," *Church Times*, July 27, 2018, https://www.churchtimes.co.uk/articles/2018/27-july/news/uk/peter-ball-talked-about-being-naked-in-front-of-god (accessed December 3, 2020).

Zahl, Simeon. "Hiding in Plain Sight: The Lost Doctrine of Sin," *Mockingbird*, October 2, 2018, https://www.mbird.com/2018/10/hiding-in-plain-sight-the-lost-doctrine-of-sin/ (accessed December 3, 2020).

V **LGBTIQ und sexualisierte Gewalt
in kirchlichen Kontexten**
LGBTIQ and Sexual Violence in Church Contexts

Micah Cronin
On Brokenness

The Tension of LGBTQ Christians' Experiences of Sexual Abuse and Violence

The LGBTQ person in America navigates a sexually violent terrain. Lesbian and bisexual women are particularly vulnerable to intimate partner violence, rape, and stalking, at rates of lifetime prevalence that are significantly higher than those of heterosexual women.[1] Gay/lesbian and bisexual people are also at increased risk for experiences of childhood sexual abuse, especially if they exhibit gender nonconforming behaviors and/or attitudes.[2] Research has also found that nearly half (47%) of transgender people in the United States have experienced a sexual assault by the time they reach adulthood.[3] These experiences take place in a milieu marred by other patterns of sexual violence, especially church scandals. Social media movements such as #ChurchToo have amplified stories of sexual abuse and violence in ecclesial contexts, and organizations such as *Into Account* have been founded to advocate for survivors of sexual violence in ecclesial contexts and hold perpetrators and Christian institutions accountable.

In light of the United States' relatively recent reckoning for those who would attempt to continue to perpetrate and cover up sexual abuse and violence in and out of ecclesial contexts, an examination of the nuanced tensions of LGBTQ Christians' experiences of sexual abuse and violence stands to contribute to a robust reframing of a theological response to the problem of sexual abuse and violence in Christian contexts, in America and elsewhere.[4] When considering LGBTQ Christians' experiences of sexual abuse and violence, it is perhaps not immediately obvious why attempting to think theologically could prove useful. What can theology do in or with the crater left by such experiences? It would seem misguided to assume that theology, as such, can prevent abuse – unless one thinks that sexual abusers abuse because they have not read enough theology. And theology certainly cannot undo abuse or any other evil. So, what is it good for?

---

1 Center for Disease Control, *NISVS*.

2 See, e.g., King, "Childhood Sexual Trauma"; Brady, "Impact of Sexual Abuse"; Levahot, Molina and Simoni, "Childhood Trauma".

3 James et al., *U.S. Transgender Survey*, 205.

4 See also Prüll, "Geschlechtsbezogene Gewalt" in this volume.

https://doi.org/10.1515/9783110699203-026

The purpose of this chapter is to consider how certain threads of cis-hetero-normative Christian theological discourse create significant and unsustainable tensions for LGBTQ Christians who have survived sexual abuse and/or violence. In so doing, I will show that the question "what is theology good for" in regard to these circumstances does not probe far enough. Drawing upon queer theory and queer theology, I argue that the question is not what theology is good for, but rather how theology is functioning. Thus, in light of LGBTQ Christians' experiences of sexual abuse and violence and the resultant tensions, the task we are called to is one of negation. This negation is accomplished via relentless deconstructive critique of theology's function which is necessary to break these tensions.

1 Overview

I begin by introducing Marcella Althaus-Reid's proposal for queer theology as a foundation for thinking about the function of theology. In her proposal, Christian theology has been deployed to function within the colonial project as a heteronormative force, and the task of queer theology is to expose this function. Relating this to Lee Edelman's "queer negativity", a method of oppositional negation by which he critiques political futurity as a conservative force that both invokes and punishes the queer, I then introduce Brandy Daniels' application of these themes toward deconstructing ideals of wholeness and recovery in theological responses to trauma.

Following this scaffolding, I then move to analyze relevant aspects of the theological discourse within the evangelical ex-gay movement and subsequent developments. Reading this discourse in light of queer negativity and queer theology, I clarify the unsustainable tension LGBTQ Christian survivors of sexual abuse and violence may find themselves under as they struggle to navigate related discourses of victimization, "brokenness"/"wholeness", and Christian iterations of cis-heteronormativity. From there, I move to a constructive (such as it is) position. Drawing upon previous scaffolding, I also engage with Kent Brintnall's work on destabilizing illusions of the whole and stable self utilizing images of male suffering as redemptive figures. I do not intend to offer a counter construction, but rather, by revealing the ways certain theological discourses exacerbate painful tension for LGBTQ Christian survivors of sexual abuse and violence, to provide a means to break that tension through the act of refusal.

2 Theology Functions

In the opening of *The Queer God*[5], Marcella Althaus-Reid offers an anecdote of her first confession, made in Rosario, Argentina in the 1960s. The priest was seated in a low chair, rather than in the confession box, as was customary for children's confessions. Boys knelt in front of the priest, while girls were to kneel on the priest's right side. Yet Althaus-Reid, at eight years old, was unsure of what to do, and so she followed her male cousins' lead and knelt in front of the priest, "opposite to [his] genitalia." She refused to move and was rebuked by the priest. Reflecting on that experience, Althaus-Reid notes that the "liturgical symbolic geography relating to gender and sexual positions [was] starting to be organized, precociously, amongst that group of eight-year-old children, gathering around the position of the priest's penis."[6] Kneeling, and its positionality, indicated the order and position of the various members of the ecclesial order – and further, it is designed to centralize and sacralize the priest and his penis as it grounds theological discourse.

In other words, theology functions. For Althaus-Reid and, to an extent, the tradition of queer theology proceeding from her work, Western systematic theology has been deployed to function within the greater colonial project as a heteronormative force. "Sexual idealism pervades theology," she states in *Indecent Theology: Theological Perversions in Sex, Gender, and Politics*, such that it is that (hetero)sexual idealism in which theology finds its "ultimate sense of coherence and tradition", rather than God.[7] This sexual idealism crafted both God and humankind. It idolatrously projected patriarchal heteronormativity onto God, and from there "God" framed and justified compulsory heterosexuality and normative gender/sex configurations. Such circular projections extended into economics and politics, particularly as a scaffold of the colonial project.

Thus, in Althaus-Reid's proposal, theology that would be truly liberative must be "indecent" and "challenge the sexuality of theology",[8] meaning that theologians ought to expose the sexual idealism undergirding theological discourse. This relentlessly iconoclastic position seeks to dismantle the logic of Totalitarian Theology ("T-theology")[9] which contorts God into its own idol – though

---

5 Althaus-Reid, *Queer God*, 10 – 12.

6 Ibid., 10.

7 Althaus-Reid, *Indecent Theology*, 22.

8 Ibid.

9 Althaus-Reid, *Queer God*, 2. Althaus-Reid explains that Totalitarian Theology is "theology as ideology, that is, a totalitarian construction of what is considered as 'The One and Only Theo-

in actuality God becomes a stranger at its gates.[10] Yet therein lies the constructive edge of the iconoclastic method of Althaus-Reid's indecent theology. The method of indecent theology entails the exposure and deconstruction of theological sexual idealisms undergirded by a refusal of hegemonic theology's terms. The indecent theologian might take the position of doing theology from hell,[11] a truly oppositional position that refuses to concede to theological discourse that crushes people under its idolatrous idealisms. Taking this position is an act of "Queer holiness".[12] In Queer holiness we meet (the Queer) God, who, despite the efforts of T-theology, "has been coming out for a long time",[13] a queer stranger among others who have been crushed and excluded. "Curiously," Althaus-Reid observes, "it seems that we can know God better through a radical negation" of the terms of T-theology.[14]

3 Queer Negativity

The negativity on which Althaus-Reid grounded her theology, and to which much of the queer theology following her refers, shares important themes with her contemporary Lee Edelman's *No Future: Queer Theory and the Death Drive*. The overlap between their respective engagements of negativity as method have rendered Edelman's queer negativity an important resource for queer theology, as evidenced by the strong (and mostly warm) reception it has enjoyed in Anglo-American queer theology. For our purposes here, queer negativity gives us a broader theoretical context within which we can continue to critique theological discourse as it relates to LGBTQ Christians' experiences of sexual abuse and violence, and reframe our theological task.

Queer negativity describes the ethical task Edelman assigns to queer theory. In *No Future*, he considers the relation of queerness to the social order. A desirable social order is, for Edelman, the goal of politics. Yet a social order requires a social *ordering*. That ordering will always, at its core, be conservative, in that "it works to affirm a structure, to authenticate a social order."[15] In this sense, Edel-

---

logy' which does not admit discussion or challenges from different perspectives, especially in the area of sexual identity and its close relationship with political and racial issues" (ibid., 172).

10 Ibid., 171.

11 Ibid., 168.

12 Ibid., 171.

13 Ibid.

14 Ibid.

15 Edelman, *No Future*, 3.

man highlights the social order's antagonism toward the queer, against whom the social order juxtaposes itself. Edelman refers to this (queer-targeted) political antagonism as "reproductive futurism".[16] Reproductive futurism is the function of the conservatism Edelman describes: it is based upon the political imaginary of the Child, onto whom our future is deferred. All political logic must pass through this imaginary Child, who is the end and beneficiary of all political intervention. This future Child is primarily deployed upon the present, in that the future Child is invoked to legitimate the present order, and to quell any hint of sustained radicalism. Thus, the political is universally conservative – always, at the end of the day, affirming and authenticating structures and social orders for the sake of the Child (and, ostensibly, our children). To be clear, those "structures" and "social orders" are those which, through reproductive futurism, absolutely privilege cis-heteronormativity[17] in that the reproductivity of the cisgender, heterosexual nuclear family correlates to the Child of reproductive futurism. The political gains that some LGBTQ people might access do not resist this foundational political logic; rather, because those gains are often on the basis of closely mirroring cisgender, heterosexual reproductivity, that queerness which the social order juxtaposes itself against is then merely shifted onto someone else. There is no queer political resistance that does not merely shift the burden, that is not negotiating with cis-heteronormativity, or fighting for the children, or formulated in terms of the future Child. That kind of queer political resistance, which refuses the terms of cis-heteronormativity and the future Child, is "unthinkable", because political resistance can only ever be done under the conservatism of reproductive futurism.[18] Thus, the political invokes the queer as the one who will not abide by reproductive futurism. This invocation of the queer as a threat then serves as part of its justifying logic.[19]

---

16 Ibid., 2.

17 Ibid. Writing in 2004, Edelman uses the term "heteronormativity" here.

18 Ibid., 2–3.

19 What about queer iterations of family and reproduction? For example, is a transgender man having a child, even perhaps with a cisgender man, not disruptive to reproductive futurism? On one level, this is beside Edelman's point. The Child of reproductive futurism is a symbolic, not a literal, figure that produces and upholds cisheteronormativity and the political order. However, as cisheteronormativity and the political order effects real harm, including upon actual families and (queer?) children, the question remains relevant. As noted above, some queers navigate life under reproductive futurism by arranging their lives in such a way as to closely mirror cisheteronormativity. These attempts at inclusion via assimilation shift the burden of queerness onto those who cannot or will not assimilate. To keep with our example, a gay, pregnant, transgender man, likely standing under the burden of queerness and cisgender queer assimilation politics, has a choice to make. In Edelman's estimation, that choice is to either seek some semblance of

What, then, are the ethical imperatives for queer theory (and queers)? Within this field of meaning, queers are posited as the threat to the social order. Reproductive futurism invokes the queer as the one who carries the burden of figuring the potential undoing of the social order. Drawing on Freud's concept, Edelman calls this undoing the "death drive", which is "the negativity that opposes every form of social viability."[20] Rather than engaging in politics of inclusion or assimilation which attempt to reframe queerness within reproductive futurism, Edelman would instead have queers accept their place as figures of the death drive. This self-avowed, unthinkable, antisocial refusal of the social order is the only real move for queers to make. All others simply concede and replicate the logic of reproductive futurism, which at the end of the day will not tolerate queerness. The imperative of queer theory, then, is to engage in this relentless critique and refusal of the social order and its foundational logic of reproductive futurism, so that we might clear ground for the as yet "impossible project of imagining an oppositional political stance" that is "exempt from" reproductive futurism and thereby livable for queerness.[21]

What Edelman and Althaus-Reid ask of queer theorists/theologians is to occupy the unthinkable position. Reproductive futurism and T-theology each seek to maintain and control the possible field of meaning-making by invoking the queer/queerness as a menace which must be punished. Indecent theology and queer holiness share with the death drive a similar refusal of terms and relentless critique of totalitarian logic, be it in T-theology or reproductive futurism. Arguably, one may conceive of T-theology as the expected nature and function of theology within reproductive futurism, not discounting the colonial forces Althaus-Reid located as its more concretely historical formative material. In light of the similarities between Althaus-Reid's proposal for theological practice and Edelman's imperative for queer theory, what we gain from the confluence of theology and queer negativity, among other things, is a theoretical framework which supports queer theologians seeking to engage in theological meta critique that is also immediately deployable in the landscape of the social order.

----

safety and inclusion within the social order by assimilating into cisheteronormativity as best as he can, or he can take on his own figuration as a threat to reproductive futurism. In so refusing reproductive futurism, he is more poised to take actions that contribute to its dismantling.

20 Ibid., 9.

21 Ibid., 27.

4 Unthinkable Tension: the Manufactured Conflicts of Desire, Identity, and Christian Faithfulness

Among many narratives of LGBTQ identities, there are some which assume a causative association between sexual abuse and/or violence and later identification as LGBTQ. Joseph Nicolosi, perhaps the main figure within the secular reparative therapy movement as the founder of the National Association for the Research and Therapy of Homosexuality (NARTH), asserted that it is "not unusual" for reparative therapy clients to "uncover a history of victimization through sexual molestation in the client's childhood."[22] The causative association of sexual abuse and/or violence with LGBTQ identities has since been reframed; while it is known that LGBTQ people report higher instances of sexual abuse and/or violence, childhood experiences are better attributed to anti-LGBTQ targeting, especially if the child exhibits gender atypical behaviors or attitudes.[23] Yet the causative association between victimization and later LGBTQ identification has continued in anti-LGBTQ Christian contexts. As Tanya Erzen[24] shows in her study of an American Christian reparative therapy center and the development of reparative therapy, sexual victimization (as well as other experiences of victimization) are leveraged as a site of "brokenness" which must be healed as part of a cis-heteronormative redemption arc.[25] Erzen's work will be further discussed below.

In his article "Childhood Sexual Trauma in Gay Men: Social Context and the Imprinted Arousal Pattern", Neal King argues that a heteronormative (and misogynistic) cultural context which stigmatizes and punishes homosexuality necessitates that therapists working with sexually traumatized gay men help them separate their experiences of victimization from their sexual orientation. This can be a difficult task, because the vulnerabilities created by a homophobic cultural context compound with a "cultural mythology"[26] of a causative association of homosexuality with sexual abuse and violence. Amongst homophobic forces and this problematic cultural mythology, some gay men with sexually traumatic

---

22 Nicolosi, *Healing Homosexuality*, 212.
23 See, e.g., King, "Childhood Sexual Trauma"; Brady, "Impact of Sexual Abuse"; Levahot, Molina and Simoni, "Childhood Trauma".
24 Erzen, "Sexual Healing".
25 See also Campbell, *Turning Controversy*, 113; and Paulk, *Restoring Sexual Identity*, 237–247.
26 King, "Childhood Sexual Trauma," 22.

backgrounds may struggle to externalize blame for their experiences of victimization as they work through the process of identity formation.[27] What is most salient in King's proposal is his insight on the "cultural mythology" surrounding sexual abuse and violence and its impact on sexual identity. This cultural mythology has persisted in certain Christian contexts, yet sound psychology is not, I argue, enough to dismantle it. This cultural mythology has a place within the wider context of a theological discourse which functions to help preserve cis-heteronormativity within our social order. Addressing this discourse and its function will allow us to more fully understand the constraints that LGBTQ Christian survivors of sexual violence are under and, further, will enable us to refuse it.

Here, then, we narrow our focus to the slice of the landscape of the social order with which we are concerned: LGBTQ Christians' experiences of sexual abuse and violence, and the function of theological discourse in interpreting those experiences. I have referred to the unsustainable tension that some LGBTQ Christian survivors of sexual abuse and violence may feel. This tension is the result of an attempt to make sense of the self after abusive and/or traumatic experiences within a hostile environment. As T-theology functions to uphold (and is also produced by) a broader cis-heteronormative environment, these attempts are apt to be captured by that system of meaning and rendered against the LGBTQ individual. To be specific, homophobic and transphobic Christian environments may deal with the threat of LGBTQ genders/sexualities by citing them as evidence of "brokenness" or "woundedness". While specific experiences of sexual victimization are not necessary for the function of this narrative, such experiences are especially potent evidence of that brokenness which must be healed or rendered into wholeness as part of Christian sanctification.

This function is exemplified in the so-called "ex-gay" movement, in which Christian LGBTQ people sought and professed change in their sexual orientation and/or gender identities on the basis of Christian-infused therapeutic models, alongside subsequent movements in American evangelicalism. Following the demise of one of America's largest ex-gay groups, Exodus International, the ex-gay movement, also known as "reparative therapy", has been decried as abusive and even disallowed for use on minors in some parts of the United States.[28] While abuse and malpractice rightly describe many ex-gay/reparative therapy activities, there is another drive behind the initial movement(s) and subsequent movements. This drive is a desire for congruence within the field of meaning and questioning that T-theology has established maintenance and control over.

---

27 See, e.g., Mannschatz, "Expected to carry the weight of their shame" in this volume.
28 Most recently (as of this writing) in Virginia: see Sopelsa, "Virginia".

We find one example of this in Tanya Erzen's study of New Hope Ministry, a residential treatment program offering reparative therapy for conservative Christians who found themselves with unwanted same-sex desires.[29] Erzen proposed that the ex-gay movement is a product of the "confluence of religion and therapeutic culture"[30] and can, in large parts, be traced from the self-help principles of Alcoholics Anonymous, which itself has a Christian theological heritage.[31] The "therapeutic language of addiction"[32] is enlisted in the overall goal of meaning making within "opposing frameworks of homosexuality and conservative Christianity."[33] These opposing frameworks extend to identity, such that the therapeutic goal for New Hope and similar ex-gay "recovery" ministries is a new identification with/in Christ,[34] which will ease their sexual conflicts.[35] In the New Hope paradigm (and those of similar programs), addiction to and recovery from homosexual desire and behavior reflect Christian ideas of sin and redemption, wherein the overall redemptive arc of the Christian life tracks along heterosexual ideals. If heterosexuality is not achieved or sustained, or is marred by "slips" such as gay extra-marital affairs or porn consumption, it simply indicates that redemption is still in progress. For Erzen, an important aspect of the discourse of recovery is a narrative of identity that is rooted in victimhood. Sexual "brokenness" may be rooted in family dysfunction and sexual abuse or violence, and during Erzen's study New Hope maintained examples of purported former homosexuals who had been sexually abused as children. Perceived sexual transgressions, then, follow from these experiences of victimization which need to be healed as a means toward the goal of a heterosexual life[36] (defined as a heterosexual marriage with children).[37]

It is this utilization of victimization, applied as part of the discursive (re)formation of identity toward heterosexual ideals, within a limited and controlled field of imagination, that complicates matters for LGBTQ people navigating experiences of sexual victimization, Christian faith, and self-actualization as queer and/or trans people. While the reparative therapy movement has largely fallen out of favor, threads of this discourse still remain. While previously the idea of

---

29 Erzen, "Sexual Healing".
30 Ibid., 266.
31 Ibid., 266–267.
32 Ibid., 266.
33 Ibid., 268.
34 Ibid., 273.
35 Ibid., 268.
36 Ibid., 278.
37 Ibid., 277.

orientation change was more prominent, the discourse has shifted to leveraging past experiences of victimization as well as the vaguer categories of "brokenness" or "woundedness" toward a cis-heteronormative redemption arc for LGBTQ Christians. We see this discourse function in the "celibate gay Christian", the reframing of lesbian, gay, bisexual, and queer identities as "same-sex attraction", and the pathologizing of transgender people. The relatively recent and popular memoirs of Jackie Hill-Perry and Wesley Hill, as well as the writings of Christian psychologist Mark Yarhouse, are illustrative of the development of this discourse in evangelical/conservative Christian circles.

In his memoir, *Washed and Waiting: Reflections on Christian Faithfulness and Homosexuality,* Wesley Hill offers a reframing of his (and, by implication, other LGBTQ Christians') identity: while he is gay, same-sex attracted, or homosexual (he uses these terms interchangeably), he is "Christian before anything else"[38]. In keeping with his understanding of his Christian responsibility, he has chosen to remain celibate. At the resurrection/eschaton, he expects that he will no longer be homosexual but instead will be "washed and complete in the fellowship of the redeemed, finally at home with the Father."[39] In the meantime, the loneliness he feels as a celibate gay Christian "requires a profound theology of brokenness."[40] Reminiscent of the main conflict Erzen located as a primary motivation for people seeking Christian reparative therapy at treatment centers such as New Hope Ministries, Hill finds that in prohibiting gay Christians from legitimately enacting their sexual desires, God was not unfair or fraudulent. Rather, the ways gay Christians struggle to not act upon their "broken"[41] sexualities are "legitimate ways" to enact discipleship to Jesus Christ. The suffering that some LGBTQ Christians experience in conservative settings is thus reframed: the struggle against homosexual desire is not necessarily or singularly a sign of deficient spirituality or commitment, nor a manifestation of the function of homophobic theology. Rather, it can primarily be a sign of faithfulness. In Hill's memoir we see a shift in the discourse from an emphasis on orientation change to other ways of not acting upon homosexual desires. The brokenness and victimhood which Erzen describes are not located in discrete instances of victimization but are conceptively expanded as a general result of the milieu of sin.

---

38 Hill, *Washed and Waiting*, 22.

39 Ibid., 43.

40 Ibid., 118.

41 Ibid., 119, 134 and 144.

In her memoir, *Gay Girl, Good God: The Story of Who I Was and Who God Has Always Been,* Jackie Hill-Perry also considers the (in)congruence of sexual and Christian identity. Similar to Hill, Hill-Perry cites general sinfulness as the cause for human beings being "inherently broken": "homosexual desires exist because sin does."[42] Hill-Perry also offers a more concrete narrative of her "broken" sexuality, locating her father's abandonment and her experience of sexual abuse as causative factors of her homosexuality. She notes, "Between fatherlessness and sexual abuse, my entire frame of reference for people God made male was built on the experience of their doing [...]. Men were incapable of loving [and] a man's touch sounded like everything unsafe."[43] The discursive force of victimhood and brokenness continues.

Hill-Perry, herself now married to a man and the mother of three children, stresses that the journey forward for gay Christians, is, ostensibly, not heterosexuality: "God isn't calling gay people to be straight."[44] However, while specific efforts at orientation change are no longer emphasized, again a general arc toward cis-heteronormativity is encouraged. Hill-Perry describes her "repentance"[45] to include giving up her butch lesbian aesthetic, starting with no longer wearing chest-flattening sports bras and boxers. Later on, it involved giving up the identity nomenclature of "gay", which is a "way to be"[46] in conflict with the Christian's true identity in Christ. Instead, Hill-Perry prefers and recommends the nomenclature of "same-sex attracted", which emphasizes not identifying with sinful acts or desires to do sinful acts. While holiness is, for Hill-Perry, not totally synonymous with and expansive beyond heterosexuality,[47] holiness does carry a particularly cisgender-normative redemptive arc, or at least one that resists the threat of queerness and all that it portends for T-theology as it functions within reproductive futurism.

Finally, Christian psychologist Mark Yarhouse, having spent much of his career considering sexual and gender identity in and for conservative evangelical contexts, wrote specifically on trans people in *Understanding Gender Dysphoria: Navigating Transgender Issues in a Changing Culture.* In presenting transness as conflicting with Christian identity, values, and norms, Yarhouse deals with transness with a pathologizing framework, noting that the experience of transness is

---

42 Hill-Perry, *Gay Girl*, 21.
43 Ibid., 31.
44 Ibid., 121.
45 Ibid., 76.
46 Ibid., 104.
47 Ibid., 123.

a rare "psychological condition"[48] that we might approach as a disability.[49] He recommends, based on theological concerns for the "integrity"[50] of God's creation of sex and gender, that Christians ought to recognize the "distress"[51] of trans people and encourage the "least invasive ways possible to manage the dysphoria."[52] Yarhouse's presentation of transness and the Christian response to it, among other things, precludes a notion of transness that is not yet delimited by medical and psychiatric discourse as well as particular notions of disability that juxtapose negatively with the ideal of creational "integrity".[53] In other words, the function of T-theological discourse has trickled down into Yarhouse's work to produce a Christian vision of transness that is rooted primarily in unsustainable conflict, pain, and distress.

It is important to briefly note one alternative Christian ethical response to gender transition that, without naming T-theology or queer negativity, shares similar impulses in the way it engages with anti-trans theological discourse. In "'Living in a Shell of Something I'm Not': Transsexuality, Medical Ethics, and the Judeo-Christian Culture," Mathias Wirth considers Christian ethical positions that resist gender transition on the grounds of maintaining the integrity of creation and the concept of the image of God. In response, Wirth calls for "the end of the sacrosanct genitals"[54], arguing that "the strict binary gender model"[55] does not have to be central to our concept of "the image of God" as conferred

---

48 Yarhouse, *Understanding Gender Dysphoria*, 144.

49 Ibid., 48 – 50.

50 Ibid., 46 – 48.

51 Ibid., 143.

52 Ibid., 144.

53 Aside from theological controversies, Yarhouse's approach also varies from The World Professional Association for Transgender Health's (WPATH) *Standards of Care for the Health of Transsexual, Transgender, and Gender-Nonconforming People.* WPATH has called for the "de-psychopathologization of gender non-conformity worldwide" beginning in 2010 (p. 4). The rationale is that "being transsexual, transgender, or gender-nonconforming is a matter of diversity, not pathology" (p. 4). Gender dysphoria is not transness; rather, it is "discomfort or distress caused by a discrepancy between a person's gender identity and that person's sex assigned at birth (and the associated gender role and/or primary and secondary sex characteristics) (p. 5). Gender dysphoria, for those trans people who experience it, can be alleviated as they locate a more comfortable gender role and expression (p. 5). There is no inherent disorder in being trans (p. 6); rather, it is largely social stigma and the resulting prejudice, discrimination, and minority stress that exacerbates gender dysphoria and other mental health issues a trans person may experience (p. 4).

54 Wirth, "Living in a Shell," 1590.

55 Ibid., 1592.

upon human beings. On the basis of God's "pure difference"[56] and our resultant inability to anthropomorphize God (though we might stubbornly continue to project human categories onto God), we might infer that the meaning of "the image of God" is that we are called to become situated in theomorphic categories, such as goodness, wisdom, creativity, and freedom.[57] This reframing of creation, especially our creation as God's image-bearers, allows us to decenter gender as an essential human category, refuse the calcification of the strict gender binary into theological discourse, and affirm transness and especially medically-assisted gender transition.

In summation, New Hope Ministries' misguided therapeutics, Wesley Hill's and Jackie Hill-Perry's memoirs, and Mark Yarhouse's attempt to figure transness within a conservative vision of sex and gender (arguably) do not produce theological discourse. As I have engaged them here, they illustrate some results of T-theology as it functions within our greater social order, which, as Edelman argues, is founded upon resisting the threat of the death drive as figured by the queer. In particular, they illustrate how, as an individual iteration of Edelman's queer, the LGBTQ Christian who is not distressed, who does not search out brokenness or victimhood as an organizing principle for their identity, who refuses the terms for identity formation offered by this iteration of theological discourse, is unthinkable. And perhaps even more importantly, so is the LGBTQ Christian who has been sexually victimized and yet continues to refuse those terms. This is a particularly difficult position to take, because it requires both a refusal of homophobic and/or transphobic theologies (and, thereby, often a refusal of the attached ecclesial and familial communities), but also a potentially costly refusal of particular visions of healing which are grounded in deeply held understandings of the self. However, this refusal is likely the most productive theo-political act an LGBTQ Christian survivor of sexual abuse and violence can make, in that it breaks open the field of meaning and questioning which T-theology, operating within reproductive futurism, seeks to maintain and control.

5 "Fuck healing": Breaking the Tension through the Act of Refusal

Brandy Daniels outlines this refusal in "Sexual Violence and the 'End' of Subjectivity: Queer Negativity and a Theopolitics of Refusal," wherein she engages

---

56 Ibid., 1593.
57 Ibid., 1592–1593.

Edelman's queer negativity as a political and ethical resource for those who have survived sexual violence and/or are looking to respond theologically to it. For Daniels, queer negativity is a useful resource in that 1) it resists the misguided sociocultural and theological images of healing and wholeness which are offered to survivors but, unfortunately, exacerbate the pain which follows trauma and 2) there is, perhaps unexpectedly, a constructive edge available to survivors who embrace the nothingness that trauma unveils.[58] Essentially, these images of healing and wholeness operate on a telos of a whole, healed, and coherent self as a "better future" for the survivor. Daniels situates these images, with their implication of a better future, as a fantasy ideal of the self which works within Edelman's reproductive futurism.[59] The trauma of sexual violence is not always "fixable"[60], nor an illness to recover from.[61] Its shattering effects may linger, and may reveal that fantasy of a whole, healed, coherent self as indeed merely fantasy. There is hope, then, in refusing the disciplinary fantasy of healing and wholeness,[62] in that it is a "revolutionary"[63] refusal of a fantasy that operates within an appallingly sexually violent social order.[64] In this refusal, which Daniels distills into "fuck healing"[65], a survivor who refuses to participate in this fantasy becomes a queer in the Edelmanian sense. That is, the survivor who refuses to be empowered after or through their experience of sexual trauma threatens that fantasy of the whole, coherent self as an ideal to strive for, thereby implicitly refusing reproductive futurism and the social order as well. What that survivor gains from this refusal is, of course "absolutely nothing"[66]; that is, access to a position, however briefly, that resides outside a logic that relentlessly seeks to maintain and control meaning-making at the expense of the queer and the victim. In Daniels' work here we find the root of certain theological discourses of "brokenness" and adjacent categories; that is, these narratives are rooted in a fantasy of what selfhood is or should be. Further, Daniels points to how the theological discourse we are considering how to resist – T-theology as it functions within reproductive futurism – is interested in serving as a foundational framework for that fantasy of the whole and coherent self.

---

58 Daniels, "Sexual Violence," 2.

59 Ibid., 17.

60 Ibid., 10.

61 Ibid., 9.

62 Ibid., 11.

63 Ibid.

64 Ibid., 11 and 16.

65 Ibid., 17.

66 Ibid., 18, quoting Edelman, *No Future*, 5.

In the conservative evangelical context, Daniels' refusal of healing of course entails a refusal of the need for LGBTQ Christians to rehabilitate their sexualities and/or gender identities, but more deeply, it disrupts the notion that experiences of loss, pain, or victimization can and must be rendered into some meaningful starting point for a cis-heteronormative redemption arc. This brings us to consider how theological notions of selfhood that are unproblematically open to experiences of loss, pain, and victimization might function. More specifically, we might ask: what does theology become once it is divorced from therapeutics, investment in fantasies of the whole, stable, coherent self, and ultimately the project of reproductive futurism?

Kent Brintnall contributes a significant offering toward this question. In his work *Ecce Homo: The Male-Body-In-Pain As Redemptive Figure*, he explores Christian theology's contribution to our cultural tapestry of powerful and triumphant masculinity, which maintains "the patriarchal denigration of women and womanish men."[67] Our narrative of Christ's resurrection has reinforced the idea of masculinity as triumphant over – and ultimately impervious to – pain, fragmentation, and loss. While the crucifixion has at times been deployed to that same end, Brintnall argues that it carries a great deal of potential for dispelling our theological myths of masculinity and, at the end, ourselves.[68] The crucifixion, as a site that features a male body in pain, contradicts the prevailing myth of male power (or maleness *as* power);[69] here we find a revelation of God that negates dominant masculinity. At its core, this negation does not operate upon merely rendering a single suffering male body. Rather, the negation is in the shattering of meaning figured by the crucifixion.[70] The effect of the cross is that it challenges our understanding of the "stable self" and masculine power/domination, as well as the production of unified and singular theological meaning which is projected from notions of that stable, masculine self.[71] The potential of this negativity moves us to critically approach the deeper relationship theology has with the fantasy of male power. Drawing on the writings of Georges Bataille, Brintnall finds that an ethic based upon our universal vulnerability to death, violence, pain, and loss might propel us "through rupture, into fragmentation" and "beyond objectivity, beyond gender, [and] beyond identity."[72] The non-meaning that the crucifixion offers us is, in the end, the necessary loss of

---

67 Brintnall, *Ecce Homo*, 62.
68 Ibid., 132 and 197.
69 Ibid., 132.
70 Ibid., 168.
71 Ibid.
72 Ibid., 197.

ourselves upon which we might "find ourselves [...] anew."[73] Brintnall expands on this theme of theological non-meaning in his essay "Desire's Revelatory Conflagration", wherein he draws upon Edelman's queer negativity to envision a new ethic for queer theology. In the interest of not reiterating the violence of the social order, this queer theology shifts away from investing in any kind of telos or ultimate meaning that categorizes and disciplines, instead moving toward a stance of relentless critique. Part of that critique is lodged against our humanity which is, tragically, always implicated in the violence of constraining and being constrained by the social order. "Being ourselves" finds its coherence only within the all-consuming and self-evidencing logic of reproductive futurism and its fundamental conservativism. Brintnall suggests that we are violently attached to this coherence,[74] and part of the task of his queer theology is to strengthen those forces which undermine that attachment.[75] For Brintnall, when we resist projecting a unified and singular theological meaning onto the self and the social, we negate a role theology has played in the cyclical and mundane march of societal (and, we specify for our purposes, sexual) violence.

6 Conclusion

In "Sexual Violence and the 'End' of Subjectivity: Queer Negativity and a Theopolitics of Refusal", Daniels seriously considers the allegation Traci West made in a *Political Theology Network* symposium on #MeToo.[76] West alleged that radical Christian theological perspectives, even queer perspectives, may be too inherently self-interested in preserving Christian tradition to sufficiently combat the forces within those traditions that contribute to sexual violence. Certainly, working within the field of meaning maintained and controlled by T-theology operating within reproductive futurism, radical political theologies are not up to that task. What this chapter has intended to shed light on is this field of meaning and how it functions to calcify cis-heteronormativity by any means necessary, even if that requires trapping LGBTQ Christian survivors of sexual abuse and violence under unbearable tension. If a non-homophobic/transphobic theological response to these survivors ends at platitudes, apologetics, or surface-level critique of reparative therapy and its subsequent developments, then that theology has failed. Time is short, and too much is at stake, for theology to con-

---

73 Ibid.
74 Brintnall, "Desire's revelatory conflagration," 57.
75 Ibid.
76 West, "Christian Political Theology".

tinue anxiously attempting to preserve itself with surface-level renegotiation of terms. Following Daniels, queer theology must commit to an ethic of refusal of theological discourse which marches in step with reproductive futurism. In so doing, we might respectfully disagree with West and find that theology can become a tool for our collective liberation. This is dependent, however, upon a serious willingness to critique and refuse particular threads of theological discourse. There is some risk in undertaking that task, in that it may render theology more of a threat and less of an ally to the social order logically grounded in reproductive futurism. Yet, perhaps the payoff is worth the risk.

Throughout this chapter, we have moved back and forth between a meta critique of the function of theological discourse as such and a concrete and relatively specific site of enacted theological discourse. Here we briefly return to that site, where LGBTQ Christian survivors of sexual abuse and violence navigate unsustainable tension as they attempt to integrate their sexual identities, their Christianity, and their experiences of victimization. The source of that tension, I have argued, is the cis-heteronormative redemption arc which is made incumbent upon many LGBTQ Christians (especially those in conservative and/or evangelical contexts) and which capitalizes upon experiences of victimization as a kind of proof of "brokenness" and a need for healing or wholeness. What would happen if, as Daniels has proposed, these LGBTQ Christians took the option of refusing that redemption arc? Hopefully, this queer act of refusal would result in relief on the level of the individual. If LGBTQ survivors of sexual abuse and violence can take what has been presented here to construct new, more tolerable means of (non) engagement with homophobic and transphobic theologies and ecclesial contexts, then that by itself is a desirable result. However, this work has significance beyond individual relief and integration. Here I have presented the queer work of negating and unraveling the theological discourse which participates in and upholds cis-heteronormativity and the sexual violence it engenders as a work that theology might (or ought to) take up. While it may be paradoxical for theology to take up the task of unraveling some of its own discourse, such a risk comes with the reward of a method and position which is more effectively oppositional to theological discourses that are deployed toward oppressive ends.

Works Cited

Althaus-Reid, Marcella. *Indecent Theology: Theological Perversions in Sex, Gender, and Politics*. London and New York: Routledge, 2000.

Althaus-Reid, Marcella. *The Queer God*. London and New York: Routledge, 2003.

Brintnall, Kent. *Ecce Homo: The Male-Body-In-Pain As Redemptive Figure*. Chicago: University of Chicago Press, 2011.

Brintnall, Kent. "Desire's revelatory conflagration." *Theology & Sexuality* 23/1–2 (2017): 48–66.

Brady, Stephen. "The Impact of Sexual Abuse on Sexual Identity Formation in Gay Men." *Journal of Child Sexual Abuse* 17/3–4, 359–376.

Campbell, William P. *Turning Controversy into Church Ministry: A Christlike Response to Homosexuality*. Grand Rapids: Zondervan, 2010.

Center for Disease Control, *NISVS (National Intimate Partner Sexual Violence Survey): An Overview of 2010 Findings on Victimization by Sexual Orientation*, https://www.cdc.gov/violenceprevention/pdf/cdc_nisvs_victimization_final-a.pdf (accessed November 2, 2020).

Daniels, Brandy. "Sexual Violence and the 'End' of Subjectivity: Queer Negativity and a Theopolitics of Refusal." In *Lee Edelman and Religion*, ed. by Kent Brintnall, Rhiannon Graybill and Linn Tonstad. New York: Fordham University Press, forthcoming.

Edelman, Lee. *No Future: Queer Theory and the Death Drive*. Durham: Duke University Press, 2004.

Erzen, Tanya. "Sexual Healing: Self Help and Therapeutic Christianity in the Ex-Gay Movement". In *Religion and Healing in America*, ed. by Linda L. Barnes and Susan S. Sered, 265–280. Oxford: Oxford University Press, 2005.

Hill, Wesley. *Washed and Waiting: Reflections on Christian Faithfulness and Homosexuality*. Grand Rapids: Zondervan, 2010.

Hill-Perry, Jackie. *Gay Girl, Good God: The Story of Who I Was and Who God Has Always Been*. Nashville: B&H Publishing Group, 2018.

James, Sandy E. et al. *The Report of the 2015 U.S. Transgender Survey*, https://www.transequality.org/sites/default/files/docs/USTS-Full-Report-FINAL.PDF (accessed November 2, 2020). Washington, DC: National Center for Transgender Equality, 2016.

King, Neal. "Childhood Sexual Trauma in Gay Men: Social Context and the Imprinted Arousal Pattern." *Journal of Gay & Lesbian Social Services* 12/1–2 (2000): 19–35.

Lehavot, Keren, Yamile Molina and Jane M. Simoni. "Childhood Trauma, Adult Sexual Assault and Adult Gender Expression among Lesbian and Bisexual Women." *Sex Roles* 67/5–6 (2012): 272–284.

Mannschatz, Jasmin. "'We were expected to carry the weight of their shame and guilt, thinking it was our shame.' Gerard Rodgers' sozialethisches Prinzip *mea culpa* im Kontext sexualisierter Gewalt." In *Sexual Violence in the Context of the Church: New Interdisciplinary Perspectives*, ed. by Mathias Wirth, Isabelle Noth and Silvia Schroer, 479–500. Berlin and Boston: De Gruyter, 2022.

Nicolosi, Joseph. *Healing Homosexuality: Case Studies of Reparative Therapy*. Northvale: Jason Aronson, 1993.

Paulk, Anne. *Restoring Sexual Identity: Hope for Women who Struggle with Same-Sex Attraction*. Eugene: Harvest House, 2003.

Prüll, Livia. "Von geschlechtsbezogener Gewalt zur ‚Reformation für Alle*' – Die christlichen Kirchen in Deutschland und Transsexualität/Transidentität." In *Sexual Violence in the Context of the Church: New Interdisciplinary Perspectives*, ed. by Mathias Wirth, Isabelle Noth and Silvia Schroer, 445–477. Berlin and Boston: De Gruyter, 2022.

Sopelsa, Brooke. "Virginia becomes 20th State to ban conversion therapy for minors," *NBC News*, March 3, 2020, https://www.nbcnews.com/feature/nbc-out/virginia-becomes-20th-state-ban-conversion-therapy-minors-n1148421 (accessed November 2, 2020).

West, Traci C. "Is Christian Political Theology too conservative to undermine sexual violence?" *Political Theology Network*, October 29, 2018, https://politicaltheology.com/is-christian-political-theology-too-conservative-to-undermine-sexual-violence/ (accessed November 2, 2020).

Wirth, Mathias. "'Living in a Shell of Something I'm Not': Transsexuality, Medical Ethics, and the Judeo-Christian Culture." *Journal of Religion and Health* 54 (2015): 1584–1597.

The World Professional Association for Transgender Health (WPATH). *Standards of Care for the Health of Transsexual, Transgender, and Gender-Nonconforming People*. Volume 7, https://www.wpath.org/publications/soc (accessed July 12, 2021).

Yarhouse, Mark A. *Understanding Gender Dysphoria: Navigating Transgender Issues in a Changing Culture*. Downers Grove: IVP Academic, 2015.

Livia Prüll

Von geschlechtsbezogener Gewalt zur „Reformation für Alle*"

Die christlichen Kirchen in Deutschland und Transsexualität/Transidentität

In den letzten zwei Jahrzehnten hat das Thema „Transidentität/Transsexualität" in sehr vielen – vor allem westlichen – Ländern an Bedeutung gewonnen. Das gilt auch und nicht zuletzt für Deutschland.[1] Ein entscheidender Punkt ist dabei die Entwicklung einer vor allem multikulturellen Diversitätsgesellschaft seit etwa 1990 und in diesem Zusammenhang die Akzeptanz und die Integration von Menschen mit diverser Geschlechtsausrichtung und -identität.[2]

Ein Gradmesser für gesellschaftliche Akzeptanz und Integration sind nach wie vor die Kirchen. Denn Religion und religiöse Praxis sind Teil der Kultur. Nicht zuletzt deshalb können die Weltreligionen auf eine gewaltige historische Tradition zurückblicken. Im Mittelalter dominierte das institutionalisierte Christentum nicht nur das Weltbild und das Denken der Menschen, sondern das gesamte gesellschaftliche Leben. Nicht nur als religiöse Glaubensgemeinschaft: Es gab kaum einen Menschen, der nicht mit oder durch die Kirche Geld verdiente. Trotz einer zunehmenden Verdrängung der Laien aus der Institution seit dem 11. Jahrhundert war die Kirche über Jahrhunderte so etwas Ähnliches wie heute der „öffentliche Dienst".[3] Dies änderte sich erst seit den Säkularisierungsprozessen des 18. Jahrhunderts, ohne dass aber Religion und Kirche ihre grundsätzliche Bedeutung im Kulturleben verloren haben: Religiöse Vorstellungen und Glaubensausrichtungen sowie deren Institutionalisierung in Gotteshäusern sind so bedeutend, dass deren potentielle Schließung im Rahmen der virusinduzierten Covid-19 Pandemie seit 2020 zu einem Top-Thema in den Medien avanciert ist.[4] Vor diesem Hintergrund ist es kaum erstaunlich, dass die angesprochenen Emanzipationsprozesse auch die religiösen Gemeinschaften und die Kirchen vor neue Herausforderungen

---

1 Für wertvolle Hinweise danke ich Gerhard Schreiber, Petra Weitzel, Julia Steenken und Mathias Wirth.

2 Siehe hierzu vor allem die Ausführungen von Susan Stryker in der Neuauflage von *Transgender History*, besonders 151–236. Die Entwicklung in den USA, die hier beschrieben wird, trifft im Kern auch auf Deutschland zu.

3 Gotthart, „Kirche im ausgehenden Mittelalter".

4 Siehe beispielsweise ARD 1, „Beten nur mit Anmeldung".

https://doi.org/10.1515/9783110699203-027

stellen.[5] Um den Umgang der Kirchen mit dem Thema Transidentität/Transsexualität sowie mit den Träger*innen des Phänomens soll es in diesem Beitrag gehen. Um präziser zu sein: Es geht um die Diskriminierung der „Betroffenen" und hier ganz speziell um „sexualisierte Gewalt" bzw. deren spezielle Ausformung.

Im Folgenden sollen zunächst in einem ersten Kapitel einige Begriffe geklärt werden. Erstens erläutere ich, was ich unter „Transidentität/Transsexualität" verstehe (1.1). Danach erfolgt die Präzisierung des Begriffes „sexualisierte Gewalt" in der Bedeutung, wie sie im Titel dieses Beitrags verwendet wird (1.2). Drittens schließlich geht es um die Erläuterung, was „sexualisierte Gewalt" bzw. „geschlechtsbezogene Gewalt" an Trans* im kirchlichen Kontext bedeutet (1.3). Erst danach werde ich in zwei Hauptkapiteln beispielhaft drei christliche Kirchen betrachten. Zunächst widme ich in Kapitel 2 dem Katholizismus und den Evangelischen Freikirchen, die dann in zwei Unterkapiteln behandelt werden (2.1. und 2.2.). Es geht mir hier darum, die klassischen fundamentalistischen christlichen Positionen gegenüber Transidentität/Transsexualität zu behandeln. Das zweite Hauptkapitel (Kapitel 3) dreht sich dann um die Evangelischen Landeskirchen, die sich schon seit Jahren positiv mit Transidentität auseinandersetzen und sich in dieser Hinsicht in einem Reformprozess befinden (3.1). Entsprechend werde ich in diesem zweiten Hauptkapitel auch ausführlicher auf theologische Diskussionen des Phänomens eingehen (3.2).

Die beiden Hauptkapitel zusammen beschreiben also beispielhaft Verharren in der Tradition und Bewegung in der Reform. Dabei beschränke ich mich auf das Christentum in Deutschland – einmal aus Gründen des Umfangs, dann aber auch, weil wesentliche Reaktionsmuster auf das Thema Trans* bereits in der Fokussierung des Christentums gezeigt werden können: Beispielhaft können in der Dialektik von Ideologisierung und moderater Diskussion zwei unterschiedliche Umgangsweisen mit Trans* demonstriert werden, die grundsätzliche Reflexionen des Themas auch in der Anwendung auf andere Religionen und Glaubenssysteme ermöglichen. Zum Schluss werde ich meine Ausführungen zusammenfassen und die Ergebnisse diskutieren (Kapitel 4).

---

5 Siehe zur Emanzipationsbewegung der 1990er-Jahre: Stryker, *Transgender History*, 151–236.

1 Definitionen

1.1 Transidentität/Transsexualität

Nach wie vor ist das Wissen über Transidentität/Transsexualität in der deutschen Bevölkerung und auch unter Fachleuten nur gering. Nach wie vor wird auch in der LSBTIQ+ Szene um Begrifflichkeiten gestritten.[6] Deswegen ist an dieser Stelle eine Begriffsdefinition notwendig. Im Prinzip wird heute meist die Bezeichnung „Transidentität" genutzt. Denn es geht um die geschlechtliche „Identität", das „sich Fühlen" in einem bestimmten Geschlecht, das im Falle von trans*Menschen nicht kongruent ist mit dem körperlichen, bei der Geburt zugewiesenen Geschlecht. Es geht also in erster Linie nicht um „Sexualität".[7] Als „Transsexuelle" bezeichnen wir heute meist nur diejenigen trans*Menschen, die eine komplette und soziale Geschlechtsangleichung vollzogen haben. Die gelebte Sexualität – ob lesbisch, schwul, bi- oder heterosexuell – spielt aber auch hier keine entscheidende Rolle: es geht um die Identität.[8]

Wie das trans*Leben gestaltet wird, ist allerdings offen. Eine Möglichkeit besteht darin, sein Äußeres in Richtung des Zielgeschlechtes zu verändern (sogenanntes „Cross-dressing"). Ferner kann dann auch der Körper durch verschiedenste Eingriffe verändert werden. Die grundsätzlichsten und wichtigsten dieser körperlichen Eingriffe sind die gegengeschlechtliche Hormongabe und die geschlechtsangleichenden Operationen. Grundsätzlich wichtig ist dann die Entscheidung, ob man mit seiner Transidentität im Verborgenen bleiben will, oder ob man ein *Coming out* durchführen will, d.h. ein offenes Leben im Zielgeschlecht (soziale Angleichung). Bei den genannten Schritten gibt es Variationen in der Kombination (z. B. soziale Angleichung ohne körperliche Veränderungen). Es gibt so viele Transidentitäten wie es trans*Biographien gibt. Es gibt kein richtig oder falsch, es gibt nur die Ausrichtung nach dem adäquaten, jemeinig passenden Lebensentwurf. Der kann auch deshalb unterschiedlich sein, weil trans*Men-

---

6 Siehe zur Übersicht über die Begrifflichkeiten im Bereich Transgender Meyer, „Trans*affirmative Beratung", 72 f.

7 Der Begriff „Transsexualität" steht in diesem Beitrag nur deshalb im Titel, um sofort für alle erkennbar zu machen, worum es geht. Denn es ist leider der alte, immer noch oft gebrauchte Begriff, der oft nur Verständigung schafft. Früher waren „Transsexuelle" alle transidenten Menschen, weil es üblich war, dass eine „komplette" Angleichung, d.h. körperlich und sozial erfolgte. Heute sind „transsexuelle" Trans*menschen nur noch eine (relativ kleine) Teilgruppe der transidenten Menschen, vgl. Prüll, *Trans* im Glück*, 19.

8 Siehe zur Begrifflichkeit, die ich verwende a.a.O., 17–19.

schen aus den unterschiedlichsten sozialen Schichten und Berufen kommen. Was die Menschen verbindet, ist oft nur ihre Transidentität.[9]

Wo dieselbe ihren Ursprung hat, wissen wir bis heute nicht. Es gibt verschiedene neurobiologische Theorien, die das Entstehen des Phänomens vor der Geburt verorten und die erklären helfen, dass schon Kinder den massiven Wunsch der Angleichung äußern. Aber was wir wissen ist, dass die organische Natur mit dem komplexen System „Geschlecht" spielt und an dessen Schrauben dreht. Es gibt unterschiedliche Männer, es gibt unterschiedliche Frauen, und es gibt ganz grundsätzlich eine fehlende Eindeutigkeit der beiden genannten Geschlechter.[10] Dazu passt der Tatbestand, dass es trans*Menschen in den unterschiedlichsten Kulturen und in den unterschiedlichsten historischen Perioden gibt und gab. Trans*, so die überwiegende Meinung heute, ist nicht „pathologisch", es ist vielmehr eine „Normvariante" der Natur.[11]

1.2 „Sexualisierte Gewalt"

Was ist „sexualisierte Gewalt"? Mit unterschiedlichen Worten und Schwerpunktsetzungen wird darunter der Sachverhalt beschrieben und verstanden, dass Personen ihre Machtstellung missbrauchen, um an Menschen bzw. auch Tieren ihre Sexualität auszuleben.[12] Eine gesellschaftliche Debatte und Forschungen zum Thema gibt es verstärkt seit 2010, als Fälle von sexualisierter Gewalt in kirchlichen und pädagogischen Einrichtungen bekannt wurden, begangen vor allem an minderjährigen Mädchen und Jungen. Die Übergriffe durch Fachpersonal bezogen sich dabei gemäß der in den USA geläufigen Nutzung des Begriffes „Professional sexual misconduct" (PSM) auf drei Bereiche: 1. Explizite körperliche sexuelle Handlungen (*hands-on*-Delikte); 2. Betrachten von Körperpartien, Herstellen von intimen Bildern und Zeigen pornografischer Darstellungen (*hands-off*-

---

9 Vgl. a.a.O., 18.
10 Siehe zur Biodiversität insgesamt Lehnert und Quandt, „Schönheit und Zerbrechlichkeit." Siehe zu den neurobiologischen Ursachen von Transidentität Solms, „Biological Foundations of Gender"; Swab, Castellanos-Cruz und Bao, „Human Brain and Gender"; Diamond, „Transsexualism as an Intersex Condition".
11 Es gibt mittlerweile verschiedene Publikationen zum Thema Transidentität. Immer noch grundlegend für die heutigen Anschauungen ist meines Erachtens: Rauchfleisch, *Transsexualität-Transidentität*. Siehe hier v. a. 14 – 27. Die beste Sammlung von Beiträgen zum Thema ist meines Erachtens der *Transgender Studies Reader*, herausgegeben von Stryker und Whittle (Bd. 1), bzw. Stryker und Aizura (Bd. 2).
12 Vgl. Siegwart, „Geleitwort", 14.

Delikte) und 3. Sexualisierte Verhaltensweisen und Sprache sowie verbale Annäherungsversuche.[13]

Die Frage ist nun, inwiefern trans*Menschen von sexualisierter Gewalt im kirchlichen Kontext und im Sinne der obigen Definition systematisch betroffen waren und immer noch sind. Mit der Beantwortung dieser Frage wird auch gleichzeitig der Radius abgesteckt, in dem die folgenden Ausführungen zu verorten sind. Zur Beantwortung der Frage wiederum muss man sich das grundsätzliche Setting verdeutlichen, in dem sexualisierte Gewalt im kirchlichen Kontext und generell in Institutionen ausgeübt wurde und potentiell ausgeübt wird: Wiewohl ein Machtgefälle zwischen Täter*in und Opfer besteht, gehören Sie zu ein und demselben Kontext. Beide sind in ihrer jeweiligen Funktion akzeptierte Mitglieder des Systems, in unserem Fall der Institution christliche Kirche. Dadurch kann die Täter*in das Umfeld so gestalten und vorbereiten, dass seine Taten verborgen bleiben und nur Täter*in und Opfer eingeweiht sind. „Sexualisierte Gewalt" funktioniert also ganz wesentlich durch die Akzeptanz des Opfers als Teil des Systems.

Der entscheidende Punkt ist nun, dass genau diese Partizipation am System Kirche bei transidenten Menschen nicht gegeben ist – und das nicht nur aufgrund ihrer relativ geringen Anzahl. Der wesentliche Grund ist die traditionelle Haltung der christlichen Kirchen, die bis heute einflussreich ist und nach der trans*Menschen als Teil des Systems christliche Kirche grundsätzlich abgelehnt werden. Darauf werden wir noch zurückkommen. Sexualisierte Gewalt gegen trans*Menschen kann also in der Kirche nicht systematisch (!) stattfinden. Die sexualisierte Gewalt gegen transidente Menschen in der christlichen Kirche ist somit auch kein systemisch angelegtes gesellschaftspolitisches Problem. Einzelfälle mag es geben, doch sind diese ein Teil des übergeordneten Gesamtproblems „sexualisierte Gewalt gegen trans*Menschen". Letzteres wiederum gibt es unbestritten und es ist ein bedeutsames Thema im Hinblick auf Menschenrechtsverletzungen.[14]

Um das Problem unmissverständlich auf den Punkt zu bringen mag ein Vergleich zu „sexualisierter Gewalt" gegen Trans* in den Wissenschaften dienen. Der Chorknabe, der von einem Priester sexuell ausgebeutet wird und die Doktorandin, deren akademische Karriere durch einen Professor behindert wird, weil sie sich sexuell nicht gefügig zeigt[15], haben eines gemeinsam: Beide Opfertypen

---

13 A.a.O., 26; Retkowski, Treibel und Tuider, „Pädagogische Kontexte", 17. Siehe auch Deutschlandfunk, „Zehn Jahre Missbrauchsskandal".

14 Vgl. Queer.de, „Transgender Day of Remembrance".

15 Zur „sexualisierten Gewalt" gegen biologische Frauen in den Wissenschaften: Bußmann und Lange, *Peinlich berührt*. Zum genannten Beispiel siehe Anonyme Berichte von Betroffenen über

sind Teil ihres jeweiligen Systems. Und transidente Menschen sind auch in den Wissenschaften nicht Teil des Systems. Es gibt zwar transidente Student*innen und Mitarbeiter*innen an Hochschulen. Sie sind aber in Deutschland nach wie vor kein selbstverständlicher Teil der Hochschulkultur. Das Thema Gender betrifft im wesentlichen Mann und Frau und ist dem bipolaren Geschlechtermodell verpflichtet. Diversität in den Wissenschaften dreht sich im Wesentlichen um Frauen und ethnische Minoritäten. Forschungen zu Trans* betreffen nur spezielle (sozial-)medizinische Bereiche und werden erst in jüngster Zeit angekurbelt.[16]

Wenn man sich also mit „sexualisierter Gewalt" gegen trans*Menschen in der Kirche auseinandersetzt, muss man den Begriff der „sexualisierten Gewalt" im Vergleich zur Standarddefinition anders füllen bzw. erweitern. So ist zunächst hervorzuheben, dass „Gewalt" unserem heutigen Verständnis nach nicht nur physische Gewalt, sondern auch verbale und psychische Gewalt beinhaltet. Hier wiederum öffnet sich nun allerdings zum Verhältnis von Trans* und Kirche ein Untersuchungsfeld. Der zweite Gesichtspunkt ist die Diskriminierung von trans*Menschen als Wesen, die nicht in die duale gottgeschaffene Zeugungsgemeinschaft von Mann und Frau passen, ja, die diese sogar potentiell zerstören – dazu später mehr. Wie auch immer die Haltung des trans*Menschen zur Reproduktion ist: Durch die Zerstörung des naturgegebenen Geschlechtskörpers von trans*Menschen entspricht die Fortpflanzung, wenn sie denn überhaupt noch intendiert ist, nicht dem klassischen Weg. Damit geht es in dieser Argumentation nicht nur um das Geschlecht, es geht auch um den Geschlechtsakt. Das Zentrum der Diskriminierung ist demnach der geschlechtliche Körper des trans*Menschen. Die verbale und psychische Gewalt gegen trans*Menschen im kirchlichen Kontext

---

sexuelle Belästigungen, „Konsequenzen für meinen beruflichen Weg". Zur Frage des Machtgefälles im wissenschaftlichen Kontext: Mühlen Achs, „Macht der Berührung", besonders 68 – 73. Siehe auch Klein, „Sexuelle Gewalt gegen Studentinnen".

16 Der Deutsche Hochschulverband hat in zwei Ausgaben seines Haus-Journals „Forschung & Lehre" (Untertitel: „Alles was die Wissenschaft bewegt") zu den Themen „Gender" (*Forschung & Lehre* 11, 2014) und „Diversität" (*Forschung & Lehre* 3, 2018) nur einige wenige Male geschlechtliche „Identität" und „Orientierung" sowie „LSBTIQ" kursorisch erwähnt. Es wurde nicht ansatzweise im Detail auf das Thema eingegangen. Vgl. im Einzelnen: Hirschauer, „Wozu Gender Studies"; Geier, „Gender als Analysekategorie"; Hannover, „Was bestimmt das Geschlecht"; Pfleiderer, „Kategorie Geschlecht in der Medizin"; Leicht-Scholten, „Gender Studies in den Ingenieurwissenschaften"; Grözinger und Langholz-Kaiser, „Diversität in der Wissenschaft"; Daubner, „Diversität in der Universität managen"; Kempiners und Lemmens, „Diversität an US-amerikanischen Hochschulen"; Peus, „Fortschritt durch Vielfalt"; Linde und Auferkorte-Michaelis, „Diversitätsorientierte Hochschullehre"; Lehnert und Quandt, „Schönheit und Zerbrechlichkeit". Zu Forschungen betreffend Trans* siehe das neue Projekt *InTraHealth* der Universität Dortmund. Vgl. dazu Universität Dortmund, „InTraHealth".

ist damit sexuell „aufgeladen". In diesem Sinne passen die folgenden Ausführungen in diesen Band, aber in einen Sinnzusammenhang, den man am besten als „geschlechtsbezogene Gewalt" beschreiben kann.[17] Im Folgenden soll betrachtet werden, ob und wie die christlichen Kirchen in diesem Sinnkontext diskriminierend wirkten und noch wirken.

1.3 Kirche und Trans*

Wie erwähnt ist es der veränderte Zugang zu Trans*, der die Kirchen in der Gegenwart herausfordert. Denn als trans*Menschen nach unserer heutigen Definition im 19. Jahrhundert in Deutschland phänomenologisch auftauchten, waren sie zunächst kein Thema für die Kirchen. Diejenigen, die eine „conträre Geschlechtsempfindung" hatten, waren krank und degeneriert. Sie gerieten in das Fadenkreuz einer Psychiatrie, die deviante Volksgenossen segregierte und damit nach der damaligen Auffassung das Volkswohl aufrechterhielt.[18] Die gesellschaftlichen Verhältnisse blieben insofern bibelkongruent, da die wenigen transidenten Menschen das binäre Geschlechtermodell von Mann und Frau zunächst nicht öffentlichkeitswirksam herausforderten. Wie die „Krankschreibungen" von trans*Menschen durch die Psychiatrie, so zog sich auch deren Nichtbeachtung durch die christlichen Kirchen bis spät ins 20. Jahrhundert, ja bis ins beginnende 21. Jahrhundert.[19] Diese Nichtbeachtung – und das ist ein Befund, auf den wir noch zurückkommen werden – war von Anfang an die Verweigerung der Teilhabe am christlichen Gemeindeleben, am kirchlichen Dienst an Gott. Diese Nichtbeachtung als Undenkbarkeit von Trans* beruhte auf fehlender Akzeptanz eines Zustandes, der nach der klassischen Lehrmeinung der Kirchen widernatürlich die gottgegebenen Geschlechtergrenzen sprengt.[20] Wenn also im Folgenden vom Verhältnis der Kirche zu Trans* die Rede ist, dann geht es um fehlende Akzeptanz und verweigerte Teilhabe als dominierendes Themenfeld. Es wird im

---

17 Den Begriff „sexuelle Gewalt" verwende ich nicht, da die Diskriminierung von transidenten Menschen durch christliche Kirchen keine systematisch ausgelebte Sexualität umfasst. Siehe auch Schreiber, „Begriffe vom Unbegreiflichen" in diesem Band. Siehe zur alternativen Verwendung des Begriffes „sexuelle Gewalt": Ewert, *Trans.Frau.Sein*, 17.

18 Siehe dazu Herrn, *Schnittmuster des Geschlechts*; Prüll, *Trans* im Glück*, 149–158; Prüll, „Phänomen Transidentität", besonders 10 f., hier auch das Zitat des Berliner Psychiaters Carl Westphal (1833–1890) von 1871. Siehe auch Prüll, „Unbehagen am transidenten Menschen".

19 Vgl. Nieder, „Weltbilder".

20 Diese Nichtbeachtung von Trans* wird vor allem an Ausnahmen deutlich: So unterstützte in England im Jahr 1952 der englische Kanoniker A. R. Milbourne aus Bristol die Transition von Roberta Cowell, was er in deren Autobiographie eingehend begründet (Milbourne, „Preface").

Folgenden zu fragen sein, welche Lösungen die entsprechenden Kirchen gefunden haben und welche Lösungen sie diskutieren, um in der Frage der Teilhabe der trans*Menschen am kirchlichen Leben oder gar betreffend deren Aufnahme in die Kirche und in die kirchliche Gemeinschaft eine Haltung zu gewinnen.

Nacheinander werden zunächst die Katholische Kirche und die evangelischen Freikirchen thematisiert. Die Katholische Kirche ist die größte christliche Kirche mit allein 22,6 Millionen Mitgliedern in Deutschland (2019)[21] und die Kirche mit dem größten traditionellen Überhang. Die evangelischen Freikirchen haben ihren Ursprung im 19. Jahrhundert und sind ein Verbund von Kirchen, die das enge Verhältnis von Staat und Kirche, wie es die Evangelischen Landeskirchen pflegen, ablehnt und die sich selbst verwalten. So unterschiedlich Katholische Kirche und evangelische Freikirchen sind, so leiten sich beide doch stark von der christlichen „Urkirche" ab. Und beide verhalten sich im Hinblick auf Transidentität fundamentalistisch. Deswegen werden sie in einem Kapitel zusammengefasst.

2 Verweigerte Teilhabe und Ablehnung – Die Katholische Kirche und die evangelischen Freikirchen

2.1 Die Katholische Kirche

Das Verhältnis von Transidentität/Transsexualität zur Katholischen Kirche lässt sich am besten durch die jüngst entstandenen Diskussionen im Gefolge einer Stellungnahme des Vatikans zur Rolle der Gendertheorie in der Erziehung von Kindern und Jugendlichen von 2019 demonstrieren. Unter dem Titel *Male and Female he created them* („Als Mann und Frau schuf er sie") richtet sich das offizielle Dokument an katholische Schulen.[22] Es spricht sich gegen den Einfluss einer Gendertheorie aus, die die Entscheidung über die menschliche Identität zu einer individuellen machen würde, die jenseits der Biologie von Mann und Frau – und letztlich auf Grundlage der eigenen Psyche – gefällt würde. Geschlechterdifferenzen würden so verwischt und die Familie als Institution würde destabilisiert werden.[23] Diese Gender-„Theorie" als „Ideologie" wird einer Gender-„For-

---

21 Vgl. Rudnicka, „Statistiken".
22 Congregation for Catholic Education for Educational Institutions, *Male and Female*.
23 Vgl. a.a.O., 3.

schung" gegenübergestellt, die anhand einer Beforschung und Analyse des menschlichen Körpers eine genaue naturwissenschaftliche Unterscheidung zwischen „Mann" und „Frau" treffen könne. Explizit wird der Medizin auf der Grundlage von deren vermeintlichem Wissen das Recht zugebilligt, operativ „auf der Basis von objektiven Parametern" zu intervenieren mit der Aussicht die „konstitutive Identität" einer Person herzustellen.[24] Diese ist wichtig, um den Dualismus von Mann und Frau und den Bezug beider zueinander als Fortpflanzungsgemeinschaft aufrechtzuerhalten.[25] Erziehung auf dem Gebiet der Sexualität ist jenseits medizinischer Interventionen wichtig, um Heranwachsenden im Sinne einer „christlichen Anthropologie" Gottes Design des Menschen als Mann und Frau und in diesem Sinne ihren jeweils eigenen Körper zu erklären.[26] Diese Erziehung bezieht sich allerdings auf die jeweilige jemeinige Entwicklung des Individuums. „Andere" Menschen hingegen mit ihren Spezifika, so auch Menschen mit spezifischen „sexuellen Tendenzen", dürfen und sollen nicht diskriminiert werden.[27] Im Rahmen dieser Erziehungsratschläge propagiert das Papier Dialog-Bereitschaft, während der „Gendertheorie" Absolutheitsansprüche unterstellt werden. Und es sei Letztere, die den „Dialog ausschließen" würde.[28]

Nach diesem Papier, das sich nicht auf Bibelstellen, sondern auf die Autorität der Kirchenväter (also „Papst Franziskus" und Vorgänger) stützt, werden trans*Menschen nicht akzeptiert. Sie verstoßen mit ihrer Transidentität und der Uneindeutigkeit ihres Körpers, besonders mit dem zerstörerischen Akt einer Geschlechtsangleichung, gegen die vom Schöpfer initiierte dualistische Ordnung von Mann und Frau als Basis des gesellschaftlichen Lebens. Da die Familie als die Ordnung des Zusammenlebens und als die Manifestation des Bezugs von Mann und Frau dargestellt wird, zerstören sie auch die Familie. Trans*Menschen stehen damit außerhalb der Schöpfungsordnung und außerhalb einer Kirche, deren Angehörige die Schöpfungsordnung akzeptieren müssen, wenn Sie ein Teil der partizipierenden Glaubensgemeinschaft sein wollen. Die Position des trans*Menschen ist dementsprechend nicht die eines gleichberechtigten christlichen Mitmenschen, sondern diejenige einer Fürsorge-Empfänger*in, die als quasi „behinderter" Mensch Hilfeleistungen erhält und damit unter dem Schutz des Christenmenschen steht, der so wie Jesus die Bedürftigen unterstützt. Trans*Menschen sind also im Sinne der sieben christlichen Werke der Barmher-

---

24 „[...] medical science should act [...] on the basis of objective parameters and with a view to establish the person's constitutive identiy" (a.a.O., 13).
25 Vgl. a.a.O., 14 f.
26 Vgl. a.a.O., 19.
27 Vgl. a.a.O., 10.
28 Vgl. a.a.O., 5.

zigkeit ein Teil des Sorgenfundus der katholischen Kirche. Sie werden dadurch toleriert, aber nicht akzeptiert.[29]

Dass diese Haltung nicht zur Lebenswirklichkeit zumindest in der westlichen Welt passt, spiegelt sich in der Kritik an dem Papier aus der katholischen Basis. Francis de Bernardo, Vorsitzender des in den USA gegründeten Vereins „New Ways Ministry"[30], der sich international für homosexuelle und transidente Menschen in der katholischen Kirche einsetzt, kritisierte das Papier scharf. Er bezeichnete es als „sehr gefährliches Dokument", das sowohl Schwule und trans*Menschen verunsichere als auch Diskriminierung in der Kirche fördere.[31] Vor allem aber zeigt sich in den Bemerkungen de Bernardos das Kernproblem, das dieser Aufsatz anspricht, indem die Dialogverweigerung der Kirche gegenüber schwulen und eben auch transidenten Menschen angesprochen wird. Ganz im Gegensatz zu den Ausführungen des Vatikans findet „Zuhören" nach de Bernardo nicht statt: „Unseren Verein gibt es seit 42 Jahren und seit 42 Jahren reden wir von einem Dialog, ohne gehört zu werden [...] Wie soll man jemandem zuhören, den man schon vor dem Dialog aburteilt?"[32]

Die Gewalt, die auch transidenten Menschen damit angetan wird, ist die Ausgrenzung dieser Menschengruppe und letztlich die Verweigerung ihrer Identität. Dies geschieht aufgrund ideologischer Vorbehalte sowie veralteter wissenschaftlicher Erkenntnisse, indem die Geschlechtsdefinition auf Körperlichkeit reduziert und der Medizin eine Deutungsmacht zugeschrieben wird, die sie betreffend Transidentität nicht (mehr) hat.[33] Ferner wird diese Deutungsmacht im Sinne der „christlichen Anthropologie" auf eine bloße Bestätigung des bipolaren Geschlechterbildes reduziert und Geschlechtsangleichungen als unstatthafte „Manipulation" abgetan – so Jorge Bergoglio („Papst Franziskus") im Jahr 2017.[34]

---

29 Siehe ebenfalls DW.com, „Vatikan warnt".

30 New Ways Ministry Website: https://www.newwaysministry.org/about/history/ (letzter Zugriff: 22.02.2021).

31 Röhlig, „Gewalt entfachen", siehe hier auch das Zitat.

32 Ebd.

33 *State of the Art* ist, dass „Transidentität" heute in der Medizin als Selbstdiagnose anerkannt wird. Der „Psychotherapeut" als *gate-keeper* für körperliche medizinische Maßnahmen begleitet den Prozess der Transition auf Augenhöhe mit der Klient*in. Dies geschieht im Rahmen einer Selbstermächtigung transidenter Menschen, die auch soweit möglich für Kinder und Jugendliche gilt. Entgegengesetzte Meinungen sind eindeutig in der Minorität und vertreten nicht den Standard im Umgang mit transidenten Menschen. Siehe dazu für Kinder und Jugendliche: Meyenburg, *Geschlechtsdysphorie*, v. a. 60 – 62; Günther, Teren und Wolf, *Psychotherapeutische Arbeit*, v. a. 197 f.

34 Vgl. Queer.de, „Transphobie".

Die Ablehnung transidenter Menschen als christlicher Mitschwestern und Mitbrüder auf Augenhöhe in der offiziellen Presse des Vatikans bringt die katholische Kirche an der Basis in Probleme, denn sie muss im täglichen Leben zunehmend mit den Forderungen transidenter Menschen umgehen. Dabei zieht man sich mit undeutlichen, schwer interpretierbaren Aussagen aus der Affäre oder entzieht sich der Diskussion. Bezeichnend hierfür ist der Umstand, dass der katholische Moraltheologe Eberhard Schockenhoff in einem Sammelband zu einer trans*Tagung, den der evangelische Theologe Gerhard Schreiber herausgab, einen Beitrag lieferte, der das Thema nicht direkt anspricht. Schockenhoff befasste sich mit der notwendigen Öffnung der katholischen Kirche zu gleichgeschlechtlichen Partnerschaften. Aber eben nicht mit Transidentität.[35]

Konkret deutlich wird das Dilemma zwischen dogmatischer Ablehnung und praktischem Handlungszwang, wenn es darum geht, ob ein trans*Mann nach der Personenstandsänderung katholischer Priester werden kann. Daraufhin von trans*Menschen befragt, antwortete der katholische Theologe Lorenz Wolf:

> Die Frage läßt sich nicht generell beantworten, da nicht jeder beliebige Mann Priester werden kann. Nach der personalen Integration ihrer Geschlechtlichkeit sind an Transsexuellen [sic!] die gleichen Anforderungen zu stellen wie an alle anderen Männer: Hinreichende leibliche und seelische Gesundheit, sittliche und affektive Reife, Belastbarkeit, integrierte Geschlechtlichkeit mit geordneter sexueller Triebhaftigkeit und gefestigter Keuschheit. Die Vorschrift, daß die Priesterweihe nur ein Mann empfangen kann, ist streng einzuhalten. Ob ein Mann zur Priesterweihe zugelassen werden kann, ist in jedem Einzelfall zu prüfen. Die Entscheidung fällt in jedem Fall nach Vorlage eines Gesundheitszeugnisses und einer genau geordneten Priesterausbildung in einem Zeitraum von mindestens sechs Jahren.[36]

Nicht jeder Mann kann Priester werden? Welcher Mann genau? Zwei Jahre nach Wolfs Stellungnahme, im Jahr 2000, verfasste die katholische Glaubenskongregation eine Direktive, in der „Transsexuellen" explizit sowohl die Ehe als auch das Priesteramt verwehrt wird. Bereits geschlossene Ehen werden ungültig.[37] Die strenge Prüfung der Kandidaten für das Priesteramt in der Katholischen Kirche und die Ausgrenzung anderer Geschlechtsidentitäten im gesamten Kirchenleben spiegeln sich im Handeln von Samuel Schelle, seinerzeit noch die Katholikin Susanne Schelle. Als innerlich heimatlose junge 18-jährige Frau wechselte Schelle zunächst von der katholischen in die evangelische Kirche, um dann dort Theologie zu studieren und Pfarrerin zu werden. Dennoch blieb er unglücklich, wurde sich dann aber definitiv seiner Transidentität bewusst. „Plötzlich machte alles

---

35 Vgl. Schockenhoff, „Sexualität und Katholische Kirche", besonders 573.
36 Wolf, „Wie sieht's aus".
37 Vgl. Kath.net, „Weder Priesteramt noch Ehe".

Sinn," merkte er – ein Satz, den fast alle transidenten Menschen impulsiv unterschreiben können.[38] Im evangelischen Pfarramt zog Schelle dann mit Rückendeckung seiner Vorgesetzten seine Transition durch und wurde Samuel Schelle. In seiner Bemerkung, es sei für ihn „kein Spaß gewesen, jahrzehntelang mit seiner Identität zu hadern"[39] zeigt sich in seinem Fall auch die Negation des Phänomens durch die katholische Kirche und deren alternativlos auf das bipolare Geschlechtermodell ausgerichtetes Kirchenleben.

Allerdings wird die Kirche auf dem Feld der diversen Geschlechtsorientierungen und -identitäten sowohl an der Spitze, als auch an der Basis unter Druck gesetzt: Ein Priester im Vatikan, tätig als Assistenzsekretär in der Glaubenskongregation der Kurie, outete sich 2015 als homosexuell. Er wurde seines Amtes enthoben und getadelt, wobei der Vorfall zeigt, wie unerbittlich die Kirche von den gesellschaftlichen Gegebenheiten eingeholt wird.[40] Zwangsläufig zeigt sich dies auch in der Basisarbeit: Ebenfalls 2015 beschloss der Bund der Deutschen katholischen Jugend (BDKJ) der Erzdiözese Köln in seiner Diözesanversammlung unter dem Motto „Alle sind willkommen!" die Umsetzung eines Programmes, um eine „nicht diskriminierende Kultur in all unseren Ebenen und Gremien zu schaffen."[41] Unter explizitem Einschluss von „transsexuellen Menschen" tritt der BDKJ hier für eine „vielfältige Kirche und Gesellschaft" ein. Bemerkenswert ist dabei, dass in der mehrseitigen Stellungnahme des Verbandes die Doppelbödigkeit der ausgrenzenden Fürsorge erkannt wird:

> Die diskriminierende Haltung, Barmherzigkeit zu zeigen gegenüber Menschen, die nicht den heteronormativen Bildern entsprechen, muss aufgegeben werden. Und zwar zugunsten einer neuen Haltung der Gleichberechtigung, die sich aus der von Jesus Christus vorgelebten Nächstenliebe ergibt. Unsere Kirche muss bereit sein, Dialoge mit den Menschen aufzunehmen, die sich aufgrund ihrer sexuellen Identität nicht angenommen fühlen. Sie muss bereit sein, neue Bewertungen ihrer Mitglieder in Bezug auf den Umgang mit lesbisch, schwul, bisexuell, trans, inter und queer lebenden Menschen anzuhören, anzunehmen und umzusetzen.[42]

---

38 Mielke, „Evangelischer Pfarrer", siehe hier auch die Zitate.
39 Vgl. ebd.
40 Vgl. Süddeutsche Zeitung, „Erster Priester".
41 BDKJ Erzdiözese Köln, „Alle sind willkommen", 3.
42 A.a.O., 2 f. und 5.

2.2 Die evangelischen Freikirchen

Ein wichtiges Charakteristikum der evangelischen Freikirchen ist deren „evangelikale" Haltung. Sie umreißt eine Lebenseinstellung, die mit dem individuellen Bekenntnis zu Gott im Rahmen einer persönlichen Erweckung oder Eingebung dem gelebten Christentum – zum Teil in der Abkehrung von den evangelischen Landeskirchen – einen neuen Sinngehalt geben will. Die enge Bindung an die Bibel als uneingeschränktes Wort Gottes bedeutet dabei den weitestgehenden Verzicht auf eine stark kontextualisierte Bibelauslegung. Die freievangelische Christ*in versteht sich als befreit und begnadet, im urchristlichen Sinn missioniert sie daher für den christlichen Lebensentwurf in ihrem Sinne.[43]

Vor diesem Hintergrund ist der Zugang der evangelischen Freikirchen betreffend den Umgang mit transidenten Menschen im Grundprinzip deckungsgleich mit den Ansichten der Katholischen Kirche. Dies zeigt sich an der Stellungnahme eines Vertreters der Evangelischen Allianz in Deutschland (EAD), dem Dachverband der evangelischen Freikirchen in Deutschland, zum Papier des Vatikans. Die Kritik an der „Genderideologie" wurde begrüßt, da die Erschaffung von Mann und Frau der Schöpfungsordnung Gottes entspreche. Damit sei die Vorstellung „dass man sein Geschlecht nach Belieben wählen könne, nicht vereinbar."[44] Die grundsätzliche Einstellung zu Geschlechtsidentitäten, die vom heteronormativen Bild abweichen, werden ferner an einem 2019 verfassten Papier des Bundes Freier evangelischer Gemeinen (FeG) zum Umgang mit Homosexualität deutlich: Beschrieben wird explizit das starke Beharren auf der Dichotomie von Mann und Frau und eine essentialistische Auslegung des 2. Schöpfungsberichtes, auf den wir später noch zurückkommen werden. Wenn auch die Reduktion auf den Fortpflanzungsaspekt nicht konsistent vorgenommen wird, so ist er doch dominant: Die Ehe ist für die freikirchliche Christ*in eine unauflösliche Bindung von „Mann" und „Frau" und „biblisches Leitbild". Homosexualität wird abgelehnt, da es nicht diesem Leitbild entspricht. Homosexuelle Christ*innen, die sich zu ihrer Homosexualität bekennen, sollen enthaltsam leben und ihrer Sexualität entsagen.[45] Dennoch bilden Homosexuelle ein Thema der Liebe und Fürbitte ganz im Sinne von: Liebe den/die Sünder*in aber hasse die Sünde (= Homosexualität). Sie sollen nicht diskriminiert werden. Ein Thema der Seelsorge sind sie dann, wenn Konflikte entstehen aufgrund einer nicht gefestigten Ho-

---

43 Vgl. dazu Hötschl, „Freikirchen".

44 Arbeitskreis Religionsfreiheit – Menschenrechte – verfolgte Christen (akref) „Genderideologie". Siehe hier die Zitate.

45 Vgl. Bund Freier Evangelischer Gemeinden in Deutschland, „Spannungen", 3. Siehe auch Bechtold, „Freikirchen".

mosexualität. In der Seelsorge soll Raum gegeben werden für eine Darstellung der jeweils „eigenen ethischen Konflikte", wobei das Gespräch durchaus „herausfordernde oder konfrontative Anteile haben kann."[46]

Die Problematik dieser Haltung liegt zum einen in der Verwehrung der Teilhabe eines homosexuellen Menschen am christlichen Gemeindeleben, wenn er seine sexuelle Orientierung auslebt. Zum anderen problematisch ist aber auch die Doppelbödigkeit des Umgangs mit Diskriminierung, indem diese einerseits im Sinne der christlichen Nächstenliebe abgelehnt, andererseits aber vorgenommen wird. Denn mit der Verweigerung des Auslebens von Homosexualität wird der entsprechenden Person psychische und physische Gewalt angetan.[47]

Die vorstehenden Äußerungen zum Umgang der Freikirchen mit Homosexualität sind deshalb ausführlich geschildert worden, weil sie Beispiele erklären, die sehr für einen unbarmherzigen Umgang mit transidenten Menschen und eine offen ausgelebte Ablehnung der Transidentität/Transsexualität sprechen: So zeigte ein transidenter Schüler 2020 eine freikirchliche Schule in Bremen an, weil er dort ein Jahr lang – zwischen 2015 und 2016 – nach seinen Angaben gemobbt und psychischer Gewalt ausgesetzt worden sei. Wiewohl mittlerweile der gendersensible Umgang mit Menschen die Verwendung des neu gewählten Namens bei transidenten Menschen als wichtiges und korrektes Verhalten beschreibt, wurde er in der Bremer Schule nach seinen Angaben mit seinem alten Namen angesprochen. Ferner habe man – so der Schüler – seine Wortmeldungen ignoriert und man habe versucht, ihn zu isolieren. Die Schulleitung habe Druck auf ihn ausgeübt. Hinter seinem Rücken hätten Eltern und Lehrer*innen für ihn gebetet. Von Mitschüler*innen sei ihm eine „Konversionstherapie" empfohlen worden und er sei auf „Heilungsräume" in der Schule hingewiesen worden. Unterstützung bekam der Schüler nach seinen Angaben nur durch die Klassenlehrerin. Die Schule selbst bestritt alle die genannten Vorwürfe des Schülers. Sie betonte, transsexuellen Schüler*innen begegne man stets mit „Respekt, Toleranz und Nächstenliebe". Der Schüler wurde nach seinen Erlebnissen depressiv und suizidal und schaffte es daher erst vier Jahre später, Anzeige zu erstatten.[48]

Im geschilderten Beispiel dreht sich die Auseinandersetzung nicht nur um Ausgrenzung und verwehrte Teilhabe, sondern zur Debatte steht auch die Anwendung psychischer Gewalt. Ferner wird die fließende Grenze deutlich, die

---

46 Bund Freier Evangelischer Gemeinden in Deutschland, „Spannungen", 5 und 15 – 17. Siehe die Zitate auf 15 f.

47 Siehe Platte, *Nicht mehr Schweigen*. Siehe zur Psychopathologisierung von Homosexualität durch die Psychoanalyse Dannecker, „Schwierigkeiten der Psychoanalyse".

48 Vgl. Runtsch, „Schule mobbt Transsexuellen", siehe hier auch die Zitate. Siehe ferner Hoffmann, „Schüler gemobbt"; Queer.de, „Evangelische Schule".

zwischen empathischer Seelsorge, druckvoller Bekehrung und „Konversionstherapie" besteht – was im Einzelfall bedeuten kann, dass die Sachverhalte nur schwer nachweisbar und nachvollziehbar sind.

Dass die Freikirchen aufgrund einzelner Vorkommnisse im Zusammenhang mit „Konversionstherapien" ins Gerede gekommen sind, wurde im Zusammenhang mit dem Verbot eben dieser Therapien durch den Deutschen Bundestag am 12. Juni 2020 deutlich.[49] Unter „Konversionstherapien" versteht man in unserem Zusammenhang den Versuch, eine davon abweichende Geschlechtsidentität seelsorgerisch in eine heteronormative Geschlechtsidentität mit entsprechendem Verhalten umzuändern.[50] Vulnerabel sind hier vor allem Jugendliche, wenn Druck auf sie ausgeübt wird. Diese Verfahren und die Werbung für solche Verfahren wurden verboten, weil sie nichts bewirken. Sie heilen nicht, sondern sie machen krank. Dies wurde nicht zuletzt durch ein eingeholtes Gutachten aus dem Universitätsklinikum Hamburg-Eppendorf deutlich.[51] Im Vorfeld des Gesetzes verstrickte sich das fundamentalistisch-evangelische Lager, und damit auch der FeG, in Diskussionen. Das politische Fernsehmagazin Panorama berichtete im Juni 2019, dass der FeG eine entscheidende Passage am Textende in seinem schon erwähnten Papier zur Homosexualität nach einer Berichterstattung auf panorama.de im Februar 2019 verändert hätte: Aus einem „professionell begleiteten therapeutischen Prozess", dem sich „[h]omosexuell geprägte Menschen" stellen „sollten", sei ein „professionell begleiteter Klärungsprozess" geworden, dem sich „[h]omosexuell empfindende Menschen" stellen „können". Ein Sprecher des FeG hatte erklärt, dass die Behauptung falsch sei, dass der FeG Konversionstherapien empfehlen würde. Offenbar – so Panorama – solle diese Aussage durch die Textveränderung gestützt werden.[52] Die EAD, deren Beauftragter am Sitz der Bundesregierung und des Bundestages während der Diskussion der Gesetzesentwürfe den Einbezug von „Transsexuellen" in einen neuen Entwurf kritisiert hatte, gab nach der Verabschiedung des Gesetzes eine Handreichung für die freikirchlichen Gemeinden heraus, in der die Ausübung von Druck abgelehnt und

---

49 Siehe Bundesministerium für Gesundheit, „Weitreichendes Verbot" und Bundesministerium der Justiz und für Verbraucherschutz und Bundesamt für Justiz, „Gesetz zum Schutz vor Konversionsbehandlungen".

50 Siehe zur Situation in Deutschland: Blomeyer, „Konversionstherapien". Zu den Methoden der Konversionstherapie siehe Wolf, „Konversionsbehandlungen". Die Durchführung von Konversionstherapien im medizinischen Kontext kann an dieser Stelle nicht erörtert werden. Siehe dazu Weitzel, „Rechtliche und gesellschaftliche Aspekte".

51 Siehe Briken u. a., „Gutachten".

52 Vgl. Lambrecht, „Schwulenheilung"; Bund Freier Evangelischer Gemeinden in Deutschland, „Spannungen", 17. Siehe hier auch den Hinweis auf die „Präzisierung" der entsprechenden These.

im Rahmen der Hervorhebung seelsorgerischer Aspekte Verhaltensmaßregeln beschrieben wurden, um mit einer eventuellen strafrechtlichen Verfolgung gut umgehen zu können.[53]

Jenseits von „Konversionstherapien" macht sich die Ablehnung von Transidentität auch in anderen Bereichen des Gemeindelebens bemerkbar. Im Einzelfall kann das je nach der Einstellung der beteiligten Personen sehr unterschiedlich ablaufen. Dies zeigt der Fall einer 26-jährigen transidenten Frau, die sich als Kind eines dortigen Pfarrers in einer Gemeinde der Siebenten-Tags-Adventisten outete. Die Haltung gegenüber Homosexualität und Ehebruch erlebte sie als rigide. Sie rechnete mit Schwierigkeiten, aber mit ihrem Outing „sind eigentlich alle gut [...] umgegangen". Dies obwohl die adventistische Weltkirchenleitung im April 2017 in einer Stellungnahme zur „Transsexualität" klargestellt hatte, dass eben jene transsexuelle Menschen am „Fuss des Kreuzes" um Gnade bitten können und dass „in der Bibel Prinzipien zu Führung und Beratung für Transsexuelle und für die Kirche zu finden sind, die menschliche Konventionen und Kultur übersteigen."[54] Direkt nach ihrem Outing zog sich die oben erwähnte Frau aus der Gemeinde zurück und engagierte sich dann in der „Metropolitan Community Church", einer alternativen Freikirche, die dezidiert queere Christ*innen aufnimmt.[55]

Nicht so viel Glück hatte im Bezug zu evangelikalen Kräften, die auch in den Evangelischen Landeskirchen aktiv sind, der schon genannte Pfarrer Samuel Schelle. In einem Artikel des „Informationsbriefes" der Bekenntnisbewegung „Kein anderes Evangelium" wurde seine Geschlechtsangleichung öffentlich als Verstoß gegen die göttliche Ordnung gebrandmarkt. Die als „großartige Entdeckung" ausgegebene tiefe Einsicht, nicht eine Frau, sondern ein Mann zu sein, wäre nichts anderes als eine „Rebellion gegen Gott".[56]

---

53 Vgl. Evangelische Allianz in Deutschland, „Kritik"; Evangelische Allianz in Deutschland, „Handreichung". Siehe zu den Konversionstherapien und zur Haltung von fundamentalistisch-kirchlicher Seite auch Albrecht, „Der letzte Strohhalm".

54 Imhof, „Transgender-Phänomen".

55 Vgl. Payk, „Kein so großes Problem", siehe hier auch das Zitat.

56 Rominger, „Samuel Schelle", 21 f., siehe hier auch die Zitate. Weitere Details zur Bekenntnisbewegung „Kein anderes Evangelium": https://www.keinanderesevangelium.de. Siehe zu den Erlebnissen von homosexuellen und transidenten Christen in der Katholischen Kirche und in den Freikirchen Platte, *Nicht mehr Schweigen*.

3 Teilhabe und Akzeptanz – die Evangelische(n) Landeskirche(n)

In den letzten Jahren zeigten sich starke Bemühungen in der/den Evangelischen Landeskirchen in Deutschland um eine Aufarbeitung des Themas Transidentität.[57] Daher soll im Folgenden in zwei Kapiteln nacheinander einerseits die Frage des praktischen alltäglichen Umgangs mit transidenten Gemeindemitgliedern und mit transidenten Angestellten (hier besonders Pfarrer*innen) behandelt werden, andererseits dann auch die theologisch-theoretische Diskussion der Stellung und Bedeutung von Transidentität im christlichen Glauben. Durch die intensive Auseinandersetzung mit dem Thema lässt sich gerade in der Analyse beider Bereiche auch deren Zusammenspiel gut demonstrieren. Letzteres beförderte eine Haltung, die mit „Reformation für Alle*" umschrieben werden kann.

Festzuhalten ist allerdings, dass es sich im Folgenden um die Haltung von großen Teilen der Evangelischen Landeskirche handelt, die auch medial in der Öffentlichkeit vertreten wird. Diese Meinung wird in der evangelischen Kirche – wie schon bemerkt – so nicht universell geteilt. Insofern beschreiben die folgenden Seiten einen Diskussionsprozess, also *work in progress*.

3.1 Praktische Teilhabe – Trans* im täglichen Kirchenleben

Der Anstoß zur Diskussion von Trans* in der evangelischen Kirche kam dadurch, dass trans*Menschen ab Beginn des neuen Jahrtausends immer prominenter im öffentlichen Leben auftraten. Die Herausforderungen im Alltag spielten sich dabei auf ganz verschiedenen Ebenen ab, die synchron wirkten und auch die theoretische und theologische Beschäftigung mit dem Thema ankurbelten. An dieser Stelle können nicht alle detaillierten Diskussionen, wie beispielsweise diejenigen zu Taufe und Ehe, widergegeben werden. Vielmehr geht es darum, die grundsätzliche Debatte um die Ausgrenzung bzw. Integration von trans*Menschen grob nachzuzeichnen.

Ein wichtiger Impuls zum Umgang mit dem Thema kam von trans*Menschen in den eigenen Reihen, nämlich vor allem von transidenten Pfarrer*innen. Ab-

---

57 Die „Evangelische Kirche in Deutschland" (EKD) ist ein Zusammenschluss von 20 Landeskirchen, die im Rat der EKD vertreten sind. Insgesamt ca. 21,1 Millionen Menschen gehören der Evangelischen Kirche an. Vgl. https://www.ekd.de/Evangelische-Kirche-in-Deutschland-10771.htm (letzter Zugriff 24.02.2021).

gesehen von der Energie und Kraft, welche diese für ihre eigene Transition brauchten, hatten sie auch um Akzeptanz in ihren Gemeinden zu ringen. Ein Beispiel ist die Pfarrerin Dorothea Zwölfer, die 2013 im Rahmen ihrer Transition vom Mann zur Frau das Coming-out in ihrer kleinen niederbayrischen Gemeinde hatte. Manche der Dorfbewohner waren „schockiert", die meisten „einfach nur überrascht".[58] Ein anderes Beispiel ist Pfarrerin Elke Spörkel, die in ihrer Gemeinde auf regelrechte Ablehnung stieß – ebenfalls im Rahmen einer Transition von Mann zu Frau.[59] Dabei sind es meist diffuse Vorbehalte, ein schwer fassbares Unbehagen sowie auch fehlende Informationen, die zu Ablehnung von transidenten Menschen führen.[60] Zwei Faktoren allerdings machten das Thema zu mehr als nur zu einem klassischen Konflikt des evangelischen Pfarrers mit seiner Gemeinde bzw. mit deren Kirchenvorstand, wie sie durchaus Tradition haben. Der erste Faktor betrifft die Entscheidung beider Pfarrerinnen, in die Öffentlichkeit zu gehen, um auf die Diskriminierung von trans*Menschen aufmerksam zu machen und gegen diese vorzugehen.[61] Der andere Faktor ist die quasi zwangsläufige Einschaltung der Kirchenvorgesetzten beider Pfarrerinnen im Rahmen von deren persönlichen Veränderungen. Beides führte dazu, dass die evangelische Kirche – zunächst die jeweilige Landeskirche, dann aber auch die EKD – sich mit einem Thema konfrontiert sah, dem man sich in irgendeiner Form stellen musste. Letztlich wurden mit dem Coming-out von Pfarrer*innen zwei Defizite der eigenen Arbeit angesprochen: Fehlende inhaltliche Debatten zur Stellung von Transidentität im christlichen Glauben und die Nichtbeachtung von Menschen, die jahrelang in den eigenen Reihen lebten.

Derartige Herausforderungen wurden von Bemühungen aus der Kirche und aus der evangelischen Theologie selbst flankiert, Trans* in die eigenen kirchlichen Bezüge einzuordnen. Der Darmstädter Theologe Gerhard Schreiber ist hier an erster Stelle zu nennen. Spätestens seit 2016 trat er mit seinen Bemühungen, wissenschaftliche Ergebnisse sowie den Alltag und das Erleben der Betroffenen für den theologischen Erkenntnisgewinn und die Verortung in der evangelischen Kirche zu mobilisieren, an die Öffentlichkeit. Die Botschaft eines großen Kongresses, der unter dem Titel „Transsexualität. Eine gesellschaftliche Herausforderung im Gespräch zwischen Theologie und Neurowissenschaften" im Februar 2016 in Frankfurt am Main stattfand, war klar: Das Thema Trans* musste Teil einer innerkirchlichen Diskussion und transidente Menschen in die Kirche integriert

---

58 Wittl, „Unser Pfarrer heisst jetzt Dorothea".
59 Vgl. Rees, „Herr Pfarrer ist jetzt Pfarrerin".
60 Siehe hier die Bemerkungen zur „allgemeinen Transphobie" in Prüll, *Trans* im Glück*, 117–127.
61 Vgl. beispielhaft Zwölfer, „Predigt über Lk 17,11–19*".

werden. Andererseits machte der Kongress, der eine große öffentliche Resonanz erfuhr, auch deutlich, dass das Thema kirchlich durchaus noch im Spannungsfeld von Akzeptanz und Widerstand oszillierte und noch immer oszilliert.[62] Bemerkenswert war der Einbezug von und der Dialog mit trans*Menschen, der sich auch auf die geschilderten Diskussionen in den Gemeinden bezog.

Die Dynamik, die durch den Kongress sichtlich gesteigert worden war, zeigte sich dann in den Aktivitäten der Evangelischen Kirche 2017 zum 500jährigen Jubiläum der Reformation. Wiederum mit starkem Engagement von Gerhard Schreiber und wiederum unter starkem Einbezug von Expertise von Seiten der trans*Menschen wurde die Schrift *Reformation für Alle** verfasst.[63] Bemerkenswert war die Zusammenarbeit auf höherer Ebene, die hinter diesem Projekt stand. Herausgegeben von der „Deutschen Gesellschaft für Transidentität und Intersexualität", war es niemand anderes als der Kirchenpräsident der Evangelischen Kirche von Hessen und Nassau (EKHN), Volker Jung, der dem Projekt seinen „Segen" gab und sich auch in der Publikation äußerte.[64] Wie der Kongress 2016 war auch der Inhalt dieser Publikation breit aufgestellt: Die verschiedensten Aspekte des trans*Themas wurden beleuchtet, um Informationen zu geben und um das Verhältnis von Transsexualität/Transidentität und Kirche gut zu kontextualisieren. Und auch dieses Projekt nahm auf die Ausgrenzung von trans*Menschen aus dem kirchlichen Leben Bezug, unter anderem, indem ein Interview mit Elke Spörkel abgedruckt wurde.[65] Der Handlungsbedarf wurde nicht zuletzt durch die Förderung der Publikation durch das Bundesministerium für Familie, Senioren, Frauen und Jugend und das Grußwort der damaligen Ministerin Manuela Schwesig unterstrichen.[66] Begleitet wurde die Initiative durch den ersten „Trans*-Gottesdienst" in Deutschland, der unter dem Titel „Reformation für Alle*" unter Federführung der EKHN am 22. Oktober 2017 in der Christuskirche in Mainz stattfand. Die Predigt hielt Elke Spörkel.

In den letzten Jahren kamen vor allem auch aus der evangelischen Kirchenjugend Forderungen nach einer (stärkeren) Berücksichtigung des Themas. Darin spiegeln sich die angesprochenen Emanzipationsprozesse der letzten Dekaden und eine zunehmende Offenheit der Gesellschaft, die auch die evangelische Kirche prägte. Somit kurbelte auch der Druck von unten Veränderungen an. Dabei ging es den Jugendlichen dezidiert um die Verweigerung der Teilhabe, die in der

---

62 Vgl. Schreiber, „Vorwort", besonders XIII.
63 Siehe die Schrift *Reformation für Alle** der Deutschen Gesellschaft für Transidentität und Intersexualität.
64 Vgl. Jung, „Interview".
65 Vgl. Spörkel, „Interview".
66 Vgl. Schwesig, „Grußwort".

Kirche zu überdenken sei. Entscheidende Anstöße zur Reform gingen dann vor allem wiederum von der Evangelischen Kirche in Hessen und Nassau (EKHN) aus. Das Ergebnis von Diskussionsprozessen, die in der Kirchenleitung stattfanden, war die Einrichtung einer Fachgruppe „Gendergerechtigkeit". Diese Fachgruppe erarbeitete eine Handreichung für Gemeinden betreffend den Umgang mit transidenten Menschen.[67] In der entstandenen Broschüre werden Basisinformationen zu Transidentität gegeben, dann ferner theologische Reflexionen angestoßen und schließlich auch praktische Hinweise zur Integration transidenter Menschen in die Gemeinden vermittelt. Bemerkenswert ist dabei vor allem, welche kirchenkritischen Problemkreise in der Schrift angesprochen werden. So erwähnt ein trans*Mann und Theologiestudent die Ablehnung seines Eintritts in einen Kirchenchor mit dem Argument „Dies ist ein christlicher Chor".[68] Damit wird das Thema der verweigerten Teilhabe explizit in die Broschüre gebracht. Ebenfalls wird beschrieben, dass in der Seelsorge zu wenig Informationen über das Thema bekannt seien, um transidenten Menschen wirklich gerecht werden zu können und dass im Gottesdienst Bezüge zum binären System vorherrschen würden. Angeprangert wird damit schlicht die Negierung und Nichtbeachtung dieser Personengruppe mitsamt ihres Lebenskontextes.[69]

Trans* als Thema des kirchlichen Alltags ist ebenfalls der Schwerpunkt der Schrift des Diplom-Theologen und Pfarrers Klaus-Peter Lüdtke.[70] Er und seine Familie hatten damit umzugehen, dass das jüngste Kind transident ist und sich outete. Seine kleine Dokumentation ist nicht nur ein Verweis auf die Schwierigkeiten, denen trans*Kinder und -Jugendliche und ihre Familien allgemein gesellschaftlich ausgesetzt sind[71], sondern sie beschreibt ebenfalls die Ausgrenzung von Trans* aus dem kirchlichen Leben und die Gewalt, die trans*Menschen damit angetan wird. Selbst erst durch das Outing seines Kindes mit dem Thema konfrontiert, bekam Lüdtke erst danach den Blick für die Negierung und das Verstoßen von Gläubigen in seiner eigenen Umgebung. Noch viel expliziter als die Fachgruppe „Gendergerechtigkeit" beschreibt er in genau demselben Jahr (2018) die Gewalt, die mit dieser Negierung verbunden ist:

---

67 Vgl. Evangelische Kirche in Hessen und Nassau, *Bilde Gottes*. Siehe die Angaben im Vorwort von Volker Jung, Präsident der Evangelischen Kirche von Hessen und Nassau (Jung, „Vorwort", 4 f.).

68 „Mattheus", „Interview", 9.

69 Vgl. Evangelische Kirche in Hessen und Nassau, „Umgang mit Transsexualität", 31.

70 Vgl. Lüdtke, *Jesus liebt Trans**.

71 Siehe auch Krell und Oldemeier, *Coming out*; Landesstelle für Gleichbehandlung, *Für mich bin ich ok*; Hessischer Jugendring e.V., *Etwas ändert*.

> Bis heute werden Christinnen und Christen aus Teilen der Kirche und ihren christlichen Gemeinschaften hinausgedrängt, weil sie anders empfinden, weil ihre Identität vom bei der Geburt zugewiesenen Geschlecht abweicht oder nicht eindeutig zuzuordnen ist ... Und manchmal werden oder wurden sie direkt auf ihr angeblich sündiges Leben angesprochen, ausgestoßen oder von denen isoliert, die sich verständnislos oder gar angewidert von ihnen abwandten.[72]

Lüdtkes Bericht ist gleichsam ein Bericht aus dem Kirchenalltag, der auf den Punkt bringt, dass es sich bei verwehrter Teilhabe um einen aggressiven Akt handelt: trans*feindliche Traktate und Petitionen, die auf Schriftentischen in Kirchen ausliegen, am binären Geschlechtermodell ausgerichtete Psalmgebete, aktiver Ausschluss von Arbeitskreisen, Abendmahl und Gottesdienst – passives Wegschauen wurde jahre- bzw. jahrzehntelang begleitet von aktiver Verdrängung.[73]

Die beschriebenen Initiativen der evangelischen Kirche im Zusammenspiel mit diversen Fachleuten aus der Gesellschaft und trans*Menschen, die in den letzten fünf bis zehn Jahren gestartet wurden, bildeten den Ausgangspunkt für weitere Diskussionen, die hier nicht alle beschrieben werden können. Sie sind auch noch nicht abgeschlossen, sondern noch in vollem Gange. Wichtig ist insgesamt, dass in Arbeitskreisen, diversen Veranstaltungen und Proklamationen die Ablehnung und Nichtbeachtung von Trans* durchaus als ein gewaltsamer Akt beschrieben wird. Wichtig ist ebenfalls, dass eine Abkehr von einer solchen Haltung nicht nur als Dienst an einer Minderheit gesehen wird, sondern als Verbesserung und Erneuerung von demokratischem Miteinander im evangelischen Kirchenleben. In diesem Sinne wird das Thema Trans* mit Aktivitäten auch für LSBTIQ*+ synchronisiert. Und es ist kein Zufall, dass die Stuttgarter Regionalbischöfin Gabriele Arnold im Jahr 2018 auf einer Lesbentagung in der Evangelischen Akademie Bad Boll die trans*Menschen einbezog, wenn Sie sich für die vergangene Kirchenpolitik entschuldigte. Arnold bat um Vergebung, „dass Menschen im LSBTTIQ*-Bereich in unserer Kirche sehr viel Leid und Unrecht erfahren haben".[74]

---

72 Lüdtke, *Jesus liebt Trans**, 56.
73 Vgl. a.a.O., 5 f. und 75 f. Siehe auch die Buchvorstellung von Wagner, „Jesus liebt Trans*", 14.
74 Evangelischer Pressedienst, „Vergebungsbitte". Siehe dazu auch Wirth, „Banalisierung sexualisierter Gewalt" in diesem Band.

3.2 Ringen um Akzeptanz – Trans* in der theologischen Diskussion

Der neue reformerische Umgang mit Trans* war und ist ohne eine theologische Diskussion nicht möglich. Den globalen Hintergrund bildet hier sicher die Entwicklung der *Queer Theology*, die den Zugang zur Religiosität und zur Kirche vor allem seit Beginn der 1990er-Jahre auch nicht-heteronormativen Menschen öffnen möchte.[75] Allerdings wurden dann aber innerhalb der Evangelischen Kirchen in Deutschland Diskussionen geführt, die auf die jeweils eigene Situation zugeschnitten waren.

Im Zentrum dieser Diskussionen steht die Heilige Schrift und hier vor allem der schon erwähnte 2. Schöpfungsbericht (Gen 2,4b–25). Er sieht traditionell die Geschlechter Mann und Frau (in dieser Reihenfolge!) in ihrem gegenseitigen Bezug zueinander. Die Diskussion ist damit auch sexuell aufgeladen, indem die Abkehr vom Primat der Fortpflanzung als ein wichtiger Teil des Verrats der transidenten Menschen am göttlichen Schöpfungsplan interpretiert wurde. Betrachtet man die Bibel als historisches Dokument[76], dann bleibt sie zwar in ihren religiösen Kernbotschaften über den Erlöser Jesus Christus für den Gläubigen zeitlos, nicht aber in ihren Aussagen über zeitgebundene Lebensfragen. Die Bibel ist also, wie die evangelische Theologin Angela Standhartinger betont „[...] nicht identisch mit der Offenbarung, sondern Zeugnis von Offenbarungserfahrungen."[77]

In diesem Sinne muss die Kirche also auch jeweils neu ausloten, wie sie sich zu zeitgenössischen Fragen der Sexualität stellt. Eine der Grundlagen der Auseinandersetzungen mit Transidentität waren demnach Bemühungen, die letzte Denkschrift der Evangelischen Kirche Deutschlands zur Sexualethik von 1971(!) zu überarbeiten. Zwar hatte die EKD im Jahr 2010 eine Kommission zu diesem Zweck eingesetzt, in der Furcht vor einer erneuten Diskussion wurde das Unternehmen jedoch wieder beendet: Das 2013 entstandene „Familienpapier" der EKD wurde nämlich wegen der positiven Berücksichtigung von gleichgeschlechtlichen Eheschließungen sehr kontrovers diskutiert.[78] Allerdings hielt das Stoppsignal für eine offizielle Denkschrift diejenigen Expert*innen, die zu Beginn beteiligt waren, nicht von einer eigenständigen Veröffentlichung zur evangelischen Sexualethik

---

75 Siehe als einen der „Urtexte" der *Queer Theology* den Text von Robert Goss aus dem Jahr 1993, *Jesus Acted up.*
76 Vgl. Heinrich Bedford-Strohm, „Vorwort." In *Die Bibel. Nach Martin Luthers Übersetzung.* Stuttgart: Deutsche Bibelgesellschaft, 2016 (Revidiert 2017, Jubiläumsausgabe).
77 Grigat, „Historische Kritik".
78 Vgl. Jung, „Sexuelle Vielfalt", besonders 560 f.

ab. Diese wurde dann 2015 als Sammelband publiziert.[79] Denn mit Verlautbarungen zur Ehe war und ist das Thema Sexualität in der heutigen Zeit nicht mehr zu fassen. Die Autor*innen nutzten für Ihre Ausführungen die Bibel als Buch der Anregungen und nicht als Buch der Vorgaben, indem sie zu den verschiedenen Bereichen sexuellen Lebens und Daseins die aktuelle Situation analysierten und diese mit verschiedensten biblischen Aussagen in Beziehung setzten. Sexualität wird dabei nicht nur als „Gabe", sondern als „Gestaltungsaufgabe" gesehen. Das gilt auch für „Geschlechtsidentität(en), sexuelle Orientierung(en) und sexuelle Identität(en)", denen ein eigenes Kapitel gewidmet ist. Die Autor*innen argumentieren für eine Akzeptanz und eine Beendigung der Diskriminierung von Menschen, denen ihr trans*-Zustand von Gott gegeben wurde und auf dessen Basis sie ihr Leben gestalten müssen. Auf eine Bewertung von Transidentität (wie auch von anderen LSBTIQ+ Bereichen) wird verzichtet, aber bemerkenswerterweise ist in unserem Zusammenhang die explizit beschriebene Entkopplung von Sexualität und Kinderzeugung in eben diesem Kapitel und die Legitimation von Sexualität auch von trans*Menschen „als Ressource für Fruchtbarkeit im weitesten Sinne".[80]

Weitere Bausteine für eine Dekonstruktion der klassischen Bibelinterpretation folgten. Abgesehen von einer kritischen Analyse der Leibfeindlichkeit der Bibel[81] war und ist die entscheidende Kernfrage hier diejenige nach der vermeintlich festen Dichotomie von Mann und Frau. Sind die Grenzen von Mann und Frau wirklich in der Heiligen Schrift fest gezogen und haben transidente Grenzüberschreitungen wirklich im (christlichen) Leben nichts zu suchen? Im Zentrum des Interesses stand hier die „Schöpfungserzählung", nämlich der 1. Schöpfungsbericht (Gen 1,27): „Und Gott schuf den Menschen zu seinem Bilde, zum Bilde Gottes schuf er ihn, und schuf sie als Mann und Frau".[82] Die Polarisierungen dieser Geschichte wurden ganz grundsätzlich und systemimmanent hinterfragt, wenn Bertold Höcker, Superintendent des Evangelischen Kirchenkreises Berlin Stadtmitte, betonte, wir hätten „beim Auslegen der Heiligen Schrift ganz verges-

---

79 Vgl. Dabrock u. a., *Unverschämt – schön*. Siehe auch Brandes, „Keine Denkschrift".
80 Vgl. Dabrock u. a., *Unverschämt – schön*, hier das Kapitel 3.1.3. „Geschlechtsidentität(en), sexuelle Orientierung(en) und sexuelle Identität(en)", 103 – 115, die angeführten Zitate 12, 103 und 113.
81 Siehe dazu die Ausführungen von Isolde Karle, *Liebe in der Moderne*, v. a. 39 – 76, sowie den Abschnitt zu *Body-negativity* von Mary Clark Moschella, „Patriarchy, Power, and Bodies" in diesem Band. Siehe auch zur Diskussion der Leibfreundlichkeit Luthers: Roper, *Der feiste Doktor*.
82 Beide Schöpfungsberichte stehen gleichberechtigt nebeneinander. Damit alleine verbietet sich schon eine einseitige Interpretation der Bibel. Ich bedanke mich bei Jasmin Mannschatz für diesen Hinweis.

sen, dass es auch Morgen- und Abendrot, Dämmerung und Halbschatten gibt und alles, was dazwischen ist."[83] Entsprechend gibt es nicht nur die Pole „männlich – weiblich" sondern eben alle Zwischenstufen – auch trans*Menschen. Und mit der Theologin Isolde Karle lässt sich dieser Gedanken noch erweitern, indem der Passus „zum Bilde Gottes" zwecksetzend interpretiert werden kann, nämlich „Zum Umsetzen von Gottes Vorstellungen".[84] Der Mensch hat jenen bereits erwähnten „Gestaltungsauftrag" mit all dem, was er auf die Erde mitbringt. Weitergetragen wurde diese Idee im evangelischen Gesangbuch, wenn Joachim Neander im 17. Jahrhundert dichtete, dass der Herr „dich erhält, wie es dir selber gefällt".[85] Ausgedrückt wird so die jemeinige Verantwortung, aus dem gottgegebenen Zustand, in dem man lebt, in der nachparadiesischen Freiheit das Beste zu machen.[86]

Eine Offenheit der Geschlechtergrenzen in der Bibel wurde jenseits der beiden Schöpfungsberichte ebenfalls in verschiedenen anderen Bibelstellen nachgewiesen. Beispielhaft, weil sehr prägnant, sei hier nur aus den Briefen des Apostel Paulus an die Galater zitiert. Paulus schreibt hier (Gal 3,25 – 29):

> Denn ihr seid alle durch den Glauben Gottes Kinder in Christus Jesus. Denn ihr alle, die ihr auf Christus getauft seid, habt Christus angezogen. Hier ist nicht Jude noch Grieche, hier ist nicht Sklave noch Freier, hier ist nicht Mann noch Frau; denn ihr seid allesamt einer in Christus Jesus. Gehört ihr aber Christus an, so seid ihr ja Abrahams Nachkommen und nach der Verheißung Erben.[87]

In anderen Worten ausgedrückt: Es ist der Glauben und das verantwortliche Handeln im Glauben, das Entscheidend ist. Nicht entscheidend sind die Ethnie, die soziale Schicht, das Geschlecht, die geschlechtliche Orientierung oder die geschlechtliche Identität. Entsprechend geht es in der noch laufenden Diskussion über Transidentität in den Evangelischen Landeskirchen um das Verstehen des Phänomens und um Teilhabe und Akzeptanz der trans*Menschen. Dabei werden Konfliktkonstellation deutlich, die auch für andere (christliche) Gemeinschaften gelten.

---

83 Höcker, „Interview", 35.

84 Karle, *Liebe in der Moderne*, 121.

85 *Evangelisches Gesangbuch* (Ausgabe für die Evangelische Kirche in Hessen und Nassau), Lied 317. Siehe dazu auch Wirth, „Der Dich erhält", besonders 484.

86 Siehe zu den sehr flexiblen Auslegungsmöglichkeiten der Schöpfungsgeschichte im Rahmen der Diskussionen in der evangelischen Kirche auch Evers, „Menschliche Identität", besonders 477– 481.

87 Siehe dazu auch Dabrock, „Heteronormativity", 511.

4 Schlussgedanken

Die vorstehenden Ausführungen haben gezeigt, dass wir die klassische Definition von „sexualisierter Gewalt" nicht im kirchlichen Kontext anwenden können – wohl aber einen modifizierten Begriff, den man als „geschlechtsbezogene Gewalt" bezeichnen könnte. Trans*Menschen waren bislang keine akzeptierten Mitglieder der christlichen Kirchen und sie sind es, wie wir gesehen haben, auch heute nur zum Teil. Daher gibt es „sexuelle Gewalt" von trans*Menschen im kirchlichen Kontext zumindest nicht als gesellschaftspolitisches Problem. Allerdings bedeutet die Verweigerung der Teilhabe am kirchlichen und christlichen Leben sowie die fehlende Akzeptanz mit deren Folgen eine Ausübung von Gewalt, die auf den geschlechtlichen Körper bezogen ist.

Diese „geschlechtsbezogene Gewalt" spiegelt sich noch heute im Umgang der katholischen Kirche und der evangelischen Freikirchen bzw. evangelikalen Kräften in den Evangelischen Landeskirchen mit dem Thema Transidentität. Es handelt sich um eine konservative, fundamentalistische Haltung, die an eine lange historische Entwicklung des Umgangs der christlichen Kirchen mit dem Thema Geschlecht anknüpft. Im Gegensatz dazu konnten wir gleichsam als zweiten Entwurf bei den Entwicklungen in den Evangelischen Landeskirchen der letzten fünf bis zehn Jahre einen deutlichen Reformprozess erkennen, der auf der Basis einer kontextualisierten und durchdachten Bibelexegese die Emanzipationsbestrebungen der trans*Szene aufgreift und trans*Menschen als gleichberechtigte Mitglieder der Kirche auffasst und diese entsprechend willkommen heißt. Dabei handelt es sich um einen Schritt, mit dem sich die Kirche Emanzipationsprozessen von Trans* anschließt, die auch in anderen Institutionen stattfinden.[88]

In diesem Sinne wird deutlich, dass es keinen Grund gibt, spezifischen Menschengruppen und damit auch trans*Menschen den Zugang zur Kirche zu verschließen. Zu deutlich sind zwei Basisbotschaften der Heiligen Schrift: Zum einen wird klar, dass die Menschen sich auf gleicher Augenhöhe begegnen sollen und „allesamt einer in Christus Jesus" sind. Zum anderen ist es die Botschaft der Offenheit gegenüber den Kontexten, in denen der Mensch in seiner Zeit lebt. Es ist daher noch nicht einmal entscheidend, dass man in der Bibel Stellen nachweisen

---

88 Siehe beispielsweise die Veränderungen in der Medizin: Prüll, „Diversität in medizinischen Einrichtungen"; dies., „Umgang mit trans*Menschen"; dies., „Was brauchen Ärzt*innen".

kann, die für eine Akzeptanz von Trans* sprechen.[89] Denn es ist so, wie schon öfters ausgeführt: Man kann für viele Bibelzitate entgegengesetzte finden und daher vieles nachweisen – oder eben nichts. Gerade aber diese Uneindeutigkeit ist die Offenheit der Bibel für die Lebensgestaltung des Individuums und der Gesellschaft in der jeweiligen Zeit, allerdings in der Verantwortung, diese Lebensgestaltung im Sinne Gottes zu realisieren. Auf dieser Basis dann aber, wie es dem jeweiligen Menschen „selber gefällt". Ferner: Die Lebensgestaltung geschieht auf der Basis dessen, was einem von Gott mit auf den Weg gegeben wurde: Hautfarbe, Ethnie, körperlicher Zustand, geistiger Zustand, Geschlecht, Geschlechtsorientierung – und eben auch Geschlechtsidentität.

Die Bibel ist offen. Sie lädt auch zur Diskussion von Transidentität ein. Und letztlich schlägt sie grundsätzliche Akzeptanz vor. Dies sei jetzt ganz am Ende an einem provokativen Beispiel erläutert. In Erweiterung der Idee von Klaus-Peter Lüdtke, dass im Schöpfungsbericht der Bibel schon eine Idee der „Transformation" enthalten sei[90], betrachten wir Gen 2,22 f., wo es heißt:

> Und Gott der Herr baute eine Frau aus der Rippe, die er von dem Menschen nahm, und brachte sie zu ihm. Da sprach der Mensch: Die ist nun Bein von meinem Bein und Fleisch von meinem Fleisch; man wird sie Männin nennen, weil sie vom Manne genommen ist.

Alle Geschlechter sind aus demselben Fleisch. Die „Männin" kommt aus dem „Manne". Ist also Eva die erste trans*Frau?

Literatur

Albrecht, Matthias. „Der letzte Strohhalm," *evangelisch.de*, 16.10.2019, https://www. evangelisch.de/blogs/kreuz-queer/161420/16-10-2019 (letzter Zugriff: 18.11.2020).
Anonyme Berichte von Betroffenen über sexuelle Belästigungen. „Die dramatischen Konsequenzen für meinen beruflichen Weg verfolgen mich noch heute (Sophia)." In *Peinlich berührt. Sexuelle Belästigung von Frauen an Hochschulen*, hg. v. Hadumod Bußmann und Katrin Lange, 36–39. München: Verlag Frauenoffensive, 1996.
Arbeitskreis Religionsfreiheit – Menschenrechte – verfolgte Christen (akref). „Vatikan: Genderideologie widerspricht dem Glauben und der Vernunft," *Deutsche Evangelische Allianz. Arbeitskreis Religionsfreiheit – Menschenrechte – verfolgte Christen*, 11.06.2019, https://akref.ead.de/akref-nachrichten/2019/11062019-vatikan-genderideologie-widerspricht-dem-glauben-und-der-vernunft/ (letzter Zugriff: 20.2.2021).

---

89 In diesem Sinne ist es auch nicht von Bedeutung, ob die in der Bibel erwähnten und wertgeschätzten Eunuchen wirklich transidente Menschen waren. Vgl. Roughgarden, „Gender Binary", 434–439.
90 Vgl. Lüdtke, *Jesus liebt Trans**, 62.

ARD 1. „Beten nur mit Anmeldung," *Tagesschau*, 15.12.2020, https://www.tagesschau.de/inland/gottesdienste-corona-101.html (letzter Zugriff: 01.01.2021).

BDKJ Erzdiözese Köln. „Beschluss – Alle sind willkommen! – Sexuelle Vielfalt und BDKJ," *BDKJ Erzdiözese Köln* (Diözesanversammlung 2015, Beschluss 3), 28.11.2015, https://www.bdkj-dv-koeln.de/fileadmin/material/Beschl%C3%BCsse/Di%C3%B6zesanversammlung_2015/Beschluss3_Sexuelle_Vielfalt.pdf (letzter Zugriff: 18.02.2021).

Bechtold, Markus. „Freikirchen: Bund Freier evangelischer Gemeinden (BFeG)," *evangelisch.de*, https://www.evangelisch.de/inhalte/125159/28-09-2015/bund-freier-evangelischer-gemeinden-bfeg, (letzter Zugriff: 18.11.2020).

Blomeyer, Ina-Marie. „Was wissen wir über ‚Konversionstherapien' in Deutschland? Anbieter, Angebote und Vermittler – Methoden und Auswirkungen auf die Opfer." In *Abschlussbericht*, hg. v. Bundesstiftung Magnus Hirschfeld, 166–172. Berlin: Bundesministerium für Gesundheit, 2019.

Brandes, Rainer. „Warum aus einer EKD-Denkschrift keine Denkschrift wurde," *Deutschlandfunk*, 24.08.2015, https://www.deutschlandfunk.de/evangelische-sexualethik-warum-aus-einer-ekd-denkschrift.886.de.html?dram:article_id=328924 (letzter Zugriff: 22.01.2021).

Briken, Peer u. a. „Gutachten im Auftrag der Bundesstiftung Magnus Hirschfeld (BMH) zur Fragestellung von so genannten Konversionsbehandlungen bei homosexueller Orientierung," *Zentrum für Psychosoziale Medizin. Institut für Sexualforschung, Sexualmedizin und Forensische Psychiatrie, Universitätsklinikum Hamburg-Eppendorf*, 10.07.2019, https://www.bundesgesundheitsministerium.de/fileadmin/Dateien/3_Downloads/K/Konversionstherapie/Gutachten_Prof._Dr._med._Peer_Birken.pdf (letzter Zugriff: 20.02.2021).

Bund Freier Evangelischer Gemeinden in Deutschland. „Mit Spannungen umgehen. Zur Homosexualität in Freien Evangelischen Gemeinden," *FeG Deutschland* (Verlautbarungen), https://downloads.feg.de/2019_Mit_Spannungen_umgehen_Homosexualitaet.pdf (letzter Zugriff: 20.02.2021).

Bundesministerium für Gesundheit. „Bundestag beschließt weitreichendes Verbot von sogenannten Konversionstherapien," *Bundesministerium für Gesundheit* (Pressemitteilungen), 07.05.2020, https://www.bundesgesundheitsministerium.de/presse/pressemitteilungen/2020/2-quartal/beschluss-verbot-konversionstherapien.html (letzter Zugriff: 02.11.2020).

Bundesministerium der Justiz und für Verbraucherschutz und Bundesamt für Justiz. „Gesetz zum Schutz vor Konversionsbehandlungen," *Bundesministerium der Justiz und für Verbraucherschutz und Bundesamt für Justiz*, 12.06.2020, https://www.gesetze-im-internet.de/konvbehschg/BJNR128500020.html (letzter Zugriff: 20.02.2021).

Bußmann, Hadumod und Katrin Lange, Hg. *Peinlich berührt. Sexuelle Belästigung von Frauen an Hochschulen*. München: Verlag Frauenoffensive, 1996.

Congregation for Catholic Education for Educational Institutions. *„Male and Female he created them": Towards a path of Dialogue on the question of Gender Theory in Education*. Vatican City: Catholic Truth Society, 2019.

Dabrock, Peter u. a., Hg. *Unverschämt – schön. Sexualethik: evangelisch und lebensnah*. Gütersloh: Gütersloher Verlagshaus, 2015.

Dabrock, Peter. „Why Heteronormativity Should Not Have the Final Word on Sexual Identity. Ethical Considerations from a Protestant Perspective." In *Transsexualität in Theologie und*

Neurowissenschaften. Ergebnisse, Kontroversen, Perpektiven, hg. v. Gerhard Schreiber, 505–516. Berlin und Boston: De Gruyter, 2016.

Dannecker, Martin. „Von den Schwierigkeiten der Psychoanalyse mit der männlichen Homosexualität." In *Sexualität und Geschlecht. Psychosoziale, kultur- und sexualwissenschaftliche Perspektiven*, hg. v. Katinka Schweizer u. a., 101–112. Gießen: Psychosozial-Verlag, 2014.

Daubner, Lukas. „Leitbildprosa reicht nicht. Kann man Diversität in der Universität managen?" *Forschung & Lehre* 3 (2018): 202–203.

Deutsche Gesellschaft für Transidentität und Intersexualität (dgti), Hg. *Reformation für Alle*. Transidentität/Transsexualität und Kirche.* Berlin: dgti, 2017.

Deutscher Hochschulverband, Hg. *Forschung & Lehre* 11 (2014): 880–897 (Thema Gender).

Deutscher Hochschulverband, Hg. *Forschung & Lehre* 3 (2018): 198–213 (Thema Diversität).

Diamond, Milton. „Transsexualism as an Intersex Condition." In *Transsexualität in Theologie und Neurowissenschaften. Ergebnisse, Kontroversen, Perpektiven*, hg. v. Gerhard Schreiber, 43–53. Berlin und Boston: De Gruyter, 2016.

DW.com. „Vatikan warnt vor ‚Auslöschung' der Geschlechter," *DW Themen*, 11.06.2019, https://www.dw.com/de/vatikan-warnt-vor-auslöschung-der-geschlechter/a-49132043 (letzter Zugriff: 07.02.2021).

Evangelische Allianz in Deutschland. „„Gesetz zum Schutz vor Konversionsbehandlungen'. Eine Handreichung für christliche Gemeinden," *politik.ead.de*, 2020, https://politik.ead.de/ fileadmin//user_upload/2020_Konversionstherapie.pdf (letzter Zugriff: 20.02.2021).

Evangelische Allianz in Deutschland. „Deutschland: Konversionstherapien: Überarbeiteter Gesetzentwurf stößt auch auf Kritik," *Die Evangelische Allianz in Deutschland*, 19.12.2019, https://www.ead.de/2019/19122019-deutschland-konversionstherapien-ueberarbeiteter-gesetzentwurf-stoesst-auch-auf-kritik/ (letzter Zugriff: 20.02.2021).

Evangelische Kirche in Hessen und Nassau. Kirchenverwaltung, Hg. „Umgang mit Transsexualität im gemeindlichen Alltag." In *Zum Bilde Gottes geschaffen. Transsexualität in der Kirche*, hg. v. dies., 31–32. Darmstadt: Kirchenverwaltung der EKHN, 2018.

Evangelische Kirche in Hessen und Nassau. Kirchenverwaltung, Hg. *Zum Bilde Gottes geschaffen. Transsexualität in der Kirche.* Darmstadt: Kirchenverwaltung der EKHN, 2018.

Evangelischer Pressedienst (epd). „Lesbentagung in Bad Boll. Prälatin Gabriele Arnold bekräftigt Vergebungsbitte", *Evangelische Akademie Bad Boll*, 21.12.2018, https://www. ev-akademie-boll.de/nc/aktuell/artikel/lesbentagung-in-bad-boll.html (letzter Zugriff: 16.12.2020).

Evers, Dirk. „Sind wir unser Gehirn? Menschliche Identität im Spannungsfeld von Theologie und Wissenschaft." In *Transsexualität in Theologie und Neurowissenschaften. Ergebnisse, Kontroversen, Perpektiven*, hg. v. Gerhard Schreiber, 465–481. Berlin und Boston: De Gruyter, 2016.

Ewert, Felicia. *Trans.Frau.Sein.* Münster: edition assemblage, 2020².

Payk, Katharina. „Gott hat vielleicht gar kein so großes Problem mit mir," *evangelisch.de*, 06.01.2021, https://www.evangelisch.de/blogs/kreuz-queer/180919/06-01-2021 (letzter Zugriff: 20.02.2021).

Geier, Andrea. „Gender als Analysekategorie. Entwicklungen und Tendenzen in den Gender Studies." *Forschung & Lehre* 11 (2014): 884–886.

Goss, Robert. *Jesus acted up! A Gay and Lesbian Manifesto.* San Francisco: Harper Collins, 1993.

Gotthart, Axel. „Kirche im ausgehenden Mittelalter," *Bundeszentrale für politische Bildung*, 18.1.2017, https://www.bpb.de/geschichte/deutsche-geschichte/reformation/235044/ kirche-im-ausgehenden-mittelalter (letzter Zugriff: 1.1.2021).

Grigat, Claudius. „„Die Bibel sagt unmittelbar gar nichts'. ‚Historische Kritik ist die Grundlage allen Denkens und Arbeitens'," *Evangelisch.de* (Interview mit Angela Standhartinger), 12.01.2016, https://www.evangelisch.de/inhalte/130197/12-01-2016/interview-angela-standhartinger-zur-historisch-kritischen-bibelauslegung-der-theologenausbildung (letzter Zugriff: 22.01.2021).

Grözinger, Gerd und Marlene Langholz-Kaiser. „Bewusste Anerkennung von Unterschieden. Diversität in der Wissenschaft." *Forschung & Lehre* 3 (2018): 198–200.

Günther, Mari, Kirsten Teren und Gisela Wolf. *Psychotherapeutische Arbeit mit trans*Personen. Handbuch für die Gesundheitsversorgung.* München: Ernst Reinhardt Verlag, 2019.

Hannover, Bettina. „Was bestimmt das Geschlecht? Über das Zusammenspiel von Biologie und sozialer Umwelt." *Forschung & Lehre* 11 (2014): 892–893.

Herrn, Rainer. *Schnittmuster des Geschlechts. Transvestitismus und Transsexualität in der frühen Sexualwissenschaft.* Gießen: Psychosozial-Verlag, 2005.

Hessischer Jugendring e.V., Hg. *Dass sich etwas ändert und sich was ändern kann. Ergebnisse der LSBT*Q-Jugendstudie „Wie leben lesbische, schwule, bisexuelle und trans*Jugendliche in Hessen?"* Wiesbaden: Hessischer Jugendring, 2017.

Hirschauer, Stefan. „Wozu Gender Studies? Ein Forschungsfeld zwischen Feminismus und Kulturwissenschaft." *Forschung & Lehre* 11 (2014): 880–882.

Höcker, Bertold. „Interview." In *Reformation für Alle*, hg.v. Deutsche Gesellschaft für Transidentität und Intersexualität (dgti), 34–39. Berlin: dgti, 2017.

Hoffmann, Helen. „Staatsanwaltschaft ermittelt. Bremer Lehrer sollen Schüler gemobbt haben," *NWZ Online*, 15.09.2020, https://www.nwzonline.de/bremen/mobbing-bremen-lehrer-transsexuell-schueler_a_50,9,3944320499.html (letzter Zugriff: 15.09.2020).

Hötschl, Anja. „Freikirchen. 5 Fakten über evangelische Freikirchen," *Sonntagsblatt: 360° EVANGELISCH*, 16.09.2018, https://www.sonntagsblatt.de/artikel/kirche/5-fakten-ueber-evangelische-freikirchen (letzter Zugriff: 18.02.2021).

Imhof, Fritz. „Das ‚Transgender-Phänomen'. Adventisten verabschieden Stellungnahme zur Transsexualität," *jesus.ch*, 19.04.2017, https://www.jesus.ch/magazin/gesellschaft/ christen_in_der_gesellschaft/308101-adventisten_verabschieden_stellungnahme_zur_ transsexualitaet.html (letzter Zugriff: 20.02.2021).

Jung, Volker. „Interview." In *Reformation für Alle*, hg.v. Deutsche Gesellschaft für Transidentität und Intersexualität (dgti), 44–47. Berlin: dgti, 2017.

Jung, Volker. „Vorwort." In *Zum Bilde Gottes geschaffen. Transsexualität in der Kirche*, hg.v. Evangelische Kirche in Hessen und Nassau. Kirchenverwaltung, 4–5. Darmstadt: Kirchenverwaltung der EKHN, 2018.

Jung, Volker. „Sexuelle Vielfalt als Herausforderung für kirchenleitendes Handeln." In *Transsexualität in Theologie und Neurowissenschaften. Ergebnisse, Kontroversen, Perpektiven*, hg.v. Gerhard Schreiber, 557–563. Berlin und Boston: De Gruyter, 2016.

Karle, Isolde. *Liebe in der Moderne. Körperlichkeit, Sexualität und Ehe.* Gütersloh: Gütersloher Verlagshaus, 2014.

Deutschlandfunk. „Katholische Kirche. Zehn Jahre Missbrauchsskandal." *Deutschlandfunk*, 16.01.2020, https://www.deutschlandfunk.de/katholische-kirche-zehn-jahre-missbrauchsskandal.2897.de.html?dram:article_id=467954) (letzter Zugriff: 23.04.2021).

Kath.net. „Vatikan: Weder Priesteramt noch Ehe für Transsexuelle," *Kath.net* (Katholische Nachrichten), 01.02.2003, https://www.kath.net/news/4317 (letzter Zugriff: 16.12.2020).

Kempiners, Katrin und Nina Lemmens. „,Affirmative Action'. Diversität an US-amerikanischen Hochschulen." *Forschung & Lehre* 3 (2018): 204–205.

Klein, Renate. „Sexuelle Gewalt gegen Studentinnen." In *Sexuelle Gewalt. Internationale Studien. Folgen & Versorgung. Erfahrungsberichte*, hg.v. Barbara Bojack und Tanja Heitmeier, 11–25. Coburg: ZKS-Verlag, 2016.

Krell, Claudia und Kerstin Oldemeier. *Coming out …und dann…?! Ein DJI Forschungsprojekt zur Lebenssituation von lesbischen, schwulen, bisexuellen und trans* Jugendlichen und jungen Erwachsenen.* München: Deutsches Jugendinstitut e.V., 2015.

Lambrecht, Oda. „Freikirchenbund empfiehlt Schwulenheilung," *panorama.de*, 11.06.2019, https://daserste.ndr.de/panorama/aktuell/Freikirchenbund-empfiehlt-Schwulenheilung,schwulenheiler174.html (letzter Zugriff: 20.02.2021).

Landesstelle für Gleichbehandlung, Berlin, Hg. *„Für mich bin ich ok." Transgeschlechtlichkeit als Thema bei Kindern und Jugendlichen.* Dokumente lesbisch-schwuler Emanzipation 33. Berlin: Landesstelle für Gleichbehandlung – gegen Diskriminierung, ca. 2013.

Lehnert, Markus und Dietmar Quandt. „Schönheit und Zerbrechlichkeit. Der Mensch und sein Einfluss auf die Biodiversität." *Forschung & Lehre* 3 (2018): 212–213.

Leicht-Scholten, Carmen. „Perspektivenwechsel oder -erweiterung? Gender Studies in den Ingenieurwissenschaften." *Forschung & Lehre* 11 (2014): 896–897.

Linde, Frank und Nicole Auferkorte-Michaelis. „Auf mehreren Ebenen agieren. Diversitätsorientierte Hochschullehre." *Forschung & Lehre* 3 (2018): 210–211.

Lüdtke, Klaus-Peter. *Jesus liebt Trans*. Transidentität in Familie und Kirchgemeinde.* Göppingen: Manuela Kinzel Verlag, 2018.

„Mattheus". „Interview." In *Zum Bilde Gottes geschaffen. Transsexualität in der Kirche*, hg.v. Evangelische Kirche in Hessen und Nassau. Kirchenverwaltung, 8–9. Darmstadt: Kirchenverwaltung der EKHN, 2018.

Meyenburg, Bernd. *Geschlechtsdysphorie im Kindes- und Jugendalter.* Stuttgart: Kohlhammer, 2020.

Meyer, Erik. „Trans*affirmative Beratung." *Psychosozial* 38/140 2 (2015): 71–86.

Mielke, Leonie. „Wie aus einem katholischen Mädchen ein evangelischer Pfarrer wurde", *Evangelisch.de*, 18.06.2020, https://www.evangelisch.de/inhalte/171512/18-06-2020/wie-aus-einem-katholischen-maedchen-ein-evangelischer-pfarrer-wurde (letzter Zugriff: 18.11.2020).

Milbourne, A. R. „Preface." In *Roberta Cowell's Story*, Roberta Cowell, VII–IX. New York: British Book Centre Inc., 1954.

Moschella, Mary Clark. „Patriarchy, Power, and Bodies: A Pastoral Theological View of Sexual Abuse in the Church." In *Sexualisierte Gewalt in kirchlichen Kontexten. Neue interdisziplinäre Perspektiven*, hg.v. Mathias Wirth, Isabelle Noth und Silvia Schroer, 509–519. Berlin und Boston: De Gruyter, 2022.

Mühlen Achs, Gitta. „Die Macht der Berührung. Sexuelle Belästigung im Kontext geschlechterspezifischer Körpersprache." In *Peinlich berührt. Sexuelle Belästigung von Frauen an Hochschulen*, hg.v. Hadumod Bußmann und Katrin Lange, 65–82. München: Verlag Frauenoffensive, 1996.

Nieder, Timo O. „Wenn Weltbilder ins Wanken geraten. Die Sexualwissenschaft im Kontext von Trans". In Heinz-Jürgen Voß, Hg. *Die deutschsprachige Sexualwissenschaft. Bestandsaufnahme und Ausblick*, 345–366. Gießen: Psychosozial-Verlag, 2020.

Peus, Claudia. „Fortschritt durch Vielfalt. Ansatzpunkte für das Diversitätsmanagement an Hochschulen." *Forschung & Lehre* 3 (2018): 206–208.

Platte, Timo, Hg. *Nicht mehr Schweigen. Der lange Weg queerer Christinnen und Christen zu einem authentischen Leben*. Hohenwarsleben: BookOnDemand, 2018.

Pfleiderer, Bettina. „Integrationsschwierigkeiten. Die Kategorie Geschlecht in der Medizin." *Forschung & Lehre* 11 (2014): 894–895.

Prüll, Livia. „Der Umgang mit trans*Menschen in der Medizin." In *Gesunde Vielfalt pflegen. Zum Umgang mit sexueller und geschlechtlicher Vielfalt in Gesundheit, Pflege und Medizin*, hg. v. Marcel Hackbarth, 125–133. Edition Waldschlösschen Materialien 26. Göttingen: Waldschlösschen-Verlag, 2020.

Prüll, Livia. „Diversität in medizinischen Einrichtungen. Transgender als Beispiel." In *Diversität im Gesundheitswesen*, hg. v. Florian Steger, 318–338. Angewandte Ethik. Medizin Bd. 3. München: Karl Alber, 2019.

Prüll, Livia. *Trans* im Glück. Geschlechtsangleichung als Chance*. Göttingen: Vandenhoeck & Ruprecht, 2016.

Prüll, Livia. „Das Unbehagen am transidenten Menschen. Ursprünge, Auswirkungen, Ausblick". In *Transsexualität in Theologie und Neurowissenschaften. Ergebnisse, Kontroversen, Perpektiven*, hg. v. Gerhard Schreiber, 265–293. Berlin und Boston: De Gruyter, 2016.

Prüll, Livia. „Das Phänomen Transidentität in (kultur-)historischer Perspektive und die Konsequenzen für das christliche Weltbild." In *Reformation für Alle*. Transidentität/Transsexualität und Kirche*, hg. v. Deutsche Gesellschaft für Transidentität und Intersexualität (dgti), 9–13. Berlin: dgti, 2017.

Prüll, Livia. „Was brauchen Ärzt*innen im Umgang mit sexueller und geschlechtlicher Vielfalt?" In *Gesunde Vielfalt pflegen. Zum Umgang mit sexueller und geschlechtlicher Vielfalt in Gesundheit, Pflege und Medizin*, hg. v. Marcel Hackbarth, 155–161. Edition Waldschlösschen Materialien 26. Göttingen: Waldschlösschen-Verlag, 2020.

Queer.de. „Transgender Day of Remembrance. Hass: 350 trans Menschen binnen eines Jahres ermordet," *queer.de*, 20.11.2020, https://www.queer.de/detail.php?article_id=37561 (letzter Zugriff: 21.02.2021).

Queer.de. „Bremen: Evangelische Schule wollte ‚Dämon' von trans Schüler austreiben," *queer.de*, 14.09.2020, https://www.queer.de/detail.php?article_id=37056 (letzter Zugriff: 20.02.2021).

Queer.de. „Transphobie: Papst: Geschlechtsanpassung ist eine gefährliche ‚Manipulation'". *queer.de*, 06.10.2017, https://www.queer.de/detail.php?article_id=29828 (letzter Zugriff: 07.02.2021).

Rauchfleisch, Udo. *Transsexualität-Transidentität. Begutachtung, Begleitung, Therapie*. Göttingen: Vandenhoeck & Ruprecht, 2016[5].

Rees, Manuel. „Echtes Leben: Herr Pfarrer ist jetzt Pfarrerin. Elke und ihre Gemeinde," *WDR Echtes Leben* (Film), 26.07.2020, https://www.daserste.de/information/reportage-dokumentation/echtes-leben/sendung/herr-pfarrer-ist-jetzt-pfarrerin-106.html (letzter Zugriff: 17.01.2021).

Retkowski, Alexandra, Angelika Treibel und Elisabeth Tuider. „Pädagogische Kontexte und Sexualisierte Gewalt." In *Handbuch. Sexualisierte Gewalt und pädagogische Kontexte. Theorie, Forschung, Praxis*, hg. v. diess., 15–30. Weinheim und Basel: Beltz-Juventa, 2018.

Roper, Lyndal. *Der feiste Doktor. Luther, sein Körper und seine Biographen*. Göttingen: Wallstein, 2012.

Röhlig, Marc. „'Das wird Gewalt entfachen': Was ein Katholik über das LGBT-Papier des Vatikans denkt," *Der Spiegel* (Panorama), 11.06.2019, https://www.spiegel.de/ panorama/vatikan-prangert-gender-theorie-an-so-kritisiert-ein-katholik-die-lgbt-haltung- der-kirche-a-4ddd6a7c-2822-4b97-a350-92318b7bd9ef (letzter Zugriff: 07.02.2021).

Rominger, Walter. „Stettens neuer Pfarrer wechselte Konfession und Geschlecht, Samuel Schelle war früher eine Frau und katholisch." *Informationsbrief Bekenntnisbewegung „Kein anderes Evangelium"* 324 (Oktober 2020).

Roughgarden, Joan. „The Gender Binary in Nature, Across Human Culture, and in the Bible." In *Transsexualität in Theologie und Neurowissenschaften. Ergebnisse, Kontroversen, Perpektiven*, hg. v. Gerhard Schreiber, 413–439. Berlin und Boston: De Gruyter, 2016.

Rudnicka, J. „Statistiken zur Katholischen Kirche," *Statista*, 15.09.2020, https://de.statista. com/themen/764/katholische-kirche/ (letzter Zugriff: 29.01.2021).

Runtsch, Cornelius. „Evangelikale Schule mobbt Transsexuellen. Mit Gebeten gegen den Dämon," *TAZ*, 12.09.2020, https://taz.de/Evangelikale-Schule-mobbt-Transsexuellen/! 5710942/ (letzter Zugriff: 18.11.2020).

Schockenhoff, Eberhard. „Sexualität und Katholische Kirche – ein Dauerkonflikt?" In *Transsexualität in Theologie und Neurowissenschaften. Ergebnisse, Kontroversen, Perpektiven*, hg. v. Gerhard Schreiber, 565–573. Berlin und Boston: De Gruyter, 2016.

Schreiber, Gerhard. „Begriffe vom Unbegreiflichen. Beobachtungen zur Rede von ‚sexueller Gewalt' und ‚sexualisierter Gewalt'." In *Sexualisierte Gewalt in kirchlichen Kontexten. Neue interdisziplinäre Perspektiven*, hg. v. Mathias Wirth, Isabelle Noth und Silvia Schroer, 123–145. Berlin und Boston: De Gruyter, 2022.

Schreiber, Gerhard. „Vorwort." In *Transsexualität in Theologie und Neurowissenschaften. Ergebnisse, Kontroversen, Perpektiven*, hg. v. ders., XIII–XXI. Berlin und Boston: De Gruyter, 2016.

Schwesig, Manuela. „Grußwort." In *Reformation für Alle**, hg. v. Deutsche Gesellschaft für Transidentität und Intersexualität (dgti), 2. Berlin: dgti, 2017.

Siegwart, Heinz. „Geleitwort". In, *Sexualisierte Gewalt. Praxishandbuch zur Prävention von sexuellen Grenzverletzungen bei Menschen mit Behinderungen*, hg. v. Werner Tschan, 13–14. Bern: Verlag Hans Huber, 2012.

Solms, Mark. „The Biological Foundations of Gender: a delicate Balance." In *Transsexualität in Theologie und Neurowissenschaften. Ergebnisse, Kontroversen, Perpektiven*, hg. v. Gerhard Schreiber, 5–21. Berlin und Boston: De Gruyter, 2016.

Spörkel, Elke. „Interview." In *Reformation für Alle**, hg. v. Deutsche Gesellschaft für Transidentität und Intersexualität (dgti), 24–28. Berlin: dgti, 2017.

Stryker, Susan. *Transgender History. The Roots of Today's Revolution*. New York: Seals Press, 2017[2].

Stryker, Susan und Stephen Whittle, Hg. *Transgender Studies Reader*, Bd. 1. New York: Routledge, 2006.

Stryker, Susan und Aren Z. Aizura, Hg. *Transgender Studies Reader*, Bd. 2. New York: Routledge, 2013.

Süddeutsche Zeitung. „Erster Priester im Vatikan outet sich," *Süddeutsche Zeitung* (Magazin). 4. 10. 2015, https://www.sueddeutsche.de/panorama/katholische-kirche-erster-priester-im-vatikan-outet-sich-1.2675777 (letzter Zugriff: 13. 02. 2021).

Swab, Dick, Laura Castellanos-Cruz und Ai-Min Bao. „The Human Brain and Gender: Sexual Differentiation of our Brains." In *Transsexualität in Theologie und Neurowissenschaften. Ergebnisse, Kontroversen, Perpektiven*, hg. v. Gerhard Schreiber, 23 – 41. Berlin und Boston: De Gruyter, 2016.

Universität Dortmund. „InTraHealth. Verbesserung des Zugangs zur Gesundheitsversorgung für inter- und transgeschlechtliche Menschen durch Abbau von Diskriminierung als versorgerseitiger Zugangsbarriere," www.fh-dortmund.de/intrahealth (letzter Zugriff: 23. 02. 2021).

Wagner, Wolfgang, „Jesus liebt Trans*," *Anstöße* (Magazin der Offenen Kirche, hg. v. Evangelische Vereinigung in Württemberg), Ausgabe 3/2018, https://www.offene-kirche.de/fileadmin/userfiles/OK-Zeitschriften/ok_anstoesse_3_2018_online.pdf (letzter Zugriff: 18. 01. 2021).

Weitzel, Petra. „Rechtliche und gesellschaftliche Aspekte eines gesetzlichen Verbots sogenannter ‚Konversionstherapien' – Bedarfe von trans*Menschen." In *Abschlussbericht*, hg. v. Bundesstiftung Magnus Hirschfeld, 249 – 250. Berlin: Bundesministerium für Gesundheit, 2019.

Wirth, Mathias. „Die Banalisierung sexualisierter Gewalt im Gestus ihrer Entschuldigung." In *Sexualisierte Gewalt in kirchlichen Kontexten. Neue interdisziplinäre Perspektiven*, hg. v. ders., Isabelle Noth und Silvia Schroer, 355 – 377. Berlin und Boston: De Gruyter, 2022.

Wirth, Matthias. „‚Der Dich erhält, wie es Dir selber gefällt.' Transidentität als Ernstfall systematischer Theologie." In *Transsexualität in Theologie und Neurowissenschaften. Ergebnisse, Kontroversen, Perpektiven*, hg. v. Gerhard Schreiber, 483 – 502. Berlin und Boston: De Gruyter, 2016.

Wittl, Wolfgang. „Unser Pfarrer heisst jetzt Dorothea," *Süddeutsche Zeitung* (Magazin), 23. 04. 2013, https://www.sueddeutsche.de/bayern/transsexualitaet-unser-pfarrer-heisst-jetzt-dorothea-1.1654512 (letzter Zugriff: 17. 01. 2021).

Wolf, Gisela. „Formen und Folgen von ‚Konversionsbehandlungen' an homosexuellen, gendernonkonformen und trans*geschlechtlichen Personen." In *Abschlussbericht*, hg. v. Bundesstiftung Magnus Hirschfeld, 149 – 164. Berlin: Bundesministerium für Gesundheit, 2019.

Wolf, Lorenz. „Wie sieht's aus? – Eine Stimme aus der katholischen Kirche zum Thema Transsexualität," *Lili-Elbe-Bibliothek,* (Abdruck einer Stellungnahme von Dr. Lorenz Wolf aus *Vivatissimus* 3, 1998), http://lili-elbe.de/leseecke/transgender-in-philosophie-religion/katholische-kirche-transsexualitaet/ (letzter Zugriff: 11. 02. 2021).

Zwölfer, Dorothea. „Dankbar gemeinsam die Zukunft bauen. Predigt über Lk 17,11 – 19*." In *Transsexualität in Theologie und Neurowissenschaften. Ergebnisse, Kontroversen, Perpektiven*, hg. v. Gerhard Schreiber, 667 – 670. Berlin und Boston: De Gruyter, 2016.

Jasmin Mannschatz

„We were expected to carry the weight of their shame and guilt, thinking it was our shame."

Gerard Rodgers' sozialethisches Prinzip *mea culpa* im Kontext sexualisierter Gewalt

Das Bundeskriminalamt verzeichnet in der jährlichen Bundeskriminalstatistik 2019, die im Mai 2020 erschienen ist, insgesamt 13.670 Fälle sexuellen Missbrauchs[1] an Kindern – im Vergleich zum Vorjahr ist dies ein Anstieg um fast 11 %.[2] Dies ist eine erschreckend hohe Zahl, wobei die Dunkelziffer noch höher liegen dürfte. Der Großteil der Übergriffe und Taten erfolgt durch männliche Täter, die in den meisten Fällen eine persönliche Beziehung oder ein freundschaftliches Verhältnis[3] zu den Betroffenen haben.

Eine Differenzierung hinsichtlich der Betroffenen findet oft nur auf Basis der Vorstellung einer binär-heteronormativen Geschlechtsidentität[4] (GI) statt. In den meisten Studien wird lediglich zwischen betroffenen Mädchen und Jungen unterschieden,[5] wodurch geschlechtliche Minderheiten unberücksichtigt bleiben. Dabei sind gerade Kinder, die nicht der binär-heteronormativen Vorstellung von

---

1 Unter dieser Bezeichnung werden offiziell nur die strafrechtlichen Vorfälle verstanden; für Vorfälle und Übergriffe, die als nicht-strafrechtlich relevant eingestuft werden, wird u. a. die Bezeichnung *Sexualisierte Gewalt* verwendet. Diese Erfahrungen sind für die Betroffenen aber nicht weniger traumatisch, darum wird der inklusivere Begriff in diesem Beitrag bevorzugt. Vgl. auch Unabhängiger Beauftragter für Fragen des sexuellen Kindesmissbrauchs, *Definition*.
2 Bundesministerium des Innern, *Polizeiliche Kriminalstatistik*, 15.
3 Egle, Hoffmann und Joraschky, *Sexueller Missbrauch*, 14 f.
4 Vgl. dazu Butler, *Unbehagen*, 24: „Die Geschlechtsidentität darf nicht nur als kulturelle Zuschreibung von Bedeutung an ein vorgegebenes anatomisches Geschlecht gedacht werden. [...] Die Produktion des Geschlechts *als* vordiskursive Gelegenheit muß umgekehrt als Effekt jenes kulturellen Konstruktionsapparats verstanden werden, den der Begriff ‚Geschlechtsidentität' [...] bezeichnet." Butler kritisiert die verkürzte Besetzung des Begriffs GI, der lediglich mit dem anatomischen Geschlecht assoziiert und so verstanden kulturell reproduziert wird. Tatsächlich umfasst die Entwicklung der GI aber weit mehr als nur die biologisch-physische Bestimmung der Genitalien, vgl. dazu Preuss, *Geschlechtsdysphorie*, 52–72 und Diamond, „Biased-Interaction Theory", 589–600.
5 Osterheider und Neutze, *MiKADO*.

https://doi.org/10.1515/9783110699203-028

GI entsprechen, also zur Gruppe der LGBTIQ*[6] gehören, in der Entwicklung einer stabilen Persönlichkeit besonders vulnerabel, da sie in einer binär-heteronormativen Gesellschaft eine Sonderstellung einnehmen und dies durch ihre Mitmenschen oft negativ gespiegelt wird.[7] Dies macht sie besonders anfällig für Manipulation und erhöht die Gefahr, in eine Situation von Abhängigkeit, Machtmissbrauch und sexualisierte Gewalt zu geraten. Es ist daher zu fragen, inwiefern eine bestimmte Form der Theologie zu dieser Gefährdung, gerade im kirchlichen Kontext, beiträgt und mitunter sexualisierte Gewalt ermöglicht.[8] Gerade dann, wenn eine GI z. B. durch eine bestimmte religiös geprägte Weltanschauung nicht als gleichwertig anerkannt oder gar als kriminell oder pathologisch angesehen wird.[9] Darum soll es in diesem Beitrag gehen.

Grundlage hierfür sind die biographisch geprägten Monographien *Being Gay in Ireland* (2018) und *Resisting the Power of Mea Culpa* (2019) von Gerard Rodgers über den starken Einfluss der römisch-katholischen Kirche auf die Bevölkerung und die Politik Irlands im 20. Jahrhundert, der teilweise noch bis in die Gegenwart hinein Relevanz hat. Der Beitrag erläutert daher zunächst in einem ersten Abschnitt, unter Bezug auf die Biographie Rodgers' und die seiner Familie, die historischen Hintergründe der besonderen Stellung der römisch-katholischen Kirche in Irland, bevor in einem zweiten Abschnitt Rodgers' sozialethisches Prinzip von *mea culpa* unter der Berücksichtigung seiner eigenen Erlebnisse mit sexualisierter Gewalt, näher erläutert wird. In einem dritten Schritt wird ein Ausblick darauf gegeben, welche Rolle die Theologie in der Gegenwart im Kontext sexualisierter Gewalt spielt, und welche Verantwortung die Kirchen tragen um angemessene und effektive Präventionsstrategien zu entwickeln, die auch Kinder mit einer GI im Bereich von LGBTIQ* als besonders schutzbedürftig berücksichtigt.

---

6 Lesbian-Gay-Bi-Trans-Inter-Queer mit * als Ergänzung für jede Person, die sich über diese Bezeichnungen hinaus definiert und auch so gelesen werden möchte, darunter fallen z. B. auch asexuelle Personen.

7 Vgl. dazu Krell und Oldemeier, *Coming-out – und dann*, 29 – 32 und Watzlawik und Weil, „Coming-out – Was motiviert", 79 – 163.

8 Siehe dazu auch Cronin, „On Brokenness" in diesem Band.

9 Vgl. Berger, *Der heilige Schein*, besonders das Kapitel „Homosexualität als Druckmittel", 187 – 225. Für protestantische Stimmen vgl. auch Spreng, „Verbindung Mann/Frau" und Raedel, „Geschlechtsidentität und Geschlechterrollen".

1 Historischer Überblick und die Rolle der römisch-katholischen Kirche in Irland

Im 19. Jahrhundert war Irland durch die Kartoffelkrise (1845–1852) und die daraus resultierende Abwanderung stark gebeutelt. Dies führte nachhaltig zu einer durch religiöse Vorstellungen geprägten Denkweise: „As a poor country, the inscription of catholic social/sexual teachings into Irish mind-sets in mass religious rituals and in education was a significant success story".[10] Zwei historische Bedingungen wirken hierbei besonders begünstigend: Zum einen das I. Vatikanische Konzil im Jahre 1860 als Reaktion auf die expandierenden Ideen der Moderne und der Aufklärung[11]; zum anderen die Unabhängigkeitsbestrebungen Irlands gegen die britische Regierung seit Anfang der 1920er-Jahre[12]. In den Folgejahren des 20. Jahrhunderts wehrte sich die mehrheitlich katholische Bevölkerung Irlands gegen einen zu großen Einfluss des protestantisch geprägten Vereinigten König-reichs, sodass die Autorität der römisch-katholischen Kirche im Bereich der schulischen Erziehung und der sozialen Bildung enorme Bedeutung erlangte, weil sie als einzige Institution galt, die komplett frei von britischer Kontrolle war. Mit der Hilfe katholischer Orden wie der Gemeinschaft „De La Salle" in Castletown, gründete die römisch-katholische Kirche viele eigene Schulen, Kranken- und Geburtshäuser und nutzte diese für eigene Zwecke: So wurden in den Jahren 1948–1973 Frauen, die außereheliche Kinder gebaren, psychologisch unter Druck gesetzt, die Kinder zur Adoption freizugeben. Diese Kinder sind heute unter der Bezeichnung „Banished Babies"[13] bekannt. Sie wurden vor allem in die Verei-nigten Staaten, nach Kanada oder Australien an katholische, kinderlose Paare übergeben. Dies war an die Erfüllung bestimmter Bedingungen geknüpft, so mussten die Kinder eine rein katholisch geprägte Erziehung erfahren, die durch einen Besuch katholischer Schulen und Universitäten garantiert werden sollte[14].

Rodgers' eigene Mutter war eine von ihnen: Seine älteste Schwester wurde als unehelich geborenes Kind im Alter von 15 Monaten zusammen mit 19 anderen Babies im Jahre 1954 zu einer Familie nach Amerika gebracht. Die bereits ge-nannten Adoptionsbedingungen und die Garantie einer katholischen Erziehung sollten das körperliche und seelische Wohl der Kinder sicherstellen. Stattdessen jedoch erwartete Rodgers' Schwester ein Leben, das gezeichnet war von häusli-

---

10 Rodgers, *Being Gay*, 34.
11 Vgl. Neuner, *Der lange Schatten*.
12 Vgl. Hogan, *The Origins of the Irish Constitution*.
13 Vgl. Milotte, *Banished Babies*.
14 Vgl. Cooney, *John Charles McQuaid*, 247.

cher und sexualisierter Gewalt: Der Pflegevater verging sich über einen langen Zeitraum, angefangen im Alter von sieben Jahren bis zur Pubertät, immer wieder an ihr und später auch an einer anderen Pflegetochter. Besonders bitter ist hierbei die Tatsache der Mitwisserschaft; einerseits durch die Pflegemutter, andererseits durch einen Priester, dem sich Rodgers' Schwester anvertraute:

> My sister thinks her foster mother knew what her husband was up to with her and her foster sister. [...] Yvonne confides in a Catholic priest about the sexual abuse when she was twelve years old. The priest said he would pray to find the right answer to resolve the problem. Years later Yvonne discovers how this same cleric she confided in, ended up in court for sexual abuse of minors.[15]

Als Konsequenz begann Rodgers' Schwester ein Selbstverständnis zu entwickeln, das darin gründete, sie habe aufgrund ihres Adoptionsstatus einen geringeren Wert als ihre Geschwister und die erlebten Erfahrungen sexualisierter Gewalt seien daher möglicherweise sogar gerechtfertigt. Bereits hier werden erschreckende Zusammenhänge zwischen katholischer Sexualmoral, priesterlichem Amtsverständnis und Geheimhaltung auf der einen Seite sowie Gefühlen von Schuld, Scham und Minderwertigkeit auf der anderen Seite sichtbar, die signifikant sind für sexualisierte Gewalt im kirchlichen Kontext und an späterer Stelle in diesem Beitrag noch genauer erläutert werden.

Kurz nachdem Rodgers' Mutter ihre Tochter zur Adoption freigegeben hatte, wurde sie vom selben Mann erneut schwanger, diesmal heiratete sie ihn und konnte das Kind behalten. Doch bereits Mitte der 1950er-Jahre bat sie um Annullierung der Ehe, da der Mann extrem aggressiv, gewalttätig und alkoholabhängig war. Ihr Gesuch wurde abgelehnt. „A jesuit priest [...] informed my mother [...] that she made her decision and that she must remain married to my father. Ireland was now a Catholic country and it no longer permitted divorce."[16] Die Bestimmung geht auf das Jahr 1937 zurück, in dem die Irische Verfassung so geändert wurde, dass Scheidung und Wiederheirat auch auf zivilem Weg nicht mehr legal war. Diese Entscheidung bescherte Rodgers' Mutter neben fünf weiteren Kindern ein Leben, das von häuslicher Gewalt gezeichnet war und nicht ohne gesundheitliche Spuren blieb.[17]

Der Einfluss der strengen katholischen Sexualmoral, die sowohl das gesellschaftliche als auch das familiäre Zusammenleben in Irland auf verheerende Weise prägte, hatte außerdem zur Folge, dass homosexuelle Beziehungen kri-

---

15 Rodgers, *Mea Culpa*, 22 f.
16 A.a.O., 20.
17 Vgl. a.a.O., 13–20 und 152–155.

minalisiert wurden, weil sie gegen die natürliche Ordnung der Fortpflanzung verstoßen würden; dies sorgte für eine homophobe Grundeinstellung in der irischen Gesellschaft, was sich in regelmäßigen Morden an homosexuell orientierten Personen zeigte.[18] Im Jahre 1973 trat Irland der Europäischen Union (EU) bei, aber selbst als in Nordirland 1981 durch EU-Gerichte die Dekriminalisierung von homosexuellen Beziehungen beschlossen wurde,[19] hatte dies kaum Einfluss auf die homophobe Gesellschaft. Während seit 1980 überall auf der Welt schwule und queere Interessengruppen gegründet wurden, um die Regierungen auf die rasante Entwicklung und Gefahr der Aids-Krise aufmerksam zu machen[20], wurde diese in Irland erst im Jahre 1989 vom Parlament thematisiert, fünf Jahre nachdem der erste Aids-Fall dort bekannt geworden war. Inzwischen gab es mehr als 7.500 irische HIV-Diagnosen; an den Folgen der Infektion verstarben bis 2012 mehr als 400 Personen.[21] Auch Rodgers und sein damaliger Partner gehören zu diesen Infizierten. Rodgers lebt bis heute mit der Diagnose, sein Partner starb daran. Bis zur ersten irischen Medienkampagne, die Auskunft darüber gab, wie safer-sex-Praktiken vor einer Ansteckung schützen, dauerte es bis 1993.[22] Die römisch-katholische Kirche reagierte auf die Krise, indem sie ihre eigene sexualmoralische Vorstellung bestätigt sah und anstelle von Kondomen, einen ehelichen heterosexuellen Lebensentwurf propagierte: „[...] Cardinal Ratzinger is impressing the idea that gay men are bringing calamity onto themselves and society [...] which equated gay identity with innate disorder and pathology."[23]

Neben den anhaltenden Debatten über die Aids-Krise erschütterte im Jahre 1992 ein anderer Fall die bis dahin normative Selbstverständlichkeit des römisch-katholischen Ethos in der Gesellschaft: Ein 14-jähriges Mädchen wurde nach einer Vergewaltigung durch gerichtliche Verfügung davon abgehalten nach Britannien zu reisen um dort eine Abtreibung vorzunehmen. Durch das Aufsehen und den Widerstand, den diese Entscheidung in der Bevölkerung auslöste, erlaubte der Oberste Gerichtshof in Irland Abtreibungen unter bestimmten Umständen. Weitere Änderungen folgten: 1993/94 wurde in ganz Irland die Dekriminalisierung von Homosexualität beschlossen und ein Jahr später hob ein Referendum das Scheidungsverbot auf.[24] Während sich also die Politik seit den 1990er-Jahren

---

18 Vgl. Rodgers, *Being Gay*, 45 f. und besonders 56 und *Mea Culpa*, 119–126 und besonders 134–138.

19 Vgl. Rodgers, *Being Gay*, 65.

20 Vgl. Halkitis, *AIDS Generation*.

21 Vgl. Rodgers, *Being Gay*, 61 f.

22 Vgl. Rodgers, *Mea Culpa*, 138.

23 A.a.O., 132.

24 Vgl. Rodgers, *Being Gay*, 67 und *Mea Culpa*, 149–151.

allmählich vom Einfluss der römisch-katholischen Kirche distanzierte und verschiedene Interessengruppen der LGBTIQ*-Community sichtbarer auftraten um ihre Rechte einzufordern, wie etwa die Anerkennung gleichgeschlechtlicher Partnerschaften,[25] behält die römisch-katholische Kirche im Bildungswesen bis heute ihre Vormachtstellung: „Over 90 percent of national schools are still under Catholic patronage [...]".[26] Dies trägt bis heute zu wirksamen homophoben Ansichten in der irischen Gesellschaft bei, die auch Einfluss auf die schuld- und schambelastete Selbstwahrnehmung von homosexuell orientierten Männern hat.[27] Dieses Empfinden bezeichnet Rodgers als *mea culpa* und wird im nachfolgenden Teil näher erläutert.

2 Das sozialethische Prinzip *mea culpa* als Bestandteil römisch-katholischer Moraltheologie

Rodgers liefert keine explizite Definition seines Verständnisses von *mea culpa*, auch wenn die wörtliche Übersetzung aus dem Lateinischen *meine Schuld* schon einen ersten Hinweis darauf liefert worum es ihm geht. *Mea culpa* ist bei ihm eher ein Konzept heuristischer Art. Es geht dabei um ein Zusammenspiel von theologischen und moralischen Vorstellungen mitsamt ihren sozialen Konsequenzen und wird in seinen Büchern veranschaulicht, indem der Einfluss der römisch-katholischen Kirche auf die Historie und Gesellschaft Irlands von ihm systematisch aufgearbeitet und reflektiert wird und er seine eigenen Erfahrungen mit denen anderer schwuler Männer in Irland[28] vergleicht.

In seinem ersten Buch *Being Gay in Ireland* (2018) führte Gerard Rodgers neun Interviews mit Männern unterschiedlichen Alters, der Jüngste war 22, der Älteste 65. Obwohl ihre Lebenswege und familiären Hintergründe unterschiedlich sind, ähneln sich ihre Schilderungen hinsichtlich eines Selbstbildes, das vor allem davon geprägt war, nicht aufzufallen, um in der Schule weder ausgegrenzt noch von der eigenen Familie, besonders vom Vater, verstoßen zu werden. Die Angst vor einer negativen Reaktion des unmittelbaren Umfelds löst in den Männern – teilweise bis in die Gegenwart hinein – das Gefühl eines extrem geringen Selbst-

---

25 Vgl. Rodgers, *Being Gay*, 73 f.
26 A.a.O., 68.
27 Vgl. a.a.O., 93 f.
28 Vgl. Kapitel 4 „Irish Gay Men's Stories", a.a.O., 93–138.

wertes aus, die eigene Homosexualität wird als Makel empfunden, sogar als Schande: „I'm not happy being gay, I don't like being gay. I don't want to be gay. It's something I didn't choose, but I'm stuck with it. To be stuck with it is to be misrecognized as a person of lowered/excluded status."[29] Dieses ‚Unsichtbar-Bleiben' und ‚in-Schach-gehalten-werden', ist für Rodgers das Ziel des Schuld-komplexes, der in *mea culpa* emblematisch zum Ausdruck kommt: „ [...] the thought control of mea culpa [is] a powerful tool to keep people in their place."[30]

Scham und Schuld gegenüber sich selbst, aber vor allem gegenüber der Familie, fungieren als wichtige Mechanismen von *mea culpa* und sind unmittelbar mit einer homosexuell orientierten Identität verknüpft, die Rodgers extrahiert hat. Besonders deutlich wird dies anhand zweier Erzählungen: Der 33-jährige Oscar beschreibt seine erste homosexuelle Erfahrung als „so natural kissing each other and ripping each other's clothes off. [...] Even though it had felt so normal and natural [...] when the sun came up, I just felt dirty [...]. I remember getting home and getting in the shower and scrubbing myself."[31] Der 22-jährige Andre hingegen versuchte seine Mutter zunächst damit zu trösten, lediglich bisexuell zu sein und wollte ihr damit die Aussicht auf ein „normales" Leben erhalten auch wenn beide wussten, so der Bericht, dass er log. Andres Schuldempfinden gegenüber seinen Eltern ging sogar bis zum Versuch ein heterosexuelles Leben zu führen: „I'm going to try and change myself by conditioning myself to feel attracted to vaginas, to boobs, to the female body. [...] I will fix myself."[32] Er wäre sogar bereit dazu gewesen eine Ehe einzugehen, die der Vater gemeinsam mit seinem Onkel nach seinem Coming-out arrangierte; aber das ließ Andres Mutter nicht zu. Als Zwischenfazit hält Rodgers fest: „[These stories are] good example[s] of the regulating micro-methods of religious authority combined with institutional governance which had tried to regulate [...] historic thoughts and feelings."[33]

Rodgers erkennt in den Erzählungen dieselben Mechanismen religiöser Erziehung, die seinem eigenen Leben das Gefühl einschrieben, er sei das Problem: „I literally had to engage in a fight with myself, not with the dysfunctional crowd who created this tension in the first place. [...] From this I deduced I was wrong, never them. I needed religion for a redemption from innate sin."[34] Was Rodgers hier beschreibt, empfinden nahezu alle Menschen, die sich nicht mit der hete-

---

29 A.a.O., 118.
30 A.a.O., 98.
31 A.a.O., 97.
32 A.a.O., 113.
33 A.a.O., 119.
34 Rodgers, *Mea Culpa*, 70.

rosexuellen Norm identifizieren[35]. Durch die selbstverständliche Annahme, dass Heterosexualität die gesellschaftliche „Normalität" sei, entsteht ein Gefühl des Falsch-Seins, des Nicht-dazu-Gehörens, was zusätzlich negativ durch eine bestimmte religiöse Weltanschauung verstärkt werden kann. Menschen sind Individuen, die aber dennoch aufeinander angewiesen sind: Sie agieren wechselseitig miteinander, nehmen sich gegenseitig wahr, interpretieren, beziehen sich aufeinander und erzeugen so eine Dynamik, die ein gesellschaftliches Kollektiv reproduziert und für das weitere Handeln einen gemeinsamen Rahmen definiert[36]. In diesem kollektiven Rahmen entwickelt sich die personale Identität des menschlichen Individuums[37]. Ist dieser Rahmen und damit die kollektive Erwartungshaltung von Anfang an von einem bestimmten Ideal geprägt (in diesem Fall die Heteronormativität), entsteht schnell ein Ungleichgewicht zu Ungunsten derer, die nicht in dieses Raster passen. Judith Butler erarbeitete diese Kritik in ihrem Werk *Das Unbehagen der Geschlechter*. Darin kritisiert sie das duale Ideal der heterosexuellen Geschlechter, das durch Wissenschaft und Kultur aufgestellt und durch ständige Wiederholung politisch und gesellschaftlich manifestiert wird.

> Gerade weil umgekehrt bestimmte ‚geschlechtlich bestimmte Identitäten' (*gender identities*) nicht den Normen kultureller Intelligibilität entsprechen, erscheinen sie innerhalb des Gebiets der kulturellen Intelligibilität nur als Entwicklungsstörungen oder logische Unmöglichkeiten.[38]

Anders gesagt, jegliche Abweichung von der heterosexuellen Matrix wird als pathologisch oder „verbesserungsbedürftig" angesehen. Butler plädiert daher für ein vordiskursives Feld von GI, das zwar durchaus die hetero-binäre Lebensweise berücksichtigt und anerkennt, sie aber nicht zur allgemein geltenden Norm erhebt.[39]

Das Prinzip *mea culpa* von Rodgers beschreibt also wie die römisch-katholische Sexualmoral zu dieser hetero-binären Normativität beiträgt und sie reproduziert. Diesen Zusammenhang stellt Rodgers am Ende von *Being Gay in Ireland* kurz dar,[40] in seiner ganzen Tragweite erläutert wird er aber erst in seinem zweiten Buch *Resisting the Power of Mea Culpa*. In *Being Gay* versucht Rodgers aus der Perspektive eines zwar Mitbetroffenen aber dennoch distanzierten Wissen-

---

35 Vgl. dazu Krell und Oldemeier, *Coming-out*, 29–32, 66–69, 139 f. und besonders 221–224.
36 Vgl. Abels und König, *Sozialisation*, 57–59.
37 Vgl. Danzer, *Identität*, 99–107.
38 Butler, *Unbehagen*, 39.
39 Vgl. a.a.O., 22–31, 37–49 und 165–173.
40 Vgl. Kapitel 6 „Confronting Ireland's Mea Culpa" in Rodgers, *Being Gay*, 147–162.

schaftlers, Homosexualität und Homophobie in der irischen Gesellschaft zu thematisieren und bezieht seine eigene Perspektive nur mit ein, wenn die entsprechenden Interview-Passagen die Möglichkeit dazu bieten. In seinem zweiten Buch wählt Rodgers einen sehr viel persönlicheren Zugang und gewährt den Lesenden nicht nur detaillierten Einblick in seine eigene Biographie und Gefühlswelt, sondern auch in die seiner gesamten Familie. Dadurch wird die ganze Tragweite des sozialethischen Prinzips von *mea culpa* sichtbar und auch, wieso dies eine potentielle Gefahr für sexualisierte Gewalt und Misshandlung sein kann.

Aufgrund des strikten Scheidungsverbots und der gescheiterten Annullierungsgesuche war Rodgers Mutter in einer von häuslicher Gewalt geprägten Ehe gefangen, die Auskunft über ein religiös geprägtes Gesellschaftsbild gibt, in dem die Frau schweigsam und fügsam ihr Schicksal und damit verbundene Schmerzen und Misshandlungen erdulden muss: „Shame silences people. When the arbiters of sexual conduct were moral/political/social-relational, these 'good authority' arrangements shape and alters (sic!) self-esteem."[41] Aufgrund des Verbots von Methoden zur Empfängnisverhütung konnte der Vater nach Belieben über die familiäre Situation verfügen, „[...] as if it was his natural right to have sex and more children"[42]; Rodgers wäre nicht geboren worden, wenn seine Mutter ein Recht auf Verhütung gehabt hätte. Anstatt Verantwortung zu übernehmen, verlor sich Rodgers' Vater regelmäßig im Alkoholrausch, was sich in Gewalttaten gegenüber seinen Kindern entlud, bis er eines Abends im Jahre 1975 dabei zu Tode kam, weil Eamonn, Rodgers' 16-jähriger Bruder, sich mit letaler Gewalt in die Auseinandersetzung einmischte. Der Vorfall schaffte es in die Lokalpresse und Eamonn musste sich vor einem Gericht dafür verantworten.[43]

Das Fehlen einer Vaterfigur und die frühen gewalttätigen Erfahrungen trugen dazu bei, dass der junge Rodgers sich nach Sicherheit sehnte, die er schließlich in der römisch-katholischen Kirche fand und deren Ansichten er aufgrund der allgegenwärtigen Präsenz in der Gesellschaft nicht hinterfragte: „I thought religious concepts were above all that. I thought religious people were the sole and ultimate arbiters of truthful knowledge. [...] Morality gave me a buffer against a disturbed reality."[44] Im Alter von elf Jahren traf Rodgers auf Bruder Bernard Doyle vom De La Salle Orden, der für die Rekrutierung des Nachwuchses verantwortlich war und in Rodgers großes Potential für eine religiöse Berufung sah. Eben dieser Ordensgeistliche war es, der Rodgers später sexuell misshandelt hat. „Bruder Bernard" besuchte ihn regelmäßig zuhause und „Bro. Bernard kept repeating to me how fragile reli-

---

41 Rodgers, *Mea Culpa*, 46.
42 A.a.O., 45.
43 Vgl. a.a.O., 47–51.
44 A.a.O., 64 f.

gious callings were. He kept warning me about bad things that might stand in the way of God's calling."[45] Besorgt vertraute sich Rodgers dem Geistlichen an und erklärte seine familiäre Situation. „Bruder Bernard" reagierte darauf „in a loving and caring way [...] He said many of the famous saints of the Church came from vulnerable backgrounds just like mine."[46] Es ist anzunehmen, dass „Bruder Bernard" wohl bereits über die familiären Umstände Bescheid wusste, da einerseits die Presse über den Vorfall berichtet hatte und andererseits die Gemeinde in Churchtown auch nicht besonders groß gewesen war, sodass sich solche Vorfälle via Mundpropaganda schnell verbreiteten. Daher scheint es nicht abwegig zu denken, dass „Bruder Bernard" wohl bewusst den Kontakt zu Rodgers gesucht hatte, weil ihn sein junges Alter und das Erlebte anfälliger für Manipulation machten.[47] Seine Besuche gaben dem Jungen zum ersten Mal das Gefühl wertvoll zu sein: „He was talking magically about me and to me. The idea of God hand-picking me made me feel great and exemplary."[48] Das so erlangte Vertrauen und seine Position als Kleriker benutzte „Bruder Bernard" also bewusst, um Rodgers in ein toxisches Verhältnis aus Bewunderung und Hörigkeit, aus Macht und Abhängigkeit zu verwickeln: „I had been trained to think that being open to God's will over my will was authentic and that the worldly world was dangerous."[49]

Der australische (ehemalige) Bischof Geoffrey Robinson beschreibt diese Mischung als die geradezu lehrbuchhafte Voraussetzung für das Ausagieren sexualisierter Gewalt gegen Minderjährige in kirchlichen Kontexten:

> Die Täter sind keine Monster [...] sie müssen in der Lage sein, bei den potentiellen Opfern ihren Charme spielen zu lassen und deren Vertrauen zu gewinnen. [...] [Darum] erscheinen sie in der Regel wie sehr nette Verwandte oder Freunde, und sie können in allen anderen Bereichen ihres Lebens vorbildliche Priester oder Ordensleute sein.[50]

Robinson, der seit den 1990er-Jahren für die Aufarbeitung der Vorfälle sexualisierter Gewalt in der römisch-katholischen Kirche in Australien verantwortlich war, beschreibt drei wesentliche Faktoren, die eine Situation sexualisierter Gewalt auf Seiten der Täter bedingen und bezieht sich dabei auf einen Artikel von David Ranson vom Katholischen Institut in Sydney: 1) eine ‚ungesunde' psychische Verfassung, 2) eine ‚ungesunde' Vorstellung von Macht und Sexualität sowie 3)

---

45 A.a.O., 68.
46 Ebd.
47 Zum Thema Manipulation im Zusammenhang mit sexualisierter Gewalt in kirchlichen Kontexten siehe Fischer, „Handwerk der Verführung" in diesem Band.
48 Rodgers, *Mea Culpa*, 69.
49 A.a.O., 71.
50 Robinson, *Macht, Sexualität und die katholische Kirche*, 12; vgl. auch Wirth, „Regula tactus".

eine ‚ungesunde' Umgebung oder Gemeinschaft.[51] Als signifikant für eine ‚ungesunde' psychische Verfassung bezeichnet Robinson *regressive Pädophilie*, also sexualisierte Gewalthandlungen an Minderjährigen zu denen Täter jeden Geschlechts übergehen. Laut Robinson kommt diese Form der Pädophilie häufiger vor, gerade wenn Priester und Ordensleute die Täter sind. Im Unterschied zur *fixierten Pädophilie*, bei der sich das sexuelle Interesse ausschließlich auf Minderjährige und niemals auf Erwachsene konzentriert, ist bei der *regressiven Pädophilie* eigentlich keine sexuelle Präferenz als Zwang gegeben,[52] sondern der Entscheidungsmoment von enormer Bedeutung: Diese Taten erfolgen selten im Affekt sondern werden oft im Vorhinein geplant, also ganz bewusst vorbereitet und bestimmte Lebensumstände, wie ein unsicheres Selbstbild oder ein gewalttätiges/ablehnendes soziales Umfeld auf Seiten der Minderjährigen, tragen zur Begünstigung eines sexualisierten Übergriffs bei. Als zweiten Faktor nennt Robinson ‚ungesunde' Vorstellungen von Macht und Sexualität.[53] Dabei stellt er klar heraus, dass jede Handlung von sexualisierter Gewalt ein Machtmissbrauch ist, bei der auch das Verständnis der eigenen Position des Handelnden eine entscheidende Rolle spielt. „Wenn das vorherrschende Bild vom Handeln eines Priesters oder einer Ordensperson an Vorstellungen von Herrschaft und Kontrolle gebunden ist, entsteht [...] eine ungesunde Dominanz und Unterwerfung."[54] Als extremste Form dieser Haltung nennt Robinson den ‚Messiaskomplex', die Vorstellung von Gott zu einer Aufgabe berufen zu sein, der die-/denjenigen befähigt über den geltenden Regeln zu stehen – auch in moralischer Hinsicht. Begründet wird diese Haltung mit einem Zitat aus der Einheitsübersetzung von Hebr 5,1: „Denn jeder Hohepriester wird aus den Menschen ausgewählt und [...] eingesetzt zum Dienst vor Gott". Robinson betont, dies sei schon deshalb nicht legitim, weil es sich bei dem Verb „auswählen" um einen Übersetzungsfehler vom gr. *lambanómenos* (genommen) zum lat. *assumptus* (erhoben) handelt. Dieser Fehler führte über die Jahrhunderte zu einer „Mystifizierung" des Priesteramtes, weswegen „ein Priester aufgrund einer Straftat nicht einfach entlassen werden"[55] konnte. Tat-

---

51 Robinson führt den Terminus ‚ungesund' nicht näher aus, aufgrund des Kontextes ist aber zu schließen, dass damit eine Lebensform beschrieben werden soll, die problematisch ist und langfristig gesehen auch die eigene psychische Gesundheit beeinträchtigen kann. Vgl. Robinson, *Macht, Sexualität und die katholische Kirche*, 12 f.

52 Robinson gibt für seine Unterscheidung ab S. 13 keine Quelle an; die ICD-10-GM-2020 der WHO listet Pädophilie unter F.65.4 ohne spezifische Unterscheidungen auf, vgl. Deutsches Institut für Medizinische Dokumentation und Information (Deutsche Version), *Systematisches Verzeichnis.* Zur näheren Erläuterung des Phänomens Pädophilie vgl. auch Shetty u. a., „Pedophilia".

53 Siehe dazu auch Moschella, „Patriarchy, Power, and Bodies" in diesem Band.

54 Robinson, *Macht, Sexualität und die katholische Kirche*, 15 f.

55 A.a.O., 16.

sächlich führte die antimodernistische Haltung der römisch-katholischen Kirche Anfang des 20. Jahrhunderts auch zu Änderungen in der rechtlichen Strafverfolgung.[56] Unter Pius X wurden die vorherigen Bestimmungen von Innozenz III, Leo X, Pius IV, St. Pius V sowie vom dritten, vierten und fünften Laterankonzil und dem Konzil von Trient, wonach Priester, die sich nach geltendem Recht strafbar gemacht haben, der zivilen Obrigkeit zu übergeben seien, verworfen. 1922 verfasste Pius X dann unter dem Titel *Crimen Sollicitationis* eine Richtlinie, wie Strafangelegenheiten fortan innerhalb der Kurie geregelt werden sollten.

> Information about clerics committing child sexual abuse, homosexuality and bestiality, obtained through the Church's internal inquiries and trials, was made subject to the ‚secret of the Holy Office' [...] The creation of a de facto privilege of clergy through the back door of secrecy had begun.[57]

Hintergrund für diese Entscheidung war der seit dem 16. Jahrhundert zunehmende Antiklerikalismus, der durch die Aufklärung neuen Aufwind erhalten hatte, und die römisch-katholische Kirche befürchtete, „priests might not receive a fair trial"[58]. In den gesamten folgenden Jahrzehnten wurde das Geheimhaltungsgebot was den Vorwurf sexualisierter Gewalthandlungen an Kindern betraf, zunehmend verschärft – immer mit dem Ziel die klerikalen Täter vor ziviler Strafverfolgung zu schützen:

> Within two years of his being elected Pope, John Paul II started dismantling the already defective canonical disciplinary system. He made it almost impossible to dismiss a priest for child sexual abuse. [...] He imposed a Catch 22 defence: a priest cannot be dismissed for paedophilia because he is a paedophile. Full "imputability" was required for dismissal. A diagnosis of paedophilia had the same effect as a diagnosis of insanity in civil law.[59]

Im März 2014 betonte Jorge Bergoglio („Papst Franziskus"), dass er die Null-Toleranz-Haltung seines Vorgängers hinsichtlich sexualisierter Gewalthandlung an Kindern durch Geistliche fortführen will. Diese Aussage mutet seltsam an, da Joseph Ratzinger („Papst Benedikt XVI.") 2010 die päpstliche Geheimhaltung sogar ausweitete „[...] to cover clerics who sexually abused intellectually disabled adults and to those who possessed child pornography"[60]. Und auch die Zahlen, die Erzbischof Tomasi, der Gesandte des Heiligen Stuhls bei den Vereinten Na-

---

56 Vgl. Tapsell, „Canon law and child sexual abuse".
57 A.a.O., 118.
58 A.a.O., 119.
59 A.a.O., 120 f.
60 A.a.O., 120.

tionen, im Mai 2014 vorlegte, widersprechen einer angeblichen Null-Toleranz-Politik, da „[...] less than one third of all priests against whom credible allegations of sexual abuse of children had been made had been dismissed"[61].

All diese Entwicklungen stehen im Zusammenhang mit Robinsons These einer ‚ungesunden' Vorstellung von Macht, da die gehobene Stellung von Priestern und Ordensleuten ein Selbstbild zeichnen, das jegliches Fehlverhalten ausschließt und wenn es doch dazu kommt, um jeden Preis geheim gehalten werden muss.[62] Hinzu kommt die ‚ungesunde' Haltung zur Sexualität. Da von Personen des Klerus und von Ordensleuten strikte sexuelle Karenz verlangt wird, der Eros, das Begehren, aber zur Natur des Menschen gehört[63], kann die erzwungene Kontrolle und die Unterdrückung eigener Bedürfnisse zu einer Haltung führen, die verheerende Konsequenzen für den Umgang mit Minderjährigen nach sich zieht: „Das Bedürfnis nach Nähe ist besonders wichtig, denn es lässt sich nicht auslöschen. Wenn es unerfüllt bleibt, wird es sich in versteckter und verzerrter Weise äußern."[64] Vermittelt wird diese ‚ungesunde' Vorstellung durch eine ‚ungesunde' Umgebung, Robinsons drittem Faktor, da die ausschließlich männliche Gesellschaft von teilweise viel zu früh aufgenommen Jungen im Alter von elf, zwölf Jahren zu einer nachhaltigen Identitätsschädigung führen kann: „Normale Bedürfnisse nach Nähe können dann ihre Befriedigung im Verborgenen suchen."[65] Entweder durch untereinander ausgelebte homosexuelle Praxen oder im späteren Dienst durch Übergriffe an Minderjährigen:[66]

> Im Blick auf ihre psychische Bereitschaft sich an Minderjährigen zu vergehen, machten die Täter geltend, das Zölibatsversprechen beziehe sich nur auf Beziehungen zu erwachsenen Frauen. So konnten sie allen Ernstes behaupten, sie hätten ihr Gelübde [...] nicht gebrochen.[67]

Diese Haltung wird durch die rechtliche Entwicklung gestützt, die schließlich darin mündet, „[...] to think that the sexual abuse of children was nothing more than a moral failure"[68].

Diese Faktoren spiegeln sich alle in Rodgers' eigener Erfahrung von sexualisierter Gewalt wider. Nachdem „Bruder Bernard" ihn oft genug zuhause besucht

---

61 A.a.O., 121.
62 Siehe auch Fleming, „Overcoming Silence" in diesem Band.
63 Vgl. Zenger, „Die Erschaffung des Menschen".
64 Robinson, *Macht, Sexualität und die katholische Kirche*, 18.
65 A.a.O., 19.
66 Vgl. a.a.O., 21.
67 A.a.O., 22.
68 Tapsell, „Canon law and child sexual abuse", 122.

hatte, fing er an, den Zwölfjährigen in ein nahe gelegenes Hotel einzuladen um dort mit ihm zu essen – und ihn später auch aufs Zimmer mitzunehmen:

> This episode went on for a good while. Bro. Bernard asked me to touch his genitals. He asked me if he could touch my genitals too. I remember him telling me he was teaching me the facts of life. [...] Bernard couched this talk as if he was my channel of communication toward God [...] I believed him. I wanted to trust him, so that my special calling would not be taken from me. [...] He kept guiding my hand to touch his penis. Bro. Bernard said I would be okay. He kept emphasizing that he was doing this for my own good. He knew I was uncomfortable. This did not deter him. He was persistent but reassuring in tone.[69]

In diesen Schilderungen wird deutlich, wie durch Manipulation und Machtmissbrauch die Berufung Rodgers' zu einem Sehnsuchtsort und zugleich zu einem Druckmittel wird, weil „Bruder Bernard" seine klerikale Stellung dazu nutzt, diese Berufung als notorisch gefährdet darzustellen um somit Macht über Rodgers zu gewinnen, der als Konsequenz diese Berufung verlöre, wenn er nicht täte, was von ihm verlangt wurde. Diese Erfahrung verstörte Rodgers zutiefst und obwohl er seiner Mutter zunächst nichts von den Erlebnissen erzählte, schloss sie aus seinem Verhalten, dass etwas vorgefallen sein musste und verwies „Bruder Bernard" bei seinem nächsten Besuch des Hauses. Dennoch beharrte Rodgers darauf seiner religiösen Berufung zu folgen und auf die De La Salle Internatsschule in Castletown zu gehen. Trotz aller Bedenken stimmte seine Mutter schließlich zu. Rodgers traf dort auch einige Male auf „Bruder Bernard", versuchte ihm aber aus dem Weg zu gehen. Der emotionale Stress dieser Begegnungen verursachte Schlafwandeln, was der Direktor als Heimweh deutete und in einem Brief an seine Mutter erklärte, für Rodgers sei es besser, nicht in das Internat zurückzukehren. In Rodgers löste dies eine erneute emotionale Krise aus: „I was gutted that my religious vocation was over. I felt this was all my fault – again!"[70]

Was sexualisierte Gewalt- und Misshandlungserfahrungen im Kinder- und Jugendalter mit den Betroffenen machen und welche lebenslangen Auswirkungen diese Erlebnisse haben, zeigen viele Studien.[71] In jüngster Zeit konzentrieren sich einige ausschließlich auf sexualisierte Gewalthandlungen durch Vertreter des Klerus,[72] sowie auf Betroffene, die zur nicht-heterosexuellen Minderheit[73] gehö-

---

69 Rodgers, *Mea Culpa*, 80.

70 A.a.O., 90.

71 Easton, „Masculine Norms"; Small, „Constructing Sexual Harm"; Oulette, „Some Things are better left unsaid".

72 Easton, Leone-Sheehan und O'Leary, „Never know the person"; Isely u. a., „In their own voices"; Calkins u. a., „Blessed be the Children"; Fogler u. a.: „The Impact of Clergy-Perpetrated sexual abuse".

ren. Zu den Langzeitfolgen gehören u. a. psycho-somatische Symptome wie Schlafstörungen, Depressionen, Drogen- und Alkoholmissbrauch, Panik-, Angstzustände und Flashbacks als Kennzeichen einer Posttraumatischen Belastungsstörung, sowie ernste Auswirkungen auf die Wahrnehmung und Wertschätzung des eigenen Selbst und der eigenen (sexuellen) Identität, die bis hin zu Suizidgedanken reichen können.

Auch Rodgers berichtet von solchen Auswirkungen. Besonders gravierend sei bei ihm jedoch, wie die Misshandlungserfahrung sein ohnehin geringes Selbstwertgefühl zu bestätigen scheint. Als homosexuell orientierte Person empfindet er überdies eine besonders ausgeprägte Art der „Mitschuld" an dem Erlebten. Dieses Empfinden, ausgelöst und mitgetragen durch eine Gesellschaft, die von der römisch-katholischen Lehre hinsichtlich Sexualität und Moral tief durchdrungen war, stellt für Rodgers den Kern von *mea culpa* dar:

> I learned to think I was the problem. I was a non-ideal citizen. It was my shame, not anyone else or society. [...] I was carrying the weight of Ireland's bad ideas. [...] Individuals and stigmatized groups can be more easily shamed when the broader cultural context encourages concealment and secrecy, denying them a legitimate external reality.[74]

Dieses Empfinden scheint sich in den folgenden Jahren zu bestätigen: Rodgers war im Alter zwischen 13 und 14 Jahren erneut durch einen älteren Mann sexualisierter Gewalt ausgesetzt: „At this time, I began equating these sexual violations with the meaning of gay identity. It was all too easy to enact this stigmatic and shameful idea in a society that criminalized homosexuality."[75] Rodgers begann, die gewaltsamen Erlebnisse als Teil seiner Identität anzunehmen, als Preis den er für seine Homosexualität zahlen müsse. Noch während der Schulzeit flüchtete er in regelmäßigen und hohen Alkoholkonsum, um sein Empfinden zu betäuben. „I learned to lie to myself [...] to fight against my own thoughts and feelings."[76] Eine Studie von Stephen Brady über die Identitätsentwicklung homosexueller Männer, die im Kinder- und Jugendalter sexualisierte Gewalt erfahren haben,[77] korreliert mit Rodgers' Empfindungen von Misstrauen, Scham, Schuld, Isolation und Verzweiflung, die auch Auswirkungen auf die Lebensführung haben: „Childhood sexual abuse and its associated shame for many gay men may

---

73 Alessi, Khan und Chatterji, „The Darkest Times of my life"; Saewyc u. a.: „Hazards of Stigma"; Anderson u. a., „Lifetime Victimization".

74 Rodgers, *Mea Culpa*, 110 f.

75 A.a.O., 113.

76 A.a.O., 117.

77 Brady, „The Impact of Sexual Abuse".

easily translate to a ‚shameful' existence that includes substance abuse, unsafe sex, mood and anxiety disorders, underemployment, lack of intimacy, and loss of meaning in life."[78]

Mea Culpa kann daher als sozialethisches Prinzip bezeichnet werden, welches einen gefährlichen Konflikt zwischen der eigenen GI und der religiösen Identität heraufbeschwört und von der römisch-katholischen Kirche bewusst in Kauf genommen wird, um das Dogma einer heteronormativen Lebensweise zu propagieren. Dies zeigt sich auch in anderen Ländern, z. B. in Polen[79], wo die römisch-katholische Kirche weiterhin großen gesellschaftlichen Einfluss hat:

> [...] although the Catholic Church officially does not condemn homosexuals as people, intimate behavior with same-sex was regarded as a sin against God. Gays were expected to keep sexual abstinence, even when living in a loving relationship with a partner.[80]

In der zitierten Studie von 2016 berichten die Teilnehmer, dass sie bis heute ihre Identität nicht akzeptieren können, sie vor der Familie geheim halten, sich dafür schämen oder auf besondere Weise dafür Abbitte leisten: „God does not like me to go with men. I go to confession, but I know I will repeat my sin sooner or later. I try to make it up to God by good deeds."[81]

3 Resisting the power of *mea culpa* – Die Bedeutung theologischer Alternativen

Der vorhergehende Teil hat gezeigt, wie infam es ist, wenn ein bestimmter Entwurf menschlicher Lebensführung zu einem normativen Ideal erhoben und theologisch in Anspruch genommen wird. Die negative Dynamik, die so zwischen normativem Kollektiv und nicht-normativem Individuum erzeugt wird, kann dazu beitragen, dass es vermehrt zu Situationen von sexualisierten Gewalthandlungen kommt. Umso wichtiger ist es, eine Theologie zu formulieren, die sich dieser Tatsache bewusst ist und um ihre Verantwortung weiß, die Lebensentwürfe und Selbstverständnisse von LGBTIQ*-Personen in diese mit einzuschließen. Nur so kann eine vollständige und nachhaltige Prävention von sexualisierter Gewalt erfolgen. In diesem Teil wird daher ein kurzer Ausblick gegeben, welche Schritte dafür aufgrund der Auseinandersetzung mit dem Fall Rodgers wichtig wären.

---

78 A.a.O., 365.

79 Pietkiewicz und Kołodziejczyk-Skrzypek, „Living in Sin"; siehe auch Käufl, *Graue Jungs*.

80 Pietkiewicz und Kołodziejczyk-Skrzypek, „Living in Sin", 1578.

81 A.a.O., 1581.

Rodgers selbst begann seinen Weg zu einem neuen Selbstverständnis 1995, indem er an den Treffen der Anonymen Alkoholiker (AA) teilnahm, um seinen Alkoholabusus zu überwinden. Kurze Zeit später begann er auch eine Psychotherapie, um seine Depressionen zu bekämpfen und sein Leben mit HIV-Diagnose zu bewältigen; auch wenn er vor diesem Schritt große Bedenken hatte, weil Homosexualität von Seiten der Psychotherapie jahrzehntelang als pathologisch angesehen wurde.[82] Die Spiritualität, die auf den AA-Treffen vermittelt wurde, war Rodgers vertraut und die bedingungslose Unterstützung, die er dort erfuhr, zeigte ihm, wie wichtig Solidarität und Mitteilung sind. Diese Erfahrungen gaben ihm ein neues Selbstbewusstsein und die Kraft, Anfang der 2000er-Jahre seine Erfahrungen sexualisierter Gewalt bei den Behörden anzuzeigen.[83] Dies war ein zwar später, aber enorm wichtiger Schritt auf dem Weg zu seiner neuen Selbstwahrnehmung:

> [...] LGBTI+ adult persons took twice as long to report sexual crimes than the majority heterosexual population [...] For some, shame is a factor in disclosing sexual violation. This can even extend to guilt where LGBT persons are left carrying as (sic!) elevated sense of blame for crimes committed against them.[84]

Auch andere Betroffene berichten, wie wichtig der Austausch mit Gleichgesinnten oder das Engagement innerhalb der Peer-Community oder der Gay-Pride-Bewegung war.[85] Dies belegt die Bedeutung solcher Foren, die auch in kirchlichen Kontexten von eminenter Wichtigkeit wären, um Austausch und gegenseitige Unterstützung zu ermöglichen. Eine solche Möglichkeit bietet z. B. die Ökumenische Arbeitsgruppe „Homosexualität und Kirche" (HuK) e.V., die in den Jahren 1977/78 gegründet wurde und sich mit der Vereinbarkeit von Homosexualität und christlicher Identität auseinandersetzt.[86] Schnell wurde aus der Gruppe zur Selbstfindungshilfe eine Initiative, die sich auch auf kirchenpolitischer Ebene engagiert und den Austausch mit offiziellen Vertreter*innen der Kirchen sucht. Im Jahr 2011 formierte sich dann eine weitere Gruppe, das „Komitee der katholischen LSBT-Gruppen", die zur Sichtbarkeit von queeren Menschen beiträgt und 2015 veröffentlichte Stephan Goertz einen Sammelband[87], der sich ausführlich mit dem

---

82 Vgl. Friedman und Downey, „Internalized homophobia and gender-valued self-esteem".

83 Vgl. Rodgers, *Mea Culpa*, 168 f.

84 A.a.O., 178.

85 Vgl. die Berichte im Kapitel „Autobiographische Zeugnisse" in Brinkschröder u. a., *Aufgehende Saat*, 246–304.

86 Vgl. Wagner, „Vom Grau- zum Buntsein".

87 Vgl. Goertz, *Wer bin ich ihn zu verurteilen*.

Verhältnis von Homosexualität und Katholischer Kirche auseinandersetzt. Im Zuge der Aids-Krise der 1980er-Jahre und der entstandenen Queer-Bewegung, hat sich im anglo-amerikanischen Raum die Queer Theology[88] entwickelt, die nun nach 30 Jahren auch im deutschsprachigen Raum an Gehör und Bedeutung gewinnt.

All dies sind notwendige Schritte um die Sichtbarkeit von geschlechtlicher und sexueller Vielfalt in einem positiven und das heißt anerkennenden Sinn zu fördern. Solange dieses Bewusstsein aber nicht bei den Verantwortlichen der kirchlichen Leitungsebene ankommt und in der Mitte der (religiös geprägten) Gesellschaft Akzeptanz findet, wird es immer Raum geben, der einen spezifischen Platz für sexualisierte Gewalt und Übergriffe bietet. Daher gehören zu einer nachhaltigen Prävention nicht nur das Sichtbarmachen von LGBTIQ*-Interessen und die entsprechende kirchliche und gesellschaftliche Sensibilisierung, sondern auch die umfassende Aufarbeitung von Fällen sexualisierter Gewalt in kirchlichen Kontexten mit LGBTIQ*-Bezug, um Risikostrukturen besser zu erkennen und entsprechende Prävention zu verbessern. Dazu gehört auch die angemessene Sanktionierung von Täterinnen und Tätern und die Entschädigung von Betroffenen aus der Gruppe der LGBTIQ*s, sowie eine Reform der römisch-katholischen Lehre hinsichtlich der Sexualmoral und des Amtsverständnisses. Nur eine entschiedene Abkehr von leibfeindlichen Ansichten über die „Multirealisierbarkeit" geschlechtlicher und sexueller Identitäten[89] hin zu einem lebensnahen Verständnis, das anderen Personen nicht-schadende sexuelle Bedürfnisse des Menschen als positiven Anteil der menschlichen Existenz bejaht, kann langfristig dazu beitragen, das Ausagieren sexualisierter Gewalt im kirchlichen Kontext konkreter zu problematisieren.

Literatur

Abels, Heinz und Alexandra König. *Sozialisation. Über die Vermittlung von Gesellschaft und Individuum und die Bedingungen von Identität.* Studientexte zur Soziologie. Wiesbaden: Springer VS, 2016².

Alessi, Edward J., Sarilee Khan und Sangeeta Chatterji. „„The darkest times of my life': Recollections of child abuse among forced migrants persecuted because of their sexual orientation and gender identity." *Child Abuse & Neglect* 51 (2016): 93 – 105. DOI: 10.1016/j.chiabu.2015.10.030 (letzter Zugriff: 10.01.2021).

---

88 Vgl. Cornwall, *Controversies* und Tonstad, *Queer Theology.*
89 Vgl. Wirth, „Die Multirealisierbarkeit des Geschlechtlichen".

Anderson, Judith P. u. a. „Lifetime Victimization and Physical Health Outcomes among Lesbian and heterosexual Women." *PLoS ONE* 9/7 (2014). DOI: 10.1371/journal.pone.0101939 (letzter Zugriff: 05.10.2020).

Berger, David. *Der heilige Schein. Als schwuler Theologe in der katholischen Kirche.* Berlin: Ullstein, 2010.

Bundesministerium des Innern, für Bau und Heimat. *Polizeiliche Kriminalstatistik 2019. Ausgewählte Zahlen im Überblick*, https://www.bmi.bund.de/SharedDocs/downloads/DE/ publikationen/themen/sicherheit/pks-2019.html (letzter Zugriff: 05.10.2020). Berlin, 2020.

Butler, Judith. *Das Unbehagen der Geschlechter.* Frankfurt a. M.: Suhrkamp, 1991.

Brady, Stephen. „The Impact of Sexual Abuse on Sexual Identity Formation in Gay Men." *Journal of child sexual abuse* 17/3 (2008): 359–376. DOI: 10.1080/10538710802329973 (letzter Zugriff: 12.01.2021).

Brinkschröder, Michael u. a., Hg., im Auftrag der ökumenischen Arbeitsgruppe Homosexuelle und Kirche (HuK) e.V. *Aufgehende Saat. 40 Jahre ökumenische Arbeitsgruppe Homosexuelle und Kirche.* Stuttgart: Kohlhammer, 2017.

Calkins, Cynthia u. a. „Blessed be the Children: A Case-Control Study of Sexual Abusers in the Catholic Church." *Behavioral Sciences and the Law* 33/4 (2015): 580–594. DOI: 10.1002/bsl.2193 (letzter Zugriff: 12.01.2021).

Cooney, John. *John Charles McQuaid: Ruler of Catholic Ireland.* Dublin: O'Brien Press, 2003[2].

Cornwall, Susannah. *Controversies in Queer Theology.* London: SCM Press, 2011.

Cronin, Micah. „On Brokenness: The Tension of LGBTQ Christians' Experiences of Sexual Abuse and Violence." In *Sexualisierte Gewalt in kirchlichen Kontexten. Neue interdisziplinäre Perspektiven*, hg. v. Mathias Wirth, Isabelle Noth und Silvia Schroer, 425–443. Berlin und Boston: De Gruyter, 2022.

Danzer, Gerhard. *Identität. Über die allmähliche Verfertigung unseres Ichs durch das Leben.* Berlin: Springer, 2017.

Deutsches Institut für Medizinische Dokumentation und Information (DIMDI). *ICD-Code. Systematisches Verzeichnis Internationale statistische Klassifikation der Krankheiten und verwandter Gesundheitsprobleme* (German modification), https://www.icd-code.de/icd/ code/F65.-.html (letzter Zugriff: 13.10.2020).

Diamond, Milton. „Biased-Interaction Theory of Psychosexual Development: ‚How Does One Know if One is Male or Female?'" *Sex Roles* 55 (2006): 589–600. DOI: 10.1007/s11199–006–9115-y (letzter Zugriff: 12.01.2021).

Easton, Scott D. „Masculine Norms, disclosure, and childhood adversities predict long-term mental distress among men with histories of child sexual abuse." *Child Abuse & Neglect* 38/2 (2014): 243–251. DOI: 10.1016/j.chiabu.2013.08.020 (letzter Zugriff: 12.01.2021).

Easton Scott D., Danielle M. Leone-Sheehan und Patrick J. O'Leary „‚I will never know the person who I could have become': Perceived Changes in Self-Identity Among Adult Survivors of Clergy-Perpetrated Sexual Abuse." *Journal of Interpersonal Violence* 34/ 6 (2016): 1139–1162. DOI: 10.1177/0886260516650966 (letzter Zugriff: 10.01.2021).

Egle Ulrich u. a., Hg. *Sexueller Missbrauch, Misshandlung, Vernachlässigung. Erkennung, Therapie und Prävention der Folgen früher Stresserfahrungen*, Stuttgart: Schattauer, 2015[4].

Fischer, Alexander. „Das Handwerk der Verführung: Manipulation, Sexualität und Glaube." In *Sexualisierte Gewalt in kirchlichen Kontexten. Neue interdisziplinäre Perspektiven*, hg. v.

Mathias Wirth, Isabelle Noth und Silvia Schroer, 189–214. Berlin und Boston: De Gruyter, 2022.

Fleming, Daniel J. „Overcoming Silence: Fraternal Correction, Hierarchy, and the Abuse Crisis in the Australian Catholic Church." In *Sexualisierte Gewalt in kirchlichen Kontexten. Neue interdisziplinäre Perspektiven,* hg. v. Mathias Wirth, Isabelle Noth und Silvia Schroer, 75–91. Berlin und Boston: De Gruyter, 2022.

Fogler, Jason M. u. a. „The Impact of Clergy-Perpetrated sexual abuse: The Role of gender, Development, and Posttraumatic Stress." *Journal of Child Sexual Abuse* 17/3 (2008): 329–358. DOI: 10.1080/10538710802329940 (letzter Zugriff: 12.01.2021).

Friedman Richard C. und Jennifer I. Downey. „Internalized homophobia and gender-valued self-esteem in the psychoanalysis of gay patients." *Psychoanalytic Review* 86 (1999): 325–347. DOI: 10.1521/jaap.1.1995.23.1.99 (letzter Zugriff: 12.01.2021).

Goertz, Stephan, Hg. *„Wer bin ich, ihn zu verurteilen?" Homosexualität und katholische Kirche.* Bd. 3, *Katholizismus im Umbruch.* Freiburg i. Br., Basel und Wien: Herder, 2015.

Halkitis, Perry N. *The AIDS Generation. Stories of survival and resilience.* New York: Oxford University Press, 2014.

Hogan, Gerard. *The Origins of the Irish Constitution 1928–1941.* Dublin: Royal Irish Academy, 2012.

Isely Paul J. u. a. „In their own voices: A Qualitative Study of Men abused as Children by Catholic Clergy. Survivor Perspectives on the Impact of Clergy Perpetrated Sexual Abuse." *Journal of child sexual abuse* 17/3 (2008): 201–215. DOI: 10.1080/10538710802329668 (letzter Zugriff: 12.01.2021).

Käufl, Christian. *Graue Jungs. Kirche und Homosexualität in der Wahrnehmung homosexueller Männer.* Mainz: Grünewald, 2000.

Krell, Claudia und Kerstin Oldemeier. *Coming-out – und dann...?! Coming-out-Verläufe und Diskriminierungserfahrungen von lesbischen, schwulen, bisexuellen, trans* und queeren Jugendlichen und jungen Erwachsenen in Deutschland.* Opladen, Berlin und Toronto: Barbara Budrich, 2017.

Kolanowski, Ulrike. „Wie Jugendliche ihre sexuelle Orientierung entdecken. Persönliche Geschichten einmal anders betrachtet." In *Sexuelle Orientierungen. Weg vom Denken in Schubladen,* hg. v. Meike Watzlawik und Nora Heine, 79–100. Göttingen: Vandenhoeck & Ruprecht, 2009.

Milotte, Mike. *Banished Babies. The Secret History of Ireland's Baby Export Business.* Dublin: New Island Books, 2012.

Moschella, Mary Clark. „Patriarchy, Power, and Bodies: A Pastoral Theological View of Sexual Abuse in the Church." In *Sexualisierte Gewalt in kirchlichen Kontexten. Neue interdisziplinäre Perspektiven,* hg. v. Mathias Wirth, Isabelle Noth und Silvia Schroer, 509–519. Berlin und Boston: De Gruyter, 2022.

Neuner, Peter. *Der lange Schatten des I. Vatikanums. Wie das Konzil die Kirche noch heute blockiert.* Freiburg, Basel und Wien: Herder, 2019.

Osterheider, Michael und Janina Neutze. *MiKADO – Missbrauch von Kindern: Aetiologie, Dunkelfeld, Opfer. Zentrale Ergebnisse des Forschungsverbundes,* http://www.mikado-studie.de/tl_files/mikado/upload/MiKADO_Zusammenfassung.pdf (letzter Zugriff: 05.10.2020). Regensburg, 2015.

Oulette, Mark. „Some Things are better left unsaid: Discourses of the Sexual Abuse of Boys."
Jeunesse: Young People, Texts, Cultures 1/1 (2009): 67–93. DOI: 10.1353/jeu.2010.0011
(letzter Zugriff: 12.01.2021).

Pietkiewicz, Igor J. und Monika Kołodziejczyk-Skrzypek, „Living in Sin? How Gay Catholics
Manage Their Conflicting Sexual and Religious Identities." *Archives of Sexual Behavior* 45
(2016): 1573–1585. DOI: 10.1007/s10508–016–0752–0 (letzter Zugriff: 12.01.2021).

Preuss, Wilhelm F. *Geschlechtsdysphorie, Transidentität und Transsexualität im Kindes- und
Jugendalter. Diagnostik, Psychotherapie und Indikationsstellungen für die hormonelle
Behandlung.* München: Ernst Reinhardt, 2016.

Raedel Christoph. „Geschlechtsidentität und Geschlechterrollen. Perspektiven theologischer
Anthropologie." In *Das Leben der Geschlechter. Zwischen Gottesgabe und menschlicher
Gestaltung*, hg.v. ders., 119–156. Ethik im Theologischen Diskurs Bd. 24. Berlin:
LIT-Verlag, 2017.

Robinson, Geoffrey. *Macht, Sexualität und die katholische Kirche. Eine notwendige
Konfrontation.* Oberursel und Zwickau: Publik-Forum, 2010.

Rodgers, Gerard. B*eing Gay in Ireland. Resisting Stigma in the Evolving Present.* Lanham, New
York und London: Lexington-Books, 2018.

Rodgers, Gerard. *Resisting the Power of Mea Culpa. A story of Twentieth-Century Ireland.*
Oxford u. a.: Peter Lang, 2019.

Saewyc, Elizabeth M. u. a. „Hazards of Stigma: The Sexual and Physical Abuse of Gay,
Lesbian, and Bisexual Adolescents in the United Stated and Canada." *Child Welfare* 85/2
(2006): 195–213.

Shetty, Abhi u. a. „Pedophilia." In *Emotional, Physical and Sexual Abuse. Impact on Children
and Social Minorities*, hg.v. Giovanni Corona, Emmanuele A. Jannini und Mario Maggi,
1–16. Heidelberg, New York und London: Springer, 2014.

Small, Jamie. „Constructing Sexual Harm: Prosecutorial Narratives of Children, Abuse, and the
Disruption of Heterosexuality." *Gender & Society* 33/4 (2019): 560–582. DOI:
10.1177/0891243219846598 (letzter Zugriff: 12.01.2021).

Spreng, Manfred. „Verbindung Mann/Frau. Der Schöpfer als genialer Ingenieur." In *Gender –
Theorie oder Ideologie? Streit um das christliche Menschenbild*, hg.v. Thomas Laubach,
119–146. Freiburg: Herder, 2017.

Tapsell, Kieran. „Canon law and child sexual abuse through the ages." *Journal of the
Australian Catholic Historical Society* 36 (2015): 113–136.

Tonstad, Linn Marie. *Queer Theology. Beyond Apologetics.* Eugene: Cascade Companions,
2018.

Unabhängiger Beauftragter für Fragen des sexuellen Kindesmissbrauchs. *Definition von
sexuellem Missbrauch*, https://beauftragter-missbrauch.de/praevention/was-ist-sexueller-
missbrauch/definition-von-sexuellem-missbrauch (letzter Zugriff: 05.10.2020).

Wagner, Thomas. „Vom Grau zum Buntsein. Vom Katholische Arbeitskreis zum Katholischen
Komitee." In *Aufgehende Saat. 40 Jahre ökumenische Arbeitsgruppe Homosexuelle und
Kirche*, hg.v. Michael Brinkschröder u. a. im Auftrag der ökumenischen Arbeitsgruppe
Homosexuelle und Kirche (HuK) e.V., 64–73. Stuttgart: Kohlhammer, 2017.

Walzlawik Meike und Simone Weil. „Coming-out – Was motiviert zu diesem Schritt? Eine
Internetumfrage unter schwulen und bisexuellen Männern." In *Sexuelle Orientierungen.
Weg vom Denken in Schubladen*, hg.v. Meike Watzlawik und Nora Heine, 101–163.
Göttingen: Vandehoeck & Ruprecht, 2009.

Wirth, Mathias. „Regula tactus. Zur Aktualität einer kirchlichen Norm als Prävention und Plädoyer gegen sexualisierte Gewalt." *Wege zum Menschen* 65 (2013): 185–195.

Wirth, Mathias. „Die Multirealisierbarkeit des Geschlechtlichen". In: *Gender (Studies) in der Theologie. Begründungen und Perspektiven*, hg. v. Marianne Heimbach-Steins, Judith Könemann und Verena Suchhart-Kroll. Münsterische Beiträge zur Theologie Bd. 4. Münster: Aschendorff-Verlag, 2021 [im Druck].

Zenger, Erich. „Die Erschaffung des Menschen als Mann und Frau." *Welt und Umwelt der Bibel* 1/2 (1996): 30–33.

VI Praktisch-theologische Perspektiven
Practical Theological Perspectives

Isabelle Noth

Mythical Self-Conceptions in Spiritual Care

Since habitus exerts its influence below the level of consciousness, appeals to 'insight' or 'reason' are typically in vain. The world functions in a Kantian manner only in those small sections which are registered by the waking consciousness; insight tends not to penetrate to the level of behaviour, because behaviour is not based on insight. It's that simple.[1]

1 Introduction

States and peoples are not the only groups to foster myths that forge collective identity and offer ideological self-affirmation. The same is true of academic disciplines and their practitioners. In what follows, I will present two such myths, illustrated by two case studies.[2] These are two powerful beliefs – or rather superstitions – prevalent within pastoral care: first, the myth of one's own invulnerability, by which one endangers oneself; second, the idea that a spiritual caregiver can neither do any harm nor pose a threat to others.

2 The Myth of One's Own Invulnerability

A minister takes up her new position in a prison. She notices that all employees at the institution – from gardener to director – carry a panic button for reasons of personal safety, to raise the alarm should they find themselves in danger. The sole exception is those involved in pastoral care. When she raises the issue with a Roman-Catholic colleague, he replies with utter conviction that he has no need of such a device: he feels safe and, as a priest, he has nothing to fear. In various conversations with other colleagues she learns that, in their view, walking around the prison with an alarm is even perceived to be at odds with their professional identity.

Note: First published in German: Noth, "Mythen des seelsorglichen Selbstverständnisses." Translated by Anthony Ellis.

1 Welzer, *Selbst denken*, 57.
2 Both examples have been altered so as to make it impossible to identify those involved.

https://doi.org/10.1515/9783110699203-030

This information and the reactions get her thinking. But a glance at the regulations[3] seems to confirm the idea that, by virtue of their office, clergy enjoy special protection and thus have no need of special precautions. Indeed, the regulations do not address the topic of safety at all. But as long as safety measures remain the responsibility of institutions, with no explicit reflection on individual responsibility, we will have a grey-zone amenable to myths.

It has long been demonstrated that no form of religious office offers protection from violent assault caused by mental illness. Clergy are not immune to accidents, plane crashes, or cancer. Likewise, neither their status, their "holiness", nor their *character indelebilis* offers them any protection against being attacked or taken hostage. It is, in fact, very simple, as we can see if we draw an analogy with visiting a construction site. Everybody who enters such a site is obliged to comply with the rules and wear a hard hat – without exception. Every prison worker, likewise, should abide by the safety standards and entertain no false illusions, however flattering he or she might find them – and here myths of exceptionalism or superhuman status come into play. Anything else is to cultivate the myth of one's own invulnerability which has neither theological nor psychological justification. This is not evidence for one's professionalism or faith – in fact, it borders on recklessness.

In the following section I turn to one further myth which is both vocationally specific and, despite clear evidence to the contrary, continues to enjoy great popularity. Whilst the myth above addresses the idea that clergy are invulnerable, the following case-study challenges the belief that they cannot harm others.

3 The Myth that One Can Cause no Harm

In a round table discussion during a course for clergy, one participant relates that he had been accused of the sexual abuse of a child. He could, he says, remember exactly what had happened at the time: he was with his daughter in the bath when she "discovered" his penis; it was "just a game" for her. He had even laughingly told his wife about it afterwards. The whole thing was, he says, completely absurd, and his conscience was completely clear. The course leader, sitting next to him, nods and accepts the assertion with the observation that colleagues can trust one another. Some of the other participants feel uncomfortable. Their ears prick up at the word "game" and at the course leader's

---

3 Cf., for example, the publication *Gefängnisseelsorge* by Ökumenischer Fachausschuss Gefängnisseelsorge.

reaction. They get the impression that the course leader wants to get away from the topic as quickly as possible, behaviour that they also find perplexing. One of them suddenly remembers that the participant in question had once related over a meal that he had been accused by his female students of always looking at their breasts.

In the subsequent feedback session, the cleric says that he has noticed that, for the colleague in question, a great deal seemed to revolve around the topic of sexuality. He had described the significance of the bathtub experience to his daughter, but what had it meant to him? The reply comes that it was simply a game, she had played with his penis completely harmlessly and innocently. Some of those present draw breath and, since he had evaded the question, the cleric continues and asks him directly whether he had had an erection.

"Of course," he answers, "that's obvious!". After this, the situation heats up. Someone shouts that he also has a penis, and a daughter, but she has no business playing with it. The participant in question defends himself and says that his son had also played with his wife's breasts for a time – to which another replies that *she* probably did not have an orgasm as a result. The situation escalates.

The cleric who had posed the follow-up questions is asked by the course organisers to join them for a talk. The course leader informs him that his questions are utterly inappropriate for a minister. One does not ask "such things". Nobody, he continues, knows what had really happened, or whether the participant in question had in fact put a stop to the matter.

The general organiser, in turn, states repeatedly that he had not been present. Subsequently, no serious reflection or processing takes place within the group.

These case-studies raise the question how one could fail to recognize a description of assault – be it through actions or passive assent – for what it is; and this, of all places, in a course for spiritual ministers, i.e. despite knowledge of the facts and the high degree of consciousness and reflection, at least when it comes to other matters. It is doubtless a central insight into the subject of the sexual abuse of children that there are professionals – for instance clergy – who do not know where assault begins, and this despite the exaggerated reporting and the shockingly high numbers of victims. That is to say: they understand the sexual abuse of children to refer only to the penetration of a child. This explains why, in the last case described, many did not notice that the behaviour in question was sexual abuse. The issue is not taking a bath with one's children, or that children can be curious about their parents' genitalia. The decisive point is that one must set bodily boundaries for children and, as an adult, should not put one's own sexual organs at their disposal. It is the responsibility of the adult to make clear, in a friendly but firm manner, which areas one only touches oneself on and where one does not wish to be touched by others. To allow a child to "play" with their father's sexual organs is, from a professional perspective, to be viewed as sexual assault.

4 Reflection

The two case-studies represent a conspicuous contradiction of two generally recognized and uncontentious facts. First, clergy are also people, and as such vulnerable. Second, numerous media reports have helped to establish as common knowledge the existence of paedosexual priests, intrusive spiritual carers, and abusive family-fathers. As such, these case-studies stand in need of explanation. Now, as we saw in the citation at the start of this article, behaviour is based neither on "insight" nor "knowledge". Rather, the contention of this article is that, in each case, the behaviour can be traced back to two myths which are common in the "helping" professions, and particularly so in pastoral care: namely, that one can neither be harmed oneself, nor cause harm to another. It is all too easy to ignore potential dangers to oneself, as in the prison example, as well as the threat one poses to others. This is most starkly demonstrated, at present, by the shocking revelations of the sexual abuse of children by UN peacekeeping soldiers. Paula Donovan, co-director of the aid agency AIDS-Free World, reports that "sexual abuse by soldiers, UN peacekeepers, and civilian aid workers are anything but the exception. … The absurdity is that these people are sent to protect the population, not to exploit and sexually abuse them".[4] When asked what the UN was doing to prevent such incidents, she replied: "Their instinctive reaction, in precisely the following order, is: ignoring, denying, covering up, pretending".[5]

Why do we have such an obvious problem with looking directly at such issues when we are acquainted with the culprit?[6] Why does our proximity to such people – be it on the basis of professional, familial, or group belonging – so cloud our perception of them? The explanation seems to lie in the fact that we instinctively tend to identify ourselves, at least to a certain degree, with colleagues and peers. There seem to be several factors at work: an unconscious feeling of shared guilt and shame, as well as a fear of the truth, which one feels obliged

---

4 Meister, "Kein UNO-Beamter", 7.

5 Ibid.

6 See also Fleming, "Overcoming Silence" and Müllner, "Frightening Continuities" in this volume.

to resist. Self-defence mechanisms, which include suppression and denial – looking away – are well-documented psychological phenomena from the early days of psychoanalysis, which described them in detail.

In the process in question, we see people struggling as their positive self-assessment is challenged and refuted – namely their belief that they are, by definition and by virtue of their office, "with the good guys".[7] This turns out to be an empty myth. The self-conception – in this case, that of the good cleric, who can never harm or be harmed – is called into question. Countenancing the idea that a colleague involved in pastoral care is responsible for assault means acknowledging that one is not, oneself, automatically free of guilt. In some cases, it means that we have shared our time, space, and activities with offenders. The rejection of such an idea serves to stabilize one's own self-image. It is painful and uncomfortable to question established self-conceptions that offer us support and stability. But this is precisely the sort of pain that can make it past the threshold of our consciousness – and we need to acknowledge it if we are to achieve demythologized pastoral care. Indeed, this is the only sort of pastoral care that is capable of looking attentively at these issues in the first place. Our concern for those who have been harmed must be greater than our own fear of pain. Faith trusts God's promise that s/he suffers along with us and that the truth will make us free (John 8:32).

Works cited

Fleming, Daniel J. "Overcoming Silence: Fraternal Correction, Hierarchy, and the Abuse Crisis in the Australian Catholic Church." In *Sexual Violence in the Context of the Church: New Interdisciplinary Perspectives*, ed. by Mathias Wirth, Isabelle Noth and Silvia Schroer, 75–91. Berlin and Boston: De Gruyter, 2022.

Meister, Martina. "Kein UNO-Beamter redet über die missbrauchten Kinder." An interview with Paula Donovan by Martina Meister. *Der Bund*, May 2, 2015.

Moschella, Mary Clark. "Patriarchy, Power, and Bodies: A Pastoral Theological View of Sexual Abuse in the Church." In *Sexual Violence in the Context of the Church: New Interdisciplinary Perspectives*, ed. by Mathias Wirth, Isabelle Noth and Silvia Schroer, 509–519. Berlin and Boston: De Gruyter, 2022.

Müllner, Ilse. "Frightening Continuities: Reading Stories on Sexual Violence in the Book of Samuel Today." In *Sexual Violence in the Context of the Church: New Interdisciplinary Perspectives*, ed. by Mathias Wirth, Isabelle Noth and Silvia Schroer, 251–266. Berlin and Boston: De Gruyter, 2022.

---

7 See also Moschella, "Patriarchy, Power, and Bodies" in this volume.

Noth, Isabelle. "Mythen des seelsorglichen Selbstverständnisses." In *Schaut hin!
Missbrauchsprävention in Seelsorge, Beratung und Kirchen*, ed. by Isabelle Noth and
Ueli Affolter, 89–94. Zürich: Theologischer Verlag Zürich, 2015.
Ökumenischer Fachausschuss für Gefängnisseelsorge. *Gefängnisseelsorge.
Qualitätssicherung in den Heimen und Anstalten des Straf- und Massnahmenvollzugs
sowie in den Regional- und Bezirksgefängnissen des Kantons Bern*, approved and
suggested for use by the interconfessional conference on November 30, 2009, https://m.
refbejuso.ch/fileadmin/user_upload/Downloads/Sozial-Diakonie/SGN/SD_PUB_d_2010_
Qualitaetssicherung_Gefaengnisseelsorge_Druckversion_deutsch.pdf (accessed January
21, 2021).
Welzer, Harald. *Selbst denken. Eine Anleitung zum Widerstand*. Frankfurt a. M.: S. Fischer,
2014[4].

Mary Clark Moschella

Patriarchy, Power, and Bodies

A Pastoral Theological View of Sexual Abuse in the Church

This forum dwells on a painful subject: sexual abuse in the church. The title of Marie Fortune's critically influential book sums up the outrage that this subject inspires: *Is Nothing Sacred?*[1] How disturbing it is to realize that the sacred has been profaned, that houses of worship, by and large, have not been safe houses, and that the sacred trust invested in religious leaders has been broken in devastating ways. While many thousands of people have been sexually abused in the churches, and millions more disenfranchised from their faith because of this, theologians have been slow to recognize this suffering, to acknowledge its severity and extent, and to repent of the church's complicity in it. The very existence of this conference and this volume helps to acknowledge and bear witness to this suffering, and so I commend the organizers for what Pam Cooper-White might call this act of solidarity with those who suffer.[2]

Beyond acts of solidarity, pastoral theologians also stress the prophetic call for justice within the biblical tradition, which requires us to root out the causes of such abuse and the conditions that allow it to flourish. Thus, we must deconstruct the theologies, narratives, and traditions that allow sexual abuse to go on in church contexts. There are three narratives that I will begin to deconstruct in this essay: patriarchy, clericalism, and body-negativity. These are destructive narratives that go to the core of Christian tradition and practice. Painful as this work is, I do it in the hope that all people who seek the blessings of the church will be offered bread, not stone: that they will be kept safe from harm, and that they will be able to experience, in a fully embodied way, the goodness, grace, and abundant love of G-d.

1 Patriarchy

To understand the enduring legacy of the old narrative of patriarchy, consider this contemporary story that Ruth Everhart, a Presbyterian clergywoman, recounts in her new book, *The #MeToo Reckoning: Facing the Church's Complicity*

---

1 Fortune, *Is Nothing Sacred.*
2 Cooper-White, "Suffering," 23 – 31.

https://doi.org/10.1515/9783110699203-031

in Sexual Abuse and Misconduct.[3] Everhart was a newly ordained clergywoman, a young mother living in the Midwest, who was seeking her first call to congregational ministry. She and her husband were delighted when she received a call in 1991 to a large church outside of Rochester, New York, to be the associate pastor in charge of ministry to children, youth, and families. When she arrived, the senior pastor, the Reverend Zane Bolinger, aged sixty-two and recently widowed, went out of his way to welcome Ruth. He invited her out to lunch, offered to design and preach at her ordination service, and encouraged her to open up to him and tell him all about her call to ministry.

Everhart was flattered by this attention, and eager to begin her work in the church. But she started to feel uncomfortable early on, as the senior pastor began bringing her gifts and gradually drew her into more intimate conversations. Everhart worried that Bolinger might be falling in love with her. But she also recognized the enormous power differential between them. He was male, he was older, he was relatively wealthy. He was accomplished and beloved in the congregation. In contrast, she was young, a novice, and struggling financially. Her family of four was scraping by on her salary, the minimum allowed by the Presbytery. Everhart felt she had to prove herself in this, her first church assignment. She loved her work in the church and felt called by G-d to be there. But Bolinger's behaviors were escalating until one day he burst into her office, grabbed her and kissed her hard with his open mouth. She placed two arms on his shoulders, shouted "No," forcibly pushed him away and out of her office, and locked the door. Needless to say, she was shaken to her core.[4]

This story is just one of many similar stories still taking place routinely in the churches. Hearing it, many ordained women, like myself, will recall similar – or worse – stories of our own. Everhart's narrative illustrates how patriarchy sets the stage for sexual harassment and abuse, how it is ingrained in hierarchical clerical staffing practices, and how it persists as a force even in main-line denominations that ordain women. Ruth Everhart, as a woman and a newcomer to the ranks of the ordained, felt trapped in this situation with Bolinger. And she knew that he knew that she needed him to succeed. Everhart also had internalized sexist and patriarchal ideas. Since her previous denomination did not ordain women, she felt she was barely worthy to be ordained, and questioned her own judgment about the senior pastor.[5]

---

3 Everhart intersperses the telling of her story of assault with the biblical story of rape of Tamar. Everhart, *The #MeToo Reckoning,* 17–31.

4 Ibid., 30.

5 Ibid., 31.

Patriarchy is the combination of sexism plus power, power that is social, material, legal, and/or spiritual in nature. Long ago, feminist theologian Rosemary Radford Reuther identified the dualistic logic of patriarchy in Christian theology, linking woman with earth, matter, sexuality, and nature, while identifying man with sky, intellect, culture, and transcendent spirit.[6] These two categories are ranked. Earth, sex, and nature – associated with women – have long been devalued, while intellect, culture, and transcendence (including G-d) have been held in high esteem and associated with men. The logic goes something like this: men are by nature closer to G-d, for G-d is in fact male, and women therefore are other, lower creatures. Thus male dominance over all the rest of us has been assumed and codified into dogma and tradition. Not coincidentally, patriarchy is also implicated in racism, whereby darker-skinned peoples are also seen as less-than the supposedly "pure, white ideal".

How does patriarchy make the churches breeding grounds for sexual assault? First, the inequality inherent in this worldview grants authority to men over women and children and cloaks this authority in divine truth. Catholic priests, for example, by virtue of Holy Orders, are believed to be ontologically changed, made holy and more G-d-like, the vicars of Christ on earth. Their power and status, assured by apostolic succession, demand obedience, reverence, and respect.[7] How can a child, for instance an altar boy, who was raised to be obedient and to honor his superiors, resist the authority of the priest, the priest whom he calls "Father"? Indeed, how can anyone believe that a trusted priest, who performs the sacraments daily, could dare to transgress upon the bodies of children? The narrative of an exclusive male clerical class contributes to the shock and the unbelievability of the transgression. Ironically, this unbelievability has protected religious perpetrators of abuse for a long time, and still allows it to continue unchecked.

Yet even in Protestant denominations that ordain women, sexism and patriarchy still prevail. The hierarchy in governing structures that emphasizes the leadership of the (often male) senior pastor over the rest of the staff – including associate ministers, musicians, and administrators – helps to hold patriarchy in place.[8] This institutional structure, in combination with the tendency of the culture at large to trust men's competence and veracity over women's (notwith-

---

6 Radford Reuther, *Sexism and God-Talk*.

7 See also Figueroa and Tombs, "Living in Obedience" in this volume.

8 In cases where the senior pastor is a woman, the balance of gendered power shifts. However, I would argue that the hierarchical structure inherited from patriarchal thinking is still deleterious in that it concentrates power in the hands of the pastor. It creates conditions for abuse by any pastor, regardless of gender, as the next section on clericalism shows.

standing the #MeToo movement), often functions to keep power imbalances in place. Such structures of governance must be reviewed and revised, and antiquated notions of male superiority, even those found in Scripture and tradition, must be named and deconstructed. In order to reduce the influence of patriarchy, religious institutions need to build justice and accountability into church personnel practices. Policies that address gender equity in hiring, firing, and financial remuneration, and that provide processes for the reporting of harassment or abuse, should be specified at every level of ecclesial organizations.[9]

2 Clericalism

The second narrative that must be deconstructed is clericalism. Clericalism can be broadly defined as the tendency to locate ecclesial power and authority exclusively or primarily in the province of the ordained clergy. Clericalism is closely related to patriarchy and the hierarchical distribution of power. It is also often associated with the Catholic Church. In the Catholic Church clericalism functions to support the injustice of an all-male clergy, because the power to modify church laws concerning ordination resides in the hands of a body solely comprised of ordained men. But the dangers of clericalism are becoming evident, even to the head of the entire organizing structure. Jorge Bergoglio ("Pope Francis") recently wrote:

> Clericalism arises from an elitist and exclusivist vision of vocation, that interprets the ministry received as a power to be exercised rather than as a free and generous service to be given. This leads us to believe that we belong to a group that has all the answers and no longer needs to listen or learn anything. Clericalism is a perversion and is the root of many evils in the Church: we must humbly ask forgiveness for this and above all create the conditions so that it is not repeated.[10]

The elitism and arrogance of men who embrace ordination as a form superior status rather than a call to service dangerously sets the stage for their abuse of power. When Bergoglio refers to clericalism as a perversion and "the root of many evils in the Church," he seems to allude to the scandal of clerical sexual abuse in the Church, recognizing the connection between these two things.

But clericalism is not limited to the Catholic Church. Even in denominations where women and persons identifying as LGBTQ are ordained, clericalism grants

---

9 See, e.g., Thoburn and Baker, *Clergy Sexual Misconduct.*
10 Bergoglio, *Address by his Holiness.*

elevated spiritual status and ecclesial power to the clergy. Robes and stoles, collars and communion kits mark the ordained as holy, set aside, and inevitably somehow higher up, closer to G-d, than the laity. There is a need to de-mystify ordination in all denominations and to teach congregants and clergy the truth: that pastors are mere human beings, who experience the same complicated desires, hopes, and fears as everyone else.[11] Ordination does confer the power to lead and it therefore carries with it an obligation to uphold sexual boundaries. Rather than granting superior spiritual status, ordination confers the responsibility to care for the wellbeing of the community. Pastors' authority in the churches ought never be absolute. Rather, clergy and other church leaders should be authorized by the community to exercise their spiritual gifts in service of the wellbeing of the community. Churches must have systems of accountability in place to prevent abuse and refuse to keep secrets when transgressions occur.[12] The bodies of congregants and the wellbeing of the whole body of Christ must never again be sacrificed at the altar of clerical power.

2.1 Pastoral Power

The discussion of clericalism suggests the need for models of pastoral leadership that understand the complexity of power relations. Annemie Dillen's edited volume, *Soft Shepherd or Almighty Pastor*, offers substantial resources for this project.[13] Here the authors, following Foucault, emphasize that power itself is not the problem; power is something that flows in a circular way in all relationships. But in order to prevent abuses of power, we must openly explore the subtleties of power relations within pastoral interactions.

Dillen distinguishes three kinds of power often at play in religious leadership: "power over" others, "power within," which is often thought of as empowerment, and "power with," a kind of co-active or shared power.[14] It should be obvious that "power over" models of religious leadership create the conditions in which sexual abuse can flourish, as we have seen in Ruth Everhart's story,

---

11 See, e.g., Noth, "Mythical Self-Conceptions" in this volume.
12 There are many excellent resources available. See the work of the Faith/Trust Institute in Seattle, WA, and its online bibliography: Evinger, "Clergy Sexual Abuse Bibliography". See also Blasi and Oviedo, *The Abuse of Minors in the Catholic Church*, and Fleming, "Overcoming Silence" in this volume.
13 Dillen, *Soft Shepherd or Almighty Pastor.*
14 Dillen, "Introduction," xii.

and as in the abuse of altar servers in the Catholic Church.[15] It stands to reason that extreme power inequalities (often tinged in patriarchal assumptions) must be challenged, in order to reduce what Catholics might call "occasions for sin." Authoritarian polity surely creates the conditions in which abuse can flourish unchecked.

Less obvious are the ways in which "power with," often characterized by friendliness and intimacy,[16] can also create conditions for abuse. In Ruth Everhart's case, both "power over" and too much friendliness and intimacy set the stage for sexual boundary-crossing. Social, psychological, and ecclesial power are present in pastoral relationships, including intra-staff relationships as well as pastor-parishioner relationships, whether pastors recognize this or not. When well-meaning pastors deny the power and authority that is conferred upon them by the tradition, and act as if "we are just all friends here," they are misunderstanding their role and creating the potential for harm. Reynaert notes that there is a taboo against acknowledging and discussing pastoral power openly with the people, and suggests we must break this taboo, so that the power of the pastor and that of the laity can be used for the good of the community.[17]

3 Body-negativity

The third harmful narrative in the Christian tradition that contributes to the sexual abuse crisis in the church is what I call *body-negativity*. This unholy notion is related to patriarchy: when the flesh is viewed as separate from and less holy than the spirit or the intellect, the goodness and grace of our creaturely status is rejected. Coincidentally, the doctrine of the incarnation, the idea of the Word becoming flesh (John 1:14) is also rejected. Though the Word became flesh, the church does not often teach to love the flesh, the created being that is not separate from but part and parcel of all that human beings are or can be. Instead, along the way in Christian history, ideals of purity and celibacy, never mentioned in the Gospels, crept into the theological tradition, and flesh became associated with sin. This narrative has left the churches with a great deal of denial, silence, and shame over bodies and sexuality, which contributes directly to the crisis of sexual abuse in the church.[18]

---

15 See Terry and Freilich, "Understanding Child Sexual Abuse".
16 Dillen, "Introduction," xv.
17 Reynaert, "A Web of Power," 14–15.
18 See also Gräb-Schmidt, "Abgrund menschlicher Möglichkeiten" in this volume.

When sexuality is denied, disowned, or split off from a pastor's awareness, there is a greater risk for that pastor to engage in abuse.[19] Conversely, religious studies scholar Cristina Traina argues that, "When a person's whole self is self-consciously present in a pastoral interaction, it is more difficult for a dormant or unconscious element of her life to exert itself over the interaction under the cover of professional or vocational concern."[20] In light of this, Traina recommends a bold remedy: that "pastors acknowledge, face and embrace the desires, pleasures, and satisfactions of the pastoral vocation if they are not to be ruled by them."[21] Noting that our bodies are present in all social interactions, and our bodies may be sources of confusion when we experience desires in pastoral situations, Traina urges us to reflect on the complexity of bodily experience in order to navigate power differentials.

Along these lines, Traina argues that in the pastoral vocation, "The self-emptying love of *agape* must be tempered by both the yearning love of *eros* and the communal friendship of *philia*."[22] This may seem counterintuitive. Instead of trying to banish or compartmentalize *eros*, Traina wants pastors to integrate their identities, so that they dwell in the "much-at-once-ness" of experience. In contrast to the usual claim that pastors must work only out of *agape*, a self-emptying love for G-d and the church,[23] she claims that *eros* or desiring love is also essential to productive ministry. The hunger, satisfaction, and pleasure of the ministry can thus be acknowledged and not denied.[24]

Traina follows Edward Vacek's argument that *agape* and *eros* are interdependent.[25] If pastors are all about self-emptying, they will get tired and burnt out "because they are facing infinite needs but lack infinite resources."[26] *Eros*, which is attracted to the good, involves enjoyment and creativity in pastoral ministry. It involves loving people not only in a self-emptying way, but in a way that recognizes and engages their good qualities, their talents, and gifts.

---

19 The inability to recognize one's own sexual feelings and the inclination to confuse affection and desire are considered characteristics of clergy who abuse. Block, *Understanding Sexual Abuse*, 21.

20 Traina, "A Wolf in Sheep's Clothing," 126.

21 Ibid.

22 Ibid. (emphasis in original).

23 The well-known agape-only love ethic was promoted by Anders Nygren. See Nygren, *Agape and Eros*. For another view, see Outka, *Agape*.

24 Pastoral ministry that is done out of a sense of the inherent joy in the work is bound to be more fruitful as well. This thesis is argued in Moschella, *Caring for Joy*.

25 Vacek, *Love, Human and Divine*, 265.

26 Traina, "A Wolf in Sheep's Clothing," 133.

Recognizing that *eros* "needs a chaperone," Traina suggests that all love within the church must be framed by *philia*, love for and with the community. In order to ensure that love for the whole community is kept at the center of their ministries, pastors need places where they can openly discuss their loves, needs, desires, and worries. Such places of trust are sadly lacking for most pastors, especially when the work of supervision is left to bishops or denominational executives. When pastors attend to their embodied experience, reflecting regularly, as a matter of course, they will be less likely to act out their confusing desires upon the people in their care. Pastors need places of trust where they can get spiritual and psychological guidance, without having to worry that acknowledging their desires will have a negative impact on their careers.[27]

How can the harmful narrative of body-negativity in the church be challenged? In search of new stories, I turn to the words of the great author, Toni Morrison. In her Pulitzer prize-winning novel, *Beloved*, a revered religious leader, a black woman, preaches in the woods to groups of formerly enslaved African American people. Her name is Baby Suggs, and this is, in brief, what she has to say about flesh to her people:

> In this here place, we flesh; flesh that weeps, laughs; flesh that dances on bare feet in grass. Love it. Love it hard. Yonder they do not love your flesh. They despise it. They don't love your eyes; they'd just as soon pick em out. No more do they love the skin on your back. Yonder they flay it. And O my people they do not love your hands. Those they only use, tie, bind, chop off and leave empty. Love your hands! Love them. Raise them up and kiss them. … This is flesh I'm talking about here. Flesh that needs to be loved. Feet that need to rest and to dance; backs that need support; shoulders that need arms, strong arms I'm telling you. And O my people, out yonder, hear me, they do not love your neck unnoosed and straight. So love your neck; put a hand on it, grace it, stroke it and hold it up … love it and the beat and beating heart, love that too …hear me now, love your heart. For this is the prize.[28]

Baby Suggs had it right. The devaluation of human bodies – human hearts, arms, and skin – made possible the horror of slavery. When the body is devalued, flesh can be ranked: some bodies are viewed as less than other bodies. All manner of intersectional violence results.[29] To challenge the narrative of body-negativity, we

---

27 Christie Neuger recommends clinically supervised consultation groups for pastors, among other strategies to help pastors cope with the stress of their jobs without crossing sexual boundaries. Neuger, "Working to Prevent Clergy Sexual Misconduct."

28 Morrison, *Beloved*, 103–104.

29 Shawn Copeland offers a Catholic perspective on the significance of bodies, particularly black and brown bodies, in relation to the body of Christ (Copeland, *Enfleshing Freedom*).

all must learn to love our own flesh, our vulnerable, worthy, diverse, and differently abled selves. We are whole beings, embodied souls, striving to live in harmony with all of our parts, all of our needs, and all of our neighbors.

New teaching about the goodness and grace of all human bodies, genders, and sexualities, including that of LGBTQ persons is essential.[30] New work on sexual ethics that emphasizes love, justice, and consent in all sexual and marital relationships needs to be done.[31] It is necessary to create models of pastoral care that prioritize the bodily integrity and safety of all persons, and inspire positive uses of relational power for the good of the community and of the world.

4 Conclusion

These three death-dealing narratives – patriarchy, clericalism, and body-negativity – are sadly still inscribed in the *habitus* of the Church in our time. Hierarchical understandings of clerical power remain in the polities and policies of many Christian communions. Such imbalances of power, combined with long traditions of silence and shame around human bodies and sexuality, allow sexual abuse to persist in ecclesial settings. Efforts to promote mutual care and healthy relationality, including healthy and just sexual relationships, are systematically undermined by these conditions.

In order to change this reality, those who are committed to justice in the church need to patiently deconstruct these damaging narratives, and show that they are not really divine imperatives, no matter how long they have been with us, no matter their theological pedigree. These are mistaken human ideas that have been grafted into and enshrined within the Christian tradition. These ideas and practices are not natural law; they are historical artifacts. These narratives all had a beginning, and if we want to stop sexual abuse in the church, it is time now for them to have an end.

If we want safe and genuinely loving Christian communities, instead of breeding grounds for sexual abuse, the soul-wounding narratives of patriarchy, clericalism, and body negativity must be challenged. The Christian tradition affords many avenues for self-correction, for example, in the prophetic literature of the Hebrew Bible and in the Christian concepts of repentance and reformation. We must acknowledge the great sin of sexual abuse in the churches, and repent

---

30 See Sanders, *Christianity, LGBTQ Suicide, and Souls of Queer Folk*; and Cheng, *Rainbow Theology.*
31 See, e.g., Farley, *Just Love.*

of our silence in the face of it. It is essential to establish new narratives and new norms: narratives that emphasize justice and mutual accountability instead of sexist hierarchy; narratives that de-mystify ordination and attend to the subtleties of pastoral power; and narratives that love and protect the goodness of all human bodies created in the image and likeness of G-d.

In this volume, readers can glimpse the horror and the extent of sexual abuse in church contexts. Clearly the body of Christ cries out in pain. How will we respond? I hope we can find the courage to call for systematic reform of the doctrines, traditions, and institutions that allow such abuse to continue. I hope we can find the courage to break through secrecy and denial and the will to insure the safety and wellbeing of those whose embodied souls are entrusted our care.

Works cited

Bergoglio, Jorge Mario ("Pope Francis"). *Address by his Holiness Pope Francis at the Opening of the Synod of Bishops on Young People, the Faith and Vocational Discernment*, October 3, 2018, http://w2.vatican.va/content/francesco/en/speeches/2018/october/documents/papa-francesco_20181003_apertura-sinodo.html (accessed March 31, 2021).

Blasi, Anthony J. and Lluis Oviedo, eds. *The Abuse of Minors in the Catholic Church: Dismantling the Culture of Cover-Ups*. Routledge Studies in Religion. New York: Routledge, 2020.

Block, Heather. *Understanding Sexual Abuse by a Church Leader or Caregiver*. Winnipeg: Mennonite Central Committee, 2011[2].

Cheng, Patrick S. *Rainbow Theology: Bridging Race, Sexuality, and Spirit*. New York: Seabury, 2013.

Cooper-White, Pamela. "Suffering." In *The Wiley-Blackwell Companion to Practical Theology*, ed. by Bonnie J. Miller-McLemore, 23–31. Chichester: Wiley-Blackwell, 2012.

Copeland, M. Shawn. *Enfleshing Freedom: Body, Race, and Being*. Minneapolis: Fortress, 2009.

Dillen, Annemie, ed. *Soft Shepherd or Almighty Pastor?* Eugene: Pickwick, 2014.

Dillen, Annemie. "Introduction." In *Soft Shepherd or Almighty Pastor?* ed. by Annemie Dillen, ix–xx. Eugene: Pickwick, 2014.

Everhart, Ruth. *The #MeToo Reckoning: Facing the Church's Complicity in Sexual Abuse and Misconduct*. Downers Grove: Intervarsity, 2020.

Evinger, James S. "Clergy Sexual Abuse Bibliography," *FaithTrust Institute*, https://www.faithtrustinstitute.org/resources/bibliographies/clergy-sexual-abuse (accessed March 15, 2021). Rochester, 2021[36].

Farley, Margaret. *Just Love: A Framework for Christian Sexual Ethics*. New York: Continuum, 2009.

Figueroa, Rocío and David Tombs. "Living in Obedience and Suffering in Silence: The Shattered Faith of Nuns Abused by Priests." In *Sexual Violence in the Context of the*

Church: New Interdisciplinary Perspectives, ed. by Mathias Wirth, Isabelle Noth and Silvia Schroer, 45–74. Berlin and Boston: De Gruyter, 2022.

Fleming, Daniel J. "Overcoming Silence: Fraternal Correction, Hierarchy, and the Abuse Crisis in the Australian Catholic Church." In *Sexual Violence in the Context of the Church: New Interdisciplinary Perspectives*, ed. by Mathias Wirth, Isabelle Noth and Silvia Schroer, 75–91. Berlin and Boston: De Gruyter, 2022.

Fortune, Marie M. *Is Nothing Sacred? The Story of a Pastor, the Women He Sexually Abused, and the Congregation He Nearly Destroyed.* Eugene: Wipf and Stock, 2008.

Gräb-Schmidt, Elisabeth. "Der Abgrund menschlicher Möglichkeiten und der Anspruch des Anderen – Theologisch-ethische Perspektiven zu sexualisierter Gewalt in kirchlichen Kontexten." In *Sexual Violence in the Context of the Church: New Interdisciplinary Perspectives*, ed. by Mathias Wirth, Isabelle Noth and Silvia Schroer, 307–325. Berlin and Boston: De Gruyter, 2022.

Morrison, Toni. *Beloved.* New York: Vintage, 2004.

Moschella, Mary Clark. *Caring for Joy: Narrative, Theology, and Practice.* Leiden: Brill, 2016.

Neuger, Christie Cozad. "Working to Prevent Clergy Sexual Misconduct," *Reflective Practice: Formation and Supervision in Ministry 30* (2010).

Noth, Isabelle. "Mythical Self-Conceptions in Spiritual Care." In *Sexual Violence in the Context of the Church: New Interdisciplinary Perspectives*, ed. by Mathias Wirth, Isabelle Noth and Silvia Schroer, 503–508. Berlin and Boston: De Gruyter, 2022.

Nygren, Anders. *Agape and Eros*, transl. by Philip S. Watson. Chicago: University of Chicago Press, 1982.

Outka, Gene. *Agape: An Ethical Analysis.* New Haven: Yale University Press, 1972.

Radford Reuther, Rosemary. *Sexism and God-Talk: Toward a Feminist Theology.* Boston: Beacon, 1983.

Reynaert, Machteld. "A Web of Power: Toward a Greater Awareness of the Complexity of Power." In *Soft Shepherd or Almighty Pastor?* ed. by Annemie Dillen, 3–16. Eugene: Pickwick, 2014.

Sanders, Cody J. *Christianity, LGBTQ Suicide, and Souls of Queer Folk.* Lanham: Lexington, 2020.

Terry, Karen J. and Joshua D. Freilich. "Understanding Child Sexual Abuse by Catholic Priests from a Situational Perspective." *Journal of Child Sexual Abuse* 21/4 (2012): 437–455, DOI: 10.1080/10538712.2012.693579 (accessed March 31, 2021).

Thoburn, John and Rob Baker. *Clergy Sexual Misconduct: A Systems Approach to Prevention, Intervention, and Oversight.* Carefree: Gentle Path, 2011.

Traina, Cristina. "A Wolf in Sheep's Clothing: Dealing Honestly with Pastoral Power." In *Soft Shepherd or Almighty Pastor?* ed. by Annemie Dillen, 122–144. Eugene: Pickwick, 2014.

Vacek, Edward Collins. *Love, Human and Divine: The Heart of Christian Ethics.* Washington: Georgetown University Press, 1994.

Joyce Ann Mercer

Spiritual Care for Survivors of Church-Related Sexual Abuse

Making the Case for Moral Injury

1 A Story of Perceived Culpability Against All Evidence to the Contrary

> I know in my head that it wasn't my fault. My therapist has told me many times that I was not responsible for what [the priest] did, that it wasn't my fault. I was just a kid. He had the power. He tricked me into doing sexual things with him, and he told me that I could never tell anyone. He told me God wanted us to be 'special friends.' Of course I now know he was the one responsible for doing something wrong! That is, I know all that in my *head*—so, why do I still feel so much shame about what happened?[1]

These words came from Rianna, now a graduate student, and a victim of clergy-perpetrated sexual abuse in her Episcopal parish when she was between the ages of ten and fourteen. Pastoral theologian Pamela Cooper-White writes that child sexual abuse involves "the violation of a child's boundaries by an adult, accomplished by the power of physical strength, authority, or closeness of relationship, for the adult's own sexual gratification at the expense of the child."[2] In Rianna's case, her priest used his authority not only as an adult, but more specifically as a clergy person in a close relationship with her. He occupied a role allowing him to know and tell Rianna "what God wanted," manipulating her into sexual contact by drawing upon their closeness and invoking religious language and symbols within the physical context of the church building. Though the abuse finally stopped when the priest left Rianna's parish, she struggled through her teen years with the after-effects of this coerced sexual relationship. During college she sought therapy, experiencing considerable progress in addressing the most distressing symptoms of post-traumatic stress. Recognizing the body-based aspects of trauma, much of Rianna's intensive therapy was somatically based, using modalities such as EMDR.[3]

---

1 The quotation is from a graduate student with whom I was a pastoral caregiver. Her name and identifying details have been altered for anonymity.

2 Cooper-White, *The Cry of Tamar*, 179.

3 Shapiro, *Eye Movement Desensitization and Reprocessing (EMDR)*.

https://doi.org/10.1515/9783110699203-032

Even though Rianna no longer experiences intrusive memories, dissociative episodes, and severe depression, she continues to struggle with lingering feelings of responsibility, an underlying sense of her own unworthiness, difficulties allowing herself to get close to others (particularly men she is attracted to romantically), and pervasive spiritual emptiness. Rianna wants to believe the seemingly logical explanations she hears from her therapist underscoring her lack of culpability for the abuse that occurred, but in her actual day to day experience, she continues to feel blame-worthy, damaged, ashamed, and alienated from God.

How might we understand the gap between Rianna's cognitive grasp of the nature of her situation as a child who was victimized by a sexually predatorial priest, and her contemporary emotional and spiritual reality as a young adult whose life continues to be affected by past clergy-perpetrated sexual abuse (hereafter, CPSA)? In this paper I look to the concept of *moral injury* as a helpful framework in pastoral theology to respond to the spiritual suffering of victims/survivors of sexual abuse in the church.

1.1 Moral Injury: Definitions

The concept of moral injury first gained currency in relation to certain difficulties encountered by military veterans whose post-combat struggles could neither be wholly explained nor treated in terms of trauma symptomatology alone. Moral injury, like post-traumatic stress, centers on a person's neuropsychological, physical, and cognitive responses to stress. But in moral injury, the harm generated is to a person's sense of the self as a good person, to their spiritual life, and to their belief in the moral character and ethical coherence of their communities of belonging including communities of faith.

Psychiatrist Jonathan Shay, working with Vietnam-era veterans, coined the term moral injury which he defined in terms of three components: 1. betrayal of a deeply held sense of what is right 2. by a person in authority 3. in a high stakes situation. Subsequent refinements further specify moral injury's causes and effects.[4]

Moral injury involves "an act of transgression that creates dissonance and conflict because it violates assumptions and beliefs about right and wrong and personal goodness."[5] Litz et al. define it as "the psychological, biological,

---

4 Shay, *Achilles in Vietnam*.
5 Litz et al., "Moral Injury and Moral Repair," 700.

spiritual, behavioral, and social impact of perpetrating, failing to prevent, bearing witness to, or learning about acts that transgress deeply held moral beliefs and expectations."[6] While not as well-known internationally, moral injury is rapidly gaining traction in the US as a helpful framework in relation to military combat and other arenas such as health care and disaster response.[7]

1.2 Moral Injury as a Contested But Useful Concept

Despite its rising prominence moral injury remains a contested idea both conceptually and clinically.[8] Some researchers point to the absence of consensus in the definition on the one hand, and the still-in-process work toward determining construct validity of its markers on the other hand. Still others affirm the usefulness of moral injury for naming a situation specific to *war* and the effects of combat experience, but object to its extension into other contexts. They express concern that moral stress experienced by health care workers encountering conundrums in their care of patients cannot and should not be compared to the moral stress of those in military combat situations.[9]

It is possible to identify direct parallels between Shay's depiction of (military) moral injury and the experience of survivor/victims of sexual abuse in the church without needing to equate these two very different experiences. The two reflect radically different contexts. The types of high stakes situations faced in each of these contexts are quite different from one another. And the kinds of injuries suffered are also distinctive.[10] At the same time that we note such differences, we can also see that moral injury's markers as defined by Shay fit the situation of clergy perpetrated sexual abuse.

First, survivors/victims of abuse by clergy unarguably encounter a betrayal of what is right in their exploitation by clergy. Such betrayal runs especially deep, when the very people charged with care and protection of children's well-

---

6 Ibid., 697.

7 Borges et al., "A Commentary on Moral Injury"; Litz et al., *Adaptive Disclosure*; Ramsay and Doehring, *Military Moral Injury*.

8 For reviews detailing these critiques see Griffin et al., "Moral Injury"; Molendijk, Kramer and Verweij, "Moral Aspects".

9 See, e.g., Asken, "It's Not Moral Injury".

10 Karen Guth discusses this issue as she addresses the problem of religious legacies tainted by abuse which cause moral harm (e.g., Mennonite theologian John Howard Yoder whose important theological contributions are called into question by the revelation after his death of predatory sexual abuse of his graduate students). Here I follow her categories of distinguishing military moral injury from its other occasions. See Guth, "Moral Injury".

being are the ones to cause harm. The second element of Shay's moral injury concept holds that the betrayal involves someone in a relationship of authority over the one betrayed. CPSA, characterized by the asymmetry of power that exists between an adult priest or minister and a child, clearly meets this second criterion. For many believers, the clergy represent God in a fairly straightforward way, contributing further to the horror of the abuse when it seems that through this representative, God has become an abuser.[11]

And last, CPSA of children takes place in a high stakes situation. Clergy sex abuse is a high stakes situation for children not only for the immediate harm and suffering done to them. Insofar as their lives are irreparably altered by the experience, their identities going into the future are at stake.[12] It is also a high stakes situation in terms of context: The church's discourse, symbols, rituals, and relationships mediate connections between ordinary life and the sacred. They concern the most basic and profound human existential realities. CPSA irrevocably alters the sense of having a reliable spiritual or religious grounding for many survivors/victims.

In this paper I am not attempting to "prove" the validity of moral injury nor would I argue that all potentially morally injurious situations across contexts (e. g., military, health care, etc.) are categorically similar just because features of moral injury may be attributed to them. Instead, I offer this preliminary effort to map the concept of moral injury onto the survivor experiences of CPSA, as an exploratory venture that may provide a helpful lens on why healing from CPSA can be so elusive. I begin by discussing the discrepancy between messages that abuse is not the fault of the victim, and the lived emotional reality of survivors like Rianna. Then I consider some unique features of sexual abuse in the context of the church. The penultimate section addresses connections between sexual abuse of children in ecclesial contexts and moral injury. I conclude with modest proposals for pastoral care with survivors of CPSA that take seriously the experience of moral injury. The context for this work is CPSA of children in the US, although other contexts where such abuse occurs undoubtedly share many of the same features.

---

11 See also Figueroa and Tombs, "Living in Obedience" in this volume.
12 Easton, Leone-Sheehan and O'Leary, "Never Know the Person". See also Cornwall, "Interruption of Time" in this volume.

2 Feminist Pastoral Care in Paradox

In an odd sense, the dissonance Rianna experiences between her cognitive-rational knowledge that she was not responsible for the sexual abuse she experienced as a child and her contemporary, continuing "gut feeling" of guilt, shame, and responsibility, exists because a previous generation of feminist pastoral theologians did their work so well. Feminist pastoral theologians and other thinkers from second-wave feminism involved in care and advocacy with sexual abuse survivors beginning in the 1970s worked hard to shift narratives about sexual abuse and assault away from blaming victims. They redefined sexual assault from a "crime of sexual passion" for which women were deemed to bear responsibility, to sexual assault as an exercise of power supported by social structures oppressive of women.[13]

In the process, feminist pastoral theologians and caregivers also built a new narrative that framed sexual violence against children (boys and girls alike) as the abuse of power, occurring in contexts of asymmetrical power relations involving a child and an adult in which mutuality and consent are not possible. Feminist theologians and caregivers were part of a movement focused on believing victims' stories of abuse; shifting the language used to depict child abuse toward terminology underscoring its harm and destructiveness; privileging children's bodily integrity and their moral claim to protection by adults; and of course, holding abusers accountable for their injurious behaviors. Naming all forms of relational abuse as sin, feminist advocates for survivors worked toward the establishment of rape crisis centers, battered women's shelters, and legal protections for abused children including the responsibility of clergy as mandated reporters of child abuse. These and many more developments supporting adults and children who are abuse survivors continue as the legacy of this movement.[14]

This narrative and structural shift toward privileging the needs of abuse victims has not been perfectly realized across all sectors, of course. Even so, the social imaginary about sexual abuse and assault has undergone considerable transformation in the US, enough so that people like Rianna obviously have received and can articulate the core message that the abuse they experienced as children was not their fault. This success in communicating a new narrative

---

13 A well-known example of this literature is Brownmiller, *Against Our Will.*
14 For several examples see Adams and Fortune, *Violence against Women and Children*; Fortune, *Sexual Violence*; Fortune, *Is Nothing Sacred*; Pellauer, Chester and Boyajian, *Sexual Assault and Abuse.*

about abuse paradoxically creates a new problem, however: insistence that "abuse is never the victim's fault" potentially obscures some aspects of the lived experiences of many victim-survivors. Pastoral caregivers may fail to hear and take seriously the victims' ongoing internalized sense of fault even in the absence of objective assessments that they are culpable. By engaging pastoral care that treats a survivor's subjective ongoing guilt and shame as "incorrect cognition," caregivers inadvertently can end up trying to talk survivors out of their feelings and experienced moral-emotional realities.

3 Sexual Abuse in the Church: A Particular Kind of Harm

In spite of heightened awareness of the prevalence of child sexual exploitation in the church, it remains difficult to obtain precise information about the extent of the problem. In the US, most researchers rely on a report from the John Jay School of Law, commissioned by the United States Conference of Catholic Bishops, identifying the "nature and scope" and the "causes and context" of church-related sexual abuse.[15] The number of priests alleged to have sexually abused minors between 1950 and 2002 was 4,392, or 4% of priests. The number of individuals making allegations of CPSA in the same time period was 10,667. Sexual abuse in the context of the church shares many features in common with child sexual abuse that takes place in others contexts such as homes, schools, and day care settings: survivors frequently experience symptoms of post-traumatic stress. But child sexual abuse in the context of the church, particularly by clergy perpetrators, brings additional and serious harms unique to this ecclesial context.

3.1 The Manipulation of Close Relationships and Perceptions of Divine Authority

First, clergy often have close relationships with children in their faith communities, based upon a high level of involvement and trust placed in them, a situation in which a child's vulnerability is therefore heightened. Second, clergy have power and authority not only because they are the adults but also by virtue of their clerical office which vests them with religious and moral authority. And

---

15 This data is available in two reports: John Jay College Research Team, *The Nature and Scope of Sexual Abuse* and Terry et al., *The Causes and Context of Sexual Abuse.*

in fact, the kind of authority they wield is unlike that of any other person in the child's life: it purportedly comes from God. The inequality of power in the relationship therefore could not be greater. Betrayal by such an authority would reasonably be perceived by many children as betrayal by God. It constitutes an extreme breach of trust, particularly because the abuse happens at the hands of one charged with caring for and protecting members of the faith community.[16]

3.2 Unique Effects of Abuse Perpetrated in the Context of the Church

On the basis of such features, Cooper-White names CPSA of children having the equivalent dynamics to incest, "with all the psychological intensity and damage incest entails."[17] By this rendering, child sexual abuse in church contexts produces several particular harm-effects, including: 1. betrayal resulting in severe disruptions in the survivor's ability to trust (thus undermining relational capacities); 2. persistent guilt and shame related to an enduring sense of responsibility (thus undermining self-loving capacities); and 3. the "ultimacy" of the kind of authority a pastor holds leading to serious disruption of religious/spiritual meaning-making when a pastor as perpetrator uses religious symbols, language, space, and a sense of unique identification with the divine, to sexually exploit a child (thus undermining spiritual meaning-making capacities).

3.2.1 Betrayal of Trust

Betrayal plays a primary role in shaping both the present and future experiences of victim/survivors of clergy perpetrated sexual abuse. In a qualitative study of adult male victims abused by priests when the victims were between the ages of nine and fifteen years, betrayal of trust figured as a central dynamic across the study sample, co-occurring with the report of "intense feelings of shame during and after the abuse including irrational and deep pervasive guilt for the abuse."[18] The study's authors describe the men as all having developed "chronic, intense inner turmoil" and long-term trauma symptoms carried into adulthood.[19]

---

16 See also Seibert, "Menschenführung" in this volume.
17 Cooper-White, *The Cry of Tamar*, 179.
18 Isely et al., "In Their Own Voices," 206.

Many of the emerging refinements and specifications of the nature of moral injury come from and foster its clinical applications, which downplay the phenomenon of betrayal within moral injury. A number of recent theorists, however, have reclaimed the trust-destroying betrayal first named by Shay.[20] They emphasize moral injury as a socio-political phenomenon, and not just a diagnosis. Military veteran Tyler Boudreau writes,

> PTSD as a diagnosis has a tendency to depoliticize a veteran's disquietude and turn it into a mental disorder. What's most useful about the term "moral injury" is that it takes the problem out of the hands of the mental health profession and the military and attempts to place it where it belongs – in society, in the community, and in the family – precisely where moral questions should be posed and wrangled with. It transforms "patients" back into citizens, and "diagnoses" into dialogue.[21]

Such reclamations of betrayal underscore the effects of moral injury relating not only to the individual's underlying moral architecture but also to the injured person's ability to maintain faith either in the truth/validity of a moral community's shared values, or in their own ability to participate in that community:

> Moral injury is an event that is not only inconsistent with previous moral expectations, but which has the power to negate them. Moral injury is not merely a state of cognitive dissonance, but a state of loss of trust in previously deeply held beliefs about one's own or others' ability to keep our shared moral covenants.[22]

Morally injurious betrayal thus brings not only loss of trust individually, but also disillusionment with social institutions and communities.

3.2.2 Persistent Shame and Guilt

Moral frameworks, both those internal to persons and also those that are societal in nature, carry values, ideals of "the good," human relatedness, and beliefs about one's self as a moral person within relational-communal contexts. When a person experiences moral stress as a result of dissonance between this underlying moral framework and lived experience, in ways that overwhelm the capacity to cope with and integrate the dissonance, moral injury may occur. The moral

---

19 Ibid., 206–207.
20 See Wiinikka-Lydon, "Moral Injury"; Congdon, "Wronged Beyond Words".
21 Boudreau, "The Morally Injured," 750.
22 Nash and Litz, "Moral Injury".

emotions of shame and guilt (and sometimes, disgust/abjection) become intrusive, persistent, and reiterative in much the same way that trauma sufferers experience fragmented memories and fear responses when past traumatic experiences remain unintegrated into a person's present life-narrative and therefore continue to haunt them.

In a situation resulting in moral injury, a person may have done what is considered right and proper based on legal standards or even common sense or necessity, and yet still experience a wound to the conscience based upon the *de facto* violation of their internal, primal moral framework. In the case of clergy perpetration of child sexual abuse, moral injury occurs under circumstances in which survivors/victims of the abuse have done nothing culpable – and yet they still perceive and experience guilt, shame, and a sense of responsibility all stemming from the betrayal of what is right, known at the level of the child's tacitly held, developing moral framework. The fact of their "participation" in the breach of such a moral norm creates moral stress, as does their witness to the actions of the clergy person perpetrating the abuse, whether or not the survivor has conscious awareness of this experience or can articulate it as such.[23] Blinka and Harris assert that "the very act of bearing witness to the unbearable can cause moral injury."[24] If the abused child's ability to cope with moral stress becomes overwhelmed, the situation of their abuse within the context of the church becomes not only one of trauma but also of moral injury.

3.2.3 Spiritual and Religious Wounds

Speaking of moral injury from within a religious-ethical framework, Wollom Jensen and James Childs affirm the legitimacy of the concept of moral injury, while also asserting that moral injury is not simply a psychological or medical issue: "Moral wounds or injury require something more than emotional or physical healing. Moral wounds are not medical issues, though they may manifest medical needs if left unattended. They are profoundly religious issues."[25] Jensen and Childs detail the constitutive reality of moral injury as resulting from an "encounter with evil so radical that it evokes the problem of evil as a deeply exis-

---

23 I want to underscore that when I speak here about a child "participating" in an abusive encounter, I am referring to the victim/survivor's perception and experience of participation in a morally transgressive situation, and am in no sense attributing responsibility for the abuse to the victim.

24 Blinka and Wilson Harris, "Moral Injury".

25 Jensen and Childs, *Moral Warriors*, 98.

tential reality rather than simply a theological problem."[26] In the morally injurious situation of clergy abuse of a child, the child does not have to be an agent of the harmful action to feel themselves an existential participant in its wrong.

Karlijn Demasure applies a similar framework, explicitly relating Paul Ricoeur's discussion in *The Symbolism of Evil* to child sexual abuse. Demasure asserts that "it is the transgression of the taboo that leaves the child infected with both guilt and shame."[27] Pastoral caregivers therefore must work with survivors at what she calls the "ontological" level of fault, rather than at the level concerned with the guilt of being a responsible agent per se in the situation.

Efforts to convince the survivor that they are in no way responsible for the transgression fail to take into account the "archaic level of taboo: the child's sense of being at fault" on the ontological level which has nothing to do with the guilt of being a responsible agent in the situation, but is about participation in evil at a "deeper, archaic level where elements of shame, marked by defilement, powerlessness, terror; and guilt, composed of debt, punishment, and confession, are intertwined."[28]

The specific utility of the concept of moral injury with child victims of CPSA comes in the tri-directional overlap with clinical perspectives on traumatic stress; ethical-theological perspectives on human morality, forgiveness, and the workings of moral emotions in shaping human experience (individual and communal); and lived religion/spirituality. In other words, the reason it becomes useful for pastoral theologians and caregivers to employ the category of moral injury in reference to CPSA is that this framework encompasses elements that must be addressed together to facilitate healing. Simply addressing traumatic stress without dealing with the deeply internalized sense of moral breech and defilement leaves the survivor/victim with residual grief and shame that are not medical or psychological phenomena. But merely treating the survivor's guilt, shame, and lingering sense of responsibility as matters addressed and absolved through prayers of confession, without addressing in depth the trauma-based symptomatology through which these moral and religious issues frequently manifest themselves, similarly leave the survivor in a state of constant re-triggering of intrusive memory fragments of the abuse, and other effects of traumatic stress.

Another study focusing on the element of betrayal involved in clergy perpetration of sexual abuse relates the depth of betrayal to the theological meaning

---

26 Ibid., 101.
27 Demasure, "The Impurity of Touch," 366.
28 Ibid., 369.

of ordination.[29] Abuse by a priest represents "betrayal of the sacramental meaning of [the priest's] authority," which in effect leaves victims as "spiritual orphans," unable to return home to the church because the church has now become the place not of safety and comfort but of harm.[30] Religious betrayal is foundational to the experience of clergy-perpetrated child sexual abuse. Similarly, betrayal is a constitutive event behind moral injury, generating stress that can result not only in seemingly intractable experiences of guilt and shame, but also a generalized sense of meaninglessness to life.

In sum, the developing pastoral and practical theological literature on moral injury gestures toward its salience as one explanatory framework for survivors of CPSA. These are situations involving betrayal of deeply embedded or "archaic" primary moral structures that have consequences for the survivor's inner well-being and also for their social-relational and spiritual status. The shame, guilt, and responsibility experienced by victim/survivors of clergy child sexual abuse regardless of the objective absence of culpability for their participation in the abusive encounter(s) clearly reflects such a situation. And the specifically religious context of the abuse renders CPSA survivors without a trustworthy ultimate reality and religious symbolic universe of meaning.

4 A Modest Proposal for Addressing Moral Injury in Victims of Clergy-Perpetrated Sexual Abuse

What are the implications for pastoral theology and care to recognition of moral injury among victims/survivors of sexual abuse in the context of the church? I offer a few proposals that I cannot more fully develop here, but to which the above explorations of moral injury and CPSA of children point.

4.1 Abuse Still Is Not the Victim's Fault

First, the message that abuse is not the fault of the victim remains important, and addressing the presence of "defective stories" about responsibility through cognitive and narrative work continues to be valuable. But it should not result in discounting or ignoring the lived realities of survivors in which felt moral emotions continue to exert power in the life of that survivor.

---

29 Guido, "A Unique Betrayal," 263.
30 Ibid., 257–258.

4.2 Becoming Shame Experts

Second, given the key role that moral emotions, especially shame, play for many survivors, pastoral caregivers need to become experts on shame – not only its psychology but also its specifically theological architecture. Shame sits at the apex of both trauma and moral injury.[31] A considerable amount of the pastoral theological literature on forgiveness attends to guilt, but shame remains under-theorized pastorally.[32] Additionally, knowledge about the dynamics of shame should shape practices of care with survivors much more directly.

Shame in its toxic forms assaults one's sense of basic human worth. Contemporary Christian pastoral theologians would do well to retrieve from Christian tradition those aspects of a theology of radical justification that provide a counter-narrative to survivors' internalized assessments of worth shaped by persistent shame. When sexual abuse by clergy results in moral injury, both guilt and shame structure the lived experience of survivors. Pastoral care with these survivors cannot hold up a credible notion of hope if it does not rest on a robust notion of divine grace – a God who in Christ claims victims/survivors as God's own beloved ones, imputing "righteousness" to them, overturning dominant narratives that posit brokenness as the last word in defining humanity. Such a theological move requires, in turn, an understanding of God's grace-filled justification and sanctification of human lives as fundamentally ontic in its effects rather than merely the undoing of an action for which one is legitimately culpable.

4.3 Coaching Survivors in Practices of Self-Compassion

Third, the concept of moral injury holds together the neuropsychological and physical realities of traumatic stress with the religious/spiritual/theological realities of moral stress, calling for pastoral caregivers to attend to the specifically moral dimensions of survivors' experiences with practices that equip survivors to cope with moral stress. More sophisticated integration of practices that nurture self-compassion and self-empathy to address shame needs to be part of the repertoire of pastoral care skills for practitioners who work with survivors.

---

31 Herman, "Posttraumatic Stress Disorder".

32 Exceptions include McNish, *Transforming Shame*; Pattison, *Shame*; Pembroke, *The Art of Listening*; Wimberly, *Moving from Shame to Self-Worth*. However, a strong focus on shame receives little emphasis in general pastoral theology and care texts.

4.4 Attending to Betrayal

Fourth, we need to focus more attention on the dynamics of betrayal. Betrayal of a person's moral framework – whether by one's own agentic transgression, or by the actions of others – undermines trust in "the good" – one's own good as a person, the good of a society's basic moral orientation, the good of religious institutions, and even in the goodness of God. When betrayal generates the persistence and reiteration across time of moral emotions that bring distress, suffering deepens as the foundation of trust in self and others is disrupted. Current theological explorations of forgiveness inadequately attend to the harm created when betrayal reconstructs world views toward cynicism and disbelief in the possibility of living a moral life or participating in a faith community.[33]

4.5 The Structural Sin of CPSA

Last, we who affirm and advocate for children must keep putting forward a structural and corporate understanding of the sin of CPSA. It is not merely a matter of individuals engaging in discrete acts of abhorrent behavior, but rests upon structural and systemically supported abuses of power. Just as military moral injury finds its opportunity within the totalizing environment of military culture where betrayal comes at great cost, the moral injury of children suffering abuse at the hands of religious leaders in the church often also involves a totalizing environment of patriarchal instantiations of the church. Betrayal by the church similarly comes at great cost: an abused human being's spirituality and relationship to the divine, and a community's malformation as the body of Christ. These are costs Christians have never been able to afford. They must stop now.

5 Conclusion

In this paper I have explored the utility of *moral injury* as a construct in relation to spiritual care of victims/survivors of clergy sexual abuse. Although moral injury was initially conceptualized in relation to military combat veterans, its use in other contexts such as health care suggests that the idea of moral injury as a wound to the conscience may have utility in other situations including clergy

---

33 See, e.g., Hill and Mullen, "Contexts for Understanding Forgiveness and Repentance"; Schnabl Schweitzer, "For-Giving and Forgiving".

perpetrated sexual abuse. While advances in clinical work with trauma offer important resources, survivors of clergy sexual abuse often experience lingering spiritual effects that do not respond to traditional trauma care modalities. Moral injury offers a framework for understanding and attending to the particular suffering of victims/survivors of clergy sexual abuse, focusing not only upon post-traumatic stress aspects of the experience but also upon residual guilt and shame in the aftermath of profound betrayal.

Works cited

Adams, Carol J. and Marie M. Fortune. *Violence against Women and Children: A Christian Theological Sourcebook.* New York: Continuum, 1995.

Asken, Michael J. "It's Not Moral Injury: It's Burnout (or Something Else)." *MJH Life Sciences*, https://www.medicaleconomics.com/view/its-not-moral-injury-its-burnout-or-something-else (accessed April 4, 2020).

Blinka, Dee and Helen Wilson Harris. "Moral Injury in Warriors and Veterans: The Challenge to Social Work." *Social Work & Christiantiy* 43/3 (2016): 7–27.

Borges, Lauren M. et al. "A Commentary on Moral Injury among Health Care Providers During the Covid-19 Pandemic." *Psychological Trauma: Theory, Research, Practice, and Policy* 12/S1 (2020): 138–140.

Boudreau, Tyler. "The Morally Injured." *The Massachusetts Review* 52/3–4 (2011): 746–754. www.jstor.org/stable/23210143 (Accessed November 8, 2019).

Brownmiller, Susan. *Against Our Will: Men, Women, and Rape.* New York: Simon and Schuster, 1975.

Congdon, Matthew. "Wronged Beyond Words: On the Publicity and Repression of Moral Injury." *Philosophy and Social Criticism* 42/8 (2016): 815–834.

Cooper-White, Pamela. *The Cry of Tamar: Violence against Women and the Church's Response.* Minneapolis: Fortress Press, 2012².

Cornwall, Susannah. "Sexual Abuse and the Interruption of Time, with Reference to the IICSA Reports into Clerical Sexual Abuse within the Church of England." In *Sexual Violence in the Context of the Church: New Interdisciplinary Perspectives*, ed. by Mathias Wirth, Isabelle Noth and Silvia Schroer, 405–421. Berlin and Boston: De Gruyter, 2022.

Currier, Joseph M. et al. *Addressing Moral Injury in Clinical Practice.* Washington, DC: American Psychological Association, 2021.

Decuir-Gunby, Jessica T., Thandeka K. Chapman, and Paul Shutz. *Understanding Critical Race Research Methods and Methodologies: Lessons from the Field.* New York: Routledge, 2019.

Demasure, Karlijn. "The Impurity of Touch: A Practical Theological Reflection on Touch, Taboo and Child Sexual Abuse." In *Noli Me Tangere in Interdisciplinary Perspective: Textual Iconographic and Contemporary Interpretations*, ed. by Reimund Bieringer, Barbara Baert and Karlijn Demasure, 355–375. Leuven: Peeters, 2016.

Easton, Scott D., Danielle M. Leone-Sheehan, and Patrick J. O'Leary. "'I Will Never Know the Person Who I Could Have Become': Perceived Changes in Self-Identity among Adult

Survivors of Clergy-Perpetrated Sexual Abuse." *Journal of Interpersonal Violence* 34/6 (2019): 1139–1162. DOI: 10.1177/0886260516650966 (accessed: April 4, 2020).

Figueroa, Rocío and David Tombs. "Living in Obedience and Suffering in Silence: The Shattered Faith of Nuns Abused by Priests." In *Sexual Violence in the Context of the Church: New Interdisciplinary Perspectives*, ed. by Mathias Wirth, Isabelle Noth and Silvia Schroer, 45–74. Berlin and Boston: De Gruyter, 2022.

Fortune, Marie M. *Is Nothing Sacred? When Sex Invades the Pastoral Relationship.* San Francisco: Harper & Row, 1989.

Fortune, Marie M. *Sexual Violence: The Unmentionable Sin.* New York: Pilgrim Press, 1983.

Griffin, Brandon J. et al. "Moral Injury: An Integrative Review." *Journal of Traumatic Stress* 32 (2019): 350–362.

Guido, Joseph J. "A Unique Betrayal: Clergy Sexual Abuse in the Context of the Catholic Religious Tradition." In *Understanding the Impact of Clergy Sexual Abuse: Betrayal and Recovery*, ed. by Robert A. McMackin, Terence M. Keane and Paul M. Kline, 59–73. New York: Routledge, 2009.

Guth, Karen V. "Moral Injury, Feminist and Womanist Ethics, and Tainted Legacies." *Journal of the Society of Christian Ethics* 38/1 (2018): 167–186.

Herman, Judith. "Posttraumatic Stress Disorder as a Shame Disorder." In *Shame in the Therapy Hour*, ed. by Ronda L. Dearing and June Price Tangney, 261–275. Washington, DC: American Psychological Association, 2011.

Hill, E. Wayne and Paul M. Mullen. "Contexts for Understanding Forgiveness and Repentance as Discovery: A Pastoral Care Perspective." *The Journal of Pastoral Care* 54/3 (2000): 287–296.

Isely, Paul J. et al. "In Their Own Voices: A Qualitative Study of Men Abused as Children by Catholic Clergy." In *Understanding the Impact of Clergy Sexual Abuse: Betrayal and Recovery*, London and New York: Routledge, 2009.

Jensen, Wollum A., and James M. Jr. Childs. *Moral Warriors, Moral Wounds: The Ministry of the Christian Ethic.* Eugene: Cascade Books/Wipf and Stock, 2016.

John Jay College Research Team. *The Nature and Scope of Sexual Abuse of Minors by Catholic Priests and Deacons in the United States, 1950–2002.* Washington, DC: United States Conference of Catholic Bishops, 2004.

Litz, Brett T. et al. *Adaptive Disclosure: A New Treatment for Military Trauma, Loss, and Moral Injury.* New York: The Guilford Press, 2016.

Litz, Brett T. et al. "Moral Injury and Moral Repair in War Veterans: A Preliminary Model and Intervention Strategy." *Clinical Psychological Review* 29 (2009): 695–706.

McNish, Jill L. *Transforming Shame: A Pastoral Response.* Binghamton and New York: Haworth Press, 2004.

Molendijk, Tine, Eric-Hans Kramer, and Desiree Verweij. "Moral Aspects of 'Moral Injury': Analyzing Conceptualizations on the Role of Morality in Military Trauma." *Journal of Military Ethics* 17/1 (2018): 36–53.

Nash, William P. and Brett T. Litz. "Moral Injury: A Mechanism for War-Related Psychological Trauma in Military Family Members." *Clinical Child and Family Psychological Review* 16/4 (2013): 365–375.

Pellauer, Mary D., Barbara Chester, and Jane A. Boyajian. *Sexual Assault and Abuse: A Handbook for Clergy and Religious Professionals.* San Francisco: Harper & Row, 1987.

Pattison, Stephen. *Shame: Theory, Therapy, Theology.* Cambridge and New York: Cambridge University Press, 2000.

Pembroke, Neil. *The Art of Listening: Dialogue, Shame, and Pastoral Care.* Grand Rapids: William B. Eerdmans Pub. Co., 2002.

Ramsay, Nancy J. and Carrie Doehring, eds. *Military Moral Injury and Spiritual Care a Resource for Religious Leaders and Professional Caregivers.* St Louis: Chalice Press, 2019.

Schnabl Schweitzer, Carol L. "'For-Giving' and Forgiving: Process and Practice in Pastoral Care." *Pastoral Psychology* 59 (2010): 829–842.

Seibert, Christoph. "Menschenführung als Kontext sexualisierter Gewalt. Von der Ambivalenz einer unverzichtbaren Praxis." In *Sexual Violence in the Context of the Church: New Interdisciplinary Perspectives*, ed. by Mathias Wirth, Isabelle Noth and Silvia Schroer, 335–353. Berlin and Boston: De Gruyter, 2022.

Shapiro, Francine. *Eye Movement Desensitization and Reprocessing (EMDR) Therapy: Basic Principles, Protocols, and Procedures.* New York: The Guilford Press, 2018[3].

Shay, Jonathan. "Moral Injury." *Psychoanalytic Psychology* 31/2 (2014): 182–191.

Shay, Jonathan. *Odysseus in America: Combat Trauma and the Trials of Homecoming.* New York: Scribner, 2002.

Shay, Jonathan. *Achilles in Vietnam: Combat Trauma and the Undoing of Character.* New York and Toronto: Athenaeum, 1994.

Terry, Karen J. et al. *The Causes and Context of Sexual Abuse of Minors by Catholic Priests in the United States, 1950–2010: A Report Presented to the United States Conference of Catholic Bishops by the John Jay College Research Team.* Washington, DC: United States Conference of Catholic Bishops, 2011.

Wiinikka-Lydon, Joseph. "Moral Injury as Inherent Political Critique: The Prophetic Possibilities of a New Term." *Political Theology* 18/3 (2017): 219–232.

Wimberly, Edward P. *Moving from Shame to Self-Worth: Preaching and Pastoral Care.* Nashville: Abingdon Press, 1999.

Isabelle Noth

Poimenische Reflexionen zu sexualisierter Gewalt an Minderjährigen im kirchlichen Kontext

> „Der Papst sagt ja, den Missbrauch habe der Teufel begangen.
> Also bei mir war es ein Pater."[1] (Thomas Kiessling)

1 Zur Kategorisierung und Thematisierung sexualisierter Gewalt

Wer sich mit sexualisierter Gewalt im kirchlichen Kontext befasst, richtet sein Augenmerk in der Regel auf eine bestimmte Kategorie von Übergriffen. Der US-amerikanische Soziologe David Finkelhor[2] bezeichnete nämlich grob fünf verschiedene „Hauptkategorien" von sexualisierter Gewalt an Kindern, die nach wie vor hilfreich zu unterscheiden sind: 1. die primär durch Väter oder Vaterfiguren begangene sexualisierte Gewalt in der Familie, 2. die ausserhalb der Familie begangene sexualisierte Gewalt durch Betreuungspersonen wie zum Beispiel Lehrer, Sporttrainer und Geistliche, 3. die durch eine Tätergruppe von männlichen Jugendlichen unter 18 Jahren begangene sexualisierte Gewalt, 4. die sexualisierte Gewalt von Täterinnen und 5. die kommerzielle sexualisierte Gewalt an Kindern durch Prostitution und Pornografie. Sexualisierte Gewalt im kirchlichen Kontext wird gemäss dieser Unterscheidung also meistens in jenem ausserfamiliären Bereich anzusiedeln sein, da sie durch Personen verübt wird, die in weitestem Sinne als „Geistliche" bezeichnet werden können. Solche Personen zeichnen sich oft dadurch aus, dass sie im Allgemeinen Respekt und im Besonderen ein hohes Mass an Vertrauen geniessen.[3] Es handelt sich in der römisch-katholischen Kirche primär um Priester oder Ordensmänner, denen aufgrund der zölibatären Vorgabe eine Familiengründung untersagt ist. Im evangelischen Kontext ist der Sachver-

---

1 Finger, „Was passiert", 46.
2 Vgl. Finkelhor, „Sexueller Mißbrauch von Kindern", 120 f.
3 Vgl. a.a.O., 121. Mathias Wirth und Heinz-Peter Schmiedebach bringen es auf den Punkt: „Therapeutische, pädagogische oder pastoral-kirchliche Berufe, ausgestattet mit der genannten Trias Autorität, Ansehen und Helfen, sind gleichzeitig mit einer Zuweisung hoher Verantwortung bei Fehlverhalten verbunden." Wirth und Schmiedebach, „Sexualisierte Gewalt gegen Minderjährige", 11.

https://doi.org/10.1515/9783110699203-033

halt komplexer, da Pfarrer weder enthaltsam noch ledig zu sein brauchen und von daher auch häufig selbst Väter sind: Es kann also in diesem kirchlichen Umfeld zu einer Überschneidung der ersten beiden Kategorien von Finkelhor, das heisst der sexualisierten Gewalt innerhalb sowie ausserhalb der Familie, kommen.[4]

Damit hört aber der Zuständigkeitsbereich der Kirche nicht auf. Es geht nämlich beim Thema der sexualisierten Gewalt im kirchlichen Kontext nicht nur um Täter und ihre Handlungen, sondern auch um die Frage, wie von kirchlicher Seite anderweitig mit sexualisierter Gewalt umgegangen wird. Seelsorgende beispielsweise kommen in ihrer täglichen Arbeit immer wieder mit Menschen in Kontakt, die in irgendeiner Form mit sexualisierter Gewalt zu tun haben, sei es als Täter, sei es als Opfer oder als Mitwissende. Rein schon aufgrund des Umstands, dass eine kirchliche Seelsorgefachperson in eine Begleitung involviert ist, wird daraus auch eine Angelegenheit der Kirche. In den Zuständigkeitsbereich oder die Verantwortung der Kirche fallen somit drei grundsätzliche Fragestellungen, was den Umgang mit sexualisierter Gewalt angeht: 1. Wie im kirchlichen Kontext sexualisierte Gewalt ausgeübt und vielleicht sogar strukturell ermöglicht und begünstigt wird. 2. Wie im kirchlichen Kontext mit sexualisierter Gewalt auch aus allen anderen von Finkelhor genannten Bereichen umgegangen und wie auch präventiv dagegen vorgegangen wird. 3. Wie vonseiten der Kirche Opfer jeglicher Art von sexualisierter Gewalt begleitet und unterstützt werden können.

2 Sprachanalyse und psychische Abwehrmechanismen

Im vorliegenden Beitrag soll aus der Breite des Themenspektrums ein Aspekt herausgegriffen werden, der schon in der frühen Psychoanalyse, zuerst von Anna Freud, beschrieben wurde, nämlich jener der psychischen Abwehrmechanismen des Ichs.[5] Anhand eines realen Fallbeispiels soll mittels einer poimenischen Analyse auf der sprachlichen Ebene eruiert werden, wie sich solche manifestieren. Damit knüpft diese Untersuchung an den 2020 erschienenen Essay der Journalistin Petra Morsbach *Der Elefant im Zimmer. Über Machtmissbrauch und Widerstand*[6] an. Wie in früheren Werken untersucht sie auch hier „das Wahrheitspotenzial der Sprache"[7], indem sie drei reale Fälle analysiert, darunter ausführlich und unter Berücksichti-

---

4 Vgl. dazu das Fallbeispiel in Noth, „Mythen".
5 Freud, *Das Ich.*
6 Morsbach, *Der Elefant im Zimmer.*
7 A.a.O., 32.

gung der veröffentlichten Dokumentation den Fall des Vorsitzenden der österreichischen Bischofskonferenz, des Kardinals Groër. Morsbachs Essay ist gegenwärtig die im deutschen Sprachraum bestfundierte multiperspektivische Studie zur Verwendung von Sprache und spezifischen – insbesondere theologischen und kirchentheoretischen – Argumentationsmustern im Umgang mit sexualisierter Gewalt im kirchlichen Kontext. Morsbach stellt sich die Frage, wie es möglich sei, dass noch angesichts einer Fülle eindeutiger sexueller Übergriffe und Machtmissbrauchs eine solche „ethisch hoch angesehene Institution" wie die römisch-katholische Kirche dermassen hilflos agiere.[8] Morsbachs Studie überzeugt mit einer Vielzahl von beeindruckenden Beobachtungen und plausiblen Erklärungen und liefert keine eindimensionale Analyse, sondern zeichnet das Bild eines vertrackten Zusammenspiels verschiedener Intentionen, individualpsychologischer Mechanismen sowie kirchenpolitischer Manöver.

In Anlehnung an die Arbeiten von Petra Morsbach soll im folgenden Fallbeispiel aus der Gefängnisseelsorge gezeigt werden, wie sprachliche Analyse mehr Klarheit über angst- und schaminduzierte Abwehrstrategien verschaffen kann, zu denen unter anderem Vertuschung und Verharmlosung von sexualisierter Gewaltanwendung zählen. Diese kommen ungeachtet der Tatsache zum Zuge, dass sexuelle Übergriffe an Kindern in unserer Gesellschaft generell und unbestritten als verurteilungswürdig betrachtet werden. Wie in Abschnitt 1 beschrieben, gehört dieses Beispiel in den Kompetenzbereich der Kirche, da ein Gefängnis, in dem Seelsorge stattfindet, als kirchlicher Kontext gelten kann. Die Seelsorge lässt mit ihrem Handlungsfeld nicht nur die Botschaft, sondern auch das System und die Institution der Kirche präsent sein. Wenn Seelsorge – wie dies in der Schweiz zweifellos vornehmlich der Fall ist – Zuwendung im Rahmen der Kirche bedeutet, so ist auch Gefängnisseelsorge unter dem Aspekt der kontextuellen Verortung Kirche zu betrachten.[9]

3 Reales Fallbeispiel aus der Gefängnisseelsorge

Im Massnahmenvollzug kommt der ca. 40-jährige Insasse beim erstmaligen Besuch einer Seelsorgerin gleich zu Beginn von sich aus darauf zu sprechen, weshalb er verurteilt wurde und hier ist. Er wirkt freundlich, gar sympathisch, und erzählt ihr als Gefängnisseelsorgerin, seine 12-jährige Tochter sei stets zu ihm gekommen, wenn sie Geld von ihm gewollt hätte. Dann hätte sie sich ihm jeweils

---

8 A.a.O., 25.
9 Vgl. Noth, „Seelsorge".

auf den Schoss gesetzt, ihn geküsst und ihm zwischen die Beine gefasst. Dafür hätte er ihr dann jeweils einen Zwanzig-Franken-Schein gegeben. Mehr sei da nicht gewesen und vor allem: *Sie* hätte es gewollt. *Sie* sei zu ihm gekommen, wenn sie wieder Geld von ihm haben wollte. „Es" sei stets von ihr aus gekommen, versichert der Mann. Die Handlungen seien ganz klar nicht von ihm ausgegangen. Er sei – im Gegenteil sogar – zuerst erstaunt gewesen, als die Tochter dieses Verhalten das erste Mal gezeigt hätte. Er sei regelrecht „baff" gewesen.

4 Analyse

Das Narrativ des Insassen muss in seelsorglicher Hinsicht zunächst einmal einfach zur Kenntnis genommen werden. Doch dann folgt die Analyse der Begegnung, der Sprache und der Argumentationsstrategie des Mannes: Er sagt mehr, als er meint.[10]

Die Begegnung und die Erzählung lösen bei der Seelsorgerin das Gefühl aus, einen Jungen vor sich zu haben, nicht einen erwachsenen Mann, der zudem Vater eines Kindes ist. Einen Jungen, der sich verhält, als handle es sich um einen Schuljungenstreich, bei dem er nun als Anstifter büßen müsse, obwohl er nur mitgemacht habe, während andere die Initiative ergriffen hätten. Dominierend scheint bei ihm das Gefühl, dass ihm Unrecht geschehen sei: Es war ja schließlich die Tochter, die angefangen hat, die – alles andere als naiv – genau wusste, wie sie zu Geld kommen kann. Dieses Jungenhafte, das mit der offenen Erzählweise einhergeht, weckt bei aller Ambivalenz auch Sympathie. Da ist kein Monster oder Macho, sondern ein umgänglich und herzlich wirkender und in seiner ganzen Naivität jugendlich anmutender Mann. Gleichzeitig fällt auf: Es mangelt an erwachsener Reife und der Fähigkeit zur Verantwortungsübernahme. Das Narrativ des Mannes verlangt nach einem Appell an die Verantwortung des Mannes als Vater.

Wie lässt sich diese Begegnung poimenisch verstehen? Dieses Beispiel zeigt, dass Gewalt nicht nur „die Schädigung eines anderen Menschen" zum „Ziel" haben kann.[11] Der Mann übt Gewalt aus, nicht weil er seiner Tochter Schaden zufügen will, sondern er übt Gewalt aus, indem er zulässt, dass ihr Schaden geschieht. Dadurch verletzt er seine Fürsorgepflicht.

Finkelhor zufolge müssen vier Voraussetzungen erfüllt sein, ehe es zu sexualisierter Gewalt kommen kann: 1. ein Tätermotiv, 2. die Überwindung „innerer Hemmungen gegen sexuellen Missbrauch, [die eigenen] moralischen Skrupel

---

10 Vgl. Morsbach, *Der Elefant im Zimmer*, 27.
11 Rauchfleisch, „Psychologische Aspekte" in diesem Band.

oder die Angst vor der Entdeckung. Alkohol und Rationalisierungen, die das Schwerwiegende der Tat bagatellisieren, tragen dazu bei, diese Hemmungen zu unterminieren",[12] 3. die Überwindung externer Widerstände und 4. die Überwindung „des Widerstandes des Kindes".[13] Den Äußerungen des Täters im vorliegenden Fallbeispiel zufolge scheint es insbesondere die zweite Voraussetzung gewesen zu sein, deren Überwindung ihm besondere Mühe bereitete, nämlich moralische Skrupel, die sich darin äußern, dass er die Schuld abschiebt und verharmlost, was vorgefallen war. Es geht im Konkreten um folgende Beobachtungen auf sprachlicher Ebene:

1. Der Mann versucht, die Initiative – sie fing damit an – beziehungsweise die Tatherrschaft auf die Tochter zu schieben (Sie habe „es gewollt", „es" sei stets „von ihr aus gekommen").
2. Er weist ihr ein Motiv zu (Geld).
3. Er führt dadurch einen Aspekt von Gerechtigkeit ein (er hat sie stets dafür bezahlt).
4. Er weist darauf hin, dass es immer einvernehmlich geschah in dem Sinne, dass er ihr keine Gewalt angetan habe.[14]
5. Er bagatellisiert, was vorgefallen ist. (Mehr sei da nicht gewesen, wobei mit „mehr" wohl ein Penetrieren gemeint ist.)[15]

Interessant ist, dass sich im vorliegenden Beispiel Verdrängung und Verleugnung nicht auf die Tat selbst beziehen – das Geschehene selbst wird weder verdrängt noch verleugnet –, sondern auf die *Bedeutung* oder Deutung des Geschehenen. Das Abweisen der Schuld und das Bagatellisieren kommen als psychische Mechanismen also erst zum Zug, wenn jene des Verdrängens und der Verleugnung der Handlung nicht möglich sind. Es geht demnach um Bewertungen des Vorgefallenen sowie um die Frage, wie es möglich ist, dass ein erwachsener Mann und Vater zu solchen selbstwertschützenden Einschätzungen gelangt und aus dem Opfer die Täterin und aus sich selbst als Täter ein Opfer macht.

---

12 Morsbach, *Der Elefant im Zimmer*, 123.

13 Ebd.

14 Vgl. Wirth, „Regula tactus", 186: „Sexualdelinquenz kann ganz subtil sein und ohne leicht erkennbare Gewalt auftreten."

15 Vgl. Morsbach, *Der Elefant im Zimmer*, 54, mit Verweis auf Bundschuh, *Pädosexualität*: Aus diesem Grund wiesen „viele Pädosexuelle den Vorwurf des sexuellen Missbrauchs von sich". Analog dazu argumentierte Bill Clinton hinsichtlich seiner Affäre mit Monica Lewinsky, er hätte keinen Sex mit ihr gehabt. Penetration scheint nach gängiger Meinung das Kriterium eines „Missbrauchs" zu sein. Vgl. auch Noth, „Mythen".

5 Folgerungen für Seelsorge und Kirche

Seelsorge als spezifische Form der Wahrnehmung wird sehr genau auf das angebotene Narrativ hören und ihm Raum gewähren. Sie wird sich jedoch nicht von den evozierten Gefühlen von Sympathie, die Teil des Narratives des Insassen sind, dazu verleiten lassen, spiegelbildlich auf den Mann als Jungen zu reagieren im Sinne eines tröstenden Verstehens und symbolisch über den Kopf Streichelns. Seelsorge wird sich jedoch bei allem inneren Entsetzen auch nicht hinreißen lassen, mit moralischer Entrüstung im Sinne eines Appellierens an die Verantwortung als Erwachsener und Vater zu reagieren.

Vielmehr wird sich die Seelsorge durch die sprachliche Analyse leiten lassen und die durch sie zutage getretenen ursprünglichen inneren Hemmungen und das Überspielen beziehungsweise Abwehren des moralischen Skrupels als hilfreichen Ansatzpunkt für eine mögliche längerfristige Begleitung des Mannes erkennen. Von zentraler Bedeutung ist dabei die Forderung des klinischen Psychologen Peter Jakob nach intensiver Fortbildung. Konkret heisst das, „nicht nur Faktenwissen [zu erwerben], sondern auch intensive Selbsterfahrung zu eigenen Reaktionsmustern auf Gewalt und Übergriffe, zum eigenen Umgang mit Machtstrukturen und zu geschlechtsspezifischen Fragen [zu erlangen]."[16] Nur die Bereitschaft, sich in einem geschützten Setting mit eigenen häufig unbewusst gesteuerten Verhaltensweisen auseinanderzusetzen und sich mit selbstwertdienlichen Verzerrungen zu konfrontieren, ermöglicht ein hilfreiches Handeln als Seelsorgefachperson. Diese Selbsterkenntnis stärkt fachlich wie auch persönlich. Wenn kirchliche Kontexte solche Möglichkeiten intensiver Selbsterfahrung bieten, wie sie es unter anderem in Spezialseelsorgeausbildungen tun, wird ein Beitrag zur Verbesserung des präventiven Umfelds im Kontext der notorischen Gefährdung durch sexualisierte Gewalt geleistet. Nur wo ein kritischer Umgang mit eigenen Gefühlen und Wahrnehmungen etabliert wird,[17] finden potentielle Täter*innen Anlässe zu einer frühzeitigen Therapie[18] und potentielle *bystander*[19] Ermutigung, das, was nicht sein soll, gegen alle institutionellen und theologalen Exstirpationen doch zu erkennen.[20] Adäquate Handlungen der beiden sehr verschiedenen Gruppen basieren also exakt auf der praktisch-theologisch favori-

---

16 Finkelhor, „Sexueller Mißbrauch von Kindern", 145.
17 Gardner u. a., „At the Front Lines", 183.
18 Vgl. Rudolph u. a., „Child Sexual Abuse".
19 Zum Begriff *bystander* siehe auch Scarsella, „When Survivors Come Forward" in diesem Band.
20 Vgl. Oakley u. a., „Practitioner and communities", 277–279 und Wirth und Schmiedebach, „Sexualisierte Gewalt am erkrankten Kind", 65.

sierten, neuen kritischen Wahrnehmungspraxis, die das Problem sexualisierter Gewalt in kirchlichen Kontexten erfordert.

Literatur

Bundschuh, Claudia. *Pädosexualität. Entstehungsbedingungen und Erscheinungsformen.* Opladen: Leske + Budrich, 2001.

Finger, Evelyn (Protokoll). „Was passiert, wenn man spricht. Zwei Opfer von sexuellem Missbrauch in der Kirche berichten," *DIE ZEIT* Nr. 30, 18. Juli 2019.

Finkelhor, David. „Sexueller Mißbrauch von Kindern. Aufgaben und Probleme für Jugendschutz und professionelle Helfer." In *Kindheit und Trauma. Trennung, Mißbrauch, Krieg,* hg. v. Werner Hilweg und Elisabeth Ullmann, 117–134. Göttingen: Vanderhoeck & Ruprecht, 1998[2].

Freud, Anna. *Das Ich und seine Abwehrmechanismen.* München: Kindler, 1964.

Gardner, Samantha L. u. a. „At the Front Lines: Effectively Training Community Stakeholders to Recognize and Report Child Abuse and Neglect," *Journal of school nursing* 36/3 (2020): 181–186.

Morsbach, Petra. *Der Elefant im Zimmer. Über Machtmissbrauch und Widerstand. Essay.* München: Penguin Verlag, 2020.

Noth, Isabelle. „Mythen des seelsorglichen Selbstverständnisses." In *Schaut hin! Missbrauchsprävention in Seelsorge, Beratung und Kirchen,* hg. v. Dies. und Ueli Affolter, 89–93. Zürich: Theologischer Verlag Zürich, 2015.

Noth, Isabelle. „Seelsorge." In *Handbuch für Kirchen- und Gemeindeentwicklung*, hg. v. Ralph Kunz und Thomas Schlag, 221–227. Neukirchen-Vluyn: Neukirchener Verlagsgesellschaft, 2014.

Oakley, Lisa u. a. „Practitioner and communities' awareness of CALFB: Child abuse linked to faith or belief," *Child Abuse & Neglect* 72 (2017): 276–282.

Rudolph, Julia u. a. „Child Sexual Abuse Prevention Opportunities: Parenting, Programs, and the Reduction of Risk," *Child Maltreatment* 23/1 (2018): 96–106.

Scarsella, Hilary Jerome. „When Survivors Come Forward. Analyzing Patterns of Progressive Institutional Response and Working Toward Transformative Interventions." In *Sexualisierte Gewalt in kirchlichen Kontexten*, hg. v. Mathias Wirth, Isabelle Noth und Silvia Schroer, 379–403. Berlin und Boston: De Gruyter, 2022.

Wirth, Mathias. „Regula tactus. Zur Aktualität einer kirchlichen Norm als Prävention und Plädoyer gegen sexualisierte Gewalt," *Wege zum Menschen* 65 (2013): 185–195.

Wirth, Mathias und Heinz-Peter Schmiedebach. „Sexualisierte Gewalt am erkrankten Kind," *Interdisziplinäre Fachzeitschrift Kindesmisshandlung und -vernachlässigung* 16 (2013): 64–69.

Wirth, Mathias und Heinz-Peter Schmiedebach. „Sexualisierte Gewalt gegen Minderjährige im medizinischen Ambiente und das Problem von Paternalismus und Täuschung," *Ethik in der Medizin* 31 (2019): 7–22.

Autor*innenverzeichnis/List of Contributors

Prof. Dr. **Reiner Anselm**
Lehrstuhl für Systematische Theologie und Ethik
Evangelisch-Theologische Fakultät der Ludwig-Maximilians-Universität München
Geschwister-Scholl-Platz 1
80539 München
Deutschland
E-Mail: reiner.anselm@evtheol.uni-muenchen.de

Prof. Dr. **Maren Behrensen**
Department of Philosophy
University of Twente
Drienerlolaan 5
7522 NB Enschede
The Netherlands
E-Mail: m.behrensen@utwente.nl

Prof. Dr. **Susannah Cornwall**
Department of Theology and Religion
University of Exeter
Streatham Campus
Exeter EX4 4RJ
United Kingdom
E-Mail: S.M.Cornwall@exeter.ac.uk

Micah Cronin, M.Div.
Princeton Theological Seminary
53 University Place
Princeton, NJ 08540
USA
E-Mail: micah.cronin@outlook.com

Dr. **Rocío Figueroa**
Catholic Theological College
Ponsonby Road 20
1011 Auckland
New Zealand
E-Mail: r.figueroa@ctc.ac.nz

Dr. **Alexander Fischer**
Departement Künste, Medien, Philosophie
Universität Basel
Steinengraben 5
4051 Basel
Schweiz
E-Mail: alexander.fischer@unibas.ch

Dr. **Daniel J. Fleming**
St Vincent's Health
Australia
E-Mail: daniel.fleming@svha.org.au

Prof. Dr. **Elisabeth Gräb-Schmidt**
Institut für Ethik
Evangelisch-Theologische Fakultät
Eberhard Karls Universität Tübingen
Liebermeisterstr. 12
72076 Tübingen
Deutschland
E-Mail: elisabeth.graeb-schmidt@uni-tuebingen.de

Dr. **Uwe Kaminsky**
Lehrstuhl für Christliche Gesellschaftslehre
Evangelisch-Theologische Fakultät
Ruhr-Universität Bochum
Universitätsstraße 90a
44789 Bochum
Deutschland
E-Mail: dr.uk@web.de

Bastian König, Mag. Theol.
Evangelisch-Theologische Fakultät
Westfälische Wilhelms-Universität Münster
Universitätsstraße 13 – 17
48143 Münster
Deutschland
E-Mail: koenigb@uni-muenster.de

Prof. Dr. **Vincent Lloyd**
Department of Theology and Religious Studies
Villanova University
800 E. Lancaster Ave.
Villanova, PA 19085
USA
E-Mail: vincent.lloyd@villanova.edu

Jasmin Mannschatz, Mag. Theol.
Institut für Systematische Theologie, Abteilung Ethik
Theologische Fakultät
Universität Bern
Länggassstrasse 51
3012 Bern
Schweiz
E-Mail: jasmin.mannschatz@theol.unibe.ch

Prof. Dr. **Joyce Ann Mercer**
Pastoral Care and Practical Theology, Christian Nurture
Yale Divinity School
409 Prospect Street
New Haven, CT 06511
USA
E-Mail: joyce.mercer@yale.edu

Prof. Dr. **Mary C. Moschella**
Care and Counseling
Yale Divinity School
409 Prospect Street
New Haven, CT 06511
USA
E-Mail: mary.moschella@yale.edu

Prof. Dr. **Ilse Müllner**
Institut für Katholische Theologie
Universität Kassel
Henschelstr. 2
34127 Kassel
Deutschland
E-Mail: ilse.muellner@uni-kassel.de

Prof. Dr. **Isabelle Noth**
Institut für Praktische Theologie, Abt. Seelsorge, Religionspsychologie und -pädagogik
Theologische Fakultät
Universität Bern
Länggassstrasse 51
3012 Bern
Schweiz
E-Mail: isabelle.noth@theol.unibe.ch

PD. Dr. **Livia Prüll**
Institut für Funktionelle und Klinische Anatomie
Universitätsmedizin Mainz
Joh.-Joachim-Becherweg 13
55128 Mainz
Deutschland
E-Mail: pruell@uni-mainz.de

Prof. Dr. **Udo Rauchfleisch**
Delsbergerallee 65
4053 Basel
Schweiz
E-Mail: udo.rauchfleisch@unibas.ch

Prof. Dr. **Hilary Jerome Scarsella**
Program for Gender, Sexual, and Racial Justice
Colgate Rochester Crozer Divinity School
320 North Goodman St.
Rochester, NY 14607
USA
E-Mail: hscarsella@crcds.edu

Prof. Dr. **Susanne Scholz**
Professor of Old Testament
Perkins School of Theology
Southern Methodist University
Dallas, TX 75275 – 0133
USA
E-Mail: sscholz@smu.edu

Dr. **Gerhard Schreiber**
Institut für Theologie und Sozialethik
Technische Universität Darmstadt
Landwehrstr. 54
64293 Darmstadt
Deutschland
E-Mail: schreiber@theol.tu-darmstadt.de

Prof. Dr. **Silvia Schroer**
Institut für Altes Testament
Theologische Fakultät
Universität Bern
Länggassstrasse 51
3012 Bern
Schweiz
E-Mail: silvia.schroer@theol.unibe.ch

Prof. Dr. **Christoph Seibert**
Institut für Systematische Theologie
Fachbereich Theologie
Universität Hamburg
Gorch-Fock-Wall 7
20354 Hamburg
Deutschland
E-Mail: christoph.seibert@uni-hamburg.de

Dr. **Regina Spiess**
Mittelschul- und Berufsbildungsamt des Kantons Zürich
Ausstellungsstrasse 80
8090 Zürich
Schweiz
und
Verein JZ Help e.V. (Vorständin)
Hilfe für Betroffene von Zeugen Jehovas
Talweg 9
86154 Augsburg
Deutschland
E-Mail: regina.spiess@jz.help

Prof. Dr. **David Tombs**
Centre for Theology and Public Issues
University of Otago
Dunedin 9054
Aotearoa/New Zealand
E-Mail: david.tombs@otago.ac.nz

Dr. **Melanie Werren**
Institut für Systematische Theologie, Abteilung Ethik
Theologische Fakultät
Universität Bern
Länggassstrasse 51
3012 Bern
Schweiz
E-Mail: melanie.werren@theol.unibe.ch

Prof. Dr. **Mathias Wirth**
Institut für Systematische Theologie, Abteilung Ethik
Theologische Fakultät
Universität Bern
Länggassstrasse 51
3012 Bern
Schweiz
E-Mail: mathias.wirth@theol.unibe.ch

Register

https://doi.org/10.1515/9783110699203-035